Thomas Kron

Zeitgenössische soziologische Theorien

Thomas Kron

Zeitgenössische soziologische Theorien

Zentrale Beiträge aus Deutschland

VS VERLAG

Bibliografische Information der Deutschen Nationalbibliothek
Die Deutsche Nationalbibliothek verzeichnet diese Publikation in der Deutschen Nationalbibliografie; detaillierte bibliografische Daten sind im Internet über <http://dnb.d-nb.de> abrufbar.

1. Auflage 2010

Lektorat: Frank Engelhardt

VS Verlag für Sozialwissenschaften ist eine Marke von Springer Fachmedien.
Springer Fachmedien ist Teil der Fachverlagsgruppe Springer Science+Business Media.
www.vs-verlag.de

Umschlaggestaltung: KünkelLopka Medienentwicklung, Heidelberg
Druck und buchbinderische Verarbeitung: Ten Brink, Meppel
Gedruckt auf säurefreiem und chlorfrei gebleichtem Papier
Printed in the Netherlands

ISBN 978-3-531-15604-0

Inhalt

Abbildungsverzeichnis

1 Einleitung

Die Idee zu diesem Einführungsbuch ist jenen Studenten zu verdanken, die das mehr oder minder große Vergnügen hatten, sich in meinen Veranstaltungen die in vielen Studiengängen immer noch obligatorische „Geschichte der Soziologie“ entlang verschiedener soziologischer Autoren und Theorien aneignen zu dürfen. Eigentlich bin ich ja der Meinung, dass die Soziologie besser problemorientiert vermittelt werden sollte. Aber selbst dann kommt man um bestimmte Theoriedarstellungen und damit verbundene Namen selbstverständlich nicht herum. Im Anschluss wurde hin und wieder von den Studenten die eindringliche Frage gestellt: Warum muss es sich bei Einführungen in die Soziologie immer um „alte“ Theorien zumeist toter Autoren handeln? Diese Frage ist gar nicht so leicht zu beantworten. Selbstverständlich gibt es gute Gründe dafür, zuerst historische Grundlagen einer Wissenschaftsdisziplin zu unterrichten. Aber muss dies zwingend nach zeitlich geordneten Aspekten verlaufen? Warum fängt man nicht mit einer aktuell in der Diskussion stehenden Theorie an und fragt von da aus, wo diese ihre Wurzeln hat? Denn wenn man genauer weiß, wie mit einer Theorie aktuell umgegangen, wie sie diskutiert wird, dann hat man vielleicht auch mehr Interesse (um nicht zu schreiben: Spaß) daran, deren Ursprünge zu entdecken. Auch die Aneignung bestimmter Theorien leuchtet nicht immer ein. Zwar ist es wiederum nicht unberechtigt, dass Lehrende diejenigen Soziologen und Theorien vorstellen, an denen sie selbst ein Interesse haben. Aber es könnten zumindest immer auch andere Autoren sein. Und schließlich ist es sachlich gar nicht so eindeutig, was denn die Grundlagen der Soziologie überhaupt sind oder sein können bzw. sollten. Die Auseinandersetzungen etwa um die angemessene Art der sozialwissenschaftlichen Analyse – erklären oder beschreiben bzw. verstehen? – zeugen von diesem mangelnden Konsens zu den Fundamenten der Soziologie.

Ein erstes Auswahlkriterium der hier vorgestellten Autoren bzw. Theorien war also, dass von diesen aktuell zum Zeitpunkt der Veröffentlichung dieser Einführung immer noch Beiträge zur soziologischen Theoriebildung zu erwarten sind. Es soll in diesem Sinne um die *zeitgenössische* Soziologie gehen, das heißt um jene von 1943 bis 1955 geborene Soziologengeneration, die als End- oder Nachkriegsgeborene die soziologische Theorie gegenwärtig maßgeblich beeinflussen konnten, weil sie schlichtweg das

Alter haben, nicht nur quantitativ, sondern auch qualitativ Relevantes veröffentlichen zu können.[1] Folglich gehen die Leser dieses Buches das Risiko ein, dass das hier Vorgestellte schon morgen überholt sein könnte, wenn die Autoren zu weiteren Erkenntnisfortschritten gelangen. Aber dies ist ein Wesensmerkmal der Wissenschaft, denn wie theoretische Texte aufgenommen und verarbeitet werden, bestimmt die Wissenschaft selbst und nicht deren Verfasser. Also bleibt, dass alle hier vorgestellten Theorien von noch lebenden Menschen verfasst werden, mit denen man dann zumindest noch die Chance hat, selbst zu diskutieren.[2] Zweitens handelt es sich um Beiträge ausschließlich *deutscher* Soziologen. Mit dieser regionalen Einschränkung wird vor allem eine pragmatische Engführung ermöglicht, die sich über praktische Gründe hinaus auch darin begründet, dass die deutsche Soziologie einen im Ausland beachteten Schwerpunkt in der *Theorie*bildung hat, was wiederum die Konsequenz zeitigt, dass nur wenige andere Ansätze den gleichen theoretischen Bias aufweisen wie die hier herangezogenen Theorien. Dieser typisch deutsche Theorie-Schwerpunkt unterscheidet sich z. B. von der global einflussreichen amerikanischen Soziologie, die seit den 1980er Jahren eine starke Tendenz zu empirisch quantitativ gestützten Middle-Range-Analysen, besonders mit kultursoziologischem Einschlag, aufweisen (siehe Müller/Sigmund 2000: 17 ff.). Kurz formuliert: In Deutschland besteht eher ein generelles Interesse an integraler Theoriebildung, die dem Parsons'schen Bestreben nach einer Großtheorie sehr nahe kommt, während andernorts diese Form der Theoriebildung weniger verfolgt bzw. abgelehnt wird.[3] Insofern kann man diesen Band auch als einen Beitrag zur Vergewisserung dessen ansehen, was die deutsche soziologische Theorie u. a. zu leisten in der Lage ist. Da ich kein Land kenne, das komplett auf soziologische Veröffentlichungen in der Heimatsprache verzichtet (es sei denn, es wird ganz der Soziologie entsagt), kann man hierhin vielleicht das schlichte Bedürfnis erkennen, es sich bei der Vermittlung erst einmal möglichst einfach zu machen. Die in diesem Einführungsbuch dargestellten Autoren und Theorien sind:

---

[1] Siehe zur Korrelation des Alters mit dem soziologischen Blick Schimank (2000: 343 ff.)

[2] Dass die Autoren durchaus lebendig agieren zeigt sich auch daran, dass es im Laufe der Fertigstellung dieses Buches einige Veränderungen in den Biographien gegeben hat, die bei der technischen Realisierung der Interviews auf den beiliegenden DVDs nicht mehr berücksichtigt werden konnten, vor allem die Emeritierung von Ulrich Beck und Hartmut Esser sowie der Wechsel von Uwe Schimank an die Universität Bremen. In den Einführungsabschnitten im Text sind diese Änderungen integriert worden.

[3] Was wiederum nicht bedeutet, dass es in Deutschland keine empirisch fundierten Middle-Range-Analysen gäbe!

- Ulrich Becks Theorie reflexiver Modernisierung
- Hartmut Essers Frame-Selection-Model
- Hans Joas' Neo-Pragmatismus
- Richard Münchs Voluntaristische Handlungstheorie
- Uwe Schimanks Akteurtheoretische Soziologie

Neben den eher formalen Aspekten der Gemeinsamkeit von Alter und Nation ist es bei diesen Autoren dennoch eindeutig, dass sie *unterschiedlichen Theorietraditionen* zuzuordnen sind. So ist Beck wohl am ehesten der Modernisierungstheorie (sowie dem Genre der Gegenwartsdiagnose; vgl. Schimank 2000) zuzuordnen; Esser kommt aus der Rational-Choice-Tradition; Joas ist es um den Pragmatismus zu tun; Münch arbeitet auf Basis und an der Weiterentwicklung der Voluntaristischen Handlungstheorie von Parsons; bei Schimank macht sich sowohl der Einfluss der Differenzierungstheorie Luhmannscher Provenienz als auch der Akteurzentrierte Institutionalismus, wie er im Max-Planck-Institut für Gesellschaftsforschung entwickelt worden ist, stark bemerkbar. Wenn ich am Schluss dieses Buches die These aufstelle, dass alle diese Theorien konvergieren, dann folge ich demnach einem in der Politikwissenschaft (siehe Berg-Schlosser 2003) so genannten MDSO-Design: ***M**ost **D**ifferent Theories, **S**imilar **O**utcome*.

Wichtiger aber ist, dass alle hier vorgestellten Autoren über ein integrales, das heißt hinreichend logisch-konsistentes und material angemessenes *Forschungsprogramm* verfügen. Zugegebenermaßen sind die Bewertungskriterien für integrale Modelle der allgemeinen soziologischen Theorie umstritten und vielfach, vor allem im Rahmen wissenschaftstheoretischer Arbeiten in Auseinandersetzung mit „Klassikern" wie etwa Popper, Kuhn, Lakatos, kontrovers diskutiert. Mit Bunge (1987: 318 ff.) kann man aber mindestens *logische Konsistenz*, das heißt Vereinbarkeit mit den übrigen Propositionen des betrachteten theoretischen Systems, und *materiale Angemessenheit* in gewissen Genauigkeitsgrenzen als Bedingungen hervorheben, über die ein breiter Konsens in der Wissenschaftsgemeinschaft herrscht. Alle aufgeführten Theorien verfügen folglich über theoretisch integrierte „Werkzeuge", um das Handeln der Akteure, deren Zusammenwirken und die Folgen für soziale Strukturen zu analysieren. Ihre „Werkzeugkästen" sind empirisch erprobt und erlauben gegenwartsdiagnostische Aussagen. Natürlich sind diese Werkzeugkästen nicht alle mit den gleichen Werkzeugen und auch nicht gleich gut ausgestattet. Aber man kann sie durchaus als „Universalwerkzeuge" – allgemein gut anwendbar auf das Soziale – verkaufen.

Ein weiteres Kriterium zur Auswahl der hier vorgestellten Theorien ist, dass ich diese persönlich für so interessant halte, dass ich mich selbst damit auseinandersetzen und diese hier darstellen möchte. Das, was ich persönlich mag oder nicht, ist natürlich kein Gütemerkmal! Man kann aber noch hinzufügen, dass alle hier abgehandelten Autoren innerhalb der *scientific community* eine gewisse Reputation genießen, so dass ich vermuten würde, nicht ganz alleine mit meiner Bewertung dazustehen. Zweifelsohne sind alle aufgeführten Autoren Aushängeschilder der zeitgenössischen deutschen Soziologie!

Hinzu kommt: die hier erörterten Theorien sind solche, die auch international mehr oder weniger wahrgenommen werden. Anders formuliert: wenn, dann werden wohl *diese* Ansätze beachtet. Das liegt vor allem an deren Kenntnis- und Einfallsreichtum, denn was hier an soziologischer Imagination präsentiert wird, zeichnet sich durchweg dadurch aus, dass, „auf den Schultern der Riesen" stehend – gemeint sind eben jene nicht mehr lebenden, aber in der internationalen Soziologie als Klassiker immer noch lebendigen Autoren – versucht wird, neue Ufer zu erspähen. Jeder belastet dabei die eine oder andere Schulter mehr oder weniger (manchmal wird auch auf dem einen oder anderen Klassiker rumgetrampelt). Jeder sieht dabei mehr oder weniger weit und schaut teilweise in die gleiche, aber auch in unterschiedliche Richtungen. Es ist folglich nicht unbegründet, diese Theorien vorzustellen, *obwohl* es sich ausschließlich um deutschsprachige Autoren handelt, denn damit wird die internationale soziologische Theorie *inhaltlich* nicht zwangsläufig ausgeklammert.

Eine weitere Besonderheit muss an dieser Stelle begründet werden. Es erscheint inzwischen nämlich legitimationsbedürftig, in einem Einführungsbuch mit diesem Zuschnitt auf die Systemtheorie in der Version von Niklas Luhmann (1984, 1997) zu verzichten. Zunächst kann man anmerken, dass Luhmann, 1927 geboren und 1998 gestorben, einer anderen Generation zugehörig ist und damit einem der o. g. Auswahlmerkmale nicht entspricht. Seine Theorie dagegen ist nichtsdestotrotz noch sehr lebendig. Luhmann selbst hat mit seinem Theorieprojekt nicht nur gezeigt, wie man äußerst produktiv an eine Theorie – vor allem an die Systemtheorie in der Variante von Talcott Parsons – anschließen kann, um diese dann schließlich zu überwinden. Er hat auch vielfältige theoretische Wege aufgezeigt, wie man über das von ihm erreichte vielleicht hinausgelangen könnte. Um nur einige Punkte zu nennen: Die Formtheorie könnte eine Basis für eine Weiterentwicklung der Systemtheorie sein; das System-System-Verhältnis ist mit dem Baustein der „strukturellen Kopplung" noch nicht hinreichend ausgeleuchtet. Evolutionstheorie, Kommunikationstheorie, Differenzierungstheorie, Gegenwartsdiagnose – fast jedes Element in Luhmanns Theorie ist anschlussfähig. Dies ist wiederum daran ablesbar, dass eine ganze Reihe von Autoren tatsächlich dabei ist, Luhmanns soziologische Systemtheorie fortzuentwickeln. Nur exemplarisch seien an dieser Stelle einige Namen genannt: Dirk Baecker, Peter Fuchs, Armin Nassehi, Wolfgang Ludwig Schneider, Rudolf Stichweh. Vielleicht kann man die Lage zur Systemtheorie so zusammenfassen: Während Luhmann einen Platz in der Klassiker-Galerie sicher hat, gibt es für die Weiterentwicklung seiner Theorie so viele Anschlussoptionen, dass man in Betracht ziehen sollte, dies an anderer Stelle gesondert zu publizieren.

Es sei zudem angemerkt, dass selbstverständlich eine ganze Reihe anderer Autoren ebenso wie Luhmann eine Begründung verdient hätten, weshalb sie hier nicht in die Reihe der zeitgenössischen deutschen soziologischen Theorien aufgenommen wurden. Völlig willkürlich seien stellvertretend für alle anderen Jürgen Habermas mit seiner Theorie des kommunikativen Handelns, Michael Schmid mit seinem strukturindividualistischen Erklärungsprogramm, Peter Kappelhoff mit seiner Evolutionären Sozialtheorie oder Ronald Hitzlers Mundanphänomenologie genannt. Eine umfassende Begründung für oder wider aller potenzieller Kandidaten ist hier aber weder möglich noch gewollt und muss folglich unterbleiben.

Ob ich den Ansprüchen der im folgenden präsentierten Theorien gerecht werde, kann ich zwar hoffen, doch darüber werden letztlich, so will es der Wissenschaftsprozess, die Häufigkeit der Zitationen und (damit zusammenhängend) die Kritiken entscheiden. Zusätzlich – und dies ist nun wirklich ein besonderes Risiko – können die Autoren selbst wertend eingreifen, auch wenn alle die Gelegenheit hatten, mir vor Veröffentlichung zu „ihrem“ Kapitel kritische Rückmeldungen zu geben. Anders formuliert: Das vertraute Argument bei der Klassiker-Analyse, man wisse genauer als alle Anderen, was der behandelte Autor eigentlich gemeint hat, kann von den Autoren selbst widerlegt werden und ist damit hinfällig – es sei denn, man möchte auf Unterstellungen bezüglich psychischer Dispositionen zurückgreifen, die dann aber eben nicht mehr widerlegbar und somit unsoziologisch sind (nach dem Motto: der Autor weiß gar nicht, es ist ihm nicht bewusst oder nur unterbewusst, was er selbst tatsächlich gemeint hat).

1.1 Zum Inhalt des Buches

Die Einführungskapitel zu den einzelnen Theorien und Autoren sind jeweils nach einem ähnlichen Muster aufgebaut. Nach einer kurzen biographischen Einleitung werden zunächst jeweils die *„theoretischen Blicke“* dargestellt, mit denen die Autoren die soziale Welt erfassen, wobei von der Handlung über Interaktion zur Struktur (in einer überkommenen Diktion hätte man gesagt: von mikro- zu makrosoziologischen Einheiten) übergeleitet wird. Damit wird geklärt, *wie* die einzelnen Autoren mit *welchen* fundamentalen theoretischen Kategorien *welche* soziale Aggregation untersuchen. Dann wird den *„empirischen Blicken“* der Theorien nachgegangen. Das bedeutet, es wird exemplarisch gezeigt, wie der zuvor aufgefächerte Theorierahmen auf einen spezifischen Untersuchungsgegenstand empirisch angewandt wird. Zuletzt wird noch versucht herauszufinden, welche Lesart der Gegenwartsgesellschaft mit den Theorien anempfohlen wird. Dies ist der *„gegenwartsdiagnostische Blick“*.

Ziel dieses Einführungsbuches ist es, auf aktuelle soziologische Theorien aus Deutschland neugierig zu machen. Und so sehr es sich die Studenten angesichts der Zeitknappheiten als Resultat der ersten Bologna-Studiengangsreformen auch wünschen würden: Das Lesen von Einführungen zu einzelnen Theorien kann und soll allenfalls Appetit machen, ersetzt aber *keinesfalls* die vollwertige Gedankennahrung, soll heißen: Man kommt um die Originallektüre nicht herum! Nur wenn man die Originalliteratur selbst gründlich durchliest und -arbeitet, kann man sich wirklich in den Theorien sachkundig machen und über die einzelnen Argumente hinweg auch die zugrundeliegenden Gedankengänge erfassen. Frei nach Georg Simmel: Der Erwerb dieses Einführungsbuches führt vielleicht zu mehr Kultur (zum Besitz eines Kulturgutes), aber nicht zu mehr Kultiviertheit! Aus diesem Grund wird hier eine unwissenschaftliche Zitierweise verfolgt, insofern die Herkünfte von Zitaten *nicht* konkret gekennzeichnet werden, sondern lediglich die wichtigste verwendete Literatur am Ende eines jeden Kapitels aufgeführt wird. Wer hier ein besonders schönes Zitat findet und verwenden möchte, muss sich in den Originalen selbst auf die Suche machen ... und wird dabei zudem die Erfahrung machen, sich inmitten eines soziologischen Diskurses zu befinden, der auf eine mittlerweile ca. 150 Jahre alte Geschichte zurückblickt. Das bedeutet, der in diesem Buch möglicherweise erweckte Eindruck, keiner der Theoretiker kümmere sich um irgendeinen anderen Denker, trügt. Wie bereits erwähnt, alle hier vorgestellten Theoretiker stehen „auf den Schultern von Riesen“, um von dort aus ein Stück weiter zu blicken. Das bedeutet, viele der hier vorgestellten Theorieentscheidungen werden eigentlich nur als explizite Übernahmen oder Abgrenzungen von anderen Theorien verständlich. Exemplarisch kann man dies an dem „Modell der soziologischen Erklärung“ verdeutlichen (siehe unten Kapitel 3.1), das nicht die alleinige Erfindung von Hartmut Esser ist, sondern als Graphik von David C. McLelland stammt und in der Sache vor allem von James S. Coleman sowie schon vorher z. B. von Viktor

Vanberg, Siegwart Lindenberg und Reinhard Wippler sowie von Raymond Boudon in die Debatte eingebracht worden ist, wobei Hartmut Esser das Verdienst der Bezeichnung der Logiken zukommt. Alle oder auch nur die wichtigsten derartigen Stränge nachzuzeichnen, kann hier allerdings nicht geleistet werden und verpflichtet den Leser zusätzlich zur Vertiefung in die Originalliteratur, in der die jeweiligen Denktraditionen deutlicher werden.

Damit soll aber der Wert eines solchen Einführungswerkes keineswegs geschmälert werden. Einführungsbücher deuten Wege an, auf denen man vielleicht selbst ein Stück seines Lebens weiterdenken möchte. Dies ist nicht das Geringste!

Dass dies mit dem vorliegenden Buch möglich ist, kann nicht mir alleine zugeschrieben werden. *Lars Winter* hat Ausschnitte kritisch kommentiert und mir mit vielfältigen Diskussionen zu den einzelnen Theorien geholfen, diese besser „auf den Punkt" zu bringen. *Eva-Maria Heinke* hat ebenso wie *Pascal Berger*, *Timur Ergen* und *Markus Baum* das Skript gründlich gelesen und mir zahlreiche hilfreiche Kommentare gegeben. *Frank Engelhardt* vom Verlag für Sozialwissenschaften verdanke ich die Idee, dem Buch eine DVD mit Interviews der Autoren beizulegen. Dies soll das Buch lebendiger gestalten und einen kleinen Beitrag zur mediengestützten Lehre liefern. Dass mir dies die behandelten Autoren in stets freundlicher und entgegenkommender Weise möglich gemacht haben, verdient einen besonderen Dank! Zu guter Letzt hat *Markus Tobias Kühbach* vom Rechenzentrum der RWTH Aachen University diese Idee mit viel Geduld technisch umgesetzt.

2 *Uwe Schimanks* akteurtheoretische Analyse von Strukturdynamiken

Uwe Schimank wurde 1955 in Bielefeld geboren. Nach dem Studium der Soziologie an der Universität Bielefeld erhielt er 1979 sein Diplom und promovierte 1981 zum Dr. rer. soc. mit seiner Dissertation *„Neoromantischer Protest im Spätkapitalismus – Der Widerstand gegen die Stadt- und Landschaftsverödung“*. Von 1985 bis 1996 war er Wissenschaftlicher Mitarbeiter am Max-Planck-Institut für Gesellschaftsforschung in Köln. In dieser Zeit wurde er mit *„Hochschulforschung im Schatten der Lehre“* an der Universität Bielefeld für Soziologie habilitiert. Von 1996 bis 2009 hatte er eine Professor für Soziologie an der FernUniversität in Hagen inne; im Winter 2009 ist er an die Universität Bremen gewechselt. Das Interview mit *Uwe Schimank* hat am 30.11.2007 stattgefunden.

2.1 Der theoretische Blick I: Akteurmodelle

Uwe Schimanks leitendes Erkenntnisinteresse ist das Auffinden allgemeiner Muster von handelndem Zusammenwirken und den daraus entstehenden Strukturdynamiken. Die wichtigste Frage, die die Soziologie beantworten muss, lautet daher, welche strukturellen Wirkungen ein bestimmtes Handeln im Zusammenwirken mit anderen Handlungen hat. In dieser Frage kommt zugleich zum Ausdruck, dass für ihn Akteure mit ihrem Handeln die energetischen Träger des Sozialen sind und die Grundelemente jeglichen sozialen Geschehens darstellen. Deshalb muss in einem ersten Schritt geklärt werden, welchen Handlungsantrieben die Akteure folgen, warum der sozial typische Akteur so und nicht anders gehandelt hat. Dabei wird unterstellt, dass der typische Akteur in seinem Handeln stark durch das Soziale, etwa durch Strukturen, geprägt wird. Anders formuliert, in der akteurtheoretischen Perspektive von *Uwe Schimank* sind soziale Strukturen die handlungs*prägenden* Einheiten. Andere Einflüsse etwa biologischer, physikalischer oder psychischer Art (z. B. Gene, Wetter, Geisteskrankheiten) werden *für sich* als soziologisches Erklärungsmoment ausgeschlossen – was nicht heißt, dass diese z. B. durch Thematisierung wieder soziologische

Relevanz gewinnen können: Handeln wird über die Prägungskraft sozialer Strukturen erklärt.

Nun sind soziale Strukturen aber äußerst vielfältig. Um die Erklärung, weshalb Akteure in bestimmter Weise handeln, nicht immer wieder auf ganz spezifische Situationen mit ganz speziellen sozialen Strukturen ausrichten zu müssen, ist es forschungsökonomisch und zur Generalisierungsfähigkeit der gewonnenen Erklärungen sinnvoll, sich auf wenige, empirisch geprüfte „Werkzeuge“ zu stützen, mit denen analytisch die bedeutsamsten Strukturparameter in den Blick genommen werden können. Dies leisten, so *Uwe Schimank*, vier *Akteurmodelle*.

2.1.1 Homo Sociologicus

Der erste Akteurstyp modelliert die Ausrichtung des Handelns an *Normen*. Es sind demnach vor allem die in sozialen Strukturen eingewobenen Vorschriften, die vorgeben, worum es in bestimmten Situationen zu gehen hat, an denen sich Akteure orientieren. Normen sind es, die in dieser Perspektive für soziale Regelmäßigkeiten verantwortlich sind, weil sie das Handeln in bestimmte sozial vorstrukturierte Bahnen lenken. Man könnte auch sagen, dass Normen einen Zwang auf die Akteure ausüben, in bestimmten Situationen in einer ganz bestimmten Art und Weise zu agieren, so dass man Normen mit Emile Durkheim als „soziale Tatbestände“ verstehen kann. Dieser mehr oder weniger freiwillig eingegangene Zwang wird als notwendige Bedingung für soziale Ordnung interpretiert: Nur wenn es Normen gibt, so z. B. die These von Talcott Parsons, ist eine dauerhafte soziale Ordnung in einer Gesellschaft möglich, in der die Akteure sonst eine eher rationale, nach Nutzenmaximierung ausgerichtete Handlungsorientierung verfolgen.

In einer Analogie zum Schauspieler hat sich im Rahmen dieses Akteurmodells der Begriff der *Rolle* eingebürgert, um diese Bestimmtheit des Handelns zu beschreiben. Der Begriff der Rolle bündelt Erwartungen, die an das Verhalten eines Akteurs in einer bestimmten sozialen Position gestellt werden. Der Aufforderungscharakter dieser Erwartungen ist durchaus unterschiedlich und reicht von einem stark mit Sanktionen verknüpften Müssen, über ein etwas weniger verbindliches Sollen bis hin zu Kann-Erwartungen.

Obwohl derartige Erwartungen manchmal durch frühkindliche Erziehung sogar in einem Maße internalisiert – eingetrichtert, einverseelt – sind, dass die Akteure selbst den damit verbundenen Zwang gar nicht mehr spüren, ist das Handeln nicht so eingeschnürt, dass überhaupt keine Handlungsspielräume mehr bleiben. Das liegt zum Einen daran, dass man in der

Regel mehrere Rollen zugleich spielen muss. Damit geht einher, dass man sich manchmal widersprechenden Erwartungen unterschiedlicher Bezugsgruppen ausgesetzt sieht, etwa wenn man als Dozent mit den Erwartungen der Studierenden konfrontiert wird, bestimmte schwierige Inhalte „leicht verdaulich“ zu vermitteln, die Kollegen aber zugleich erwarten, dass ein bestimmtes Lehr-Niveau nicht unterschritten wird. Die Rollen „Dozent“ und „Kollege“ sind in diesem Fall nicht gut verträglich, das heißt, es liegt ein Inter-Rollenkonflikt vor. Zum Anderen kann ein und dieselbe Rolle mit widersprüchlichen oder konfliktuösen Erwartungen verbunden werden, z. B. wenn man in der Rolle der „Mutter“ sowohl mit Erwartungen des Kindes als auch mit den Erwartungen des „Vaters“ zurechtkommen muss. Es handelt sich in diesem Fall um einen Intra-Rollenkonflikt. Stellt man derartige Konflikte genauso in Rechnung wie die Tatsache, dass die mit einer Rolle verbundenen Erwartungen nicht immer eindeutig definiert sind oder die Akteure nicht die Kompetenzen aufweisen, um alle Erwartungen vollständig zu erfüllen (oder dies vielleicht aufgrund ganz anders gelagerter Interessen gar nicht wollen), dann wird deutlich, dass die Akteure sich etwas einfallen lassen müssen, um die jeweilige Rolle auszugestalten. Das bedeutet, Rollen werden nicht einfach übernommen, sondern aktiv gestaltet, dem sog. role-*taking* muss ein role-*making* an die Seite gestellt werden, was manchmal eben auch eine Distanz zur Rolle selbst erfordern kann.

2.1.2 Homo Oeconomicus

Das zweite Akteurmodell beschreibt Handeln in seiner Ausrichtung an gegebenen Möglichkeiten, um bestimmte Mittel für bestimmte Zwecke einzusetzen. Der Akteur handelt dann entsprechend dieser strukturellen Gegebenheiten so, dass er seinen eigenen Nutzen maximiert und zugleich den eigenen Aufwand minimiert. Grundlage dieses Akteurs ist damit die sicherlich realistische Vorstellung, dass die meisten Ressourcen zur Zielerreichung prinzipiell begrenzt sind. Wer sein Geld für Bier ausgibt, so ein Beispiel von *Uwe Schimank*, kann keine Bücher mehr kaufen. Wenn man mehr will, als man bekommen kann, weil man in einer Welt der Knappheit und nicht im Schlaraffenland lebt, dann muss man (mindestens) einen Algorithmus finden, der die eigene Handlungswahl in der Frage anleitet, welche Mittel für welche Güter eingesetzt werden. Dieser Algorithmus ist bei diesem Akteurmodell die *Nutzenmaximierung*. Eine solche Handlungsselektionsanleitung wird umso dringlicher, wenn mehrere Ziele verfolgt werden, so dass man verschiedene Präferenzen gewichten muss, die dann noch im

Verlauf selbst variieren können, z. B. dadurch, dass mit vielen Handlungszielen zum Einen ein abnehmender Grenznutzen verbunden ist, das heißt, mit jeder weiteren Zielerreichung sinkt der Nutzen des Ziels. Zum Anderen und damit verbunden entgehen einem mit jeder Zielverfolgung der Nutzen andere Ziele, so dass man immer Opportunitätskosten zu tragen hat (die mit steigendem Grenznutzen höher werden). Der Algorithmus der Nutzenmaximierung besagt nun, dass man subjektiv erwartete Kosten und Nutzen miteinander verrechnet. Das heißt, man überlegt sich, welche Folgen man erwarten kann, wenn man eine bestimmte Handlung tätigt und wie viel Nutzen diese Handlungsfolge bringt. Gewählt wird dann jene Handlung, die nach einer Gewichtung der Nützlichkeit der Folge mit der Erwartung ihres Eintretens die höchste Wertigkeit aufweist. Wenn man nicht weiß, wie man den Abend verbringen soll und wählen kann zwischen einem netten Abendessen, das vielleicht aber nicht zustande kommt und einer ziemlich erwartungssicheren Sportübertragung, dann hängt es von der subjektiven Nützlichkeit für den Akteur ab, ob er der eher unwahrscheinlichen Handlungsfolge „anregender Abend mit Anderen“ oder der relativ sicheren Handlungsfolge „ein spannendes Spiel sehen“ den Vorzug gibt.

2.1.3 Identitätsbehaupter

Es gibt soziale Strukturen, die das Selbstbild des Akteurs maßgeblich prägen, z. B. über Erziehung oder in Form einer Gefährdung des Selbstbildes etwa in geschlossenen Anstalten. Die Erklärung des Handelns verläuft bei dem Akteurmodell des Identitätsbehaupters über jene Selbstansprüche eines Akteurs, die sein Selbstbild bestimmen und dazu wird das Akteurmodell des Identitätsbehaupters verwendet.

Im Zentrum stehen dabei *evaluative* Selbstansprüche, also Vorstellungen eines Akteurs, wie er sein und leben möchte. Diese Ansprüche sind normalerweise realisierbar, das heißt, zum Einen sind sie *noch nicht* realisiert, sondern verweisen auf den Wunsch, die Realität dem Ideal anzupassen. Insofern gibt es eine permanente Dynamik des biographischen Abarbeitens von evaluativen Selbstansprüchen, denn wer tatsächlich alles erreicht hat, was er sich wünscht, der ist, so *Uwe Schimank* im Anschluss an Peter Handke, nicht wunschlos glücklich, sondern „wunschlos unglücklich‘, weil mit dem Verlust des Ideals auch der Verlust von Lebenssinn einhergeht. Zum Anderen handelt es sich nicht um völlig abwegige Vorstellungen, sondern um erreichbare Ideale.

Meistens auftretend in Form eines schlechten Gewissens begleiten *normative* Selbstansprüche die identitätsorientierte Handlungsorientierung. Individuelle Sollensvorstellungen sorgen dann dafür, dass das eigene Handeln in bestimmten normativen Bahnen verläuft, wobei die Vorgaben sowohl gesellschaftlich unterstützt und gewollt, als auch völlig individuell erzeugt sein können. Beschränkt wird durch normative Selbstansprüche auch das, was an evaluativen Selbstansprüchen verfolgt werden kann, denn das, was man sein möchte, wird begrenzt durch das, was man sein darf. Man möchte vielleicht gerne ein Frauenheld sein, darf es im Rahmen rechtlicher Regelungen zur Ehe aber nicht. Für eine weitere Relativierung sorgen zudem *kognitive* Selbsteinschätzungen, also jene sich selbst unterstellten Kompetenzen des Akteurs, die ihn dazu mehr oder weniger befähigen, evaluativen und normativen Selbstansprüchen gerecht zu werden.

Da man in der Perspektive dieses Akteurmodells nicht identitätslos leben kann, Identität aber nicht einfach gegeben und auch nicht unveränderlich ist, muss die Identität quasi permanent behauptet werden. Dieser Prozess der Identitätsbehauptung vollzieht sich in sozialen Zusammenhängen, insofern die soziale Umwelt eine Identität bestätigen oder bedrohen kann, wobei schon die Nicht-Bestätigung als Bedrohung verstanden wird. Die Bedrohung der Identität ist der wichtigste Auslöser für diesen Handlungsantrieb, vor allem, wenn es sich um starke und anhaltende Bedrohungen der genannten evaluativen, normativen und kognitiven Selbstansprüche handelt.

Uwe Schimank unterscheidet drei Arten von Identitätsbedrohung. Erstens können einzelne Bestandteile des Selbstbildes eines Akteurs nicht-bestätigt werden, so dass ein begrenztes Identitätsbehauptungsproblem auftaucht *(spezifisch substanzielle Identitätsbedrohung)*. Nicht die ganze Identität wird in Frage gestellt, sondern lediglich spezifische Aspekten. Wer sich selbst die Identität als Frauenheld zuschreibt, fühlt seine Identität vielleicht kurz wanken, wenn er mal von einer Frau einen Korb bekommt, die Identität an sich ist damit aber nicht in Frage gestellt. Erving Goffman hat in seinem Buch „Stigma" verschiedene derartiger Probleme sowie Techniken des Umgangs damit beschrieben, wobei er am Ende des Buches darauf verweist, dass eigentlich Jede und Jeder mit sozialen Nicht-Bestätigungen von Elementen des Selbstbildes zurechtkommen muss. Zweitens können die körperlichen Voraussetzungen der Identitätsbehauptung bedroht sein. Der Tod bedroht die meistens Identitäten maßgeblich, aber auch Krankheiten und andere körperliche Beeinträchtigungen z. B. durch Altern, Unfälle usw. gehören in die Kategorie der *indirekten Identitätsbedrohungen durch Existenzgefährdungen*. Medizinische Fortschritte zielen z. B. nicht ausschließlich auf Gesundheitsproduktion, sondern auch auf Identitätserzeugung oder

-bewahrung, man denke nur an die kosmetische Chirurgie. Drittens schließlich wird die Identität durch *Ent-Individualisierungserfahrungen* bedroht. Individualität, so *Uwe Schimank*, bedeutet in diesem Kontext selbstbestimmte Einzigartigkeit, also die Vorstellung, man sei als Selbst unverwechselbar und wirke somit einzigartig, was sich darin äußerst, dass man trotz aller sozialen Einflüsse in seinen Handlungen selbstbestimmt ist. Wiederum Goffman hat diese Bedrohungsform und mögliche Bearbeitungsstrategien im Zusammenhang mit „totalen Institutionen" wie psychiatrischen Anstalten, Gefängnissen usw. dargestellt, in denen versucht wird, die jeweiligen Insassen zu ent-individualisieren.

Die soziale Umwelt eines Akteurs ist aber nicht nur die Quelle von Identitätsbedrohungen; sie ist auch der Ort, wo er sich Identitäts*bestätigungen* holen muss, indem er seine Selbstdarstellung in entsprechender Weise ausgestaltet. Das oben genannte role-making eröffnet z. B. Freiheiten, um eine Rolle so „zu spielen", dass damit ein bestimmtes Selbstbild erzeugt wird, was durchaus auch die Abweichung von den Rollenvorgaben beinhalten kann. Aber auch im Umgang mit Differenzen zwischen Rollen und anderen Handlungsantrieben kann man das eigene Selbstbild sozial ausleuchten. Wenn man in der Rolle des Vaters z. B. so wütend auf sein Kind ist, dass man es am liebsten schlagen würde, was die Rolle aber verbietet, dann kann man sich etwa als selbstbeherrscht darstellen.

Die Möglichkeiten der praktischen Selbstbehauptung sind nahezu unbegrenzt. So kann man immer versuchen, soziale Nicht-Bestätigungen im Sinne einer Anpassung der sozialen Umgebung an die zu behauptende Identität umzudefinieren. Wenn der Arzt eine gefährliche Diagnose stellt, kann man diesen wechseln; man kann sich andere Bezugsgruppen suchen, die vielleicht dann die Identität bestätigen, notfalls im Internet. Man kann natürlich auch die Anstrengungen verstärken, die evaluativen oder normativen Selbstansprüche zu erfüllen: Lernen, sich gesünder ernähren, mehr Sport treiben, sich fortbilden usw.

2.1.4 Emotional Man

Soziale Strukturen, die emotionale Handlungsantriebe auslösen, z. B. Neid in ungleichen Verteilungsstrukturen, nimmt der Emotional Man in den Blick. Selbst solche Emotionen, von denen wir annehmen, dass sie sich in „natürlicher", meist körpervermittelter Weise Bahn brechen – plötzliche Wutausbrüche, spontane sexuelle Lust usw. – sind sozial geprägt, wie historische oder kulturelle Vergleiche zeigen. Als besonderer Handlungsantrieb, von Max Weber analytisch als „affektuales Handeln" beobachtet, lassen sich Emotionen von Instinkten und Kognitionen abgrenzen. Im Gegensatz zu Instinkten ist die strikte Reiz-Reaktion bei Emotionen und Kognitionen unterbrochen, es gibt dann keine alternativenlose, deterministische Umsetzung eines Umweltereignisses als Schlüsselreiz in ein Verhalten, sondern die zuvor erlangte Information wird intern erst noch verarbeitet, wobei Emotionen simultan und Kognitionen sequentiell prozessieren. Wo Kognitionen Informationen Schritt für Schritt abarbeiten und z. B. Kausal-Schemata produzieren, da ziehen Emotionen diese Informationen ganzheitlich in einem Schritt zusammen, mit dem die Situation für den Akteur definiert wird und sich entsprechende Handlungen anempfehlen.

Für die soziologische Analyse wichtig sind vor allem solche Emotionen, die eine auf Sympathie oder Antipathie ausgelegte Beziehungsorientierung aufweisen wie Liebe, Mitgefühl, Verachtung, Schadenfreude, Scham oder Neid. Dabei wird deutlich, dass nahezu alle Emotionen vor allem durch normative oder rationale Handlungsantriebe mitbestimmt werden, das heißt, wenn es denn reine Emotionen gibt, werden diese durch Normen oder rationale Nutzenerwägungen gefiltert, so dass etwa die Intensität des Gefühls verändert wird – im Extremfall können bestimmte Emotionen sogar komplett bzw. sozial produziert umgeformt werden.

Die normative Prägung von Emotionen geschieht z. B. durch Rollen, die eine bestimmte Affektivität zulassen oder sogar fordern bzw. untersagen. In einer Arbeits- oder Geschäftsbeziehung sollte der (ungehemmte) Ausdruck von Gefühlen keine Hauptrolle spielen, während Eltern-Kind-Beziehungen diese geradezu zwingend vorschreiben. Allerdings sind die Akteure auch innerhalb von gefühlszulässigen oder gefühlsneutralen Rollen nicht völlig frei in der Umsetzung. Sowohl Neutralität als auch Affektivität sind zumeist normativ geregelt. Geschäftspartner sollten auch in der Lage sein, eine emotionale Basis zueinander zu finden, weil dies die Geschäftsbasis, z. B. die Loyalitäten, stärkt. Mütter und Väter sollten ihre Kinder nicht zu sehr lieben, sondern mal „nicht-lieb" handeln wie das bekannte „Grenzen setzen" (was dann im Rahmen der elterlichen Liebe ex-post-Legitimationen zugänglich ist: Man hat die Grenzen aus Liebe zum Kind – weil es diese benötigt – gesetzt). Mit anderen Worten: Der Emotional Man muss ein sozialverträgliches „Gefühls-Management" betreiben. Selbst das Vorspielen von Gefühlen kann dazugehören, womit aber die Grenzen zu den anderen genannten Handlungsantrieben flüssig werden.

2.2 Der theoretische Blick II: Handelndes Zusammenwirken

In der Perspektive von *Uwe Schimank* beginnt das eigentlich soziologisch Interessante mit dem handelnden Zusammenwirken von Akteuren, also genau dann, wenn die Akteure aus den genannten Handlungsantrieben heraus sichtbare Handlungen hervorbringen und es dann miteinander zu tun bekommen. Dieses „miteinander zu tun bekommen" muss nicht in dem Sinne direkt geschehen, dass eine Anwesenheit der Akteure oder auch nur ein direktes Einwirken der Handlungen aufeinander vorläge. Es genügt, dass Akteure sich gedanklich vergegenwärtigen, dass das (eventuell auch unterlassene) Handeln der Anderen in irgendeiner Weise – sei es störend, sei es notwendig, sei es unterstützend – eine relevante Einflussgröße für das eigene Handeln darstellt, auch wenn dies von außen gesehen, „objektiv", gar nicht der Fall sein muss: Die Akteure merken, dass die mit ihrem Handeln verbundene Absichten von dem Handeln anderer Akteure abhängen, anders formuliert: Es liegen *Intentionsinterferenzen* vor, die zu einer Abarbeitung durch die Akteure auffordern. Soziale Strukturen sind in dieser Perspektive relativ robuste *kollektive Problemlösungsmuster*. Bevor ich beschreibe, welche allgemeinen und spezifischen Arten von Strukturen *Uwe Schimank* analysiert, möchte ich zunächst darstellen, in welche Konstellationen Akteure bei der Umsetzung ihrer Intentionen hineingeraten.

2.2.1 Beobachtungskonstellation

Ganz grundsätzlich müssen sich die Akteure zumindest in irgendeiner Art und Weise wahrnehmen, um ihr eigenes Handeln in Verbindung zu dem Handeln anderer Akteure setzen zu können. Der elementarste Typ einer Akteurkonstellation ist somit die *Beobachtungskonstellation*, in der Akteure sich beobachten – oftmals sogar wechselseitig – und an diese (wechselseitige) Beobachtung anpassen.

Die Dynamik innerhalb von Beobachtungskonstellationen erfolgt oftmals über „wechselseitige Anpassung" *(„mutual adjustment")* der Akteure aneinander: Jeder passt sich an das Handeln der Anderen sowie an das kollektive Resultat des handelnden Zusammenwirkens an, so wie dies etwa für die Entwicklung von Moden typisch ist. Im Laufe der Zeit können sich dann durch pures wechselseitiges Anpassen beim Beobachten bestimmte „Attraktoren" herausbilden, solche Punkte, auf die sich die Akteure in ihrer Handlungswahl fokussieren. Schon dabei wird offensichtlich, dass Beobachtungskonstellationen normalerweise dynamisch sind und nicht über die Zeit gleich bleiben. Veränderungen werden vor allem durch *Abweichungsverstärkungen* bewirkt. Ein Impuls, der nicht der aktuellen Dynamik der Beobachtungskonstellation entspricht, wird noch gesteigert und rückgekoppelt. Ein Beispiel dafür ist der sogenannte Matthäus-Effekt – wer hat, dem wird gegeben. Viele Netzwerke entstehen auf diese Art und Weise, indem einige Elemente platziert werden und sich andere Elemente dann um diese gruppieren. In einer Runde von Fremden auf einer Party etwa können zu anfangs einige Thema angesprochen werden, und wenn ein Thema mal etwas ausführlicher behandelt wird, dann ist die Chance groß, dass man sich immer länger bzw. dass sich immer mehr Personen um dieses Thema herum versammeln. Es kann gar eine Diskussionsrunde entstehen. Solche Abweichungsverstärkungen sorgen u. U. auch für strukturellen Wandel, wie etwa an der Sprache deutlich wird, wenn einige Begriffe – z. B. „geil" oder „fett" – erst in einigen sozialen Gruppen benutzt werden und sich dann von da aus in weitere Gruppen ausbreiten und immer mehr Menschen von der ursprünglichen Bedeutung der Worten abweichen.

Es kommt manchmal der Punkt, an dem die Abweichungsverstärkung einen Schwellenwert erreicht und sich selbst (bis zur nächsten verstärkten Abweichung) stabil hält. Am Beispiel der Sprache sind bestimmte Worte dann irgendwann Allgemeingut und werden in den Duden aufgenommen. Es hat dann ein *„lock-in"* stattgefunden. Abweichungen können demnach als alternative Pfade, als Abgabelungen, eines eingeschlagenen Weges verstanden werden. Betritt man einen solchen Pfad, können damit Abhängigkeiten einhergehen, die vorher so nicht absehbar gewesen und manchmal kaum mehr reversibel sind: Ohne dass dies logisch zwingend wäre, geschieht ein „lock-in", etwa wenn die Partygäste das einmal gemeinsam gefundene Thema nicht mehr verlassen können. Es kommen dann Erhaltungstendenzen durch *Abweichungsdämpfungen* ins Spiel, das heißt, es werden Mechanismen wirksam, die die Akteure davor bewahren, von dem bestehenden Gleichgewicht abzuweichen, z. B. informelle soziale Kontrollen, wie das Nicht-Beachten devianter Personen als Sanktion, Normen, Gesetze usw. Derartige Kontrollmaßnahmen haben allgemeine Abschreckungswirkung selbst für diejenigen, die noch nicht als abweichend auffällig geworden sind und es auch nicht werden, wenn sie sich abschrecken lassen. Für Abweichungsdämpfung genügt normalerweise die *antizipierte* Reaktion der Anderen auf die ins Auge gefasste Abweichung, um von der Umsetzung der Handlung dann doch lieber abzusehen.

2.2.2 Beeinflussungskonstellation

Sobald die Akteure versuchen, gegebene Beobachtungskonstellationen zu nutzen, um absichtlich auf das Handeln beobachteter Akteuren einzuwirken, handelt es sich um eine *Beeinflussungskonstellation*. Auf Grundlage der Beobachtung wird versucht, die Handlungsmöglichkeiten des Anderen einzuschränken, sei es beispielsweise durch Androhung von Schlägen, durch Überzeugung kraft Argumente oder durch Anreize wie Geld oder Lob. Das Ziel der Beeinflussung liegt darin, Andere zu einem bestimmten, innerhalb einer gewissen Bandbreite von Möglichkeiten liegenden Handeln zu bewegen, das einem selbst nützlich ist (wobei es sich auch um Unterlassung handeln kann).

Die wichtigsten Mittel, um auf Andere Einfluss auszuüben, sind Geld, Gewalt, moralische Appelle, Wahrheiten, Liebe, Macht (in anderer Form auch Sympathie, Charisma, Lob), Selbstbindungen und soziales Kapital („Vitamin B"). Ganz allgemein wird man belohnen oder bestrafen und dies eher dem anderen Akteur von außen aufzwingen (Macht, Geld) oder dies so einsetzen, dass die Belohnung oder Bestrafung eher intrinsisch in dem anderen Akteur selbst produziert werden, z. B. in dem er sich durch Argumente überzeugen lässt oder aufgrund moralischer Appelle ein schlechtes Gewissen bekommt.

Diese Mittel setzen an den genannten Handlungsantrieben an, um den Einfluss handlungswirksam zu machen, beim homo oeconomicus etwa Geldanreize, beim emotional Man Liebe. So kann man im mehr oder weniger expliziten Wissen um die verschiedenen Handlungsantriebe Einfluss auf Andere ausüben, indem man z. B. *deren* Nutzenerwägungen in das eigene Beeinflussungskalkül mit einrechnet. Oder man nutzt die emotionalen Befindlichkeiten der anderen Akteure und spricht diese gezielt an, etwa indem man Mitleid erregt, um Spenden zu erhalten. Wenn man die evaluativen oder normativen Selbstansprüche Anderer kennt, kann man dies zum Ansatzpunkt nehmen, um ein spezifisches Handeln zu erzeugen, z. B. indem man diese daran erinnert, dass sie sich doch eigentlich Standhaftigkeit auf die Identitätsfahne geschrieben zu haben. Und schließlich kann man auf Andere in deren Bemühungen um Normkonformität einwirken und somit beeinflussen, z. B. durch ausdrückliche Zuschreibung von Achtung für bestimmte Handlungen. Selbstverständlich sollte die Wahl der Beeinflussungsmittel den Handlungsantrieben entsprechen, denn wer Liebe einsetzt und einen Nutzenmaximierer vor sich hat, kann leicht sein Beeinflussungsziel verfehlen.

Wichtig ist, dass Einflussmöglichkeiten nur in den Relationen der Akteure zueinander faktisch werden. Einflusskonstellationen sind, so *Uwe Schimank*, Konstellationen *wechselseitiger* Beeinflussung, wobei die Einflusspotentiale nicht gleichverteilt sein müssen. Im Gegenteil dürfte die Asymmetrie von Einflussmöglichkeiten der Normalfall sein. Da handelndes Zusammenwirken meistens sequentiell geschieht und nur selten simultan, können die Akteure in ihrer wechselseitigen Beeinflussung in jedem Schritt neu auf die Handlung des Anderen reagieren und die je eigenen Einflusspotentiale entsprechend neu justieren. Dies macht die *Dynamik* von Beeinflussungskonstellationen aus, die auf die Konstellation zurückwirken kann, wenn etwa ein Akteur die Relevanz der Intentionen, die zur Interferenz geführt haben, plötzlich anders einschätzt oder sich die Beeinflussungschancen (auch durch von außen in die Konstellationen hineinwirkende Impulse) zu Gunsten oder Ungunsten eines Akteurs verschieben. Dabei können sich zuerst aus mehr oder minder zufälligen wechselseitigen Abhängigkeiten zwischen den Akteuren Chancen der Beeinflussung ergeben. Gerade die Asymmetrien in den Einflussmöglichkeiten hält oftmals die Interaktion in Gang, z. B. in einer Mutter-Kind-Beziehung, in der die Mutter scheinbar zunächst mehr Macht hat als das Kind, das Kind aber auf die normativen Selbstansprüche der Mutter zurückwirkt (beispielsweise der an sich selbst gerichtete Anspruch, stets die Hauptverantwortliche für die Betreuung des Kindes zu sein). In ähnlicher Weise drückt die starke formale Macht eines Vorgesetzten gegenüber seinen Angestellten nicht alles an Macht aus, die in dieser Beziehung ausgeübt wird, weil ein erhebliches Beeinflussungspotential auch bei den Angestellten liegt, die z. B. mit „Dienst nach Vorschrift" drohen können.

Die Dynamiken von Beeinflussungskonstellationen werden undurchdenkbar komplex, je mehr Akteure aufeinander einwirken. Sequentielle und simultane Handlungen können nun parallel geschehen, wobei die Richtung der Wirkung, das heißt welcher Akteure auf wen einwirkt, in jedem Zeitschritt wechseln kann. Je nach neu entstandener Situation können andere Handlungsantriebe wirksam werden. Außerdem können schon zwischen zwei Akteuren „Mehrfach-Interferenzen" vorherrschen, das heißt, es bestehen z. B. Interessen an verschiedenen Dingen, die erst mal nichts miteinander zu tun haben, außer dass sie an einem Akteur vorkommen. Zweckbündnisse, Seilschaften und andere Zuordnungen sowie das Auftauchen ganz besonderer Einfluss-Akteure (Herrscher, Schlichter, Publikum usw.) von Akteuren formen Beeinflussungskonstellationen zusätzlich, was wiederum die Wechselwirkungen unübersichtlicher macht.

Viele Akteure, viele Interessendimensionen, verschachtelte soziale Zuordnungen – dynamische Beeinflussungskonstellationen sind bereits sehr komplexe soziale Einheiten, wobei die Komplexität an sich bereits manchmal genutzt werden kann, um Einfluss auszuüben, etwa wenn man mit dem Hinweis auf die Komplexität und entsprechende „Sachzwänge" ein gefordertes Handeln verweigert.

2.2.3 Verhandlungskonstellation

Wenn nun über Beeinflussungskonstellationen hinaus die beteiligten Akteure bindende Vereinbarungen treffen möchten, dann handelt es sich um *Verhandlungskonstellationen.* Erst in Verhandlungskonstellationen ist Reziprozität eine notwendige Voraussetzung, denn die Verbindlichkeit muss für alle beteiligten Akteure prinzipiell Geltung haben (auch wenn man die Verbindlichkeit z. B. durch Täuschung *de facto* verletzt). Die Verhandlungspartner müssen nicht gleich stark sein, trotzdem gilt die Verbindlichkeit für Alle. Ein wie auch immer entstandenes Gleichgewicht, z. B. das „Gleichgewicht des Schreckens" im Kalten Krieg, kann zwar für alle Akteure verbindlich erscheinen, aber es fehlt die explizite Selbst-Verpflichtung zur Einhaltung der in Verhandlungen erarbeiteten Verbindlichkeiten. Dazu muss grundsätzlich die Bereitschaft vorhanden sein, verhandeln zu wollen, was i. d. R. voraussetzt, dass die Akteure sich im Ergebnis mehr von Verhandlungen versprechen als von Beeinflussungen oder Beobachtungen, dass Verhandlungen also dem homo oeconomicus als nützlicher oder dem homo sociologicus für sich wertvoller erscheinen als Beobachten oder Beeinflussen. Die Chance, dass Akteure sich verhandlungswillig zeigen, steigt zudem mit einer gewissen Einflusssymmetrie, das heißt, je weniger Akteure einen dominanten Einfluss haben. Eine weitere Bedingung ist, dass die Akteure und die Konstellation im Ganzen Verhandlungen überhaupt zulassen. Bestimmte Gruppengrößen etwa machen ein Verhandeln miteinander zumindest solange unmöglich, bis Verfahren angewandt werden, die mit diesem Problem umgehen, z. B. die Delegation von Verhandlungen an Gremien, also Teilgruppen.

Wovon Verhandlungskonstellationen im Gegensatz zu Beobachtungs- und Beeinflussungskonstellationen entlasten, ist die Dauerwachsamkeit bzw. -kontrolle. Ganz allgemein sollen Verhandlungskonstellationen Erwartungssicherheit generieren, was auch in den anderen Konstellationen möglich ist. Allerdings stellt man sich unter Konstellationsbedingungen des Beobachtens oder Beeinflussens auf mögliche, die Sicherheit der gewonnenen Erwartungen gefährdende Abweichungen ein – man ist wachsam und kann im Enttäuschungsfall die eigenen Erwartungen schnell anpassen. Ein Verrat ist letztlich definitorisch unmöglich, weil ja nichts abgesprochen wurde. Der Andere hat immer das Recht, anders zu handeln als vorher. In Verhandlungskonstellationen hingegen kann, wenn eine bindende Vereinbarung getroffen wurde, diese Dauerwachsamkeit prinzipiell entfallen, was natürlich bedeutet, dass man umso stärker enttäuscht werden kann, eben weil man geneigt ist, an diesen Erwartungen normativ festzuhalten. In Verhandlungskonstellationen kann man sich weitgehende Unaufmerksamkeit leisten, manchmal sogar eine mögliche Vereinbarung von Verbindlichkeiten unterlassen, weil schon die Tatsache der Verhandlung an sich signalisiert, dass man an einer Unwachsamkeit ebenfalls Interesse haben könnte. Kurz formuliert: Verhandlungen signalisieren Kontrollverzicht.

Uwe Schimank zeigt im Weiteren auf, welche Determinanten die Bindekraft von Vereinbarungen erhöhen können. So kann etwa die Möglichkeit, nicht um jeden Preis verhandeln zu müssen, die dann vielleicht doch gefundene Bindungskraft erhöhen, weil mehr Freiwilligkeit gegeben ist; manchmal genügt es bereits, einen „langen Verhandlungsatem" zu haben. Ein verbindliches Verhandlungsergebnis wird umso leichter erreicht, je mehr die Verhandlungspartner dasjenige respektieren können, was der jeweils Andere *mindestens* erreichen möchte, je mehr man sich wechselseitig die Erfüllung der Mindestansprüche – der Nutzenminima – ermöglicht. Die Implementierung sanktionsvermittelter rationaler Selbstbindungen, das heißt vor allem, die Erhöhung der Nachteile für den Fall der Abweichung von den getroffenen Vereinbarungen, verstärkt die Bindungskraft ebenso wie eher „weiche Bedingungen" wie Sympathie oder Ehrlichkeit.

Vor dem Hintergrund derartiger Bedingungen können Verhandlungsdynamiken entstehen, die von positionsbezogenen Verhandlungen (jeder will sein Einflusspotential ausschöpfen) über kompromissorientierte Verhandlungen (Elimination strittiger und Konzentration auf konsensfähige Punkte) zu verständigungsorientierten Verhandlungen (man lernt voneinander) wandeln. Die Orientierung des Verhandlungshandelns ändert sich u. U. von „Minimiere den eigenen Verlust" zu „Maximiere den gemeinsamen Gewinn".

2.2.4 Transintentionalität

Bereits jetzt wird deutlich, dass soziale Strukturen *als Ergebnis* des handelnden Zusammenwirkens mehrerer Akteure im Rahmen von strukturell geprägten Akteurkonstellationen nur selten so aussehen, wie die Akteure selbst dies wünschen oder erwarten. Die Vielschichtigkeit kausaler Bedingungen lässt erwarten, dass *Transintentionalität* der Normalfall ist. Wer handelt, braucht sich nicht wundern, dass die damit verbundene Intention nicht realisiert wird, weil Interferenzen mit den anderen Akteuren dazwischen geraten. Zum Einen drückt Transintentionalität also das Scheitern von Intentionen aus; zum Anderen aber auch mögliche positive Nebenwirkungen, die sich unerwartet einstellen. Wichtig ist nun, dass für die Analyse von sozialen Strukturen solche Transintentionalitäten immer in Rechnung gestellt werden müssen, auch wenn die Akteure versuchen, soziale Strukturen gezielt, also in intentionaler Absicht, aufzubauen, zu erhalten oder zu verändern.

2.3 Der theoretische Blick III: Soziale Strukturen

Wie bereits gesagt, werden Strukturen als Problemlösungsmuster für die Bewältigung von Intentionsinterferenzen in Akteurkonstellationen verstanden. Zunächst unterscheidet *Uwe Schimank* drei allgemeine Arten von sozialen Strukturen: Konstellationsstrukturen, Erwartungsstrukturen und Deutungsstrukturen.

2.3.1 Konstellationsstrukturen

Konstellationsstrukturen beschreiben eher formal die Art des „Zueinandergestellt-Seins". Ähnlich wie im Magnetismus sind die Akteure wie „Körper", die mit bestimmten „Kräften" (Handlungsantrieben) aufeinander einwirken, wobei sich bestimmte (Fließ-)Gleichgewichte einstellen können. Die Konstellation ist dann das „magnetische Feld", das auf die Akteure wirkt. Eine Hierarchie etwa ist eine solche Konstellation, also die Über- und Unterordnung von Akteuren nach bestimmten Gesichtspunkten. Oftmals sind Verteilungsmuster Manifestationen von Konstellationsstrukturen, z. B. bestimmte Aufteilungen von Raumanordnungen, soziale Ungleichheiten usw. Haben sich derartige Konstellationsstrukturen einmal gefestigt, kann oftmals keiner der beteiligten Akteure mehr anders handeln als es im Rahmen der Struktur vorgegeben ist.

2.3.2 Deutungsstrukturen

Sobald kulturelle Leitideen das Handeln innerhalb einer bestimmte Akteurkonstellation orientieren, also etwa gemeinsam geteilte Wertvorstellungen wie z. B. Selbstverwirklichung oder auch millieuspezische Vorstellungen dessen, was wünschenswert ist, spricht *Uwe Schimank* von Deutungsstrukturen. Auch sogenannte „teilsystemische Handlungslogiken" wie Wahrheitsstreben in der Wissenschaft, Machtstreben in der Politik oder Profitorientierung in der Ökonomie werden hierunter gefasst. Den Akteuren werden innerhalb dieser Strukturen zum Einen Sichtweisen nahegelegt, wie der situative Kontext beschaffen ist und wie die Dinge zusammenhängen. Zum Anderen wird eine Richtung angedeutet, in die die Akteure ihr Wollen ausrichten sollen.

2.3.3 Erwartungsstrukturen

Alle Arten sozialer Regelungen, seien sie informeller, formalisierter, institutionalisierter oder rechtlicher Art, legen für die Akteure fest, was sie voneinander im Falle eines bestimmten Handelns an Konsequenzen erwarten können. Sitten, Umgangsformen oder Gesetze sind Beispiele dafür. Das Handeln innerhalb dieser Strukturart korrespondiert stark mit dem Handlungsantrieb des homo sociologicus, da die Spezifikation der Erwartungen oftmals in Form von Rollen erzeugt wird.

Erwartungsstrukturen können vor allem im Rahmen von Beeinflussungskonstellationen ohne dominanten Akteur als transintentionale Effekte entstehen. *Uwe Schimank* veranschaulicht die *Entstehung von Erwartungsstrukturen* spieltheoretisch anhand des „Battle of the Sexes": Wenn man davon ausgeht, dass Erwartungsstrukturen grundsätzlich auf die Befriedigung des basalen Bedürfnisses nach Erwartungssicherheit ausgerichtet sind, aber zudem möglichst aus der Sicht eines einzelnen Akteurs für dessen Interessenverwirklichung nützlich sein sollten, dann sind Erwartungsstrukturen ein kollektives Gut, das jeder nach individuellen Präferenzen gestaltet haben möchte – so wie bei dem Mann und der Frau, die gemeinsam ausgehen wollen (Kollektivgut), er aber zum Fußball, sie ins Kino (Individualinteressen). Die spieltheoretische Auszahlungsmatrix sieht wie folgt aus:

Abbildung 1 Genese von Erwartungsstrukturen als „Battle of Sexes"

		Mann	
		Fußball	Kino
Frau	Fußball	3 1	0 0
	Kino	0 0	1 3

Das Dilemma besteht in dieser Konstellation darin, dass es zwei Auszahlungsfelder ([3/1] und [1/3]) gibt, die zum Gelingen des Kollektivgutes (das gemeinsame Ausgehen) beitragen, die aber jeweils einen anderen Akteur begünstigen. Wenn keiner von Beiden nachgibt, wird ein suboptimales Ergebnis erreicht ([0/0]) und das Kollektivgut (des gemeinsamen Ausgehens) nicht erzeugt. Innerhalb von Beeinflussungskonstellationen würden die Akteure wechselseitig qua verfügbarer Einflusspotentiale versuchen, den Anderen zum Nachgeben zu bewegen. In Verhandlungskonstellationen wird man entweder auf die Zeitdimension setzen und z. B. eine feste Abfolge – „Heute geb' ich nach, Morgen Du" – aushandeln. Oder man koppelt verschiedene derartiger Dilemmata-Situationen aneinander, im Sinne von „Ich geb' hier nach und Du dort". Sollten mehrere Akteure in das Dilemma verwickelt sein, können auch in der Sozialdimension Lösungen gefunden werden, z. B. Mehrheitsentscheidungen.

Im Gegensatz zur Entstehung stellt die *Erhaltung* von Erwartungsstrukturen die Akteure in ein anderes Dilemma. Wie in der folgenden Auszahlungsmatrix deutlich wird, ist es für den einzelnen Akteur besser, wenn alle Anderen gemäß der Erwartungsstrukturen handeln und somit ein Klima der allgemeinen Erwartungssicherheit erzeugen, während man selbst diesen Zustand zur Realisierung eigennützlicher Ziele ausnutzt, auch wenn man die mit der Erwartungsstruktur verbundenen Normen verletzt. Am schlechtesten wäre es, wenn man selbst normorientiert handelt, während Andere als derartige Trittbrettfahrer ihren Eigennutz verfolgen. *Kollektiv* am schlechtesten ist es, wenn alle Akteure die Normen missachten, wobei jeder Einzelne sich dann wenigstens die Kosten der Normerhaltung erspart und eigene Ziele verfolgen kann. Am zweitbesten aus der individuellen

Perspektive ist es, wenn sich alle Akteure normkonform verhalten, auch wenn man dann selbst nicht sein eigennützliches Wollen realisieren kann.

Abbildung 2 Erhaltung von Erwartungsstrukturen

		Alter	
		Normkonformes Handeln	Eigennützliches Handeln
Ego	Normkonformes Handeln	3 3	4 1
	Eigennützliches Handeln	1 4	2 2

2.3.4 Akteurbasierte Differenzierungstheorie

Wir haben es einerseits mit handlungsfähigen Akteuren in bestimmten Konstellationen, andererseits mit sozialen Strukturen zu tun, die die Akteure in ihrem Handeln prägen. Diese Wechselwirkung zwischen Handeln und Strukturen stellt auch für *Uwe Schimank* den grundlegenden Dualismus der Soziologie dar. Diese Rekursivität, das Wechselspiel von Handeln und Strukturen, kann analytisch aufgehoben werden, aber die Soziologie sollte in dieser Perspektive aufpassen, weder die Strukturgestaltungskraft der Akteure – den „freien menschlichen Willen" –, noch die Determinationskraft sozialer Strukturen – Akteure als Marionetten – zu verabsolutieren. Man hätte auch große Schwierigkeiten empirisch anzuführen, was zuerst da war, die Strukturen, die auf Akteure einwirken oder die Akteure, die Strukturen erzeugen.

Einen Schwerpunkt der Erklärung legt *Uwe Schimank* auf die Analyse von Deutungsstrukturen und deren Differenzierungsprozesse. Das heißt, er teilt im Anschluss an Niklas Luhmanns systemtheoretische Überlegungen die Diagnose, dass die Gegenwartsgesellschaft eine *polykontexturale* Gesellschaft ist, ergänzt die Analyse aber um akteurtheoretische Argumentationen. Polykontexturalität meint die Verselbständigung der sozialen Teilsysteme wie Politik, Wirtschaft, Recht, Kunst, Intimsysteme, Sport usw. gegeneinander *und* gegenüber einem (nun nicht mehr vorhandenen) gesellschaftlichen Ganzen. Polykontexturalität bedeutet in *Uwe Schimanks* Perspektive nicht Arbeitsteilung im Sinne einer Dekomposition einer Einheit in spezialisierte Teile, sondern die Ausdifferenzierung je autonomer Deutungsstrukturen. Da eine soziale Ganzheit mit der Perspektive der Polykontexturalität entfällt, schlägt *Uwe Schimank* vor, den Funktionalismus zumindest semantisch fallen zu lassen, da man nicht mehr angeben kann, auf welche übergeordnete Entität sich die jeweilige System-Funktion bezieht. Folglich solle man nicht mehr von funktionaler, sondern besser von *„diversifikatorischer Differenzierung“* sprechen. Den Akteuren sind diese „Systeme“ als „situationsdefinierende Fiktionen“ präsent: Die Akteure legen sich wechselseitig ein (gegenüber den tatsächlichen Handlungsantrieben immer simplifizierendes) Wollen nahe (bzw. unterstellen sich dieses gegenseitig) und erzeugen damit eine sich selbst wahrscheinlicher machende Prophezeiung. Wenn jeder Akteur andere Akteure gemäß dieser Wollens-Unterstellungsfiktion behandelt, gewinnt das System an Relevanz und an Plausibilität, was die Wahrscheinlichkeit erhöht, dass sich immer mehr Akteure an dieser Fiktion orientieren. Einmal entstanden („verdinglicht“) kann man dann dieses systemische Geschehen – die Fiktionsprozesse – theoretisch auch ohne die Akteure analysieren, was die Systemtheorie denn auch macht, deren Blick den polykontexturalen Verdinglichungskonfigurationen gilt.

Warum entstehen gesellschaftliche Teilsysteme, wenn sie nicht eine Funktion für ein soziales Ganzes erfüllen, sondern im Hinblick auf Akteure zu deuten sind? Schimank erklärt dies mit der für Akteure gegebenen Notwendigkeit der *Kontingenzbewältigung*. Im Rückgriff auf Luhmanns ältere anthropologische Anleihen sieht er Akteure zur Herstellung von Handlungsfähigkeit durch bestimmte selbsterschaffende handlungsprägende Bedingungen provoziert. Prinzipiell ist die Umwelt der Akteure viel zu komplex, um ein *bestimmtes* Handeln nahezulegen, im Gegenteil: Alles geht, nichts muss. Im Laufe der Zeit haben sich für den Umgang mit der Kontingenz sozialer Situationen generalisierte sinnhafte Orientierungen aufgebaut. Das bedeutet, unter Absehung eines Großteils tatsächlich vorhandener Handlungsantriebe können Akteure soziale Situationen im Rahmen *einer* spezifischen Handlungslogik – einer „simplifizierenden Abstraktion“ – deuten. Das Simplifizierende liegt vor allem darin, situationsspezifisch einfache Dualismen anzuwenden, sogenannte „binäre Codes“: Zahlung/Nicht-Zahlung, Sieg/Niederlage, Wir/die Anderen, Recht/Unrecht usw. Es geht nicht um „realitätsgetreue“ Annahmen, was gerade vorliegt, sondern wie bei Straßenkarten um extreme Vereinfachungen, die das Handeln hinreichend gut orientieren, so dass sie den Code kognitiv, normativ und evaluativ spezifizieren können (derartige

Spezifikationen sind systemtheoretisch formuliert „Programme"), um diesen handlungswirksam werden zu lassen. Die Abstraktion der simplifizierenden Annahmen ist den Akteuren bewusst. Anders formuliert: Die Fiktion – und nichts anderes sind diese vereinfachenden Annahmen – wird durch das Handeln der Akteure produziert, indem sie solche Fiktionen anwenden und sich dadurch das Handeln überhaupt erst ermöglichen. Diese Fiktionen sind damit nicht anderes als *sich-selbst-erfüllende-Prophezeiungen*. In dem Augenblick, da Käufer und Verkäufer in einer Tausch-Situation sich an der Fiktion orientieren, dass es ein handlungsprägendes Wirtschaftssystem gibt und ihre Erwartungen sowie Handlungsvollzüge daran ausrichten, wird das Wirtschaftssystem als Fiktion aktualisiert: Eine konkrete Situation wird als abstrakte Fiktion interpretiert – man könnte ja auch anders tauschen wollen –, die genau dadurch Gültigkeit erlangt und die Erwartungen durch Unterstellung ausrichtet. Man unterstellt dem Verkäufer, dass er Profit machen möchte und beginnt deshalb, über den Preis zu feilschen, obwohl der Verkäufer vielleicht ganz andere Handlungsmotive des Verkaufens (z. B. sich als Produktberater selbst zu verwirklichen) hat. Der Käufer hat im Anschluss an eine Fiktion Erwartungen über mögliche Erwartungen des Verkäufers ausgebildet und sein Handeln daran orientiert – wenn dies beide Akteure simultan tun, wird es sehr schwierig, das Handeln noch anders zu deuten als in diesem Sinn-Rahmen eines gesellschaftlichen Teilsystems.

Die Art und Weise, wie sich Systeme, verstanden als Deutungsstrukturen, historisch ausdifferenziert haben, lässt sich ebenfalls – alternativ zu einer möglichen Erklärung durch Evolution – akteurtheoretisch rekonstruieren. Ausgangspunkt ist das Mittelalter als Prototyp für die stratifikatorisch differenzierte Gesellschaft, die sich besonders durch Lokalität (sozialstrukturelle Fixierung) sowie Mono-Kontextualität (Hegemonie religiöser Orientierung) auszeichnet. Hiervon ausgehend sorgen verschiedene Dynamiken der Ent- und Verkopplung für den diversifikatorischen Differenzierungszustand der heutigen Gesellschaft.

Die erste Verlaufsfigur betont die Ausdifferenzierung durch „schwache Beziehungen", das heißt, monokontextual-lokale, auf der Basis einer Brüderlichkeitsethik fest integrierte Solidargemeinschaften werden durch mehr oder weniger zufällige Kontakte mit Fremden aufgebrochen. In diesen Kontakten mit Fremden gelten die Regeln der Herkunftsgemeinschaft nicht mehr, so dass jeglicher Austausch nicht mehr an irgendwelche ethische „Heimat-Regeln" gebunden ist, sondern einer reinen Tausch-Logik folgen kann. Die Stärke schwacher Beziehungen, so könnte man in Anlehnung an die Untersuchungen von Mark Granovetter generalisierend festhalten, liegt auch hier in einer sozialverträglichen Vermittlung von Neuartigem.

Die zweite Verlaufsfigur argumentiert mit dem Kampf um Vorherrschaft, um weitere Ausdifferenzierung zu erklären. Differenzierung ist hier das Resultat einer konfliktuösen Konstellation, im Mittelalter zwischen Religion und Politik. Die relative Machtsymmetrie der stellvertretenden Akteure, der Papst und die Kirche auf der einen, der Kaiser und der Adel auf der anderen Seite, führte zu einem langfristigen Konflikt, in dem sich die beiden Bereiche immer weiter voneinander abgrenzen und in dem die Politik sich über ihren Anspruch auf Zuständigkeit für die politische Ordnung immer mehr von der Religion emanzipiert.

Die einseitige Befreiung von Einflussnahmen ist das Charakteristikum der dritten Verlaufsfigur, die im Gegensatz zur zweiten Verlaufsfigur von einer asymmetrischen Konstellation ausgeht, in der sich der schwächere Part einen oder mehrere Bündnispartner sucht und somit allmählich aus der Umklammerung durch den stärkeren Part befreit. Die später autonome Wissenschaft ist so gesehen z. B. zunächst als Koalition eigentlich stratifikatorisch getrennter Orientierungen – scholastische Philosophen und Handwerker – im Kampf gegen die theologische Vorherrschaft zu sehen.

Die nächste Verlaufsfigur ist nicht auf Ausdifferenzierung, sondern auf ein generelles Entwicklungsmuster von Systemen ausgerichtet. Systeme sind nämlich durch Rationalisierungs- und Inklusionsprozesse bestimmt, die zunächst eine Steigerung, dann aber Einbußen von Autonomie zur Folge haben. Das bedeutet, dass allmählich ein spezifisches Merkmal sozialer Systeme zum Tragen kommt: Sie verfügen über keine inhärente Stopp-Regel. Ob Wahrheitssuche oder Gewinnstreben, immer möchte man mehr. Hinzu kommt, dass immer mehr Akteure in die Systeme inkludiert werden, die die Nachfrage in den Systemen etwa nach Wahrheit oder nach Konsumprodukten erhöhen. Damit wiederum steigt die Chance, dass die Akteure mit ihren Leistungserwartungen an die Systeme auch „deutungsfremde" Elemente einbringen, z. B. anfangen, Ansprüche an die Ästhetik von Konsumprodukte zu stellen – Ansprüche, denen die Systeme aufgrund ihrer nicht-vorhandenen Stoppregeln mittels einem Mehreinsatz an Rationalität entsprechen wollen, was aber letztlich eher zu einer Relativierung der Orientierung führt als zu einer Schärfung der systemischen Handlungslogiken.

Damit ist ein Stück weit die fünfte Verlaufsfigur angesprochen, die sich wieder auf Ausdifferenzierungen bezieht, denn hier wird der Verlust von Leistungsbezügen herausgestellt. Das Nachlassen an systemischer Schärfe durch die genannte Rationalitätsüberdehnung könnte der Grund dafür sein, dass andere Teilsysteme im Umfeld vernachlässigte Funktionen eines mit Ansprüchen überzogenen Systems übernehmen. So in etwa kann man dies für das Intimsystem annehmen, das als ein ehemals um die Familie und Gesinde organisiertes „Ganzes Haus“ mit der Erfüllung verschiedener Funktionen betraut war (Wirtschaften, Erziehen usw.). Der Funktionsverlust bedeutet nicht, dass die Ansprüche nachlassen, sondern im Gegenteil werden die Funktionen im Intimsystem auf wechselseitige Identitätsbestätigung reduziert, die entsprechenden Ansprüche daran verstärkt und dem System dadurch zu mehr Autonomie verholfen. Ähnlich ergeht es der Religion, der einige Funktionen durch andere Systeme abgenommen werden (neben der Politik etwa auch Wirtschaften und Kunst), was aber gleichsam eine Spezialisierung auf religiöses Erleben und Handeln mit Blick auf Transzendenz bedeutet. Funktionale Reduktionen sind mitnichten nur als Verlust, sondern auch als Gewinn im Sinn einer Intensivierung zu sehen, die letztlich in Ausdifferenzierung resultiert.

Die sechste Verlaufsfigur ändert die Logik der Entwicklung, insofern es nun nicht mehr um Entkopplung, sondern um *Ver*kopplungen geht, in diesem Fall eine Verkopplung, die in Entkopplung resultiert. Wenn in mehreren Systemen ein Bedarf nach spezifischen, diesen Systemen nicht eigenen Leistungen entsteht, dann können diese Leistungsanforderungen manchmal an vorhandene Angebote anschließen. Verschiedene Interessen verkoppeln sich und führen so zur Genese eines neuen Systems, wie im Fall des Sports, der Anfang des 19. Jahrhunderts eine Reihe militärischer, gesundheitlicher, politischer, wirtschaftlicher und pädagogischer Bedürfnisse bündelt und sich als System ausbildet. Es folgen drei Verlaufsfiguren, die nicht mehr in Ausdifferenzierungen resultieren, sondern bestimmte Dynamiken des Aufeinanderwirkens der Systeme beschreiben.

Die siebte Verlaufsfigur geht von einer zunehmenden wechselseitigen Durchdringung der Systeme im Sinne struktureller Kopplungen aus, das heißt, die Kriterien zur Anwendung der Handlungslogik eines Systems bestimmen nun auch die Handlungslogiken anderer Systeme. So bestimmt das Kriterium der Preise, eigentlich ausgerichtet auf die Anwendung wirtschaftlicher Handlungslogik des Zahlens, nun z. B. auch mit, wer im Sport siegt oder verliert, denn ein Fußballclub, der die hohen Gehälter für Fußballstars zahlen kann, wird öfter gewinnen als „arme Vereine“. Ein anderes Beispiel ist die zunehmende Verrechtlichung der Gesellschaft, ablesbar etwa an der Zunahme von politischen Gesetzesinitiativen oder an der steigenden Zahl von privaten Klagen, so dass viele Kommunen zur Entlastung der Gerichte bereits vorgerichtliche Schlichtungsinstanzen einsetzen.

Diese Verlaufsfigur kann in zwei unterschiedlichen Verlaufsfiguren einmünden: zum Einen die Autonomiesteigerung durch Wachstum, bei der es nicht um Wachstum qua Inklusion geht, sondern um die Intensivierung der Leistungsbeziehungen zu anderen Systemen in Form von quasi-Tauschverhältnissen. Auch hier kann der Spitzensport als Beispiel dienen, der mit der Verschränkung mit der Politik, mit der Wirtschaft und mit den Massenmedien immer mehr gewachsen ist. Zum Anderen kann es aber auch zu einer Art „feindlicher Übernahme" eines Systems durch ein anderes, besonders wachstumskräftiges oder dominantes System kommen. Wenn z. B. das, was für schöne Kunst gehalten wird, sich fast nur noch an dem Verkaufspreis orientiert, wenn also ein System einem anderen System Programme aufdrängt bzw. sich dessen Programme einverleibt. Oder wenn die Ressourcenabhängigkeit eines Systems zu groß wird, die Wissenschaft z. B. ihre Forschung immer mehr auf (potentielle) Geldgeber einstellen muss. Sowohl das Entziehen als auch das Aufdrängen von Ressourcen kann problematisch werden. Schließlich kann die feindliche Übernahme soweit gehen, dass ganze Deutungsstrukturen uminterpretiert werden, dass sich Codes aufdrängen oder einverleibt werden. Dies ist der Fall, wenn man in der Folge so tut, als sei die Wissenschaft nichts anderes als ein Wirtschaftsunternehmen oder Konsum nicht wirtschaftlich, sondern so inszeniert wird, als handle es sich um einen quasi-religiösen Akt („Ich musste diese Schuhe einfach kaufen.").

Abbildung 3 Verlaufsfiguren sozialer Differenzierung

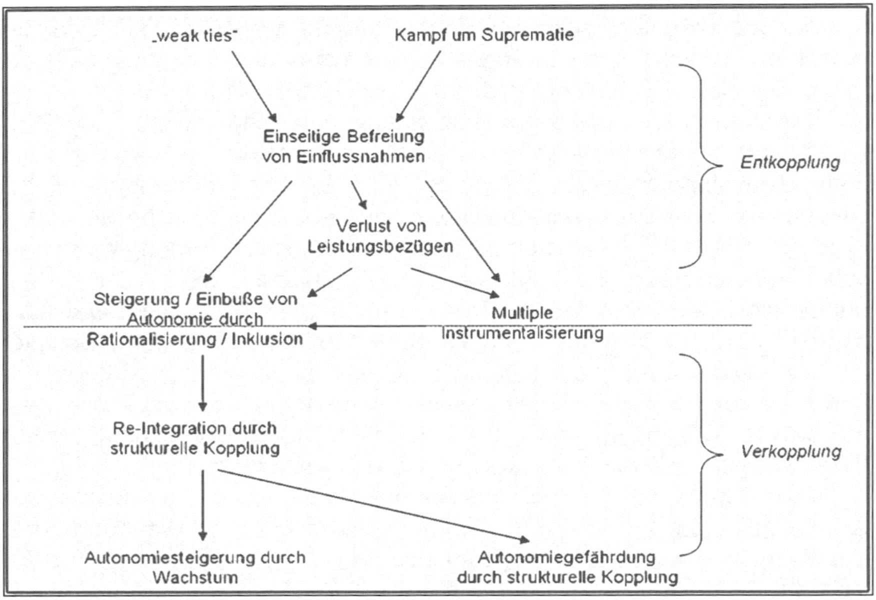

Hinter all diesen verschiedenen, von *Uwe Schimank* herausgestellten Entwicklungsdynamiken orientierender Deutungsstrukturen, dies sollte deutlich geworden sein, stecken immer Akteure als „energetische Antreiber“. Die konkreten Handlungsantriebe können dabei sehr vielfältig sein. Generell unterstellt *Uwe Schimank* den Akteuren aber zumindest vier basale *reflexive Interessen*, die sich auf die generellen Bedingungen spezifisch substantieller Interessen beziehen. Akteure streben immer danach, (a) die Reichweite ihrer Interessenrealisierung auszudehnen; (b) möglichst viele zur Zielerreichung relevante Ressourcen zu akkumulieren; (c) Dominanz in einer relevanten Interessenssphäre ausüben zu können und (d) Kontrolle über die eigene Interessenrealisierung zu erwerben.

2.4 Der empirische Blick: Doping

Dass eine akteurtheoretisch fundierte Differenzierungstheorie neue Perspektiven zur Lösung empirisch vorhandener Probleme bietet, zeigt *Uwe Schimank* am Beispiel von Doping im Spitzensport. Dabei wird vor allem nach den sozialen Bedingungen gefragt, die Doping möglich und auch wahrscheinlich machen. Analysiert werden die Strukturdynamiken des Hochleistungssports mit Blick auf die relevanten handlungsprägenden Faktoren. Anders formuliert, Sport wird als gesellschaftliches Teilsystem verstanden, an welchem sich das Handeln der Sportler maßgeblich orientiert.

Eine Grundannahme ist, dass Sport als System der binären Codierung von Sieg und Niederlage folgt. Dritte Möglichkeiten, z. B. Zufriedenheit, gesundheitliche Aspekte, Spaß etc., werden ausgeschlossen. Die Orientierungsunterscheidung von Sieg und Niederlage gilt ohne jede Stopp-Regel, so dass die Dynamik spätestens dann auf Steigerungsanstrengungen hinausläuft, sobald die Körper an ihre Grenzen geraten und die Spannung zwischen dem Siegescode und der Leistungsfähigkeit der Körper und Psychen, die „das zentrale Implementationsfeld des Leistungssports“ bilden, unübersehbar wird. Die Vorstellung ist, dass es immer höher, weiter, schneller geht. Damit wird das Handeln der Sportler, so lange es an dieser Unterscheidung ausgerichtet ist, einerseits maßgeblich entlastet, z. B. weil sie ihre spezifischen Handlungsantriebe nicht darlegen und ihr Handeln in diesem System nicht weiter legitimieren müssen. Andererseits erfahren die Sportler auch eine gewisse Belastung, weil der Sieg immer im Hinblick auf die ebenfalls mögliche Niederlage gedacht wird. Der Code lautet eben *nicht* „Sieg/Dabei-Sein-ist-alles“. Wer den Sieg will, muss die Niederlage im Blick habend vermeiden, und diese Sichtweise ist als Letztbegründung spitzensportlichen Handelns verabsolutiert. Die unabdingbare Konsequenz ist, dass die einzelnen Sportler untereinander immer in einem absoluten Konkurrenzverhältnis zueinander stehen, weil der Sieg des Einen die Niederlage des Anderen bedeutet und jegliche graduelle Unterschiede – 10 cm weiter gesprungen; 0,03 Sekunden schneller gelaufen; ein Tor mehr schossen usw. – immer in die binäre Codierung von Sieg/ Niederlage eingepresst werden. Diese Spannung als Erlebniskorrelat des Sportcodes ist nicht aufhebbar, weil Sport sonst langweilig wird und vor allem die Ansprüche anderer Systeme nicht mehr befriedigen kann. Wenn es immer nur Remis im Fußball gäbe, dürften die Stadien irgendwann nur noch halb so voll sein und der Sportteil in den Tageszeitungen nur noch halb so umfangreich. Zugleich wird niemand vom Sport ausgeschlossen, das heißt, auch hier gilt die All-Inklusion. Die Mitgliedschaft im Spitzensport wird grundsätzlich nach Leistung vergeben, wer leistungsstark genug ist, ist dabei. Hier zählt kompromisslos die Leistungsgerechtigkeit und nicht eine absolute Gerechtigkeit, weshalb man kaum eine Quotenregelung im Spitzensport wird erwarten können.

Hinzu kommen immer größere Ansprüche aus der Umwelt des Sportsystems an die Sportler, was die Dynamik des Codes weiter vorantreibt. Obwohl der Sport sich selbst eigendynamisch vorantreibt, sind die dabei anfallenden Leistungen auch von anderen Systemen nutzbar. Alleine die pure Anzahl von Gesellschaftsmitgliedern, die sich für Spitzensport interessieren, verdeutlicht die gesellschaftliche Bedeutung des Leistungssports, der lustvoll erlebbare Spannung, Gelegenheiten für Wetten, einen gewissen Voyeurismus, Heldenverehrungen, ästhetische Darbietungen, die Möglichkeit eines affektiven Sich-Auslebens – auch im Rahmen sportunspezifischer Sozialität (Fußball sehen in einer Kneipe) – oder auch Themen für gesellige Kommunikation bietet; also alles das, was dem Gemeinschaftsleben und den dort immer wieder zu erzeugenden Interaktionsordnungen zuträglich sein kann. Darüber hinaus haben Sportereignisse immer Informationswert und sind somit für die Massenmedien interessant, während umgekehrt der Sportler ein hohes Interesse an massenmedialer Aufmerksamkeit hat. Der Wert mancher Sportereignisse für die Massenmedien lässt sich mittlerweile gut an den Preisen für die Übertragungsrechte ablesen. Auch Unternehmer und politische Instanzen nutzen die durch den Spitzensport zur Verfügung gestellten Leistungen, vor allem die mit dem Sport einhergehende massenmediale Aufmerksamkeit, die dann für jeweils eigene Belange – Image-Gewinn – genutzt werden soll. Der Sport wird dann z. B. als Werbeträger für Konsumprodukte interessant. Als Medium nationaler Identitätsbehauptung kann der Sport zu einer politisch nutzbaren Solidarität der Bevölkerung beitragen, man denke nur an die Olympischen Spiele von 1936 oder an die stellvertretende Konfliktaustragung des Kalten Krieges im Sport.

Derartige interne und externe Faktoren wirken handlungsprägend auf die Karriere-Gestaltung der Sportler, die in eine biographische Falle geraten, wenn sie bereits hohe Investitionen getätigt haben, um am Leistungssport partizipieren zu können. Mit dem beschrittenen Pfad des Leistungssports nimmt der Erfolgsdruck so zu, dass alles unternommen werden muss, um nicht als Verlierer dazustehen und dadurch die eigene zukünftig kurzweilige Karriere, aber auch die bereits vergangenen Jahre als verschenkt bewerten zu müssen.

Diese biographische Falle lässt sich wiederum akteurtheoretisch analysieren. Die Frage ist, was die beschriebenen Bedingungen – Sport als System – für die Akteure bedeuten, wie sie diese Situation wahrnehmen und ihr Handeln innerhalb dieses sozialen Kräftefelds ausrichten. Zunächst gilt es festzuhalten, dass Biographien grundsätzlich sukzessive Selbstfestlegungen sind: Zeitlich wird der Lebensverlauf nicht von Anfang bis Ende durchgeplant, sondern es werden Abfolgen von Entscheidungen in jeweils neuen Kontexten getroffen, wobei jede Entscheidung auf einen bestimmten Pfad führt, der mehr oder weniger – und manchmal auch gar nicht – reversibel ist. Jede Wahl schränkt die weitere Zukunft des Akteurs ein, weil sachlich immer mehr Möglichkeiten ausgeschlossen als neu eröffnet werden, es also zu einer zunehmenden Spezifikation kommt. Für Spitzensportler treffen diese allgemeinen Merkmale in besonderer Weise zu, insofern das Beschreiten dieses Lebensweges biographisch besonders spezifizierend, pfadabhängig und irreversibel ist. Spitzensport ist besonders zeitaufwendig, der Sport muss oftmals zum Beruf werden, um die zeitlichen Anforderungen überhaupt erfüllen zu können. Mit diesem notwendigen Zeitaufwand geht bereits eine hohe Präferenz des Sports gegenüber allen anderen Dingen einher, etwa gegenüber Freizeit mit Freunden. Auch wird man immer angewiesener auf bestimmte Personen, die das Unterstützungsmilieu des Sportlers bilden (Betreuer, Mediziner, Fans, Sponsoren etc.) und irgendwann den Hauptanteil sozialer Beziehungen überhaupt ausmachen. Kurz: Das Sporttreiben wird zum „sinnstiftenden Zentrum der eigenen Identität“, sobald man fest im Spitzensport verankert ist. Der Prozess dorthin vollzieht sich von früher Kindheit an meist schleichend, so dass es schwierig wird, bewusst zum richtigen Zeitpunkt diesen Weg noch verlassen zu können. Spätestens mit dem Gewahrwerden eines Mangels an anderen beruflichen Alternativen in Kombination mit der Kurzfristigkeit der noch möglichen Sportlerkarriere, die (je nach Sportart) ja bei großem

Erfolg auch „großes Geld“ verspricht, ist eine Höchstmotivation gegeben, alles für den möglichen Erfolg zu tun. Identitätsbehauptung und ökonomische Sanktionen sind starke Handlungsantriebe, die vielleicht vorgängige Motive wie „Spaß am Sport“ in den Hintergrund rücken lassen. Ist man einmal soweit, kann die „biographische Falle“ zuschnappen, das heißt, dass man in manchen Situationen auf diesem Pfad etwas macht, was man früher nie getan hätte. Sich dopen beispielsweise. Doping ermöglicht eine auf die sachlichen Anforderungen zugeschnittene Manipulation des Akteurs, sei es durch gezielten Muskelaufbau, höhere Regenerationsfähigkeit oder andere Verschiebungen der körperlich-psychischen Leistungsgrenzen. Zeitlich kann man mit Doping früher in die Sportelite vorstoßen und die Karriere nach hinten weiter ausdehnen. Sozial verspricht Doping die Vollendung des Siegescodes und damit die Orientierung am Leitwert des Sports. Wichtig ist nun, dass all diese offensiven Dopinggründe bei einem Akteur gar nicht zwingend vorhanden sein müssen, sondern es genügt zu erwarten, dass andere Akteure Doping einsetzen, weil diese erwarten, die genannten Vorteile ausnutzen zu können. Die pure Beobachtungskonstellation genügt, aus *defensiven* Gründen ebenfalls zu dopen. Zusammengefasst: Es gibt gute Gründe zu dopen, um besser zu sein als Andere und mindestens ebenso, um nicht schlechter zu sein. Und dies geht allen Sport-Akteuren so. Mit anderen Worten, die Sportler befinden sich in einer Situation der Interdependenzbewältigung. Jeder fragt sich: Was tut der Andere? Die Sportler befinden sich in einem Konkurrenzspiel, dessen Struktur das Dilemma (spieltheoretisch) verdeutlicht: Geht man von zwei Akteuren aus, deren Handlungsorientierung ausschließlich im Rahmen des Sportsystems gedeutet werden (unter Absehung von systemfremden Vorstellungen über Moral, Fairness usw.), hat jeder die Handlungsalternative, zu dopen und dadurch die eigenen Siegchancen zu erhöhen oder darauf zu verzichten. Verzicht wäre besser, weil man dann keine gesundheitsschädlichen Risiken oder Bestrafungen in Kauf nehmen muss. Aber das Resultat der Handlungsentscheidung ist ebenfalls von der Handlungsentscheidung des Anderen abhängig. Nicht zu dopen bedeutet auch einen Nachteil, wenn der jeweils andere Akteur sich für Doping entscheidet. Die folgende Auszahlungsmatrix zeigt das Dilemma:

Abbildung 4 Konkurrenzspiel

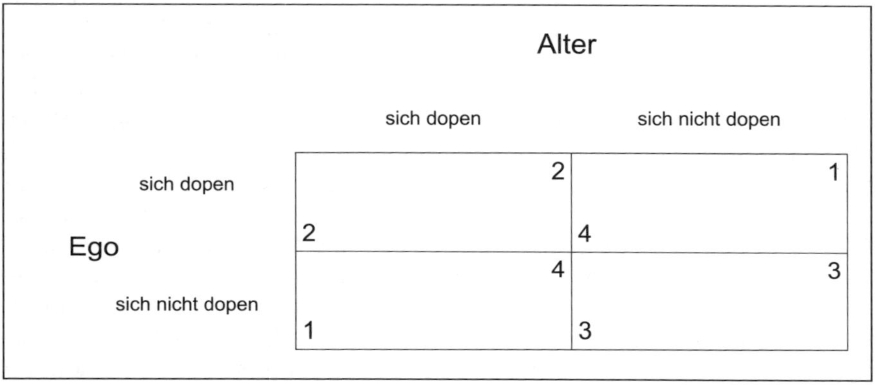

Das *kollektiv* beste Ergebnis wäre es, wenn beide Akteure *nicht* dopen, denn dann wäre eine Art „Waffengleichheit" hergestellt, keiner würde den Anderen übervorteilen. Noch besser aus der *individuellen* Perspektive ist es aber, wenn man selbst dopt, der Andere aber nicht, denn dann ist man auf der Siegerstraße – der höchste Wert eines Spitzensportlers. Entsprechend wäre es am schlechtesten, wenn man selbst sich nicht dopt, aber der Andere dies tut, weil man dann ziemlich sicher verliert. Da beide aber nicht kontrollieren können, ob der Andere sich dopt oder nicht *und* beide sich wechselseitig das gleiche Kalkül unterstellen, werden beide Akteure sich dopen – was zu dem *kollektiv* schlechteren Resultat führt: Beide benutzen Doping, riskieren Schäden und Bestrafungen, und keiner hat einen Vorteil dadurch erworben.

2.5 Der gegenwartsdiagnostische Blick: Das Individuum in der Entscheidungsgesellschaft

Akteure haben, dies machen die gezeigten Beispiele deutlich, immer das Problem, dass sie in ihrem Entscheidungshandeln mit anderen Akteuren zusammenwirken. Die Entscheidungskonstellationen sind mehrdimensional: Mal wirkt ein Entscheider, z. B. eine Mutter, auf viele Beeinflusste (Kinder, Vater); mal gibt es mehrere Entscheider, die mit- oder auch gegeneinander agieren (Politiker, Schachspieler) oder sogar ganze Entscheidungsgruppen (z. B. ein Fakultätsrat an Universitäten), die mittels ihrer Entscheidungen auf andere Entscheidungsgruppen (z. B. die Studierendenschaft) einwirken. Neben dieser Sozialdimension ist auch die Situation an sich zu berücksichtigen: handelt es sich um ein Koordinationsproblem, bei dem gemeinsame Interessen vorliegen und das Handeln nur auf eine Alternative abgestimmt werden muss („zu mir oder zu Dir?"); oder befindet man sich in einem Konflikt, bei dem jeder Gewinn des Einen ein Verlust des Anderen darstellt („Du oder ich!"); oder handelt es sich um eine Situation mit gemischten Motiven – ein Dilemma –, in dem es zwar prinzipiell gleichgerichtete gemeinsame Interessen gibt, die aber den individuellen Interessen widersprechen, so dass man sich irgendwie koordinieren muss („Du willst zum Fußballspiel gehen, ich ins Kino")? Man sieht, wieder sind Akteurkonstellationen der zentrale Ausgangspunkt. Das ist für eine Betrachtung des Entscheidungshandelns der Akteure auch plausibel, denn derartige durch Akteurkonstellationen gestaltete Situationen haben Auswirkungen für die Akteure, die sich entscheiden müssen. Oftmals können sie nicht mehr tun, als bei der Entscheidungsfindung im Nebel zu stochern, weil sie unsicher über die Entscheidungen und Handlungen der Anderen sind, die man aber benötigt, weil man manchmal Ziele eben nicht alleine erreichen kann. Vielleicht kann man selbst auch gar nichts anderes tun, als abzuwarten, weil man denkt, man sei ausschließlich von Verhalten der Anderen abhängig, wobei diese selbst ganz anderer Meinung sein können und sich selbst wiederum an den Anderen orientieren …

Welchen Einfluss hat aber nun die zeitgenössische Gesellschaft mit ihren ganz bestimmten Strukturmerkmalen auf das Entscheidungshandeln? *Dass* ein Einfluss auf das Entscheidungshandeln der Akteure in der Gegenwartsgesellschaft vorhanden ist, ist offensichtlich. Schon unter dem Stichwort der „Globalisierung" lässt sich erahnen, dass der soziale, raumzeitliche und sachliche Raum derart erweitert wird, dass jegliches Entscheidungshandeln immer weniger einfachen Routinen, etwa bestimmten traditionalen Abläufen, folgen kann. Alleine die Menge der zur Verfügung stehenden Informationen und deren mögliche Verknüpfbarkeit – man betrachte nur das World Wide Web – lässt jede Information, die der Entscheidungsfindungen dienen könnte, unvollständig erscheinen, davon abgesehen, dass man immer das Gefühl hat, die je individuelle Suchkapazität sei ebenso ungenügend wie die dadurch bedingte selektive Aufmerksamkeit. Auch die Zeit reicht somit nie aus. Aber dies ist nicht das einzige temporale Problem. Hinzu kommen die unterschiedlichen Zeithorizonte der Systeme, mit denen man *simultan* in der eigenen biographischen Zeit fertig zu werden hat, das heißt, das monatliche Einkommen mit den Wahlperioden der Politik, den wöchentlichen Fußballspielen und den jährlichen Geburtstagfeiern in der Familie zu koordinieren. Dass man dabei die eigene Kontingenz stets mitdenken, also in Rechnung stellen muss, dass alle Handlungsalternativen, Erwartungen und Bewertungen zwar möglich sind, aber auch ganz anders sein können, führt zudem und insgesamt zu der normative gestützten Anforderung, dass Jede und Jeder die Alternativen zu sondieren habe und die jeweils gewählte Alternative stets zu reflektieren ist.

Das normative Prinzip, so Schimank, das diese Kontingenz spezifiziert und dadurch den Umgang damit organisiert, ist: *Rationalität*. *Uwe Schimank* geht davon aus, dass man einerseits der Kontingenz des Entscheidungshandelns begegnen kann, indem man sich der kontingenten Situation gegenüber öffnet oder schließt; andererseits sind die Folgen des Öffnens oder Schließens in einer typisch modernen Bewertungsperspektive bezogen auf die dadurch erzeugte Informationslage entweder positiv oder negativ. Durch Kreuztabellierung dieser beiden Dimensionen erhält man vier mögliche Konsequenzen des Entscheidungshandelns unter Kontingenz:

Abbildung 5 Entscheidungshandeln

	Kontingenz-Öffnung	**Informations-Schließung**
Gut	*Mehr Informationsverarbeitung*	*Konzentration auf das Wichtigste*
Schlecht	*Informationsüberflutung*	*Dogmatismus*

Wenn der Akteur die kontingente Situation angemessen öffnet, kann er eine umfassende Informationsverarbeitungsprozedur durchführen. Gelingt ihm diese Öffnung nicht angemessen, wird er mit „Informations-Lärm" nahezu überflutet. Gelingt die Schließung der dann zur Weiterverarbeitung als relevant befundenen Informationsmenge, wird die Überflutung zurückgenommen bzw. die zuvor eingeleitete Informationsverarbeitungsprozedur führt dazu, dass man sich auf die wichtigste Information in dem weiteren Entscheidungsgang konzentrieren kann. Misslingt die Schließung, neigt der Akteur zu einer Art Schema-F-Denken, zum Dogmatismus. Das Prinzip der Rationalität besagt nun ein gutes Kontingenz-Öffnen gefolgt von einem guten Informations-Schließen. Allerdings ist damit noch nicht allzu viel ausgesagt. Erstens kann man das Handeln als Ergebnis der Orientierung am Rationalitätsprinzip daraufhin evaluieren, ob das Ergebnis letztlich rational ist *(substantive Rationalität)*, was allerdings die Gefahr des Fehlschlusses birgt, die Handlung gerade deshalb für rational zu halten, weil sie gewählt wurde. Wer dies unterstellt, bringt sich um die Chance herauszufinden, ob die Handlung vielleicht zustande kam, obwohl nicht-rationale Orientierungen dahinter stecken. Man könnte aber auch die Rationalität darin sehen, dass die Entscheidung einer bestimmten Verfahrensregel gefolgt ist. Dann aber kann man wiederum zumindest ein auf Effizienz angelegtes Verfahren von einem effektiven Verfahren unterscheiden. *Effizienz* bedeutet, dass das Verhältnis der Kosten zum erwarteten Nutzen möglichst günstig ist, dass also die für einen Zweck aufgewandten Mittel in einem möglichst günstigen Verhältnis zueinander stehen. Wer Milch kaufen möchte, der kann z. B. das preisgünstige Angebot wahrnehmen. *Effektivität* dagegen meint, dass man ein Ziel in einem vorher festgelegten Maß erreicht. Wenn man „Milch-Durst" hat, dann kauft man eventuell einfach eine Flasche Milch, solange ein bestimmtes Preislimit nicht überschritten wird. Allerdings kann auch die reine Zielerreichung – koste es, was es wolle – dazugehören, wie dies vielleicht für Selbstmordattentäter typisch ist. Wenn dann noch von *Zweck-Mittel-Rationalität* gesprochen wird, bedeutet dies, dass nicht nur die Rationalität der Mittelwahl, sondern eben auch die Rationalität der Zwecke beachtet werden muss, denn auch Zwecke sind ja nicht einfach gegeben.

Auch wenn man diese weiteren Spezifikationen mitberücksichtigt, ist das Entscheidungshandeln in der Gegenwartsgesellschaft noch nicht hinreichend konkretisiert. Denn zumindest möchte man doch endlich wissen: Wie genau geschieht das Entscheidungshandeln denn nun? *Uwe Schimank* lässt diese Frage nicht offen. Zunächst zeigt er auf, wie eine perfekt rationale Handlung, gemessen an sieben Dimensionen des Entscheidungshandelns, aussehen könnte. Es geht los mit der *Problemdiagnose*, die ein möglichst frühes, in jedem Falle aber rechtzeitiges Erkennen des Problems, seiner Beschaffenheit so wie des Entscheidungsbedarfs ermöglichen sollte. Dann folgt eine klare *Kriterienformulierung*, das heißt, Ziele, normative und evaluative Randbedingungen sind formulierbar und in eine eindeutige Rangordnung zu bringen. Die *Handlungsalternativensuche* erlaubt dann ein störungsfreies Sondieren der Möglichkeiten; die darauf folgende *Handlungsalternativenbewertung* geschieht in Anwesenheiten jeglicher Ambivalenzen und Ambiguitäten, so dass ein Ranking von Handlungsalternativen erstellt werden kann. Damit ist der nächste Schritt eingeleitet, die Ausbildung von Erwartungen, was in Abhängigkeit der potentiell zu selektierenden Handlungen passieren wird, oder anders formuliert, die *Folgen* werden *evaluiert*. Schließlich wird dann anhand bestimmter Selektionsalgorithmen eine Alternative selektiert, das heißt es wird festgelegt, welche Handlungsalternative situativ nun tatsächlich umgesetzt werden soll. Die *Implementation*, das heißt, die Umsetzung in eine dann für Außenstehende ouverte Handlung durch tatsächlichen Körpereinsatz, schließt das perfekt rationale Entscheidungshandeln ab.

Allerdings, so perfekt rational sind Entscheidungshandlungen nur selten, vor allem in Gesellschaften, die derart komplex sind wie die diversifikatorisch differenzierte Gegenwartsgesellschaft. Es wirken dann jene von der Entscheidungstheorie sogenannten „Anomalien", die die Rationalität begrenzen. Bezogen auf die genannten Dimensionen zeigen sich Rationalitätsbeschränkungen bei der Problemformulieren z. B. darin, dass man zum Einen meistens gar nicht die notwendigen kognitiven Fähigkeiten aufweist, etwa um die zeitlichen Eigendynamiken von Probleme rechtzeitig zu identifizieren. Hinzu kommt, dass man meistens nicht versucht, Probleme aktiv zu erkennen, sondern diese auf sich zukommen lässt, oftmals so lange, bis ein gewisser Problemdruck, der sich als kumulierte Unzufriedenheit zeigen kann, entstanden ist. Bei der Kriterienformulierung macht man sich selten die Mühe, eine vollständige Kriterienliste zu erstellen; die Kriterien werden nur vage formuliert, wobei bestimmte Randbedingungen genauso wie attraktive Nebeneffekte überbetont werden. Schwierigkeiten bei der Festlegung einer Rangordnung begegnet man dadurch, dass man nach Gesichtspunkten des Vermeidens sucht, z. B. indem man sich daran orientiert, keine irreversiblen Entscheidungen zu treffen. Bei der Alternativensuche wird der Suchaufwand minimiert und nur auf das nahe Umfeld geschaut. Häufig wird von der Problemformulierung direkt auf die Alternative kurzgeschlossen oder man sucht schlichtweg völlig planlos nach Handlungsalternativen. Die Bewertung der Letzteren erfolgt oft nur in einer kurzfristigen Perspektive und im Vergleich mit dem (vielleicht zufällig) gegebenen Status Quo, nicht aber untereinander. Kurz: Man fragt nur danach, ob es besser ist als jetzt. Auch die Abschätzung möglicher Folgen potentiell zu selektierender Handlungen bleibt vielfach oberflächlich. Viele Konsequenzen werden überdies schön- oder schlechtgeredet. Und auch die Handlungsselektion an sich ist vielmals wenig rational, wenn bestimmte Heuristiken wie die Wahl der erst besten Alternative oder eine Negativ-Auswahl („Was will ich nicht?");

vorgezogen werden. Man kann auch den Umständen (zu denen ebenfalls andere Akteure gehören können) die Selektion überlassen, entweder indem man sie aktiv dazu auffordert („Mach Du das!“), oder indem man einfach abwartet. Manchmal hat man zumindest dann noch die Chance, eine Handlungsalternative zu wählen, die Zeit bringt. Zum Schluss ist auch die Umsetzung in Körperfunktionen nicht so einfach, wie es klingt. Jeder kennt Schwierigkeiten, „den inneren Schweinehund“ zu überwinden, weil man gerade zu träge oder aus unerfindlichem Grunde unentschlossen ist.

Uwe Schimank stellt nun die Frage, wie Akteure es fertig bringen, unter den gegebenen Umständen – einer hochkomplexen Gesellschaft – ihrem eigenen Entscheidungshandeln möglichst viel Rationalität abtrotzen. Im Prinzip, so Schimank, ist die Rationalität des Entscheidens eine Frage von Abstufungen, so dass man *mehr oder weniger rational* vorgehen kann. Analytisch lassen sich dabei drei Vorgehensweisen unterscheiden, deren Rationalitätsgrad immer geringer wird: Planung, Inkrementalismus und Im-Spiel-Bleiben.

Planung bedeutet, eine aktive Problemsondierung zu betreiben, also „Frühwarnsysteme“ (wie im Militär, in der Marktforschung oder der Wissenschaft) zu implementieren oder auf möglichst professionelle Beratung zurückzugreifen. Man kann schon dabei, wie an der gesamten Entscheidungsfindung, viele Meinungen zulassen, um zu versuchen, produktive Konflikte zu erzeugen oder einen gemeinsamen Nenner mit der Hoffnung zu finden, dass dieser dann auch möglichst robust gegen Veränderungen ist. Auch Mehrheitsentscheidungen gehören in diesen Bereich, wobei eine Spannung zwischen Sozial- und Sachdimension Rechnung gestellt werden muss: Je mehr man Mehrheitsentscheidungen als Verfahren einsetzt, desto größer mag das Rationalitätspotenzial sein, doch desto höher ist ebenfalls das Konfliktniveau. Durch Mehrheitsentscheidungen werden die sozialen Einflusspotenziale der Akteure oder Gruppen letztlich nivelliert, aber nicht die Perspektiven und Kriterien. Genau aus diesem Grund werden oft zusätzlich Korrektivmechanismen eingebaut, z. B. sog. „qualifizierte Mehrheiten“, Minderheitenschutz, Reversibilität getroffener Entscheidungen usf. Auch ist der Einsatz intuitiver Kreativität nicht ganz ausgeschlossen, indem man ein nicht-schematisiertes Sondieren von Problemen, Alternativen und Kriterien gezielt einsetzt, um Vereinseitigungen zu vermeiden bzw. Flexibilitäten und die Chance auf Entscheidungsinnovationen zu erzeugen (z. B. der „umherschweifende Blick, durch „ganzheitliche Betrachtungen“ usw.).

Ein geringerer Rationalitätsgrad liegt beim „mixed scanning“ vor, das bereits den Übergang zu nächsten Vorgehensweise modelliert. Hier geht es darum, erst bestimmte Weichenstellungen vorzugeben und dann im Sinne des Inkrementalismus (siehe unten) zu schauen, was passiert. Man erzeugt, in anderen Worten, Pfadabhängigkeiten, wobei das konkrete Ergebnis selbstverständlich nicht kalkulierbar oder gar prognostizierbar ist. Viele technologische Innovationen werden auf diese Weise auf den Weg gebracht.

Damit ist die zweite, analytisch nach ihrem Rationalitätsgehalt unterscheidbare Entscheidungsprozedur angekündigt: der *Inkrementalismus*. Man kann dies einfach mit „Sich-Durchwursteln" übersetzen. Die Problemfindung erfolgt hierbei reaktiv, das heißt durch ein entlang-Hangeln an den sich aufdrängenden Entscheidungsproblemen (es findet keine aktive Sondierung mehr statt). Manche(r) mag hoffen, dass der Kelch an ihm oder ihr vorüber geht, um sich absehbare Kosten zu sparen. Problempräventionen werden jedenfalls nicht eingesetzt. Auch die Festlegung von Entscheidungskriterien folgt hier eher einem situativen Opportunismus, das heißt, je nach gerade aktuellen Eigeninteressen werden Kriterien formuliert und mit Relevanz belegt. Die Handlungsalternativensuche ist auf Einfachheit angelegt, das heißt, wenn man schon zu einer Entscheidung „genötigt" wird, dann greift man einzelne Faktoren der Situation heraus, die eine bestimmte Handlung nahe legen. Vor allem die sachliche oder zeitliche Nähe zum Auftauchen des Problems wird als Indiz für Kausalzusammenhänge gewertet, wobei die Anwendung einfacher Analogieschlüsse die Entscheidungs-Komplexität um ein Vielfaches reduziert. Gleiches gilt für die Weiterverarbeitung der gewonnenen Informationen durch Heuristiken, etwa durch Typisierungen oder durch das durch Herbert Simon berühmt gewordene „Satisficing" als Regel, die besagt, dass man eine Maximierung der Zeitgerechtigkeit im Rahmen des Anspruchsniveaus anstrebt. Einfacher formuliert: Man verzichtet auf das mögliche Optimum und stellt trotzdem Ansprüche an Entscheidung, indem man die erste Handlungsalternative selektiert, die den Ansprüchen genügt, obwohl möglicherweise weitere – und auch bessere – Handlungsalternativen im Horizont der Möglichkeiten auftauchen würden, wenn man denn den Suchaufwand erhöhen würde. Besonders interessant ist in diesem Zusammenhang das an die Komplexität der Akteurkonstellationen anschließende sog. „Partisan Mutual Adjustment". Dabei wird ausgelotet, welche Möglichkeiten die aktuell prägenden Akteurkonstellationen mit sich bringen, z. B. um bestimmte Kräfteverhältnisse nutzen zu können oder einfach auch, um institutionelle Regeln nicht zu übertreten. Ebenfalls kann man sich mittels Ausgleichszahlungen oder Koppelgeschäfte nach Maßgabe der Kräfteverhältnisse aneinander anpassen. Ganz generell zeichnet sich dieses Rationalitätsniveau dadurch aus, dass man in das Entscheidungshandeln etwa mittels einer „Politik der kleinen Schritte" Fehlertoleranzen ebenso einbaut wie Redundanzen, was durch Schaffung von Überkapazitäten zur Risikokontrolle erreicht werden kann. Auch eine gewisse Risikostreuung, indem man eben nicht immer alles auf eine Karte setzt, trägt zur Rationalität bei.

Aber auch diese Rationalitätserhaltungsmaßnahmen gelingen nicht mehr, wenn die Komplexität zu hoch wird – und dies ist gegenwärtig sehr oft der Fall. Was dann noch als Rationalität möglich scheint, ist nicht viel mehr als ein *Im-Spiel-bleiben* und nicht die Brocken einfach hinzuschmeißen. Man erreicht dieses Im-Spiel-bleiben, indem man z. B. auf Rationalitätsfiktionen setzt, das heißt, man tut so, als ob eine Entscheidung rational sei, um Zeit zu gewinnen, Unsicherheiten zu absorbieren oder um dem eigenen Entscheidungshandeln wenigstens einen Anstrich von Legitimität zu verpassen. Für die Entscheidung, Sport zu treiben (weil man vielleicht einfach nur Spaß daran hat) und die damit verbrachte Zeit nicht für die Lektüre soziologischer Bücher zu verwenden, kann man etwa auf die Rationalitätsfiktion zurückgreifen, dass Sport doch gesund sei, obwohl dies wissenschaftlich für viele Fälle nicht nur nicht bewiesen bzw. auf bestimmte Bedingungen eingeschränkt, sondern sogar widerlegt ist. Neu auftauchende Probleme können auch durch Entscheidungsreflexe gelöst werden, indem gerade mehr oder weniger zufällig bereitstehende Handlungsalternativen einfach auf das neue Problem angewandt werden, nach dem Motto „Es hat noch nie geschadet, wenn …". Ein damit kompatibler Weg ist es, sich von dem inspirieren zu lassen, was gerade vorgeht und dann an der Entscheidung hier und da ein wenig herumzubasteln. Irgendwas wird schon dabei herauskommen, und wenn es nicht das Gewünschte ist, kann man sich ja immer noch „umfreuen". Da aber Umfreuen eine gewisse, nicht zwangsläufig vorhandene Kompetenz beim Akteur erfordert und vielleicht auch nicht immer in befriedigender Weise möglich ist, bleibt immer noch: Abwarten. Es kommt dann auf die Ausgestaltung des Abwartens an, inwieweit man noch Reste von Rationalität ausfindig machen möchte, z. B. wenn Akteure vor der Welt in eine Religion flüchten, oder wenn sie wie Jäger Warten-und-Lauern oder „mit dem Strom schwimmen", währenddessen auf einen günstigen Zufall hoffen, oder aber einen lakonischer Fatalismus als eine Art Lebensphilosophie praktizieren, im Sinne eines „So ist das Leben". Jedenfalls wird das endgültige Scheitern des Entscheidungshandelns, gemessen an dem Idealtypus perfekter Rationalität, auf diese Weise herausgeschoben.

2.6 Wichtigste verwendete Literatur

Bette, Karl-Heinrich/*Uwe Schimank* (1995): *Doping im Hochleistungssport*. Frankfurt/Main. Suhrkamp.

Schimank, Uwe (2007): *Theorien gesellschaftlicher Differenzierung*. 3. Aufl. Wiesbaden. VS Verlag

Schimank, Uwe (2000): *Handeln und Strukturen. Einführung in die akteurtheoretische Soziologie*. Weinheim, München. Juventa.

Schimank, Uwe (2005): *Differenzierung und Integration der modernen Gesellschaft. Beiträge zur akteurzentrierten Differenzierungstheorie 1*. Wiesbaden. VS Verlag.

Schimank, Uwe (2006): *Teilsystemische Autonomie und politische Gesellschaftssteuerung. Beiträge zur akteurzentrierten Differenzierungstheorie 2*. Wiesbaden. VS Verlag.

3 Hartmut Essers „Allgemeine Handlungstheorie“

Hartmut Esser wurde 1943 in Elend (Harz) geboren. Nach dem Studium der Volkswirtschaftslehre und Soziologie in Köln erhielt er 1971 in Köln sein Diplom als Volkswirt sozialwissenschaftlicher Richtung. 1974 folgte am gleichem Ort die Promotion zum Dr. rer. pol. mit einer Dissertation zu *„Soziale Regelmäßigkeiten des Befragtenverhaltens“*. 1974 bis 1978 war er Akademischer Rat der Ruhruniversität Bochum und von 1978 bis 1982 Heisenberg-Stipendiat der Deutschen Forschungsgemeinschaft, Wissenschaftlicher Rat und Professor an der Universität Duisburg GHS. Die Habilitation für „Soziologie und Sozialwissenschaftliche Methodenlehre“ erfolgte 1981 in Bochum mit einer Schrift zu *„Assimilation und Integration. Eine handlungstheoretische Analyse des Eingliederungsprozesses von Wanderern“*. Von 1982 bis 1987 war er Professor für Empirische Sozialforschung an der Universität Essen GHS; 1985 bis 1987 Geschäftsführender Direktor des ZUMA in Mannheim. Von 1987 bis 1991 kehrte er als Professor für Soziologie an seine alte Wirkungsstätte – die Universität zu Köln – zurück. Von 1991 bis 2009 hatte er als Professor den Lehrstuhl für Soziologie und Wissenschaftslehre an der Fakultät für Sozialwissenschaften der Universität Mannheim inne. Im August 2009 wurde Hartmut Esser emeritiert. Das Interview mit *Hartmut Esser* hat am 06.02.2008 stattgefunden.

3.1 Der theoretische Blick I: Das Modell soziologischer Erklärungen

Hartmut Esser ist zweifelsohne derjenige soziologische Autor, der die Forderung nach einer *erklärenden* Soziologie am vehementesten einfordert. Hintergrund ist dabei sein fachpolitisches und methodologisches Hauptanliegen, die in der Soziologie vorhandenen und scheinbar unversöhnlichen Paradigmen in einem übergreifenden Modell aufzulösen, ohne dass man den einzelnen Ansätzen ihre Verdienste, Leistungen, Musteranwendungen und Spezialarbeiten nimmt. Er folgt dabei dem von Hempel und Oppenheim für die Erklärung naturwissenschaftlicher Phänomene entwickeltem Konzept der deduktiv-nomologischen Erklärung. Danach bedeutet die Erklärung eines Phänomens, das zu Erklärende (Explanandum) als Folge bestimmter (kausaler) Ursachen zu erkennen. Die Aussage über das Explanandum muss dabei in einer bestimmten Weise in einer anderen Klasse von Aussagen (Explanans) logisch enthalten sein. Das Explanans besteht aus allgemeinen Gesetzen und Randbedingungen. In den Gesetzen sind bestimmte Ursachen aufgeführt, die zu bestimmten Folgen führen, das heißt, das Gesetz benennt eine funktionale Beziehung zwischen Ursachen und Folgen, wobei die explizite und möglichst präzise Angabe des funktionalen Zusammenhangs wichtig ist. Die Randbedingungen beschreiben, dass und wie die im Gesetz genannten Ursachen vorliegen. „Die Erklärung eines Explanandums ist dann erfolgt, wenn es ein Gesetz *gibt*, das das Explanandum allgemein als Folge der Randbedingungen aufführt, *und* wenn gezeigt werden kann, dass die im Gesetz für diese Folgen geforderten Randbedingungen im vorliegenden *speziellen* Fall auch *wirklich* erfüllt waren." Die Erklärung ist somit ein deduktiver Schluss aus Gesetz und Randbedingungen.

Hartmut Esser geht davon aus, dass man auch für soziale Phänomene „kausale" Erklärungen anwenden kann, obwohl sich sinnhaftes, erst im Zusammenwirken soziale Prozesse generierendes Handeln oftmals dieser Form der Erklärung zu entziehen scheint und vorgeblich nur durch Verstehen einzufangen ist. In seiner Perspektive ist das soziologische Explanandum immer eine aggregierte Wirkung und muss als Folge handelnden Zusammenwirkens von Akteuren rekonstruiert werden. Das bedeutet, „dass die Analyse der zu untersuchenden Phänomene letztlich auf die Erklärung der Selektion eines *Handelns* durch *Akteure* verweist." Das heißt, folgt man *Hartmut Esser*, dann *muss* eine soziologische Erklärung – die Frage nach dem „Warum?" – handlungstheoretisch fundiert sein. Wichtig ist, das Verstehen der Motivlagen von Akteuren und kausales Erklären nicht als Widerspruch zu begreifen. Das Verstehen des sinnhaften Verhaltens der Akteure findet genauso Einlass wie die kausale Erklärung: Erst wird das Handeln der Akteure aus deren Sicht verstanden, dann erklärt.

Die interpretative Dimension sozialen Handelns, das Sinnhafte, zwingt allerdings zu einer Erweiterung des einfachen kausalen Erklärungsmodells, in der deutendes Verstehen und ursächliches Erklären über den „subjektiven Sinn", den Ablauf und die Wirkungen sozialen Handelns zusammenwirken. Diese Erweiterung verfolgt *Hartmut Esser* im Anschluss vor allem an James Colemans Unterteilung von Situationslogik, Selektionslogik und Aggregationslogik. Dem Anspruch der kausalen Erklärung wird bei *Hartmut Esser* dabei zumindest bei der Modellierung der Situations- und Selektionslogik mit Hilfe der so genannten Wert-Erwartungstheorie Genüge getan, mit der aus den jeweiligen Randbedingungen und dem „Gesetz" (das Ursachen und

Folgen über eine bestimmte Funktion verknüpft) das jeweilige Explanandum – die Definition der Situation durch den Akteur sowie dessen Selektion *einer* Handlung unter verschiedenen Alternativen – logisch abgeleitet wird.

Abbildung 6 Das Grundmodell der soziologischen Erklärung

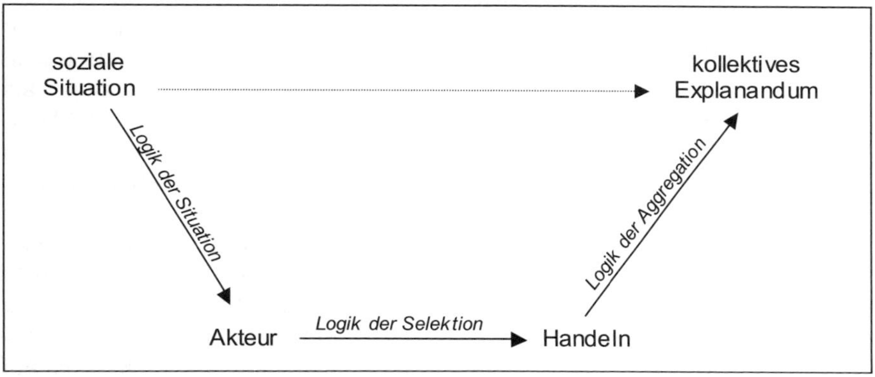

Jedes Handeln ist immer die Selektion *einer* Handlung unter einer bestimmten Anzahl von Handlungsalternativen. Die Frage ist, wie genau diese Handlungsselektion vorgenommen wird.

3.2 Der theoretische Blick II: Das Frame-Selection-Modell[4]

Bevor es zum Handeln kommen kann, muss ein Akteur sich zunächst klar machen, was überhaupt vorgeht; der Akteur muss zu einer Vorstellung gelangen, in welcher Situation er sich befindet. Diese subjektive Vorstellung muss empirisch nicht zutreffen, sondern dem Akteur lediglich hinreichend Erwartungssicherheit bieten, damit die Ausgestaltung seiner Handlungsfähigkeit möglich wird. In dieser Phase der *Orientierung* nimmt der Akteur eine gedanklich-emotionale, unbewusste Selektion *eines* mentalen *Modells* vor, das zu den Objekten der Situation in gewisser Weise passt. Der Akteur *rahmt* mit diesem Modell die Situation, in der er sich befindet. Zudem

[4] Das Frame-Selection-Modell wird derzeit vor allem von Hartmut Essers ehemaligem Assistenten Clemens Kroneberg weiterentwickelt. Auf derartige Fortentwicklungsversuche wird hier nicht weiter eingegangen, da dies – für alle Autoren durchgeführt – den Rahmen dieser Einführung sprengen würde. Siehe dazu alternativ: Kron/Winter (2009).

wird noch gedanklich geprüft, ob es auch ein zu der Situation passendes Drehbuch – ein *Skript* – gibt, mit dem die Umsetzung des Rahmens weiter festgelegt wird.

Diese Ermittlung der inneren Einstellungen, die zudem von der Interaktion mit anderen Akteuren abhängig sind („kollektive Definition der Situation"), muss in Verbindung mit der „Objektivität der Situation" gebracht werden – Handlungsprägungen sind immer eine Kombination aus äußeren Einflüssen *und* inneren Einstellungen. Wichtig zur Erklärung dieser Verbindung sind die sog. „sozialen Produktionsfunktionen", verstanden als „Oberziele", als Grundmotivationen allen menschlichen Handelns. Durch diese Produktionsfunktionen wird versucht, die Verbindung von der Gesellschaft zu den im Organismus verankerten Handlungsmotivationen – die „Interpenetration von Mensch und Gesellschaft" – herzustellen. Dabei geht man von drei Produktionsfunktionen aus. Die erste Produktionsfunktion hat das Funktionieren des Organismus zum Ziel, das zugleich als „Nutzen" definiert wird. Die Herstellung dieses „Nutzens" wird durch Bedürfnisse veranlasst, die inhaltlich zwei Ausprägungen erfahren: soziale Wertschätzung und Sicherung des physischen Wohlbefindens. Die zweite Produktionsfunktion ist auf die Produktion von sozialer Wertschätzung und physischen Wohlbefindens ausgerichtet, zu der es „primärer Zwischengüter" bedarf. Letztere können wiederum nur durch den Einsatz bestimmter Mittel, zeitgebundener „indirekter Zwischengüter" erzeugt werden – die dritte Produktionsfunktion. Beispielhaft kann man Hunger als Bedürfnis annehmen, das auf das Oberziel des physischen Wohlbefindens verweist, mit der entsprechenden Produktionsfunktion von Nahrung. Sättigung kann durch das primäre Zwischengut eines Leberwurstbrotes erreicht werden, das durch die indirekten Zwischengüter Brötchen, Butter, Leberwurst, Messer, Brettchen erzeugt werden kann.

Die Rekonstruktion der für die Situation relevanten Produktionsfunktionen ist der erste Schritt der Definition der Situation, mit dem die *Bewertungen* des untersuchten Akteurs modelliert werden. Der zweite Schritt zur Bestimmung der Situationslogik rekonstruiert die Kontrolle des Akteurs über die Mittel zur Zielerreichung sowie die Möglichkeit, diese Mittel effektiv einzusetzen. Kontrolle und Effizienz bestimmen die *erwartete* Wahrscheinlichkeit des Eintretens der Handlungswirkungen. Um welche Inhalte es konkret geht, ist für jede Situation und jeden Akteur über theoriereiche Brückenhypothesen neu zu bestimmen. Auf diese Weise wird dann unter Berücksichtigung der „Objektivität der Situation" (materielle Opportunitäten, institutionelle Regeln, kulturelle Bezugsrahmen und signifikante Symbole) und der subjektiven Einstellungen des Akteurs die Ermittlung der Bewertungen und Erwartungen des Akteurs sowie der Kosten der Handlungen für die Selektion des Modells vorgenommen.

Wichtig ist nun bei der Selektion des mentalen Modells (des „Frames"), inwieweit *die Passung des Modells* (Match *m*) mit den Objekten der Situation gegeben ist. Die entscheidenden Variablen dafür sind die Modellgeltung und der Modellnutzen, wobei *Hartmut Esser* Wert darauf legt, dass bei der Frame-Selektion die Logik der Angemessenheit vorherrscht und es *nicht* darum geht, sich „rational" für oder gegen eine rationale Orientierung zu entscheiden. Der Modellnutzen spiegelt die Bewertung *U* des Modells *i* im Gegensatz zum nächst möglichen Modell *j* wider. Modelle sind in dieser Perspektive mentale Einstellungen und Definitionen bestimmter Situationen, die in ihrer Vielzahl mit den verschiedenen möglichen Situationen variieren können, das heißt, im Höchstfall gibt es für jede Situation ein passendes Modell. Zur Wahl stehen dem Akteur, so wird vereinfachend angenommen, in einer konkreten Situation aus dieser Vielfalt allerdings immer nur zwei Modelle: Das scheinbar geeignetste Modell *i* und das nächst-plausibelste (im Inhalt und Oberziel jedoch unterschiedliche, z. B. die Negation des geeignetsten Modells) Modell *j*.

Die Modellgeltung wird bestimmt durch den Grad der Passung *m*, der über die multiplikative Verknüpfung der *Zugänglichkeit a* des gedanklichen Modells des Akteurs mit der *Existenz e* der mit dem Modell assoziierten Objekte sowie der *Abwesenheit von Störungen u* berechnet wird (also: $m = a \cdot e \cdot u$). Zugänglichkeit bezieht sich auf die Verbindung der im Gedächtnis des Akteurs gespeicherten Einstellungen mit den von dem Akteur beobachteten Objekten, die er in einer Situation vorfindet. Wenn gewisse Objekte etwa über Symbole für einen Akteur direkt mit bestimmten Bedeutungen aufgeladen sind, die Situation somit weitgehend mit mentalen Modellen abgedeckt werden kann, dann kann man von einer hohen Zugänglichkeit ausgehen. *Existenz* ist das Komplement zur Zugänglichkeit. Während Letzteres die Anpassung des Akteurs an die Situation in den Blick nimmt, bezieht sich Existenz auf die sich dem Akteur darbietende Situation: Hält die Situation die mit den Modellen assoziierten Objekte überhaupt bereit? Eine Störung kann alles sein, was bei der Beobachtung der Objekte irgendwie auftritt.

Sind alle Variablen belegt, greift der *Modus*, verstanden als Entscheidungsstrategie für die Weiterverarbeitung der zuvor erlangten Informationen (hier: des mentalen Modells). Bei einer perfekten Passung des Modells ($m = 1$) wird der spontan-automatische Modus geschaltet: Die Definition der Situation ist festgelegt, die „Einstellung" des Akteurs wird aktiviert und bringt im Sinne einer Stimulus-Response-Reaktion die direkte Umsetzung in eine dem Modell entsprechende Handlung in Gang. Dies ist die *automatische*

Aktivierung des Framing-Modells – etwa zur Modellierung normbefolgenden Handelns auf der Basis der Internalisierung von Normen. Beide Selektionen zusammen – das mentale Modell und die Strategie der Informationsverarbeitung – bestimmen demnach die Erwartungen und Bewertungen der Folgen und somit die Gewichtung der ersten Selektion der Handlungsalternativen. Die Wahl der Handlungsprinzipien richtet sich auf dieser Ebene nach der Rahmung der Situation: Gibt es ein gespeichertes Modell der Situation, das abgerufen werden kann, und ist die Passung des Modells mit der Situation sehr gut, dann weiß der Akteur auch automatisch, was er zu tun hat. Er braucht die Situationsinformationen nicht weiter zu überdenken, sondern verwendet die Informationen seines Modells unreflektiert, weil die Variablen in der Entscheidung über die Wahl der Handlungsprinzipien so gewichtet sind, dass das automatische Prozessieren Vorrang gewinnt. Das heißt, wenn die Situation als unbedingt definiert wird, z. B. durch mit Sicherheit stark geltende Normen, dann werden die Variablen für die Wert-Erwartungsgewichtung entsprechend belegt und die an Normen orientierte Handlung automatisch vollzogen. Ob automatische oder reflektierte Aktivierung selektiert wird, richtet sich letztlich nach der Modellpassung.

Doch was passiert, wenn es zwischen den erkennbaren Objekten und dem gedanklichen Repertoire etwa durch irgendwelche Störungen zu einem Mismatch, einer Nicht-Passung kommt? Dann ist der Akteur zur *Interpretation* der Situation gezwungen. Wie diese neue Information weiter verarbeitet wird, bestimmt wiederum der Modus anhand dreier Variablen, das heißt was nun geschieht, ist von drei Bedingungen abhängig: Motivation, Aufwand und Opportunitäten. Je höher die *Motivation*, zu einem tatsächlich und nicht nur fiktiv „situationsgerechten“ Frame bzw. Skript zu kommen, je geringer der dazu erforderliche *Aufwand* und je zahlreicher die zur Verfügung stehenden *Opportunitäten* sind, umso eher kommt der reflexiv-kalkulierende Aktivierungsmodus des Frames zum Zuge. Ansonsten wird eine unsystematische Heuristik, die vordergründige spontane Interpretation der Situation, im Extremfall eine Zufallreaktion selegiert. Motivation meint die Angst des Akteurs davor, dass er die Situation falsch definiert und eventuell die damit verbundenen Kosten zu tragen hat. Der Aufwand bezeichnet alle Kosten für die Bemühungen, die Situation zu definieren (Anstrengungen durch erhöhte Aufmerksamkeit, Zeitverlust etc.). Und die vorhandenen Möglichkeiten, die Situation auch sorgfältiger als ausschließlich spontan definieren zu können, werden Opportunitäten genannt. Wenn alle drei Bedingungen erfüllt sind – hohe Motivation, geringer Aufwand, ausreichende Opportunitäten –, dann kommt es zu einer überlegten Interpretation des Frames und, wenn das entsprechende Skript zur Verfügung steht, zu einer rationalen Handlung.

Abbildung 7 Frame-Selektion I (einfaches Modell)

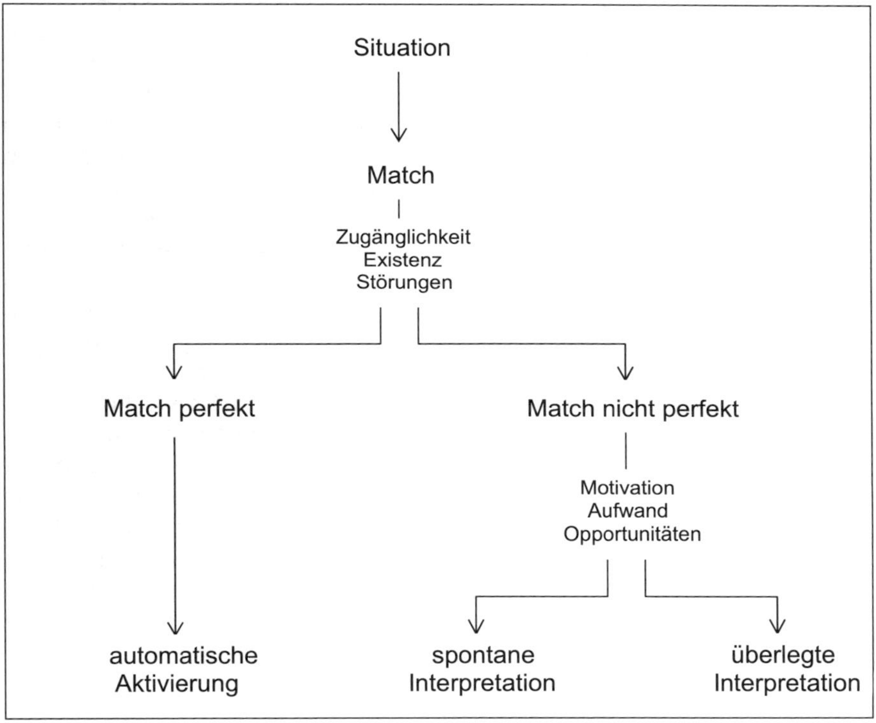

Das Vorhandensein eines entsprechenden Skripts ist die notwendige Voraussetzung dafür, dass es tatsächlich zu einer der Situation angemessenen Handlung kommt. Mit einem Beispiel von *Hartmut Esser*: Dem Katholiken, der lange Zeit nicht mehr in der Kirche gewesen ist und der daher die neue Liturgie nicht mitbekommen hat, steht zwar ein passender Frame, nicht aber das passende Skript zur Verfügung. Bei der Skript-Selektion geht man genauso vor wie bei der Frame-Modell-Selektion, es werden die entsprechenden Gewichtungen für ein im Rahmen eines aktivierten Frames möglichen Skripts bestimmt. Der Skriptnutzen ist durch den bereits aktivierten Frame bestimmt, die Skriptgeltung wird als Passung des Skripts zum Modell angegeben. Der Normalfall, dass es *ein* Skript zu einem Frame gibt, bedeutet, dass dieses positiv bewertete Skript unbedingt gilt, da kein höher gewichtetes alternatives Skript in Betracht gezogen wird.

Die Skript-Modus-Selektion geschieht entsprechend dem Grundmodell des Framings wiederum automatisch-spontan oder reflektierend-kalkuliert. Der Normalfall beinhaltet den automatisch-spontanen Modus, das heißt, das Handeln verläuft gemäß dem sozialen Drehbuch. Passt das Skript *nicht* genau und ist der Aufwand nicht zu groß und sind Möglichkeiten zum Auffinden von Alternativen vorhanden, dann kommt es statt der unreflektierten Ausführung des Skripts zu einer reflektierten Abweichung genau dann, wenn der Zusatznutzen größer ist als der Reflektions-Aufwand bezogen auf die Erfolgswahrscheinlichkeit. Frame- und Skript-Selektion zusammen orientieren den Akteur und führen so zu einer Einstellung, die das Handeln moderiert.

Über die Kombinationen von Frame-Selektion und Skript-Selektion lassen sich „alle möglichen Kombinationen automatischer und reflexiver Selektion des Handelns" ableiten. Eindeutig sind diejenigen Handlungsorientierungen für die Kombinationen automatischer Frame und automatisches Skript (= reflexhaftes Handeln, z. B. Alltagsroutinen) sowie reflexiver Frame und reflexives Skript (= reflexives Handeln, z. B. zweckrationales Handeln im Sinne Webers). Auch für die entgegengesetzten Kombinationen – reflexiver Frame und automatisches Skript sowie automatischer Frame und reflexives Skript – lassen sich Beispiele finden. Im ersten Fall wird über die Geltung des Rahmens noch überlegt, aber man wüsste was zu tun wäre, wenn man die „Entscheidung" für einen Frame getroffen hätte. Im Fall der Kombination von automatischem Frame und reflexiven Skript denkt *Hartmut Esser* zunächst an das, was Weber unter „Wert-Rationalität" verstanden hat.

3.2.1 Das elaborierte Frame-Selektion-Modell

Der Fall der Wert-Rationalität – der Umstand, dass Werte auf einem Glauben beruhen, der gedanklich reflektiert wird – führt bei *Hartmut Esser* zu einer Erweiterung des Modells. Bis hierhin kann man festhalten, dass Wert-Rationalität über eine bestimmte Kombination von Frame und Skript modelliert wird. Doch dies wird als eine nicht befriedigende Variante gesehen: „‚Unbedingt' gilt der Wert als Frame der Orientierung, weil der Match für die Geltung der Maximen unverrückbar ‚perfekt' ist, aber innerhalb dieses Rahmens werden dann die einzelnen Handlungen bzw. Skripte ‚zweckrational' ausgewählt. [...] Aber auch hier wäre die Orientierung an dem Wert nicht sonderlich ‚bewusst', und deshalb ist das auch nicht die Antwort auf die Frage nach der Einordnung der Wertrationalität in die allgemeine Handlungstheorie des Framing-Konzepts."

In einer an diesem Problem orientierten Fortentwicklung des Frame-Konzepts verzichtet *Hartmut Esser* auf die Modellierung von Wert-Rationalität durch die Frame/Skript-Kombination. Zunächst ist klar, die Unbedingtheit des Wertes ergibt sich bei Wert-Rationalität *nicht* durch den perfekten Match, sondern durch die *interne* Fixierung der Geltung des Wertes durch den Akteur, auch gegen äußere Störungen. Diese Fixierung wird zudem *bewusst* von dem Akteur vorgenommen. Sie ist dem Akteur nicht durch sozialisatorische Internalisierungsprozesse einprogrammiert worden, und sie ist auch kein Produkt der Einbettung des Akteurs in kognitive oder soziale Beziehungen, in denen der Wert gilt und bei Verletzung mit kognitiver Dissonanz oder Missbilligung sanktioniert wird. Wie aber entstehen derartige „rationale Überzeugungen"? Es sind konstitutionelle Interessen, genauer: ein Interesse an der sozialen Ordnung insgesamt, das hinter der Überzeugung von einem Wert steht. Es geht dabei nicht um direkte Konsequenzen im Einzelfall, wenn der Wert verletzt wird (z.B. bei einem Diebstahl), sondern um die gesellschaftlichen Folgen insgesamt. Wertrationalität meint hier, dass die Akteure „bewusst" einen unbedingten Match fixieren, weil sie dafür „gute Gründe", nämlich die Konsequenzen für die soziale Ordnung, bedacht haben. „Die Grundüberlegung ist, dass Werte – unter angebbaren Umständen – von Akteuren als ‚unbedingte' Festlegungen aus bestimmten *konstitutionellen Interessen* heraus übernommen werden, wobei sie annehmen, dass die ‚unbedingte' Beachtung der Werte für die Sicherung dieser konstitutionellen Interessen *notwendig* ist. Konstitutionelle Interessen sind Interessen der *individuellen* Akteure, die sich aus ihrem Verhältnis zu einer bestimmten gesellschaftlichen ‚Verfassung' ergeben und damit für ihre *gesamte* Nutzenproduktion von Bedeutung sind." Dieses „bewusste Sollen" kommt in einer sozialen Situation besonders zum Tragen: in Dilemma-Situationen. Wenn die Motivationen gemischt sind, wie in der Situation des sozialen Dilemmas unter der Bedingung „antagonistischer Kooperation", dann liegt ein Problem vor, welches die Lösung hervorbringt, dass die Akteure selbst einsehen, warum von den Prinzipien der Verfassung nicht abgewichen werden darf. Die Frage ist dann, wie der sichere Glaube an die Notwendigkeit bestimmter Bedingungen zur Aufrechterhaltung sozialer Ordnung entsteht. Akteure können sich „entscheiden", ob sie einen Wert als notwendig erachten, also enttäuschungsresistente Ansprüche entwickeln, oder ob sie änderbare Erwartungen haben, die einen Wert nicht als unbedingt festlegen. Ansprüche und Erwartungen sind so gesehen Modelle der Situationsdefinition und können als solche im Frame-Selektion-Konzept behandelt werden. Und in dieser Entscheidung steckt eben das rationale Element der Wert-Rationalität. Die weitere formale Modellierung ergibt, dass diese „Entscheidung" letztlich davon abhängt, für wie wahrscheinlich es gehalten wird, dass die Hypothese von der Notwendigkeit des Wertes richtig ist. Damit ist die Abdeckung verschiedenster Handlungsprinzipien über die Frame/Skript-Kombination abgelöst durch eine Ausweitung des Framing-Modells.

Abbildung 8 Frame-Selektion II (elaboriertes Modell)

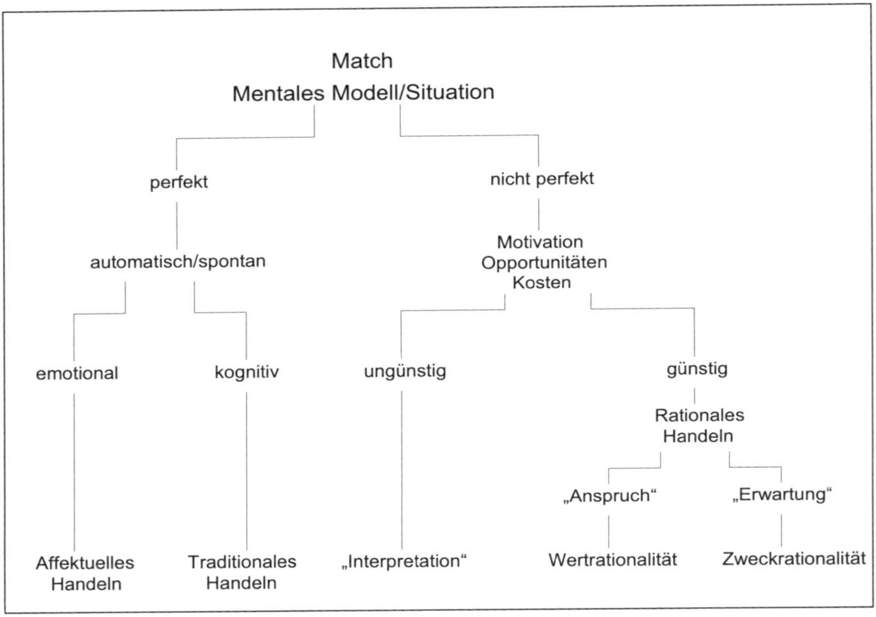

3.2.2 Wert-Erwartungstheorie

Der Grundvorgang der Situationsdefinition sollte hinreichend deutlich geworden sein. Damit ist erklärt, mit welchen Einstellungen der Akteur seine Handlung auswählt, aber noch nicht, warum er diese eine und nicht doch eine andere Handlungsalternative dann tatsächlich selegiert. Man könnte auch sagen, der gedankliche Teil ist abgeschlossen, jetzt muss aber dem Aktionsdruck stattgegeben, entschieden und *eine Handlung* ausgewählt werden. Als Algorithmus für die Selektion von Handlungsalternativen verwendet *Hartmut Esser* die sog. Wert-Erwartungstheorie. Die Grundregel dieser Theorie lautet: „Versuche Dich vorzugsweise an solchen Handlungen, deren Folgen nicht nur wahrscheinlich, sondern Dir auch *gleichzeitig* etwas wert sind.“ *Hartmut Esser* geht davon aus, dass jedes Handeln eine Wahl zwischen Alternativen ist und mit einer bestimmten erwartbaren Wahrscheinlichkeit Konsequenzen erzeugt, die der Akteur (nach einer speziellen Regel) gewichtet. Ausgewählt wird diejenige Handlung, deren Gewichtung im Vergleich zu anderen Handlungen am höchsten ist *(Nutzenmaximierung)*. Die Bewertung von Handlungen wird also von folgenden Elementen bestimmt: den Alternativen (*A*), den Resultaten (*R*), den subjektiven Bewertungen der Resultate (*U*) und dem subjektiven Wissen über die Eintrittswahrscheinlichkeit der Resultate als Folge des Handelns (*p*) sowie der Einschätzung über mögliche Kosten *C*. Die Logik der Selektion *des Handelns* wird nun im Kern durch die Auswahl der Handlungsalternativen bestimmt, deren Grundgleichung lautet:

- Wert-Erwartung einer Alternative $A = (p_1 \cdot U_1) + (p_2 \cdot U_2) + \cdots (p_n \cdot U_n) - C$

Für jede der möglichen Alternativen wird das Produkt des Wertes der Handlungsfolge *U* mit ihrer Wahrscheinlichkeit *p* und über alle Folgen die Summe aus Wert-mal-Erwartung gebildet abzüglich der Kosten. Mit einem Beispiel von *Hartmut Esser*: Warum betreiben Professoren lieber Forschung als Lehre? Die Handlungsalternativen sind also $A_{Forschen}$ und A_{Lehre}; die relevanten Folgen seien die Akzeptanz der Wissenschaftsgemeinschaft, symbolisiert über die Annahme eines Aufsatzes in einer Fachzeitschrift, die Zurückweisung der Bemühungen (Ablehnung von Aufsätzen) und die Arbeitsüberlastung. Für diese Folgen werden etwa nachstehende empirische Bewertungen und Erwartungen bei den Professorinnen für das Forschen als Alternative ermittelt: Akzeptanz = 200 Nutzeneinheiten bei Eintreffen, sehr unwahrscheinlich; Ablehnung = −10 Nutzeneinheiten bei Eintreffen, sehr wahrscheinlich; Arbeitsüberlastung = −5 Nutzeneinheiten bei Eintreffen, sicher. Für die Lehre sollen gleiche Bewertungen gelten und der Einfachheit halber angenommen werden, dass die Erwartungen alle Null sind: Nur wenn man forscht und Aufsätze schreibt, können diese angenommen bzw. abgelehnt werden und nur wenn man forscht, ist man überlastet. Der Wert-Erwartungsraum stellt sich nun so dar:

$$\mathrm{EU} = \sum p \cdot U = \begin{pmatrix} 0.1 & 0.9 & 1 \\ 0 & 0 & 0 \end{pmatrix} \times \begin{pmatrix} 200 \\ -10 \\ -5 \end{pmatrix} = \begin{matrix} \mathrm{EU}_{\mathrm{Forschen}} = (0.1 \cdot 200) + (0.9 \cdot -10) + (1 \cdot 5) = 6 \\ \mathrm{EU}_{\mathrm{Lehren}} = (0 \cdot 200) + (0 \cdot -10) + (0 \cdot -5) = 0 \end{matrix}$$

Da das Wert-Erwartungsgewicht für das Forschen größer ist als für das Lehren, entscheidet man sich für die Handlungsalternative $A_{Forschen}$.

Wichtig ist, dass die so modellierten Handlungserwägungen durchweg *subjektiver* Art sind. Denn es gehen in die Wert-Erwartungs-Matrize *keine* Handlungsmöglichkeiten und Handlungsfolgen ein, die für den Akteur unmöglich oder unzugänglich sind (dies wird bereits im Framing-Prozess deutlich). Damit sind Handlungs-Restriktionen genauso in die Handlung selbst eingeschlossen wie eine gewisse „Findigkeit“ des Akteurs, dessen angenommene Handlungsalternativen sich eben nicht nur auf institutionelle, normierte Handlungen beziehen.

Die nutzenmaximierende Bewertung der Handlungsalternativen, modelliert durch die Wert-Erwartungstheorie, versteht *Hartmut Esser* als ein für alle Menschen allgemein gültiges Handlungsgesetz. Dies ist der Kern der Selektionslogik und das wichtigste deduktiv-nomologische Moment seines Erklärungsansatzes. Das heißt, in der Wert-Erwartungstheorie „steckt“ das evolutionär begründete, allgemeine Gesetz, das für eine nomologische Erklärung als unabdingbar gilt. Die Gesetzmäßigkeit der Wert-Erwartungstheorie bedeutet, dass diese als universelle Selektionsregel einsetzbar ist: Immer dann, wenn Akteure bewusste oder unbewusste Selektionen vornehmen, kann die Wert-Erwartungstheorie angewandt werden. Die Wert-Erwartungstheorie kann deshalb auch zur Klärung der Situationsdefinition eingesetzt werden. *Hartmut Esser* geht nämlich davon aus, dass jede innerliche Selektion etwa eines „Modus“, „Filters“ oder „Rahmens“ formal äquivalent zur Selektion von Handlungsalternativen ist, also als interne Selektion zwischen zwei Möglichkeiten ebenfalls *„entschieden“* wird. Man „entscheidet“ z.B. „rational“, ob man einem „rationalen“, weitere Entscheidungen fordernden Handlungsprinzip folgt, oder einem Handlungsprinzip, das jedes weitere Entscheiden im Handlungsablauf überflüssig macht, so wie dies für spontan-automatisches Reagieren vorgesehen ist. Handeln ist immer eine Konsequenz mindestens einer „Entscheidung“, denn selbst für das Nicht-Entscheiden-Wollen muss man sich „entscheiden“. Und zwischen diesen Möglichkeiten wird ebenfalls „entschieden“ – nach den Regeln der Wert-Erwartungstheorie. So gesehen ist jedes Handeln rational. Folglich kann man die Wert-Erwartungstheorie auch als universelle Selektionsregel einsetzen. In der – manchmal flapsigen und durchaus amüsanten – Diktion von Hartmut Esser: „Die WE-Theorie ist also offenbar wirklich eine ganz allgemeine Angelegenheit. [...] Sie ist eine Super-Theorie. Super!“

3.3 Der theoretische Blick III: Soziale Aggregationen

Die Frage nach Handlungsprägungen und -selektionen ist für die Soziologie eigentlich von untergeordnetem Interesse. Wichtiger ist vielmehr, was das handelnde Zusammenwirken mehrerer Akteure als kollektives Ergebnis bewirkt. Im Modell der soziologischen Erklärung ist die Frage nach dem handelnden Zusammenwirken mehrerer Akteure der letzte Schritt der Erklärung der „Logik der Aggregation". Grundannahme dabei ist, dass sich Soziales *nicht* einfach als Summe ihrer Teile – der Handlungen der Akteure – erklären lässt. Es geht auch gar nicht um die Handlungen der einzelnen Akteure.[5] Zwar wird individualistisch erklärt, weshalb Akteure *überhaupt* in die Verlegenheit kommen, miteinander etwas zu tun haben zu müssen (die berühmte „ärgerliche Tatsache der Gesellschaft"), weshalb also soziale Situationen[6] entstehen und wie die Akteure in diesen ihre Handlungen selektieren. Der Grund dafür wird in einer parametrischen Verteilung von Kontrolle und Interesse an bestimmten Ressourcen gesehen, die die Akteure in einseitige oder wechselseitige Abhängigkeiten zwingen. Diese strukturelle Verbundenheit ist der Hintergrund sozialen Handelns und kann über drei grundlegende Typen sozialer Situationen (Koordination, Kooperation, Konflikt) modelliert werden. Es reicht aber nicht aus, aus dieser Verbundenheit heraus soziale Aggregationen begrifflich festzustellen. Vielmehr müssen die individuellen Effekte durch Anwendung von *Transformationsregeln* logisch in die Aggregation überführt werden. „Transformationsregeln sind, ganz allgemein gesagt, nichts weiter als im Prinzip *logische* Argumente, über die sich in Kombination mit gewissen formalen und empirischen Annahmen, individuelle Effekte in einen kollektiven Sachverhalt überführen lassen." Zur Erklärung der Aggregation gehört, dass man genau die Bedingungen angibt, unter denen die Transformationsregeln anwendbar sind. Wenn man bestimmte Transformationsbedingungen (TB) sowie bestimmte Transformationsregeln (TR) theoretisch aufzeigt *und* diese auf (zuvor erklärte) individuelle Effekte (iE) bezogen werden, dann ergeben die drei Aussagen zusammen das kollektive Explanandum als logische Implikation. Dies entspricht, so *Hartmut Esser*, der *logischen* Ableitung einer deduktiv-nomologischen Erklärung aus einem Gesetz und den Randbedingungen, mit der Einschränkung, dass Transformationsregeln *keine* empirischen Gesetze darstellen, sondern analytische Regeln.[7]

---

[5] „Nicht um ‚Individuen', sondern um das Auffinden der ‚Gesetze' der jeweiligen gesellschaftlichen Lage in den verschiedenen Gruppierungen geht es."

[6] „Eine soziale Situation ist eine solche, bei der die Akteure wechselseitig in Rechnung stellen (müssen), dass das Ergebnis ihres Tuns von den Absichten und Handlungen der anderen Akteure mitbestimmt ist und dass alle auch wissen, dass das so ist."

[7] Derartige Regeln können sein: partielle Definitionen, statistische Aggregationen, institutionelle Regeln, formale Modelle (z. B. Schwellenwertmodelle, spieltheoretische Modelle, Diffusionsmodelle usw.).

Abbildung 9 Das Grundmuster der Aggregationslogik

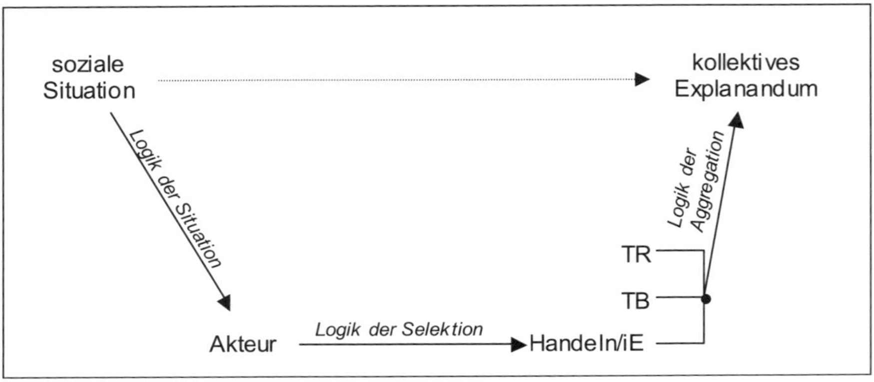

Ein Beispiel, das *Hartmut Esser* anführt, ist die Entstehung einer Freundschaft. Freundschaft als Aggregat ist eine soziale Beziehung, eine von mehreren Personen geteilte Einstellung eines Sinns, an dem sich die Beteiligten orientieren. Explanandum ist diese Ko-Orientierung der Akteure, die, formelhaft ausgedrückt, durch „meeting and mating" entsteht. Zur Erklärung müssen zunächst die individuellen Effekte (IE) erklärt werden – die Logiken der Situation und Selektion –, die zur Ko-Orientierung führen ($IE_{Freundschaft}$). *Hartmut Esser* nimmt exemplarisch als Brückenhypothesen an, dass die Möglichkeiten zum meeting die Chancen bestimmen, dass sich ähnliche Akteure treffen und dass bei einem Aufeinandertreffen ähnlicher Akteure die Erwartung weiterer Kontakte steigt, weil die Gleichheit der Akteure eher zu erfreulichen Kontakten führt als die Begegnung ungleicher Akteure. Angenommen sei weiter, dass man dann unter Nutzung der Regeln der Wert-Erwartungstheorie erklären kann, weshalb die individuellen Akteure die Kontakte fortsetzen (oder nicht). Zur Erklärung der Aggregation „Freundschaft" muss dann eine Regel eingesetzt werden, die plausibel macht, wie die individuellen Effekte in die Aggregation transformiert werden (Transformationsregel $TR_{Freundschaft}$), z. B.: „Die Aggregation einer Freundschaft entsteht dann, wenn bei beiden Akteuren die Einstellung ‚Freundschaft' entstanden ist und diese Einstellung das Handeln der Akteure orientiert." Damit ist die Aggregation Freundschaft als Kombination individueller Effekte definiert. Jetzt muss noch angegeben werden, unter welchen Bedingungen die Regel $TR_{Freundschaft}$ gilt (Transformationsbedingungen $TB_{Freundschaft}$). Zum Beispiel: „Wenn die Akteure beschließen, den Kontakt fortzusetzen, dann entsteht die Einstellung ‚Freundschaft'". Insgesamt also:

$TR_{Freundschaft} + TB_{Freundschaft} + IE_{Freundschaft}$ = Freundschaft.

An diesem Beispiel sieht *Hartmut Esser* die Erklärung der Emergenz einer sozialen Aggregation über den kausalen Mikro-Mechanismus und den Mikro-Makro-Transformationen demonstriert. Das Explanandum ergibt sich als logische Implikation dieser Schritte. Die Aufgabe der Soziologie besteht damit in der Konstruktion von Strukturmodellen, verstanden als „Musterlösungen für formal ähnliche Konstellationen, die auf ganz unterschiedliche *inhaltliche* Problemfelder angewandt werden können. [...] Die Besonderheit solcher Strukturmodelle ist, dass sie einerseits auf einer Reihe *allgemeiner* Annahmen beruhen und andererseits auf eine große *Vielzahl* von inhaltlich ganz *unterschiedlichen* und historisch durchaus *einmaligen* Vorgängen angewandt werden können". Und für ganze Komplexe inhaltlicher Problemfelder könnten wiederum übergreifende *Strukturtheorien* in Anschlag gebracht werden. Jede dieser Strukturmodelle und -theorien muss letztlich mit der konkreten Ausgestaltung des Grundmusters der Aggregationslogik schließen. Die sequentielle Anwendung des allgemeinen Erklärungsschemas muss dann die Entstehung, Etablierung und Veränderung gesellschaftlicher Strukturen erklären können.

3.3.1 Das Ordnungsproblem

Die Schwierigkeit bei der Frage nach der Entstehung gesellschaftlicher Strukturen besteht darin zu klären, wie soziale Ordnung trotz der Individualität sozialer Akteure erzeugt werden kann. Der Bedarf nach Ordnung ist dem zumeist hohen Bedarf nach Zusammenarbeit zur Überwindung von Komplexitäten, Kontingenzen und Risiken des strategischen Handelns geschuldet.[8] Dabei gibt es vor allem drei Problemlagen. Die geringsten Schwierigkeiten machen Koordinationsprobleme, die qua gemeinsames Wissen, Konventionen, Sprache, Symbole, Verständigung und Kommunikation durch das Auffinden des eindeutigen und bekannten Fokalpunktes gelöst werden. Dilemma-Situationen dagegen können nur durch Auflösung

---

[8] Das Ordnungsproblem „entsteht aus der wohl wichtigsten Eigenart des menschlichen Handelns: dem *gleichzeitigen* Interesse an der Kooperation mit den anderen einerseits und dem Interesse an der Maximierung des individuellen Gewinns daraus andererseits. Kurz: Das Problem der sozialen Ordnung ist eine Folge des Problems der antagonistischen Kooperation."

des Defektionsgleichgewichts in Ordnung überführt werden. Dazu können die Anreizstrukturen über verschiedene Mechanismen wie Sanktionen, Internalisierung von Normen und Werten entsprechend verändert werden. Die schärfste Form des Ordnungsproblems stellt sich beim Auseinanderfallen der individuellen Interessen (Konflikt), das nur durch repressive Lösungen wie etwa die Etablierung einer Herrschaft zu überwinden ist. Entsprechend dieser Systematik sind Eingriffe in die individuelle Freiheit der Akteure zur Ordnungserzeugung mehr oder weniger massiv, so dass *eine jeweils angemessene Reaktion entsprechend des Problemniveaus* nahe liegt. Für die Entschärfung sieht *Hartmut Esser* somit eine gestufte Ordnungsgenese vor: „durch die *schrittweise* Überführung des einen Problems in dasjenige, das die nächst mildere Lösung verlangt. Und von da an kann man dann weitersehen. So entsteht unter Umständen auch Frieden aus Krieg."

Wichtig ist, dass die Bedingungen zur Erzeugung von Ordnung nicht exogen in den theoretischen Lösungsansatz eingeführt werden, sondern dass sich die Lösung endogen aus der Problemsituation heraus ergibt. Ausgangspunkt ist die Gegebenheit, dass die Einsicht in kollektive Vorteile einer Kooperation alleine rationale Akteure *nicht* zur Kooperation bewegt, weil der einzelne rationale Akteur davon ausgeht, dass er seinen Nutzen maximieren kann, wenn er nicht kooperiert und so die Kooperationsbereitschaft der anderen Akteure ausnutzt – und da alle rationale Akteure so überlegen, kommt keine Kooperation zustande. Auch Versprechen und Verträge helfen nicht weiter, weil deren Einhaltung nicht gewährleistet werden kann. Die spieltheoretische Modellierung des Problems ist das bekannte „Gefangenen-Dilemma". Die Lösung dafür sieht *Hartmut Esser* anschließend an Robert Axelrods Theorem der „Evolution von Kooperation". Zunächst muss die Modellierung des Gefangenen-Dilemmas in der Zeit- und Sozialdimension dahingehend erweitert werden, dass „sich die Akteure auch in *Zukunft* wieder begegnen werden und dass es *andere* Akteure geben kann, die davon erfahren." Auf diese Weise liegt über jeder Handlungsentscheidung ein „langer *Schatten der Zukunft*", der die je aktuelle Entscheidung maßgeblich mitbeeinflusst. Entscheidungstheoretisch formuliert werden die möglichen zukünftigen Gewinne bereits auf die Wert-Erwartungen der aktuellen Handlungsalternativen angerechnet. Wenn das „Spiel" endlos ist, wird unter dieser speziellen Annahme Kooperation möglich – sobald das Ende absehbar wird, bricht die Kooperation zusammen (bzw. wenn die absolute Höhe der möglichen Gewinne hoch genug ist, lohnt sich u. U. der Versuch trotz eines absehbaren Endes, das Risiko der Kooperation einzugehen).

Eng mit der Zukunftsperspektive verbunden sind bestimmte, Kooperation begünstigende Anreize wie niedrige Kooperationskosten, hohe Konfliktkosten, hohe Kooperationsabhängigkeit und hohes Kooperationsinteresse. Die Zukunftsperspektive bildet die Erwartungen und die Anreize die Bewertungen der Akteure aus, so dass die konkrete Kooperationsbereitschaft über die Wert-Erwartungstheorie modelliert werden kann. Bei wiederholten Spielen kann so – unter der Bedingung, dass Anreize hinreichend gegeben sind und der „Schatten der Zukunft" lang genug ist – das (Gefangenen-)Dilemma in ein *Koordinations*problem überführt werden. Zudem kann man berücksichtigen, dass die Akteure im Laufe der Zeit eine bestimmte Reputation erlangen, die natürlich auch negativ und damit zum eigenen Schaden sein kann. Mit einem Interesse an der eigenen Reputation verlagert sich das generelle Interesse ein Stück weit vom Kooperationsgewinn hin zu einem Interesse an der allseitigen Einhaltung von Regeln, denn nur über die Einhaltung der Regeln kann man positive Reputation sammeln bzw. negative Reputation vermeiden. Dieses *konstitutionelle* Interesse verstärkt die Kooperationsbereitschaft zusätzlich. Derartige Regeln können aber in großen Gruppen nicht alleine auf der Basis von dem Wissen um und Interesse an den Regeln bestehen, sondern es muss die affektuale (moralische) Bindung der Akteure an die Regeln hinzukommen. Wie aber können rationale Akteure diese moralische Bindung entwickeln? Die Antwort lautet: Über Internalisierung, die Assoziation zwischen der Regelmäßigkeit des Handelns und den dabei erlebten Belohnungen.

Diese Vorstellung der Entstehung von Ordnung in der Überwindung des Problems antagonistischer Kooperationen allein auf der Basis individueller Interessen ist an bestimmte Bedingungen geknüpft: wechselseitige Beobachtbarkeit des Handelns und Abhängigkeit der Akteure vom Gelingen der Kooperation – und diese Bedingungen sind eigentlich nur in kleinen, überschaubaren Gruppen gegeben, nicht aber in großen Gesellschaften. Folglich müssen zusätzliche Ordnungsmechanismen greifen, die eine spontan entstandene Ordnung auf ein höheres Generalisierungsniveau bringen. *Hartmut Esser* geht bei der Suche nach derartigen Mechanismen davon aus, dass die utilitaristische Perspektive, die Gesellschaft als Markt zu betrachten, hier alleine nicht trägt und die klassische Ökonomie um Adam Smith anders als die neoklassische Ökonomie deshalb wie selbstverständlich an „natürlich gegebene" Eindämmungen des Egoismus der Menschen (Sympathie, moralische Gefühle) dachte. Im Prinzip entsteht damit für große Gesellschaften das Problem der Erzeugung eines – nicht rivalisierend nutzbares und nicht exklusiven – öffentlichen Gutes, das spieltheoretisch als ein N-Personen Gefangenendilemma mit allseitiger Defektion als einzigem Gleichgewicht darstellbar ist. Die Ursache dieses Kollektivgutdilemmas ist, dass der Einzelne an der Erzeugung des Gutes in einer großen Population nur zu einem minimalen Teil beteiligt ist, aber den gleichen Nutzen wie alle Anderen bekommt, auch wenn er nichts dazu beiträgt und alle Anderen das Gut erzeugen. Mit anderen Worten, die individuellen Kosten sind sicher und merklich, obwohl der individuelle Betrag gering ist. Warum also als rationaler Akteur nicht die Kosten sparen und trotzdem als Trittbrettfahrer am Nutzen partizipieren? In dieser negativ formulierten Frage steckt auch die Möglichkeit, dass ein solches öffentliches Gut entsteht, dann nämlich, wenn der individuelle Anteil bei der Erzeugung nicht zu gering ist und die Akteurkonstellation eine positive Nutzen-Kostenbilanz zulässt. Und dies ist vor allem in kleinen Gruppen möglich, die insgesamt u. U. die kritischen Massen zur kollektiven Partizipation überschreiten. Dies sind jene Unter-Gruppen einer Population, die vielleicht ein besonderes Interesse an dem öffentlichen Gut haben, das höher ist als die Kosten der Bereitstellung und insofern Pionierarbeit leisten. Achtung und Sanktionen, zusätzliche selektive Anreize usw. können die Entscheidung zur Kooperation zusätzlich erleichtern. Zwar unterliegt die Erzeugung von Sanktionen und Anreizen selbst wieder dem Problem des kollektiven Handelns – allerdings „(e)inen wichtigen Unterschied zum Ausgangsproblem gibt es freilich schon: Die Lücke zwischen dem Wert des Gutes und den Kosten ist deutlich kleiner geworden. Es ist – sozusagen – ein Problem zweiter Ordnung.“ Hier wird das gleiche Prinzip zur Lösung des Problems verwendet wie schon bei der Frage nach der prinzipiellen Möglichkeit der Genese von sozialer Ordnung: *Stufung*. Das Ursprungsproblem wird in „kleinere Probleme“ abgestuft und zugleich von der großen Population wieder an kleinere Teilgruppen weitergereicht. In diesen kleineren Gruppen sind nicht nur die Transaktionskosten geringer und die Möglichkeit der moralischen Bindung größer – vor allem können in kleinen Gruppen die individuellen Beiträge auch individuell zugerechnet werden. „Kurz: Die *individuelle* Zurechenbarkeit der Kooperation oder der Defektion ist der grundlegende Mechanismus, über den in Gruppen jener wichtige Kitt erzeugt wird, der das Dilemma des kollektiven Handelns leicht lösbar werden lässt. Das aber hat etwas mit der Sichtbarkeit des Handelns und mit der Identifizierbarkeit der Akteure zu tun. Beides ist in kleinen Gruppen eher vorzufinden als in großen.“

3.3.2 Institutionen, Normen, Legitimation, Integration

Ist der Anfang der Ordnungsbildung gemacht, kann man weiterfragen, weshalb die gerade entstandene punktuelle Geordnetheit nicht gleich wieder zerfällt, sondern auf eine gewisse Dauer gestellt werden kann.

Die Stabilisierung einer punktuellen Geordnetheit (und damit die eigentliche Erzeugung von Ordnung) ist nach *Hartmut Esser* letztlich von in den

Erwartungen der Akteure verankerten, sozial definierten Regeln mit gesellschaftlicher Geltung und daraus abgeleiteter „unbedingter" Verbindlichkeit für das Handeln abhängig – also von der Institutionalisierung. Institutionen schaffen individuelle Orientierung und kollektive Ordnung. Die Bedingungen für eine Institutionalisierung sieht *Hartmut Esser* äquivalent zu den Variablen, die bereits die punktuelle Geordnetheit (das spontane Entstehen einer Kooperation) erklären: ein hoher „Schatten der Zukunft" und Anreize. So wird der Übergang von der „Praktik der Kooperation zur Ethik der Normen", von der Anwendung einer „logic of consequentiality" zu einer „logic of appropriateness", von kognitiven zu normativen Erwartungen möglich. Die faktische Geltung von Institutionen, die sie zu sanktionierbaren Erwartungen werden lassen, beruht vor allem auf (innerer und äußerer) Sanktionierung und Legitimität, wie sie in den abgestuften institutionellen Varianten von Normen, Rollen und Skripts vorkommen. Wie aber wird zuvor das zentrale Problem der Institutionalisierung überwunden: die bindende Verpflichtung der Akteure auch gegen deren individuelle Interessen?

Hartmut Esser geht davon aus, dass „immer, wenn soziale Regeln entstehen, Elemente der erfolgreichen Koordination des Handelns, der bindenden Lösung von Dilemmasituationen und der schließlich als legitim angesehenen Überwindung von Konflikten beteiligt sind." Jede Problemdimension mit den jeweiligen Lösungstypen bringt bestimmte Mechanismen mit sich, die bereits an der Institutionalisierung mitwirken, etwa die Habitualisierung einer Konvention oder die Übernahme und Monopolisierung von Macht. Doch auch für diese Mechanismen gilt, dass sie das Dilemma erzeugen, mit ihrer erfolgreichen Anwendung eigentlich überflüssig zu werden. Ist z. B. eine Konvention erfolgreich, kann sie nur dann (das heißt, auch wenn das ursprüngliche Problem nicht mehr vorhanden ist) weiter bestehen, wenn der Rechtfertigungsbedarf und das Überwachungsproblem (Legitimität und Sanktionen) gelöst ist. In der Überwindung dieses Problems sieht *Hartmut Esser* den eigentlichen Kern jeder Erklärung der Institutionalisierung. Es gibt also zwar den Bedarf an Institutionalisierung, z. B. an Normen auf Grund der externen Effekte des Handelns anderer Akteure, die zur Interdependenzbewältigung zwingen. Die Einrichtung von Normen ist aber nicht kostenlos, sondern sie ist ein öffentliches Gut und ein Problem kollektiven Handelns. Wenn es sie gibt, haben alle Akteure was davon. Einer alleine kann sie nicht erzeugen. Wer an der Herstellung partizipiert, muss die Kosten dafür tragen, ohne die Sicherheit des Gelingens, und wenn es doch gelingt, weiß man nicht, ob Andere nicht an dem Gewinn partizipieren, ohne aktiv dazu beigetragen zu haben. Und weil alle Akteure so denken und alle warten, dass andere Akteure beginnen, passiert insgesamt nichts. Im Prinzip kennen wir Essers gestuften Lösungsvorschlag bereits: Durch den Druck auf mögliche Trittbrettfahrer könnte die Institutionalisierung beginnen. Aber die Sanktionierung von Abweichlern ist selbst wieder ein öffentliches Gut mit dem Problem kollektiven Handelns. „Aber: die Erzeugung *dieses* Öffentlichen Gutes, das die Bereitstellung des ‚eigentlichen' Öffentlichen Gutes der Institutionalisierung sichert, ist *billiger* als jenes ‚eigentliche' Projekt. Und wenn die (Transaktions-)Kosten dafür sinken, dann steigt die Wahrscheinlichkeit, dass sich ein Ausweg aus dem (Gefangenen-)Dilemma der Normentstehung bietet. Das Problem der Einrichtung einer Norm selbst wird also eine Ebene ‚nach unten' verlagert. Es geht jetzt um die Einrichtung von *Sanktionen*, die dann die Durchsetzung der Norm sichern sollen." Dieses *öffentliche Gut zweiter Ordnung* mit geringeren Unterschieden in den Auszahlungen und den Risiken. Zwar kann auch für dieses öffentliche Gut die Hürde des Eigeninteresses noch zu hoch sein, aber in diesem Fall kann man die Abstufungen solange fortsetzen, bis Kosten und Risiken minimiert sind: „für die Sanktionierung kann es wieder eine Sanktionierung – und entsprechend ein Öffentliches Gut dritter, vierter, n-ter Ordnung – geben. Und das solange ‚hinunter', bis die Kosten der Überwindung des Problems nahe null sind und die Kooperation zur Ordnungsstiftung auch auf der Ebene ‚erster Ordnung' gelingt, weil im Hintergrund die vielen kleinen Sanktionen reibungs-, weil fast kostenlos arbeiten. Auf diese Weise werden die vergleichsweise unaufwendigen und unauffälligen, aber äußerst wirksamen Folgen der unzähligen Kleinakte der Alltagssanktionen verständlich". Und wenn die Abstufung mal nicht ganz gelingen sollte, ist das Auftauchen von „Helden", die trotzdem zum öffentlichen Gut beitragen, obwohl die Kosten dafür noch recht hoch sind, zumindest möglich. Insgesamt wird damit sowohl die Fundierung als auch die Durchsetzung einer Ordnung auf die Interessen der Akteure an der Institutionalisierung bezogen.

Wie kann eine bereits stabilisierte Gesellschaft weiter dauerhaft stabilisiert werden? Anders formuliert: Wie kann die Stabilisierung stabilisiert werden? Typischerweise wird diese Frage in der Soziologie im übergeordneten Rahmen des Themas „Integration" diskutiert. Integration wird im Zuge zunehmender Modernisierung oftmals als Gegenstück sozialer Differenzierungsprozesse[9]

---

[9] Unter sozialer Differenzierung versteht *Hartmut Esser* „ganz allgemein die Unterschiedlichkeit in der Art der Organisation der Nutzenproduktion in den *sozialen Systemen* der Gesellschaft." Inhaltlich können diese Unterschiede die funktionale Aufteilung der verschiedenen Beiträge zur Nutzenproduktion, die kulturellen Praktiken bei der Nutzenproduktion und die normative Konformität bezüglich der verfolgten Ziele und den benutzen Mittel in einer Gesellschaft betreffen, woraus sich die analytische Unterscheidung von funktionaler, kultureller und normativer Differenzierung ergibt. Anhand von *Hartmut Esser*s Ungleichheits- und Differenzierungstheorie kann man gut erkennen, wie eine Handlungstheorie unmittelbar *makro*-soziologisch

verstanden, womit die Frage zu beantworten versucht wird, wie es gelingen kann, die auseinanderstrebenden (differenzierten) Teilbereiche der Gesellschaft zusammenzuhalten. Es geht also um das Problem der „Einheit in der Vielfalt".

Aus *Hartmut Essers* Sicht ist das Integrationsproblem ein Problem der antagonistischen Kooperation, geschuldet den Interdependenzen eigeninteressierter, in typische Verteilungsmuster über verschiedene Ressourcen und Kontrollen eingebundene Akteure. Bei gleichgerichteten Interessen der Akteure kann die Integration über den Markt erzeugt werden. Divergierende Interessen können über repressive Organisationen integriert werden. Bei Mischungsverhältnissen von Divergenzen und Konvergenzen kann eine Integration über die Erzeugung bestimmter Einstellungen, über die Orientierungen der Akteure erzeugt werden.

Es gibt auch eine Differenz zwischen der Integration globaler Eigenschaften einer Akteurkonstellation als Ganzes (Systemintegration) und den Relationen zwischen den individuellen Akteuren sowie dem Grad der Einbettung (Sozialintegration).[10] Die der Systemintegration entsprechenden Mechanismen sind der Markt und die Organisation, zudem wirken symbolisch generalisierte Medien und Interpenetration. Letztere wirken vor allem über die Orientierungen der Akteure: Symbolisch generalisierte Medien bewirken, dass die Akteure sofort den „Codes" der Systeme folgen und entsprechend spezifische Handlungen durchführen. Etwas weniger automatisch wirken Interpenetrationen auf die Orientierungen der Akteure, wenn diese sich in ihrem Handeln eben nicht nur an den „Leitunterscheidungen" eines Systems, sondern zugleich auch denen anderer Systeme orientieren. Für die soziale Integration dagegen, die sich auf die Inklusion der Akteure in den sozialen Zusammenhang bezieht und nicht auf das „äußerliche" Funktionieren der Gesellschaft als System, unterscheidet *Hartmut Esser* die Varianten Kulturation, Platzierung, Interaktion und Identifikation. Bei der *Kulturation* geht es um die Aneignung von Kompetenzen und Wissen als Notwendigkeit für sinnhaftes, verständliches und erfolgreiches Agieren, die über kognitive Sozialisation vermittelt wird. Die Besetzung einer bestimmten gesellschaftlichen Position

---

relevant werden kann, da diese Theorien mit Konzepten der sozialen Produktionsfunktionen und dem Frame-Selection-Modell verbunden werden. „Funktionale Imperative" werden dort dann etwa als institutionalisierte Oberziele mit bestimmten Skripten sichtbar.

[10] „Die *Systemintegration* ist, ganz allgemein gesagt, dann jene Form der Relationierung der Teile eines sozialen Systems, die sich *unabhängig* von den speziellen Motiven und Beziehungen der individuellen Akteure und oft genug *gegen* ihre Absichten und Interessen, sozusagen anonym und hinter ihrem Rücken, ergibt und durchsetzt, während die soziale Integration unmittelbar mit den Motiven Orientierungen, Absichten und – insbesondere – den Beziehungen der Akteure zu tun hat."

durch einen Akteur meint *Platzierung*, z. B. über die Verleihung von Rechten oder durch die Eröffnung von Gelegenheiten. Bei *Interaktionen* orientieren sich die Akteure aneinander wechselseitig über Wissen und Symbole und bilden auf diese Weise durch ihr Handeln Relationen, z. B. bei sozialen Beziehungen (Abstimmung der Akteure über Regeln und orientierende mentale Modelle über übliche Abläufe des Handelns) oder bei Transaktionen (Tauschakte von Gütern). Sieht sich ein Akteur mit einem sozialen System als Einheit, dann wird eine derartige gedankliche und emotionale Einstellung als *Identifikation* bezeichnet, die *Hartmut Esser* in den Formen von Wertintegration und Hinnahme unterscheidet.[11] Folgende Übersicht fasst die Systematisierung zusammen:

Abbildung 10 Integrationsformen

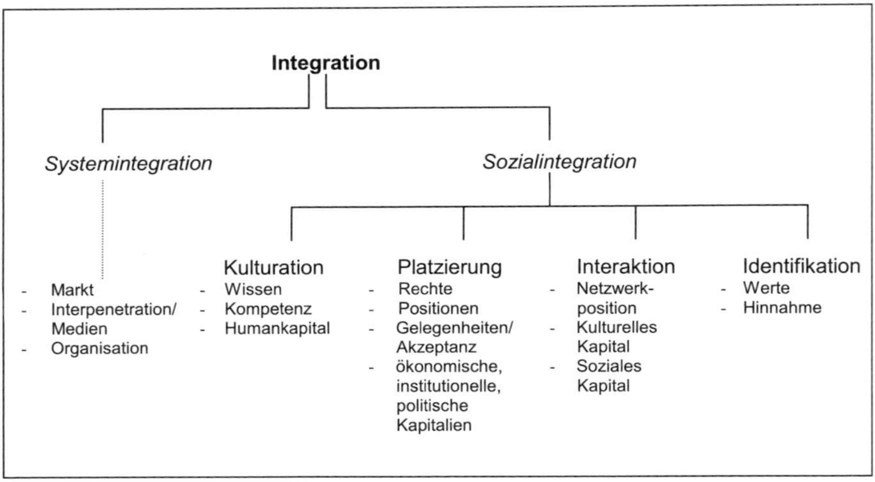

Natürlich stehen System- und Sozialintegration nicht unverbunden nebeneinander. Zum Einen gibt es logische Verbindungen wie etwa, dass bei extrem niedriger Systemintegration es auch nur eine geringe Sozialintegration

[11] *Wertintegration* bedeutet die bewusste Loyalität zur Gesellschaft, getragen von ausgeprägten Solidaritätsgefühlen im Zusammenhang mit bestimmten Werten. „Die Wertintegration ist die Art der ideologisch untermauerten und in den alltäglichen Interaktionen immer wieder neu bekräftigten Unterstützung des ‚Systems', wie sie – zeitweise – in Feudal- oder Nationalgesellschaften vorkommen mag und wie sie sich manche hierzulande auch für die Bundesrepublik Deutschland und für Europa wünschen – und andere fürchten."

geben kann und eine hohe Systemintegration bei einer Mindestzahl von Akteuren auch eine hohe Sozialintegration bedeutet muss. In jedem Fall sind sowohl System- als auch Sozialintegration eine Folge des Handelns der Akteure: „*Jede* Form der *systemischen* Integration sozialer Systeme ist ein *aggregiertes* Ergebnis des – wie auch immer motivierten – Handelns von Akteuren. Auch die Märkte und die Organisationen, die Vorgänge der Interpenetration und das ‚Zirkulieren' von symbolisch generalisierten Medien sind nichts anderes als kollektive Vorgänge, die stets in *sozial*integrative Prozesse eingebettet sind, von diesen hervorgebracht werden und sie selbst wieder steuern. [...] Die Integration der Gesellschaft ist in *jedem* Fall ein *emergentes* Merkmal der *Interdependenzen* und des *Zusammenwirkens* der Akteure. Die Integration der Gesellschaft ist, kurz gesagt, ein kollektives Phänomen wie alle anderen gesellschaftlichen Strukturen und Prozesse auch."

3.3.3 Gesellschaftliche Strukturen

Einerseits aggregiert sich das Handeln der Akteure zu oftmals unintendierten strukturellen Folgen, was als *systemische Konstitution* bezeichnet wird, weil die Konstitution des sozialen Systems der Gesellschaft zwar über das Handeln von Akteuren, aber weitgehend *unabhängig* von ihren speziellen individuellen psychischen Verfassungen und Motiven abläuft. Die von den menschlichen Akteuren getragene gesellschaftliche Konstituiertheit wirkt andererseits auf sie selbst wieder zurück, das heißt, Akteure konstituieren soziale Strukturen und werden durch diese konstituiert: „Die Strukturen der Gesellschaft entstehen und ‚bestehen' dabei aber *nur* als Ergebnis von ununterbrochenen *Prozessen* der beständigen Hervorbringung von Prozessen, die sich manchmal verfestigen und in ein übergreifendes, wenngleich im Prinzip stets nur temporäres, Gleichgewicht eines bestimmten Typs, von Gesellschaft münden, etwa den antiken Stadtstaat oder die großen Reiche in China oder in Indien. In diesem Prozess der gleichgewichtigen Reproduktion ändern sich die Strukturen aber immer auch fortführend, meist langsam, graduell und unmerklich, gelegentlich aber auch abrupt, komplett und mit einem Donnerschlag." Gesellschaftliche Strukturen geben vor, welche *Alternativen* des Handelns die Akteure überhaupt wahrnehmen, mit welchen Erwartungen und Bewertungen der Handlungsfolgen diese verknüpft werden.

Hartmut Esser unterteilt die gesellschaftlichen Strukturen analytisch in die Infrastruktur, die soziale Struktur und die Superstruktur sowie die institutionellen Strukturen der Gesellschaft. Die Infrastruktur bildet die technische, geographische und sonstige materielle Basis der Gesellschaft, während die *soziale Struktur* die gesellschaftlichen Verhältnisse wie z.B. Differenzierungen beschreibt. Dazu gehört auch die institutionelle Struktur, die die (latenten) Machtverhältnisse und Interdependenzen aus der Verteilung von Interesse und Kontrolle bei den Ressourcen strukturiert. Das erzeugt die *Interdependenzstruktur*, der die Menschen in der Gesellschaft unterliegen. Außerdem wird die *Sinnstruktur* der Orientierungen definiert, aus denen die Gesellschaft „besteht". Daran schließt sich die *Bewertungsstruktur* an, das heißt, die Rangordnung der Werte der Ressourcen und Eigenschaften, die die Akteure unter Kontrolle haben oder anstreben könnten, einschließlich der Regeln für die Vergabe bestimmter Privilegien und für das Prestige der Eigenschaften und Ressourcen. Daraus ergeben sich die Differenzierungsstruktur und die Ungleichheitsstruktur. Die *Differenzierungsstruktur* beschreibt die Unterschiede in der Gesellschaft hinsichtlich ihrer funktionalen Sphären. Die *Ungleichheitsstruktur* bezieht sich auf die Differenzen in den gesellschaftlichen Lagen der Akteure der Gesellschaft. Diese Differenzen können horizontal auf Akteure mit ähnlichen Eigenschaften bezogen werden (kulturelle/normative Ungleichheit) oder vertikal auf unterschiedliche Eigenschaften (z.B. Klassen, Stände). In diversen Gruppierungen können horizontale und vertikale Aspekte auch kombiniert auftreten.

Als *korporative Struktur* der Gesellschaft werden sowohl Aggregationen sozialer Kategorien, auf denen die soziale Ungleichheit beruht, als auch soziale Aggregate (kollektive und korporative Akteure) bezeichnet. „Aus alledem ergeben sich dann die Beziehungen der Menschen und der verschiedenen „kollektiven" Gebilde der korporativen Struktur untereinander, gleichgültig wie sie geregelt sind, sei es als strategisches Handeln, sei es als über Wissen und Symbole gesteuerte Interaktionen, sei es als auch normativ geregelte soziale Beziehungen oder in der Form von Transaktionen, etwa des „Tausches" der Arbeitskraft gegen Einkommen. Das sei insgesamt die *Beziehungsstruktur* unter den Akteuren und sozialen Gebilden (aller Art) einer Gesellschaft." Als *Superstruktur* bezeichnet *Hartmut Esser* jene Ideen und „kollektiven Repräsentationen", die sich auf die Gesellschaft als Ganze beziehen, etwa Werte Ideologien, religiöse Vorstellungen usw.

Abbildung 11 Gesellschaftliche Strukturierung

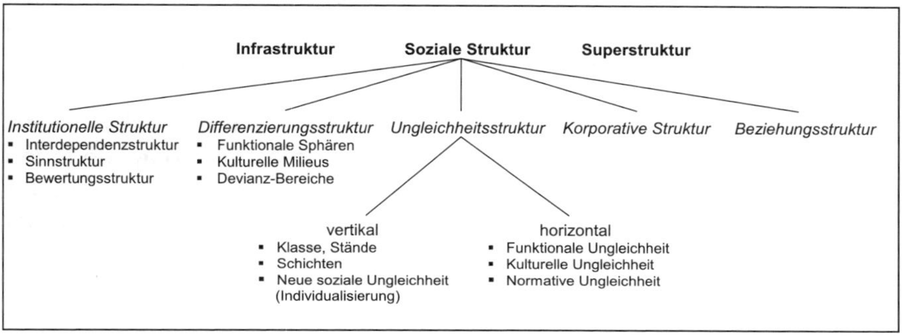

Jede einigermaßen strukturierte Gesellschaft bildet eine reproduktive Einheit, an der alle diese Strukturen mitwirken: Die materiellen und technischen Möglichkeiten, die damit verknüpften Interessen, Institutionen und Ideen bilden im funktionalen Gleichgewicht ihrer Reproduktion eine strukturierte *Einheit* – mit unterschiedlichen Graden der inneren Differenzierung und Ungleichheit. Aber auch derartige Einheiten werden stets in einem fortlaufenden Prozess erzeugt, das heißt, das handelnde Zusammenwirken der Akteure verändert die gesellschaftlichen Strukturen.

3.3.4 Sozialer Wandel

Eine systematische und nachhaltige Änderung einer bereits bestehenden Ordnung wird als sozialer Wandel bezeichnet. Für eine Erklärung sozialen Wandels muss man darlegen, warum soziale Prozesse in einer bestimmten Weise strukturell bedingte, inhaltliche Änderungen erzeugen – und diese genaue Darlegung muss den Regeln der soziologischen Erklärung folgen: „Jeder soziale Wandel ist ein *Prozess* – ein Prozess der *Genese* bestimmter Sequenzen der Änderung der gesellschaftlichen Strukturen. Und auch vollkommen stabile Strukturen sind, wie wir gesehen haben, nichts als die Folge von solchen ‚genetischen' Prozessen der Abfolge von aneinander anschließenden Sequenzen einer soziologischen Erklärung [...]. Die ‚Logik' des sozialen Wandels besteht also *nicht* aus irgendwelchen *übergreifenden* ‚Gesetzen' des sozialen Wandels, sondern aus der ‚Situationslogik' des immer wieder neu zu erklärenden ‚Anschlusses' von einzelnen Sequenzen der soziologischen (Tiefen-)Erklärung an die vorhergehende." Damit wird ausgeschlossen, inhaltlich definierte übergreifende Abläufe und Zusammenhänge begründen zu können. Tatsächlich beobachtbare Regelmäßigkeiten sozialen Wandels sind in dieser Perspektive lediglich Beschreibungen – kein Explanans, sondern Explanandum: Sie erklären nicht nur *nicht*, warum es einen bestimmten Prozess gibt, sondern sie erklären ebenfalls *nicht*, unter welchen Umständen es diesen *nicht* gibt.

Folglich können die inhaltlich verschiedenen Formen sozialen Wandels – die auf verschiedenen Möglichkeiten von exogen oder endogen angestoßenen Rückkopplungsprozessen (Kumulationen, Dämpfungen, Oszillationen) basieren und somit nicht eine Folge einfach aneinander anschließender Sequenzen, sondern von durchaus auch nicht-linearen Feedbacks sind – im Einzelfall erklärt, generell aber höchstens systematisch geordnet werden. Ein institutioneller Wandel etwa vollzieht sich demnach genau dann, wenn die institutionelle Ordnung den Interessen der Akteure widerspricht. Es verringert sich dann erst die Legitimität bzw. die Plausibilität der zu Grunde liegenden Ideen und folglich die Institution stützenden Handlungen. Auch hier gilt, dass signifikante Merkmale je fallspezifisch zu unterscheiden sind (Reichweite des Wandels, exogene/endogene Ursachen, geplant/ungeplant, evolutionär/revolutionär usw.). Und ebenfalls sind es auch hier Rückkopplungsprozesse, die Pfadabhängigkeiten erzeugen und so kaum mehr reversibel erscheinen.

Das folgende Schaubild fasst die Strukturierung der Gesellschaft sowie ihre evolutionäre-historischen Wandlungen zusammen, wobei die systemische Konstitution die objektiven Vorgaben für die Orientierung der Akteure beschreibt, die die Strukturierung der gesellschaftlichen Strukturen tragen, was wiederum durch die Integration des Modells der soziologischen Erklärung deutlich wird.

An diesem Schaubild wird zudem die Relevanz der *sozialen* Konstitution im Prozess der gesellschaftlichen Strukturierung betont, also z. B. die Vorgänge der Sozialisation und die Wirkmächtigkeit von Bezugsgruppen, denen man Rechnung tragen muss, wenn man etwa erklären will, wie die „Frames“ zustande kommen bzw. sich verstärken (z. B. über „symbolische Interaktion“).

Abbildung 12 Prozesse gesellschaftlicher Strukturierung

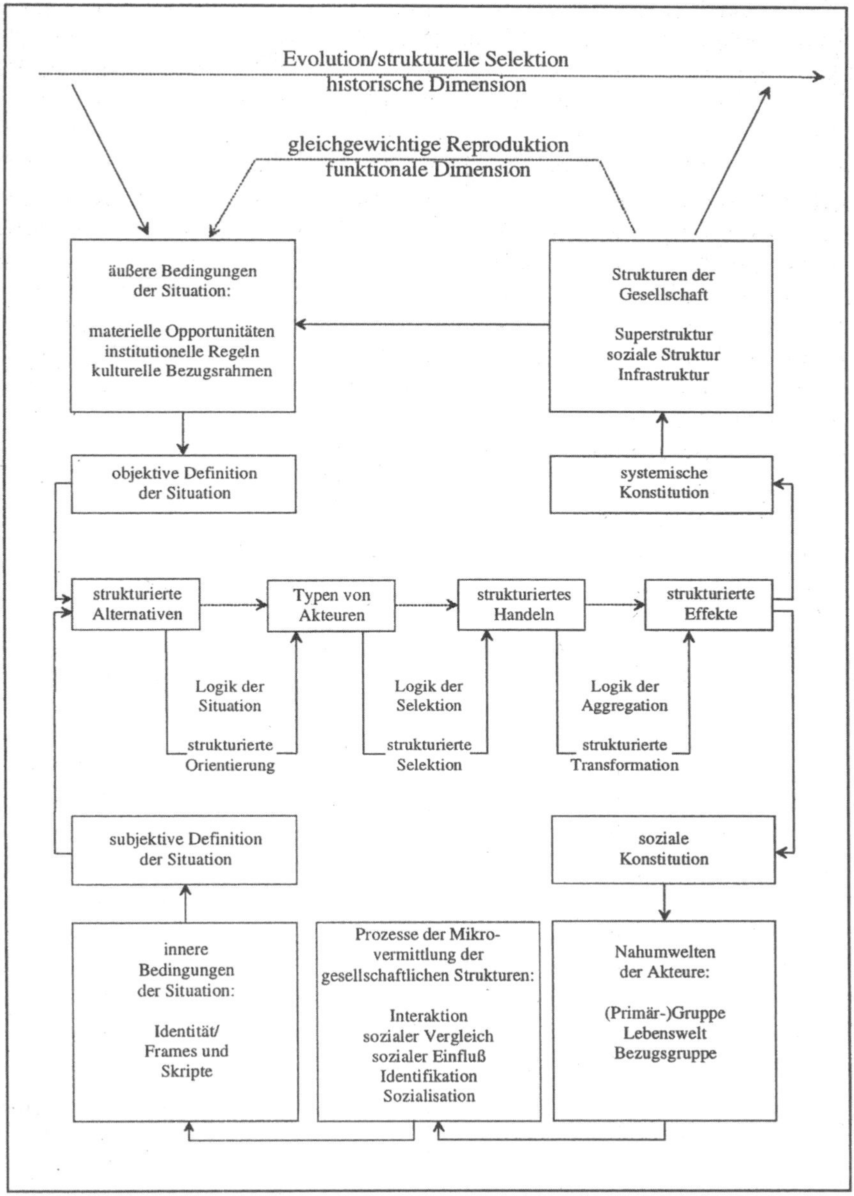

3.4 Der empirische Blick: Scheidungsraten

Im Rahmen der „Mannheimer Ehescheidungsstudie" hat *Hartmut Esser* seinen theoretischen Bezugsrahmen an dieser Thematik „gefittet".[12] Dabei kann er z. B. zeigen, inwieweit bei Ehescheidungen, wie in anderen sozialen Vorgängen auch, die „stumme Macht der Möglichkeiten" wirkt. Dabei ist das Explanandum, warum das Ehescheidungsrisiko nach einer relativen kurzen Phase nach der Heirat steil ansteigt.

Abbildung 13 Verlauf des Ehescheidungsrisikos

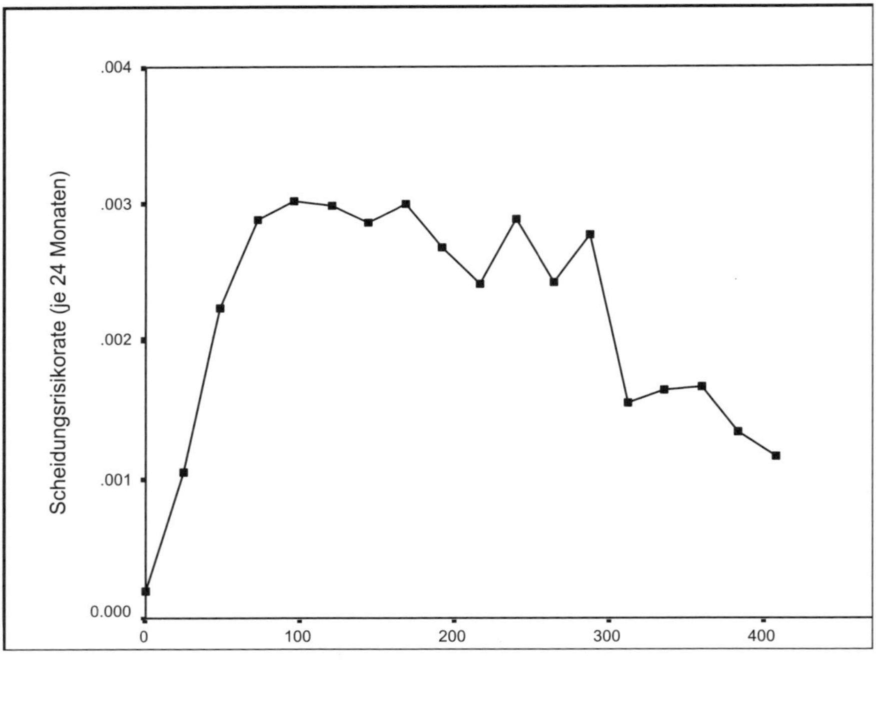

[12] Die direkte Anwendung des Models der Frame-Selection im Rahmen einer empirischen Untersuchung ist der Grund, weshalb hier dieses von *Hartmut Esser* bearbeitete Feld vorgestellt wird. Erwähnt werden muss, dass er sich intensiver und länger mit den Themen der Migration und der ethnischen Differenzierung beschäftigt hat.

Wie kann man diesen „Sichel"-Verlauf erklären? *Hartmut Esser* bietet zwei Möglichkeiten an: Erstens das „Mis-Match-Modell". Nach diesem Modell gibt es zwei Ehe-Typen. Die einen Ehepaare passen perfekt zusammen und „krönen" ihr Zusammensein mit der Ehe; sie werden, wie es im einem Schlager heißt „niemals auseinandergeh'n". Die anderen passen schon von vornherein nicht gut zusammen und merken dies dann auch ziemlich bald nach der Heirat, worauf die Scheidung folgt. Wenn sich dieser Paar-Typ scheiden lässt, steigt kollektiv gesehen das Scheidungsrisiko erst einmal an. Allerdings scheiden nach und nach diese Risiko-Typen aus dem Aggregat aus, so dass es danach mehr perfekt zusammenpassende Paare und weniger Scheidungskandidaten gibt. Das Scheidungsrisiko ist dabei so etwas wie eine „epidemische Ansteckung", die im Verlauf absinken *muss*, weil es immer weniger Akteure gibt, die sich noch anstecken können.

Die zweite Möglichkeit, die *Hartmut Esser* in gewisser Weise bevorzugt, wird mit dem „Micro-Model of Marriage" erklärt.[13] Dieses Modell geht von einem für *alle* Ehen gleichen Prozess aus: Erst kommt der „Honeymoon", dann die Krise und dann (eventuell) die Anpassung. Diejenigen Paare, die die Krise nicht überwinden, lassen sich scheiden.

Zur weiteren Erklärung des Wegs in die Ehescheidung hat *Hartmut Esser* sein Frame-Selektion-Modell in Anschlag gebracht. Die Ehe ist in dieser Perspektive mit einem ganz bestimmten gedanklichen Modell der heterosexuellen Beziehung und entsprechenden Skripts verbunden, die das Oberziel „Liebe" über die Produktionsfunktionen, z. B. der Regulation von Intimität und Affekten, befriedigt. Die Ehe ist vor allem durch die wechselseitige Orientierung an dem WIR ausgerichtet, das heißt, in der Ehe stellen sich die Ehepartner wechselseitig und ausschließlich den Horizont des gemeinsamen Lebens dar – per definitionem. Ausgeschlossen ist somit ein eheliches Betziehungsmodell, in dem jeder eigene Wege geht und sich im eigenen Leben nicht an dem Partner mitorientiert. Die Frage ist nun, wie es zu einem Re-Framing im Modell der Ehe kommt. *Hartmut Esser* geht aus von der gedanklichen Orientierung an dem Modell „gute Ehe" (Modell mr) und dem Modell „gescheiterte Beziehung" (Modell dv), jeweils verbunden mit bestimmten Bewertungen (U_{mr} als erwarteter Ehegewinn, variierend mit dem erlebten ehelichen Glück sowie dem bereits angesammelten ehelichen Kapital und U_{dv} als erwarteter Pay-Off für die Trennung, variierend mit den

[13] „Man sollte noch erwähnen, dass die Sichel-Funktion der Hazardrate mit *beiden* Erklärungen vereinbar ist […]. Und ohne weiteres lässt sich nicht feststellen, welcher Mechanismus jeweils am Werke ist. Es gibt jedoch Hinweise darauf, dass die Ehen in den früheren Kohorten, etwa die in den 50er und 60er Jahren, eher nach dem zweiten Modell, dem MMM also, funktionieren."

Opportunitäten außerhalb der Ehe). Der Match *m* gibt dann den Grad der subjektiven Einstellung wieder, dass das Modell „gute Ehe“ zutrifft. Perfekt ist der Match, wenn es bestimmte Anzeichen dafür gibt – z. B. Wunsch nach Heirat, Wunsch nach Kindern – und wenn bestimmte signifikante Symbole, die mit dem Modell mr unvereinbar erscheinen, nicht auftauchen (Lippenstift am Hemdkragen). Nach dem Frame-Selektion Modell wird das Frame-Gewicht bestimmt durch $EU(mr) = U_{mr}m$ und $EU(dv) = U_{dv}(1-m)$. Die Salienz des Ehe-Frames ist bestimmt durch $((m/(1-m)) - U_{dv}/U_{mr})$. Das heißt, wenn der Match perfekt ist, weil die Akteure das Modell „gute Ehe“ in ihrer subjektiven Einschätzung als unbedingt gültig erkennen, dann spielen auch Anreize keine Rolle mehr, da die Salienz für $m = 1$ auch bei kleinem U_{mr} und großem U_{dv} gegen Null geht. Für ein Re-Framing, der Aktivierung einer gedanklichen Alternative zur Ehe, ist also eine Verringerung des Matches notwendig. Zur Reflexion „... ob sich nicht was besseres findet“ kommt es aber erst dann, wenn die eingeschätzte Wahrscheinlichkeit hinreichend hoch ist, durch weitere Aktivitäten tatsächlich zu erfahren, inwieweit das Modell mr noch bzw. das Alternativmodell dv zutrifft. Zudem müssen die Suchkosten berücksichtigt werden. Dies sind die Übergangsbedingungen für einen Modus-Wechsel nach der Formel: $(1-m)U_{dv} - mU_{mr} > C/p$. „Zu einer (‚rationalen‘) Reflexion über der Fortbestand der Ehe kommt es also (nur) dann, wenn der Match m nicht (mehr) perfekt ist, wenn – unter dieser Bedingung! – der Ehegewinn absinkt bzw. es attraktive Alternativen gibt, wenn die Suchkosten nicht zu hoch und – insbesondere – wenn es Möglichkeiten gibt, die (nun: bessere) Alternative durch eigene Aktivitäten doch noch mit einiger Aussicht zu finden.“ Entscheidend ist für den Weg in die Scheidung die vom Framing abhängige Investition in das ehespezifische Kapital, die eher bei solchen Beziehungen getätigt wird, die zu Beginn „perfekt matchen“ (und dadurch selbstverstärkend den Frame bestätigen, was zu einer allmählich verbesserten Ausstattung mit gemeinsam erwirtschafteten ehelichen Kapital führt usf.), während bei „Wackelkandidaten“, die nicht mit einem perfekten Match starten, die beteiligten Akteure eventuell auch ihre Investitionen eher zurückhalten, was zu einer Abschwächung des Frames führen kann usw., bis das Reframing einsetzt.

Abbildung 14 Das Framing der Ehe und der Weg in die Scheidung

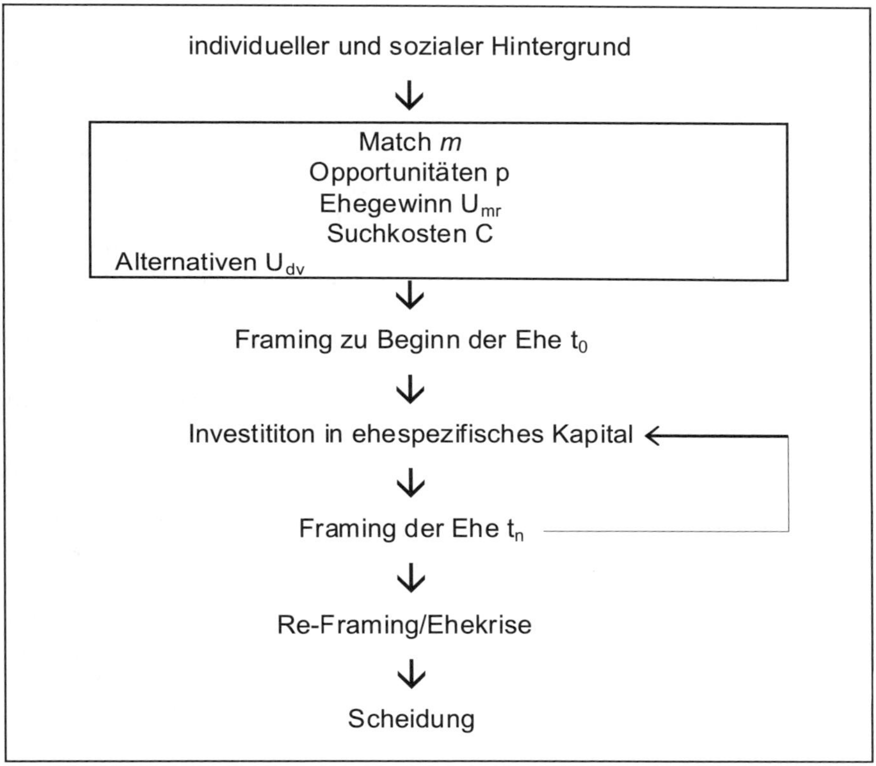

3.5 Der gegenwartsdiagnostische Blick

Hartmut Esser hat keine eigenständige Gegenwartsdiagnose entworfen, weder als Ableitung aus seinen theoretischen Überlegungen, noch als essayistisches Statement zum Zustand der Gesellschaft. Ganz im Gegenteil findet man bei ihm eher eine explizit ablehnende Haltung gegenüber den „sog. Gesellschaftsanalysen, jene oft eher journalistischen und inzwischen reichlich inflationären Bemühungen um die Frage, ‚in welcher Gesellschaft wir eigentlich leben'." Trotzdem finden sich, neben einigen thematischen Ausführungen mit impliziten gegenwartsdiagnostischen Bezügen wie etwa zur sozialen Ungleichheit in seinem Werk immer wieder Passagen, in denen er sich im Rahmen seiner theoretischen Darlegungen auch expliziter gegenwartsdiagnostisch äußert. Die Diagnose, die er dabei mitliefert, läuft – wenn man es denn wie üblich mit einer Bindestrich-Gesellschaft etikettieren wollte – auf *„Die komplexe Nutzenproduktionsgesellschaft"* hinaus.

Thematisch liefert *Hartmut Esser* derartige zeitdiagnostische Aspekte dann mit, wenn er auf bestimmte, für ihn zuvorderst theoretisch relevante Aspekte des Sozialen eingeht. So geht er z. B. davon aus, dass es unterschiedliche Arten von Nutzenproduktionen in sozialen Systemen gibt und die gegenwärtige Gesellschaft sich diesbezüglich funktional, kulturell und normativ differenziert hat.[14] Eine Grundthese lautet, dass die damit einhergehende zunehmende Komplexität der modernen Gesellschaft auch die gleichgewichtige Einheit von Werten, Interessen und Bedürfnissen verhindert. Schließlich werden Werte in dieser Perspektive nicht als unhintergehbare „letzte Realität" gesehen, sondern als abhängig von den Umständen, unter denen die Menschen ihre Bedürfnisse über bestimmte Mittel zu befriedigen suchen. „Wenn die Werte mit den begründeten Interessen und mit der Nutzenproduktion in Widersprüche geraten – etwa weil sich die gesellschaftliche Definition der sozialen Produktionsfunktionen geändert hat –, dann werden sie den Menschen unplausibel und sogar lästig – und schließlich, sei es durch ein mehr oder weniger bewusst-strategisches inneres Tun, sei es als Ergebnis der Schließung von Kompromissen oder einfach evolutionär durch das Aussterben der Anhänger der nicht mehr ‚passenden' Werte, geändert. [...] Besonders in modernen Gesellschaften ändern sich die sozialen Produktionsfunktionen fortwährend, differenzieren sich in unzählige Unterbereiche, die alle miteinander lose gekoppelt sind, und lassen sich eigentlich durch keinen übergreifenden Standpunkt des Wünschbaren mehr ordnen." *Hartmut Esser* bleibt vage, wie viele Werte doch noch zuträglich sein könnten. „Gesinnungsethischer Fundamentalismus" sei natürlich abzulehnen, aber ein gewisser Gemeinsinn, wenn er die Identifikation der Lebenswelten mit den Funktionserfordernissen der Systeme fördert, „könne nicht schaden". Man müsse das „Abstrakte der Systeme" mit dem Konkreten der Lebenswelt institutionell verbinden, wobei dies in der komplexen modernen Gesellschaft, in der niemand mehr die Folgen eines Handelns genau bestimmen kann, nur auf einem so abstrakten Werte-Niveau gelingen kann, dass Werte ihre (für traditionale Gemein-

[14] „Modernisierung ist, vereinfachend gesagt, auch ein Prozess der zunehmenden Entkopplung von funktionaler und kultureller Differenzierung, der Normalisierung des Unnormalen und des Unerwarteten und der ‚Individualisierung' der Menschen in der Weise, dass sich die Muster des Einbezugs der Akteure in die funktionalen Sphären, die kulturellen Milieus und die Devianz-Bereiche zunehmend überkreuzen, vervielfältigen, ‚entstandardisieren' und ‚entstrukturieren'".

schaften vorhandene) zwingende Kraft und Unbedingtheit verlieren. Genau dies kann man gegenwärtig vorfinden, z. B. in dem Wert der „freiheitlich demokratischen Grundordnung“. Gegenwartsdiagnostisch schließt er sich bei dem Problem der Legitimität in modernen, differenzierten Gesellschaften Luhmanns Diktum der „Legitimation durch Verfahren“ an. Die Legitimität richtet sich dabei nicht auf die Zustimmung zur Ordnung, sondern auf das faktische Akzeptieren von Entscheidungen, die auf der Grundlage dieser Ordnung getroffen wurden. Die der Ordnung entspringenden Verfahren werden hingenommen bzw. geduldet – und damit die Ordnung legitimiert, ohne auf bestimmte Motive (Werte, Überzeugungen) zurückgreifen zu müssen. Diese Verfahren sind so komplex, dass die Akteure durchaus zu kognitiven Anpassungen bei unerwarteten Ereignissen bereit sind.

Die systemische Konstitution der Gesellschaft verdankt sich der Ko-Konstitution der sozialen, kulturellen und psychischen Systeme – deren funktionale Reproduktion durch Akteure hervorgebracht wird. Um dies zu leisten, müssen die Akteure in eine Lebenswelt eingebunden sein, denn nur dort erhalten sie die für ihre Produktionstätigkeiten notwendigen sozialen Wertschätzungen, beständige Strukturierungen, physisches Wohlbefinden usw. Das bedeutet aber nicht, dass die Akteure sich auch mit der Gesellschaft als Ganze identifizieren müssten. *Hartmut Esser* wendet sich hier ganz entschieden gegen die Vorstellungen und Forderungen des Kommunitarismus. Schon die vorliegenden Bedingungen moderner Gegenwartsgesellschaften: zu große Bevölkerungsgröße; zu geringe Kontaktdichte und damit verbunden ein zu kurzer „Schatten der Zukunft“; zu viele Exit-Optionen, das heißt zu geringe Abhängigkeit von einer Gruppe und dadurch zu geringe soziale Kontrolle über den Einzelnen, usf., führen dazu, dass die kommunitaristische Forderung nach Solidarität und materieller Versorgung (die Kombination „guter“ traditionaler und moderner Gesellschaftseigenschaften) nicht gelingen kann.

An dieser Stelle argumentiert *Hartmut Esser* außergewöhnlich normativ: Der Verfall gesellschaftsweiter Loyalitäten und das Fehlen von Gemeinsinn – sozusagen die Invisibilisierung der Superstruktur der Gesellschaft – sind gar keine Probleme der modernen Gesellschaft! Probleme wie Diskriminierungen einzelner Gruppen oder Arbeitslosigkeit seien eher dem Umstand geschuldet, dass die Gesellschaft noch nicht offen genug ist, dass also „kulturelles Kapital“ noch immer einen zu hohen Einfluss auf die materielle Versorgung hat. Man muss den Menschen statt mehr Gemeinsinn mehr Möglichkeiten für ein materiell gutes (physisches Wohlbefinden) und sozial befriedigendes (soziale Wertschätzung) Leben geben, also eher an den sozialen Strukturen als an der Superstruktur ansetzen. „Aus den

Notgemeinschaften des Urkommunismus sind die Menschen nicht ohne Grund stets sofort geflohen, wenn sich ihnen die Möglichkeit dazu bot. Werte und Solidarität (alleine) machen bekanntlich nicht satt, wohl aber aggressiv und gegen Außenstehende rücksichtslos, wenn der Magen leer ist und die Zukunft grau. Und daher sollte auch das nicht vergessen werden: Auch die Mafia, die ETA und die SS waren bzw. sind solidarische Gemeinschaften, und es hat die schlimmsten Kriege und das größte Elend gerade im Namen von moralischen Werten und (Volks-)Gemeinschaften gegeben."

Aus der theoretischen Perspektive *Hartmut Essers kann* die moderne Gesellschaft gar nicht ausschließlich durch übergreifenden, an Werten orientierten Gemeinsinn integriert werden. Sondern gesellschaftliche Stabilität wird gesichert über „die Verkettung in weitläufige Interdependenzen, durch die Kreuzung der sozialen Kreise und der Konfliktfronten, durch die wirksame, dadurch dann auch lebensweltlich erlebte, Vermittlung der Interessen über intermediäre Instanzen und – last but not least – durch ihren produktiven und reproduktiven Erfolg in der Kontrolle interessanter Ressourcen". In einer solchen modernen Welt – und nur in ihr – finden die Menschen auch für die individuellsten Problemlagen Hilfen und können sich zur Regeneration ihrer Gesellschaft produzierenden Fähigkeiten vielfältig erholen: „Sie wollen, verständlicherweise, nur das Eine: sich endlich entspannen – bei Fußball, Fernsehen und Flaschenbier. Und das für den nächsten Tag in irgendeinem ‚System', in dem sie sich meist ganz wohl fühlen, auch weil es unterdessen auch schon zu einem Stück Lebenswelt geworden ist, und dessen Erhalt ihnen wegen des guten Jobs schon sehr wichtig ist."

Aber selbst wenn eine wie auch immer geartete (utopische) „vollendete" moderne Gesellschaft vorläge, wären nicht alle Probleme gelöst. Denn *Hartmut Esser* sieht gegenwartsdiagnostisch durchaus auch Probleme der infrastrukturellen Basis auf die Gesellschaft zukommen. Auf die Frage: „Würde eine vollendete Moderne (fast) alle Probleme lösen?" lautet seine Antwort: „Kaum. Denn was ist die *infra*strukturelle Grundlage von alledem? Genau: die Ausbeutung der Rohstoffe und Energiereserven der Welt, und die *sind* begrenzt und ihre volle Nutzung *führt* zu existentiellen Grenzen, vor allem die der Umweltbelastung durch Emissionen oder Folgelasten. Und so gewinnt die zunächst etwas fern liegende apokalyptische Vision von Max Weber schließlich doch einiges an Realitätsnähe, als er davon sprach, dass der einmal entfesselte Vorgang der Entzauberung der Welt, was ja nur ein anderer Ausdruck für ihre Durchmodernisierung und für die globale funktionale Differenzierung ist, solange weitergehe, bis der letzte Zentner fossilen Brennstoffs verglüht sei. Das wäre dann schon ganz bald der Fall."

3.6 Wichtigste verwendete Literatur

Esser, Hartmut (1993): *Soziologe. Allgemeine Grundlagen*. Frankfurt/Main. Campus.
Esser, Hartmut (1999–2001): *Soziologe. Spezielle Grundlagen*. 6 Bd. Frankfurt/Main. Campus.

4 Richard Münchs Voluntaristische Handlungstheorie

Richard Münch wurde 1945 in Niefern geboren. Nach dem Studium der Soziologie, Philosophie und Psychologie an der Ruprecht-Karls-Universität Heidelberg erhielt er 1969 seinen Magister Artium. Es folgte 1971 am gleichen Ort mit einer Dissertation zu *„Mentales System und Verhalten. Grundlagen einer allgemeinen Verhaltenstheorie"* die Promotion zum Dr. phil. und nur ein Jahr später die Habilitation für „Soziologie" an der Universität Augsburg. Die Habilitationsschrift trägt den Titel *„Gesellschaftstheorie und Ideologiekritik"*. Von 1970 bis 1974 war er Wissenschaftlicher Mitarbeiter bzw. Assistent am Lehrstuhl für Soziologie und Kommunikationswissenschaft an der Universität Augsburg. Von 1974 bis 1976 war er als Professor für Soziologie an der Universität zu Köln tätig und hatte anschließend von 1976 bis 1995 eine Professur für Sozialwissenschaft an der Heinrich-Heine-Universität Düsseldorf inne. Seit 1995 ist er Professor für Soziologie an der Otto-Friedrich-Universität Bamberg. Das Interview mit *Richard Münch* hat am 20.07.2009 stattgefunden.

4.1 Der theoretische Blick I: Handlungstheoretischer Analyserahmen

Jede wissenschaftliche Betrachtung muss über einen Bezugsrahmen verfügen, mit dem die Welt und die Interdependenz ihrer Komponenten geordnet werden. *Richard Münch* verwendet das ursprünglich von Talcott Parsons erfundene, sogenannte AGIL-Schema als analytisches Konstruktionsprinzip zur Darstellung der Welt. Ausgangspunkt ist die Überlegung, dass bestimmte Ereignisse der Welt Anlass geben, bestimmte Konsequenzen erwarten zu können. Die Ereignisse können von niedrigster bis höchster *Komplexität* variieren, genauso wie die Konsequenzen von niedrigster bis höchster *Kontingenz* auseinander gehen. Man kann diese graduellen Dimensionen von Komplexität und Kontingenz auf das Soziale übertragen, das heißt auf *Symbole* und *Handlungen*. Menschliches Handeln ist an Sinn orientiert und kann demnach sinnhaft gedeutet werden. Sinn wird durch Symbole ausgedrückt, etwa durch Sprache. Das konkrete

Handeln kann so gesehen von vollkommener Unvorhersagbarkeit bis zu vollkommener Vorhersagbarkeit variieren. Anders formuliert: *Handeln bewegt sich zwischen Kontingenz und Nicht-Kontingenz (Geordnetheit)*. Zudem kann sich das sinnhafte Handeln einerseits auf eine große Zahl interdependenter Symbole der Welt beziehen, andererseits kann die Sinnhaftigkeit des Handelns auch nur auf ein einziges Symbol bezogen sein: *Symbole bewegen sich zwischen höchster und niedrigster Komplexität*. Die Kreuztabellierung von Handlungskontingenz und Symbolkomplexität markiert den von *Richard Münch* durchgängig verwendeten *analytischen* Handlungsrahmen zur Untersuchung *sozialer* Phänomene, wobei jeweils die idealtypischen Endpunkte möglicher Kräfteverschiebungen aufgetragen werden. Mit diesem Raster ist eine Schematisierung von sozialen Ereignissen und Handlungen nach den Kriterien der (sozialen) Vielschichtigkeit und der (individuellen) Alternativenhaftigkeit möglich. Richtet man den Blick auf die kleinste allgemeine Einheit des Sozialen – die Handlung –, so erhält man analytisch getrennt jene Komponenten, die in jeder empirischen Handlung involviert sind. Man kann etwa auf der Ebene der Objekttheorie jene Faktoren, die das Handeln der Akteur maßgeblich leiten, identifizieren: die Situation (Mittel unter gegebenen Bedingungen), Ziele, Normen und der symbolische Bezugsrahmen. Mittel erhöhen die Variabilität und Adaptivität des Handelns im Verhältnis zur Umwelt, Ziele richten das Handeln im Alternativenraums aus, Normen ergeben Strukturierungen des Handelns und ein symbolischer Bezugsrahmen verleiht dem Handeln Identität. Das Handeln ist demnach in seiner Gerichtetheit, Anpassung, Identität und Strukturiertheit eine Funktion von Zielen, Mitteln, symbolischen Bezugsrahmen und Normen bei gegebenen Bedingungen. Aus diesen Faktoren können vier allgemein gültige handlungsleitende Prinzipien deduziert werden, die bestimmen, zu welchem Grad das Handeln gelenkt wird: das Optimierungsprinzip, das Realisierungsprinzip, das Konformitätsprinzip und das Konsistenzprinzip. „Das intentionale Handeln eines Akteurs ist als eine von ihm vollzogene Ableitung einer zu wählenden Handlung nach einem bestimmten Handlungsprinzip bei gegebenen Handlungsbedingungen zu interpretieren, die aus Mitteln, Bedingungen (Situation), Zielen, Normen und einem Bezugsrahmen bestehen. Ein Akteur kann grundsätzlich nach den Prinzipien der Optimierung von Zielen, der Maximierung und Realisierung eines Ziels, der Konformität nach Normen oder der Konsistenz innerhalb eines Bezugsrahmens oder nach einem geordneten Muster aller dieser Prinzipien handeln." Wichtig ist bei dieser Kategorisierung, dass sie rein analytischen Zwecken dient, über dessen Verwendung empirisch noch nichts ausgesagt ist. Vermieden wird mit diesem Schema eine Verallgemeinerung einzelner Handlungsprinzipien. *Richard Münch* verfolgt somit das Programm des erklärenden Verstehens mit dem Akteur als Ausgangspunkt, der sein Handeln an bestimmten Handlungsprinzipen orientiert und daraus jeweils sein Handeln logisch ableitet, wobei die Soziologie die Ableitung der Handlung aus den Prinzipien verstehend nachzuvollziehen habe, diese vom Akteure subjektiv wahrgenommenen Anfangsbedingungen berücksichtigend. Die einzelnen Prinzipien – Optimierung, Realisierung, Konformität, Konsistenz – sind dem Komplexitäts-Kontingenz-Schema entnommen und werden zugleich als macht- und konflikttheoretische, ökonomische, idealistische und normative Ansätze in den Bezugsrahmen der voluntaristischen Handlungstheorie integriert. Die ausschließliche Anwendung jeweils nur eines Prinzips muss immer verkürzte Erklärungsleistungen in Rechnung stellen. So gilt die unbedingte Anwendung des Realisierungsprinzips als Kern der positivistischen Macht- und Konflikttheorie eben nur zur Erklärung der Zielrealisierung des Handelns, ungeachtet der Handlungsumstände; des Optimierungsprinzips als Kern der ökonomischen Theorie nur zu Erklärung von rational kalkulierten Nutzenmaximierungen; des Konsistenzprinzips als Kern der idealistischen Kulturtheorie nur zur Erklärung spezieller, identitätsbewahrender Handlungen; und des Konformitätsprinzips als Kern normativer Theorie nur zur Erklärung von normbefolgenden Handlungen. Die Integration dieser Prinzipien in einer Theorie zeigt, dass die Prinzipien füreinander „blinde Flecken“ darstellen, wenn sie als ausschließliche Handlungserklärungen dienen sollen, so dass nur ein kleiner Teil sozial relevanter Handlungen überhaupt der Erklärung zugänglich gemacht wird.

Abbildung 15 Der Münch'sche Handlungsbezugsrahmen

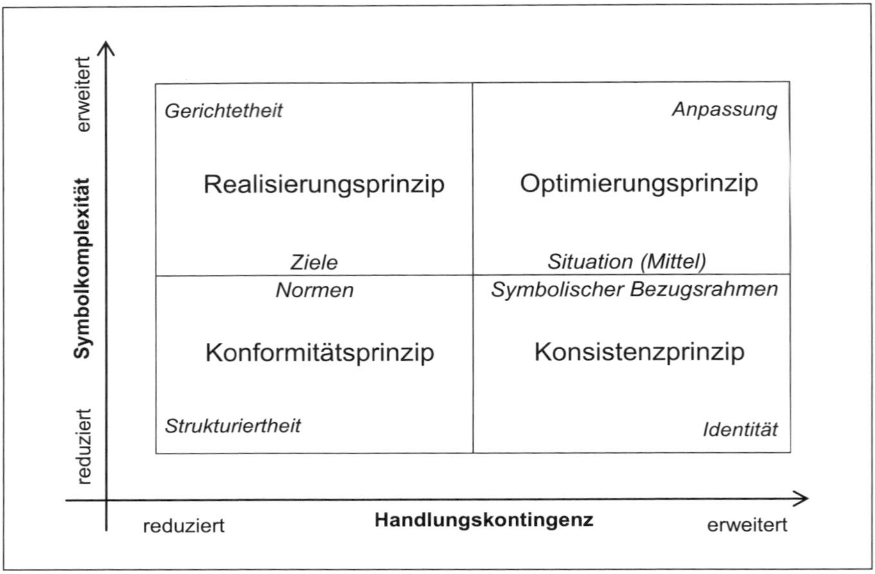

4.2 Der theoretische Blick II: Systemtheoretische Deutung der Handlungsfelder

Der handlungstheoretische Bezugsrahmen kann systemtheoretisch erweitert werden, indem man die einzelnen Handlungsfelder funktionalistisch interpretiert.[15] Jedes Handlungsfeld (= Sub-System) ist durch vier grundlegende Funktionen charakterisierbar: Die erste Funktion *Adaption (A)* beschreibt die Notwendigkeit, durch Erhöhung der Anzahl möglicher Ereignisse, aus denen ausgewählt werden kann, eine möglichst leistungsfähige Anpassung an die Umweltgegebenheiten zu erreichen. Die zweite Funktion *Zielerreichung (G)* steht für die Spezifikation des Spielraums möglicher Ereignisse. Unter den möglichen Ereignissen muss *ein* Ereignis selegiert werden, damit das System Ziele setzen und verwirklichen kann. Die dritte Funktion *Integration (I)* hat dafür Sorge zu tragen, dass die selektierten Ereignisse

[15] Richard Münch plädiert ausdrücklich dafür, Handlungs- und Systemtheorie als sich ergänzende Angebote für unterschiedliche Erklärungszwecke zu begreifen und nicht als Konkurrenzunternehmen.

in eine Ordnung gebracht, das heißt miteinander verbunden und dadurch in ihren Kombinationsmöglichkeiten begrenzt werden, so dass das System ein gewisses Maß an Geschlossenheit aufweist. Und viertens stellt die Funktion *der Strukturerhaltung (L)* die integrierten Ereignisse in einen allgemeinen Bezugsrahmen, so dass die latenten Strukturen, die Identität erhalten bleiben.

Systeme entstehen in dieser Sichtweise, wenn sich bestimmte Prozesse auf diese vier Funktionen spezialisieren. Kann man den Verbindungen der Elemente des Systems – den *Prozessen* – einen sich wiederholenden und erwartbaren Ablauf nachweisen, sprich man von einer *Struktur*. Diese strukturierten Verbindungen der Systemelemente, die die Funktion der Systemprozesse aufrecht erhalten, werden durch spezifische Medien – Geld, Macht, Einfluss und Wertbindungen – geleistet. Die Struktur des Systems wird dann durch den wiederholten Ablauf dieser mediumsgeleiteten Prozesse generiert. Zur Ausrichtung auf die Funktionen sind zudem Institutionen (als Regelsysteme) notwendig. Das analytisch abgrenzbare System setzt sich somit aus Elementen, Institutionen, Prozessen, Medien und Strukturen zusammen, die auf die Erfüllung spezifischer Funktionen ausgerichtet sind.

Abbildung 16 Systemkomponenten

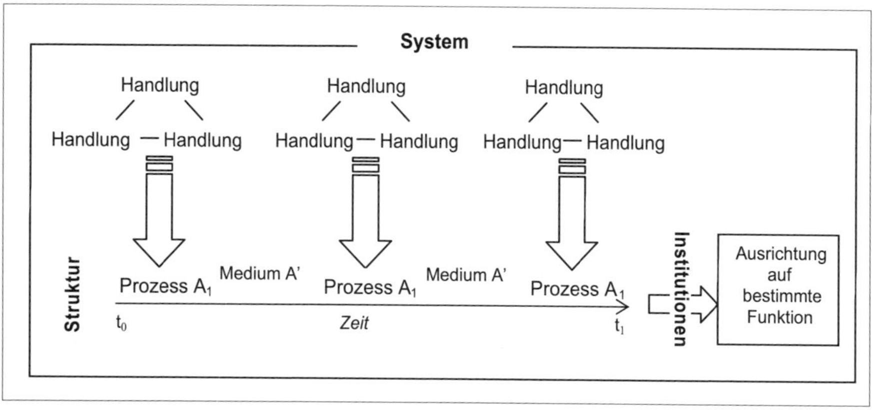

Eine soziologisch relevante Frage ist, welche Systeme welche spezifischen Funktionen innerhalb des *sozialen Systems* erfüllen. In Übereinstimmung mit Parsons identifiziert *Richard Münch* folgende funktional ausgerichteten Systeme:

1. Das auf die (für das soziale System spezifische) Funktion der Allokation von Ressourcen ausgerichtete *ökonomische System* dient der (allgemeinen Funktion der) Anpassung und Öffnung des Systems;
2. das auf die Funktion der kollektiven Entscheidungsbildung ausgerichtete *politische System* dient dem sozialen System der generellen Zielverwirklichung und Spezifikation;
3. das auf die Funktion der Solidaritätserhaltung ausgerichtete *Gemeinschaftssystem* dient der Integration und Schließung und
4. das auf die spezifisch soziale Funktion der sozial verbindlichen Symbolkonstruktion bezogene sozial-strukturelle System dient der allgemeinen Bewahrung latenter Strukturen und der Generalisierung.

Abbildung 17 Das soziale System

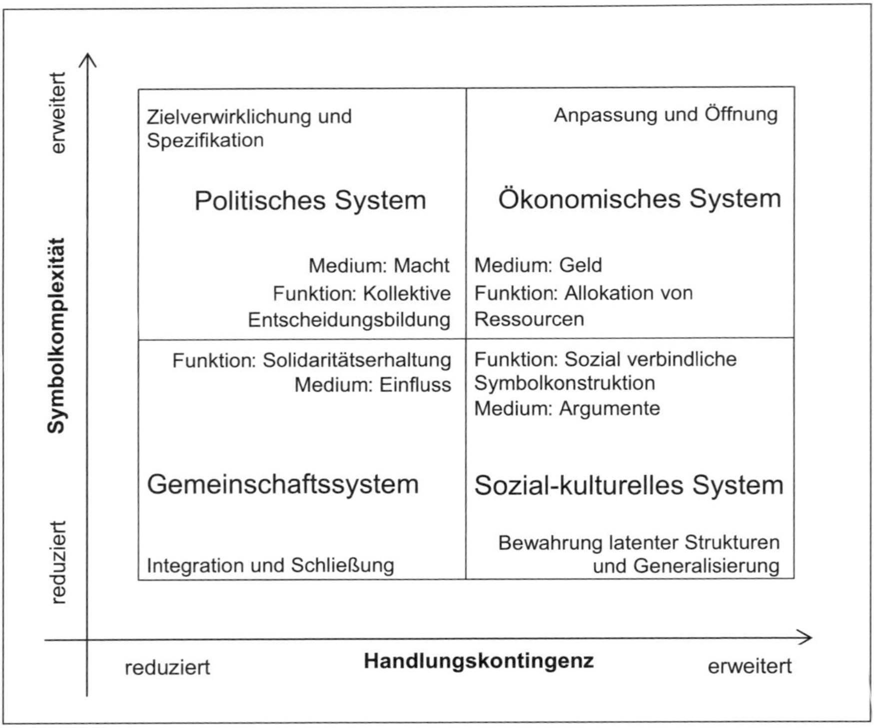

Die Unterscheidung von Handlungstheorie und Systemtheorie sieht *Richard Münch* somit als unterschiedliche Perspektiven in einem Bezugsrahmen aufgehoben. *Handlungstheoretisch* geht es um das Handeln von Akteuren in einer spezifischen Situation, das unter den Bedingungen der verfügbaren Mittel, der Ziele sowie der Orientierung an Normen und einem generellen Bezugsrahmen verstehend gedeutet wird. Auch die Frage nach der Möglichkeit einer Ordnung des Handelns wird als Ableitung aus der Frage beantwortet, welchen Einfluss die genannten handlungstheoretischen Elemente (Situation, Ziele, Normen, Bezugsrahmen) haben, insofern nur Normen eine Regelhaftigkeit des Handeln ergeben. *Systemtheoretisch* geht es vor allem um eine Analyse des Handelns, die immer mehrere Systemreferenzen als Teile des Handelns berücksichtigen muss. „Der individuelle Akteur ist [...] immer als konkreter Gegenstand der Analyse des Handelns, den physikalisch-chemischen Gesetzmäßigkeiten vorzustellen, der von verschiedenen, *analytisch* differenzierbaren Subsystemen in seinem Handeln bestimmt werden kann [...]. Es ist deshalb auch verfehlt, die einzelnen Subsysteme des Handelns als Handelnde zu betrachten. Vielmehr ist Handeln immer intentional, und diese Eigenschaften können wir nur *konkreten* Akteuren zuschreiben, nicht analytischen Subsystemen des Handelns. Diese Subsysteme sind immer nur Aspekte des Handelns selbst." *Richard Münch* folgt einer akteurtheoretischen Interpretation, bei dem er den Akteur als konkretes Handlungssubjekt von den Handlungssystemen analytisch getrennt sieht. Empirisch handlungsfähig sind nur die Akteure, in deren konkretem Handeln die analytisch abgrenzbaren Systeme miteinander verschränkt sind. Folglich muss auch das soziologische Erklärungsprogramm auf das Handeln ausgerichtet sein. „Die Soziologie ist eine Wissenschaft, die in der Interpenetrationszone der verschiedenen Erklärungsdimensionen des Handelns liegt und deshalb auch deren unterschiedliche Eigenschaften in sich vereinigen muss. Es kommt deshalb überhaupt nicht darauf an, die verschiedenen Erklärungstypen gegeneinander auszuspielen, sondern vielmehr darauf, sie sinnvoll miteinander zu vereinigen."

4.2.1 Interpenetration der Systeme

Die funktionale Spezialisierung der Subsysteme ist ebenfalls zunächst nur eine rein analytische Unterscheidung. Die Subsysteme sind dabei auf allen Ebenen funktional spezialisierte, mit adäquaten Strukturen ausgestattete Systeme, die auf die Leistungen der anderen Systeme angewiesen sind, das heißt, es gibt einen Austausch der Leistungen, der zum Einen über generalisierte Medien erfolgt, zum Anderen über vermittelnde Subsysteme, die sich innerhalb der interdependenten Systeme ausbilden. Wichtig ist, dass es sich bei dieser schematisch-analytischen Form der Weltbetrachtung als Systemdifferenzierung ebenfalls um einen rein analytischen Entwurf handelt. Je mehr diese analytisch getrennten Systeme empirisch voneinander differenziert sind, desto mehr ist die tatsächliche Ordnung des Handelns ein Produkt der Interrelationen der Systeme, da die einzelnen Systeme auf die Leistungszufuhr durch andere Systeme angewiesen sind. Für diese wechselseitige Angewiesenheit steht bei *Richard Münch* der Begriff der *Interpenetration*, dieser meint einen „synergetischen Effekt aus der Zusammenführung von vorher getrennten Einheiten". „Differenzierung der Systeme" bedeutet in dieser Perspektive nicht eine Rationalisierung bestimmter sozialer Felder, die dann ihrer eigengesetzlichen Fortentwicklung überlassen werden, sondern Differenzierung ist die Überwindung von Grenzen, die zu einer Auflösung eines vorherigen Ganzen führt: In der Überwindung der Differenzierung durch eine *gegenseitige Durchdringung verschiedener Handlungssphären* (Interpenetration) liegt für *Richard Münch* das eigentliche charakteristische Kennzeichen der modernen Gesellschaft. Interpenetration bedeutet die Expansion in die jeweils anderen Systeme und die Einverleibung fremdsystemischer Elemente – oder allgemeiner: die gegenseitige Durchdringung einander entgegengesetzter Eigengesetzlichkeiten des menschlichen Handelns – und ist in Richard Münchs Perspektive nicht nur prinzipiell ein für das gesellschaftliche Zusammenleben wichtiger Prozess, sondern zugleich auch ein unbeendbarer und ordnungsbildender Vorgang der Moderne überhaupt: „Das Herzstück der okzidentalen Entwicklung ist eine Eigenart, die im Gegensatz zu einer reinen Logik der Rationalisierung und Differenzierung nach den inneren Gesetzen von Systemen des Handelns steht: Interpenetration. […] Und ganz unabhängig von der Frage, wie weit dieser Prozess der Interpenetration fortgeschritten ist, muss dies als die einzig mögliche Lösung des Problems der Ordnung des Handelns unter modernen Bedingungen betrachtet werden. Es ist indessen eine Lösung, die sehr voraussetzungsvoll ist und viel Konflikt in sich birgt. Damit müssen wir leben."

Interpenetration dient der Gesellschaft als Mechanismus *des wechselseitigen Leitungsaustausches*. Analytisch unterscheidet *Richard Münch* dabei zwischen Leistungs-Faktoren und Leistungs-Produkten. *Faktoren* sind Leistungen, die von einem System A durch dessen Kriterien geformt und auf ein System B im Medium des Systems A übertragen werden. Politische Macht etwa transportiert die politischen Faktoren in die nicht-politischen Systeme hinein. Diese Übertragung erfordert eine „Stellvertretung" des

Sendersystems im Empfängersystem, also z. B. Rollen oder Verfahren, mit denen die Faktoren des Sendersystems auf die Funktion des Empfängersystem bezogen werden können: „Politische Steuerung impliziert zunächst einen Faktorinput aus dem politischen System in die Systeme der Wirtschaft, der gesellschaftlichen Gemeinschaft und der Kultur, der durch politische Macht übertragen wird. Auf diese Weise wird politisch entschieden, welche substanzielle Ressourcenallokation, Normbindung und Kulturproduktion nach den formalen Verfahren der ökonomischen Allokation, der sozialen Zusammenarbeit und des kulturellen Diskurses zustande kommt." Politische Rollenträger greifen demnach beim Faktorinput mit politischer Macht in die ökonomische Ressourcenallokation sowie in das solidarische und kulturelle Handeln ein, um diese formalen Handlungsorientierungen auf kollektiv verbindliche inhaltliche Ziele ausrichten bzw. bindenden inhaltlichen Entscheidungen zu unterwerfen.

Abbildung 18 Faktorinput

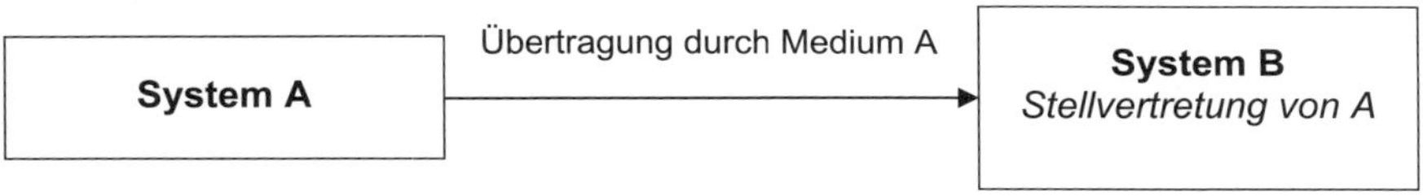

Produkte sind Leistungen, die vom System B hergestellt, aber von System A nach eigener Logik und durch das eigene Medium abgerufen und konsumiert werden, wozu wiederum eine Stellvertretung diesmal von System B im System A notwendig ist. Politische Macht transportiert also nicht-politische Produkte aus den nicht-politischen Systemen heraus. Man könnte auch sagen, dass es hier zu einer politischen Rahmung und Konsumption fremdsystemischer Elemente, z. B. anderer Medien, kommt: „Der politische Produktoutput in die nichtpolitischen Funktionssysteme bedeutet den politisch entschiedenen Einsatz von Geld, Einfluss und Wertbindungen (Wahrheit) in der Ressourcenallokation, in der Wahrnehmung von Führungsverantwortung bei der Gestaltung der gesellschaftlichen Zusammenarbeit und in der Ausübung von moralischer Verantwortung bei der kulturellen Entwicklung der Gesellschaft. Hier setzt politische Entscheidung den Rahmen, innerhalb dessen das Handeln nach Kriterien der ökonomischen Nutzenmaximierung, der solidarischen Vereinigung und der kulturellen Verständigung gewählt wird." Beim Produktoutput setzen demnach wirtschaftliche, gemeinschaftliche und kulturelle Rollenträger, z. B. der in Deutschland starke Lobbyismus, im politischen System politische Macht ein, um die Medien Geld, Einfluss und

Wertbindungen im Rahmen politischer Ziele und Entscheidungen verwenden zu können. Auch in diesem Fall basiert das Handeln der Rollenträger formal auf politischer Macht und politisch getroffenen Entscheidungen, werden aber inhaltlich durch nicht-politische Kriterien, das heißt unter Anwendung fremdsystemischer Medien (mit)bestimmt.

Abbildung 19 Produktoutput

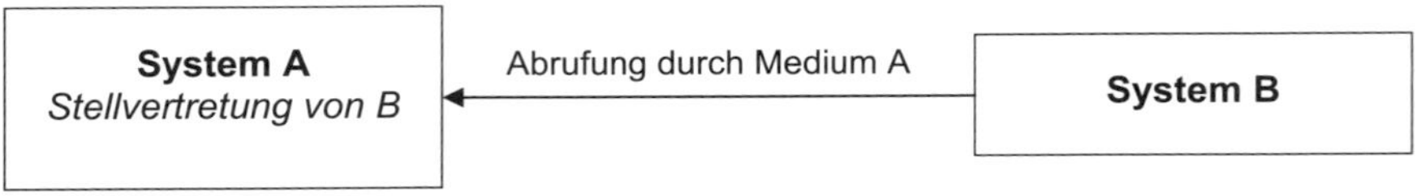

Dieser Leistungsaustausch durch wechselseitige Stellvertretung und Faktoren/Produkt-Austausch über generalisierte Medien erzeugt die Interpenetration durch „Überlappung“ der analytisch funktional differenzierten Systeme. Die Bewertung politischer Steuerung muss in dieser Perspektive aus zwei verschiedenen Richtungen vorgenommen werden: „Politische Steuerung als Faktorinput in die nichtpolitischen Systeme wird dem Maßstab der effektiven Erzeugung von Folgebereitschaft in der kollektiven Zielsetzung unterworfen. Politische Steuerung als Produktoutput in die nichtpolitischen Systeme wird an den nichtpolitischen Kriterien der Bewältigung von Knappheit, der Sicherung der Integration und der Wahrung von Verständigung und kultureller Identität gemessen.“ Die doppelt-gerichtete systemische Verschränkung der Politik mit den anderen sozialen Systemen ist damit Voraussetzung für eine erfolgreiche politische Steuerung unter modernen Bedingungen. Wichtig ist aus der Sicht interpenetrierender Systeme, dass diese sich wechselseitig einschränken und zugleich ermöglichen. Das politische System erhält seine relative Autonomie nur durch die Bereitstellung von Ressourcen, die in anderen Systemen hergestellt bzw. der Politik zur Verarbeitung bereitgestellt werden. Die analytisch getrennten Systeme sind *empirisch* „Konglomerate gebündelter analytischer Systemlogiken“.

Träger von Interpenetrationsleistungen sind die in verschiedenen Verfahren *mit unterschiedlichen Systemlogiken operierenden Akteure*. Der individuelle Akteur ist nicht den Systemnotwendigkeiten deterministisch unterworfen, die er auf Grund seines geringen individuellen Beitrags ohnehin nicht entscheidend zu beeinflussen vermag, sondern wird als konkreter „Gegenstand“ der soziologischen Analyse verstanden, beeinflusst von analytisch differenzierbaren Teilsystemen. Akteure sind Rollenspieler, die sich in ihrer jeweiligen Rolle an mehreren Bezugssystemen orientieren können, ihre jeweiligen „Sprachen“ verstehen und gemeinsam ihren punktuellen Zusammenschluss in konkreten Entscheidungen zu bewerkstelligen vermögen. „Das gesellschaftliche Geschehen spielt sich heute immer mehr in diesen Zonen der intersystemischen Verflechtung, Kommunikation, Aushandlung und Kompromissbildung auf nationaler und internationaler Ebene ab, wo sich die Systemgrenzen verwischen und die Kriterien der Entscheidungsbildung nicht mehr nach der Logik eines bestimmten Systems ausgerichtet sind. In den Verfahren selbst vermischen sich zudem kommunikative Verständigung, Solidaritätsbildung, Interessenausgleich und Kompromissbildung in einem Konglomerat von sich *überlagernden Handlungsorientierungen*. Diese Verfahren in den Interpenetrationszonen ziehen *die Akteure* aus der Logik einzelner Systeme heraus und unterwerfen sie einer *Gemengelage unterschiedlicher Systemlogiken*. [...] Die Akteure werden aus den Systemen herausgelockt, um sie als umstrukturierte Kommunikationsträger wieder hineinzulassen.“ Innerhalb der Interpenetrationszonen können sich über das Handeln der Akteure durchaus Rollen ausbilden, die bestimmten dominanten Systemrationalitäten zugeordnet sind.

4.2.2 Die Interpenetration von Kultur und Welt

Deutlich geworden ist bisher, wie auf der Ebene des sozialen Systems Wert auf den Einfluss aller vier Systeme aufeinander gelegt wird. Ein System jedoch wird von *Richard Münch* besonders betont: das sozial-kulturelle System. Es ist nämlich die Sozial-Kultur, die den Rahmen für die konkreten Ausprägungen von Wirtschaft, Politik, Gemeinschaft vorgibt. Das Wechselspiel von Kultur und Gesellschaft, von Sinndeutung und Sinnverwirklichung ist mithin entscheidend für die Entwicklungs*dynamik* der Moderne. Damit wird auch das Wechselverhältnis von Gesellschaftsanalyse und Kulturdeutung wichtig für die soziologische Analyse: „Gesellschaftsanalyse und Sozialforschung ohne Kulturdeutung sind blind, Kulturdeutung ohne Gesellschaftsanalyse und Sozialforschung ist leer.“

Entsprechend der Funktionen, die dem Komplexitäts-Kontingenz-Schemas zugeordnet werden können, differenzieren sich analytisch die möglichen Kultur-Welt-Beziehungen: Kultur kann sich an die Welt anpassen; Kultur kann im Konflikt zur Welt stehen und versuchen, einen bestimmten Sinn auch gegen Widerstände und Alternativen durchzusetzen; Kultur kann sich auf die Welt übertragen, so dass die Welt in genaue Übereinstimmung mit dem definierten Sinn gerät, und die Versöhnung von Kultur und Welt schließlich bringt die Vielzahl möglicher Weltzustände unter ein einheitliches Prinzip.

Für die Moderne ist, so *Richard Münch*, die Interpenetration von Kultur und Welt typisch, das heißt, eine Beziehung zwischen Kultur und Welt, die in der Mitte der skizzierten reinen Typen liegt: „Die Interpenetration von Kultur und Welt ist der treibende Motor der Entwicklungsdynamik der okzidentalen Gesellschaften. Kultur und Welt sind offene Systeme, die sich gegenseitig vorantreiben. Die kulturellen Ideen greifen stets über die bestehende Welt hinaus und setzen diese einem Druck der Veränderung in der von ihnen aufgezeigten Richtung aus. Die Welt unterwirft die kulturellen Ideen der Dynamik von neuen Erfahrungen, Lernprozessen, Interessen, situativem Wandel, der Vielfalt konfligierender Zielsetzungen, divergierender Interpretationen der Kultur und partikularer Lebenswelten. Je mehr die Kultur die Welt in sich aufsaugt, um so schneller wandelt sie sich selbst; je mehr ihre Ideen in die Welt hineingetragen werden, um so tiefgehender und weitreichender verändert sich die Welt." Hier wirkt ein kulturelles Grundmuster, das auf einer mit dem Einsetzen aufklärerischer Ideale erzeugten Spannung beruht, die ihre Dynamik durch den permanenten Vergleich des Wirklichen mit dem Möglichen gewinnt. Die Aufklärer entwarfen auf Vernunft begründete, abstrakte Gesellschaftsmodelle, die zu erreichen als Ideal gilt. In der Moderne entspricht die Wirklichkeit niemals der Vernunft, sondern kann sich dieser nur immer wieder versuchen anzupassen. Die Folge ist, dass die Moderne letztlich in der Tat ein unvollendbares Projekt darstellt: „Veränderung (ist) das Grundprinzip der Moderne." Damit ist die Entwicklungs*dynamik* der Moderne beschrieben, die sich aus der unablässigen wechselseitigen Umstrukturierung von Ideensystemen und Gesellschaft ergibt, in Ergänzung zur Entwicklungs*logik* der Moderne. Unter der Entwicklungslogik versteht *Richard Münch* „den Prozess der Fortbildung von Ideensystemen in diskursiven Verfahren, die den Gesetzmäßigkeiten der Beseitigung von Inkonsistenzen und inneren sowie äußeren Widersprüchen (Aussage-Aussage, Aussage-Realität) unterworfen sind. [...] Die Entwicklungslogik impliziert zwangsläufig die beständige Innovation." Die Entwicklung der modernen Gesellschaft wird so gesehen als dialektischer Vorgang begriffen: „‚Dialektik' nennen wir die Entwicklung von Kultur und Gesellschaft aus der Dynamik von Widersprüchen, die stets Aktivitäten zum Abarbeiten von Widersprüchen hervorrufen. Diese Aktivitäten erzeugen indessen neue Widersprüche. So entwickeln sich Kultur und Gesellschaft in einem endlosen Prozess des Erzeugens, Abarbeitens und Wiedererzeugens von Widersprüchen."

Dialektik bedeutet so gesehen, dass dieses wechselseitige Zugreifen der Systeme auf systemfremde Ressourcen nahezu notwendigerweise scheitern muss. Es geht vor allem um das Scheitern bezüglich der Ziele, auf die die Systeme im Sinne der Wertverwirklichung ausgerichtet sind – ein Scheitern, das in den moralischen Grundlagen der westlichen Moderne angelegt ist. Diese moralischen Grundlagen, die Ideen der Moderne sind (1) der *Rationalismus*, die Forderung nach der ständigen Erweiterung des Wissens; (2) der *Individualismus*, die Forderung, den Menschen immer mehr von Zwängen zu befreien, damit sich seine Individualität frei entfalten kann; (3) der *Universalismus*, die Forderung nach einer Gleichstellung möglichst aller Menschen und Gruppen und (4) der *instrumentelle Aktivismus*, die Forderung nach einem Eingreifen in die Welt zur Beseitigung von Leiden und Schäden.

Genau diese Ideen sind selbst Teil der dialektischen Konstitution der Moderne und beinhalten Paradoxien, die die Entwicklungsdynamik der modernen Gesellschaft immer weiter voran treiben. Die *Paradoxie des Rationalismus* entsteht dadurch, dass wir mit jeder neuen Erkenntnis zugleich neue Erkenntnisfragen eröffnen, für die immer schneller neue Antworten gefunden werden, die wieder neue Fragen aufwerfen usf. Das Ergebnis ist, je mehr man weiß, desto mehr weiß man, was man nicht weiß. Die *Paradoxie des Individualismus*: Je mehr dem Einzelnen Freiräume geschaffen werden und er grenzenlos entscheiden und handeln kann, desto mehr setzen Andere, die ebenfalls solche Freiheiten nutzen, neue Grenzen für den Einzelnen. Man wird zwar freigesetzt aus vormaligen Zwängen, zugleich wird man aber eingebettet in neue Zwänge, die auf Grund ihres höheren Komplexitätsgrades bei der Verursachung von dem Einzelnen zudem immer weniger beeinflussbar sind. Die Interdependenzverflechtungen nehmen zu, sowohl die Vielfalts- als auch die Relationskomplexität steigt, das Individuum wird freier und unfreier zugleich. Die *Paradoxie des Universalismus* entspringt dem Erfolg bei der Ausbreitung weltumspannender Solidarität als Träger der Gleichbehandlung Aller. Immer mehr können Menschen mit beliebigen anderen Menschen Kontakt aufnehmen und sich an deren Leben orientieren, Einstellungen zu eigen machen, Lebensstile kopieren etc. Das Internet ist wohl das jenige Medium, an dem das Überschreiten von geografischen, kulturellen und politischen (weniger aber wirtschaftlichen) Grenzen am deutlichsten wird. Die paradoxe Folge aber ist, dass der Einzelne in diesem Möglichkeitsraum von Bindungen immer bindungsloser in dem Sinne wird, dass die neuen Bindungen nicht so eng, langfristig und tiefgehend sind wie etwa die Bindungen in geschlossenen Familien-, Religions-, oder Klassengemeinschaften. Die *Paradoxie des instrumentellen Aktivismus* ist eine Konsequenz unerwarteter und unerwünschter Handlungsfolgen. Der Intention des Handelns gemäß des instrumentellen Aktivismus wird damit zugleich entsprochen und nicht-entsprochen. Instrumenteller Aktivismus drückt eine gegenseitige Bedingtheit (Einschränkung und Ermöglichung) von Handlung und normativen Mustern aus. *Instrumentell* – unterschieden von konsumtiv – bedeutet, dass die Gesellschaft als Zweck für Ziele angesehen wird, die außerhalb von ihr liegen, dass also die Gesellschaft zur Verwirklichung eines guten Lebens existiert. Die zweite Komponente, der *Aktivismus,* bedeutet weiterhin, dass die Gesellschaft *moralisch* verpflichtet ist und die Akteure hinsichtlich dieser moralischen Verpflichtung als „Werkzeuge" verstanden werden, das heißt, die Gesellschaft verpflichtet ihre Mitglieder zur *Leistung* entsprechend der moralischen Aufgabe, zur „guten Gesellschaft" beizutragen. Konkreter ist damit gemeint, dass der Akteur eine instrumentale Rolle übernimmt, also zum Eingreifen in die Welt zur Vermeidung und Beseitigung von Leid, Schäden, Unrecht und Irrationalitäten angehalten wird.

Paradox daran ist, dass derartig interventionalistisches Handeln zugleich transintentionale Folgen mitproduziert, die später wieder zum Ausgangspunkt des instrumentellen Aktivismus werden (müssen). Atomkraft wurde z. B. anfänglich als saubere und effektive Energiequelle gepriesen. Später wurden dann die Risiken des Reaktorunfalls und der Entsorgung des Brennmaterials sichtbar, die heute mittel- bis langfristig einen anderen Umgang mit und vielleicht sogar einen Verzicht auf Atomkraftnutzung nahe legen. Doch nicht allein der technologische Fortschritt veranschaulicht die Paradoxie. Auch der Interventionalismus zur Herstellung von Gleichheit, wie er exemplarisch in Quotenregelungen zur Geltung kommt, kann hier aufgeführt werden. Eine Quote zur Gleichstellung der Einen bedeutet, weil sie von dem Prinzip der Chancengleichheit auf das Prinzip tatsächlicher Gleichheit umstellt, immer auch die Benachteiligung Anderer, die sich eventuell nicht so gut organisieren können, um ihren Wunsch nach Emanzipation und fairer Gleichbehandlung vorzubringen. Auf diese Weise ist die ökonomische Integration von Frauen in das Erwerbsleben erfolgreicher gewesen als etwa die Integration behinderter Menschen.

Nun wird deutlich, weshalb *Richard Münch* von dem Prozess der Interpenetration als einen *unbeendbaren* Vorgang der Moderne spricht. Die Ursache dafür liegt in der zunehmenden wechselseitigen Durchdringung der Gesellschaft, die durch die Dialektik von Kultur und Gesellschaft angetrieben wird. Dieser innere Antrieb der Moderne zur ständigen Leistungssteigerung erzeugt die Expansion aller Systeme. Wirtschaftliche Ressourcen werden immer weiter mobilisiert und angehäuft, das Handeln wird immer mehr diskursiven Begründungen ausgesetzt, immer mehr Menschen vereinigen sich, immer mehr kollektive Probleme werden in kollektiven Entscheidungsverfahren zu lösen versucht. Im Zuge der Expansion der Systeme versuchen diese ebenfalls zur Steigerung ihrer Leistungen Elemente anderer Systeme zu nutzen bzw. auf andere Systeme zuzugreifen und diese zur eigenen Leistungssteigerung einzuspannen.

4.2.3 Differenzierungen in der Kultur der Moderne

Die Kultur kann selbst wieder nach dem Komplexitäts-Kontingenz-Schema differenziert werden. Das beschriebene kulturelle Grundmuster kann in einer evolutionären Interpretation als kultureller Code angesehen werden, der die Spezies – die menschlichen Gesellschaften – formt. Die okzidentalen Gesellschaften werden so als Populationen verstanden, die in einer engen kulturellen Verbindung und einem kulturellen Reproduktionszusammenhang stehen. Phänotypische Spezifikationen des kulturellen Codes werden durch dessen Umwelt, die Subsysteme der Welt außerhalb der Kultur, bewirkt. *Richard Münch* arbeitet auf diese Weise entwicklungsgeschichtlich heraus, dass es in verschiedenen Ländern – USA, Frankreich, England und Deutschland – unterschiedliche Traditionslinien der Spannungsbewältigung und damit unterschiedliche Konkretisierungen des kulturellen Codes gibt, die bis heute fortdauern. Das heißt, in diesen Ländern hat es auf Grund des Einflusses bestimmter selektiver Faktoren (z. B. Typen von Intellektuellen als Kulturinterpreten) unterschiedliche Spezifikationen des kulturellen Codes gegeben. Beispielhaft möchte ich diese unterschiedliche Spezifierung des kulturellen Codes anhand des *Individualismus* kurz aufzeigen, was ebenso für den Rationalismus, Universalismus und instrumentellen Aktivismus möglich wäre.

Kennzeichnend für die deutsche Spezifikation des Individualismus ist ein „heroischer Individualismus", der eingespannt ist zwischen der von Luther und Kant explizierten inneren Freiheit und der staatlichen Garantie äußerer Freiheit. Das freie Individuum zeigt sich in seiner vollkommenen Freiheit von Begehrungen des äußeren Lebens und im Finden einer entsprechenden inneren Gesinnung, die an der universellen Vernunft teilhat. Wo aber die Freiheiten der verschiedenen Individuen konfligierend aufeinandertreffen, obliegt dem Staat die Regulierung der äußeren Freiheit. Die Freiheit des Individuums wird insgesamt in der Idee einer allgemeinen Gesetzgebung aufgehoben. „Wie immer das Staatsmodell im einzelnen aussehen mag, es ist eine durchgehende Eigenart des deutschen Begriffs der Freiheit, dass nicht die Freiheit als Schutz vor dem Staat gesucht wurde, sondern die Freiheit im Staat". Und entsprechend konnte auch weder ein ökonomischer Liberalismus Wurzeln in Deutschland schlagen (sondern eher ist der Kulturstaat das Ideal), noch können sich die gemeinschaftlichen Vereinigungen in Richtung frei gebildeter Assoziationen entwickeln, sondern bevorzugen eher die enge Gemeinschaft.

In Frankreich dagegen kann man eher von einem „kreativen Individualismus" sprechen, besonders geprägt durch einen spezifischen kulturellen und politischen Freiheitsbegriff, der einerseits mit der Vernunft des Individuums beginnt, sich selbstaufklärend befreiend von der Tradition, frei entscheidend und selbstverantwortlich. Das Individuum ist völlig frei von der Bevormundung durch Andere und im Gebrauch seiner Urteilskraft, was durch die schöpferische Tat bekräftigt und garantiert wird. Politisch dagegen kann sich diese individuelle Vernunft zwar in freie Diskussionen einbringen, aber das Individuum wird in die Gesetzgebung durch den Allgemeinwillen eingebunden, so dass politische Partizipation unter dem Zwang eines demokratischen Zentralismus steht. Diese allgemeine Trennung zwischen persönlicher und formeller Freiheit, das Nebeneinander von Kreativität und Routine spiegelt sich auch in den Gemeinschaften wider. Hier gilt Frankreich z. B. immer noch als vorbildliche Ausgestalter höchstpersönlicher Beziehungen in der Liebe, die aber nicht mit der formell gestalteten Ehe einhergeht.

In England dagegen kann ein „konformer Individualismus" ausgemacht werden. Diese Konformität macht sich an der Verbindung von Gemeinrecht und Freiheit fest, so dass Freiheit hier immer eine innergesellschaftliche Freiheit meint. „Freiheit ist immer schon eine rechtlich geregelte, vor allem aber situative Abstimmung von Interessen in der Gesellschaft auf der Basis eines stillschweigend vorausgesetzten Konsensus." Die Freiheitssicherung erfolgt nicht wie etwa in Deutschland im Staat, sondern in der Gesellschaft *gegen* den Staat, wofür z. B. die Unabhängigkeit der Gerichte Paten steht. Freiheit gewinnt das Individuum durch die Konformität mit dem herrschenden Lebensstil, der idealtypisch im „Gentleman" zum Ausdruck kommt. „Der Gentleman ist Mitglied einer Gemeinschaft und findet seine Selbstverwirklichung in einem gesellschaftlich vorgezeichneten Lebensstil, zu dem allerdings auch gehört, seine eigene Meinung zu haben und sie in die Kompromissbildung mit anderen einzubringen. [...] Das Resultat ist eine Fusion von Konformität und Freiheit als Elemente von Tradition und Modernität".

Der Freiheitsbegriff, der hinter dem amerikanischen „angepassten Individualismus" steht, entspringt keiner philosophisch entwickelten Idee, sondern einer an der Praxis ausgerichteten Vorstellung. „Freiheit heißt: sein

Glück selbst in die Hand nehmen zu können, in konkreten Handlungssituationen keinen äußeren Beschränkungen unterworfen zu sein, das Handeln frei wählen und nach situativen Gegebenheiten variieren zu können." Der Markt ist der typische Ort zur Entfaltung dieser Freiheit, der die Idee des freien Wettbewerbs und das Ideal des Self-Made-Man trägt. Eigennutz und moralisches Handeln sind so gesehen auch sich ergänzende und nicht etwa einander ausschließende Handlungsmerkmale. Das Individuum verwirklicht sich in gesellschaftlichen Bezügen und nicht außerhalb oder gegen die Gesellschaft. Dementsprechend ist die Gemeinde ein wichtiges Lebenszentrum, in der unter individueller Beteiligung demokratisch entschieden und exekutiert wird. Für eine übergeordnete Zentralinstanz ist hier kein Platz, im Gegenteil, die lokale Autonomie der Gemeinden ist ein wichtiger Schutz gegen Mehrheitsherrschaften, die eine Gefahr für die demokratische Freiheit darstellen. Selbst wenn die individuellen Freiheit miteinander im Widerstreit stehen, wird dies nicht prinzipiell durch ein allgemeines Gesetz geregelt, sondern durch diskursive Aushandlung der Beteiligten selbst.

4.2.4 Beispiel: Die Interpenetration von Ökonomie und Ethik

Wie kann man sich den Interpenetrationsprozess zwischen Welt und Sozial-Kultur in der modernen Gesellschaft konkret vorstellen? *Richard Münch* hat verschiedene Interpenetrationsprozesse entsprechend der möglichen Kombinatorik des Komplexität-Kontingenz-Schemas exemplifiziert, besonders aber die Interpenetration von Ökonomie und moralischem Diskurs, von Zahlung und Achtung.

Die Interpenetration von Ökonomie und Ethik nimmt ihren Ausgang in traditionalen Gesellschaften, in denen die Zuteilung von Gewinnen und Verlusten nach ökonomischen Gesetzen und die Zuteilung von Achtung in einer Ständehierarchie zusammenfallen. Das Aufkommen des industriellen Kapitalismus bei gleichzeitiger Konzentration auf individuelle Leistung und Achtungszuteilung unter dem Prinzip des gleichen Rechts für Alle bewirkt scheinbar die Ausdifferenzierung, die Trennung der zuvor hierarchisch verklammerten Sphären, ausgelöst durch den Abbau traditionaler und ständischer Restriktionen von Handel, Handwerk und Gewerbe. Differenzierung wird hier als Überschreitungsprozess von Regulierungsgrenzen innerhalb einer relativ geschlossenen Gemeinschaft verstanden. *Richard Münch* interpretiert diesen Prozess als einen Vorgang des *Wandels* ethischer Maßstäbe und ihrer Beziehung zur Arbeitsteilung, ein bereits von Max Weber im asketischen Protestantismus verorteter Strukturwandel der Gesellschaft, der einen Wandel der ethischen Grundlagen selbst impliziert: „Hier findet sich der Durchbruch einer *individualistischen Berufsethik*, die zur ethischen Grundlage des wirtschaftlichen Handelns wird." Tatsächlich hat keine völlige Trennung des nutzenkalkulierenden ökonomischen Handelns von moralisch-ethischen Vorgaben, sondern eine neue Art der Synthese stattgefunden. Aufklärung, bürgerliche Revolution, Arbeiterbewegung und Säkularisierung der Welt haben die Berufsarbeit auf ein anderes ethisches Fundament gestellt, das in der Forderung nach Freiheit, Gleichheit und Brüderlichkeit ihren allgemeinsten Ausdruck findet. Diese individualistische Berufsethik ist Grundlage des auch heute noch geltenden ökonomischen Liberalismus. Allerdings ist damit nicht die letzte Stufe erreicht, sondern mit der Herausbildung der *Wohlfahrtsökonomie* entwickelt sich eine weiterläufige Symbiose von Ökonomie und Ethik. Einerseits wird die Ethik selbst ökonomischen Gesichtspunkten unterworfen, weil das Recht auf ein materiell menschenwürdiges Dasein für alle als Konkretisierung des Gleichheitsprinzips nun moralische Geltung erhält, ohne Ökonomie aber nicht denkbar ist. Das Schaffen von neuen Arbeitsplätzen – beispielsweise das von der Bundesregierung 1998 initiierte Programm zur Bereitstellung von 100.000 Ausbildungsplätzen für Jugendliche – erhält keinen Vorrang aus ökonomischen Effizienzgründen, sondern die sachliche Beurteilung gerät tendenziell in den Hintergrund moralischer Überlegungen, die auf Arbeit für Alle als Teil eines guten Lebens zielen. Letztlich gilt alles als ethisch gerechtfertigt, was zur Erhöhung des Bruttosozialprodukts, das als Garant für Arbeitsplätze und Indikator guter Lebensführung gilt, beiträgt, solange nicht weiter nach den Konsequenzen gefragt wird: Waffenexport, Verkauf von Zigaretten und Alkohol, Tourismus, Gentechnologie usw. „Wer sich dem Kult um das Wachstum des Bruttosozialprodukts verweigert, obwohl er oder sie leistungsfähig ist, stellt sich in das moralische Abseits. Dieser Kult hat seine Hohepriester in den ‚fünf Weisen' des Sachverständigenrats und viele Priester in den Kommentatoren von Presse, Rundfunk und Fernsehen (...). Die Etablierung der Wohlfahrtsökonomie zum Glaubensbekenntnis der modernen Gesellschaft war es, die den ökonomischen Wachstumszwängen das Tor zur Ethik geöffnet hat. Sie ist auf so breiter Front und so tief in unsere Ethik eingedrungen, dass sie in der Tat zu einer ökonomischen Wachstumsethik geworden ist".

Ausgehend von moralischen und ethischen Einwänden gegen negative Folgen des Kapitalismus hat die Wohlfahrtsökonomie auf diese Weise die individualistische Berufsethik als ethische Grundlage der Wirtschaft relativiert und ergänzt. Der Begriff der ökonomischen Rationalität wird von individueller Profitmaximierung auf die Steigerung des gesamtgesellschaftlichen Wohlstands durch Wirtschaftswachstum umgestellt, während zugleich ökonomisches Kalkulieren zum ethischen Bestandteil wird. Damit kommt das Verhältnis von Ökonomie und Ethik allerdings nicht zu einem Stillstand, vielmehr sind für die Zukunft weitere Erweiterungen und Verfeinerungen möglich, etwa im Sinne einer *Umweltökonomie*.

4.3 Medientheorie

An dieser Stelle kann man ausführlicher auf *Richard Münch*s *Konzept der symbolisch generalisierten Kommunikationsmedien* eingehen. Aus seinem Interpenetrationskonzept kann man bereits ableiten, dass gerade in einer derart wechselseitig konstituierten Gesellschaft die Koordination des Handelns zunehmend unabhängig von Raum, Zeit und bestimmten Personen gesichert werden muss. Die Entwicklung der modernen Gesellschaft wurde deshalb durch die Ausbildung symbolisch generalisierter Medien begleitet, deren Bedeutung in den Systemprozessen und besonders für die Interpenetrationen deutlich wird. Diese Medien weisen verschiedene Eigenschaften auf: Sie sind erstens *symbolischer Natur* und verweisen auf Objekte. Zum Beispiel verweist Geld auf kaufbare Waren oder politische Macht auf kollektiv verbindliche Entscheidungen. Die Leistungsfähigkeit der Medien bemisst sich zweitens dementsprechend in der *Umsetzung in konkrete Objekte* (Geld in Kaufkraft, Macht in Durchsetzungskraft). Die Medien sind drittens *generalisiert*, da sie raumzeitlich und personell unabhängige Gültigkeit erlangen. Die Anwendung der Medien untersteht viertens *spezifischen normativen, institutionalisierten Ordnungen*. Geld etwa einer Eigentums- und Währungsordnung, Macht einer politischen Ordnung. Fünftens *zirkulieren* die Medien zwischen verschiedenen individuellen, kollektiven oder korporativen Akteuren zur (sechstens) *Übertragung* von bestimmten Objekten. Geld zirkuliert zwischen Käufern und Verkäufern zur Übertragung von Eigentumsrechten; Macht zirkuliert zwischen Verwaltung und Regierung und überträgt die Ausführung politischer Entscheidungen. Medien dienen siebtens der *wechselseitigen Leistungssteigerung*. So wird etwa auf der Basis politischer Macht Geld produziert, und auf der Basis mobilisierbarem Geldvermögen werden politische Entscheidungen in die Realität umgesetzt. Medien können achtens auf *Wertprinzipien* bezogen werden, deren Erfüllung neuntens durch *Koordinationsstandards* gemessen wird. Geld ist am Wertprinzip der Nützlichkeit orientiert, die anhand von Solvenz gemessen wird. Politische Macht ist an Effektivität orientiert, gemessen an der Befolgung politischer Entscheidungen. Medien unterliegen zehntens *inflationären und deflationären Prozessen*. Dabei sind die Medien elftens verschiedenen *konjunkturellen Verläufen* unterworfen, wobei das mediale Gesamtvolumen durchaus steigen kann, das heißt, dass Medien zwölftens *keiner Nullsummenkonstanz* unterliegen. Wie für das Medium Geld offensichtlich, so gilt auch für die anderen Medien, dass sie dreizehntens *Prozessen der Kreditvergabe* unterliegen und vierzehntens mit bestimmten *Sicherheitsreserven* korrespondieren. Als solche Sicherheitsreserve dient in dieser Perspektive der politischen Macht das dem in modernen Gesellschaften politische System zugeordnete Gewaltmonopol als letztmögliches Mittel zur Einschüchterung. Als politisches Eigenkapital gilt „die Verfügung über Gewaltmittel durch den Oberbefehl über Polizei und Militär, aber nicht nur dies, sondern auch die Unterstützung und Kooperation von Regierungsmitgliedern, Partei- Beamtenapparaten bei der Erarbeitung und Durchführung von Entscheidungen. Es ist die Disposition über Steuereinnahmen zur Finanzierung des gesamten Staatsapparats und der Erarbeitung und Durchführung von Entscheidungen. Es ist die Verfügung über Mandate zur kollektiv bindenden Entscheidung, die Verfügung über das legitime Recht zur Anwendung politischer Macht im Rahmen der Verfassung. Es ist schließlich die Legitimität von Entscheidungen, weil sie einen Verfassungsauftrag ausführen." Die Idee der Interpenetration schlägt auch hier in Bezug auf mediales Eigenkapital durch, das sich auch aus dem Verhältnis der Akkumulation fremdsystemischer Medien im Gegensatz zum Einsatz des eigensystemischen Mediums ergibt. Das Gewaltmonopol alleine wird – zumindest für demokratische Staaten – als nicht ausreichende Basis für den gegenwärtigen Umfang der Gesellschaftsgestaltung angesehen. Sollte das politische Eigenkapital nicht ausreichen, kann ein *politischer Kredit* aufgenommen werden, der als zeitlich begrenzte Verfügung über die kollektive Entscheidungsmacht qua Wahlstimmenmehrheit fest institutionalisiert ist. Andersherum tragen gerade die symbolisch generalisierten Kommunikationsmedien den intersystemischen Leistungsaustausch, die Interpenetration. „Die entscheidende Rolle bei der wechselseitigen Übertragung der Funktionsleistungen von einem Teilsystem auf ein anderes Teilsystem spielen die generalisierten Kommunikationsmedien."

4.3.1 Inflation/Deflation der Medien

Die Charakteristika symbolisch generalisierter Kommunikationsmedien hat *Richard Münch* z. B. in Bezug auf politische Macht aufgezeigt. Zunächst wird politische Macht als Zwangsmittel zur Durchsetzung von Folgebereitschaft von Akteuren in deren Geltungsbereich auch gegen deren eigene Zielsetzung und gegebenenfalls gegen deren Widerstand verstanden. Da auch politische Macht symbolisch auf ein Objekt – Folgebereitschaft – verweist und beide Seiten, Symbol (Macht) und Objekt (Folgebereitschaft), unabhängig voneinander variieren können, kann dieses Kommunikationsmedium Wertschwankungen unterliegen. *Inflation politischer Macht* bedeutet dabei, dass im Vergleich zu einem Zeitpunkt t_1 mehr politische Kommunikation zu einem Zeitpunkt t_2 nötig ist, um mindestens die gleiche oder weniger Folgebereitschaft zu mobilisieren. Wenn also immer mehr Wahlwerbung zur Bestimmung des gleichen Wählerverhaltens (ablesbar etwa an der Wählerbeteiligung) notwendig ist, dann ist dies ein Indikator für die Inflation politischer Macht. Ebenso inflationär ist, wenn eine gleich bleibende Menge politischer Kommunikation zum Zeitpunkt t_2 weniger Folgebereitschaft mobilisieren kann als zu einem Zeitpunkt t_1. Hier würde man also z. B. eine Inflation politischer Macht erkennen, wenn die gleiche Menge an Gesetzesvorlagen weniger Umsetzungen in tatsächliches Handeln bewirkt.

Deflation politischer Macht bedeutet entsprechend, dass mit weniger politischer Kommunikation zu einem Zeitpunkt t_2 die gleiche Folgebereitschaft mobilisiert werden kann wie zu einem Zeitpunkt t_1. Ein Indikator dafür wären sinkende Ausgaben für Wahlwerbung bei konstanter Wahlbeteiligung. Zudem spricht man auch dann von Deflation, wenn mit dem gleichen Aufwand politischer Kommunikation zu einem Zeitpunkt t_2 mehr Folgebereitschaft bewirkt wird als zum Zeitpunkt t_1, wenn also etwa die gleiche Anzahl von Gesetzestexten mehr Umsetzungen in tatsächliches Handeln mit sich bringt.

Beide Inflations-/Deflationsarten können auch kombiniert und damit in sich verstärkt auftreten, z. B. wenn *mehr* politische Kommunikation zu *weniger* Folgebereitschaft führt *(verstärkte Inflation)*, bzw. wenn *weniger* politische Kommunikation *mehr* Folgebereitschaft mobilisieren kann (verstärkte Deflation).

Abbildung 20 Inflationskombination/Deflationskombinationen politischer Macht

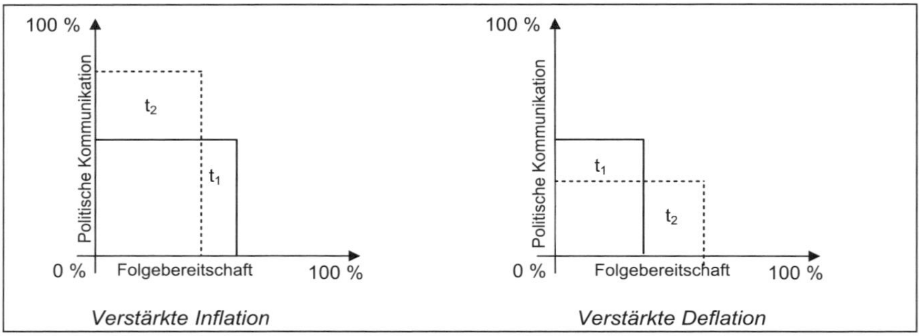

Wichtiger als die ausführliche Beschreibung der einzelnen Handlungsfelder ist, dass die Differenzierung des politischen Systems deutlich macht, dass es kein einheitliches Steuerungssubjekt gibt, genauso wie die Differenzierung des sozialen Systems kein einheitliches Steuerungsobjekt zulässt. Zu bedenken ist, dass die Subsysteme des politischen Systems sowie auch der anderen Subsysteme des sozialen Systems wiederum interpenetrieren, als auch selbst weiter in interpenetrierende Subsysteme differenziert werden können. Innerhalb des politischen Systems ist z. B. die auf Herstellung kollektiver Entscheidungen spezialisierte moderne rationale Bürokratie auch ein Produkt der Interpenetration der staatlichen Gewaltmonopolisierung mit freier Interessenartikulation (durch Strukturen des Experten-Klienten-Austauschs), mit dem kulturellem Diskurs (durch den juristischen Rationalismus) und mit der gesellschaftlichen Gemeinschaft (durch rechtliche Kontrolle). Die Vermittlungssysteme, die diese Interpenetrationen tragen, können selbst wieder in Interpenetrationsbeziehungen zueinander stehen usf. Die Unterscheidung von Staat auf der einen und Gesellschaft (als Ganze) auf der anderen Seite ist schon aus theoretisch-analytischen Gründen mit *Richard Münch*s Modell nicht vereinbar.

Von dieser Gesellschaftsvorstellung ausgehend ist es scheinbar leicht, *Richard Münchs* theoretische Empfehlungen für eine aussichtsreiche politische Gesellschaftssteuerung abzuleiten, die vor allem auf der Betonung der Notwendigkeit beruht, Politik und Nicht-Politik (Wirtschaft, Gemeinschaft, Kultur) in möglichst ausgewogene symbiotische Beziehungen zu bringen. Es geht um eine ausgewogene Gewichtung der teilsystemischen Leistungsproduktion. Die Herstellung von „Elementverbindungen jenseits der bloßen wechselseitigen Beobachtung und selbstreferentiellen Operation" muss gemeinschaftlich rückgebunden werden, das heißt, die Systemverbindungen basieren auf normativen Regeln, „deren Geltung letztlich in einem gesellschaftlichen Konsens abgesichert sein muss, wenn sie stabil sein soll."

Um dies zu erreichen muss die Politik u. a. eine Stellvertretung in Wirtschaft, Gemeinschaft und Kultur institutionalisieren, genauso wie Letztere im politischen System repräsentiert sein müssen, um dann durch Mobilisierung symbolisch generalisierter Kommunikationsmedien politische Macht entfalten zu können. Wie kann man sich diese wechselseitige Stellvertretung vorstellen? Abstrakt gesehen erfolgt diese Stellvertretung (sozialer Repräsentationen im politischen System) durch die Mobilisierung von finanziellen Ressourcen, die Erzeugung von Kooperation und die Etablierung von Legitimationsverfahren.

4.4 Der empirische Blick: Risikopolitikmodelle

Entsprechen dieser systemtheoretischen Vorstellung politischer Steuerung lassen sich im Rahmen des Komplexität-Kontingenz-Schemas empirisch kulturelle Differenzen der Länder USA, England, Frankreich und Deutschland anhand von vier *idealtypischen Grundmodellen politischer Steuerung* identifizieren: Wettbewerb, Konflikt/Etatismus, Kompromiss und Synthese. Diese vier Modelle gewinnt *Richard Münch* im Anschluss an spieltheoretische Überlegungen durch die Kreuztabellierung von strategischen/kommunikativen Handeln und endliches/unendliches Spiel: „Strategisches Handeln ist ein Handeln, das die effektivsten Mittel auf dem effizientesten Wege zur Verwirklichung von frei gewählten Zielen einsetzt und sich auf das Handeln bzw. die Erwartungen anderer Personen in gleicher Weise wie auf physische Ereignisse einstellt. Kommunikatives Handeln weiß sich bei der Ziel- und Mittelwahl im traditional eingelebten Einverständnis mit anderen Personen oder versucht ein solches Einverständnis durch gegenseitige Verständigung zu erzielen. Endliche Spiele stellen nach einer begrenzten Zeitdauer Sieg, Niederlage bzw. Unentschieden zwischen den Spielern fest. In unendlichen Spielen können die Verluste aus Niederlagen prinzipiell zu späteren Zeitpunkten ausgeglichen werden, so dass es keine endgültige Entscheidung über Sieg, Niederlage oder Unentschieden gibt."

Abbildung 21 Idealtypische Grundmodelle politischer Steuerung

	Strategisches Handeln	Kommunikatives Handeln
Endliches Spiel	*Konflikt*	*Wettbewerb*
Unendliches Spiel	*Kompromiss*	*Synthese*

Die folgende Abbildung zeigt die Einordnung der vier Modelle in das Komplexitäts-Kontingenz-Schema. Im Konflikt wird die Entscheidung für eine Alternative trotz anderer, symbolisch präsenter Handlungsalternativen gewählt, während im Wettbewerb viele Handlungsalternativen symbolisch und faktisch offen bleiben. Die Einschränkung des Denkmöglichen auf das traditional Eingelebte und damit einhergehend die faktische Begrenzung von Handlungsalternativen geschieht im Kompromiss, wohingegen bei der Synthese zwar der Symbolhorizont des Handelns durch Abstraktion auf das Allgemeine reduziert wird, faktisch aber viele Handlungsalternativen verfügbar bleiben, die unter das Allgemeine subsummiert werden können. Entsprechend können die symbolisch generalisierten Kommunikationsmedien zugeordnet werden, wobei die Differenzen zwischen diesen Grundmodellen daran ausgemacht werden können, wie in den jeweiligen auf diese Modelle passenden Politiken die spezifischen Verbindungen der symbolisch generalisierten Kommunikationsmedien ausgestaltet sind. Und ebenso wird verdeutlicht, welche idealtypischen Vor- und Nachteile bei der Verfolgung dieser extremen Politiken auftreten können, also etwa Flexibilität und Unberechenbarkeit im Wettbewerb, Effektivität und Zielfixiertheit im Konflikt, Konsens und Immobilismus im Kompromiss sowie Kontinuität und Realitätsverlust bei der Synthese.

Abbildung 22 Grundmodelle politischer Steuerung

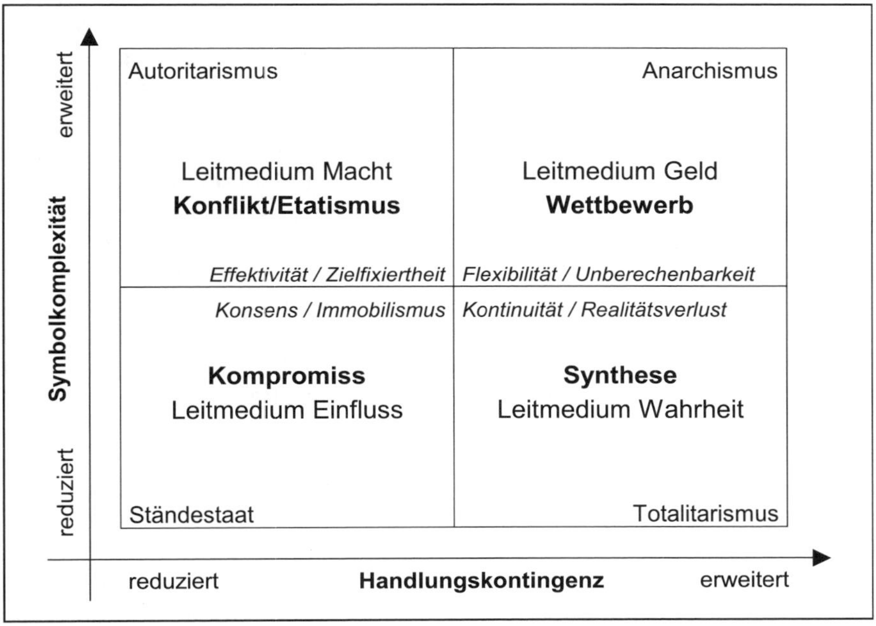

4.4.1 Wettbewerbsmodell

Die offenste Form der Handlungskoordination im Netzwerk ist der Wettbewerb, in dem die Akteure zur Maximierung ihres Nutzens in Austauschbeziehungen treten. So treffen im Wettbewerbsmodell, das für die USA idealtypisch ist, eine Vielzahl fragmentierter, nur wenig mit dem Staat verflochtener Interessen aufeinander. Das vorherrschende Gesetz des Markterfolgs, das nur solche politischen Initiativen zur Wirkung kommen lässt, die den meisten Akteuren Nutzen verspricht, erschwert die Umsetzung von Einfluss (als Medium) in politische Macht sowie umgekehrt die Transformation von politische Macht in Einfluss. Politische Macht unterliegt in diesem Modell oftmals inflationären Prozessen, das heißt, dass es etwa im Bereich der Gesetzesformulierung häufig zu einem Scheitern der Gesetzesvorlagen kommt – mit der Konsequenz, dass die aufzubringenden Kosten (Zeit, Personal, Geld) für den Steuerungsprozess dort höher sind als in den anderen Modellen. Ebenso inflationär und schwierig ist in diesem Modell die

Umsetzung von Wahrheit in Macht und von Macht in Wahrheit. Die unter hohem Erfolgszwang agierende industrielle Forschung steht der Gegenforschung der *Public Interest Science* gegenüber, die gemeinsam unintendiert dafür sorgen, dass der durch die öffentlichen Erwartungen angestachelte Forschungsaufwand insgesamt immer größer wird, ohne dass tatsächlich konsensuell getragene Erkenntnisse vermittelt werden. Der Wissenschaft fehlt hier das einheitliche Auftreten gegenüber der Politik, die nötig wäre, um Wahrheit nahtlos in Macht zu übersetzen. Entsprechend wenig kann sich die Politik auf Wahrheiten stützen. Folge ist, dass politischen Entscheidungen die Legitimität durch Wahrheit fehlt und immer kontrovers bleiben, begleitet von permanenten Widerständen gegen die Implementation der Entscheidungen. Zu guter Letzt setzt sich diese inflationäre Tendenz des Wettbewerbsmodells auch in der politik-ökonomischen Beziehung fort. In politische Entscheidungen investiertes Kapital und Macht werden auf Grund der Konkurrenzsituation etwa bei der Durchführung kapitalintensiver Projekt immer wieder entwertet.

4.4.2 Konflikt-/Etatistisches Modell

Wesentlich mehr Möglichkeiten politischer Gesellschaftssteuerung hat der Staat im Konfliktmodell, dem Frankreich zugeordnet werden kann. Hier stehen fragmentierte gesellschaftliche Interessen einer in Form des Präsidenten institutionalisierten Steuerungsmacht gegenüber, die von einer zentralisierten organisierten Verwaltung gestützt und umgesetzt wird. Es herrscht das Gesetz der Machtakkumulationen vor, das die Akteure in ein Nullsummenspiel einbindet. Der Sieg des Einen ist die Niederlage des Anderen. Folglich gelingt auch die Umsetzung von Einfluss in politische Macht durch Interessenbündelung nicht. Umgekehrt brauchen die politisch Mächte keine Rücksicht auf gesellschaftlichen Einfluss zu nehmen, so dass man eher von einer Instrumentalisierung des Einflusses durch politische Macht sprechen kann. Etwas anders ist das Verhältnis der wechselseitigen Transformation von Wahrheit und Macht in diesem Modell. Zu großen Teilen ist Wahrheit hier Teil der politischen Macht, das heißt, Wahrheit und Macht verschmelzen in der politischen Führungsrolle der wissenschaftlich-technischen Elite. Diese Elite definiert das, was als wahr gilt, unabhängig der humanistischen Disziplinen wie Philosophie, Sozialwissenschaft und Literatur, denen die undankbare Rolle einer kritischen Instanz zufällt, die aber von vornherein weder in der Lage sind, noch gesetzt werden, relevante Kritik zu üben. Der wirkungskräftige Teil der Wahrheit entwickelt sich bereits im politischen Kontext, ausgerichtet auf die Verwirklichung der Staatsziele. Politische Macht muss sich im Gegenzug nicht erst mühevoll mit der Legitimität der Wahrheit ausstatten, sondern kann diese zumindest für den technisch-wissenschaftlichen Bereich immer vorweisen. Was fehlt, ist die Legitimität allgemeiner gesellschaftstheoretischer „Wahrheiten“. In ähnlicher Art und Weise nimmt der Staat ökonomisches Kapital für seine Sache in Beschlag. Geld wird über Steuereinnahmen und Kreditaufnahme aus der Wirtschaft herausgezogen und wieder gezielt in diese eingespeist. Hier wird dann oftmals die Großindustrie bevorzugt und die mittelständische Industrie benachteiligt.

4.4.3 Kompromissmodell

Ebenfalls beschränkt ist der Einfluss der gesellschaftlichen Interessen auf die Regierung in England auf Grund einer mangelnden Bündelung und Vereinheitlichung der Organisation verschiedenster Interessen. Allerdings fehlt auch umgekehrt der Einfluss der Regierung auf die gesellschaftlichen Gruppen. Konsequenz ist, dass die mit eigenen Perspektiven und Interessen ausgestatteten Akteure wissen, dass sie bei der Verwirklichung dieser Interessen auf andere, gleichartige Akteure stoßen. Zur machtvollen Interessendurchsetzung fehlen schlicht die notwendigen Verbindungen, um Kooperationsbereitschaft mobilisieren zu können. Die Konsequenz ist: „Die Regulation des gesellschaftlichen Lebens geschieht angesichts dieser Schwäche der Politik in erster Linie in vielen kleinen Netzwerken informeller Beziehungen zwischen Kontaktpersonen von Regierungsinstanzen und Verbänden.“ Geprägt sind diese netzwerkartigen Absprachen durch eine gewisse Unverbindlichkeit der getroffenen Entscheidungen, die sowohl dem meist inoffiziellen Charakter als auch der Tatsache geschuldet sind, dass die Entscheidungen nicht sehr weit in die Gesellschaft hineinreichen. Die Folge für das Gesamtmodell ist, dass es zu deflationären Tendenzen neigt. Einmal getroffene Kompromisse – meistens Ergebnisse harter Auseinandersetzungen, in denen die Wahrung der eigenen Interessen vor irgendeinem (auch nicht vorhandenen) diskursiven Zwang zur Überwindung der Partikularismen kommt – werden auf Grund des Risikos ihres Zerbrechens nicht mehr angetastet; eine gesetzesmäßige Trägheit ist unverkennbar. Insgesamt sind Einfluss und politische Macht sehr an ihre originären Gruppen gebunden, ohne aber wesentlich darüber hinaus zu gelangen und auf einem höheren Niveau zu zirkulieren: „Insofern sind deflationäre Tendenzen mit einer geringen gesamtgesellschaftlichen Leistungs- und

Problemlösungsfähigkeit verbunden. Die geringe Reichweite von politischer Macht und gesellschaftlichem Einfluss erlaubt auch keine ausreichende Zirkulation dieser Kommunikationsmedien zwischen den Systemen der Politik und der gesellschaftlichen Gemeinschaft."

Dieser Tendenz folgt auch die Verbindung von Wahrheit und Macht, die im Kompromissmodell insgeheim, das heißt weitgehend ohne Publikum erfolgt und durch Ausbleiben scharfer Kontroversen geprägt ist. Wahrheit, die als Erbe der Philosophie des Empirismus als Übereinstimmung mit der Erfahrung ausgelegt wird, sieht sich nur langsamen Änderungen ausgesetzt und wird über stattlich bereitgestellte Beratungskomitees in politische Macht transformiert, aber auch hier werden die beiden Medien nur vorsichtig und mit bescheidenem Anspruch produziert. Den bekannten Wahrheiten wird mehr Vertrauen geschenkt als neuen Erkenntnissen. Und dieses langsame und vorsichtige Operieren ist ebenfalls das Grundmuster der Verbindung von Geld und Wahrheit. Es gibt kaum Mobilisierung von Kapital für Innovationen durch die Industrie und kaum Mobilisierung von Kapital, z. B. Steuereinnahmen, durch die Politik zur Steigerung staatlicher Macht.

4.4.4 Synthesemodell

Das letzte hier aufgeführte Modell ist das Synthesemodell, dem die Bundesrepublik Deutschland nahe kommt. Dieses Modell ist durch eine starke Interessenbündelung in Verbänden und deren enge Verflechtung mit dem Staat gekennzeichnet. Hier kann der gesellschaftliche Einfluss über die Verbände in politische Macht durch direkte Beteiligung etwa an der vorparlamentarischen Gesetzesformulierung umgesetzt werden, und dies umso mehr, je eher die in den vorparlamentarischen Kommissionen erarbeiteten Gesetzesentwürfe dem tatsächlich verabschiedeten Gesetz entsprechen, was in Deutschland sehr häufig der Fall ist. Auf diese Weise ergibt sich eine Interessen-Synthese durch Abstraktion aller Besonderheiten, die dem Gesetz der diskursiven Generalisierung gehorcht. Allerdings haben nur jene Interessenvertreter einen Einfluss, die verbandlich organisiert sind, alle anderen spontanen oder schwierig organisierbaren Interessen werden von der Einflussnahme ausgeschlossen. Zudem droht in diesem Modell die Gefahr der Vergesellschaftung der Politik, je mehr die Politik die Macht verliert, den Widerstand organisierter Interessen zu überwinden. Wenn dies nicht gelingt, verliert der Staat die Kooperationsbereitschaft durch die Gesellschaft. In diesem Fall muss und kann der Staat bei vielen Projekten nicht berücksichtigte Interessen nur mit extensiven Machtgebrauch zähmen. Andererseits gewinnt der Staat aber gerade durch die Einbindung der Verbände in den Prozess der Gesetzesformulierung und -implementation Zugriff auf den gesellschaftlichen Einfluss der Verbände auf ihre Mitglieder, die auf die politischen Projekte verpflichtet werden können. So wird politische Macht in Einfluss übersetzt, wobei auch hier die Gefahr der Übertreibung besteht und politische Macht zu stark in das gesellschaftliche Gefüge eingreift und die Verbände schwächt.

Bezüglich des wechselseitigen Leistungsaustauschs von Wahrheit und Macht gilt für das Synthesemodell, dass „der Wissenschaft die Position einer objektiven Instanz im Entscheidungsprozess" zugeschrieben wird, was eine gewissen Unabhängigkeit gegenüber partikularen Sichtweisen impliziert, die etwa in den unabhängigen Forschungsinstituten institutionalisiert sind. Auf diese Weise erlangt wissenschaftliche Wahrheit bei der Anbindung wissenschaftlicher Programme an politische Programme und Entscheidungen wichtige Definitionsmacht bei der Beurteilung von Problemen und Lösungen in politisch ausgerichteten Expertengremien. Und umgekehrt gilt: „Durch die Formulierung allgemein gültiger Regelungen reichen die politischen Programme weit in die Strukturierung der gesellschaftlichen Funktionssysteme hinein. Auf dem Rücken wissenschaftlicher Wahrheit breiten sie sich vor allem in der Kultur aus und werden zu Strukturen des Denkens." Wieder wiederholt sich das gleiche Grundmuster auch in der Beziehung zwischen Macht und Geld: eine starke Kapital- und Interessenbündelung etwa durch Projektträgerschaften operiert eng zusammen mit den entsprechenden Ministerien.

4.4.5 Der gesellschaftliche Kontext der Policy-Netzwerke

Die dargestellten Modelle politischer Steuerung markieren die grundlegenden Formen der *steuerungstheoretischen Handlungskoordination in Policy-Netzwerken*. Diese Netzwerke bilden den Ort bzw. diejenigen Interaktionen, in denen Konfliktaustragungen zum Zweck kollektiv verbindlicher Gesellschaftsgestaltung – politische Gesellschaftssteuerungen – stattfinden. Netzwerke sind es, in denen die symbolisch generalisierten Kommunikationsmedien mobilisiert und getauscht werden.

Wichtig ist, dass Policy-Netzwerke im Rahmen der politischen und der politischen Praxis als ein *Sinnzusammenhang* gesehen werden. Zu berücksichtigen ist folglich der gesellschaftliche Kontext, in den Policy-Netzwerke eingebettet sind: „Es sind dabei drei Grund legende Strukturkomponenten des Policy-Kontextes zu unterscheiden: (1) die maßgeblich beteiligten Professionen, (2) die institutionellen Regeln der politischen Praxis, (3) die zu Grunde liegende (politische) Kultur." Mit idealtypisch vorgestellten *Akteur-Netzwerken* wird ein Zugang zu einer akteurtheoretischen Konzipierung politischer Steuerung geschaffen, wobei nun für die Akteure nicht nur ein von Interessen geleitetes strategisches Handeln vorausgesetzt wird, sondern auch Wissen, Wahrheiten, Normen, Werte, gemeinschaftliche Aspekte und Identitäten als Voraussetzung und nicht bloß als externe Randbedingungen einbezogen werden. Akteure sind in dieser Perspektive nicht nur strategische Entitäten, die durch institutionelle Felder, Politikstile oder politische Kulturen begrenzt oder ermöglicht werden, sondern Akteure handeln nach verschiedenen Handlungsprinzipien, von denen das Optimierungsprinzip eben nur ein Prinzip unter anderen ist.

Unabhängig von den Akteuren lassen sich über die Akteure hinaus relevante Institutionen als Einflussfaktoren bestimmen, die zur Erklärung von *policies* dienen. Hier kommt nun der strategische Umgang der Akteure mit externen Zwängen ins Spiel. Die Instrumentalisierung externer Zwänge für die eigenen Intentionen bedeutet, dass die Akteure politische Systeme als Gelegenheitsstrukturen behandeln, die einen Satz von Chancen und Beschränkungen für autonomes, organisiertes Handeln bieten. Teil der institutionellen Strukturen sind neben den Verfahren und Institutionen auch die Machtverhältnisse, die die Realisierung von Entscheidungen maßgeblich mit beeinflussen. Für das Handeln der Akteure, die durch die institutionellen Strukturen geprägt werden, bedeutet dies, dass ihre Handlungen sich wiederum auf die Strukturen (nicht-)intentional auswirken. „Das Verhältnis [von Struktur und Handeln] konstituiert sich vielmehr als Wechselverhältnis, wonach die Akteursbeziehungen und Spiele, die einen strukturierenden, ‚gestalterischen' Einfluss auf das politische System haben, ja ihrerseits durch institutionelle Strukturen vorstrukturiert sind – und das nicht etwa als etwas ‚Äußerliches', sondern gerade eben dem Handeln der Akteure ‚innerlich' verankert. Das gilt dabei nicht nur für die (Macht-) Ressourcen, die einzelne Akteure entsprechend ihrer strukturellen Position besitzen (oder eben nicht besitzen), sondern auch für den Begriff der Institution selbst." Jedem Handeln liegen Institutionen (Regeln oder Axiome) zugrunde, z. B. Problemdefinitionen, Zielvorgaben, Mittellegitimationen usf., die in ihrer symbolischen Orientierungsleistung auf ein kulturelles System von Werten und Deutungen verweisen. Moderne Institutionen sind somit als an einer Leitidee orientierte „symbolische Ordnungen" zu verstehen. Mit der Symbolisierungsleistung drückt eine Institution ihre als legitim empfundene Bestimmung, die kulturelle Leitidee, aus.

Damit rückt insgesamt die politische Kultur als erklärender Faktor mehr in den Mittelpunkt der Betrachtung zur politischen Steuerung. Kulturelle Faktoren sollen nicht als Residualkategorien behandelt, sondern in die Erklärung politischer Steuerung selbst eingebunden werden. So müssen Verhandlungssysteme nicht nur hinsichtlich ihrer Anzahl und Konstellation der Akteure, den Interessen und Spielzügen untersucht werden, sondern die Einbettung dieser Arrangements in institutionellen Kontexten, professionellen Gemeinschaften und latenten Strukturen kultureller Art muss ebenfalls angemessen berücksichtigt werden. Kultur ist „latente Struktur" – der „Code" der Organisation von Interessen und Akteuren – in dessen Licht etwa die Interessen der Akteure in Netzwerken entschlüsselt werden. Zusammengefasst: „Zwischen der Akteurs-, institutionellen und kulturellen Ebene besteht ein Korrespondenzverhältnis, das als erklärender Zusammenhang eindeutig die kulturelle Ebene hervorhebt." Dieser Zusammenhang wird aber nicht deterministisch, sondern konstruktivistisch begriffen, das heißt, dass die Politik auf die Kultur – etwa auf symbolische Legitimationsmuster – zurückgreift und in der politischen Praxis bestätigt bzw. verwirft oder erneuert.

4.4.6 Empirische Auswirkungen für die politische Steuerung

Diese analytisch-idealtypischen Modelle der Handlungskoordination in Netzwerken zur politischen Gesellschaftssteuerung lassen sich empirisch gegenwärtig in den vier bereits aufgeführten Ländern wiederfinden, wie *Richard Münch* am Beispiel der Politiken zur Luftreinhaltung zeigt.

Die offenste Steuerungspraxis findet sich dabei in den USA, dessen Netzwerk auf eine relativ instabile und durch Koalitionen geprägte Checks-and-Balances-Struktur ausgerichtet ist, in der Aushandlungsprozesse einen hohen Stellenwert einnehmen. Auch die institutionellen Regelungen sind offen gestaltet, wobei die Orientierung an „der" Öffentlichkeit (deren Einheit durch die Konkurrenz verschiedenster Interessengruppierungen um mediale Aufmerksamkeit erzeugt wird), begleitet von einer über die Einbeziehung von Sachverstand erzeugten Unparteilichkeit der Entscheidungen, die wichtigste institutionelle Regel darstellt. Professionen können wenig Einfluss auf die Netzwerke oder institutionellen Regelungen ausüben, da sie selbst in ihrer Diversifikation nicht genügend Einfluss gegen die Dominanz der Öffentlichkeit und dem Verhandlungsprimat in den Netzwerken geltend machen können. Gestützt wird dieses Arrangement durch eine politisch-liberale Kultur, in der gemäß des oben gezeigten, idealtypischen Modells das Wettbewerbsprinzip vorrangig ist. Auch politische Problemlösungsprozesse werden anhand eines gewissen Aktivismus und Pragmatismus initiiert, ganz im Sinne einer Vorgehensweise des trial-and-error.

In Frankreich dagegen stehen die Ministerien im Zentrum der Netzwerke, eng kooperierend mit der Industrie. Einen entschiedenen schwächeren Stand in den Netzwerken haben andere gesellschaftliche Interessengruppen. Staatlich-administrative Eliten-Konzentration und selektive Konzertierung mit privilegierten Repräsentanten gehen Hand in Hand. Folglich sind die institutionellen Regelungen des Policy-Prozesses vor allem durch Zentralismus und Hierarchie als Organisationsprinzipien bestimmt, begleitet von technischem Sachverstand als Kompetenzkriterium. Die beteiligten Professionen erscheinen dementsprechend homogen, insofern Probleme meistens unter technisch-wissenschaftlicher Perspektive bearbeitet werden. Insgesamt wird die Trennung von Staat und Gesellschaft auch in den Policy-Prozessen deutlich, so dass Konflikte häufig als Kampf um Sieg oder Niederlage ausgetragen werden. Hinter der französischen Gliederung steht die gewachsene politische Philosophie der republikanischen Demokratie, in der das Allgemeininteresse durch die administrative Elite selektiv ohne Einbindung aller gesellschaftlich relevanten Gruppen definiert wird.

Auch die Struktur der politischen Steuerungspraxis in England folgt dem vorangestellten Modell. Es zeigt sich eine enorme Kohärenz der in das Netzwerk involvierten Akteure bei gleichzeitig großer Beharrungskraft institutioneller Traditionen. Das generell geübte Konsultationsprinzip ist Teil der Verzahnung von Politik und Zivilgesellschaft in den Netzwerken, in denen interdependente, aber handlungsmächtige Akteure aufeinandertreffen. In „Vorhöfen" (Ausschüssen, Beratungsgruppen, Gesprächsforen, ständigen Räten usf.) wird zwischen diesen ein Teil der Problemdefinitionen und -lösungen außerhalb der eigentlichen Regulierungspraxis kleingearbeitet. Durch die „Sequenzialisierung" mehrerer Vorhöfe schleifen sich radikale Problemzugänge ab und werden kompromissfähig. Nach der Maxime des ausgleichenden Kompromisses können durch die allmähliche Aufnahme neuer Standpunkte einmal getroffene Entscheidungspositionen graduell angepasst werden. Basis dieser Anordnung ist ein Set ungeschriebener Regeln und Prinzipen, die von den Beteiligten habituell angewandt und somit legitimiert und aufrechterhalten werden. Die Akteure halten sich an die Reziprozitätsregel und behandeln sich weniger als Konkurrenten denn als Partner. Professionen bereiten hier die Kompromisse vor und garantieren die tatsächliche Umsetzbarkeit des einmal getroffenen Kompromisses, das heißt, das als angemessen Erachtete wird durch die Regel der Praktikabilität konkretisiert. Ähnlich wie die Vorhöfe dienen die Professionen somit als eine Art „Entscheidungsfilter", was hier gleichzusetzen ist mit „Kompromissfilter".

Dahinter steht die politische Philosophie der Repräsentativdemokratie, in der das Gegensatzpaar Staat versus Gesellschaft durch die Repräsentation der Gesellschaft *durch* ihre Regierung ersetzt wird.

Deutschland ist in der Steuerungspraxis ein nahezu klassischer Fall von Korporatismus, da die politische Ausgestaltung hier das Resultat der Interessenabstimmung weniger großer Organisationen mit dem Staat ist. Auf diese Weise partizipieren nur wenige Akteure in Zusammenarbeit mit dem Staat am politischen Definitions- und Implementierungsprozess. Das entsprechende Netzwerk ist denn auch mehr als relativ geschlossenes „Kartell" zu begreifen, das versucht, Konflikte möglichst nicht nach außen zu tragen, sei es nun in die öffentliche Politik hinein oder vor Gericht. Innerhalb des Netzwerkes, so die Selbstwahrnehmung, sieht man sich als „Vollstrecker des Gemeinwohls", wofür die Schließung des Netzwerkes aufgrund des zu leistenden Interessenausgleichs im Rahmen angeführter Sachzwänge notwendig ist. Einflüsse von außen haben nur ein Chance, wenn sie weiteren Sachverstand einbringen können. Dem korrespondiert eine rationalisierte Politik der professionellen Informiertheit, das heißt, dass die Legitimation politischer Entscheidungen von dem fachlich zu Grunde gelegten wissenschaftlich-technischem Konsens abhängt. Konsens erzeugt direkt Integration mit, da für ein spezifisches Problem möglichst viel Wissen einbezogen werden soll. Durch die über Expertenwissen erzeugte Synthese unterschiedlicher Sichtweisen soll dem Verfahren Objektivität verliehen werden. Erst bei der Konkretisierung von Entscheidungen wird eine Abstimmung mit den Betroffenen angestrebt. Konterkariert wird diese Form der „Konsens-Demokratie" durch den Druck der medial erzeugten Öffentlichkeit, die die rationalisierte Politik mit Emotionen und Ansprüchen konfrontiert und das (durch die politische Philosophie der Konsensdemokratie durch Herrschaft des Rechts begründete) Modell so unter Legitimationsdruck setzt.

4.5 Der gegenwartsdiagnostische Blick: Politische Steuerung in der Kommunikationsgesellschaft

Die moderne Gesellschaft wandelt sich unablässig – *Richard Münch* zufolge gegenwärtig von der Industrie- zur Kommunikationsgesellschaft. Im Zentrum des gesellschaftlichen Geschehens steht nicht länger die industrielle Produktion, sondern zunehmend die Verdichtung, Beschleunigung und Globalisierung der Kommunikation. Die Ursache für diesen Wandel sieht *Richard Münch* in dem oben erwähnten kulturellen Grundmuster, das auf einer mit dem Einsetzen aufklärerischer Ideale erzeugten Spannung beruht, die ihre Dynamik durch den permanenten Vergleich des Wirklichen mit dem Möglichen gewinnt, wobei die Wirklichkeit dem Möglichen immer hinter hinkt.

Richard Münchs Diagnose der Gegenwartsgesellschaft als Kommunikationsgesellschaft, die These der Durchdringung aller Systeme und Lebensbereiche durch kommunikative Rationalität, ist ebenfalls der Abarbeitung der Spannung von Ideal und Wirklichkeit und der zunehmenden wechselseitigen Durchdringung gesellschaftlicher Handlungssphären geschuldet. Auf der Basis globaler Telekommunikationstechnologien werden die Verflechtungen des Lebens weltweit zur Annäherung an das Ideal eines „guten Lebens" gesteigert. Dabei kommt der gesellschaftlichen Kommunikation, die sich in zunehmenden Maße beschleunigt, globalisiert, verdichtet und vermehrt, und ihren Gesetzmäßigkeiten eine immer wichtigere gesellschaftliche Relevanz zu. En detail bedeutet

- *kommunikative Durchdringung der Gesellschaft*: Das gesellschaftliche Geschehen wird durch kommunikative Prozesse und ihre Gesetzmäßigkeiten bestimmt.
- *Verdichtung der Kommunikation*: Immer mehr Kommunikatoren sind in einem immer enger geflochtenen, grenzüberschreitenden Netzwerk von Kommunikation vernetzt.
- *Beschleunigung der Kommunikation*: Wir werden immer schneller über immer mehr informiert.
- *Globalisierung der Kommunikation*: Kommunikation überschreitet immer weiter institutionelle, gesellschaftliche und kulturelle Grenzen.

In diesem Prozess vermag jede einzelne Kommunikation überall auf der Erde Wirkungen hervorzurufen. Politiker, Unternehmer, Wissenschaftler, Vertreter religiöser oder moralischer Anschauungen werden ebenso in diesen Prozess einbezogen wie jegliches Gruppenleben etwa von Familien und Gemeinden. Des Weiteren involviert ist das Alltagsleben bis hin zur interpersonellen Kommunikation in Partnerschaften, in denen der Zwang zur aufrichtigen Kommunikation psychotherapeutisch von einer immer wachsenden Menge von Beziehungsberatern nahegelegt wird. Der berühmte Satz, man könne nicht nicht kommunizieren, wird bis zum Kommunikationszwang gesteigert: „Kommunikation fordert Kommunikation heraus. Deshalb ist anzunehmen, dass vermehrte Kommunikation stets noch mehr Kommunikation erzeugt. Auf Fragen müssen Antworten kommen, auf Antworten neue Fragen, auf Behauptungen Widerlegungen, auf Widerlegungen neue Behauptungen, auf Thesen Antithesen. Kommunikation produziert sich in diesem endlosen Prozess der Assertion und Negation immer wieder neu und wuchert aus sich selbst heraus unablässig."

Das hat mehrere Konsequenzen: Zunächst werden inflationshemmende Reaktionen hervorgerufen. Öffentliche Aussagen werden auf ihren Wahrheitsgehalt hin überprüft und zwingen die Akteure zu größerer Vorsicht bei der Wortwahl. Besonders dem Journalismus kommt hier eine besondere Aufgabe zu: „Diese Kontrolle auszuüben, ist vor allem die Funktion eines nüchtern informierenden, verzwickte Problemlagen analysierenden und besonnenen Journalismus, der über die Inflation der Worte zu wachen hat wie die Notenbank über die Geldinflation." Gleichwohl wird auch der Journalismus von der modernen Kommunikationsdynamik erfasst. Häufig wird er als Instrument öffentlicher Darstellung missbraucht, teilweise kann er als Vermittler der Kommunikationsströme fungieren, und nur in den selteneren Fällen, beispielsweise durch bilderflutresistente, überregionale und politisch neutrale Tageszeitungen, wird es ihm gelingen, die Kommunikationsströme im Sinne einer Notenbank zu kontrollieren. Vor allem ökonomische Zwänge – figuriert in Einschaltquoten und Auflagenhöhen – öffnen den Journalismus für die Instrumentalisierung durch den Verkauf von Sende- und Werbeplatz. Zudem ist jeder national orientierte Journalismus in ein globales Informationssystem involviert, das eine Darstellung von Informationen auf der Basis eigener Recherchen kaum noch möglich macht: „Der Journalist in der Redaktion wird mit Informationen und Berichten aus der ganzen Welt versorgt, auf deren Generierung er jedoch keinerlei Zugriff hat. Er ist in ein Kommunikationsgeschehen eingespannt, das er selbst kaum unter eigener Kontrolle hat. Der Machtlosigkeit des einzelnen Bürgers angesichts der globalen Ereignisabläufe fügt sich die Machtlosigkeit des Journalismus im Hinblick auf die globalen Kommunikationsabläufe hinzu."

Die Kommunikations-Kontrolle durch den Journalismus gelingt also nicht immer, weil zumindest ein Teil von ihm selbst in die Wortinflationsspirale einbezogen ist. Als weitere Folge kann sich demnach auch ein mit einem generellen Vertrauensverlust einhergehendes allgemeines Misstrauen einnisten, wenn Worte immer weniger das Versprochene halten. Nun droht eine Rezession durch Umschlagen der Wortinflation in eine Wortdeflation. Der universelle Diskurs bricht zusammen und teilt sich in partikulare Diskursgemeinschaften auf, innerhalb derer den Worten wieder ein größeres Gewicht zukommt, ohne aber über die Diskursgemeinschaft hinaus überzeugend wirken zu können. Den Worten, die nichts mehr bewirken, folgen die – manchmal gewaltsamen – Taten: „Dies sind die Begleiterscheinungen der inflationären Tendenzen überhitzter öffentlicher Diskurse. Die zentrale Stellung, die öffentliche Diskurse inzwischen im gesellschaftlichen Geschehen einnehmen, enthält die ständige Gefahr der Überhitzung mit der Konsequenz von Inflation und kurzfristigen Rezessionen und Zusammenbrüchen des Diskurses in Gestalt von strategischem Aktionismus."

4.5.1 Virtuelle Politik

Was bedeutet diese Situation der Gegenwartsgesellschaft für die Möglichkeit politischer Gesellschaftssteuerung? Unabhängig von den genannten kulturspezifischen Unterschieden zunächst einen zunehmenden Druck auf politische Akteure, Entscheidungen stets im Lichte der Öffentlichkeit zu fällen, so dass die Bewertung politischer Maßnahmen immer mehr von der Art ihrer öffentlichen Thematisierung abhängt. Folge ist eine argumentative Entwertung: Nicht mehr das bessere Argument, sondern die Kunst der Darstellung erhält höchste Relevanz. Die Konkurrenz um Aufmerksamkeit in der öffentlichen Darstellung von Politik zwingt zu einer ständigen Präsenz in der Öffentlichkeit, und so wird vieles kommuniziert, das den Bezug zu politischen Fakten verloren hat. Mit Versprechungen wird versucht, politischen Kredit zu erwerben, wobei die Zinsen oftmals sehr hoch sind, denn mit jedem nicht gehaltenen Versprechen und jeder enttäuschten Erwartung wachsen bei den Wählern und Wählerinnen zugleich Verunsicherung und Misstrauen gegenüber den PolitikerInnen und gegenüber der Politik schlechthin. PolitikerInnen werden als bloße Stimmenfänger empfunden, die auf Grund ihrer Rolle als politische Schauspieler quasi per definitionem keinerlei Authentizität zugesprochen bekommen.

Die Auswirkung dieser kommunikativen Dynamik der modernen Gesellschaft zeigt sich etwa in dem Wandel von der medialen zur virtuellen Politik. Politik wird durchweg in den öffentlichen Diskurs hineingezogen und unterliegt damit einer permanenten Medienkontrolle. Die ständig nach Neuigkeiten suchenden Journalisten zerren unerbittlich jedes politische Detail in öffentliches Licht und agieren somit als Massenaufklärer, selbst wenn der Anlass eher privater Natur ist. Die andere Seite der Medaille wird durch den Inszenierungszwang einerseits bei den PolitikerInnen, durch die immer schärferen Konkurrenzsituationen ausgesetzten Journalisten andererseits bewirkt: „Der Weg der Kommunikation geht jetzt nicht mehr vom Ereignis zu dessen Darstellung, sondern vom Inszenierungszwang zur Erzeugung der Ereignisse. Die Differenz von Darstellung und Realität hebt sich auf in der Virtualität eines verselbständigten Inszenierungsstromes. Es gibt keine Realität mehr, anhand derer der Wahrheitsgehalt einer Darstellung geprüft werden könnte."

Im Zuge der Durchdringung der Politik durch einen massenmedialen Enthüllungsjournalismus verschwimmt die Grenze zwischen Berichterstattung und politischem Ereignis in einer Symbiose massenmedialer Produktion von politischen Ereignissen. Konnte die Aufklärungsfunktion der Massenmedien noch mit dem Begriff des „agenda-setting“ – die Selektion von Themen aus einer Vielfalt vorhandener Thema zur Präsentation vor einer aufmerksamen Öffentlichkeit – erfasst werden, so ist der Wandel der Politik von der medialen zur virtuellen Politik damit nicht mehr ausreichend beschrieben. Dem agenda-setting liegt nämlich noch prinzipiell eine Produktion der Ereignisse durch die politischen Akteure zu Grunde. Jetzt ist ein Zustand erreicht, in dem die Berichterstattung *über* Politik und *die* Politik selbst verschmelzen und sich in einer virtuellen Politik zusammenfinden. Die Maßstäbe erfolgreicher Medienproduktion, die sich nicht mehr in wahrheitsgemäßer, informativer und aufklärender Berichterstattung äußern, sondern die Inszenierung von Ereignissen zur Erreichung möglichst hoher Einschaltquoten zum Ziel haben, verändern auch die politische Kultur, die sich dem Druck nach öffentlicher Aufmerksamkeit anzupassen hat: „Ob ein Problem sachlich richtig gelöst wird, bleibt unerheblich, wenn die Stimmungslage gegen die sachlich richtige Lösung spricht. Das liegt schon in der Funktion der Politik. Im politischen Sinn ist eine Maßnahme dann und nur dann tragfähig, wenn sie sich ausreichend durch politische Macht abstützen lässt. In Demokratien heißt dies, dass die mehrheitliche Unterstützung gesichert sein muss und unterlegene Minderheiten auf Widerstand verzichten müssen. Je mehr aber die Mehrheiten durch massenmediale Stimmungserzeugung gebildet werden, umso mehr muss erfolgreiche Politik nach den Maßstäben massenmedialer Ereignisproduktion betrieben werden. Politik wird dann weniger in den Ausschüssen von Parlament und Regierung und immer mehr im Fernsehen gemacht.“

Die Politik verliert so ihre Leitlinien und überlässt sich den Stimmungsschwankungen des Massenpublikums. Mediales Charisma und die Fähigkeit, sich innerhalb der Ereignisproduktion in das rechte Licht zu rücken, werden zu einer wichtigen Ressource im Kampf um politische Positionen und Ämter (im letzten US-Amerikanischen Wahlkampf durch den Slogan „Yes we can“ symbolisiert) – sowohl für einzelne PolitikerInnen als auch für Parteien oder andere politische Gruppierungen. Die demokratische Kultur verliert damit die durch die Verschränkung von elitär-diskursiver Meinungsbildung, neokorporatistisch institutionalisiertem Interessenausgleich, repräsentativer politischer Entscheidungsverantwortung und institutionell gesicherter Massenloyalität gewonnene Stabilität. Zugleich wird die politische Steuerungsschwäche in den Medien als etwas Negatives gespiegelt, das heißt, hier wird ein Pessimismus verbreitet, der eine „mentale Innvovationsblockade" bewirken kann. Um diesen „Zerfall" beherrschbarer zu machen, gibt es indes keinen Weg zurück zu alten Strukturen: „Der einzig gangbare Weg zu handhabbaren demokratischen Verhältnissen scheint hier die weitere Professionalisierung von Meinungsbildung und politischer Mobilisierung von Unterstützung oder Protest durch politische Akteure in Regierung, Opposition und Interessengruppen zu sein. Ein professionalisiertes Zusammenspiel von Meinungsbildung durch Mediennutzung, Lobbyismus und politischer Entscheidung zugunsten des größtmöglichen Nutzens der größtmöglichen Zahl kann den demokratischen Prozess wieder auf stabile Beine stellen und trotz regelmäßiger Stimmungsschwankungen das System als Ganzes vor dem grundsätzlichen Loyalitätsentzug bewahren."

4.5.2 Externe und interne Restriktionen politischer Steuerung

Neben diesen Beschränkungen nennt *Richard Münch* weitere Restriktionen politischer Steuerung, die ebenfalls mit den Tendenzen der Kommunikationsgesellschaft zusammenhängen. Da wäre erstens die *wachsende Inanspruchnahme gut begründeter Rechte* als Folge der Expansion des Marktes, das heißt, der hinreichenden finanziellen Grundversorgung der meisten Bürger im Westen. Je mehr Menschen in der Lage sind, rechtlich-moralisch zugestandene Freiheiten auch tatsächlich auszuleben, desto mehr geraten die Menschen untereinander in Konflikte sich ausschließender bzw. sich wechselseitig störender und einschränkender Freiheiten. Hier ist die Politik den Widerspruch verstrickt, einerseits die Bereitstellung von Chancen zur Wahrnehmung individueller Freiheiten zu fördern, andererseits aber schränkt die Politik genau damit Freiheiten der Bürger wieder ein. Mögliche Lösungen – preisregulierte Zugänge zu den Ressourcen und damit eine Rückkehr zur Klassengesellschaft oder Einschränkung der Freiheiten durch die gleiche Verteilung von Berechtigungen für die Ressourcennutzung – sind politisch gegenwärtig kaum gegen die Ansprüche der Bürger durchsetzbar, die wenig bereit sind, derartige Einschränkungen hinzunehmen (und dies auch in ihrem politischen Willen ausdrücken können). Eine andere allerdings scheinbar eher utopische Lösung läge in der Versöhnung von Leistungs- und Sozialprinzip, wie sie sich etwa in der Hoffnung auf ein immer steigendes, aber unschädliches Wirtschaftswachstum ausdrückt.

Dieses Dilemma verschärft sich, wenn nationale Politiken immer mehr in internationale Kontexte eingebunden werden. Die Zahl der beteiligten Akteure wird immer höher, so dass Abstimmungsprozesses komplexer und

Kompromisse immer schwieriger werden. Weitere externe Restriktionen als Folge zunehmender Internationalisierung und Globalisierung kommen hinzu, z. B. *erhöhte internationale wirtschaftliche Konkurrenz*. Das bedeutet etwa, dass national mögliche, politisch gewollte Einschränkungen wirtschaftlichen Handelns z. B. zum Schutze der Umwelt im Widerspruch zur Konkurrenzfähigkeit national ansässiger Unternehmen im internationalen Vergleich stehen können. Außerdem stehen lokal gebundene Entscheidungen immer im Schatten internationalen politischen Abstimmungsbedarfs. Das bedeutet nicht nur, dass bestimmte übergeordnete Richtlinien z. B. der Europäischen Union eingehalten werden müssen, sondern auch, dass oftmals die eigene politische Entscheidungsunwilligkeit und/oder -unfähigkeit mit dem Hinweis auf die nicht willigen und/oder fähigen anderen Länder vor der eigenen Bevölkerung legitimiert wird.

Zu diesen Problemen, die aus der Verflechtung in den internationalen Kontext resultieren, treten weitere, eher interne Restriktionen politischer Gesellschaftssteuerung:

a) Der „Kult des materiellen Fortschritts", der bestimmte Maßnahmen gar nicht erst oder nur unter größten Protesten im Möglichkeitshorizont erscheinen lässt, etwa die staatlich verordnete Begrenzung von Auto-Mobilität.
b) Die Tendenz zur Erhaltung des status quo, statt einer bewussten Annahme schöpferischer Innovationschancen durch neue Herausforderungen. Wo z. B. Gewerkschaften, Wähler und Politiker rigoros den eigenen Status durch Abweichung vom gewohnten Gang der Dinge gefährdet sehen, etwa durch den vermeidlichen Verlust von Wählerstimmen, Arbeitsplätzen oder persönlicher Freiheiten und entsprechend neuen Ideen gegenüber blockierend agieren, kann sich kaum eine innovationsfreundliche soziale Atmosphäre aufbauen, die das Fundament für weitreichende Entscheidungen bilden könnte.
c) Eine ebenso beharrende Funktion übt das Recht aus. Eine aktive Politik, die immer neue Entscheidungen in einer sich rasant ändernden Welt treffen muss, sieht sich nahezu zwangsläufig oftmals mit geltendem Recht im Widerspruch.
d) Je mehr Experten in politischen Entscheidungsprozessen eine wichtige Rolle spielen, um so mehr wird der im Wissenschaftssystem notwendig verankerte und innovationsfördernde permanente Widerstreit der Experten zu einem Hemmschuh politischer Entscheidungsfähigkeit. Auf Wissenschaft ist so gesehen kein Verlass zur Erzeugung von Sicherheiten für politisches Handeln.

e) Den gleichen Effekt hat die wachsende Moralisierung der Politik im Zuge zunehmender Medialisierung. Ergebnis ist, dass die Bürger immer mehr über moralische Übertretungen der Politik informiert werden, ohne moralisch gebotene, konkrete Alternativen angeboten zu bekommen. „Die Folgen und Nebenfolgen politischer Maßnahmen sind so vielfältig und unübersichtlich, dass moralische Mängel niemals ausgeschlossen werden können. Es kann deshalb stets nur eine moralische Kritik, aber niemals eine moralische Legitimation der Politik geben. Im Lichte der Kritik müssen wir uns mit dem äußerst schwachen und kurzlebigen Akzeptieren derjenigen Politik begnügen, die nach jeweiligem Wissen die geringsten Schäden verursacht. Mit dem rapiden Wandel des Wissens wird die Dauer dieser an sich schon schwachen Akzeptanz immer kürzer. Was bei der moralischen Engführung der Politik deshalb vor allem haften bleibt, ist das permanente Gefühl ihrer Illegitimität."

Insgesamt sieht man, dass das Tempo und die Interdependenz der gesellschaftlichen Ereignisse in der von *Richard Münch* konstatierten Kommunikationsgesellschaft auch für die politische Gesellschaftssteuerung sehr restriktive Folgen zeitigt. Der Handlungsspielraum der Politik ist nur noch relativ klein, zumal die Dynamik der Kommunikationsgesellschaft nicht an nationalen Grenzen halt macht, sondern diese gerade immer mehr auflöst. So ist etwa in Europa das Handeln der Nationalstaaten auf der einen Seite durch interne Verflechtung aber auch durch externe Beziehungen stark eingeschränkt. Konflikte reichen meist über die eigenen Grenzen hinaus und machen zwischenstaatliche Entscheidungen notwendig, so dass rein bilaterale Verfahren kaum noch brauchbare Lösungen produzieren können. Zugleich wächst aber mit den ökonomischen, gemeinschaftlichen und kulturellen Mobilisierungen die Konflikthaftigkeit an, so dass Regulationen durch supranationale, aber an nationale Organe rückgekoppelte, politische Entscheidungsträger – die die ständige Spannung zwischen nationalstaatlicher und europäischer Willensbildung zu bewältigen haben – mehr denn je gefordert werden. Die Einzelstaaten müssen bei gleichzeitiger Annäherung unter dem europäischen Dach mit schärferen Abgrenzungen durch besondere Wahrnehmung der je eigenen Souveränitätsrechte rechnen, die zudem durch nach Autonomie strebenden Regionen innerhalb der Nationalstaaten verstärkt werden können: „In der zusammenwachsenden Welt werden wir uns daran gewöhnen müssen, in gesellschaftlichen Einheiten zu leben, die keinesfalls über die Geschlossenheit, die stabile Identität sowie den assoziativen, demokratischen und kommunikativen Unterbau verfügen wie die Nationalstaaten, aber dennoch unser Handeln organisieren. In diesem

Prozess verlieren die Nationalstaaten selbst ihre Geschlossenheit, weil sie Souveränitätsrechte nach oben an die supranationalen Einheiten und nach unten an die Regionen abtreten müssen und weil unser Handeln vielfältiger in regionale, europäische und globale Zusammenhänge eingespannt wird."[16]

4.5.3 Politik in globalen Machtfeldern

Dass es zunehmend globale Eliten sind, die die Entwicklung sozialer Strukturen vor allem durch ihre Vormachtstellung in den entsprechenden Diskursen maßgeblich prägen, zeigt *Richard Münch* am Beispiel der aktuellen sozialen Konstruktion von „Exzellenz" innerhalb der Wissenschaft. Wieder ist es die Sozial-Kultur, die die gesellschaftliche Dynamik bestimmt, nun aber die „Weltkultur" vor allem mit den „sakralen" Prinzipien des Rationalismus und Individualismus. Im Ergebnis bedeutet dies die „zunehmende Unterwerfung historisch gewachsener lokaler Praktiken unter global zur Dominanz gelangte[r] ökonomische[r] Denkmodelle." Als Konsequenz dieser Machtverschiebung wird jegliche lokale Machtausübung in ihrer traditional begründeten Legitimität in Frage gestellt bzw. Legitimität wird nun durch Argumentationen erzeugt, welche die Effizienz des Mitteleinsatzes und die Effektivität der Mittelerreichung im Blick haben. Auf diese Weise verschiebt sich der Diskurs der Bildungspolitik z. B. von dem schlecht messbaren Begriff der „Bildung" zu dem besser (bzw. überhaupt) messbaren Konzept der „Kompetenz". Mit derartigen diskursiven Verschiebungen werden die Legitimations- und Erwartungsstrukturen derart verändert, dass sich das transnationale Paradigma von Bildung als Kompetenz und Humankapital anstelle von Bildung als Kulturgut und Fachwissen durchsetzen kann. Neue Begriffe wie „Schlüsselqualifikationen", „Kernkompetenzen", „lebenslanges Lernen", „Lernen lernen" verweisen in einem Foucaultschen Sinn auf entstehende Herrschaftsstrukturen, die die betroffenen Akteure so disziplinieren – etwa die sich plötzlich in der „McKinsey-Welt der Universitäten" wiederfindenden Universitätsangestellten –, dass diese im Sinne spezifischer Interessen „funktionieren", beispielsweise privatwirtschaftlich nützliche, akademisch durch die „McDonaldisierung des Universitätsstudiums" angebildete Hochschulabsolventen produzieren. Bei der in Deutschland vollzogenen „Exzellenzinitiative" handelt es sich so gesehen um das Ergebnis eines Dispositivs der Macht, das z. B. durch Forschungsrankings

[16] Der Prozess der europäischen Entwicklung ist ein weiteres von Richard Münch intensiv bearbeitetes Forschungsfeld, das hier aus Platzgründen nicht ausgeführt werden kann.

und die damit einhergehende Quantifizierbarkeit im Rahmen des „Regimes der Drittmittel" und des „Regimes der absoluten Zahlen" konstruiert wird, wobei angezweifelt wird, dass der Wissenschaftsstandpunkt Deutschland tatsächlich durch diese Maßnahme gestärkt und nicht vielleicht sogar geschwächt wird.[17]

Derartige Strukturen entwickeln sich als Hybride zwischen Weltkultur und nationalen Traditionen in einem an der Rhetorik ablesbaren Kampf um diskursive Positionen, um Definitionsmacht. Lokale Autoritäten werden durch globale Eliten zu Veränderungen angehalten, indem Ersteren der Legitimationsboden entzogen wird, ohne dass bereits geeignete Verfahren bereit stünden, die neue, diskursiv errungene Legitimität kontrolliert umsetzen zu können, z. B. mangels klarer Verantwortlichkeiten. Auch dem akademischen Feld wird eine entsprechende Anpassung „aufgeherrscht". Diese „hybride Modernisierung", in der globale und lokale Welten aufeinandertreffen und nationale Strukturen als nicht mehr legitim, transnationale Strukturen aber als noch nicht legitim erscheinen, hält die Politik in einem spannungs- und konfliktreichen „Schwebezustand".

Es ist offenkundig, dass die Möglichkeit des Zusammenhalts der Gesellschaft unter diesen Bedingungen fraglich wird, denn unter der Bedingung des zunehmenden Wechselspiels von Globalisierung und Lokalisierung führt die Interpenetration verschiedener Handlungssphären – vor allem die Ökonomisierung des sozial-kulturellen Diskurses – in der Gegenwartsgesellschaft zu einer komplexen und kontingenten, institutionellen Ordnung, indem innerhalb des sozialen Systems die analytisch abgrenzbaren Teilsysteme Ökonomie, Politik, Gemeinschaft und sozio-kulturelles System immer neue Interpenetrationszonen ausbilden und die Komplexität so stetig erhöhen. *Richard Münchs* Lösung geht nun nicht dahin, vereinfachende, Komplexität reduzierende Verfahren vorzuschlagen – nach dem Motto: „Früher war alles besser" –, sondern im Gegenteil setzt er, um die unvermeidbaren Spannungen wissend, auf ein Management dieser sozialen Komplexität: „Eine

[17] Das Urteil von *Richard Münch* zur Exzellenzinitiative ist eindeutig: „Sie ist zum Scheitern verurteilt." Eine wichtige Ursache wird in Verhinderung kreativen, selbständigen wissenschaftlichen Nachwuchses gesehen – und genau dies wird durch die von der Exzellenzinitiative erzeugten Überproduktion an wissenschaftlichen Mitarbeitern noch verstärkt. *Richard Münch* empfiehlt deshalb u. a. den Abbau des Mittelbaus in Deutschland. Zugleich wird in der Masse der Karrierechancenlosen ein Ansatz gesehen, jenen Strukturwandel herbeizuführen, den diese Kritik nahelegt: „Revolutionen finden in der Weltgeschichte nicht allzu oft statt. Vor allem benötigen sie ein revolutionäres Subjekt. Es ist indessen nicht schwer auszumachen. Es ist die Masse der Nachwuchswissenschaftler, die in dem oligarchischen System ohne Zukunftsaussichten ausgebeutet werden."

Stabilisierung der Gesellschaft auf diesem Entwicklungsniveau ist nur möglich durch den gezielten Aufbau von Institutionen, deren Aufgabe in der Organisation des Transfers der Leistungen der gesellschaftlichen Subsysteme liegt und denen sich die Ströme von Geld, politischer Macht, Reputation und Sprache kreuzen: Vermittlungsorgane." Dass der Aufbau solcher neuer Institutionen schwierig ist und sein wird, zeigt seine Studie zur „akademischen Elite", insofern eigentlich nur noch eine Revolution die skizzierte kontra-produktive Dynamik stoppen und einen Strukturwandel einleiten kann.

Versucht man, *Richard Münchs* theoretischen Bezugsrahmen, seine Modernisierungstheorie sowie seine Gegenwartsdiagnose in einem Kern zusammenzufassen, so ist – und bleibt trotz des gegenwärtig stärkeren theoretischen Interesses an der diskursive Machtverfasstheit der Gesellschaft – der entscheidende Begriff der der *Interpenetration*. Die Theorie hält die analytische Möglichkeit der gegenseitigen Durchdringung offen, für die Moderne war Interpenetration empirisch der entscheidende Mechanismus, dessen Folgen sich in der Gegenwartsgesellschaft nun drastisch zeigen.

4.6 Wichtigste verwendete Literatur

Münch, Richard (1982): *Theorie des Handelns* . Frankfurt/Main. Suhrkamp.

Münch Richard (1984): *Die Struktur der Moderne.* Frankfurt/Main. Suhrkamp.

Münch Richard (1986): *Die Kultur der Moderne.* 2 Bd. Frankfurt/Main. Suhrkamp.

Münch, Richard (1991a): *Dialektik der Kommunikationsgesellschaft.* Frankfurt/Main. Suhrkamp.

Münch, Richard (1992c): Gesellschaftliche Dynamik und politische Steuerung: Die Kontrolle technischer Risiken. In: Bußhoff, Heinrich (Hrsg.): *Steuerbarkeit und Steuerungsfähigkeit. Beiträge zur Grundlagendiskussion.* Baden-Baden. Nomos: 81–101.

Münch, Richard (1993): *Das Projekt Europa. Zwischen Nationalstaat, regionaler Autonomie und Weltgesellschaft.* Suhrkamp. Frankfurt/Main.

Münch, Richard (1995a): *Dynamik der Kommunikationsgesellschaft.* Frankfurt/Main. Suhrkamp.

Münch, Richard (1996a): *Risikopolitik.* Frankfurt/Main. Suhrkamp.

Münch, Richard/Christian Lahusen (Hrsg.) (2000): *Regulative Politik. Politik der Luftreinhaltung in Großbritannien, Frankreich, Deutschland und den USA.* Frankfurt/Main, New York. Campus.

Münch, Richard (2007): *Die akademische Elite.* Frankfurt/Main. Suhrkamp.

Münch, Richard (2009): *Globale Eliten, lokale Autoritäten. Bildung und Wissenschaft unter dem Regime von PISA, McKinsey & Co.* Frankfurt/Main. Suhrkamp.

5 Die neo-pragmatistische Theorie von *Hans Joas*

Hans Joas wurde 1948 in München geboren und studierte Soziologie, Geschichte und Philosophie von 1968 bis 1972 in München sowie an der Freien Universität Berlin. 1972 erhielt Joas sein Diplom in Soziologie, 1979 promovierte er an der FU Berlin mit einer vielbeachteten Dissertation zur *„Praktischen Intersubjektivität"* zum Dr. phil. Anschließend arbeitet er bis 1983 als Wissenschaftlicher Mitarbeiter am Max-Planck-Institut für Bildungsforschung in Berlin. Joas habilitierte 1981. Von 1984 bis 1987 war er dann als Heisenberg-Stipendiat der Deutschen Forschungsgemeinschaft und ebenfalls am Max-Planck-Institut für Bildungsforschung tätig. 1987 erfolgte der Ruf als Professor an die Universität Erlangen-Nürnberg, wo er bis 1990 blieb. Daran schloss sich die Berufung an das John F. Kennedy-Institut für Nordamerikastudien und das Institut für Soziologie der Freien Universität Berlin an, wo er bis 2002 als Ordinarius arbeitete. Im Jahr 2000 wurde er zum Professor an der University of Chicago berufen, 2002 auch als Max-Weber-Professor an die Universität Erfurt, wo er seither das Max-Weber-Kolleg für kultur- und sozialwissenschaftliche Studien leitet. Von 2004 bis 2005 war er Ernst-Cassirer-Professor am Swedish Collegium for Advanced Study in the Social Sciences in Uppsala, von 2005 bis 2006 Fellow am Wissenschaftskolleg zu Berlin. Das Interview mit *Hans Joas* hat am 10.01.2008 stattgefunden.

5.1 Der theoretische Blick I: Situierte Kreativität

Als Ausgangspunkt der Theorie von *Hans Joas* kann man das Anliegen verstehen, auf der Basis einer grundlegenden Kritik an der soziologischen Tradition ein neues, kreativitätsorientiertes Fundament soziologischer Theorie zu etablieren. Diese Kritik formuliert eine Skepsis gegenüber einer grundsätzlich aktivistisch-rationalen Einstellung zur Welt, die Betonung der Widerständigkeit und Disziplinierung des Körpers im Gegensatz zu der Anschauung einer Instrumentalisierung des Körpers sowie die Ablehnung eines substanzhaften Selbst als Basis autonomer Individualität.

5.1.1 Kritik des Rationalmodells des Handelns

Das Problem soziologischer Handlungstheorien ist aus *Hans Joas*' Sicht, dass diese Rationalität zum Maßstab nehmen und andere Handlungsantriebe als Abweichungen von Rationalität modellieren. Es geht ihm dabei aber nicht um ein falsches Ranking der Handlungsantriebe, so dass das Hinzufügen oder Neusortieren von Handlungsorientierungen bereits Besserung verspräche, sondern vielmehr ist gemeint, dass der Maßstab der Rationalität in diesen Theorien an sich nicht mehr hinterfragbar ist. Die Folge ist: Geht man von Rationalität als Maßstab des Handelns aus, erzeugt man eine Differenz, die Rationalität von Nicht-Rationalität unterscheidet. Versteht man Rationalität etwa im Sinne der Maximierung des subjektiven Nutzens, dann ist alles Handeln, das nicht den subjektiven Nutzen maximiert, zugleich irrational, z. B. emotional orientiertes Handeln. So hat z. B. auch Talcott Parsons – eigentlich einer Überbetonung von Rationalität im Handeln unverdächtig – in „The Structure of Social Action" von 1937 mit dem Schema Utilitarismus/Normativität gearbeitet: Rationalität ist für Parsons die Blaupause, vor deren Hintergrund er die Notwendigkeit normativer Orientierungen für das Entstehen sozialer Ordnung erarbeiten konnte. Ob diese Blaupause als Startpunkt aber überhaupt geeignet ist, gerät als Frage gar nicht erst in den Blick. Wie viele nach ihm so folgt auch Parsons dem von Max Weber eingeführten Idealtypus der Zweckrationalität, verstanden als Hauptorientierung des Handelns.[18] Das Modell rationalen Handelns wird, da die Anwendung des Zweck-Mittel-Schemas die Aufklärung über seine eigenen Voraussetzungen behindert, somit zum Maßstab *allen* Handelns. Ergo: Eine vollkommene Handlung ist eine vollkommen rationale Handlung – diese Grundannahme ist es, die *Hans Joas*, wie wir sehen werden, bestreitet.

Im Anschluss an Niklas Luhmanns frühe Arbeiten zur Zwecksetzung in Organisationen argumentiert *Hans Joas*, dass zum Einen das Rationalmodell empirisch schlichtweg falsch ist. Dies ist insofern unproblematisch, da jedes Modell, gemessen an der Wirklichkeit, falsch ist; man muss nur offen legen, welche Gültigkeitsgrenzen eines Modells man zu akzeptieren bereit ist. Zum Anderen wird mit Luhmann aber darüber hinaus auch deutlich, dass Rationalität dem Handeln Kausalitäten unterstellt, bei denen der Akteur selbst die Position der Ursache einnimmt. Luhmann fragt sodann nach der

[18] Dies wird auch nicht durch dessen Ausführungen zum Charisma im Rahmen seiner Herrschaftssoziologie hinreichend korrigiert. Die Charisma-Konzeption bildet kein Gegengewicht zur Rationalitätstheorie, weil sie handlungstheoretisch nicht eingearbeitet ist, sondern nur die persönliche Ausstrahlung eines Führers thematisiert.

Funktion dieser Kausalitätsunterstellung und nach der Funktion des Zweck-Mittel-Schemas für das menschliche Handeln überhaupt. Er sieht diese in der Reduktion von Komplexität, „in einer Herstellung von Übersichtlichkeit für den Handelnden." Was in dieser Kritik nicht miterfasst wird, ist das Wechselspiel zwischen Mittelwahl und Zielklärung, das *Hans Joas* in der Kritik am Rationalmodell von John Dewey betont findet: Zumindest nicht alle Ziele sind dem Akteur äußerlich vorgegeben und starr, sondern in ein Reflexionsprogramm eingebaut, in dem das Setzen von Zielen die Selektion von Handlungsalternativen strukturiert, aber selbst von der Wahrnehmung der Handlungsalternativen beeinflusst wird. Entsprechende Hinweise gibt auch George Herbert Mead in seinen pragmatistischen Analysen der Beziehung von Handlung und Bewusstsein. Mead ist für *Hans Joas* derjenige, der die Dimension der Kreativität erstmals angemessen in der Formulierung einer Handlungstheorie berücksichtigt hat, indem dieser in der Betonung der Intersubjektivität der Normgeltung nicht verdeckt, dass dies ein kreativer Prozess der Bearbeitung moralischer Probleme ist. In Meads Ansatz wird deutlich, dass Handeln grundsätzlich *nicht* als Versuch gesehen werden kann, vorgefasste Ziele zu erreichen. Zwecke werden nicht einfach vorab gesetzt, sondern diese sind das Ergebnis von Handlungen als reflektierte Reaktionen auf Widerstände, die sich dem Akteur in seiner Orientierung stellen. Möglicherweise *kann* Zweckrationalität zum Hauptmotiv werden, aber dies ist weder zwingend noch der Normalfall.

Diese kritischen Argumente können nicht im Rahmen des Zweck-Mittel-Schemas gefasst werden, was die Selbstverständlichkeit der Anwendung dieses Schemas zumindest in Frage stellen sollte. Weiterhin wird in dieser Kritik deutlich, dass Rationalität nur unter ganz bestimmten Bedingungen möglich ist: Es muss die Fähigkeit zum zielgerichteten Handeln gegeben sein und es muss ein gewisser Grad an Körperbeherrschung und Autonomie gegenüber der Umwelt, zu der auch andere Akteure gehören, vorliegen. Da diese Bedingungen empirisch oftmals schlichtweg vorhanden sind, neigen Vertreter des Rationalmodells dazu, deren mögliche Abwesenheit als Defizite der Akteure, nicht aber des Modells anzusehen.

Statt rationales Handeln als unhinterfragte basale Handlungsannahme zum Ausgangspunkt der Handlungstheorie zu machen, wird stattdessen von *Hans Joas* eine Kreativität *des* Handelns eingeführt, womit ganz allgemein ein „kreatives Problemlösen durch experimentelle Intelligenz" gemeint ist. Wie gelangt man zu einer solchen Annahme einer fundamentalen Kreativität allen Handelns? Ansetzen kann man dabei an bestimmten Metaphern der Kreativität wie „Ausdruck", bezogen auf die subjektive Welt des Handelnden; „Produktion", bezogen auf die materielle Welt der Mittel, und „Revolution" als Möglichkeit der kreativen Umgestaltung der sozialen Welt. Wenn wir etwas spontan hervorbringen, anerkennen wir dies manchmal als Ausdruck unseres Wesens und erfahren *dabei* erst, was dieses Wesen eigentlich ist. Anders formuliert: In der Verwirklichung des Selbst durch einen Ausdruck wird das Selbst, das sich verwirklicht, erst erfahren. Im Anschluss an Marx kann man die Vorstellung eines Menschen erkennen, der zur Produktion „genötigt" ist, um bestimmte Bedürfnisse zu befriedigen, wozu auch gehört, sich im geschaffenen Gegenstand selbst zu erkennen. Arbeit kann als gegenständliche Tätigkeit, als Entäußerung menschlicher Wesenkräfte verstanden werden, welche sich der Produzierende zur Ausbildung seines Wesens aneignen kann, sofern nicht Mechanismen der Entfremdung dem selbst geschaffenen Produkt entgegenwirken. Auch in der Metapher der Revolution wird deutlich, dass neue gesellschaftliche Zustände durch freies Handeln der Gesellschaftsmitglieder herbeigeführt werden können.

Allerdings, so *Hans Joas*, ist in diesen Metaphern Kreativität nicht wirklich verwurzelt. Die Kreativität des Handelns ist nämlich nicht zu erfassen, wenn man einen bestimmten konkreten Handlungstypus wie rationales oder normatives Handeln durch schöpferische Elemente einfach anreichert. Im Gegenteil: Indem man einem *spezifischen* Handlungstypus kreative Elemente zuschreibt, unterscheiden sich andere Handlungstypen zugleich von diesem spezifischen Handlungstyp dann in ihrer Nicht-Kreativität: *Entweder* kreatives Handeln *oder* nicht-kreatives Handeln würde die handlungsorientierende Differenz dieser Denkweise lauten, die *Hans Joas* ablehnt. Stattdessen schlägt er vor, Kreativität als analytische Dimension *allen* Handelns zu verstehen. Kurz: Alles Handeln ist potentiell kreativ. Dies ist die Grundüberzeugung, die der *Theorie situierter Kreativität* zugrunde liegt.

5.1.2 Kreativität als situiertes Problemlösen

Eine solche Theorie situierter Kreativität startet mit der Beobachtung, dass die Welt dem handelnden Akteur nahezu permanent Widerstände bietet, die ihn zum Zweifeln bringen und die seine eingespielten Erwartungen erschüttern: Ziele sind nicht erreichbar; Ziele sind mit anderen Zielen, die ebenfalls verfolgt werden, inkompatibel; mögliche Ziele werden von der sozialen Umwelt nicht anerkannt usw. Da die Zwecksetzung nicht als vorab bestimmt, sondern mit der Situation verschränkt verstanden wird, ist Handeln immer auch von den in einer Situation zur Verfügung stehenden Mitteln abhängig, die sich aber als mehr oder weniger zugänglich herausstellen können. Vor allem aber müssen alle Intentionen, Motive und Werte als Teile der Innenwelt des Akteurs erst mittels Körperlichkeit in ein dann ouvertes Handeln umgesetzt werden. Der Körper aber kann seinen Dienst versagen. Der Handelnde wird so gesehen zum immer wieder zweifelnden Akteur, dem gewohnte Handlungsroutinen zwischenzeitlich nicht mehr weiterhelfen, so dass das automatisch scheinende Handeln unterbrochen wird. Solche Erschütterungen nötigen zur Rekonstruktion des situativen Zusammenhangs, das heißt, es muss neu wahrgenommen, neue oder andere Aspekte der Wirklichkeit müssen erfasst werden. Auf diese Weise wird dem Akteur die Fähigkeit des Wahrnehmens und Erkennens *in* einer realen Problemsituation zugeschrieben. Stößt der Handelnde auf Probleme, zieht er gedanklich-experimentell zwischen dem, was er eigentlich zu tun geneigt ist und seinen anderen Handlungsalternativen Verknüpfungen, von denen dann zwar eine und nur eine realisiert wird, aber alle anderen Möglichkeiten bleiben als Potential noch präsent, auch wenn sie gerade nicht aktualisiert werden. Dies bedeutet aber, dass die Handlung, die ausgewählt wurde, von den bereits durchgespielten Möglichkeiten mit beeinflusst ist und sie nicht vorab isoliert und festgelegt wurde. Ebenso ist der Verlauf einer Handlung nicht fixiert, sondern wird kontinuierlich vor dem Hintergrund der Potentialität revidiert.

Es geht also nicht darum, dass der Möglichkeitsraum aktualisierbarer Handlungen nach einer besseren Handlungsalternative durchforstet wird, dass man sozusagen auf eine sichere Reserve an Handlungsoptionen zurückgreifen kann. Sondern aus der Sicht des Handelnden ist die Situation vieldeutig und muss neu bestimmt werden. Jeder Widerstand erzeugt eine neue Situation, in der der Horizont von Handlungsmöglichkeiten ebenso neu erschlossen werden muss wie die genannten experimentellen Verknüpfungen zwischen Handlungsimpulsen und Situationsgegebenheiten. Wichtig ist, dass in den Vermutungen, welche Verknüpfung wohl tragfähig ist, auch die Handlungsziele neu justiert werden. Im Ergebnis heißt dies: Das Handeln muss sich komplett umstrukturieren. Und genau diese Umstrukturierung ist eine aktiv am Problem ausgerichtete, kreative Leistung des Handelnden! Denn wenn die Umstrukturierung gelingt, wird ein neuer Handlungsmodus eingeführt, der sich stabilisieren und selbst wieder, bis zum nächsten restrukturierungsauslösenden Problem, zur Routine werden kann. Die Umstrukturierung richtet sich selbstverständlich nach der Art des Widerstands, der von dem Akteur erst einmal als ein Problem definiert werden muss. Die Problemdefinition, die der Handelnde im handelnden Zusammenwirken mit anderen Akteuren, also interaktionistisch gewinnt, bestimmt den Möglichkeitsraum der Problemlösungen.

Bis hierhin zusammenfassend: Das Handeln wird als zyklisch sich wiederholende Phasen gedacht, denen Erkennen und Zweifeln inhärent ist. Notwendig wird das Zweifeln, weil die Welt dem routinierten Handlungsablauf Widerstände entgegensetzt und eine solche Situation eine Lösung erfordert, das heißt, der pragmatistische Ansatz betont die „Spannung zwischen unreflektierten Handlungsgewohnheiten und kreativen Leistungen" des Handelnden. Kreativ ist das Handeln schon deshalb, weil bei erfolgreicher Umstrukturierung und Re-Stabilisierung eine Problemlösungsroutine generiert worden ist, die es so vorher nicht gab.

Wichtig ist, dass sich damit der analytische Status der *Situation* im Gegensatz zum Rationalmodell ändert. Die Situation gibt nicht mehr nur als Ort verankerter Mittel Randbedingungen vor, sondern wird *konstitutiv* gedeutet: Man weiß mit der Situation ungefähr um die Angemessenheit des Handelns. Dies ist nicht im Sinne eines einfachen Behaviorismus zu verstehen, sondern als *Verschränkung* von Situation und Zielen. Es gibt weder ein reines Auslösen von Handlungen durch eine Situation, noch ist eine Situation nur der Ort für die reine Exekution von Intentionen. In einer situativen Kontextuierung treffen die vorher dem Akteur gegebenen Handlungsfähigkeiten, die die Wahrnehmung der Situation bereits mitbestimmen, sowie aktuell gegebene Handlungsdispositionen aufeinander. Die Situation „provoziert" bestimmte Handlungen, ohne zu determinieren, insofern sie dem Akteur Herausforderungen stellt, die ihm die Bewältigung dieser Widerstände zumuten. So hat man beispielsweise empirisch festgestellt, dass die Wahl des Studienfaches nicht von den rational abgewogenen Handlungsalternativen und Handlungskonsequenzen unter bestimmten universitär-beruflichen Bedingungen abhängt, sondern für die meisten Schulabgänger eine Situation ist, die eine bestimmte Studienwahl bedingt, wobei z. B. die Nähe zum Herkunftsort aus gefühlsmäßigen Gründen ausschlaggebend ist, also diese Nähe dann die Ausrichtung auf bestimmte Studienziele lenkt. Man möchte z. B. in Düsseldorf wohnen bleiben und richtet sich deshalb auf das vorher so gar nicht gegebene oder eher unklare Ziel aus, Medienwissenschaften an einer Universität mit guten Möglichkeiten der Praxiserfahrung zu studieren. *Hans Joas* führt deshalb die Situation als erste Grundkategorie seiner Handlungstheorie an.

Eine derartige Anerkennung der Situation hat innerhalb der Handlungstheorie Auswirkungen auf die Rolle von Handlungsverläufen und deren Planbarkeit. Es gibt in dieser Perspektive folglich keine selbstverständlich vorgefassten Schemata bzw. Drehbücher, an denen sich das Handeln permanent ausrichtet. Selbst die Orientierung an Werten geschieht nicht ohne den Einfluss der Situation, weil erst dort geklärt werden muss (und kann), wie sich die angestrebten Handlungen und Werte entsprechen und wie die Werte dann faktisch im Handeln konkretisiert werden können, was wiederum problemhaft ist und eine kreative Problemlösung fordert. Ein konkreter Handlungsablauf muss somit als ständig revisionsbereit gedacht werden, kein Plan ist das einzige Orientierungsmittel des Handelns, weshalb das tatsächliche Handeln auch nie alleine auf Intentionen zurückführbar ist. Motive und Pläne sind nunmehr Produkte von Reflexionen im Handeln und nicht deren Ursache. In dem Beispiel der Studienwahl kann z. B. das Motiv der Praxiserfahrung ein Ergebnis im Handlungsprozess sein, das sich aus der wohnortnahen Universität sowie der zufälligen Gegebenheit des „Düsseldorfer Medienhafens" ergibt.

So gesehen ist Zwecksetzung das Resultat der Abarbeitung eines Akteurs in einer Situation, in der er nicht einfach seine vorreflexiv angetriebene Handlungsweise fortsetzen kann. Diese Zwecksetzung setzt voraus, dass der Akteur in der Lage ist, die Wirklichkeit einerseits als unabhängig von ihm selbst und seinen Wünschen zu erkennen; andererseits aber zugleich zu wissen, dass Handeln diese Wirklichkeit verändern kann. Die Entstehung dieser Fähigkeit dazu verortet *Hans Joas* in der frühesten Entwicklung des Kindes, das als Säugling bereits eine Unterscheidung von „Ich mit meinen Wünschen" und der Welt erfährt. Wenn das Kind seine gewohnte Nah-Welt verlässt und Neues entdeckt, werden „Übergangsobjekte" wichtig, die sozusagen als Puffer zwischen Ich und Welt dienen, wie etwa das Nuckeltuch. Solche Objekte helfen dem Kind in Situationen der Überforderung durch erlebten Mangel an ursprünglicher Geborgenheit, z. B. auf Reisen, wobei positive wie negative Emotionen an dem Objekt ausgelebt werden können. Die Bedeutung dieser Objekte nimmt dann mit der weiteren Entwicklung des Kindes immer mehr ab.

5.2 Der theoretische Blick II: Theorie der Kreativität des Handelns

Hans Joas geht es, dies sollte bereits deutlich geworden sein, um eine „fundamentale Umstellung der Grundlagen verbreiteter Handlungstheorie", die weder auf eine Erhöhung der Anzahl, noch auf eine Vervollständigung bestehender Handlungsmodelle zielt, sondern bezweifelt, dass Rationalität als „typologiestiftendes Prinzip" überhaupt angemessen ist, um soziale Phänomene zu erschließen. Ergiebiger sei es, Intentionalität als „selbstreflexive Steuerung unseres laufenden Verhaltens" zu verstehen. Handlungsziele sind nicht Antizipationen zukünftiger Zustände, sondern organisieren das Handeln in seinem gegenwärtigen Verlauf. Eine selbstverständliche Anwendung des Zweck-Mittel-Schemas wird somit abgelehnt, vielmehr muss man die Bedingungen spezifizieren, die die Anwendung dieses Schemas überhaupt möglich machen.

5.2.1 Wahrnehmung

Jede Wahrnehmung ist abhängig von im Körper angelegten Handlungsfähigkeiten und -erfahrungen, die *Hans Joas* vor allem auf „Fortbewegung, Dingmanipulation und Kommunikation“ bezieht. Daraus kann gefolgert werden, dass die Erwartungen eines Akteurs nicht immer eindeutig definiert sind, bevor er in eine Situation eintritt, sondern mehr oder weniger unbestimmt sein können, das heißt, *Hans Joas* geht von vieldeutigen und ambivalenten Erwartungen des Akteurs aus. Solange keine Handlungsprobleme auftauchen, genügen diese unbestimmten Erwartungen ebenso wie eine globale, die Welt nicht in vollständig definierte Daten zerlegende Wahrnehmung, die nur dann punktuell präzisiert wird, wenn Probleme etwa in Form von Ambiguitäten auftauchen. Wahrnehmen und Erkennen liegen damit nicht *vor* der Handlung, sondern sind modifizierbare Phasen des Handelns in situativen Kontexten. Der Körper ist dabei dasjenige Medium, das derartige Wahrnehmungspräzisierungen trägt, etwa durch Ertasten oder näheres Betrachten. Ein flexibles Zusammenwirken der an den Körper gebundenen Sinne und einer experimentellen Verknüpfung von Handlungsweisen ermöglicht hinreichende Handlungsfähigkeit.

5.2.2 Körperkontrolle

Damit muss Körperkontrolle als Voraussetzung des Handelns thematisiert werden, eine Annahme, die fast alle Handlungstheorien implizit voraussetzen. Es geht nicht um eine vollständige Instrumentalisierung des Körpers, sondern um „labile Gleichgewichte von Instrumentalisierung des Körpers und anderer, nicht-instrumenteller Beziehungen zum Körper“. Das heißt, Kontrolle und Lockerung der Kontrolle wechseln sich ab – zwei Fähigkeiten, die die Theorie miterfassen muss. *Hans Joas* verweist dabei erstens auf „passive Intentionalität“, die intentionale Freisetzung des Körpers von jeglicher Kontrolle, z. B. beim Einschlafen. Daran wird deutlich, dass das Versteifen auf eine Handlungsweise gerade nicht ein Problem löst, sondern dieses sogar verstärkt, etwa wenn man verzweifelt versucht, sich auf das Einschlafen zu konzentrieren – und deshalb eben nicht einschlafen kann. Problemlösen bedeutet so gesehen ganz allgemein, dass man sich von der Kontrolle des Körpers freimacht, um neue Handlungsansätze zu gewinnen, „die sich aus der vorreflexiven Intentionalität des Körpers ergeben". Auch der „sinnhafte Verlust der Intentionalität" erfordert Kontrollaufgabe, etwa beim Lachen oder Weinen, die *Hans Joas* mit Helmuth Plessner als unbeherrschbare Reaktion auf mehrdeutige, den Akteur überfordernde Situationen deutet.

Weinen, Lachen, Einschlafen sind exemplarische Gründe, das Verhältnis von Akteur-Handeln-Körper in die Handlungstheorie einzubeziehen. Im Grunde, so *Hans Joas*, mangelt es den meisten handlungstheoretischen Ansätzen an einer Vorstellung darüber, welche biologischen Voraussetzungen überhaupt notwendig sind, damit der Mensch handeln kann und wie die Entwicklung des Menschen zu einer „Selbstgegebenheit des Körpers" verläuft. Als solche Voraussetzung identifiziert er im Anschluss an die Anthropologie Arnold Gehlens die allmähliche Loslösung von einer rein instinktiven Steuerung des Verhaltens, die aber nicht durch Institutionen komplett ersetzt, sondern durch die Befähigung ergänzt wird, wachsende Handlungsspielräume kreativ und intelligent zu nutzen, was bereits im Rahmen instinkthafter Verhaltensregulation zu beobachten ist.

5.2.3 Körperschema

Der Körper, der hier als notwendige Bedingung des Handelns gesehen wird, ist aus der Sicht des Akteurs ein Ding, das sich radikal von anderen Dingen unterscheidet. Wichtig ist somit die kognitiv-psychische Leistung des Akteurs, seinen Körper als Einheit mit Grenzen zur Umwelt zu generieren, etwa um überhaupt Bewegung empfinden zu können: Der Akteur muss ein *Körperschema* entwerfen. Am Beispiel des „Phantom-Gliedes" wird deutlich, dass dieses Schema nicht dualistisch im Sinne von Körper und Geist gedacht werden kann, denn weder existieren die Nervenbahnen eines verloren gegangenen Gliedes, noch hat dieses Phänomen rein psychische Ursachen, etwa im Sinne einer nicht zur Kenntnis genommenen oder verdrängten Amputation.

Handeln unterliegt aufgrund seiner Körpergebundenheit einer immer schon vor-reflexiv gegebenen Gerichtetheit auf praktische Bezüge bestimmter Weltaspekte. Da sich der Körper (Alterung, Krankheiten usw.) ebenso ändert wie die Welt, muss auch das Körperschema permanent konstruiert und rekonstruiert werden. Wesentlich für die (Re-)Konstitution eines Körperschemas ist die Erfahrung der Begegnung anderer Körper. Damit wird soziale Kommunikation mehr in den Mittelpunkt gerückt. Mit George

Herbert Mead lässt sich sagen, dass erst auf dem Weg der Herausbildung eines Selbst, also mit der Entwicklung kommunikativer Fähigkeiten beim Kleinkind, eine Körpereinheit erreicht wird. Die Produktion eines Körperschemas ist damit in einen intersubjektiven Konstitutionsprozess eingebunden, was wiederum eine immer gegebene „primäre Sozialität" voraussetzt, in die der Akteur immer schon eingebettet ist. Die Priorität einer rein körperlichen Selbstwahrnehmung wird durch die Idee aufgebrochen, dass die Konstitution eines Objekts – etwa die Identifikation des eigenen Körpers als Objekt – bereits Strukturen der Rollenübernahme voraussetzt. Hier knüpft *Hans Joas* an die Theorie der Identitätsbildung bei Mead und die Betonung der Relevanz der Fähigkeit zur Rollenübernahme an, der „Antizipation des situationsspezifischen Verhaltens eines Handlungspartners". Über eine antizipierte Beobachtung der Reaktionen der Anderen auf eigene spontane Triebimpulse kann ein Akteur ein Verhältnis zu den Bewertungen dieser Verhaltensweisen gewinnen. Man lernt, die Erwartungen und Bewertungen der Anderen über das eigene Verhalten zu erwarten. Es entsteht zugleich eine Bewertungsinstanz für das sich entwickelnde Selbst, das ein konsistentes Verhalten trotz unterschiedlicher Erwartungen und Bewertungen sowie uneinheitlicher Triebimpulse erzeugen kann. Das Selbst eines Akteurs ist demnach eine „Instanz zur einheitlichen Selbstbewertung und Handlungsorientierung" – unter der Voraussetzung einer gegebenen Sozialität. In dem Prozess der Selbstausbildung werden die Akteure in die Lage versetzt, in der Selbstidentifikation die Differenz zu anderen Dingen, unbelebten Objekten, zu erkennen. Die Kontrolle über den eigenen Körper generiert sich erst mit der Fähigkeit, zwischen Leib und anderen Gegenständen zu unterscheiden. Die Fähigkeit zur Rollenübernahme bildet dabei für Mead die anthropologisch gegebene Voraussetzung für die Bewältigung von Störungen.

5.3 Der theoretische Blick III: Kreative Kollektive

Eine derartige Betrachtung von Handlung erzwingt auch modifizierte, kreativitätsorientierte Perspektiven auf soziale Aggregationen. Doch wie können Kollektive kreativ werden? Worin äußert sich Kreativität im handelnden Zusammenwirken der Akteure? *Hans Joas* zeichnet auch in diesen Fragen einen Weg nach, der über die etablierten Antworten von Normativität und Rationalität hinausführen soll.

Soziale Ordnung wird durch die „Fähigkeit eines Kollektivs zur erfolgreichen Problemlösung oder Lebensbewältigung" erzeugt und nicht durch vorab notwendigerweise gegebene Normen oder durch ein Gleichgewicht des handelnden Zusammenwirkens rationaler Akteure. Da es keine eindeutigen Maßstäbe dafür gibt, wann ein Problem gelöst ist, ist jede Übereinkunft der Mitglieder des Kollektivs eine Zwischenphase, bevor weitere Probleme offenkundig und abgearbeitet werden. „Kreative Sozialität" wird hier von Normativität unterschieden, so dass gesellschaftliche Ordnung nicht nur auf den Zwangscharakter des Normativen verweist, sondern auch als Inspirationsquelle gesehen werden, als etwas, das die Freisetzung individueller Energien bewirken kann.

Wie in der Handlungstheorie, so betont *Hans Joas*, dass auch soziale Kollektive „Pendelbewegungen" vollziehen, das heißt, so wie das Handeln zwischen Routinisierung und Neu-Erzeugung von Erwartungen, Bewertungen, Zielen, Mitteln usw. pendelt, so kann man auch bei sozialen Kollektiven Bewegungen und Gegen-Bewegungen konstatieren. Die Geschichte der Menschheit muss so gesehen kontingent und diskontinuierlich verlaufen. Damit nimmt *Hans Joas* für seine Handlungstheorie in Anspruch, nicht nur für mikrosoziologische, sondern auch für makrosoziologische Analysen geeignet zu sein, die allerdings ein stärkeres „kontingenz-orientiertes Verständnis sozialen Wandels" aufweisen müssen.

Als Beispiel dienen ihm soziale Bewegungen. Gerade in diesen wird das „Wechselspiel von sozialer Kontrolle und kollektivem Ausbruch" deutlich, jene prinzipielle Pendelbewegung, die die Kreativität des Handelns charakterisiert. Das kollektive Handeln wird nicht durch gesellschaftliche Lagen (z. B. durch die Notwendigkeit bestimmter Funktionserfordernisse) oder durch psychische Dispositionen erklärt, sondern durch das netzwerkartige Zusammenwirken der Akteure, die im Verlauf dieses Prozesses die Dynamik erst erzeugen. Auf diese Weise definieren Kollektivbewegungen jene Probleme, auf die sie sich beziehen. Werte und Ziele werden in der Handlungssituation erst durch Zusammenwirken verschiedenster Definitionsleistungen der Akteure generiert. In der permanenten Neu-Formierung und Stabilisierung erzeugen und verändern sie ihre Motive und ihre Identitäten – kurz: Kollektives Handeln ist ein Prozess ständiger Selbst-Konstituierung.

Hans Joas fasst jene Theorien, die versuchen, „die gesellschaftlichen Prozesse aus dem Handeln der Gesellschaftsmitglieder zu begreifen", unter dem Begriff der *Konstitutionstheorien*. Wichtig ist dabei, dass das kollektive Resultat des handelnden Zusammenwirkens der Akteure oftmals, wenn nicht sogar meistens, unintendiert, unerwartet und manchmal auch unerwünscht ist. Selbst wenn die intendierten Handlungskonsequenzen eintreten, zeitigen diese weitere und damit wiederum: unintendierte Folgen. Auf diese Weise entstandene Strukturen können aber kaum (oder zumindest nicht immer) „funktional" genannt werden. Vielmehr sind intentional sowie nicht-intentional erzeugte Handlungsresultate schlichtweg Bedingungen für weiteres Handeln. Diese ungeplante Systematizität wird im Rahmen von Konstitutionstheorien in durchschaubarer Weise auf die Handlungen der Akteure zu beziehen versucht.

In der Perspektive der Konstitutionstheorien ist man folglich z. B. skeptisch gegenüber Vorstellungen einer normativen Integration der Gesellschaft bzw. einer Konzeption sozialen Gleichgewichts durch nutzenmaximierende Interessenverfolgung. Statt einer Konzentration auf Integration richtet man den analytischen Blick vielmehr auf *Netzwerke der Handlungsverflechtung*, die sich raumzeitlich auf unterschiedliche Art und Weise konstituieren, verschiedenartige Dynamiken aufweisen und darin mehrere soziale Sphären zugleich umfassen. Funktional übergeordnete Sozialeinheiten oder stabile soziale Gleichgewichte können in derart dynamischen Zusammenwirkungskomplexen des Handelns kaum ausfindig gemacht werden, weil die Entstehung der aus den Handlungsverflechtungen resultierenden Muster von Strukturen oder Institutionen als „kontingente Innovation mit unintendierten Folgen“ gedeutet wird. Zudem sind diese Strukturen und Institutionen flexibel verknüpft, etwa das Feld kapitalistischer Wirtschaftsunternehmen und nationalstaatliche Bündelungen militärischer Ressourcen, das heißt, das Verhältnis zwischen ihnen wird nicht deterministisch, sondern dynamisch-komplex gedacht. In der Soziologie gebräuchliche Analysen einer zunehmenden Rationalisierung oder Differenzierung sind so gesehen zu unscharf, weil z. B. nicht gezeigt wird, was die Konsequenz von Nicht-Intentionalität oder was einem bestimmten westlich-kulturell geprägten, schematisierten Leitbild geschuldet ist.

5.4 Der empirische Blick: Die Entstehung von Werten

„Wie entstehen Werte und Wertbindungen? [...] Werte entstehen in Erfahrungen der Selbstbildung und Selbsttranszendenz.“ Mit diesen Sätzen leitet *Hans Joas* seine Untersuchung über die Entstehung von Werten ein. Zu dieser Antwort bezüglich der Frage, wie und wodurch sich Akteure an Werte gebunden fühlen, gelangt er über einen Rückblick auf ausgewählte Denker, die ihm jeweils – die Kreativität des Handelns im Hinterkopf – ein Puzzlestück der Erklärung liefern. Dabei geht es *Hans Joas nicht* darum, wie Werte entstehen *können*, diese Frage können auch andere Theorien beantworten, etwa Rational-Choice-Theorien. Vielmehr will er zeigen, wie Wertbindungen *tatsächlich entstehen*. Insofern wird dieser Teil hier als „empirischer Blick“ charakterisiert.

Erste wichtige Hinweise bei der Suche nach den fehlenden Puzzleteilen in der Frage nach der Entstehung der Werte im Geiste der Kreativität des Handelns findet er bei William James.[19] Dieser verweist zunächst auf die Notwendigkeit des Glaubens, vor allem in Situationen der rationalen Unentscheidbarkeit, wenn z. B. in moralischen Fragen keine eindeutige Antwort analytisch erreichbar ist, man aber trotzdem handeln muss, oder wenn man auf Vertrauen vertrauen muss, bzw. an Vertrauen glauben muss. Wer rational kalkulierend und passiv auf die Liebe eines Anderen hofft, wird meist vergeblich warten, weil man daran glauben muss, dass man selbst verliebenswürdig ist und weil man darauf vertrauen muss, dass der Andere liebesfähig genug ist, um diese Liebenswürdigkeit zu erkennen. Der Glaube fungiert hier als selbst-erfüllende-Prophezeiung, wenn es mit der Liebe klappt. Der Glaube, in Beziehung zum Göttlichen zu stehen, ist das, was eine religiöse Situation ausmacht. Wichtig ist die Betonung der *individuellen Erfahrung*, aus der letztlich bei James Institutionen erwachsen können. Aus *Hans Joas*' Sicht ist für die Frage der Wertentstehung relevant, dass religiöse Erfahrungen von moralischen Erfahrungen unterschieden sind: Moral als willentliche, mit Anstrengungen verbundene Herbeiführung des moralisch Gebotenen ist handlungsbeschränkend, während Religion als leidenschaftliche Orientierung mit Glauben als Basis – das heißt, mit einer vom sicheren Gefühl der Präsenz einer stärkeren Kraft gegebenen Einstellung zur Welt – die Handlungsoptionen erweitert.

Bei Emile Durkheim wird *Hans Joas* vor allem in dessen religionssoziologischen Schriften fündig. Die zentrale Idee ist dabei die „Erfahrung des Selbstverlusts in der Ekstase des Kollektivs", wobei die ekstatische Kraft bereits in dem Faktum der Vereinigung vieler Akteure zu einem Kollektiv liegt. Die „kollektive Efferveszenz" reißt das Individuum mit in eine andere Welt hinein. Ist die Ekstase vorbei, muss diese Erfahrung in den Alltag integriert werden, was durch Bezug auf präexistierende Mächte gelingt, die zum Zeitpunkt am Ort der Ekstase zugegen waren. Das bedeutet, hier wird die Erfahrung des Selbstverlusts an die Gegebenheiten der Situation gebunden, in der die Erfahrung gemacht wurde. Ob etwas heilig ist oder profan ergibt sich aus dieser vorhandenen oder fehlenden Verknüpfung von Situationsobjekten mit der Ekstaseerfahrung. Der „Dynamismus der Idealbildung in der Erfahrung kollektiver Ekstase" generiert ein soziales

[19] *Hans Joas* beginnt seine Suche bei Friedrich Nietzsche, findet dort aber lediglich die Frage nach der Wertentstehung aufgeworfen, ansonsten aber nur „unplausible", und „absurde" Hinweise zur Beantwortung.

Phänomen, das nicht auf die Individuen reduzierbar ist, sondern eben ein soziales Phänomen *sui generis*.

Hans Joas sieht hier die Übereinstimmung von Durkheim und James in der Relevanz von *Erfahrungen*, in denen sich ein Selbst öffnet oder gar verliert, dabei in Kontakt zu nicht-menschlichen Mächten kommen und das Selbst so wieder kräftigen kann, als theoretischen Startpunkt für die Betrachtung religiöser Phänomene. Allerdings bleibt das Verhältnis individueller und kollektiver Erfahrung sowie von alltäglicher Kommunikation und außeralltäglicher Erfahrung bei diesen Denkern ungeklärt.

Um sich diesbezüglich weitere Klarheit zu verschaffen, wird Georg Simmel als weiterer Autor herangezogen. Bei diesem wird deutlich, dass die Erfahrung „absoluter Situationen", wie etwa der Erste Weltkrieg, eine Möglichkeit der Werterfahrung bietet, die jenseits aller Rationalitäten und auch jenseits einer Passung zum jeweils vorliegenden Moralsystem liegt. Der Krieg ermöglicht so gesehen eine wertneubildende Erfahrung im Rahmen rauschhafter Gemeinschaftlichkeit unter Soldaten, die eine Lebensintensität erzeugt, in der die subjektive Kultur, die tragischerweise nicht mehr mit der eigendynamischen Entwicklung der objektiven Kultur Schritt zu halten vermochte, sich wieder ausbilden kann.

Ein weiterer, für *Hans Joas* wichtiger Strang ist Simmels Formulierung seiner „Lebensanschauung" und der dort enthaltenen lebensphilosophisch formulierten Ethik. Simmels Begriff des Lebens macht zum Einen das Zusammenspiel von Grenzziehung und Grenzüberwindung deutlich, denn Leben muss sich prinzipiell in Formen begrenzen, um überhaupt sichtbar und wirksam zu sein, strebt aber von selbst immer wieder dazu, einmal entstandene Formen zu überwinden. Diese *Immanenz der Transzendenz* macht das eigentliche Wesen des Lebens aus. Und dies gilt auch für die Konstitution des Ich. Für die Entstehung von Werten ist nämlich die Einsicht in die eigene Endlichkeit, das Wissen um den Tod als Teil des Lebens notwendig. Denn die mit dieser Einsicht verbundene *Kontingenz unserer Existenz* ist die notwendige Kontrastfolie der Zeitbegrenzung für die Idee, dass es etwas geben könnte, das zeitlich unbegrenzt ist. Anders formuliert: Weil wir wissen, dass wir nicht ewig leben, können wir eine Idee davon haben, dass etwas unendlich gelten könnte.

Allerdings fehlt *Hans Joas* nach wie vor der intersubjektive Zusammenhang der Wertentstehung, auch wenn mit Simmel weitere Notwendigkeiten der Wertentstehung aufgedeckt werden konnten. Im Anschluss an Max Scheler verfolgt er seine Untersuchungen weiter und wird zunächst darauf gebracht, dass die Relation zwischen Personen und Werten nicht durch den Willen der Akteure hergestellt wird, denn die „Strebungen" des Menschen, seine zur menschlichen Natur gehörenden prä-reflexiven „Neigungen“, sind bereits auf etwas gerichtet, sind also zielgerichtet, *bevor* sie in Wünsche des Akteurs oder in einen eindeutigen Willenszweck transformiert werden. Einen Zugang zu Werten erhalten wir in Schelers Perspektive durch das Fühlen, das unmittelbar auf eine Wertqualität bezogen ist, im Gegensatz zu bloßen Gefühlszuständen wie Schmerzen. Auf einen Schmerzzustand kann man sich unterschiedlich fühlend beziehen: leidend, duldend, genießend usw. Allerdings bleibt Scheler in der Beschreibung dieses „Werte-Fühlens“ noch zu ungenau. Aber er konkretisiert den intersubjektiven Zusammenhang der Wertentstehung anhand der Bedeutung des *Vorbilds*. Eine Beziehung zu einem Akteur als Vorbild zu haben, bedeutet nach Scheler nicht nur eine Orientierung an durch den Menschen verkörperten Normen, sondern auch, dass man sich auf die durch diese andere Person verkörperten Werte, deren Wert-Fühlen, bezieht. Das Sollen ergibt sich aus der achtungsvollen Beziehung zum Vorbild, wobei Letzteres im Gegensatz zum Erleben von Verpflichtungen weniger eine Einschränkung im Sinne der Zielbestimmung ausübt, als eine Öffnung im Sinne einer freien Hingabe an die mit der Person verbundene Wertung. Damit ist natürlich eine von Scheler letztlich nicht gelöste Spannung zwischen Wertsetzung und Wertträgerschaft in den Akteur als Vorbild gesetzt.

Einen Ausweg aus der in dieser Spannung liegenden Gegenüberstellung von Wertobjektivismus und Wertrelativismus findet *Hans Joas* bei John Dewey, der die Entstehung der Werte in interpersonales Geschehen eingebettet sieht. Ohne dieses Geschehen wäre die Bedeutung dieser Begriffe völlig unklar. Subjektivität und Objektivität erzeugen sich erst im handelnden Zusammenwirken. Erst wenn Probleme vordringlich werden, muss über Werte gewertet werden, erst dann entsteht ein Bedürfnis nach Evaluation der gegebenen Werte. Dadurch sind die Akteure in ihrem Lernen auf eine reflexive Stellungnahme zu ihren eigenen Wünschen und Bedürfnissen zurückgeworfen. In diesem Zusammenhang löst Dewey den Zweckbegriff aus der Situation heraus und ersetzt ihn durch das Konzept „situationsadäquater Zielsetzungen“. Wenn es problematisch wird, dann ist der Akteur auch in seinen Zielsetzungen zur Anpassung gezwungen, wobei Anpassung hier nicht ein Sich-Abfinden-mit-den-Umständen *(accommodation)* und auch nicht eine Anpassung an die Welt *(adaption)* meint, sondern eine fundamentale Umorientierung mit ganzheitlichem Charakter. Eine derartige fundamentale Umorientierung bezeichnet Dewey als religiös, und er versucht, eine solche religiöse Erfahrung mit einem ganzheitlichen Selbst in Verbindung zu bringen. Dieses Selbst ist nur imaginiert, denn es gibt keinen Personenkern, in dem das Selbst stecken könnte. Als imaginiertes Selbst gibt es ein solches, sonst nicht. Diese Einbildungskraft gilt aber auch für Werte, die ebenso als kreative Definitionsleistung von Akteuren ent- und dann sogar bestehen können. Werte sind so gesehen das „Resultat kreativer Vorgänge der Idealisierung kontingenter Möglichkeiten“. Und damit sind es Erfahrungen der Selbstbildung und Selbsttranszendenz – der Öffnung der zuvor „symbolisch gezogenen Identitätsgrenzen“, die Wertbindungen entstehen lassen. Die Öffnung des Akteurs im Zusammenwirken mit Anderen geschieht vor allem über Kommunikation, das heißt, diese kann ein „Aufsprengen der Selbstzentriertheit“ bewirken, etwa in einem Gespräch, wenn man mit den Werten Anderer konfrontiert und angehalten wird, die eigene Wertbasis zu überdenken. Zugleich kann Kommunikation selbst als Wert gedacht werden, sofern sie es eben ist, die den Akteuren diese Erfahrung der „erschütternden Intersubjektivität“ – der Erfahrung der Kommunikation sowie der Kommunikation der Erfahrung – bieten kann.

Eine weiterreichende Betrachtung der Verknüpfung der Identitätsbildung einer Person mit der Wertgenese findet *Hans Joas* bei Charles Taylor. Dieser stellt besonders die Fähigkeit zur reflektierenden Selbstbewertung heraus, die sich darin ausdrückt, dass Menschen Wünsche haben, die sich auf Wünsche richten. Bei schwachen Wertungen ist die Bewertung von Wünschen auf „situativ-pragmatische Überlegungen zur Realisierung der Wünsche“ beschränkt, im Gegensatz zu starken Wertungen, die nicht als Maßstäbe praktischer Realisierbarkeit fungieren, sondern überindividuell und kategorial angelegt sind. Das heißt, starke Wertungen sind den Akteuren nicht in ihrer unmittelbaren Erfahrung gegeben, sondern sie sind Teil kollektiv gegebener sinnhafter Zusammenhänge. Die Identitätsbildung ist nun notwendig auf derartige Zusammenhänge bezogen, weil die Frage nach der Identität die Angabe sozialer Zugehörigkeit beinhaltet, die wiederum einen Bezug zu starken Wertungen haben. Außerdem ist Identität selbst ein starker Wert, der zur Rechtfertigung und Behauptung anhält. Am wichtigsten ist hier jedoch, dass Identität nur dann handlungswirksam wird, wenn sie starke Wertungen verkörpert. Die Verbindung von Identität und starken Wertungen wird u. a. in moralischen Gefühlen sichtbar. Allerdings können zwischen moralischen Gefühlen und reflektierten Wertungen Differenzen auftauchen, etwa wenn Schuldgefühle ausbleiben, wenn wir gegen etwas verstoßen, was wir selbst für einen Wert halten oder Empörung empfinden, obwohl gar kein Wert betroffen ist. An dieser Stelle setzt die *Rolle der Artikulation* ein, die Möglichkeit, moralische Gefühle sprachlich auszudrücken und damit auch zur Diskussion zu stellen, woraus sich Bestätigungen, Ablehnungen oder Modifikationen der Gefühle ergeben können. In jedem Fall kommt es durch Artikulation zu einer Belebung der Gefühlslage, etwa weil eine Ablehnung Reflexionsprozesse initiiert oder weil man selbst über die Artikulation das Selbstverständnis ändert. Diese Abhängigkeit der Selbstdeutung der Gefühle in der Artikulation ist fundamental, weil sie auf der Notwendigkeit der Intersubjektivität zur Identifikation der Gefühle beruht, also auf dem Erfordernis, im Spiegel der Reaktionen der anderen kommunikativ erreichbaren Akteure der eigenen Gefühle gewahr zu werden. In den Artikulationsprozess gehen die eigenen Gefühle, die eigenen Gefühlsinterpretationen sowie kollektive Deutungs- und Bewertungsmuster ein. Die intersubjektive Deutung muss mit der Selbstdeutung nicht übereinstimmen, im Gegenteil dürfte die Nicht-Übereinstimmung der Normalfall sein. Jene Wertungen, die kaum artikuliert werden können, haben nicht die Chance der intersubjektiv erzeugten „Wiederbelebung". Letztere kann tatsächlich auch Neues umfassen, das heißt, eine Wiederbelebung bedeutet nicht ausschließlich die Re-Kombination gegebener Bedeutungen, sondern kann auch die Neu-Schöpfung von Bedeutungen beinhalten, gerade weil man sich in der Artikulation nicht nur auf kulturell fest umgrenzte Deutungsfelder bezieht.

Hans Joas sieht in diesen Analysen von Taylor „zwischen Artikulation und Erfahrung oder vielmehr zwischen erlebter Situation, präreflexiver Erfahrung, individueller Artikulation und kulturellem Vorrat an Deutungsmustern" einen wichtigen Erklärungsbaustein für die Frage nach der Entstehung der Werte, vor allem weil Taylors Untersuchungen die Komplexität der Wertentstehung in den Blick nehmen, wobei Werte in dem Versuch entstehen, eine gewisse Stimmigkeit zwischen diesen verschiedenen Ebenen herzustellen. Letztlich ist eine Kausalanalyse aufgrund der Komplexität nicht möglich, denn die Quellen jeder neuen Wertorientierung sind prinzipiell kontingent.

Damit ist klar: Eine Bindung an Werte entsteht in der Entwicklung des Selbst und/oder in Erfahrungen der Selbsttranszendenz in außeralltäglichen Situationen – in jedem Fall sind kontingente Umstände entscheidend, das heißt, *Hans Joas* sieht keine Logik der Entwicklung, keinen deterministischen Prozess von Wertbindungen. Auch muss die Selbsttranszendenz nicht gelingen, unfreiwillige Öffnungen können auch zu Traumata führen, z. B. wenn die Betroffenen sich nicht von einer erschütternden Situation lösen können, oder nur derart, dass die Erfahrungen das Selbstbild zwar transformieren, aber eine spannungsgeladene Identität mit Selbstzweifeln, Gefühlen des Selbstverrats, Schuldgefühlen usw. hervorbringt. Die an kreativitätstheoretischen Überlegungen anschließende Ethik ist mithin eine akteurtheoretische Ethik, die an der Frage der Lösung von Handlungsproblemen, der kreativen Bewältigung kontingenter Situationen ansetzt. Die Fähigkeit zur Rollenübernahme als eine dem Menschen gegebene Fähigkeit zur Bewältigung von Störungen spielt, wie erwähnt, dabei eine große Rolle. Mit dieser Fähigkeit geht auch die Verwendung signifikanter Symbole einher, die jeden Akteur grundsätzlich auf eine über seine lokale Gemeinschaft verweisende Welt idealer Bedeutungen bezieht. Das heißt, hier ist bereits eine Basis für eine universelle Kooperation gelegt. Die Anwendung von Werten auf konkrete Situationen ist in dieser Perspektive immer ein quasi-experimentelles Austesten kreativer Entwürfe unter kontingenten Bedingungen. Daraus ergeben sich zwei Konsequenzen: Zum Einen ist die Geltung des Rechten analytisch getrennt von der Erzeugung des moralischen Handelns in einer Situation. Aus der Sicht des Akteurs, der unter kontingenten Bedingungen die Leistung der Wertspezifikation erbringen muss, stellt die Erzeugung dieser Leistung das Hauptproblem dar. Kollektiv verbindliche Wertevorgaben beeinflussen den kreativen Akt zwar, sind aber auch Dank unvorhersehbarer Folgen und Nebenfolgen kein Erfolgsgarant. Derartige Vorgaben sind immer mit zu berücksichtigen, weil ja Handlungsfähigkeit bereits als immer schon sozial eingebettet verstanden wird. Gesichtspunkte des Rechten sind somit als Teile sozialer Konstrukte unvermeidlich. Damit sind der individuellen Willkür im kreativen Handeln Grenzen gesetzt, denn dieses Handeln *muss* sozusagen durch den Filter eines potentiell universellen Normenrasters. Diesem Müssen steht zum Anderen aber die Einsicht zu Seite, dass die Bestimmung durch das Rechte in einer konkreten Situation nur ein Gesichtspunkt unter anderen sein *kann* und somit nicht handlungsdeterminierend wirkt. Anders formuliert: Das Rechte und das Gute stehen in einem Komplementaritätsverhältnis zueinander, es gibt keinen Vorrang des Einen über das Andere. Die Akteure stehen in einem „Spannungsfeld zwischen ihren kontingent entstandenen, ja partikularen Wertsystemen und dem Potential einer auf Universalität hin drängenden Moral“. Dem entspricht die empirische Feststellung der Geltung bestimmter universeller Regeln wie etwa Normen der Fairness oder reflexive Formulierungen der „Goldenen Regel“[20] einerseits, die Ausgestaltung dieser universellen Vorstellungen je nach kulturellem Kontext andererseits.

Europa etwa würde man in dieser Perspektive als besondere Werte- bzw. Kulturgemeinschaft kennzeichnen, die sich vor allem vor dem Hintergrund von „Unwert- und Unrechtserfahrungen“ entwickelt hat. Achtung und Wahrung der Menschenwürde, Freiheit, Demokratie, Gleichheit und Rechtstaatlichkeit etwa sind Werte, die in Europa gelten. Die Bindung an diese Werte entsteht nicht durch puren Vorsatz, also nicht durch Wahl oder Entscheidung, sondern durch „Ergriffenwerden und Ergriffensein“, womit u. a.

[20] Volkstümlich bekannt als: „Was du nicht willst, dass man dir tu’, das füg’ auch keinem andern zu!“

angedeutet wird, dass man den Werten nicht äußerlich-distanziert gegenübersteht. Trotz dieses Ergriffenwerdens fühlt man sich durch die Bindung an die Werte nicht in Unfreiheit gesetzt oder eingeschränkt. Im Gegenteil, je mehr man an Werte gebunden ist, desto mehr fühlt man sich „bei sich selbst", man meint, nicht anders zu können. Auch die europäischen Werte sind damit zum Einen von restriktiven Normen abzugrenzen, da Werte im Gegensatz zu diesen den Handlungsspielraum erweitern. Zum Anderen sind diese Werte nicht bloße Wünsche, die faktisch Gewünschtes beinhalten, sondern Vorstellungen von dem, was des Wünschens wert (oder eben nicht wert) sei: „Werte bringen uns dazu, unsere Wünsche zu bewerten." Da diese Vorstellungen von den konkreten Erfahrungen der Akteure zumeist abgelöst sind, beinhalten sie eine gewisse Vagheit, so dass man für bestimmte Situationen immer neu angeben muss, was Werte nun konkret – z. B. umgesetzt in Normen – bedeuten. Anders formuliert, „Werte sind ‚kreativ'", da über sie diskursiv verhandelt werden muss, wobei Konflikte (z. B. zwischen verschiedenen Werten) durch vermittelnde Prinzipien oder institutionelle Verfahren überwunden werden können. In Europa spielen die Wertegemeinschaft – das „durch gemeinsame Wertüberzeugungen und ein Zusammengehörigkeitsbewusstsein fundierte supranationale europäische Kollektiv" – und die politisch-institutionelle Organisation der Europäischen Institution Hand in Hand, sofern die Wertgemeinschaft die rechtlich-politische Kooperation erfordert, selbst aber durch derartige Institutionalisierung verstärkt wird.

Die „Tiefenstruktur" der europäischen Kultur ist dabei das Ergebnis verschiedener an- und gegeneinander entwickelter Traditionen, die eben nicht einfach summarisch gedacht werden dürfen. Diesem „Containerverständnis" der Kulturentwicklung setzt *Hans Joas* entgegen, dass es durchaus unterscheidbare, aber dennoch mit vielschichtigen Wechselwirkungen versehene Kulturstränge gibt, ausgedrückt etwa durch die Embleme „Jerusalem", „Athen", „Rom", „Aufklärung". „Jerusalem" als Emblem für christlich-jüdische Religion steht etwa für vier Grundmotive: (1) Die Welt und der Mensch als Schöpfung, denen Freiheit gegeben ist, die nicht erworben ist und eine „durch nichts zu verspielende Würde" darstellt. (2) Gott ist ein dem Menschen liebend Zugewandter. Dies ist der „emotionale Glutkern" dieser religiösen Tradition. (3) Gott ist in der Welt (je gegenwärtig) präsent. (4) Wenn der Mensch sich an diesem Gott orientiert, werden seine eigenen Liebeskräfte freisetzbar. „Athen" dagegen symbolisiert „Kulturbildung aus Freiheit statt aus Herrschaft", das heißt, die Polis-Kultur setzt eben nicht auf eine starke Zentralherrschaft, sondern auf eine starke Eigenständigkeit und Unabhängigkeit kleinerer politischer Einheiten. Heute findet man diese (und weitere) distinkte Entwicklungspfade, die in aktuellen Werten resultieren wie Toleranz, „ertragene Differenz“, rationale Weltbeherrschung, Hochschätzung des gewöhnlichen Lebens, Selbstverwirklichung.

Hans Joas betont, dass auch die totalitären Bewegungen Resultate der europäischen Entwicklung gewesen sind. Das gegenwärtige In-Stellung-bringen gegen solche Ideologien und Regime ist das Ergebnis dieser Erfahrungen und ihrer Verarbeitung. Gerade die militärischen Niederlagen haben die Bindungen an diese Regime gelockert (Siege hätten diese wohl gefestigt) und Chancen zur Umorientierung hin zu universalistischen Werten eröffnet. Dass diese Chancen genutzt wurden, ist keine Notwendigkeit, auch „traumatische Meidungen und Wiederholungszwänge“ wären als Konsequenzen der Identitätsveränderungen möglich gewesen. Anders formuliert, es wären als Ergebnis der Totalitätserfahrungen auch weitere kollektive Gewalthandlungen möglich gewesen, ein „mühevolles Lernen aus Katastrophen“ geschieht nicht immer.

Insgesamt wird damit deutlich, das Europa nicht nach dem Modell des Nationalstaates gedacht werden kann. Die Werte an sich, aus verschiedensten Kontexten entsprungen, zielen mit ihrem Universalitätsanspruch über Europa hinaus. In der pragmatistischen Perspektive sind es die Akteure, die in der Lage sind, Werte kreativ zusammenzufügen, Werte neu zu formulieren, Anregungen aus anderen Traditionen und Kulturen aufzunehmen und vor dem Hintergrund gemeinsamer Erfahrungsgeschichte zu kooperieren, sogar ohne dass gemeinsam geteilte Werte damit verknüpft sein müssen: „Der konstitutive Bezug von Werten zu Erfahrungen [...] macht es möglich, die Partikularität jeder Erfahrungsgeschichte mit dem Universalismus von Werten zusammenzudenken.“

5.5 Der gegenwartsdiagnostische Blick: Die Demokratisierung der Differenzierung

Wo liegen aus der Perspektive der mittels einer kreativitätsorientierten Handlungstheorie fundierten Konstitutionstheorie die zentralen Konfliktlinien der modernen Gesellschaft? Diese Frage stellt sich *Hans Joas* in gegenwartsdiagnostisch-empirischer Hinsicht. Ausgangsbasis ist die Annahme, dass alle Prozesse in modernen Gesellschaften durch Macht vermittelt sind. Immer, wenn es um die Erzeugung von Mitteln und Ressourcen und deren Nutzung und Verteilung im kreativen handelnden Zusammenwirken geht, wird Macht als Faktor wichtig. Das bedeutet, dass die Gesellschaft sich mittels sozialer Konflikte selbst konstituiert, wenn vorhandene Differenzen zum Gegenstand von Konflikten und damit auch zum Gegenstand des Handelns werden.

Exemplarisch für Konflikte, verstanden als Einbruch der Kontingenz in die Gesellschaft, sind Kriege. Vor allem machen sie deutlich, wie die Akteure auf kriegerische Situationen mit neuen, kreativen Entwürfen reagieren – wobei es *Hans Joas* nicht darum geht, dass diese Entwürfe gut oder schlecht sind. Kriegerische Gewalt übersteigt in der Regel die Deutungsstrukturen alltäglichen Handelns, es sei denn, Krieg ist zum Alltag geworden. Deutungsrahmen sprengende Erfahrungen müssen aber, wie im Anschluss an Durkheim bereits bemerkt, wieder irgendwann in den Alltag integriert werden – beste Bedingungen also für Selbstbildung und -transzendenz. Das heißt, gerade Kriege können – pragmatistisch gedeutet – zu neuen Orientierungen, zu neuen Formen sozialer bzw. politischer Ordnung, zu neuen Menschenbildern usw. führen. Ähnlich wie bei intra-personalen Veränderungen, wenn etwa Gewalterfahrungen zu einer Identitätsveränderung führen, kann auch die interpersonale Dynamik in kollektiven Identitätsanpassungen resultieren.

Wendet man den Blick auf die Dynamiken der Handlungsverflechtungen, auf die Interaktionsprozesse, dann werden sowohl die Anfänge der (kriegerischen) Gewalt sowie die internen Verlaufsformen des Gewaltgeschehens, also etwa deren Ausbreitung, erklärbar. In einem solchen kreativen Zusammenwirken mehrerer Akteure können „Spiralen zirkulärer Verursachungen" entstehen, deren Konsequenzen durch Hinweise auf strukturelle Spannungen alleine nicht erklärt werden können. Anders formuliert: Die Eigendynamik kollektiver Vorgänge – hier kriegerischer Gewalt – wird mehr in den Blick genommen.

Nimmt man die Kontingenzorientierung bei der Analyse sozialen Wandels ernst, erscheinen Krieg und Gewalt nicht nur als Abweichungen eines ansonsten fast linear ablaufenden Modernisierungsprozesses. Linearitätsannahmen und Gewaltlosigkeit sind definitorische Bestandteile vieler mit einem Fortschrittsoptimismus ausgestatteter Modernisierungstheorien, beispielhaft sei die Anschauung vom friedlichen Wesen der Industriegesellschaft angeführt. Wird dagegen die Allgegenwart von Gewalt in Rechnung gestellt, bleibt wenig Hoffnung für eine dauerhaft friedlich-stabile Gesellschaft. Eine „wohlabgewogene Relativierung" der Modernisierungstheorie könnte, so *Hans Joas*, allerdings einen fruchtbaren Weg eröffnen, denn kollektive Formen der Gewalt können ein Weg sein, eine „integrierte Kreativität" zu erzeugen, das heißt, sie bedeuten die Chance, die fortlaufende Selbstkonstitution mit einer „Verantwortungshaftigkeit der Selbstkontrolle" zusammenzubringen. *Hans Joas* nimmt hier Bezug auf die bekannte Bedürfnispyramide von Abraham Maslow, der zwischen primärer, sekundärer und integrierter Kreativität unterscheidet. Während primäre Kreativität basale Prozesse der Vorstellungskraft bezeichnet, wie sie im Spielerischen zu Ausdruck kommen, und sekundäre Kreativität auf die rationale Hervorbringung von Neuem bezogen ist, werden diese beiden Formen in der „integrierten Kreativität" zusammengeführt. Rationalität, Kritik, Inspiration, plötzliche Eingebung, Intuition und Planung usw. werden hier zusammengedacht. Eine aktuelle gegenwartsdiagnostische Frage lautet damit, ob die Bedingungen für integrierte Kreativität gegeben sind.

Die Relevanz dieser Frage drückt sich auch in der Bedeutung einer Antwort für die Bewältigung gegenwärtiger Konflikte aus, z. B. werden die durch Großtechniken produzierten Risiken in dieser Perspektive gesellschaftlicher Selbstkonstituierung oder Selbststeuerung durch „institutionelle Phantasie" angegangen. Eine „kreative Demokratie", in der nicht-staatliche Akteure wie etwa soziale Bewegungen ökologische, ökonomische, politische und andere Fragen eben nicht entlang gegebener Differenzierungsvorgaben diskutieren, eröffnet neue Chancen gesellschaftlicher Kreativität. So zielt etwa die Friedensbewegung nicht nur auf militärische Strategien, sondern auch auf wissenschaftlich-industrielle Komplexe. Damit wird u. a. die Differenzierung der Gesellschaft selbst auf ihre Angemessenheit hin überprüft, das heißt entgegen der klassischen Differenzierungstheorien, die bei aller Unterschiedenheit der theoretischen Annahmen darin übereinstimmen, *dass* das Resultat der analytisch untersuchten Prozesse „Differenzierung" lautet, wird nun Differenzierung als Produkt „gesellschaftlicher Willensbildung" entlang sozialer Konfliktlinien erkennbar.

Eine derartige Betonung der Kontingenz könnte der gegenwartsdiagnostischen Rede vom Verlust der Geltung religiöser Institutionen und Traditionen zuspielen. Diese Sichtweise wird von *Hans Joas* allerdings bestritten. Religiöse Institutionen und Traditionen halten gerade in Zeiten hoher Kontingenz Erfahrungen der Selbsttranszendenz bereit, inklusive bestimmter Körperumgangstechniken wie etwa die Askese. Das bedeutet, *Hans Joas* bestreitet selbstverständlich nicht, dass die Gegenwartsgesellschaft durch multioptionale Handlungsmöglichkeiten ausgezeichnet ist. Entscheidungszwänge und unintendierte Folgen von Handlungsentscheidungen, die zu weiteren Entscheidungen zwingen, sind gegenwärtig überall und immer erkennbar. Die Ambiguitäten und Ambivalenzen, die damit verbunden sind, können aber kreativ und produktiv genutzt werden, sofern sie zur Suche nach neuen institutionellen Formen, z. B. individualisierungstauglichen religiösen Institutionen, anhalten. Auch hier wird wieder die konstruktive Chance gesteigerter Kontingenz betont. Damit geht einher, dass Wertbindungen sich anpassen können und manchmal sogar müssen. Erstens dadurch, dass man immer öfter die Erfahrung weltanschaulicher Differenzen macht und Verfahren entwickelt, mit diesen Differenzen umzugehen, z. B. rechtliche Garantien der Religionsfreiheit. Im Gegensatz zu solchen Prozeduren des Umgangs miteinander können zweitens partikulare Wertanschauungen auch auf eine gemeinsame Wertevorstellung hin verallgemeinert werden, das heißt, hier werden die Wertbindungen direkt tangiert, etwa wenn ein Dialog zwischen verschiedenen „Weltreligionen" dazu führt, dass die verschiedenen religiösen Vorstellungen sich in der Idee einer universellen Menschenwürde wiederfinden und einbringen können. Und drittens fördert und fordert Kontingenz zunehmend empathische Fähigkeiten der Akteure. Sofern dies gelingt, beruhen Bindungen (an Werte, Menschen usw.) somit immer mehr auf freiwilliger Übereinkunft.

Damit schließt sich der Kreis kreativitätsorientierten Denkens, insofern Werte eben nicht nur aus der rationalen Argumentation heraus entstehen, sondern auch aus (kontingenten) Erfahrungen und deren Artikulationen. Öffentliche Auseinandersetzungen wie etwa in Fragen der Bioethik sind so gesehen heute nicht nur Teil eines rationalen Diskurses, sondern Artikulationen von Erfahrungen und deren Deutungen, z. B. die traumatischen Erfahrungen der „Entwertung des Menschen" im 20. Jahrhundert – Stichworte Holocaust, Gulag –, die den gegenwärtigen Glauben an Menschenwürde miterzeugt haben.

5.6 Wichtigste verwendete Literatur

Joas, Hans (1992): *Die Kreativität des Handelns*. Frankfurt/Main. Suhrkamp.

Joas, Hans (1997): *Die Entstehung der Werte*. Frankfurt/Main. Suhrkamp.

Joas, Hans (2000): *Kriege und Werte. Studien zur Gewaltgeschichte des 20. Jahrhunderts*. Weilerswist. Velbrück.

Joas, Hans (2004): *Braucht der Mensch Religion? Über Erfahrungen der Selbsttranszendenz*. Freiburg. Herder.

Joas, Hans/Christof Mandry (2005): Europa als Werte- und Kulturgemeinschaft. In: Folke, Gunnar er al. (Hrsg.): *Europawissenschaft*. Baden-Baden. Nomos: 541–572.

Joas, Hans/Wolfgang Knöbl (2004): *Sozialtheorie*. Frankfurt/Main: Suhrkamp

Joas, Hans/Wolfgang Knöbl (2008): *Kriegsverdrängung*. Frankfurt/Main: Suhrkamp.

6 Ulrich Becks Theorie Reflexiver Modernisierung

Ulrich Beck wurde 1944 in Stolp (Hinterpommern) geboren. Nach seinem Studium der Soziologie, Philosophie, Psychologie und Politische Wissenschaft an der Ludwig-Maximilians-Universität München promovierte er dort 1972 zum Dr. phil. mit einer Dissertation zu *„Objektivität und Normativität“* und arbeitete danach als Wissenschaftlicher Mitarbeiter im Sonderforschungsbereich 101 der Universität München („Theoretische Grundlagen sozialwissenschaftlicher Berufs und Arbeitskräfteforschung“). 1979 habilitierte er im Fach Soziologie. Die Habilitationsschrift verfasste er zu *„Soziale Wirklichkeit als Produkt gesellschaftlicher Arbeit“.* Von 1979 bis 1981 hatte er eine Professur für Soziologie an der Westfälischen Wilhelms-Universität Münster inne und von 1981 bis 1992 an der Otto-Friedrich-Universität Bamberg. Er lehrte dann bis zu seiner Emeritierung 2009 als Professor für Soziologie an der Ludwig-Maximilians-Universität München und ist aktuell an der London School of Economics sowie an der Harvard University tätig. Das Interview mit *Ulrich Beck* hat am 16.06.2008 stattgefunden.

6.1 Der theoretische Blick: Theorie reflexiver Modernisierung

Im Gegensatz zu den anderen hier vorgestellten Theorien ist der Ansatz von *Ulrich Beck* kein direkt handlungs-, sondern ein gesellschaftstheoretischer. Ihm geht es um die Frage, wie und nach welchen Mustern sich die *moderne* Gesellschaft als Ganzes entwickelt. Handlungstheoretische Annahmen bleiben eher verborgen im Hintergrund, Akteure tauchen auf den ersten Blick vor allem als jene auf, die mit den Veränderungen umgehen müssen.

Der Mechanismus der Veränderungen der modernen Gesellschaft wird als *Theorie reflexiver Modernisierung* gefasst. Das bedeutet, dass die moderne Gesellschaft an einen Punkt gekommen ist, an dem sie sich mit den von ihr selbst initiierten Dynamiken konfrontiert sieht. Die moderne Gesellschaft hat Dinge in Gang gesetzt und die Konsequenzen dieser In-Gang-Setzung fallen nun auf die Gesellschaft zurück. Reflexivität meint dieses auf-sich-selbst-zurückfallen und nicht etwa Reflexion im Sinne von „über sich selbst nachdenken“. Die Moderne muss sich mit den selbstgeschaffenen Problemen beschäftigen und stößt dabei mit den etablierten Problemlösungen an ihre Grenzen. Insofern modernisiert sich die Moderne selbst.

Die Theorie reflexiver Modernisierung setzt auf *Reflexivität* als Hauptmoment aktueller Gesellschaftsentwicklung. *Reflexion* ist dann die in der Gesellschaft angefertigte Beschreibung jener Prozesse, die der Reflexivität geschuldet sind: Die Gesellschaft beschreibt sich selbst in ihrer Reflexivität; sie beschreibt als Hauptmerkmal der Gegenwartsgesellschaft, dass sich Prozesse auf sich selbst bzw. auf Prozesse gleicher Art beziehen. Zum Beispiel werden die Institutionalisierungen von Reflexivität sichtbar (man lernt zu lernen, bezahlt für Geld, legt Rechtsnormen rechtlich fest, forscht über die Forschung usw.). Beide Formen des Selbstbezugs – Reflexivität und Reflexion – können in ein Spannungsverhältnis zueinander geraten. Für die Gegenwartsgesellschaft gilt, dass die „Reflexivität des Modernisierungsprozesses die klassischen Selbstbeschreibungen der Moderne obsolet werden lässt". Ehemals hilfreiche Reflexionsformeln sind als Konsequenz der Reflexivität nur noch wenig nützlich.

Anders formuliert, die moderne Gesellschaft *im*plodiert, „ihre Basisprinzipien, Grundunterscheidungen und Schlüsselinstitutionen lösen sich im Zuge radikaler Modernisierung von innen her auf". Genauer muss man sagen, dass bestimmte moderne Basis*prinzipien* kontinuieren (können), während einige Basis*institutionen* unpassend werden. Man hält z. B. an der Staatlichkeit als Prinzip fest, aber bestimmte Staatsformen passen sich nicht mehr gut in das kosmopolitische Gefüge ein, mit dem Ergebnis, dass „Bastel-Staaten" entstehen, die Versatzstücke verschiedener Prinzipien und alte wie neue institutionelle Arrangements wie „Elemente eines staatlichen Märklin-Baukastens" neu mischen. Diese Veränderungen werden zum Einen auf sozialstruktureller Ebene sichtbar, etwa anhand des Wandels politischer oder familiarer institutioneller Vorgaben. Zum Anderen ändern sich aber auch die Vorgaben für den Wandel selbst, das heißt, die leitenden Ideen und basalen Grundunterscheidungen für sozialen Wandel in der modernen Gesellschaft haben sich gewandelt, weshalb *Ulrich Beck* auch von einem „Meta-Wandel" spricht. Meta-Wandel bedeutet, dass um die Regeln des Wandels selbst in der Anwendung der Regeln gerungen wird. Vor allem Staaten, weltwirtschaftliche und zivilgesellschaftliche Akteure sind die treibenden weltpolitischen Einheiten, die im „Metaspiel der Weltpolitik" der „Logik der Regelveränderung" folgen (müssen). Institutionen als Regelsysteme geben nicht mehr nur den Handlungsraum vor, sondern werden durch diese Akteure durchbrochen und mit Variationen reproduziert. Der eigentliche Epochenbruch bezieht sich folglich auf die In-Frage-Stellung der *Wandlungsprinzipien* der westlichen Moderne. Allerdings spricht man trotz dieses „Meta-Wandels“ noch von einer Moderne, weil die *Idee der politischen Veränderbarkeit von Gesellschaft* sowie das *Prinzip der Begründbarkeit und Begründungspflicht von Entscheidungen* beibehalten werden. Hier kontinuiert die Moderne in ihren Basisprinzipien, diese gewährleisten bestimmte kognitiv-normative Mindestanforderungen und bestimmen auf diese Weise die Entwicklungsdynamik wesentlich mit, während andere institutionelle Arrangements zerfallen. Es gibt also keinen Bruch mit der Moderne, sondern eine „Verflechtung von Kontinuität und Bruch“.

In zeitlicher Perspektive unterscheidet *Ulrich Beck* in diesem Wandel die Erste von der Zweiten Moderne. Damit ist erst einmal ausgesagt, dass die sich neu abzeichnende Gesellschaftsform *nicht* über die Moderne hinaus geht, dass die Moderne nicht *de*-strukturiert wird. Vielmehr *re*-strukturiert sich die moderne Gesellschaft. Dies aber nicht gedacht als einfache, lineare, weiter-so-Modernisierung, sondern mittels nicht-linearer Diskontinuitäten und Umbrüche. Der zentrale Motor dieser Entwicklung ist die „Dominanz von nicht-intendierten *Nebenfolgen* technisch-ökonomischer und kulturell-politischer Neuerungen im globalen Kapitalismus, der auf diese Weise seine eigenen gesellschaftlichen Grundlagen revolutioniert“. Der Prozess der Modernisierung verändert mittels nicht-intentionaler Nebenfolgen seine eigenen Basisprämissen, das ist es, was Reflexivität bedeutet. Zum Beispiel heben die Nebenfolgen des modernen marktwirtschaftlichen Geschehens, sofern sich dessen Logik fortsetzt, national- und sozialstaatliche Grenzen auf. Sich derart den eigenen Boden entziehend, müssen für den Rechtsstaat, den Sozialstaat, die parlamentarische Demokratie genauso neue institutionelle und Handlungsregeln gefunden werden wie für „tief eingeschliffene Muster von Normalbiographie, Normalarbeit und Normalfamilie“. Damit ist angedeutet: Einer der wichtigsten Grundbegriffe der Theorie reflexiver Modernisierung ist der der Nebenfolgen. Was aber ist damit konkreter gemeint?

6.1.1 Nebenfolgen

Bei der Verwendung des Nebenfolgentheorems will *Ulrich Beck* den üblichen handlungs- und systemtheoretischen Vorgaben nur teilweise folgen. *Handlungstheoretisch* gewendet sei der Begriff unbrauchbar für eine historisch differenzierende und zeitdiagnostisch empfindliche Soziologie, weil *jeder* soziale Aggregationseffekt handelnden Zusammenwirkens nur als Aggregat von Folgen und Nebenfolgen gedacht werden kann, wenn man nicht behaupten möchte, dass die Aggregate direkt reduktionistisch auf das Handeln zurückführbar sind. Wenn man aber alles als Nebenfolgenkonsequenz erkennt, gehen die Feinheiten verloren. Man verkennt etwa in der handlungstheoretischen Perspektive, dass Nebenfolgen unabhängig von ihrem tatsächlichen Auftreten als Gefahren erkannt und manchmal genau deshalb verhindert werden, das heißt, Nebenfolgen sind manchmal als sich-selbst-*widerlegende* Prophezeiungen wirksam, bevor sich Nebenfolgen-Wirkungen entfalten. Systemtheoretisch verstanden werden Nebenfolgen dagegen als Konsequenzen funktionaler Differenzierung thematisiert, die als Probleme selbst nicht mehr durch funktionale Differenzierung gelöst werden können. Bis zu diesem Punkt gibt es eine schwache Konvergenz zwischen der Theorie reflexiver Modernisierung und der Systemtheorie. Die Frage ist aber, wie die weitere Entwicklung der Gesellschaft aus der Reaktion auf Probleme gedacht wird, wie also die Gesellschaft aus sich heraus andere Differenzierungsformen entwickeln und sich somit quasi selbst-transzendieren kann. Die Systemtheorie Luhmannscher Provenienz setzt hier auf Evolution und damit letztlich auf zufällige Abweichungen vom jeweiligen Status Quo, während *Ulrich Beck* „sozialen Wandel als Diskontinuität in der Kontinuität" versteht. Folgeprobleme sind damit keine abweichenden Variationen, sondern Konsequenzen aus regulären gesellschaftlichen Operationen. Zusammenbrüche, Krisen, Ambiguitäten und Ambivalenzen werden in der Theorie reflexiver Modernisierung nicht als gelegentliche Zuspitzungen, als Ausnahmen begriffen, sondern als „permanente Funktion des Systems". Bedeutungsvoll werden diese Phänomene, weil sie nun, als Merkmal der Zweiten Moderne, anerkannt, institutionalisiert und praktiziert werden – hier liegt der Unterschied zur evolutionstheoretischen Variante.

6.1.2 Wandel der Basisprämissen

Welche Basisinstitutionen der Ersten Moderne sind diesem Wandel ausgesetzt? Welche Selbstverständlichkeiten, die das Handeln der gesellschaftlichen Akteure bestimmen, heben die moderne Gesellschaft auf? *Ulrich Beck* bezieht sich auf sechs wesentliche Merkmale: Erstens werden Gesellschaften in der Ersten Moderne als *Nationalstaaten* gedacht. Der Nationalstaat wird in der Ersten Moderne als Gesellschaft definierendes Element gesetzt, was logisch mit der Annahme mehrerer Gesellschaften einhergeht, da es ja mehrere Nationalstaaten gibt. Innerhalb dieses „Container-Modells" voneinander abgegrenzter Nationalstaaten erhalten sich Staat und Gesellschaft wechselseitig, denn der Staat garantiert Bürgerrechte, die Bürger legitimieren den Staat mittels politischer Parteien. Das Globale wird weiter als maximale Steigerung des Nationalen gedacht und die je eigene Gesellschaft zu *der* Gesellschaft generalisiert. Unterschiede zwischen Gesellschaften werden zwangsläufig *entweder* eingeebnet, indem man bestimmte universelle Prozesse unterstellt (wie die als McDonaldisierung fortgeschriebene Rationalisierung aller Lebensbereiche) *oder* eine Unvergleichbarkeit der Differenzen behauptet – Alternativen zu diesem Entweder-Oder werden nicht gesehen. Zweitens finden die Akteure Handlungsfreiheiten in den manchmal engen Grenzen sozialer Bindungen, was *„programmatische Individualisierung"* genannt werden kann. Drittens geht man von *Erwerbsgesellschaften* aus, inklusive der damit einhergehenden Idealvorstellung von Vollbeschäftigung. Viertens wird *Natur als neutrale Ressource* verstanden, die man sich verfügbar machen muss und kann. Die Dynamik der Ersten Moderne wird dabei fünftens wesentlich durch *wissenschaftlich definierte Rationalitätskonzepte* bestimmt, einhergehend mit dem Glauben an eine prinzipiell mögliche instrumentelle Kontrolle von Allem und Jedem, wenn die Verwissenschaftlichung aller Lebensbereiche nur systematisch perfektioniert wird. Und sechstens wird die Entwicklung der modernen Gesellschaft nach dem *Prinzip funktionaler Differenzierung* rekonstruiert, das heißt, die Gewährleistung der autonomen Bearbeitung bestimmter Probleme durch dafür vorgesehene Teilsysteme erhöht die Komplexität im Inneren als Anpassungsreaktion auf die steigende Umweltkomplexität. Diese Merkmale sind in der Ersten Moderne selbstverständlich im Sinne quasi-naturgegebener Entitäten. Diese Ontologie ist nicht mehr haltbar.

Um das Phänomen reflexiver Modernisierung angemessen erfassen zu können, muss die Soziologie, so *Ulrich Beck*, ihr methodologisches Arsenal anpassen. Vor allem muss der sozialwissenschaftliche Begriffsrahmen modifiziert und das darauf bezogene Denken in Dualismen, Binaritäten, eineindeutigen Unterscheidungen umgestellt werden auf ein Denken, das die Gleichzeitigkeit von Gegensätzlichkeiten zulässt – von einem „Entweder-Oder" zu einem „Sowohl-Als-Auch".[21] Das bedeutet *nicht*, dass eine Ent-Differenzierung im Sinne der Aufhebung von Unterscheidungen stattfindet, sondern es geht „um das Uneindeutigwerden tieferliegender kognitiver wie institutioneller Duale, die von der soziologischen Theorie bislang kaum systematisch erfasst wurden." Als ein Beispiel kann die Grenze zwischen Leben und Tod dienen. Eine möglichst genaue Festlegung des Todeszeitpunkts wird etwa notwendig, wenn es um die Frage der Organspende geht, denn diese erzwingt, um dem Prinzip der Lebensrettung gerecht zu werden, die

---

[21] Nicht angemessen sind dann Theorien wie etwa Niklas Luhmanns Systemtheorie, die nach *Ulrich Beck* auf einer „theoretisch-dezisionistischen und daher quasi-ontologischen Binarität" beruht. Eine solche Theorie ist blind für „Sowohl-Als-Auch-Wirklichkeiten".

Organentnahme möglichst nah am Todeszeitpunkt. Allerdings darf man die Organe noch nicht im Sterbeprozess entnehmen, weil dies dem Prinzip des Lebensrechts widerspräche. Der Definition des „Todeszeitpunkts" kommt folglich eine zentrale Stellung zu. Das Problem ist nun, dass dieser Begriff schwerlich zu definieren ist, weil verschiedene eindeutige Grenzen rational und legitim verteidigt werden können. Die Plausibilität verschiedener Grenzen zwischen Leben und Tod lässt keine eindeutige wissenschaftliche Antwort zustande kommen. Das Hirntodkriterium erfüllt zwar die Vorgabe einer genauen Definition inklusive eines genauen Todeszeitpunktes, aber als Kriterium reicht dies alleine nicht aus, um die konzeptuelle Uneindeutigkeit des Todeszeitpunktes zu beheben, weil empirisch nicht klar ist, ob der Hirntod Teil des Todes oder Teil des Sterbeprozesses ist. Wer Hirntod ist, ist sowohl tot als auch lebendig! An dieser Stelle wird sehr deutlich sichtbar, dass gerade diese Vagheit Entscheidungen erzwingt, denn die genannten moralischen Prinzipien der Lebensrettung und des Lebensrechts erzeugen einen Aktionsdruck – ein Nicht-Handeln wäre in jedem Fall unmoralisch. Typisch für derartige vage Entscheidungssituationen ist, dass die Uneindeutigkeit nicht durch einen Zuwachs an Wissen oder dem Erschließen weiterer Handlungsalternativen aufgehoben werden kann. *Ulrich Beck* ist es wichtig, der Soziologie einen „kosmopolitischen Blick" beizubringen. Dies bedeutet, einen Sinn für die Vagheit von Grenzen – einen „Grenzenlosigkeitssinn" – zu entwickeln, der offen ist für Ambivalenzen, Ambiguitäten, verschwimmende Unterscheidungen und Widersprüche.

Als mögliche Kandidaten für ontologisch betrachtete Entitäten, die im Wandel von der Ersten zur Zweiten Moderne uneindeutig werden, gelten nach *Ulrich Beck* Markt vs. Hierarchie, Fiktion vs. Realität, Krieg vs. Frieden, Leben vs. Tod, Wir vs. Die Anderen. Die Auflösung von eindeutigen Unterscheidungen bedeutet nicht ein *anything goes*, sondern einen Zwang zu neuen Entscheidungen und damit zu neuen Grenzsetzungen. Die etablierten institutionalisierten Entscheidungsverfahren außer Kraft setzend, erzwingt die Entgrenzung neue Entscheidungsfindungen und -prozeduren. Die neuen Institutionen stehen vor der Aufgabe „eine neue Handlungs- und Entscheidungslogik zu entwickeln, die nicht mehr dem Prinzip des ‚Entweder-Oder', sondern dem des ‚Sowohl-Als-Auch' folgt".[22] Das heißt, die neue Strukturlogik muss verschiedene Konfigurationen umfassen, zu denen *auch* die Dichotomisierung gehört. Anders formuliert: Das Sowohl-Als-Auch

[22] *Ulrich Beck* denkt hier an eine Fuzzy-Logik für die Sozialwissenschaften. Denn die Fuzzy-Logik liefert von ihrem Grundgedanken genau das, was *Ulrich Beck* für eine neue „Strukturlogik" fordert: „dass das Neue selbst nach dem Prinzip des ‚Sowohl-Als-Auch' gedacht werden muss."

umfasst sowohl das Sowohl-Als-Auch als auch das Entweder-Oder! Dadurch wird sichtbar, dass die Rede vom Epochenbruch nicht als eindeutige Zäsur gedacht wird. Vielmehr gilt auch hier ein Sowohl-Als-Auch der Ersten und der Zweiten Moderne.

Im Gegensatz zur Ersten Moderne, in der Grenzen *de facto* schon immer trotz der institutionellen Logik des Entweder-Oder zwischenzeitlich Vagheiten, Dissens und Pluralität aufweisen, können diese nun nicht mehr als Abweichungen des Normalen, als Störungen etikettiert werden, von denen man in der Ersten Moderne dachte, dass man diese durch Perfektionierung der Moderne überwinden kann und muss. Die Grenzvagheiten sind nun generell *anerkannt*. Das bedeutet, dass die Strategien des Umgangs mit Abweichungen – Marginalisierung, Verzeitlichung (Verschiebung der Eindeutigkeit in die Zukunft), Ontologisierung (Rückführung der Abweichung auf natürliche Tatsachen oder anthropologische Selbstverständlichkeiten), Monopolisierung (Durchsetzung von Standardisierung) – in ihrer Anwendung nicht mehr erfolgreich sind. Andere Strategien für den Umgang mit Uneindeutigkeiten müssen gefunden werden, z. B. der „bereichsspezifische Pluralismus", bei dem eine zuvor eindeutige Grenzdefinition in einem bestimmten Feld durch eine Reihe von Definitionen ersetzt wird, die sich auf voneinander separierte Teilbereiche dieses Feldes beziehen. Diese Teilbereichsdefinitionen erfolgen dann mehr unter praktisch-funktionalen Erfordernissen und situativen Zwängen. Eine andere Möglichkeit ist der „plurale Kompromiss", bei dem einander widersprechende Optionen in einer Schlichtungsformel zusammengezogen werden. Wird eine Option innerhalb der in Frage kommenden Menge bevorzugt und im Gegensatz zu den anerkannten Abweichungen als „normal" betrachtet, spricht man von einem „hierarchisch geordneten Pluralismus". Zum Beispiel geht man durchaus von einem Normalarbeitsverhältnis aus, neben dem aber anerkanntermaßen zahlreiche andere Beschäftigungsformen existieren. Sind alle Optionen tatsächlich gleichrangig – was empirisch in seltenen Fällen vorkommt –, hat man es mit einer „unstrukturierten Pluralität" zu tun, in der nach rein ideosynkratischen Kriterien selegiert wird. Eine weitere Möglichkeit ist die „Verschränkung der Alternativen", das heißt, die ehemals klaren Unterscheidungen werden als hybride Kombinationen angewandt. Beispielsweise wird wissenschaftliches Wissen und nicht-wissenschaftliches Wissen (Alltagswissen) nicht mehr klar unterschieden, sondern in ein Kompatibilitätsverhältnis zueinander gebracht. Eine vollständige Aufhebung von Unterscheidungen kommt also eher selten vor, da derartige „Grenzauflösungen" oft direkte Gegenreaktionen und Anpassungen mit sich führen. Wahrscheinlicher sind neuartige Formen als Ergebnis der „Synthese" des zuvor Differenten, z. B. Organisationsnetze als Symbiosen aus Markt und Unternehmen. Ähnlich wie die Verzeitlichung in der Ersten Moderne kann man in der Zweiten Moderne auf „Sequentialisierung“ zurückgreifen, das heißt, die Lösung wird in temporärer Hinsicht gesucht, diesmal aber in Form von Pendelbewegungen mal die eine, mal die andere Grenzdefinition bevorzugt. Als letzte Möglichkeit für den Umgang mit Vagheiten führt *Ulrich Beck* den „reflexiven Dezisionismus“ an. Dabei wird die alte Grenze bewusst aufrecht erhalten und Veränderungen tabuisiert. Man hält etwa bewusst an Nationalstaat, Familie oder Normalbiographie fest.

Das Ziel der Theorie reflexiver Modernisierung ist es, die neuen, jenseits der „alten“ Sicherheiten, Grenzen, Dichotomien entstehenden gesellschaftlichen Spielregeln konzeptionell und empirisch zu entschlüsseln. Insofern ist die Theorie reflexiver Modernisierung zugleich auch eine Art soziologische Gegenwartsdiagnose.

6.1.3 Globalisierung, Kosmopolitismus und Kosmopolitisierung

Die zeitgenössische Gesellschaft ist „globalisiert“ – dies ist, was immer man en detail mit dem Begriff der Globalisierung verbindet, Allgemeingut. Der weltgesellschaftliche Bezug nahezu allen, aber besonders des ökonomischen Handelns, erzwingt Anpassungen an die neue Situation vor allem für politisches Handeln, weil die nationalstaatlich ausgerichteten Politiken nicht mehr angemessen sind. Ohne Revolution, „auf den Samtpfoten des Normalen“, wird ein Übergang eingeleitet, der neue politische Spielregeln erzwingt. Mit „Globalität“ ist gemeint, dass das Leben in der Weltgesellschaft Realität ist und dass diese Realität auch als solche wahrgenommen wird. Davon lässt sich „Globalisierung“ als jener *Prozess* unterscheiden, der Globalität erzeugt. Das Neue liegt, so *Ulrich Beck*, in der Alltäglichkeit des Handelns über nationalstaatliche Grenzen hinweg, in der Selbstwahrnehmung dieser Transnationalität, der „Ortlosigkeit“ von Gemeinschaft, Arbeit und Kapital sowie in dem globalen Risikobewusstsein. Ökologische, ökonomische, kulturelle Globalisierung zeigen deutlich die Grenzen der Vorstellung der Ersten Moderne auf, das Handeln finde ausschließlich in nationalstaatlich geschlossenen, abgegrenzten Räumen statt. Im Gegenteil: Globalität bedeutet Leben über Entfernungen und scheinbar getrennten Räumen von Nationalstaaten, Kulturen, Regionen hinweg.

Eine der durch Globalisierung aufgehobenen Selbstverständlichkeiten der Ersten Moderne ist die Konstruktion des Anderen: Globale Risiken setzen ein kosmopolitisches Element frei, mit der Konsequenz, dass es „den

Anderen" nicht mehr gibt, denn Alle sind betroffen. Diese Pluralität der Anderen ist nicht mehr aus der Welt zu schaffen, das Risiko ist das Medium, über das sich verschiedene Kulturen verständigen müssen. Dies ist die erzwungene Kosmopolitisierung der Weltrisikogesellschaft, in der globale Risiken Menschen verbinden, die eigentlich nichts miteinander zu tun haben (wollen). Globale Risiken, die Alle bedrohen, nötigen dazu, die eigenen Befindlichkeiten – Kultur, Sprache, Religion, Systeme – in den Hintergrund treten zu lassen und über Grenzen und Differenzen hinweg zu kooperieren, selbst wenn man sich vielleicht sogar feindlich gesinnt ist: „Globale Risiken sorgen für eine unfreiwillige Demokratisierung." Dies geschieht nicht als beabsichtigte Umsetzung normativer Ideen, sondern unintendiert hinter dem Rücken der Akteure. Aus den Erfahrungen globaler Gefährdungslagen und Risiko-Interdependenzen erwächst mehr oder weniger unfreiwillig ein Kooperationsdruck und damit eine weltgesellschaftliche Politisierung und Normbildung, die nicht als Übertragung großartiger Gedanken eines großen Philosophen auf die Welt verstanden werden, sondern Kosmopolitisierung erzwingt ohne philosophisch-normativen Anspruch Kooperationen, wenigstens solange die Menschen am eigenen Leben hängen. „Globale Risiken [...] setzen unverhofft ein welthistorisches *‚kosmopolitisches Moment'* frei." Die Antizipation des kollektiven Todes, die in den inszenierten Risiken zum Ausdruck kommt, erzeugt moralisch und politisch bedrängten, also legitimen Aktionsdruck, um über Grenzen hinweg nach Wegen zu suchen, mit den Risiken umzugehen – wobei die Abarbeitung von Risiken Nebenfolgen erzeugt, die selbst wiederum als Risiken eingestuft werden. Man *muss* etwas tun und bekommt zugleich die Möglichkeit geboten, etwas zu unternehmen: „Globale Gefahren stellen das Überleben der Menschheit in Frage und eröffnen *dadurch* globale Handlungschancen." Der Grund für den Zwang, neue Wege und Lösungen suchen zu müssen, liegt in den Risiken selbst, denn diese sind mit raumzeitlich unbegrenzten, irreparablen Schäden verknüpft, für die jegliche Prävention und Nachsorge ausgeschlossen sind. Auf diese Weise unterminieren globale Risiken (Selbstvernichtung allen Lebens) nationalstaatlich verfasste Grundlagen, denn „Weltpolitik ist Weltinnenpolitik geworden, die der nationalen Politik die Grenzen und Grundlagen raubt"! Globale Risiken erzeugen massenmedial erzeugte Öffentlichkeit und machen deutlich, dass Alle von Allen abhängen. Die Aufmerksamkeit für globale Risiken erzeugt erstens „entgrenzte Erwartungen" von Katastrophen – es könnte immer passieren – und damit zweitens zugleich die Anerkennung dieser Risiken sowie drittens einen permanenten Druck, etwas gegen diese Risiken zu unternehmen, sich zu koordinieren und die eigenen Handlungen zu legitimieren. Denn alle

Akteure und Organisationen müssen bei ihren Handlungsentscheidungen die Wirkungen der Entscheidungen Anderer auf sich selbst mit berücksichtigen und die Wirkungen des eigenen Handelns auf die Anderen – und in diesem handelnden Zusammenwirken („transnationale Resonanz") muss ein gewisses Maß an Übereinstimmung gefunden werden, weil sonst das Risiko, das Alle trifft, nicht entscheidend minimiert wird. Als Quellen der Legitimation brechen Risiken dann auch nationalstaatliche Souveränitäten auf, denn wenn es etwa um die Abwehr von „Menschheitsgefahren" geht, ist sogar die Verletzung von internationalem Recht legitim. Man erzeugt mit der Wahrnehmung von Risiken Ungewissheiten, die mittels üblicher Wahrscheinlichkeitsannahmen nicht bewältigt werden können, weil man zum Einen das Eintreffen einer globalen Katastrophe nicht berechnen kann (man weiß nicht, wann und ob es terroristische Anschläge geben wird) und weil zum Anderen die pure Möglichkeit stärker bewertet wird als die Chance, das dies passiert: Ein Unfall in einem Atomkraftwerk ist eben sehr unwahrscheinlich, die Möglichkeit aber als Risiko sehr bedrohlich. Damit gewinnt die (sozial-kulturell konstruierte) Wahrnehmung der Risiken höchste Relevanz, denn diese bestimmt, was überhaupt als Risiko gilt. So hält man in Europa die US-amerikanische Wahrnehmung des Terrorrisikos für übertrieben, während man in den USA weniger Verständnis für die europäische Perzeption des ökologischen Risikos aufbringt. Folglich ist es aber auch weniger die (anhand von Wahrscheinlichkeiten gemessene) Objektivität der Gefahren, sondern die globale Wahrnehmung globaler Risiken, die eine politisch-legitimatorische Kraft erzeugt.

Dieser Zustand Zweiter Moderne hat methodologische Konsequenzen für die „territoriale Sozialontologie des nationalen Blicks" sozialwissenschaftlicher Analysen der Ersten Moderne, die auf der exklusiven Unterscheidung von Inländern/Ausländern beruht: Globalität bedeutet jetzt aber, dass sich „unreine Lebens- und Handlungsräume herausbilden", deren Analyse einen soziologischen Blick erfordert, der das Entweder-Oder ablegt und für „Lebensformen des Und" öffnet. Transnationalität wird in der Theorie reflexiver Modernisierung nach dem Sowohl-Als-Auch-Prinzip gelebt, das heißt, es wird keine klare Grenzen zwischen national vs. transnational gezogen, sondern das Transnationale ist Teil des Nationalen. Überwunden werden muss der „methodologische Nationalismus", der soziale Beziehungen nur in den formaljuristischen Grenzen der Nationalstaaten für relevant hält. Transnationalität bedeutet somit nicht die Aufhebung des Nationalen im Rahmen eines „Weltsystems". Der nationale Rahmen bleibt bestehen, wird jedoch durch Transnationalität verändert.

Diejenigen Sozialwissenschaftler, die im Rahmen der „Unwirklichkeitswissenschaft einer Nationalsoziologie“ forschen, können jene von *Ulrich Beck* betonten kosmopolitischen Prozesse nicht erkennen, die auf inklusiven Unterscheidungen beruhen. Deshalb wird dem *methodologischen Nationalismus der Sozialwissenschaft* abgeschworen. Aber was ist die Alternative? *Ulrich Beck*s Angebot ist das eines *kosmopolitischen Blicks*, der Nationalstaaten nicht leugnet, aber auch nicht als selbstverständlich setzt, sondern ein sowohl Innen als auch Außen zulässt, weshalb „kosmopolitisch“ *nicht* mit „international“ gleichgesetzt werden kann. Auch die Kosmopolitisierung – ein nicht-linearer, dialektischer Prozess, angetrieben durch sich teils widersprechende, teils ergänzende und wechselseitig durchdringende Prinzipien – ist das Resultat von Nebenfolgen, die über die Weltöffentlichkeit bewusst werden. Nicht die Entscheidungen von Akteuren bestimmen die unmittelbaren Entwicklungsdynamiken, sondern die Nebenfolgen der Bewusstwerdung von Nebenfolgen des Handelns.

Das (sozialwissenschaftliche/politische) Verkennen der realen Kosmopolitisierung bringt problematische Konsequenzen mit sich. *Ulrich Beck* illustriert den Unterschied am Beispiel des Irak-Kriegs. Ausgangspunkt ist, dass die europäische Integration lange von der spezifischen Konstellation des Kalten Kriegs getragen wurde, also von der angenommenen Bedrohung durch die Sowjetunion auf der einen und den Schutz durch die USA auf der anderen Seite. Mit dem Zerfall der Sowjetunion zerfiel somit auch der Integrations-Mechanismus und damit auch die einheitliche Wahrnehmung für die neue Friedens- bzw. Kriegssituation. Eine Zeit lang ist der Begriff „Empire“ im US-amerikanischen Kontext so gedeutet worden, als sei die Idee, „dass es notwendig ist, alle Menschen in Amerikaner zu verwandeln, damit die Amerikaner in einer Welt ohne Grenzen in Sicherheit leben können.“ Die militärische Dominanz der USA hat die anfänglich breite Koalition gegen den transnationalen Terrorismus gemäß eines methodologischen Nationalismus „in die klaren Bahnen des Entweder-Oder“ lenken können. Doch zum Einen zeigt der Irak-Krieg nun, dass die Vorstellung, die USA als „kosmopolitischer Despot“ könnten weiterhin als „Welt-Sheriff“ fungieren, illusionär ist. Die Legitimationskraft der Menschenrechte als kosmopolitisches Prinzip gilt auch hier – auch und gerade daran ablesbar, dass es in den globalen Selbstlegitimierungsdiskursen nicht-demokratische Staaten bzw. nichtstaatliche Akteure sind, die das US-amerikanische Menschenrechtsregime kritisieren und dabei auch aus demokratischen Staaten Unterstützung erhalten. Es ist der „stumme Zwang zur Einsicht“, der demokratische Verfahren in kosmopolitischen Kontexten ersetzt. Hier „endet und verendet das Spiel von Macht und Gegenmacht, Regierung und Opposition in der absoluten

Immanenz des Kosmopolitismus“. Zum Anderen wird im Irak die Normalität transintentionaler Politik sichtbar, weil der „Krieg gegen den Terrorismus“ im Irak genau das Gegenteil schafft, was er bezwecken soll: Der Irak wird zur „Brutstätte des Terrorismus“. Die USA sind nun mit dem Gesetz der reflexiven Moderne konfrontiert, dass Macht nicht aus militärischer Stärke allein resultiert, sondern weltöffentlich erzeugte und dem internationalen Recht angemessene Legitimation benötigt. Die Bekämpfung des Terrorismus ausschließlich aus Gründen der *nationalen* Sicherheit gefährdet die Legitimation des Handelns in kosmopolitischen Kontexten. Der US-amerikanische Unilateralismus hat indes zu „Gegenmachtsphantasien“ bei den Europäern geführt, man könne sich selbst anti-amerikanisch positionieren. Verkannt wird dabei, dass es sich beim Terrorismus um ein Weltrisiko handelt, das nur kooperativ angegangen werden und dabei als Quelle einer legitimierten globalen Ordnungsmacht dienen kann.

An dieser Stelle greift Ulrich Becks „Theorie der Weltrisikogesellschaft“. Dass Katastrophen, Gefahren und die damit verbundenen Unsicherheiten immer schon zum menschlichen Dasein gehören, ist offenkundig. Davon zu unterscheiden ist aber die mit der Moderne[23] einsetzende „Semantik des Risikos“, die sich auf die gegenwärtige Thematisierung dessen bezieht, was in Zukunft gefährlich sein könnte. Die Welt ist nicht, wie sie ist, sondern sie ist das Ergebnis von Entscheidungen, die *de facto* ambivalente Konsequenzen zeitigen können. Auf einer allgemeineren Ebene erzwingt die Einführung des Risikos einen anderen Umgang mit Unsicherheiten, denn die „Kategorie des Risikos eröffnet eine Welt dies- und jenseits der klaren Unterscheidung von Wissen und Nicht-Wissen, wahr und falsch, gut und böse“. Wissen wird nicht überflüssig, führt aber auch nicht zu einer Beseitigung der mit den Risiken verbundenen Unsicherheiten. Denn die *kontingente Möglichkeit* des Eintritts der Gefahr lässt sich nicht mit der Wahrscheinlichkeitslogik als institutionalisierte Form der Risiko-Bewältigung angehen: Was nützt eine geringe Unfallwahrscheinlichkeit für ein Kernkraftwerk für die Möglichkeit eines GAUs? „Da die modernen Formen des Risikomanagements meistens thematische Präzisionsverfahren maximieren, unterschätzen sie systematisch das Eintreten *unerwarteter* und unwahrscheinlicher, aber deswegen keineswegs *unmöglicher* Ereignisse, und zwar sowohl was deren Häufigkeit als auch das Ausmaß der Schäden betrifft. An dieser scheinbar minimalen Differenz zwischen ‚unwahrscheinlich‘ und ‚unmög-

[23] Die Moderne ersetzt die Vorstellung eines natürlich-religiös schlichtweg Gegebenen durch die Zurechnung auf eigene Entscheidungen: Man kann durch eigenes Handel Welt und Natur formen.

lich' trennen sich die Welten." Hinzu kommt, dass derartige Gefahren nicht immer selbstverschuldet sind, sondern – mitunter unsichtbar (radioaktive Strahlung) – importiert werden. Weltrisikogesellschaft bedeutet, dass die nicht-intendierten Handlungskonsequenzen nicht externalisierbar sind und als Risikokonflikte das institutionelle Arrangement in Frage stellen. Zum Beispiel sind herkömmliche Sicherheitskalküle nicht mehr anwendbar, wenn es um Atomkraft oder Terrorismus geht. Optimistisch formuliert: Risiken eröffnen einen neuen Handlungs- und Entscheidungsspielraum, der genutzt werden kann. Diese Öffnung geschieht gezwungenermaßen, denn die Gesellschaft wird durch die dauerhaft antizipierte Möglichkeit von Gefahren in den Zustand des Konjunktivs versetzt: Was könnte passieren? Dies ist die Konsequenz zum Einen einer übertriebenen Priorität von Prävention. Zum Anderen reicht irgendwann der Beweis der Möglichkeit zur Verurteilung, wenn die pure Möglichkeit die Logik die Wirklichkeit unterminiert, ein mutmaßlicher Terrorist muss dann seine Unschuld beweisen.

Voraussetzung für die Inszenierung von Risiken ist ihre *Anerkennung*. Irgendjemand muss definieren, was ein Risiko ist und was nicht. Hier hat man *Herrschaftsverhältnisse der Risikodefinition* zu berücksichtigen: Wer entscheidet? Welche Art von Wissen? Was gilt als Beweis? Die Erste Moderne hat in diesen Fragen eine klare Wissenshierarchie implementiert: Experte vs. Laie, historisch eng verflochten mit den Produktionsverhältnissen. Das bedeutet: Die Herrschaft der Risikodefinition liegt ausgerechnet in der Hand derjenigen, die die Katastrophen erzeugen. Vor allem Technik- und Naturwissenschaften definieren – meist unter Ausschluss der Öffentlichkeit – den „Stand der Technik" und alles, was diesem nicht entspricht, ist riskant. Es ist aber gerade der Fortschritt der Wissenschaft selbst, der die mit den Risikodefinitionen suggerierte Kontrollsicherheit widerlegt, denn erstens erfährt man mit jeder neu gewonnenen Erkenntnis zugleich, was man noch nicht weiß, das heißt, aus jedem Risiko wird somit leicht mit jeder neuen Erkenntnis eine neue Gefahr. Die Sicherheiten, von denen man spricht, sind eben immer nur wahrscheinliche Sicherheiten, die selbst durch Katastrophen nicht widerlegt sind. Zweitens sind die Zusammenhänge derart komplex, dass sich Verursachungsannahmen nicht sinnvoll anstellen lassen und drittens sind selbst bei plausiblen Zusammenhängen individuelle und damit rechtlich relevante Verantwortungszuschreibungen äußerst schwierig, weil man eben z. B. nicht genau weiß, welche Fabrik von mehreren möglichen für erhöhte Pseudo-Krupp-Anfälle bei Kleinkindern verantwortlich ist. Die Anerkennung globaler Risiken setzt zudem eine kulturelle Akzeptanz voraus, die sie selbst nicht miterzeugt. Allerdings kann man konstatieren, dass je mehr die „kommunikative Logik des Risikos" die

Gesellschaft durchdringt, desto mehr werden die Herrschaftsverhältnisse der Risikodefinitionen sichtbar und zum Politikum. Anders formuliert: Man weiß heute allgemein um die Ungewissheit, man muss das Unerwartete miterwarten, man weiß um das Nichtwissen. Die Weltrisikogesellschaft ist eine „*Nicht*wissensgesellschaft", die gerade durch die voranschreitende Wissenschaft erzeugt wird. Die Konsequenz ist: Selbstverständlichkeiten können nicht länger selbstverständlich sein.

„Risikogesellschaft" bedeutet demnach in ihrer Konsequenz, dass die institutionelle Verarbeitung von Risiken teilweise neu erarbeitet werden muss, weil die nicht-intendierten Nebenfolgen der Erfolge der Moderne nicht mehr mit den etablierten Institutionen hinreichend be- und verarbeitet werden können. Die üblichen Risikokalkulationen, Kontrollmechanismen und Kompensationserfahrungen greifen nicht mehr bei Risiken, die, an einem Ort erzeugt, prinzipiell die ganze Welt betreffen.[24] Es werden neue Entscheidungen notwendig – die Antizipation von Gefahren verpflichtet zur Prävention – und diese Situation erzeugt ein neues „moralisches Klima der Politik". Risiken werden in der Weltrisikogesellschaft durch ihre Inszenierung „wirklich", das heißt handlungsorientierend und damit handlungswirksam, nicht verstanden als Verfälschung von Realität, sondern als Zwang, sich mit zukünftigen Gefahren zu ihrer Vermeidung heute schon auseinander zu setzen. Die globale Inszenierung von Terror und nicht das terroristische Attentat an sich erzeugt z. B. politisch-soziale Reaktionen wie etwa die Ausweitung von Kontrollmethoden (Stichwort: Vorratsdatenspeicherung), also eine spürbare Einschränkung von Freiheitsrechten. Dies ist eine Nebenfolge der massenmedialen Inszenierung von Terrorismus als Gefahr.

Ulrich Beck zeigt viele Handlungsmöglichkeiten für die neue Situation der Weltrisikogesellschaft auf, z. B. für den Umgang mit den selbsterzeugten Unsicherheiten. Die Dynamik der Entwicklung legt z. B. nahe, das Augenmerk weniger auf Normalverteilungen zu werfen, sondern auf die „Ausreißer", weil die Ausnahme eben nicht mehr die Regel bestätigt, wenn soziale Prozesse nicht-linear und reflexiv verlaufen. Weil es keine Regeln gibt, wie man mit diesen Risiken umgeht, müssen neue Regelungen gefunden werden, wie Entscheidungen angesichts der Risiken getroffen werden können – und Entscheidungen müssen getroffen werden, weil Nichts-Tun, Nicht-Handeln,

---

[24] Ein Indikator für den Übergang in die Nicht-Kontrollierbarkeit der Zweiten Moderne ist für *Ulrich Beck* das Fehlen eines angemessenen privaten Versicherungsschutzes, der bei globalen Katastrophen an seine Grenzen stößt und auf staatliche Mit- bzw. Rückversicherung angewiesen ist. Auch Terrorrisiko ist nicht versicherbar – höchstens einige Schäden, die durch Terroranschläge entstehen.

Nicht-Entscheiden politisch ausgeschlossen ist. Da auch die Bewältigungsmaßnahmen der Risiken zumeist Nebenfolgen mit sich bringen, werden in einem Zug zugleich neue wahrnehmungsfähige Risiken erzeugt. So z. B. hat der „Krieg gegen den Terror" im Irak dem Terrorismus einen neuen Rekrutierungs- und Motivationsraum geschaffen, der wiederum als riskant wahrgenommen wird und folglich angegangen werden muss. Die integrative Kraft der Weltgesellschaft wird auf diese Weise durch Konzeptionen des Ablehnenswerten gewonnen, eine „Gefahrenabwehrintegration", angeschoben durch eine massenmedial erzeugte weltöffentliche Risiko-Perzeption. Globale Gefahren erzeugen einen „Sinnhorizont des Vermeidens, Abwehrens, Helfens". Ob sich die Kosmopolitisierung durchsetzen wird, entscheidet sich damit letztlich anhand der Fähigkeit, gemeinsames Übel abzuwehren. Dies setzt einen „prozeduralen Universalismus" notwendig voraus, also transnationale Verfahren der Konfliktregulierung.

Realistisch wird der kosmopolitische Blick nach *Ulrich Beck* dadurch, dass er nicht nur für Möglichkeiten und Chancen offen ist, sondern auch für Dilemmata, Katastrophen, Probleme. Beispielsweise muss er das Grundproblem sehen, wie man mit der Frage der Andersartigkeit und Grenzziehung im Rahmen globaler Interdependenzen umgeht. Außerdem sollte er gemäß der Devise des Sowohl-Als-Auch die vorhandenen Lösungsansätze aufgrund widersprüchlicher Impulse nicht eliminatorisch analysieren. Der Universalismus als Lösung z. B. verpflichtet zur Anerkennung des Anderen, leugnet aber gerade in dieser obligatorisch postulierten abstrakten Gleichheit jegliche Besonderheiten. Eigentümlichkeiten in speziellen sozialen Zusammenhängen werden der universellen Gleichheit geopfert. Trotz dieses Widerspruchs kann man im realistisch verstandenen Kosmopolitismus sehen, dass Kosmopolitisierung einerseits ein universalistisches Minimum notwendig voraussetzt – etwa universelle (auch prozedurale) Normen, wie Verbote von Menschenhandel, Redefreiheit usw. – da nur so der Umgang mit Andersartigkeit grenzüberschreitend reguliert werden kann, andererseits zugleich die Frage nach den eigenen Grenzen miterfassen muss, die Frage also, wo die Grenze der Anerkennung des Anderen liegen könnte. Oder soll man auch jene anerkennen, die die Andersartigkeit von Anderen nicht anerkennen?

In ähnlicher Weise enthalten auch Relativismus, Nationalismus und Ethnizismus Widersprüchlichkeiten, deren diskursive Bearbeitung vor allem dem Entweder-Oder-Denken geschuldet ist. In der Kosmopolitisierung werden diese Alternativen neu im Rahmen eines möglichen Sowohl-Als-Auch aufeinander bezogen durchdacht. Das bedeutet, die verschiedenen Arten des Umgangs mit Andersartigkeit werden nicht nur auf Inkompatibilitäten hin untersucht, sondern auf graduelle Passungen und damit auf wechselseitige Korrekturen und Anschlüsse. Andere können so gesehen verschieden *und* gleich sein, dies jeweils in bestimmten historischen Kontexten und nicht als ontologische Gegebenheit.

6.1.4 Individualisierung

Direkte Auswirkungen hat die reflexive Modernisierung auch für die Akteure. In der Ersten Moderne galt noch das alleinige Entweder-Oder-Denken im Denken *und* Handeln. Die Akteure der Zweiten Moderne werden zunehmend nicht nur in politischen oder wirtschaftlichen Zusammenhängen, sondern auch im Alltagshandeln gezwungen, gewohnte Denk- und Entscheidungsheuristiken aufzugeben und sich im Sinne einer Sowohl-Als-Auch-Logik neu zu entwerfen, denn die in die Alltagswelt durchschlagende reflexive Modernisierung mit all ihren Unsicherheiten, Ambiguitäten und Ambivalenzen verlangt auch dort komplexe, reflexive Lösungen. In der Ersten Moderne konnten sich die Akteure noch an dem System eindeutiger Dualismen und Dichotomien entlang hangeln und Ambivalenzen bzw. Entscheidungsvagheiten durch Neuordnungen aufheben. In sachlicher und sozialer Hinsicht herrschte relative Eindeutigkeit, etwa eine klare Verantwortungszuteilung, das heißt, die Gesellschaft stellte „Dichotomien mit unmittelbar handlungsorientierender Funktion“ bereit. Derartige Grenzen wirken standardisierend und normalisierend, etwa für die Form des Zusammenlebens in Kernfamilien, für die Arbeit als Erwerbsarbeit, im Sinne der national orientierten Staatlichkeit usw. Dies alles bricht nun auf und weg, das Individuum ist in der Weltrisikogesellschaft der „Restrisiko-Empfänger“. Das bedeutet, dass die ultimative Verantwortung für die Handlungsentscheidungen letztlich alleine beim Akteur liegt. Die Frage sozialer Ungleichheit wird damit zur Frage, wer welche Risiken auf wen abwälzen kann. So gibt es jene, die genug Ressourcen besitzen, Risiken weitgehend auszublenden und abzuwälzen und jene, die dies nicht können, die sich vor allem nicht gegen die Folgen der Risiko-Abwälzungen („Kollateralschäden“) wehren können. Ändern sich die Betroffenheiten, ändert sich auch die Wahrnehmung von Risiken – der „Konvertiten-Effekt“ – deutlich sichtbar geworden bezüglich des Terror-Risikos nach dem 11. September. Dies schlägt durch bis in das Alltagsleben, *Ulrich Beck* spricht hier von einem „neuen Individualisierungsschub“, mit der Konsequenz, dass die Akteure angesichts der Ungewissheit der globalen Welt Entscheidungen zu treffen haben. Gerade weil, wie beschrieben, die Experten mit ihren Risikomanagement-Methoden scheitern, das heißt, Risiken weder im Lichte der kontingenten Möglichkeiten angemessen definieren, noch kontrollieren können, misstrauen die Akteure den Experten und werden auf sich selbst verwiesen: „*Entwurzelung ohne Verwurzelung* – das ist die ironisch-tragische Formel für diese Dimension der Individualisierung in der Weltrisikogesellschaft." Als Beispiel kann die Entscheidung über den Konsum genetisch veränderter Lebensmitteln dienen. Die Experten sind lediglich in der Lage, die Konsequenzen im Rahmen frei definierter Wahrscheinlichkeiten darzulegen, was für die Handlungsentscheidungen insofern nicht weiterhilft, weil die Möglichkeit der hochrelevanten Schädigung gegeben ist. Die Akteure können sich aber der Definitionsmacht der Experten auch nicht einfach entziehen, denn es gibt keine Alternativinstanz zur wissenschaftlichen Expertise. Die Akteure müssen auf die Experten vertrauen, können dies aber nicht – *Ulrich Beck* bezeichnet dies als „tragische Ironie des Individualisierungsprozesses". Diese tragische Ironie ist ein Ausdruck reflexiver Modernisierung: jene Basisinstitutionen, die die Unsicherheiten kontrollieren sollen, erzeugen weitere, nicht-intentionale Unsicherheiten.

Damit einher geht, dass Rationalität nicht mehr zum Entscheidungsstandard gemacht werden kann. Mit der Verflüssigung von Unterschieden werden ganz allgemein Grenzziehungen vielfältig, das heißt, Grenzen verlieren ihren normativen Charakter schon alleine deshalb, weil es mehrere Grenzziehungsmöglichkeiten gibt, die auch genauso gut bezweifelt werden können. Hier spielt die Diversifizierung von Rationalitätsansprüchen den Grenz-Vagheiten in die Hände. Rationalität ist kein Maßstab mehr, um abschließende Urteile zu fällen und Grenzen zu ziehen. Allerdings müssen Grenzen gezogen werden. Im Entscheidungshandeln der Akteure müssen ständig Abgrenzungen erzeugt werden, damit zumindest im Sinne des Als-Ob Entscheidungsfähigkeit hergestellt werden kann. Im Netzwerk der Akteure bedeutet die Grenzziehung des Einen möglicherweise aber eine Grenzaufhebung des Anderen (oder umgekehrt), das heißt, Asymmetrien werden verstärkt. Jeder ist in diesem Netzwerk Betroffener und Täter, von Möglichkeiten und Unmöglichkeiten tangiert. Dass Erwartungen unter diesen Bedingungen kaum mehr auf eindeutige Handlungskonsequenzen bezogen werden, sondern dass man in seine Entscheidungen mögliche nicht-intendierte Handlungsfolgen mit einbeziehen muss, scheint offensichtlich. Mehr noch, die antizipierten Nebenfolgen können die noch nicht getroffene Entscheidung selbst vorformen. Werden nicht-berechenbare Nebenfolgen in die Entscheidungsfindung einbezogen, wird die Entscheidungslage nicht sicherer, sondern unsicherer, wofür wiederum Verfahren des Umgangs entwickelt werden müssen: „Nebenfolgen sind insofern eine Herausforderung für die Rationalität des Handelns, als sie die Zweck-Mittel-Relation durcheinander wirbeln können." Für die Akteure gilt die Notwendigkeit, immer mehr mit Ahnungslosigkeit zurechtkommen zu müssen, verstanden als Nichtwissen eines Akteurs in Entscheidungssituationen. Dabei insistiert *Ulrich Beck* darauf, dass die Sichtweise von Nebenfolgen als Produkt einer begrenzten Rationalität, etwa einem Mangel an Informationen, analytisch nicht hinreichend ist. Vielmehr muss man Fälle betrachten, in denen z. B. auch mehr Informationen nicht weiterhelfen würden, also dann, „wenn in komplexen sozialen Situationen Reflexivität ins Spiel kommt". In solchen Fälle führen individuell rationale Handlungsentscheidungen im handelnden Zusammenwirken mehrerer Akteure zu aggregierten Nebenfolgen (z. B. in sozialen Dilemmata). Nun können die Akteure diese Kontexte reflexiv handhaben, so dass für die Akteure Rationalität als Selbstbeschreibung ihres Handelns unbrauchbar wird. Anders formuliert: Die rationalen Akteure wenden die rationale Maximierungsstrategie auf sich selbst an – und hebeln dadurch die rationale Strategie aus. Folgerichtig argumentiert man handlungstheoretisch angemessen nicht mehr mit Rationalität als Maßstab, sondern mit adaptiven Strategien.[25]

Insgesamt folgt daraus die Zerstörung der Idee, dass in der Lebenswelt der Akteure eine „alles kontrollierende Rationalität" möglich ist. Im „Zeitalter der Ströme" (Ströme von Kapital, Menschen, Informationen, Risiken) leben immer mehr Menschen in mehreren entgrenzten Räumen und erweitern auf diese Weise ihren Erfahrungsraum, was wiederum zur Reflexion der eigenen Lebensweise und Identität zwingt. Das bedeutet, in der kosmopolitischen Zweiten Moderne sind die Akteure nicht nur im Entscheidungshandeln mehr oder weniger dazu gezwungen, althergebrachte Kategorien aufzubrechen und neu zu vermischen, sondern auch im Rahmen ihrer Selbstbestimmung, das heißt, zur Bestimmung ihrer Individualität und Identität. Auch bei der Identitätsbestimmung gilt nun das „inklusive Unterscheiden" nach dem Sowohl-Als-Auch-Prinzip, das heißt, kosmopolitische und lokale Identitäten werden in einem Selbstbild kombiniert. Die unter dem Stichwort „Globalisierung" versammelten Einsichten haben somit gemein, dass sie den neuen Erfahrungskontext der modernen Akteure beschreiben. Dieser neue

---

[25] *Ulrich Beck* vermutet, dass die Rationalitätsannahme empirisch nur in Ausnahmefällen handlungsleitend ist und dass es sich dabei mehr um eine Fremdzuschreibung durch die Wissenschaft handelt, die nun korrigiert wird. „Der Fall ist nicht bekannt geworden, dass ein Individuum für die eigene Selbstbeschreibung einen und nur einen Zweck zugrunde legt und sich selbst als Instrument zu seiner Verwirklichung beschrieben hätte." Anders formuliert: Zweckorientiertes Handeln ist möglich, aber nur selten werden in komplexen Situationen Mittel auf einen Zweck ausgerichtet.

Kontext, in dem erstmals die Erde sowohl Erde bleiben als auch zum Dorf werden kann, beeinflusst die Wahrnehmungen und Alltagsbeziehungen ebenso wie die Möglichkeiten der Identitätsbildung und -behauptung.[26] Die Verflüssigung ehemals vorgegebener Grenzen führt dazu, dass die Identitätsbehauptung nicht mehr an zugewiesenen, entscheidungsrobusten, nicht-optionalen Grenzen anschließen kann, sondern inmitten einer Vielzahl von Ab- und Eingrenzungspraktiken erst erarbeitet werden muss. Es gibt eine Notwendigkeit zu subjektiver Grenzziehung, die auch als solche von den Akteuren gesehen und anerkannt wird. Besonders in Fragen der individuellen Verantwortungszuschreibung wird es schwierig, solange Verfahren fehlen, die vorgeben, was zu tun ist, wenn die Subjektabgrenzungen undeutlich werden. *Ulrich Beck* spricht hier von „Quasi-Subjekten", die zugleich Produzenten und Resultate ihrer Vernetzung sind, das bedeutet, es kommt zu einer Gemengelage von Abhängigkeit und Souveränität. Die Akteure entscheiden zum Einen größtenteils selbst über ihre Kontakte, sind aber auch von den Entscheidungen anderer Akteure abhängig, die mit der gleichen Souveränität ausgestattet sind.

Selbstverständlich ist das Bild insofern überzeichnet, als dass die Grenzverläufe nie, auch nicht in der Ersten Moderne, eindeutig gewesen sind. Was aber nun passiert, ist nicht nur die offensichtliche Auflösung von Grenzen, sondern die *Anerkennung* dieser Auflösung. Die *Anerkennung* von Pluralisierung im Rahmen einer Sowohl-Als-Auch-Logik markiert den entscheidenden Übergang von der Ersten zur Zweiten Moderne auch auf der Individualebene. Während also z. B. eine gewisse „Pluralisierung von Familienformen" immer schon gegeben war, etwa durch komplizierte Verwandtschaftsverhältnisse, wird diese nun anerkannt und institutionell normalisiert und nicht mehr marginalisiert. Diese Anerkennung durch Bewusstwerdung ist wesentlich durch die Massenmedien miterzeugt, die den globalen Alltag in den Alltag der Menschen vor Ort hineintragen und dadurch lokal-provinzielle Emotionen und Sichtweisen aufbrechen. Die Menschen erfahren sich als Teil einer Gesellschaft, die um die Gleichzeitigkeit des Alltags wissen. Anders formuliert: Die Biographie wird kosmopolitisiert. „Die Gegensätze der Welt finden [...] nicht nur dort draußen, sondern auch im Zentrum des eigenen Lebens statt." Die „Ortpolygamie" führt zu veränderten mobilen Lebensformen jenseits von Klasse und Stand.

Die Zunahme der „Kreuzung sozialer Kreise" (Simmel), die Möglichkeit, qua elektronischer Medien prinzipiell mit jedem Menschen auf der Welt un-

---

[26] Eine aktuelle Bestandsaufnahme der Verbindung von Individualisierung und Kosmopolitisierung steht noch aus und ist von *Ulrich Beck* angekündigt.

mittelbaren Kontakt in Echtzeit aufnehmen zu können, bedeutet eine potentielle Mobilisierung aller Menschen, was wiederum das politische Moment der Entgrenzung enthält: Die „normale" Gemeinschaftlichkeit des Sozialen löst sich auf, wenn digital vermittelte Gesprächsformen nicht mehr auf verwandtschaftliche, traditionale, raumzeitlich nachbarschaftliche Verhältnisse zurückgehen, sondern auf die Interessen der Akteure. Kurz: „Die Verbindung von Ort und Gemeinschaft bzw. Gesellschaft löst sich auf. Wechsel und Wahl von Orten sind die Paten der Glokalisierung der Biographien." Der Druck, mobil zu sein, hängt selbstverständlich vom jeweiligen Kontext ab, das heißt, nicht immer geht Mobilität auf subjektive Entscheidungen zurück. Für den Einen erzwingt die Berufswahl einen Ortwechsel, für Andere gibt es nur die Alternative von Mobilität oder Sterben in kriegerischen Auseinandersetzungen. Damit einher geht ein neues Mobilitätsverständnis, das nun nicht mehr ausschließlich als Bewegung einer Einheit (Mensch, Ehe, Familie) zwischen zwei Raum-Punkten in der sozialen Topologie gedacht wird. *Ulrich Beck* zielt mehr auf „innere Mobilität des eigenen Lebens", die als Normalität der Grenzüberschreitungen empfunden wird und durchaus mit körperlicher Ortsansässigkeit einhergehen kann: „Innere – im Unterschied zur äußeren – Mobilität meint also das Maß an geistiger und physischer Beweglichkeit, das nötig oder gewünscht wird, um das alltägliche Leben zwischen verschiedenen Welten zu meistern." Folglich sind es dementsprechende innere Restriktionen, die Mobilität einschränken: Alter, Krankheit, Behinderung. Da das Leben über mehrere Orte verteilt stattfindet, bietet sich die Gelegenheit, die eigene Identität mit den unterschiedlichen Räumen abzugleichen: Welcher Ort ist der für mich passende? Die Identitätsbildung muss sich immer mehr an der Figur des Kosmopoliten orientieren, der die Unterscheidung von Wir/Die Anderen durchbricht, denn der Kosmopolit ist doppelbeheimatet, sowohl Weltbürger als auch Stadt- oder Staatsbürger.

Insgesamt ist die wichtigste Feststellung die der faktischen Widerlegung des Entweder-Oder-Prinzips, denn die „Meta-Theorie der Identität, der Gesellschaft und der Politik ist *empirisch falsch*". Das, was als Vagheitserfahrung der Akteure beschrieben wurde, die über das eigene Leben in Unsicherheit autonom entscheiden müssen, ist in der Zweiten Moderne eine Kollektiverfahrung. Im Selbstverständnis sozialer Bewegungen, Gruppen und auch der Akteure entsteht ein „quasi-kollektives Bewusstsein des Sowohl-Als-Auch". In einem bestimmten historischen Rahmen hatte sich das binär-dichotomische Denken entwickelt, wurde generalisiert und ist als „methodologischer Nationalismus" zur Logik des Sozialen geronnen. Gegen diese „territoriale Gefängnistheorie der Identität" sprechen gegenwärtige soziale Konstitutionsprinzipien, wie die globale Krisenerfahrung, die

Grenzen von Innen und Außen (Wir/Andere usw.) aufhebt und die weltweit wechselseitigen Abhängigkeiten sichtbar werden lässt. Die Anerkennung der globalen Differenzen und das damit einhergehende Konfliktpotential erzeugen Interesse am Anderen und die damit verbunden Chancen und Bedrohungen als Konsequenzen von zunehmender Empathie und Perspektivenwechsel. Eine unausweichliche Reaktion sind Grenzziehungsversuche, in denen sich alte und neue, provinzielle und kosmopolitische Grenz-Parameter vermengen (können).

Ulrich Beck bekommt empirisch vor allem eine *real existierende Kosmopolitisierung als Konsequenzen von Nebenfolgen von Entscheidungen* in den Blick. Das heißt, das Leben der Akteure wird durch weltgesellschaftliche Prozesse bestimmt, ohne dass man darum weiß oder dies gar intendiert, aber in gewisser Weise wirkt man an den globalen Verflechtungen mit dem eigenen Handeln selbst mit. Welche Konsumprodukte man z. B. kauft, hängt von einem kaum beeinflussbaren, in globalen Zusammenhängen produzierten Angebot ab. Mit jedem Kauf aber erzeugt man zugleich das globale Produzieren-Verkaufen mit. Die real existierenden Kosmopolitismen werden also „von Individuen getragen", die diese zugleich unfreiwillig ertragen müssen. Darin liegt die Chance individueller Akteure als Gegenmacht zu anderen globalen Organisationen wie Staaten oder weltwirtschaftliche Akteure: Als Konsument kann der Akteur die raumzeitlich und sachlich unbeschränkte, unkontrollierbare „Waffe des Nichtkaufens" einsetzen und somit Bedingungen mitgestalten.

Das Neue daran ist vor allem die *weltöffentliche Reflexion und Anerkennung der Kosmopolitisierung* als tatsächlich ablaufender Prozess. *Ulrich Beck* nennt den Blick für diese Vorgänge *Kosmopolitismus* – im Gegensatz zur genannten Kosmopolitisierung. Dieser qualitative Wandel der Wahrnehmung sozialer Ordnung ist wesentlich das, was die Erste von der Zweiten Moderne unterscheidet, wobei vor allem globale Risiken wechselseitiger Abhängigkeiten die Wahrnehmung leiten, etwa der Klimawandel, Aids, globale Armut oder Terrorismus – Konflikte entlang der Achsen Ökonomie, Ökologie und Gewalt.

6.1.5 Terrorismus

„Der Ausbruch des globalen Terrors kommt einem Tschernobyl der Globalisierung gleich." Der transnationale Terrorismus kann als einer jener massenmedial dauerhaft aufbereiteten Nebenfolgen radikaler Modernisierung, als Reaktion auf modernisierte Modernisierungsprozesse verstanden werden, die die Lebensweisen religiös geprägter Kulturen bedrohen. Terror ist für *Ulrich Beck* eine Nebenfolge der Siege der westlichen Moderne mit ihrer Technik, ihren individualistischen Werten, ihren politischen Anschauungen. Terror kann folglich verstanden werden als eine Form von Subpolitik, das heißt, man macht „von unten" gewaltsam auf Schlüsselprobleme, Menschenrechte usw. aufmerksam. „Wie ist Gerechtigkeit und Würde global möglich?" ist die Frage. Dazu passt, dass die Subpolitik des Terrors mit einer „Individualisierung des Krieges" einhergeht, wofür der Selbstmordattentäter prototypisch Pate steht, der als Einzelner mit seiner Entscheidung, für die kollektive Sache zu sterben, individuellen Sinn generiert: Die Selbstaufopferung gerade gegen eine militärisch unbesiegbare Übermacht verleiht dem an sich bedeutungslosen Leben einen tief-religiösen, märtyrerischen Sinn. Terror ist in seiner Entstehung und Wirkung eine Nebenfolge durch Anerkennung („Terror in den Köpfen"). Anders formuliert: Terror ist eine nicht-intentionale Konsequenz, die intendiert unintendierte Folgen auslöst. Der Terrorismus attackiert das Selbstvertrauen der Moderne „durch die symbolisch mobilisierende und (de-)konstruierende globale Antizipation des terroristischen Angriffs". Der symbolische Code von „9/11" wird gezielt erzeugt, z. B. indem das Massensterben in den World-Trade-Centern in Echtzeit vor den Augen der Weltöffentlichkeit inszeniert wurde. Gerade weil Alle in diesem Augenblick den Eindruck vermittelt bekommen haben, man könnte selbst betroffen sein, entstand ein „Kollektivbewusstsein" (Durkheim) als traumatische Erfahrung, dass die sicher geglaubten Sicherheiten zerstörbar sind. Zum Beispiel ist die Utopie des neoliberalen Staates als sicherste aller Staatsformen mit den Anschlägen vom 11.09.2001 schwer angeschlagen worden; den letztendlichen *Knockdown* ihr vielleicht die globale Banken- und Finanzkrise beginnend 2008 verpasst.[27] Derartige identitätsprägende, Institutionen aufbrechende Erfahrungen sind typisch für globale Risiken, denn diese „weisen eine traumatisch-existentielle Tiefendimension von Mitleiden (Tsunami) auf sowie einen Abgrund ontologischer Unsicherheit (Versagen von Wissenschaft, Recht, Polizei, Militär) und Hass (Selbstmordterrorismus)."

Der Terrorismus nutzt dabei die Differenz zwischen Gefahren und dem Risiko der örtlich, zeitlich und sozial begrenzten Katastrophen: Terrorrisiko ist unbegrenzt, der „Selbstmordattentäter geht kein Risiko ein, denn seine Aktion ist todsicher". Hier zeigt sich die Weltrisikogesellschaft als Erwartungs-

---

[27] *Ulrich Beck* schrieb dazu im Jahr 2002: „Vielleicht werden wir bald schon ein ähnliches Zusammengehen erleben, wenn die globale Wahrnehmung *weltwirtschaftlicher* Gefahren die Welt erschüttert."

gesellschaft durch die Globalisierung der Erwartung möglicher Attentate. Terror ist als ungewisse Möglichkeit von Anschlägen nicht berechenbar und versetzt die Weltrisikogesellschaft so in einen Dauerausnahmezustand. Die Normalität dieses Zustands ist gleichzusetzen mit einer Entmachtung der Staaten, die ihre selbstgesetzten Verfassungsansprüche – Sicherheit der Bürger – nicht einhalten können. Wie fragil die Institutionen der Ersten Moderne angesichts globaler Risiken geworden sind, erkennt man an reflexiv-politischen Folgen der Wahrnehmung des Terrorrisikos: „Terroristische Feindbildkonstruktionen ‚töten' die Pluralität der Gesellschaft und der Expertenrationalitäten, die Unabhängigkeit der Gerichte sowie die bedingungslose Geltung von Menschenrechten. Sie ermächtigen die Staaten und Geheimdienste zu einer Politik der Entdemokratisierung. Die Macht der Risikoperzeption zeigt sich nicht zuletzt darin: Selbst *innerhalb* entwickelter Demokratien werden zivile und politische Grundrechte plötzlich abwählbar und abgewählt, und zwar mit der Zustimmung der überwältigenden Mehrheit der demokratisch erfahrenen Bevölkerung."[28]

Das bedeutet, mit dem (An-)Erkennen der Terror-Gefahr erodieren zwei wichtige Basisunterscheidungen der Ersten Moderne: National vs. International sowie Krieg vs. Frieden. Es entsteht ein Phänomen, das in den alten Denkkategorien der Sozialwissenschaft nicht angemessen erfassbar ist. Sowohl Ziele als auch Mittel von Al-Qaida als Beispiel einer kosmopolitischen Nicht-Regierungsorganisation sind z. B. lokal *und* transnational. Es gibt in diesem „Krieg" keinen erklärten Anfang und vermutlich auch kein Ende. Es bedarf jedoch nicht nur eines neuen Denkens, sondern vor allem (und damit verbunden) auch neuer Institutionen, z. B. Revisionen des Völkerrechts, mit dessen Legitimation gegenwärtig Demokratie durch Krieg verteidigt wird, um das Zusammenleben zu regeln. Auch für die Betrachtung von Krieg gelten demnach die Bestimmungen reflexiver Modernisierung, dass die Grenzen zwischen gesicherten Dualen der Ersten Moderne – Krieg vs. Frieden; Freund vs. Feind; Militär vs. Polizei usw. – aufweichen und der „postnationale Krieg" unberechenbarer geworden ist. Das Gewaltmonopol des Staates ist entgrenzt worden sowohl durch die Privatisierung von Gewalt als auch durch Reaktionen, in denen sich Staaten zusammenschließen, um dem globalen Risiko des Terrors mit kriegerischen Mitteln zur Friedenssicherung zu begegnen. An der Verteidigung der Menschenrechte auf fremden Boden kann man

[28] An diesen Vorgängen erkennt man die Gefahr der Kosmopolitisierung, dass nicht nur die Basisinstitutionen der Ersten Moderne aufgehoben werden, sondern auch Basisprinzipien der Moderne schlechthin, indem sich „reflexive Fundamentalismen" im Sinne anti-demokratischer Gefahrenabwehrreaktionen herausbilden.

das Verflüchtigen ehemals als gültig anerkannter Basisunterscheidungen ablesen. Der Kosovo-Krieg steht als Beispiel für Ersteres, bei dem die NATO ohne UN-Mandat, aber mit Zustimmung der Mehrheit europäischer und amerikanischer Bevölkerung und Regierungen Bombenangriffe flogen, um einen Genozid zu verhindern. Dieser Krieg wurde nicht aufgrund bestehender Rivalitäten zwischen Nationalstaaten ausgetragen, sondern weil die Rechte von Individuen gegen staatliche Übergriffe geschützt werden sollten, so dass es schwierig wird zu beantworten, ob es sich um einen Staatenkrieg oder einen Frieden stiftenden Krieg oder einen Vernichtungskrieg beendenden Krieg handelt. Oder war dies eine Polizeiaktion im Weltmaßstab? Vor diesen auf einen militärischen Humanismus ausgerichteten Machtkonstellationen versagt der methodologische Nationalismus. Damit wird heimlich eine neue Leitunterscheidung von geltenden und nicht-geltenden Menschenrechten eingeführt, die das legitime Gewaltmonopol der Staaten unterwandert, weil die Legitimität der Gewaltanwendung aller Staaten nach Innen und Außen am Maßstab der Menschenrechte bemessen wird. Die Souveränitäten werden somit umverteilt – die Ambivalenz in Kauf nehmend, dass sowohl mit Blick auf Menschenrechte geführte Interventionen wie Nicht-Interventionen Widerstände und De-Legitimierungsprozese erzeugen. Interventionen, um Menschenrechte zu schützen, können als „imperialistische Menschenrechtskreuzzüge" gesehen, Nicht-Interventionen als Ignoranz, Doppelmoral und Selektivität etikettiert werden.

Unklar ist derweil, ob sich die *pax americana* durchsetzt, in denen die USA als *primus inter pares* die Weltordnung nach dem Prinzip der Hierarchie bewahren oder eine globale Kosmopolis im Sinne eines „regional-kontinentalen, kooperativen Staatenbündnisses" erzeugen. Eine hegemoniale Vormacht der USA bedeutet bislang die Anwendung des Prinzips der Prävention, also der antizipierten Verhinderung von Rivalen sowie der vorbeugenden Kriegsführung. Dies ist die nahezu logische Konsequenz einer US-amerikanischen Hegemonie, die keine Widerstände erlauben kann. Ein kosmopolitisch angelegtes Regime dagegen anerkennt die Andersartigkeit der Anderen und versucht auf dieser Basis Mitbestimmungsverfahren zu entwickeln, die ein kontinental abgestimmtes Handeln nicht behindern. Der kosmopolitische Blick schließt nicht aus, dass beide Modelle simultan angewandt werden, auch die Weltordnung wird nicht nach einem Entweder-Oder gedacht.

6.2 Der empirische Blick: Das kosmopolitische Europa

Wie hat die Modernisierung der Moderne Europa erfasst; wie stellt sich Europa in einem kosmopolitischen Blick dar? Wie schon für die reflexive Moderne an sich gilt auch für Europa, dass es sich selbst transformiert über die Nebenfolgen, die Eigendynamiken in Gang setzen, die zu bestimmten institutionellen Brüchen führen. Damit ist die Europäisierung ein Teil der reflexiven Modernisierung. Nach dem bisher Gesagten müsste klar sein, dass Europa als empirisches Anwendungsfeld reflexiver Modernisierung weder in einem nationalstaatlichen Rahmen gedacht werden, noch als eine Gesellschaft verstanden werden kann. Der europäische Kosmopolitismus bricht mit der ontologischen Annahme, dass Demokratien mit Nationen einhergehen müssen. Im Gegenteil wird es in Europa kein Zurück zum Nationalstaat mehr geben.

Anders formuliert: Die „Entweder-Oder-Logik der Europäisierung" mit ihrem nationalen Blick und methodologischen Nationalismus – der „nationale Katechismus" – hilft nicht weiter, weil die tatsächliche Europäisierung „bereits in den vergangenen fünfzig Jahren *empirisch* einer anderen Logik" folgt. Diese Logik entspricht einem „Sowohl-Als-Auch-Modell von Gesellschaft und Politik", das „inklusive Duale" beinhaltet, also solche Begriffe zusammen denkt, die üblicherweise exklusiv, sich wechselseitig ausschließend gedeutet werden, z. B. national/international. Dieser dem Sowohl-Als-Auch-Denken geschuldete kosmopolitische Blick auf Europa zeigt sich als Bruch bereits in der Annahme, dass Europa keine statische Einheit ist, sondern als prozessuale „Dauerveränderung" verstanden wird. Es gibt keine festen territorialen Grenzen oder institutionellen Formen – keinen Europa-Container –, sondern nur einen durch die „Logik der Nebenfolgen" bestimmten Prozess, in dem z. B. Bindungen sowohl national als auch transnational entstehen. Auch für Europa gilt, dass dieser Wandel keinen europäischen Neustart meint, sondern dass sich unter Beibehaltung bestimmter Prinzipien die Institutionen, Normen und Verfahren ändern, das heißt durch andere ersetzt werden. Man geht von einer Dialektik von Kontinuität und Diskontinuität aus – und einer der betroffenen Institutionen ist eben der Nationalstaat, dessen innere und äußere Souveränität prekär wird, denn staatliche Souveränität gilt im Verständnis des methodologischen Nationalismus als unteilbar, muss also entweder bei den Mitgliedsstaaten oder bei der EU angesiedelt sein. Dieses Verständnis wird mit dem kosmopolitischen Blick aufgehoben, indem legale von materialer Souveränität unterschieden wird. Das bedeutet, dass die legale Souveränität der Staaten nicht die materialen Anforderungen unter Globalisierungsbedingungen erfüllen kann, dass dies aber nicht in einem Kompetenzverlust resultieren muss, sondern sogar Steigerungen der Handlungsfähigkeiten möglich sind. Gerade wenn der Staat seine legale Souveränität einschränkt, kann er materiale Souveränität gewinnen, indem die Staaten ihre Interessen in einen transnationalen Kontext stellen und somit die Rückwirkungen ihrer Interessenverfolgung auf sich selbst berücksichtigen. *Ulrich Beck* nennt dies das „Konzept reflexiver Interessen". Damit dieses Konzept erfolgreich ist, müssen zunächst die transnationalen wechselseitigen Abhängigkeiten wahrgenommen werden, wofür globale Risiken per se einen guten Anhaltspunkt bieten. Derartige Interdependenzen müssen zudem produziert werden, um rein nationale Interessenverfolgungen zu erschweren. Interdependenzpolitik meint somit rationale Selbstbindungen kombiniert mit der strategischen Einbindung Anderer. Eine derartige Verzahnung von Interessen ermöglicht die Maximierung nationaler *und* europäischer Nutzen, gerade weil alle Staaten voneinander wissen, dass Jeder in Europa Jeden instrumentalisieren kann. So eröffnen sich Chancen auf Machtgewinne unter der Bedingung, dass die reflektierten Eigeninteressen aller Staaten mitbedacht werden; zugleich werden übereifrige Machtbestrebungen innerhalb der dichten Interdependenznetzwerke permanent interaktiv kontrolliert und im Zaum gehalten. Die Präferenzen der einzelnen Nationen sind in solchen Kontexten meist nicht mehr unverbrüchlich gesetzt, sondern abhängig von den jeweiligen Akteurkonstellationen. Damit eine solche Interdependenzpolitik funktionieren kann, müssen sich die Beteiligten zu einem gewissen Grad vertrauen. Vertrauen bildet sich vor allem dann, wenn Verfahren der Reziprozität implementiert werden, man also immer davon ausgeht, die Anderen in anderen Kontexten wiederzutreffen, was es unwahrscheinlicher macht, dass Machtungleichgewichte über Gebühr ausgenutzt werden.

Die politische Konstruktion Europas beinhaltet somit sowohl zwischenstaatliche Zusammenarbeit als auch das Wirken supranationaler Institutionen, wobei die konkrete Ausgestaltung der dabei geltenden Regeln noch verhandelt wird („Meta-Machtspiel"). Gerade weil die Regeln der staatlichen Herrschaftsausübung brüchig werden, müsse diese neu festgelegt werden und sind damit offen als Objekte strategischen Handelns. Im Gegensatz zu den nationalen Politiken, die eher darauf ausgerichtet sind, eigene Ziele in vorgegebenen Regel-Rahmen zu verwirklichen, stehen nur die Regeln selbst zur Disposition. Zwar ist man sich einig, dass militärische Optionen in Europa ausgeschlossen sind, aber dies ist auch schon der einzige Konsens, ansonsten kann man höchstens noch sicher sein, dass nationale Politiken alleine kaum mehr erfolgreich sein werden. Die relevanten Akteure müssen sich stetig selbst positionieren und definieren und so den

Handlungsspielraum bestimmen. Institutionelle Konflikte um Kompetenzverteilungen, unterschiedliche Risikophilosophien, verschiedene Varianten dessen, was eine kulturelle Identität ausmachen könnte und selbstverständlich materielle Verteilungskonflikte sind mögliche, miteinander verwobene Reibungspunkte in Auseinandersetzungen. Bisher hat die Dominanz der Anwendung bestimmter Strategien zu unterschiedlichen „Deformationen" geführt: Die „ökonomische Deformation" ist das Ergebnis neoliberaler Erfolge in der Zerstörung von Marktschranken zur Freisetzung unbehinderten ökonomischen Wettbewerbs. Die Eingrenzung Europas zuerst als Wirtschaftsraum führt dazu, dass z. B. wohlfahrtsstaatliche Projekte (mit den Nationen, die sie tragen) aufgelöst werden. Anders formuliert: Die ökonomisch gewollte Deregulierung hebt die ebenso gewollte Solidarität auf. Eine weitere Deformation ist die nationalistische, die das Aufkommen nationale Egoismen bezeichnet, also den Versuch, stets das Beste für sich rauszuholen. Die Stärkung der Exekutiven dagegen hat die Schwächung der Parlamente und damit der Bürger zur Folge gehabt, was *Ulrich Beck* als „bürokratische Deformation" bezeichnet, die alle Ebenen Europas bis hin zu den Kommunen durchzieht.

Mit diesen Deformationen ist zum Einen gesagt, dass die europäische Kosmopolitisierung nicht konfliktfrei verläuft. Zum Anderen kann die Deformation auch nicht so weitergehen, weil mit ihr ein Legitimationsdefizit einhergeht. Es fehlt damit sowohl an Unterstützung (mangelnde Beteiligungsrechte der Bürger) als auch an Leistungsfähigkeit (mangelnde materielle Versorgung aller Bürger). Die Kosmopolitisierung Europas kann dennoch gelingen, z. B. mittels einer Stärkung zivilgesellschaftlicher Bewegungen – eine „Europäisierung von unten". Damit rücken die Bürger Europas selbst wieder mehr in den Mittelpunkt der Gestaltungskraft, was vor allem im Anschluss an die Nachteile der genannten Deformationen möglich ist, z. B. durch eine zivilgesellschaftliche Neu-Definition von Gemeinwohl in Reaktion auf neoliberale Widersprüche und Legitimationsdefizite. Aber nicht nur „von unten", sondern auch von außen kann es Schützenhilfe geben, etwa indem man die Weltmachtstellung der USA nutzt, um sich demgegenüber neu zu definieren. Der Irak-Krieg hat ja gezeigt, dass die (uneinige) Politik der Staaten in Europa die Bürger durchaus massenhaft mobilisieren kann. Schließlich können die politischen Eliten selbst an der Kosmopolitisierung Europas mitwirken, indem die Institutionen wie die EU-Kommission mit gesellschaftlichen Interessengruppen zusammenarbeiten und auf diese Weise ihren Einflussbereich gegenüber den Mitgliedstaaten stärken.

Ulrich Beck weiß, dass die Forderung nach einer zivilgesellschaftlichen Stärkung auf Basis für ein kosmopolitisches Europa auf den ersten Blick utopisch oder zumindest realitätsfern anmutet. Dies ist in seiner Sichtweise der Wahrnehmung durch die Brille der „nationalen Ontologie“ geschuldet. Folglich ist ein Wahrnehmungswandel notwendig, um zu erkennen, dass das kosmopolitische Projekt auf Positivsummenspiele setzt, in denen das Zusammenwirken verschiedener politisch-sozialer Akteure einen Mehrwert erzeugt. Globale Risiken zwingen zu einem *gemeinsamen* Handeln, bei dem man bewusst wechselseitige Abhängigkeiten eingeht, um seine eigenen Interessen zu verwirklichen, wohl wissend, dass dies nur möglich ist, wenn man die Interessen der Anderen mitberücksichtigt. Die Souveränitäten der Staaten werden damit nicht ersetzt, sondern erweitert. Eine solche „Perzeptions-Wende“ ist durch die strategische Nutzung von „Risiko-Schocks“ möglich, die eine Entgrenzung (räumlich, zeitlich, sozial) der Gefahrenwahrnehmung kreieren, am deutlichsten exemplifiziert an der Wahrnehmung terroristischer Gefahren nach den Attentaten vom 11.09.2001. Auch globale Finanzkrisen oder ökologische Krisen haben dieses Potential: „Gerade die Wahrnehmung zivilisatorischer Risiken – das Einmaleins der Weltrisikogesellschaft: drohender Atomkrieg, atomare Unfälle, Terrorgefahr, Massenvernichtungswaffen usw. – eignet sich bestens, um globale Interdependenzen zu schmieden.“ Weiterhin müsste ein solcher Wahrnehmungswandel von einer Koalition von Pionieren vorangetrieben werden, die trotz aller nationalen Differenzen Handlungsfähigkeiten auf europäischer Ebene erzeugen können. Dabei könnten diese sich u. a. auf allgemein anerkannten gemeinschaftliche Werte und Normen berufen. Wenn das Handeln in einen solchen normativen Bezugsrahmen gestellt wird, erzeugt dies moralischen Druck auf jene, die die Kosmopolitisierung bremsen.

Das neue Gebilde, das den Nationalstaat ablöst, analysiert *Ulrich Beck* als *Empire*. Mit dem Begriff des Empires wird zunächst die Bedeutung des Begriffs des Staates verringert, insofern Europa eben kein Staatenbund ist und man die europäische politische Herrschaftsform damit nicht gefasst bekommt. Gemeint ist damit, dass die der Herrschaft Unterworfenen eine gewisse formale Unabhängigkeit gegenüber der Herrschaft bewahren. Die Herrschafts-Logik ist die der Ausdehnung (Entgrenzung) (statt der Etablierung fester Grenzen), z. B. zur Lösung von Sicherheits- oder Wohlfahrtsproblemen. Entsprechend werden bestimmte Herrschaftstechniken angewandt: Um die einzelnen Territorien, die im Zuge der Expansion „eingemeindet“ werden, kontrollieren zu können, tendieren Imperien dazu, „asymmetrische Herrschaftsformen“ zu etablieren, etwa durch eine Zentrums-Peripherie-Organisation. Die Kooperationsformen zwischen den verschiedenen Herrschaftszonen unterscheiden sich vor allem durch ihre Intensität, angefangen von vollständig integrierten Staaten, wie etwa jene EU-Mitgliedsländer, die

die Euro-Zone bilden, bis hin zu jenen Staaten, die sich ohne Mitgliedschaft an Programmen der EU beteiligen. Die Einheit Europas *ist* der Prozess der Integration. Dieser Vorgang verläuft nicht glatt, sondern weist eine charakteristische „Ambivalenz von Entgrenzung und Begrenzung“ auf: Europa weitet sich aus, muss sich zugleich (aufgrund fehlender Universalisierungsabsichten) dabei immer wieder selbst begrenzen.

Auch die Sozialstruktur wird nicht auf Homogenität, sondern auf Diversität ausgelegt, das heißt, man hat es mit multi-ethnischen/-religiösen/-nationalen Herrschaftsgebilden zu tun, die einen Umgang mit derartigen Differenzen entwickeln müssen. Integriert wird dieses Empire vor allem voluntaristisch über das Recht, das heißt, nicht militärische Gewalt erzeugt Integration, sondern diese beruht auf Konsens und Kooperation der Staaten. Der geforderte kosmopolitische Realismus verneint keine internationalen Interessen, aber er verweist darauf, dass die Zusammenarbeit aller nationalen *und* europäischen/globalen Akteure nicht ein Nullsummenspiel bedeuten muss, sondern ein Gewinn für Alle darstellen kann. Gerade aus globalen Risiken lassen sich strategische Gemeinsamkeiten gewinnen. Kosmopolitischer Realismus bedeutet demnach in der internationalen Politik: (1) Keine Nation kann die Risiken alleine bewältigen. Kooperation wird zum Ziel. (2) Globale Risiken können Gemeinsamkeiten erzeugen. (3) Internationale Kooperationen können für Alle gewinnbringend sein. Gerade internationale Organisationen können das Positivsummenspiel tragen, weil sie weder rein nationale noch rein internationale Interessen vertreten. Diese Machtbegrenzung der Nationen, ohne diese zu vernachlässigen, kann einen „kosmopolitischen Mehrwert“ erzeugen. (4) Kosmopolitisch ausgelegte Institutionen erzeugen Legitimität und damit Effektivität. (5) So verstandener kosmopolitischer Realismus ist ökonomischer als etwa Unilateralismus, weil mit der Teilung der Souveränität auch Kosten geteilt werden können. Gerade der konsensuell gewollte Verzicht auf Gewalt sichert die Herrschaft im Inneren. Dies allerdings ohne ein eindeutiges Über- und Unterordnungsverhältnis zu etablieren, sondern durch Verflechtung nationaler und supranationaler Entscheidungsverfahren, die in i. d. R. als Verhandlungssysteme gedacht und netzwerkförmig angelegt sind. Auch daran wird deutlich, dass Europa nicht, wie dies in älteren Imperien oftmals der Fall war, ein eigentliches Machtzentrum besitzt, und der Peripherie mehr Eigenständigkeiten überlassen werden.

Zusammengefasst verwandelt sich die Souveränität der Nationalstaaten in eine „komplexe, kosmopolitische Souveränität“. Die Nationalstaaten lösen sich nicht auf, sondern werden aufgehoben in einen übergreifenden Herrschaftsverband und in diesem Prozess funktional umgewandelt. Zum Beispiel verlieren sie ihre Rechtsetzungskompetenz. Dies wird nicht als

Verlust gesehen, da sich supranationale und nationale Kompetenzen als Folge der nicht zu beseitigenden Unterschiedlichkeit der Nationen und die damit verbundenen Auslegungs- und Anpassungsnotwendigkeiten verschränken und überschneiden. Im kosmopolitischen Blick wird die neuartige Kompetenz- und Verteilungsregelung erkennbar, die auch in einem Aufgabenzuwachs bei den Nationen resultieren kann. Vor allem der finanzielle, administrative und militärische Apparat ist nicht supranational angesiedelt, sondern bei den Nationen verblieben, so dass die Setzung der Regeln „von oben" nicht der „Durch- bzw. Umsetzung von unten" entspricht. Kurz: „Das Europäische Empire ist ein Imperium ohne Imperator", in den Verfahren geprägt durch Konsens und Kooperation und institutionell mit unterschiedlichen Gewichtungen der Relevanzen (z. B. ist das Europäische Parlament schwächer als die Parlamente in den Mitgliedsstaaten). Das zwingt die Mitglieder, ihre Interessen stets europäisch und national zugleich zu begründen. „In der radikalen Unsicherheit der Welt sind alle gleich, und ist jeder anders." Kern der Kosmopolitisierung Europas ist zum Einen die Anerkennung von Differenzen und Andersartigkeiten sowie zum Anderen der Versuch, neue demokratische Formen politischer Herrschaft zu kreieren, die nicht auf dem Nationalstaat beruhen. Diese Kosmopolitisierung ist emanzipatorisch angelegt und zielt auf die Erweiterung von Freiräumen, indem die Anerkennung von Differenzen als Stärke kollektiver und individueller Autonomie gedeutet wird.

„Europa" ist als empirisches Phänomen eine Herausforderung für den soziologischen Gesellschaftsbegriff, weil Europa im Rahmen des methodologischen Nationalismus gedacht nur additiv begriffen werden kann, als Zusammenfügung von Nationalstaaten. Europa ist so gesehen die nationalen Gesellschaft*en*. Im kosmopolitischen Blick fallen dagegen die variablen Grenzen sowie die Entstehung eines damit verbundenen neuen Sozialraums auf. Dieses Europa ist weder *inter*national (Betonung der Trennung der Staaten) noch *supra*national (Betonung der gemeinsamen institutionellen Rechtgrundlage), sondern *trans*national, verstanden als *Ko*-Nationalität von Lebensweisen (z. B. bi-nationale Ehen), Produktionsformen (Firmenzusammenschlüsse) usw., die Ausdrücke permanenter Prozesse vager Grenzziehungen sind. Darin sind Nationen zu einem gewissen Grad eingeschlossen. Transnationale Unternehmen drohen nicht mit Auslagerung, sondern nutzen einfach die ihnen gegebenen globalen Handlungsalternativen entsprechend der dominierenden Marktlogik. Die Konsequenz ist, dass der ehemals kategorisch ausgeschlossene Andere nun berücksichtigt wird und ins nationale Interesse rückt. Das bedeutet eine Auflösung der eindeutigen Unterscheidung von Innen und Außen, weil es

z. B. keinen staatlich beschränkten Arbeitsmarkt mehr gibt. Die Wirklichkeit (hier: der Arbeitswelt) wird qua Nebenfolgen – etwa durch das Bestreben der Verwirklichung von Menschenrechten, die zu einer Expansion der Rechte von Ausländern in nationalen Kontexten geführt haben, so dass die Unterscheidung von In- und Ausländern vage wird – kosmopolitisch. Für die Soziologie ist die Herausforderung die Entwicklung eines theoretischen Kosmopolitismus, „eine experimentell-dialogische Theorieperspektive, die globale Variabilität, Interdependenz und Interkommunikation ins Zentrum stellt."

6.3 Wichtigste verwendete Literatur

Beck, Ulrich (1986): *Risikogesellschaft. Auf dem Weg in eine andere Moderne.* Frankfurt/Main. Suhrkamp.

Beck, Ulrich (1997): *Was ist Globalisierung?* Frankfurt/Main. Suhrkamp.

Beck, Ulrich (2002): *Macht und Gegenmacht im globalen Zeitalter. Neue weltpolitische Ökonomie.* Frankfurt/Main. Suhrkamp.

Beck, Ulrich (2004): *Der kosmopolitische Blick oder: Krieg ist Frieden.* Frankfurt/Main. Suhrkamp.

Beck, Ulrich (2007): *Weltrisikogesellschaft. Auf der Suche nach der verlorenen Sicherheit.* Frankfurt/Main. Suhrkamp.

Beck, Ulrich (2008): *Der Eigene Gott. Von der Friedensfähigkeit und dem Gewaltpotential der Religionen.* Frankfurt/Main. Verlag der Weltreligionen.

Beck, Ulrich/Anthony Giddens/Scott Lash (1996): *Reflexive Modernisierung. Eine Kontroverse.* Frankfurt/Main. Suhrkamp

Beck, Ulrich/Christoph Lau (Hrsg.) (2004): *Entgrenzung und Entscheidung: Was ist neu an der Theorie reflexive Modernisierung?* Frankfurt/Main. Suhrkamp.

Beck, Ulrich/Edgar Grande (2004): *Das kosmopolitische Europa.* Frankfurt/Main. Suhrkamp.

Beck, Ulrich/Wolfgang Bonß (Hrsg.) (2001): *Die Modernisierung der Moderne.* Frankfurt/Main. Suhrkamp.

7 Schluss: Zur Konvergenz zeitgenössischer deutscher soziologischer Theorien

Was bedeuten die fünf dargestellten Theorien für die Entwicklung der soziologischen Theorie? Dieser Frage möchte ich zum Schluss kurz nachgehen. Ich überschreite damit die rein lehrbuchgemäße Darstellung und versuche, einen Zusammenhang zwischen den Theorien darzustellen.[29] Meine These ist, dass die dargestellten deutschen soziologischen Theorien *konvergieren*. Um zu verstehen, was „Konvergenz" an dieser Stelle bedeutet, wird zunächst auf die Konvergenzthese von Talcott Parsons eingegangen.

7.1 Die Konvergenzthese von Talcott Parsons

In seinem ersten großen Werk *„The Structure of Social Action"* von 1937 begründete Talcott Parsons die Notwendigkeit normativer Handlungsorientierungen zur Erklärung der Möglichkeit sozialer Ordnung mit Hilfe der sogenannten „Konvergenzthese". Begründet werden sollte, dass so unterschiedliche Autoren wie Max Weber, Emile Durkheim, Vilfredo Pareto und Alfred Marshall, die stellvertretend für sich widersprechende positivistische und idealistische Grundpositionen aufgeführt werden, Beiträge zu einer Voluntaristischen Handlungstheorie liefern und in dieser konvergieren. Das bedeutet nicht, dass sich die von Parsons eingesetzten Autoren selbst als Vertreter der Voluntaristischen Handlungstheorie bezeichnen ließen, sondern dass sich diese vier unterschiedlichen Theoriegebäude im Sinne einer Emergenz zu einer integralen Theorie *zusammenführen* lassen. Genau deshalb spricht Parsons in den Überschriften zu Part II und III von „The Structure of Social Action" auch von „The *Emergence* of the Voluntarististic Theory of Action", das heißt, „that the convergence argument is more than an interpretative argument [...]. For Parsons, it was a method of theory construction" (Lidz/Bershady 2000: 54). Die Voluntaristische Handlungstheo-

[29] Bei dieser Gelegenheit werden die wichtigsten Argumente der hier dargestellten Theorien noch einmal wiederholt. Die damit einhergehenden Redundanzen sind aus Gründen der Vertiefung und besseren Einprägsamkeit beabsichtigt. Soweit es die hier vorgestellten Theorien betrifft, wird auch im Abschlusskapitel auf Zitationen verzichtet.

rie ist somit nicht auf eine der genannten theoretischen Einzelpositionen reduzierbar, widerspricht diesen sogar in einigen Hinsichten, aber deren analytisches Zusammenspiel erlaube eben, so Parsons, eine neue, generalisierte Modellierung des Handlungssystems: „That this generalized system of theoretical categories common to the writers here treated is, taken as a total system, a *new* development of theory and not simply taken over from the traditions on which they build." (Parsons 1937: 720). Aus diesem Grunde war es ihm später auch möglich, weitere, mit seiner Voluntaristischen Handlungstheorie konvergierende Theorien aus verschiedenen Wissenschaftsfeldern einzufügen: Karl Marx' Geschichtsphilosophie und besonders Sigmund Freuds psychoanalytische Theorie der Persönlichkeit wurden genauso genannt wie der symbolische Interaktionismus mit George Herbert Mead, Sozial- und Kulturanthropologie um Radcliff Brown, die Theorien der Moralentwicklung nach Jean Piaget, die Kybernetik nach Norbert Wiener sowie die Evolutionstheorie, verbunden mit dem Namen Ernst Mayr (vgl. Parsons 2000; zu Freud und Weber: Parsons 1995).

7.1.1 Der Fall Simmel

Parsons (1937: 722f.) hielt es für sehr unwahrscheinlich, dass die von ihm behauptete Konvergenz das Resultat einer Akkumulation von Deutungsfehlern oder noch weiter, einer Anhäufung von Fehlern in den Theorien selbst ist. Ebenso schließt er nicht völlig aus, lässt es nur nicht als *alleiniges* Argument gelten, dass die Konvergenz einer allgemeinen europäischen intellektuellen Bewegung zu verdanken ist, deren Teil die vier Autoren sein könnten. Der Hauptgrund für die von ihm vorgefundene Konvergenz sei deshalb vielmehr zu suchen in „the determination of the convergence by the adequacy of the theories to the facts." (Parsons 1937: 722) Parsons nimmt an dieser Stelle ein eliminatorisches Verfahren in Anspruch, das eben zu einer Annäherung der empirischen Fakten und der Theorien führe (vgl. dazu auch Schmid 2001).

Besonders interessant ist bezüglich Parsons' Konvergenzthese „der Fall Georg Simmel". Bekanntermaßen wurde Simmel, der neben Durkheim und Weber einer der Begründer der Soziologie gewesen ist und folglich aus heutiger Sicht als ein soziologischer Klassiker gilt, nicht in „The Structure of Social Action" berücksichtigt. Es gibt allerdings das bekannte, *nicht* veröffentlichte Kapitel 18 *„Georg Simmel and Ferdinand Tönnies: Social Relationships and the Elements of Action"* (Parsons 1994) von „The Structure of Social Action", das Parsons aber, wie er später in einem Interview erklärte (siehe Levine 1992: 136), nicht (oder nur in einigen Formulierungen, siehe Merz-Benz 1995) integrierte, weil Simmel nicht zu seiner Konvergenz-These passte, was durch ein weiteres Skript, *„Simmel and the Methodological Problems of Formal Sociology“* (Parsons 1998), bekräftigt wird. Diesen im Nachlass von Parsons dann doch veröffentlichen Aufsätzen kann man erstaunlicherweise aber entnehmen, dass Simmel durchaus Schnittpunkte mit der Voluntaristischen Handlungstheorie aufweist, zumindest wenn man der Parsonsschen Interpretation folgt. So sieht Parsons sich durch Simmel etwa bestätigt, dass man die verschiedenen Bedingungen des Handelns, besonders natürlich die „normative conditions“, nicht in rein ökonomischen Begriffen angemessen wiedergeben kann. „Seen in this context, Simmel's attempt was certainly leading in the right direction.“ (Parsons 1998: 40) Diese „relative Nützlichkeit“ von Simmels Ansatz solle aber bei aller Relevanz nicht darüber hinwegtäuschen, „that Simmel's schema obscures certain very important analytical possibilities which other developments of social theory [...] have opened up.“ (Parsons 1998: 41) Gemeint sind hier vor allem die Theorieentwicklungen bei Weber und Durkheim.[30] Trotzdem spricht eine partielle Nicht-Passung von Theorien ja nicht grundsätzlich gegen eine Integration unter Konvergenzgesichtspunkten, denn auch bei den von Parsons berücksichtigten Theorien gibt es solche Nicht-Passungen. Parsons hätte also in seiner Interpretation Simmel durchaus in die Hauptthese von „The Structure of Social Action“ einpassen können, der Notwendigkeit normativer Orientierungen für soziale Ordnung: „Thus we may surmise that Simmel's insight was primarily into the importance of what we called the institutional aspects of social systems“ (Parsons 1994: 66). Man könnte über Parsons hinaus zudem weitere Anschlussmöglichkeiten nennen, die Simmel für eine Konvergenz mit Parsons' Bezugsrahmen geeignet scheinen lassen, beispielsweise Simmels Versuch, Naturalismus und Idealismus zu überwinden (Simmel 1989a), seine Abhandlung zur Philosophie des symbolisch generalisierten Kommunikationsmediums Geld (Simmel 1989b) oder dessen analytische Unterscheidung von Kultur und Gesellschaft (Simmel 1996) bzw. das Ineinandergreifen von Kultur und der Ausbildung der individuellen Persönlichkeit (Simmel 1918; 1992b). Warum aber kam Parsons zu dem Urteil, dass Simmel trotzdem nicht in die Konvergenzthese passte?

[30] So lässt sich Parsons (1998: 48) etwa zu der Aussage hinreißen: „What Simmel, failing to live up to his own program, did on a dilettantish, common-sense level, with many brilliant and arresting insights, but no imposing structure of proof of propositions of far-reaching importance, Weber accomplished on a far higher level, meticulously building up a rigorous proof of his theses, in the manner not of a brilliant dilettante, but of a sober professional scientist.“

Man könnte als einen Grund anbringen, dass Parsons' akademisch-biographischer Werdegang ihn eben eher und näher an Weber hat anknüpfen lassen (siehe Levine 2000: 63 ff.). Besonders ist sein Heidelberg-Aufenthalt zu nennen, bei dem die Aura Max Webers in dem für Parsons anregenden intellektuellen Flair viel stärker spürbar war als der Einfluss des auch aus anti-semitischen Gründen stigmatisierten Georg Simmel. Auch inhaltlich stand Weber der Denkweise von Parsons, wie etwa in seiner Dissertation *„Capitalism in Recent German Literature: Sombart and Weber"* deutlich wurde, *per se* näher, was dazu beigetragen haben dürfte, dass Parsons u. a. derjenige war, der die *„Protestantische Ethik"* 1930 ins Amerikanische übersetzte und Vorworte zu den Übersetzungen von *„Wirtschaft und Gesellschaft"* 1947 sowie zur Religionssoziologie 1963 verfasste. Parsons' Beschäftigung mit Simmel hingegen bezieht sich fast ausschließlich auf das Kapitel „Das Problem der Soziologie" aus Simmels „großer Soziologie" von 1908. Eine weitere Auseinandersetzung, etwa mit den philosophischen Werken Simmels oder mit dessen Analyse des Kulturkonflikts hat durch Parsons nicht stattgefunden, vermutlich, weil es ihm zu diesem Zeitpunkt nicht mehr um eine inhaltliche Auseinandersetzung, sondern um die Klärung von „one or two residual categories which we have encountered" (Parsons 1994: 63) ging.

Vermutlich waren dies nur die äußeren, eher atmosphärischen Gründe, weshalb Simmel von Parsons nicht näher untersucht und weiter einbezogen wurde. Eher inhaltlich orientiert könnte man argumentieren, dass Parsons einer Fehldeutung aufsitzt, sofern er Simmels soziologische Grundkategorie der „Wechselwirkung" als „social relationship" interpretiert, was aber in der amerikanischen Deutung etwas anderes meint, denn der Begriff der „social relationship" beinhaltet normalerweise *per se* jene sozialen Elemente, die Parsons gerne integriert hätte – vor allem Werte und Normen. Dies passt aber überhaupt nicht zu Simmels Wechselwirkungsbegriff, der viel formaler lediglich handelndes Zusammenwirken von Akteuren meint (vgl. Merz-Benz 1995: 127 ff.): „Wechselwirkungen bedeuten, dass aus den individuellen Trägern jener veranlassenden Triebe und Zwecke eine Einheit, eben eine ‚Gesellschaft' wird" (Simmel 1992a: 18), wobei zu Wechselwirkungen z. B. Formen des „Füreinander-, Miteinander-, Gegeneinander-Handeln" zählen (Simmel 1992a: 18). Deshalb gibt es auch keine „Wechselwirkung schlechthin" (Simmel 1992a: 24), sondern diese treten nur als Ereignisse auf und sind somit genauso verschiedenartig wie die Begebenheiten des handelnden Zusammenwirkens. Parsons aber deutet Wechselwirkungen bereits im Sinne des „unit act" *inklusiver* normativer Orientierungen. Genau deshalb führt er später unter dem Titel „Social Interaction" (1968) die Situation doppelter Kontingenz als Fundamentalkontext sozialer Beziehungen an, anhand dessen verdeutlicht wird, dass normative Orientierungen von *alter* und *ego* notwendige Bestandteile dieser besonderen Interaktionssituation sind, ohne die eine soziale Ordnung nicht entstehen kann.[31]

Relevanter als mögliche Fehldeutungen dürften die *epistemologischen* Unterschiede der Theorien von Simmel und Parsons gewesen sein. Zum Einen hat Parsons einen anderen Abstraktionszugang gewählt als Simmel. Letzterer sah die Aufgabe der Soziologie darin, *Formen* von Wechselwirkungen zu analysieren. Formen werden dabei von den Inhalten unterschieden und können unabhängig voneinander variieren. Die Inhalte der Liebe und der Wahrheitssuche (als Handlungsorientierungen von Akteuren) können z. B. beide in der Form der Konkurrenz resultieren. Die Formen des Streits und der Über- und Unterordnung wiederum können beide das Ergebnis von Liebe sein (vgl. Simmel 1992a: 20 ff.). Das bedeutet, verschiedene Inhalte können genauso in einer Form resultieren, wie ein Inhalt in verschiedenen Formen. Bei Simmel gibt es gar keine festumrissenen Handlungsbestandteile, da Formen und Inhalte sich zudem stets wechselseitig bestimmen.[32] Wenn dies der Fall ist, ist es aber aus Simmels Sicht soziologisch sinnlos, nach grundlegenden Inhalten (z. B. nach Motiven von Akteuren) zu suchen, von denen ausgehend soziale Phänomene erklärt werden. Für Parsons dagegen ist die erste Abstraktion im Rahmen seines analytischen Realismus das, wie Luhmann (2002: 18) es prägnant auf den Punkt gebracht hat: „Action is System", aus der sich dann alles weitere ableitet. Methodisch folgt daraus bei Parsons, dass alle Erkenntnisse letztlich aus einer allgemeinen Handlungstheorie, einem „frame of reference" mit klar bestimmbaren Elementen

[31] Parsons These ist also: Nur wenn die notwendige Bedingung der normativen Orientierung erfüllt ist, kann es zur sozialen Ordnung kommen – zumindest wenn man von einer Grundsituation ausgeht, in der das wechselseitige Töten eine Handlungsoption ist. Dies ist es, was den Hobbesschen Kampf Aller gegen Alle ausmacht: „And if therefore if any two men desire the same thing which nevertheless they cannot both enjoy they become enemies; and in the way to their end endeavor to *destroy* or subdue one another." (Parsons 1937: 90, Herv. T.K.) Die Vertreter von Rationaltheorien dagegen gehen von einer bei den Akteuren vorhandenen „Impulshemmung" (Esser 1993: 174 f., 2001: 375) aus, die aus dem Konflikt der doppelten Kontingenz bei Parsons ein Dilemma macht (Esser 2000: 134 ff.). Rationale Akteure, die sich wechselseitig töten können, würden aber *keine* soziale Ordnung produzieren (Lepperhoff 2000; Kron 2001: 198 ff.). Luhmanns Modellierung doppelter Kontingenz (1984: 148 ff.) beseitigt nicht nur mit Hinweis auf die Anthropologie Gehlens jegliche Tötungsmöglichkeiten als Teil von Erwartungserwartungen, sondern geht darüber hinaus auch von einem Interesse an Erwartungssicherheit aus, was möglicherweise ebenfalls an Parsons' Modellierungsabsichten vorbei zielt (vgl. Kron/Lasarczyk/Schimank 2003: 375 ff.).

[32] Worin man bereits die später von Giddens (1984) wieder aufgegriffene „duality of action and structures" unschwer wiedererkennen kann.

gefolgert werden. Diese Elemente umfassen zunächst im „Unit Act“ Ziele, Mittel, die Situation sowie Normen; später dann die vier Funktionen der Anpassung, Zielerreichung, Integration sowie der latenten Strukturerhaltung. Man kann dies die logische Methode nennen, im Gegensatz zu Simmels analytischer Methode, spezifische soziale Komplexe zu identifizieren und deren Merkmale zu analysieren, was aus Parsons Sicht lediglich Beschreibungen von sozialen Formen darstellt, aber diese nicht als *erklärende* Kategorien einsetzt.

Im Ergebnis gehören jene grundlegenden Elemente bei Parsons, z. B. die rationalen und normativen Handlungsorientierungen, in der Perspektive Simmels in den Bereich der Inhalte und *nicht* der Formen. Simmels Unterscheidung zwischen Form und Inhalt ziehe eine Grenze durch die *konkreten* strukturellen Formen sozialer Beziehungen, die normative Orientierungen sowie die Spannungen zwischen normativen und konditionalen Bedingungen unberücksichtigt lasse: „This results in pushing the whole problem of normative orientation over into the sphere of ‚content‘“ (Parsons 1998: 43) Dies muss für Parsons der falsche Weg soziologischer Erklärung sein, weil Parsons der Meinung war, dass man keine Erklärung des Sozialen ohne Berücksichtigung der motivationalen Grundlagen in einem Bezugsrahmen schaffen könne. Der analytische Status der Formen bei Simmel passt damit nicht zu dem, was Parsons' analytische Theorie impliziert, nämlich die Annahme, dass es ein überindividuelles Element geben müsse, das er eben als „institutional element“, als normativen Bezugsrahmen identifiziert (vgl. Alexander 1993). Man könnte sagen, dass Parsons zwar Simmel und nicht Weber in der Abgrenzung der Soziologie als Wissenschaft etwa gegenüber der Ökonomie gefolgt ist. Allerdings folgt Parsons eher Weber gegen Simmel in der Annahme von Handlung als Basis-Element der soziologischen Analyse. Insgesamt gilt für Parsons (1998: 42): „Simmel's formula, far from being acceptable, ‚throws out the baby with the bath‘.“

7.2 Schnittkonvergenz und Vereinigungskonvergenz

Halten wir also fest, dass es Parsons durchaus möglich gewesen wäre, Argumente zu finden, Simmel in seine Konvergenzthese einzufügen. Dass Simmels Programm sich nicht vollständig hätte einfügen lassen oder dass Parsons Simmel eventuell an einigen Stellen fehlgedeutet hat, sind keine Gegenargumente, da diese auch z. B. für Durkheim oder Weber gelten würden (siehe z. B. Lee/Munch 1979; Pope/Cohen/Hazelrigg 1975). Was man folglich aus diesem kurzen theoriegeschichtlichen Exkurs bzw. an der

Argumentation von Parsons lernen kann, ist, dass man methodologisch zwei Arten von Konvergenz unterscheiden kann. Mengentheoretisch formuliert könnte man diese als *Vereinigungskonvergenz* und als *Schnittkonvergenz* bezeichnen (siehe Abbildung 23).

Abbildung 23 Schnittkonvergenz und Vereinigungskonvergenz

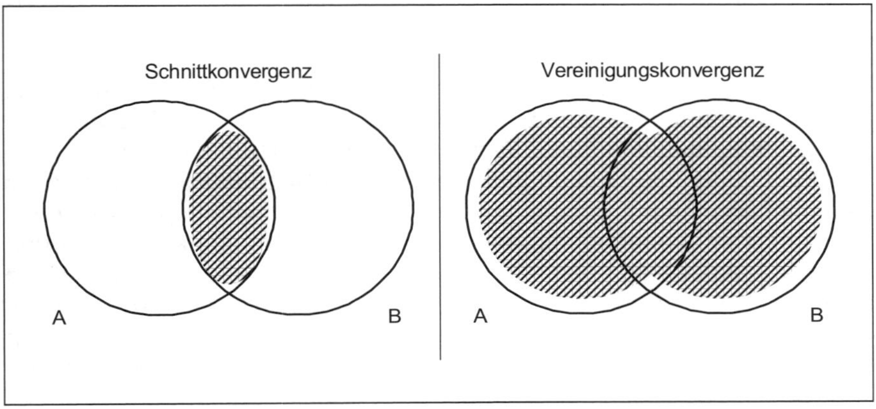

Die *Schnittkonvergenz* sucht Plausibilität darin, Gemeinsamkeiten verschiedener Theorien aufzuführen. Das bedeutet, wenn ein Argument sowohl in der einen, als auch in der anderen Theorie nachgewiesen werden kann, haben wir diese Art von Konvergenz festgestellt. Zieht man hinreichend verschiedenartige Theorien zu Rate, die wie Suchscheinwerfer den dunklen sozialen Raum ausleuchten, dann verweisen Schnittpunkte der Theorien auf Äquifinalitäten in den soziologischen Erklärungen, das heißt, die wissenschaftlich-soziologische Theorieentwicklung hat in diesen Fällen zu ko-evolutionär entstanden Erklärungspfaden geführt, die sich immer mehr angenähert haben, bis sie in ganz bestimmten Erklärungsmomenten konvergieren. Selbstverständlich muss man aufpassen, dass man nicht dem Fehlschluss unterliegt, in dieser Konvergenz die alleinige Wahrheit gefunden zu haben, denn auch viele Theoretiker können sich irren und in der Fehlerproduktion sogar wechselseitig verstärken. Allerdings erzeugen Schnittkonvergenzen in der Wissenschaft zumindest vorübergehend sehr hohe Plausibilitäten, vor allem da die Wahrscheinlichkeit des kommunikativen Anschlusses an Thesen, die Schnittkonvergenzen entsprechen, wohl höher sein dürfte, als der Anschluss an solche, die das Gegenteil behaupten.

Wahr ist, was im kommunikativen Anschließen als wahr bezeichnet wird (Luhmann 1990), während diejenigen kommunikativen Ereignisse, an die nicht angeschlossen wird, keine Chancen erhalten, als wissenschaftlich relevant wahrgenommen zu werden.

Die *Vereinigungskonvergenz* dagegen zeichnet sich wie der Fall der Parsons'schen Voluntaristischen Handlungstheorie dadurch aus, dass die verschiedenen Theorien über bestimmte Schnittkonvergenzen hinaus als Elemente einer neuen, emergenten Theorieentwicklung dienen. In diesem Sinne kann Konvergenz als eine Methode der Theoriekonstruktion verstanden werden, das heißt Parsons' „formulations were not yet substantive, but foundational and constitutive" (Lidz/Bershady 2000: 48), im Anschluss an die Überlegungen von Alfred Whitehead besonders bezogen auf die Entwicklung eines generalisierten soziologischen Bezugsrahmens. Parsons zielt mit seiner Vereinigungskonvergenz auf die Entwicklung eines *neuen* theoretischen Systems, inklusive der kritischen Neukonzeptualisierung sozialer Objekte: „The resulting conclusions were more generalized and systematic than any formulations his predeccors themthelves had achieved." (Lidz/Bershady 2000: 93) Und genau in diese Neukonzeption wollte sich Simmel nicht einfügen lassen: „Parsons' theory would not have changed if he had included Simmel as an object of his interpretative ambition. For Parsons did not ignore Simmel; he disagreed with him in a fundamental way. This is the reason he excluded Simmel from *Structure*." (Alexander 1993: 103) Die Vereinigungskonvergenz kann – muss aber nicht – vorhandene Probleme (wie bei Parsons den Gegensatz von Idealismus und Positivismus) überwinden helfen oder aber vorhandenes Wissen unter einen neuen Blickwinkel fassen und dadurch neues Wissen produzieren. Möglicherweise trifft auch beides zugleich zu, Problemüberwindung und Perspektivenwechsel.

7.3 Schnittkonvergenzen in den zeitgenössischen deutschen soziologischen Theorien

Ich möchte, wie gesagt, im Folgenden der These nachgehen, dass es aktuell in den dargestellten deutschen soziologischen Theorien eine Konvergenz gibt. Zunächst werden dazu die Theorien auf Schnittkonvergenzen überprüft und dann der Versuch gemacht, eine Vereinigungskonvergenz zu begründen. Sollte dies gelingen, muss man nicht gleich eine ähnliche Wirkung erwarten, wie dies im Fall der „The Structure of Social Action" der Fall gewesen ist. Doch bestünde im Falle des gelungenen Nachweises von Schnitt- und Vereinigungskonvergenzen zumindest die Chance, im Erkennen der gemeinsamen Stoßrichtung mittlerweile nahezu traditionale Grabenkämpfe zu überwinden und die Theorieentwicklung entscheidend voranzubringen.

Die Vergleichsdimensionen für die Schnittkonvergenzen sind dabei formaler und inhaltlicher Art. *Formal* wird jeweils gefragt, welche *ontologische Basis* die Theorie zugrunde legt, das heißt, welche grundlegende Wirklichkeitsentität als Gegenstandsauffassung zum Ausgangspunkt genommen wird. Je nach ontologischem Ausgangspunkt wird eine dementsprechende *Epistemologie* nahegelegt: eine Lösungsannahme zu der Frage, was zur soziologischen Erkenntnisgewinnung notwendig berücksichtigt werden muss, um den ontologisch festgelegten Gegenstand zu erkennen. Daraus wiederum wird eine *Methodologie* abgeleitet, das heißt, eine bestimmte Vorgehensweise mit dem Ziel der soziologischen Erklärung, unter der Bedingung der zuvor auf ontologischer Basis festgestellten Parameter der Erkenntnisgewinnung.

Es wird gezeigt, dass die ontologische Basis bei allen Theorien der *situative Kontext* ist. Zwar werden auch in nahezu allen anderen als in den hier besprochenen Sozialtheorien Situationen zur Kenntnis genommen und zumeist auch in die Analyse einbezogen, allerdings *nicht* ontologisch, sondern eher als Konsequenz anderer ontologischer Prämissen.[33] Man könnte vermuten, hier schlägt das Erbe Durkheims mit der Forderung nach der Anerkennung sozialer Tatbestände als Strukturen mit eigenem Stellenwert durch. Gleichsam hat sich keine der behandelten Theorien einem Holismus verschrieben. Um soziale Phänomene angesichts gegebener Situationen erklären zu können, müssen, so die gemeinsame Anschauung, handelnde Akteure mitberücksichtigt werden, welche die Situation definieren, von dieser zugleich beeinflusst werden und durch das Zusammenwirken mehrerer Handlungen neue Situationen erzeugen. Kurz: Alle Theorien verfolgen eine

[33] Wichtig ist die Betonung von Situationen als *ontologische* Basis, was über die für nahezu alle Sozialtheorien geltende Betrachtung von Akteuren in Situationen hinausgeht. Die orthodoxe Rational-Choice-Theorie etwa startet ontologisch mit rationalen, den Nutzen maximierenden Akteuren, wobei diese Kompetenz nur dann sinnvoll zur Erklärung beiträgt, wenn die Akteure in Situationen versetzt werden, was sich entsprechend in der Methodologie ausschlägt. Diese Situationen werden aber nicht als Gegenstand gegeben angenommen, sondern erscheinen streng genommen ausschließlich in der Perspektive der Akteure. Weitere theoretische Ansätze, die mit anderen ontologischen Grundlagen operieren, setzen beispielsweise auf Systeme (Luhmann 1984), geometrische Strukturen (Black 2000, 2002) oder Beziehungsgefüge (von Wiese 1966).

epistemologische *Dualität von Handeln und Strukturen.*[34] *Methodologisch* hat dies zur Konsequenz, dass der Weg zum Erklärungsziel über die Erklärung des Handelns der Akteure führt. Zusammenfassend: Gegeben die Ontologie eines situativen Kontextes, muss für eine soziologische Erklärung das Wechselspiel von Handeln und Strukturen einbezogen werden, wozu ein methodologischer Individualismus zur Anwendung kommt. *Inhaltlich* werden Schnittkonvergenzen in vier Dimensionen gesehen. Erstens wird die epistemologische Dualität bei der Untersuchung der Dynamik zwischen Handeln und Strukturen bei allen Autoren im Rahmen des Theorems der *unintendierten Handlungsfolgen* behandelt (vgl. Dietz 2004). Zweitens wird sowohl bei der Analyse der Situation als auch in der Untersuchung des Handelns offenkundig, dass *graduelle Abstufungen* einer Wirklichkeitswissenschaft eher entsprechen als die stark diskriminierende Modellierung mittels Dichotomien. Für die Darlegung des Handelns der Akteure bedeutet dies drittens, dass dieses kaum mehr anhand sich ausschießender Akteurmodelle und Handlungsorientierungen erklärt werden kann, sondern dass „Misch-Typen" gefordert sind. Das heißt, Handeln wird unter Verwendung verschiedener Handlungsorientierungen (rational, normativ, emotional usw.) modelliert, die mit unterschiedlichen Freiheitsgraden simultan angewandt werden können. Mangels eines besseren Begriffs etikettiere ich diese Schnittkonvergenz als *„hybrides Entscheidungshandeln".* Möglicherweise als Folge der Modellierung eines hybriden Entscheidungshandelns werden viertens formale Selektionsalgorithmen abgelehnt (oder zumindest nicht angewandt), wie sie etwa Savage mit der Berechnung eines formal-technischen „Nutzens" begründet hat.

Eine mögliche Erklärung für die Schnittkonvergenzen vor allem in diesen vier inhaltlichen Punkten ist, dass die ontologische Konzentration auf Situationen nahezu zwingend damit einhergeht, die Komplexität des Sozialen einberechnen zu müssen. Mit anderen Worten, die Gemeinsamkeiten begründen sich mit ihrer Passung für die Analyse *komplexer sozialer Situationen.* Damit ist ein erster Hinweis auf eine mögliche Vereinigungskonvergenz gegeben, auf die ich zum Schluss zurückkomme. Zuvor werde ich aber nun die einzelnen genannten Schnittkonvergenzen entlang der fünf Theorien darlegen.

---

[34] Auch die Dualität von Handeln und Strukturen ist für weite Teile der Sozialtheorien eine Grundannahme, wobei Handeln und Strukturen nicht immer gleichermaßen *epistemologisch* zum Einsatz kommen. Ungleichgewichte weisen diesbezüglich etwa der Neo-Institutionalismus mit einer Überbetonung institutioneller Prägungen (vgl. einführend Hasse/Krücken 1999) oder einige der Kulturtheorien (vgl. den Überblick in Moebius/Quadflieg 2006) auf.

7.3.1 Ontologische Kontextualität

Die präsentierten Theorien gehen alle von gegebenen Strukturen aus, was hier als ontologische Kontextualität bezeichnet werden soll. Derartige ontologische Einheiten werden als Erfassungsgegenstände einmal generell in den Theorien verankert und dann spezifisch ausformuliert.

Bei *Hartmut Esser* beginnt jede soziologische Erklärung mit einer Situation, das heißt, dass man generell mit dem ersten analytischen Erklärungsschritt, der Darlegung der Situationslogik innerhalb des Modells der soziologischen Erklärung, immer von einer gegebenen Situation ausgeht, die die Akteure zu definieren haben und somit auch jede Analyse des Handelns mit einer präzisen Situationsanalyse starten muss. Spezifisch werden diese Strukturen dann etwa als Opportunitätsstrukturen thematisiert, in denen dann zum Beispiel die „stumme Macht der Möglichkeiten" wirkt. Dabei kommen ein Großteil der von ihm selbst aufgeführten Beispiele zur Erklärung von Aggregationen gänzlich ohne die Ausführlichkeit und Tiefe des „Frame-Selection-Modells" aus. Allen spieltheoretischen Analysen etwa genügt ein viel einfacheres Handlungskonzept und manchmal, z. B. bei der Beschreibung der stummen Macht der Möglichkeit in Segregationsprozessen im Anschluss an Thomas Schelling, genügt *Hartmut Esser* sogar die Angabe einer einfachen Faustregel des Handelns.

Auch in *Richard Münch*s Voluntaristischer Handlungstheorie ist Handeln in seiner Gerichtetheit, Anpassung, Identität und Strukturiertheit eine Funktion von Zielen, Mitteln, symbolischen Bezugsrahmen und Normen bei gegebenen Bedingungen, also in einer Situation. Man kann derart analytisch abgrenzbare Handlungsfelder auch als Systeme kennzeichnen, die dann wiederum das Handeln prägen. Bezogen auf das soziale System werden die spezifischen Funktionen durch das ökonomische, politische, gemeinschaftliche und sozial-kulturelle System als ontologisch gegebene Unter-Einheiten erfüllt. Spezifisch werden diese „Sub-Systeme" dann in ihrem institutionellen Gefüge etwa in westlich-modernen Gesellschaften ausgedeutet, das insgesamt mit dem gegenwartsdiagnostischen Label der „Kommunikationsgesellschaft" versehen werden kann.

Bei *Uwe Schimank* sind soziale Strukturen nicht nur unvermeidbare Ergebnisse von situativen Konstellationen des handelnden Zusammenwirkens von Akteuren, sondern bilden auch jene Kontexte, die dann die (forschungspragmatische) Anwendung von Akteurmodellen anleiten. Soziale Strukturen, die *Uwe Schimank* wiederum in Deutungs-, Erwartungs-, und Konstellationsstrukturen differenziert, prägen in dieser Perspektive als relativ robuste kollektive Problemlösungsmuster die Akteure bei der Umsetzung ihrer Intentionen innerhalb von Beobachtungs-, Beeinflussungs-, oder Verhandlungskonstellationen. Spezifisch ist es dann vor allem die funktionale Differenzierung als moderner Deutungskontext, von der z. B. bei der Analyse des Entscheidungshandelns der Akteure auszugehen ist. Der mit der funktionalen Differenzierung einhergehende Verlust einer sozialen Ganzheit – „Gesellschaft" – wird mit dem Begriff der Polykontexturalität beschrieben. Dementsprechend schlägt *Uwe Schimank* vor, den Funktionalismus zumindest semantisch fallen zu lassen, da man nicht mehr angeben kann, auf welche übergeordnete Entität sich die jeweilige System-Funktion bezieht (vgl. Schwinn 2001). Folglich solle man besser von *„diversifikatorischer Differenzierung"* sprechen. Dies passt zu der Forderung von *Ulrich Beck*, dem methodologischen Nationalismus der Sozialwissenschaft abzuschwören, der genau diese Einheit „Gesellschaft" suggeriert, sich aber im Weltmaßstab nicht mehr halten kann. *Ulrich Beck*s Gegen-Angebot ist das eines auf inklusiven Unterscheidungen beruhenden *kosmopolitischen Blicks*, der Nationalstaaten nicht leugnet, aber auch nicht als Gesellschaften selbstverständlich setzt, sondern „Gesellschaft" sowohl innerhalb als auch außerhalb der Nationalstaaten verortet, weshalb „kosmopolitisch" *nicht* mit „international" gleichgesetzt werden kann. Diese auch von *Richard Münch* angeführten inneren und äußeren Verflechtungen entsprechen im Kern jener Poly-Optik (vgl. Kron/Winter 2005: 386 ff.), die *Uwe Schimank* mit der Polykontexturalität betont.

Für die Theorie reflexiver Modernisierung wurde gesagt, dass sie in der Situation der Weltgesellschaft den wesentlichen Faktor für die gesellschaftlichen Dynamiken, aber letztlich auch für die Prägungen der individuellen Handlungsentscheidungen sieht. Es wird der Kontext der Globalisierung als gegeben angenommen, der sich spezifisch als (Welt-)Risikogesellschaft ausdeutet; in ähnlicher Weise geht *Richard Münch* von der spannungsreichen Situation einer globalen Welt mit globalen Eliten aus, die auf lokale Welten mit lokalen Autoritäten treffen und in diesem Zusammenwirken eine „hybride Modernisierung" bewirken. Hier greift *Ulrich Beck*s „Kritische Theorie der Weltrisikogesellschaft" mit der Ausarbeitung der sozialen „Semantik des Risikos", die sich auf die gegenwärtige Thematisierung dessen bezieht, was in Zukunft gefährlich sein könnte. Die Welt ist somit das Ergebnis von Entscheidungen, die de facto ambivalente Konsequenzen zeitigen können. Diese Öffnung geschieht gezwungenermaßen, denn die Gesellschaft wird durch die dauerhaft antizipierte und anerkannte Möglichkeit von Gefahren – bei *Uwe Schimank* ein Moment der Abweichungsdämpfung – in den Zustand des Konjunktivs versetzt: Alles Mögliche könnte passieren. Je mehr die „kommunikative Logik des Risikos" die Gesellschaft durchdringt, desto mehr werden die Herrschaftsverhältnisse der Risikodefinitionen sichtbar und zum Politikum – hier verschränken sich *Ulrich Beck*s gegenwartsdiagnostischen Perspektive mit *Richard Münch*s Diagnose der Kommunikationsgesellschaft. „Weltrisikogesellschaft“ bedeutet demnach in seiner Konsequenz, dass die Verarbeitung von Risiken durch die Akteure neu erarbeitet werden muss, weil die Nebenfolgen der Erfolge der Moderne nicht mehr mit den etablierten Institutionen hinreichend be- und verarbeitet werden können.

Im Prinzip sind die Theorien von *Richard Münch*, *Urich Beck*, *Hartmut Esser* und *Uwe Schimank* folglich „Situationstheorien“. Damit liegen sie ganz in der Nähe des Neo-Pragmatismus: Der Kreativität *des* Handelns, allgemein verstanden als ein „kreatives Problemlösen durch experimentelle Intelligenz“, liegt nämlich die *Theorie situierter Kreativität* zugrunde, die mit der Beobachtung startet, dass die Welt dem handelnden Akteur nahezu permanent Widerstände bietet, die ihn zum Zweifeln bringen und die seine eingespielten Erwartungen erschüttern. Jeder Widerstand erzeugt eine neue Situation, in der der Horizont von Handlungsmöglichkeiten ebenso neu erschlossen werden muss wie die experimentellen Verknüpfungen zwischen Handlungsimpulsen und Situationsgegebenheiten. Im Ergebnis heißt dies: Das Handeln muss sich aufgrund der gegebenen Bedingungen umstrukturieren. Wenn die Umstrukturierung gelingt, wird ein neuer Handlungsmodus eingeführt, der sich stabilisieren und selbst wieder zur Routine werden kann. Die Situation wird damit im Sinne einer *Verschränkung* von Situation und Zielen *konstitutiv* gedeutet. Spezifisch wird dann untersucht, inwiefern eine „kreative Sozialität“ vorliegt. Soziale Ordnung z. B. wird in dieser Sichtweise durch die Fähigkeit eines Kollektivs zur erfolgreichen Problemlösung oder Lebensbewältigung erzeugt und nicht durch vorab notwendigerweise gegebene Normen oder durch ein Gleichgewicht des handelnden Zusammenwirkens rationaler Akteure. Wie im Handeln so vollziehen auch soziale Kollektive „Pendelbewegungen“, das heißt, sie oszillieren zwischen Routinisierung und Neu-Erzeugung von Erwartungen, Bewertungen, Zielen, Mitteln usw. Die Geschichte der Menschheit muss so gesehen kontingent und diskontinuierlich verlaufen, benötigt wird somit ein stärkeres „kontingenz-orientiertes Verständnis sozialen Wandels“, wie *Hans Joas* etwa an sozialen Bewegungen verdeutlicht, an denen das „Wechselspiel von sozialer Kontrolle und kollektiven Ausbruch“ deutlich werde.

7.3.2 Epistemologische Dualität

Alle Theorien anerkennen mit der ontologischen Kontextualität, dass soziologische Erklärungen notwendig das Handeln der Akteure einbeziehen müssen, ganz im Sinne der „duality of structures and actions" (Giddens 1984). Auch dies ist eine weitere Schnittkonvergenz. Man könnte dies so formulieren, dass alle Autoren eine Schnittkonvergenz in dieser *epistemologischen Dualität* aufweisen, sofern sie alle die Strukturebene als das zu Erklärende interessiert, für deren Wirkweise sie zur Erklärung die Handlungsdimension einbeziehen müssen, die aber wiederum nicht ohne gegebene soziale Strukturen als ontologischer Startpunkt zu erläutern ist. Zusammenfassend kann man sagen, dass das Diktum der „Dualität von Handeln und Strukturen" allen Theorien einverseelt ist: Keine der angeführten soziologischen Theorien erlaubt sich mehr die Einseitigkeit einer rein individualistischen oder einer rein holistischen Betrachtung. Auch wenn über den Grad der Tiefe bei der individuellen Handlungserklärung gestritten wird, ist man sich einig, dass handlungsfähige Akteure die sozialen Dynamiken zwar tragen und man diese deshalb theoretisch-analytisch notwendig berücksichtigen muss, dass aber das soziologische Hauptaugenmerk auf den Mustern des handelnden Zusammenwirkens in spezifischen situativen Kontexten liegt.

So geht es bei *Uwe Schimank* um den Zusammenhang von Handlungs*prägung* und Handlungs*fähigkeit*, auf dessen Basis er die Dynamiken moderner Differenzierungsprozesse nachzeichnet, die wiederum das Handeln der Akteure entscheidend prägen. Das leitende Erkenntnisinteresse ist, anders formuliert, die Analyse von Strukturdynamiken. Dies zu erklären benötigt ein Wissen über allgemeine Muster handelnden Zusammenwirkens von Akteuren, wenn diese aus verschiedenen Handlungsantrieben heraus sichtbare Handlungen hervorbringen und es dann direkt oder indirekt miteinander zu tun bekommen, das heißt wenn Intentionsinterferenzen vorliegen, welche die Akteure unter bestimmten strukturellen Bedingungen zu einer Abarbeitung auffordern.

Ganz ähnlich werden die verschiedenen Dimensionen (symbolisch generalisierte Kommunikationsmedien, Institutionen, Rollen), in denen *Richard Münch* Systemprozesse erklärt (etwa die Austauschprozesse zwischen den Systemen: Interpenetration), rückgebunden an das Entscheidungshandeln der Akteure. Interpenetration wird dann letztlich durch handelnde Akteure erzeugt, die den unterschiedlichen Prägungen verschiedener systemischer Vorgaben unterworfen sind.

Auch für *Hartmut Esser* ist die Darlegung der „Logik der Aggregation" der letzte und wichtigste analytische Schritt der Erklärung. Diese Aggregationslogik ist aber nur unter Berücksichtigung des zuvor erklärten individuellen Handelns darlegbar, das heißt, die Gesamterklärung eines sozialen Phänomens beinhaltet epistemologisch die Analyse des individuellen Handelns. Das so erklärte Agggregat bietet dann wiederum den Hintergrund jener strukturellen Verbundenheit, die die Akteure in weitere Abhängigkeiten zwingt, grundlegend modelliert über die Koordination, das Dilemma und den Konflikt als Typen sozialer Situationen. *Empirisch* verdeutlicht *Hartmut Esser* diesen Zusammenhang am Beispiel der Ehescheidung, die individualistisch in der Entscheidung zur Trennung mittels bestimmter Randbedingungen erklärt wird, um den kollektiven Sachverhalt des Verlaufs von Ehescheidungsraten innerhalb einer Kohorte zu erklären. Die Ehescheidungsrate bildet für die Akteure zugleich den Hintergrund des Entscheidungshandelns in Fragen der Ausgestaltung von Intimbeziehungen.

Im Neo-Pragmatismus äußert sich die epistemologische Dualität etwa im Anschluss an die empirische Frage nach der Entstehung von Werten, die *Hans Joas* durch die Erfahrungen der Selbstbindung und Selbsttranszendenz erklärt. Dabei geht es ihm *nicht* darum, wie Werte entstehen *können*, vielmehr will er zeigen, wie Wertbindungen *tatsächlich entstehen*. Dieser „empirische Blick" verdeutlicht, dass eine Bindung an Werte in der Entwicklung des Selbst und/oder in Erfahrungen der Selbsttranszendenz in außeralltäglichen Situationen entsteht – in jedem Fall sind kontingente Umstände entscheidend und keine Logik der Entwicklung. Auch muss die Selbsttranszendenz nicht gelingen, denn unfreiwillige Öffnungen können auch zu Traumata führen, wenn die Betroffenen sich nicht oder nur derart von der erschütternden Situation lösen können, dass die Erfahrungen das Selbstbild zwar transformieren, aber eine spannungsgeladene Identität mit Selbstzweifeln, Gefühlen des Selbstverrats, Schuldgefühlen usw. hervorbringt. Exemplarisch für den Einbruch der Kontingenz in die Gesellschaft sind Kriege als Deutungsrahmen sprengende Erfahrungen, die irgendwann wieder in den Alltag integriert werden und so beste Bedingungen für Selbstbildung und -transzendenz bieten. Damit können Kriege zu neuen Formen sozialer bzw. politischer Ordnung, zu neuen Menschenbildern usw. führen, das heißt, sie können eine „integrierte Kreativität" erzeugen, die Chance, die fortlaufende Selbstkonstitution mit einer „Verantwortungshaftigkeit der Selbstkontrolle" zusammenzubringen. Insgesamt sieht man, dass die Akteure durch gegebene kontingente Strukturen erschüttert werden, dadurch aber Bearbeitungsprozesse in Gang setzen, die zu neuen kollektiven Werten führen können.

Die an kreativitätstheoretischen Überlegungen anschließende Ethik ist mithin eine akteurtheoretische Ethik, die an die Frage der Lösung von

Handlungsproblemen, der kreativen Bewältigung kontingenter Situationen ansetzt, genauso wie das etwa *Ulrich Beck* im Sinne einer individuellen Moral als Antwort auf die herausfordernden Risiken vorsieht. Eine solche Verantwortung der Akteure begreift *Ulrich Beck* als Chance, die Dualität von Handeln und Strukturen zu nutzen. Was bei *Ulrich Beck* „real existierende Kosmopolitisierung" genant wird, beschreibt genau jenes Moment, dass Akteure durch weltgeschichtliche Prozesse bestimmt sind, ohne dass sie darum wissen oder diese intendieren, trotzdem aber permanent daran mitwirken. Beispielsweise hängt jeder Kaufakt von einem global verflochtenen Warenangebot ab und erzeugt zugleich die Dynamik des globalen Marktes mit.

7.3.3 Methodologischer Individualismus

Weiterhin kann man festhalten, dass alle genannten Autoren Vertreter eines *individualistischen* Erklärungsprogramms sind, mit der die beschriebene epistemologische Dualität *methodologisch* eingefangen wird. Methodologischer Individualismus bedeutet, dass alle Theorien eine Erklärung über die Modellierung des Entscheidungshandelns der Akteure suchen.

Am deutlichsten wird dies bei *Hartmut Esser* im Modell der soziologischen Erklärung, das die Modellierung des Entscheidungshandelns zur Darlegung der Logik der Selektion als konstitutiven Bestandteil bestimmt. Als „General Theory of Action" gilt ihm im Rahmen dieses Modells das von ihm entwickelte *Frame-Selection-Modell.* Die dem Prinzip der Nutzenmaximierung folgende Wert-Erwartungstheorie fungiert dabei im Gesamtmodell der soziologischen Erklärung als basale Theorie für jegliche Selektion, sowohl im Sinne der Selektion von Handlungsalternativen (Logik der Selektion) als auch innerhalb des Frame-Selektion-Prozesses zur Modellierung der Situationslogik.

Ähnlich ist auch *Uwe Schimank*s Vorgehensweise methodologisch individualistisch ausgerichtet, das heißt, zur Erklärung des Handelns der Akteure stützt sich *Uwe Schimank* auf vier Akteurmodelle (homo sociologicus, homo oeconomicus, Identitätsbehaupter, emotional Man). Auf die Weise ist es *Uwe Schimank* möglich, eine akteurbasierte Differenzierungstheorie als Ausdifferenzierung je autonomer Deutungsstrukturen zu formulieren. Dass eine akteurtheoretisch fundierte Differenzierungstheorie neue Perspektiven zur Lösung *empirisch* vorhandener Probleme bietet, zeigt *Uwe Schimank* am Beispiel von Doping im Spitzensport.

Ebenso sind im Neo-Pragmatismus von *Hans Joas* die kreativ Handelnden die Letztbezugspunkte der Erklärung. Ausgangspunkt ist dabei die Vorstellung einer fundamentalen Kreativität des Handelns, die mehr als üblich das Wechselspiel zwischen Mittelwahl und Zielklärung in den Blick nimmt: Zumindest nicht alle Ziele sind dem Akteur äußerlich vorgegeben und starr, sondern in ein Reflexionsprogramm eingebaut, in dem das Setzen von Zielen die Selektion von Handlungsalternativen strukturiert, aber selbst von der Wahrnehmung der Handlungsalternativen beeinflusst wird.

Etwas kniffeliger ist der methodologische Individualismus bei *Richard Münch* festzustellen, da dessen Theorie oftmals ausschließlich als Systemtheorie etikettiert wird. Zum Einen sind die systemtheoretischen Analysen aber Ableitungen aus der voluntaristischen *Handlungs*theorie. Das heißt, es können mit dem AGIL-Schema nicht nur Handlungen in ihre Komponenten zerlegt werden, sondern Handlungen werden auch als grundlegend für die systemtheoretische Analyse verstanden. Dies wird deutlich an dem systemtheoretisch wichtigsten Theoriebaustein, der Interpenetration. Diese wird nämlich letztlich durch handelnde Akteure vollzogen. Mit der von *Uwe Schimank* besonders betonten Unterscheidung von Handlungsprägung und Handlungsfähigkeit kann man bei *Richard Münch* sehen, dass nur konkrete Akteure und nicht Systeme die Eigenschaft der Intentionalität besitzen. Systeme dagegen sind Aspekte des Handels selbst. Was Luhmann als reproduzierendes Ereignis eines Systems versteht, ist für *Richard Münch* eine „vorübergehende Beilegung eines Konflikts zwischen verschiedenen Handlungscodes innerhalb eines einzelnen Handelnden und zwischen verschiedenen Handelnden, die nicht nur aufgrund unterschiedlicher Interessen aufeinanderprallen, sondern auch aufgrund unterschiedlicher Präferenzen, die sie den verschiedenen Handlungscodes beimessen". Kurz: Handelnde Akteure (re-)produzieren Systeme und deren Austauschbeziehungen.

Noch schwieriger ist der methodologische Individualismus bei *Ulrich Beck* zu erkennen, zumal er selbst einen „methodologischen Kosmopolitismus" einfordert. Dies meint aber etwas anderes, nämlich die Anerkennung gradueller Abstufungen in der Erklärung (ich komme darauf zurück). Auf den ersten Blick sieht es so aus, als läge *Ulrich Beck*s Herangehensweise quer zu den üblichen Diskussionen um den methodologischen Individualismus oder methodologischen Holismus, weshalb er ansagen kann: „Die Theorie reflexiver Modernisierung hat sich bislang aus der Kontroverse zwischen den sogenannten Handlungstheorien und den sogenannten Systemtheorien herausgehalten." Wenn überhaupt, so hat man die Theorie reflexiver Modernisierung bislang eher in die Nähe differenzierungstheoretischer Annahmen gerückt, so als sei die Risikogesellschaft ein Ergebnis funktionaler Differenzierung, wogegen *Ulrich Beck* selbst zwar von möglichen „Code-Synthesen“ gesprochen hat, was aber die Annahme – im Sinne der systemtheoretischen Perspektive *Richard Münch*s – bestätigt, dass die Gesellschaft differenziert *ist*.

Schaut man aber genauer hin, erkennt man den individualistischen Zuschnitt der Theorie reflexiver Modernisierung: Man kann nämlich fragen, wer Risiken erzeugt, sie anerkennt und sich in das „Meta-Spiel“ um neue gesellschaftlichen Spielregeln einlässt. Die Antwort ist, dass es in der Weltrisikogesellschaft immer „Organisationen“, also die handelnden (kollektiven oder korporativen) Akteure sind, die die weltrisikogesellschaftlichen Prozesse tragen. Alle Grundbegriffe der Theorie reflexiver Modernisierung sind letztlich auf das Handeln der Akteure bezogen: Es sind Akteure, die Risiken durch Zurechnung auf Entscheidungen erzeugen, wahrnehmen und anerkennen. Auch das Nebenfolgentheorem ist letztlich auf das Handeln der Akteure zurückzuführen, weil es Akteure sind, die handeln und damit unerwartete und teils ungewollte Folgen produzieren, oder diese antizipieren und im Sinne einer sich-selbst-widerlegenden-Prophezeiung verhindern. So gesehen überrascht es dann nicht, wenn die Gegenmacht im politischen Spiel wiederum beim Akteur als Konsumenten liegt, der die Subpolitik maßgeblich gestaltet.

Dass *Ulrich Beck* sich besonders auf Modernisierungsprozesse konzentriert, ist vermutlich zwei Gründen geschuldet: Zum Einen entgeht er so dem Risiko, sich zu sehr auf die Modellierung und Analyse des individuellen Handelns konzentrieren zu müssen. Da die Theorie reflexiver Modernisierung sowieso zugleich mit Blick auf die Gegenwartsgesellschaft formuliert ist – quasi Gegenwartsdiagnose und Theorie in Einem – stehen gesellschaftliche Vorgänge im Mittelpunkt. *Ulrich Beck* sieht die wesentlichen Dynamiken, die die aktuelle moderne Gesellschaft antreiben, verursacht durch eine bestimmte soziale Topologie (Weltgesellschaft); er betont die gesellschaftliche Situation, unter der das Handeln der Akteure zusammenwirkt. Mit Peter Sloterdijk sphärologisch formuliert sind es besondere sozial-klimatische Bedingungen im Menschentreibhaus, unter denen Akteure handeln müssen und dabei wechselwirken. Die Analyse des handelnden Akteurs mit seinen besonderen Handlungsfähigkeiten ist zwar *methodologisch* zur Darlegung der Modernisierungsvorgänge notwendig, weil auch bei *Ulrich Beck* der Akteur der energetische Träger des Sozialen ist, aber die *hinreichenden* verursachenden Bedingungen gesellschaftlichen Wandels müssen im handelnden Zusammenwirken der Akteure in spezifischen situativen Kontexten gesucht werden. Die *Muster* des Zusammenwirkens sind nicht zwingend aus den Handlungsfähigkeiten der Akteure ableitbar, weshalb es genügt, einfache Handlungsfähigkeiten zu unterstellen. Schärfer formuliert: Gerade weil man die Komplexität des handelnden Zusammenwirkens, die komplexen Musterdynamiken untersuchen möchte, muss man die Akteure, die diese Muster energetisch erzeugen, so einfach wie möglich und so realistisch wie nötig modellieren.[35] Dieser methodologischen Regel folgt *Ulrich Beck*.

Folglich erfahren wir relativ wenig bei *Ulrich Beck* über das Handeln der Akteure bzw. über deren Handlungsfähigkeit, abgesehen von der These der Notwendigkeit des Entscheiden-Müssens sowie einer gewissen Ablehnung der Annahme rein rationaler Handlungsorientierungen. Letztlich bleiben es aber auch bei *Ulrich Beck* die Akteure, die Risiken wahrnehmen, darauf reagieren und entsprechend handeln müssen. Dass *Ulrich Beck* als eine Möglichkeit der politischen Steuerung „Subpolitik" anempfiehlt, ist ein deutlicher Hinweis auf die Relevanz von Akteuren in *Ulrich Beck*s Analysen zur Modernisierung. Ein weiteres Indiz ist die Prominenz der Individualisierungsthese in der Theorie Reflexiver Modernisierung (vgl. Kron/Horáček 2009), in der die Akteure nicht nur Risiko-Empfänger sind, sondern mit ihrem Handeln maßgeblich an der Nebenfolgendynamik mitwirken, etwa im Bereich der familiaren Strukturen und den daraus folgenden institutionellen Spannungen.

Soweit die Schnittkonvergenzen hinsichtlich ihrer formaler Aspekte. Nachfolgend gehe ich nun auf inhaltliche Gemeinsamkeiten der Theorien ein.

7.3.4 Nicht-intendierte Handlungsfolgen

Ich beginne mit den „nicht-intendierten Handlungsfolgen". Dieses immer schon für die Analyse sozialer Prozesse grundlegende Theorem wird von allen Autoren hervorgehoben. Der Grund dürfte in den bisher dargelegten formalen Schnittkonvergenzen liegen: Wenn man ontologisch von Situationen ausgeht, die das Handeln jener Akteure prägen, die dann im

[35] Das bedeutet nicht, dass man vernachlässigen könnte, gründlich über die Handlungsfähigkeiten der Akteure nachzudenken, denn die mitunter wichtigsten sozialen Muster (z. B. Austausch, Herrschaft, Kooperation) von denen hier die Rede ist, entstehen aus einem bestimmten Grund, nämlich als Antworten auf bestimmte Probleme (z. B. Verwaltung und Verteilung von knappen Ressourcen, Notwendigkeit zur kollektiven Entscheidungsfindung, Lösung kollektiver Probleme). Nur wenn man den Akteuren bestimmte Eigenschaften unterstellt, können solche Probleme aber überhaupt entstehen. Akteure im Schlaraffenland brauchen keinen Markt, weil es dort keine knappe Ressourcen und folglich kein Interesse an Austausch überhaupt gibt. Erst die Fähigkeit des Akteurs, Kosten und Nutzen seiner Handlungen abzuschätzen, ermöglicht ihm unter der Bedingung knapper Ressourcen ein in die Zukunft gerichtetes Entscheidungshandeln, das z. B. den Austausch von Gütern vorsieht.

Zusammenwirken trotz aller ernsthaften Bemühungen z. B. um Normativität oder Rationalität bei der individuellen Entscheidungsfindung überraschende Kollektiv-Phänomene erzeugen, dann wird man schnell empirisch auf die Tatsache verwiesen, dass auch die beteiligten Akteure das Resultat ihres Handelns oftmals weder erwartet, noch erwünscht haben (vgl. Kron 2003).

Bei *Ulrich Beck* wird die Dynamik der modernen Gesellschaft explizit durch Nebenfolgen verursacht, durch das erzwungene Abarbeiten der positiven wie negativen Folgen der Industriemoderne. Der zentrale Motor der Entwicklung reflexiver Modernisierung ist die „Dominanz von nicht-intendierten Nebenfolgen technisch-ökonomischer und kulturell-politischer Neuerungen im globalen Kapitalismus." Zum Beispiel heben die Nebenfolgen des modernen marktwirtschaftlichen Geschehens, sofern sich dessen Logik fortsetzt, national- und sozialstaatlichen Grenzen auf. Sich derart den eigenen Boden entziehend, müssen für den Rechtsstaat, den Sozialstaat, die parlamentarische Demokratie genauso neue institutionelle und Handlungsregeln gefunden werden wie für „tief eingeschliffene Muster von Normalbiographie, Normalarbeit und Normalfamilie".

Ebenfalls explizit sieht *Uwe Schimank* die Verbindung zwischen handelndem Zusammenwirken und den Strukturdynamiken durch sogenannte „Transintentionalitäten" bewirkt. Diese bedeuten, dass soziale Strukturen als Ergebnis des handelnden Zusammenwirkens mehrerer Akteure im Rahmen von strukturell geprägten Akteurkonstellationen aufgrund der Vielschichtigkeit kausaler Bedingungen nur selten so aussehen, wie die Akteure selbst dies wünschen oder erwarten. Ebenso sind in Essers Modell unintendierte Handlungsfolgen in den Analyseschritt der Aggregationslogik eingelassen. Alle von ihm verwendeten spieltheoretischen Modelle etwa sind in ihren Dilemmastrukturen nichts anderes als das Ergebnis unintendierter Handlungsfolgen: Wer handelt, braucht sich nicht wundern, dass die damit verbundene Intention nicht realisiert wird, weil Interferenzen mit den anderen Akteuren dazwischen geraten. Zum Einen drückt Transintentionalität also das Scheitern von Intentionen aus; zum Anderen aber auch mögliche positive Nebenwirkungen, die sich unerwartet einstellen. Epistemologisch müsse man für die Analyse von sozialen Strukturen solche Transintentionalitäten *immer* in Rechnung stellen, auch wenn die Akteure in der Regel versuchen werden, soziale Strukturen gezielt, also in intentionaler Absicht, aufzubauen, zu erhalten oder zu verändern.

Eher implizit thematisiert *Hans Joas* unintendierte Nebenfolgen als energetischen Faktor gesellschaftlicher Dynamiken in der Betonung der Relevanz von Zusammenbrüchen für individuelle oder auch kollektive Entwicklungen. Traumata etwa durch Kriegserfahrungen spielen in der sozialen Identitätsentwicklung oder auch für die Ausbildung kollektive Werte unintendiert eine wichtige Rolle; *Ulrich Beck* führt die Terroranschläge vom 11.09.2001 als Beispiel für ein derartiges kollektives Trauma an. Genauso wie bei *Ulrich Beck* sind bei *Hans Joas* derartige Nebenfolgen jedoch keine abweichenden Variationen, sondern Konsequenzen aus regulären gesellschaftlichen Operationen. Zusammenbrüche, Krisen, Ambiguitäten und Ambivalenzen werden wie in der Theorie reflexiver Modernisierung nicht als gelegentliche Zuspitzungen, als Ausnahmen begriffen, sondern als „permanente Funktion des Systems".

In ähnlicher Weise sieht auch *Richard Münch* die Dynamik der Moderne durch die Nebenfolgen des Versuchs der Verwirklichung von Werten in Gang gehalten, die er unter dem Begriff der „Paradoxien" fasst. Als paradox wird dabei gesehen, dass der Versuch, die Werte des Rationalismus, Individualismus, Universalismus und Aktivismus zu erfüllen, solche Nebenfolgen erzeugt, die weitere Wertverwirklichungsversuche provozieren. Bei *Ulrich Beck* heißt es dazu, dass man heute allgemein um die Ungewissheit weiß. Man muss das Unerwartete miterwarten, man weiß um das Nichtwissen, weshalb sich die Weltrisikogesellschaft als eine „*Nicht*wissensgesellschaft" darstellt, die durch die voranschreitende Wissenschaft erzeugt wird. Es ist gerade der Fortschritt der Wissenschaft, der die mit den Risikodefinitionen suggerierte Kontrollsicherheit widerlegt, denn erstens erfährt man mit jeder neu gewonnen Erkenntnis zugleich, was man noch nicht weiß, das heißt, aus jedem Risiko wird somit leicht mit jeder neuen Erkenntnis eine neue Gefahr. Zweitens sind die Zusammenhänge derart komplex, dass sich Verursachungsannahmen nicht sinnvoll anstellen lassen und drittens sind selbst bei plausiblen Zusammenhängen individuelle und damit rechtlich relevante Verantwortungszuschreibungen äußerst schwierig, weil man eben z. B. nicht genau weiß, welche Fabrik von mehreren möglichen für erhöhte Pseudo-Krupp-Anfälle bei Kleinkindern verantwortlich ist. Diesen Anschauungen ist damit gemein, dass sie nicht-intentionale Folgen als unabdingbaren Teil moderner Gesellschaftsprozesse ausmachen.

7.3.5 Hybrides Entscheidungshandeln

Die Frage ist, wie man jenes Handeln angemessen erklären kann, das im Zusammenwirken (unintendierte) soziale Phänomene produziert. Dass alle Autoren sich zur Beantwortung dieser Frage einer Antwort nähern, die ich als hybrides Entscheidungshandeln bezeichne, liegt sicherlich zum Einen daran, dass die klassische Gegenüberstellung von normativen vs.

rationalen Orientierungen sich als nicht besonders tragfähig erwiesen hat. Hatte Parsons mit seinem „unit act" noch versucht, diese idealistischen und positivistischen Ansätze zu integrieren, ist man in Folge der Kritik daran – who now reads Parsons? – in zwei Lager verfallen, die bis heute Mühe haben, sich wechselseitig anzuerkennen, geschweige denn, dass sie zu Übersetzungsleistungen fähig bzw. besonders motiviert wären. Luhmanns Diagnose der „multiplen Paradigmatase" gilt vor allem für Handlungstheorien.

Zum Anderen dürfte es vor allem die starke Kritik am Rational-Ansatz sein, die die Autoren mehr und mehr dazu bewegt hat, der alltagsempirischen Evidenz nachzugehen, dass Handeln nur selten Ausdruck *einer einzigen, exklusiven* Orientierung ist. Diese Kritik mag anerkennen, dass die Rational-Choice-Theorie im Kern (im Sinne abnehmender Abstraktion) elegant einfach ist. Nur ist sie nicht nur – wie jedes Modell – unvollständig, sondern vermutlich auch falsch.[36] Alle Autoren folgen somit der Annahme, dass einfache Rational-Choice-Modelle keinesfalls mehr zur Handlungsmodellierung genügen.

Deutlich wird das bei *Hartmut Esser*, der – aus der Tradition der Rational-Choice-Theorie kommend – der rationalen Handlungsorientierung weitere Orientierungen zur Seite stellt, etwa das „automatische Reagieren", das zur Modellierung normbefolgenden Handelns dient. Auch *Hartmut Esser* sieht die rationale Handlungsorientierung nur als eine Möglichkeit, die dann greift, wenn die Situation durch den Akteur nicht so eindeutig definiert werden kann, dass ein normorientiertes Handeln im Sinne eines automatischen Reagierens greift. Zwar wird im Normalfall dichotom zwischen diesen beiden Alternativen selegiert, aber denkbar sind im Frame-Selection-Modell auch Kombinationen verschiedener Handlungsorientierungen. Und selbst innerhalb des rationalen Orientierungspfades sind dann immer noch, wiederum je nach situativem Kontext, verschiedene Milderungen der Rationalität vorgesehen (z. B. Wert-Rationalität).

Bei *Uwe Schimank* werden ähnlich wie bei *Richard Münch* grundsätzlich vier Akteurmodelle bzw. Handlungsorientierungen zur Analyse jeden Handelns herangezogen, das heißt, es werden bei *Uwe Schimank analytisch gleichgewichtige* Akteurmodelle und damit Normorientierung, Kosten-Nutzen-Orientierung, Identitätsorientierung und Gefühlsorientierung als prinzipiell *kombinierbare* Möglichkeiten vorgesehen, wobei *Uwe Schimank* aus forschungspragmatischen Gründen nahelegt, mit dem *homo sociologicus* zu beginnen, während bei *Richard Münch* jedes Handelns empirisch ein Interpenetrationsprodukt vier analytisch getrennter Hand-

[36] Die mittlerweile sehr elaborierte Kritik wird hier als bekannt vorausgesetzt.

lungsorientierungen ist, das heißt, alles Handeln ist in der voluntaristischen Handlungstheorie immer analytisch gleichermaßen an den Orientierungen der Optimierung, Realisierung, Konformität und Konsistenz ausgerichtet. Im Interpenetrationskonzept von *Richard Münch* ist unmittelbar angelegt, dass der normative Gehalt in diesem Modell nicht allein der Tatsache geschuldet ist, dass auf der Ebene des sozialen Systems das Handeln auch am Prinzip der Konsistenz zu einer Idee orientiert ist – analytisch als sozial-kulturelles System abgegrenzt – und dass dieses Handeln in den Interpenetrationszonen mit anderen Systemen Berücksichtigung fordert. Wesentlich basaler ist, dass das kulturelle System bereits auf der Ebene des Handlungssystems eine wichtige Funktion einnimmt, da in *jedem* Handeln der Aspekt der sinnhaften Deutung des eigenen und fremden Handelns sowie der Welt insgesamt (in unterschiedlichem Graden) involviert ist. Mit Hartmut Essers Worten: „Es gibt kein Handeln ohne irgendeine Form der symbolischen Orientierung oder ohne irgendeine Art der empfundenen Verpflichtung oder normativen Regelung". Und wie *Hartmut Esser* richtig anmerkt, setzt ein normativer Bezugsrahmen Nutzenorientierungen nicht außer Kraft, sondern verleiht diesen eine bestimmte Richtung, an der sich die Akteure wiederum strategisch orientieren können.

In beiden Theorien von *Uwe Schimank* und *Richard Münch* ist folglich die Überwindung der analytischen kategoriellen Trennung der Handlungsorientierungen eingebaut: Bei *Richard Münch* wird dies in den Beschreibungen der Interpenetrationen deutlich; bei *Uwe Schimank* z. B., wenn gezeigt wird, dass der Emotional Man sozial-verträgliches, normativ gestaltetes Gefühlmanagement betreiben soll und daran sichtbar wird, wie die Grenzen der Handlungsantriebe flüssig werden. Entscheidungstheoretisch wird die Hybridität des Handelns bei *Uwe Schimank* – angesichts der weitgehenden Auflösung zeitlicher, sachlicher und sozialer göttlicher Vorgaben – als Inkrementalismus gefasst. Dieser taucht einmal in der lebensgeschichtlichen Zusammenstellung als „biographischer Inkrementalismus" auf. Das bedeutet, dass man sich ohne klar definierte (oder diffuse bzw. widersprechende) Ziele durch die eigene Lebensgeschichte durchwurstelt, denn in jedem Fall ist das zu steuernde Geschehen zu komplex, um es irgendwie berechnen zu können. Die Angemessenheit des biographischen Inkrementalismus in der funktional-differenzierten Gesellschaft hat Auswirkungen für das Entscheidungshandeln der Akteure, wenn man davon ausgeht, dass jedes Handelns eines Akteurs immer und immer mehr mit anderen Akteuren zusammenwirkt, so dass reine Zweck-Mittel-Rationalität als Entscheidungsmodus nicht mehr passt. Angemessener ist folglich ein inkrementalistisches Entscheidungshandeln, das dem Handeln zumindest noch ein wenig Rationalität abtrotzt: Man wurstelt sich auch bei den Entscheidungen so durch.

In ähnlicher Weise sieht auch *Ulrich Beck*, dass die Strategien des Umgangs mit Abweichungen – Marginalisierung, Verzeitlichung (Verschiebung der Eindeutigkeit in die Zukunft), Ontologisierung (Rückführung der Abweichung auf natürliche Tatsachen oder anthropologische Selbstverständlichkeiten), Monopolisierung (Durchsetzung von Standardisierung) – in ihrer Anwendung nicht mehr wie in der Ersten Moderne erfolgreich sind. Andere Strategien für den Umgang mit Uneindeutigkeiten müssen gefunden werden. So wie *Uwe Schimank* den Inkrementalismus als eine Mischform des Entscheidungshandelns anführt, sieht *Ulrich Beck* etwa eine „Verschränkung der Alternativen", das heißt, die ehemals klaren Unterscheidungen werden als hybride Kombinationen angewandt. Beispielsweise wird wissenschaftliches Wissen und nicht-wissenschaftliches Wissen (Alltagswissen) nicht mehr klar unterschieden, sondern in ein Kompatibilitätsverhältnis zueinander gebracht. Dies gilt auch übertragen auf das Handeln der Individuen. *Ulrich Beck* macht deutlich, dass die Akteure als Rest-Risikoempfänger kaum eine Chance haben, rational zu handeln, vielmehr müssen sie „Code-Synthesen" aus den systemischen Situationsbedingungen erzeugen und so ihre jeweilige Biographie zusammenbasteln, was mit *Uwe Schimank* insofern übereinstimmt, als dass er abgestufte Grade von Rationalität anerkennt und insbesondere Inkrementalismus als jene Form des Entscheidungshandelns deutet, die in der zeitgenössischen Gesellschaft nahe liegt.

Äußerst deutlich formuliert wird das hybride Entscheidungshandeln von *Hans Joas*, der mit dem pragmatistischen Ansatz zum Einen darlegt, dass Rationalität und damit verbunden notwendige Bedingungen für rationales Handeln oftmals unhinterfragt als Maßstab des Handelns verwendet werden, indem etwa eine Verfügung von Körperfähigkeiten schlichtweg unterstellt wird. Zum Anderen folgt seiner Kritik der Gegenvorschlag, dass alles Handeln nicht als rational, sondern als basal kreativ verstanden werden muss. Das bedeutet, Rationalität wird zwar noch als mögliche Handlungsorientierung anerkannt, allerdings muss sich diese in den Rahmen der Kreativität des Handelns einfügen. In dieser Perspektive ist eine Ziel-Mittel-Orientierung nur unter besonderen Bedingungen möglich, während im Normalfall die Ziele erst im Handlungsstrom anhand der verfügbar und sichtbaren gemachten Mittel ausgerichtet und folglich nahezu kontinuierlich reformuliert werden, was ein hybrides Handeln nahezu erzwingt. Auch wenn die anderen Autoren diese fundamentale Neu-Fundierung des Handelns nicht teilen, sehen sie ebenfalls wie gezeigt nicht nur eine begrenzte Rationalität des Handelns – eine solche Betonung von „bounded rationality" geht in der Regel noch von Rationalität als Grundorientierung aus, so dass andere Handlungsorientierungen als mehr oder weniger anomisch erscheinen –, sondern verstehen das Handeln gleichermaßen an verschiedenen Einstellungen orientiert.

Zwar ist gemeinhin nicht klar, welche Stopp-Regel bei der Integration von weiteren Kompetenzen in die verschiedenen Akteurmodelle anzuwenden ist und wie man hybrides Entscheidungshandeln mit welchen Eigenschaften konkret modellieren kann, aber es gibt doch die Gemeinsamkeit der Ablehnung unterkomplexer Handlungsmodelle. Anders formuliert, die Gemeinsamkeit besteht weniger darin, dass man genau wüsste, was man will (nur der Tendenz nach: ein hybrides Entscheidungshandeln), als darin, dass man weiß, was man nicht will (z. B. reine Rational-Choice-Modellierung).

7.3.6 Anerkennung gradueller Abstufungen

Nicht erst mit der Frage nach dem Gewichtungsverhältnis von Rationalität und Normativität im Handeln wird deutlich, dass dichotome Modellierungen eher ungeeignet sind, um die empirisch vorhandenen graduellen Abstufungen abzubilden. Es war bereits Weber, der ganz deutlich entsprechende graduelle Abstufungen auf der Handlungs- *und* Ordnungsebene erkannt hat: „Die Grenze sinnhaften Handeln gegen ein bloß [...] reaktives, mit einem subjektiv gemeinten Sinn nicht verbundenes Sichverhalten ist durchaus flüssig.“ (Weber 1980: 2) Und an anderer Stelle heißt es: „Zwischen Geltung und Nicht-Geltung einer bestimmten Ordnung besteht also für die Soziologie nicht [...] absolute Alternative. Sondern es bestehen flüssige Übergänge zwischen beiden Fällen“. (Weber 1980: 17) In ähnlicher Weise hat Simmel (2000) das Problem sehr deutlich erkannt, das heißt, er diagnostizierte eine „philosophische Krisis“ in der Anwendung einer zweiwertigen Begriffslogik und forderte: „Sollte der Wille nicht in einer Form ablaufen können, die jenseits dieses Entweder-Oder steht, und für die wir freilich keinen theoretischen Ausdruck haben?“ (Simmel 2000: 221) Entsprechend finden wir bei ihm (1992a: 88 ff.) Überlegungen zur Frage, ab wie vielen Akteuren man eigentlich von einer Gesellschaft sprechen könne. Diese *Anerkennung gradueller Abstufungen* in soziologischen Analysen (vgl. Bühl 1969; Hempel 1939; Kron 2005a; Martens 1995a 1995b; exemplarisch Paris 2005) kann auch bei den hier untersuchten Theorien als weitere Schnittkonvergenz herausgearbeitet werden.

Am radikalsten ist hier sicherlich *Ulrich Beck*, dessen Forderung nach einem methodologischen Kosmopolitismus genau auf die Notwendigkeit der soziologischen Berücksichtigung von graduellen Übergängen zielt, um überhaupt solche Phänomene wie *inklusive* Unterscheidungen – z. B. „Krieg *ist* Frieden“ – erkennen zu können. Empirisch nimmt *Ulrich Beck* dabei etwa die Modernisierung Europas in den Blick. Der europäische Kosmopolitismus bricht mit der ontologischen Annahme, dass Demokratien mit Nationen einhergehen müssen. Um dieses Phänomen reflexiver Modernisierung angemessen erfassen zu können, muss die Soziologie, so *Ulrich Beck*, ihr methodologisches Arsenal anpassen, das heißt, den sozialwissenschaftlichen Begriffsrahmen modifizieren und das darauf bezogene Denken in Dualismen, Binaritäten, eineindeutigen Unterscheidungen umstellen auf ein fuzzy-Logisches Denken, das die *Gleichzeitigkeit von Gegensätzlichkeiten* zulässt – von einem „entweder-oder“ zu einem „sowohl-als-auch“. In diesem Sinne ist es *Ulrich Beck* wichtig, der Soziologie einen „kosmopolitischen Blick“, das heißt, einen Sinn für die Vagheit von Grenzen beizubringen, der offen ist für Ambivalenzen, Ambiguitäten, verschwimmende Unterscheidungen und Widersprüche. Als mögliche Kandidaten für Unterscheidungen, die im Wandel von der Ersten zur Zweiten Moderne uneindeutig werden, nennt *Ulrich Beck* Markt vs. Hierarchie, Fiktion vs. Realität, Leben vs. Tod, Wir vs. Die Anderen, Krieg vs. Frieden. Hinzu kommt, dass mit der Verflüssigung derartiger Unterschiede ganz allgemein Grenzziehungen vielfältig werden, das heißt, Grenzen verlieren ihren normativen Charakter, schon alleine deshalb, weil es mehrere Grenzziehungsmöglichkeiten gibt, die genauso gut bezweifelt werden können. Hier spielt die Diversifizierung von Rationalitätsansprüchen den Grenz-Vagheiten in die Hände. Rationalität ist folglich kein Maßstab mehr, um abschließende Urteile zu fällen und Grenzen zu ziehen.

Auch wenn die anderen Autoren nicht mit der Stringenz von *Ulrich Beck* die methodologische Konsequenz aus der Vorstellung eines Sowohl-Als-Auch ziehen, findet man in den einzelnen Analysen viele Stellen, die auf diese Anschauung rekurrieren, oftmals in Form der Berücksichtigung von Vagheiten und/oder graduellen Abstufungen, wie sie beispielsweise bereits im hybriden Entscheidungshandeln ausgeführt wurden.

In der Akteurtheorie von *Uwe Schimank* deutet sich dieser „Vagheitssinn“ dementsprechend bei graduellen Übergängen zwischen den Akteurmodellen an, da jedes Handeln in seinem akteurtheoretischen Bezugsrahmen graduell durch die verschiedenen Handlungsorientierungen (modelliert durch die vier Akteurmodelle) simultan motiviert ist, etwa wenn der Akteur als emotional Man normativ erwartete Gefühle vorspielt und damit die Grenze zum homo sociologicus überschreitet. Zwar hebelt *Uwe Schimank* dies mit seinem forschungspragmatischen Vorgehen aus, führt dies dann aber spätestens mit den Modellen des graduell abgestuft-rationalen Handelns wieder sehr explizit ein. Das bedeutet, in seiner Perspektive wirken Dichotomisierungen, die durchaus als Entlastungen für das Entscheidungshandeln verstanden werden, exogen auf den sozial typischen Akteur ein, der an und für sich graduelle Vagheiten prozessieren kann. Das bedeutet, genauso wie ein Akteur mehreren Handlungsorientierungen folgen kann, es aber einen normativen Druck gibt, Handlungsentscheidungen als rational legitimieren zu können, so wird ein Akteur durch die binären Codierungen der Systeme in simplifizierend-abstrakte Situationen hineinversetzt, die sich ausschließende Zweiwertigkeiten vorgeben, im tatsächlichen Entscheidungshandeln dann aber mitunter entlang von Vagheiten und graduellen Abstufungen prozessiert werden müssen. Und auch in gesellschaftstheoretischer Hinsicht sieht er z. B. in der Entwicklung der gesellschaftlichen Differenzierung mit dem Wechsel vom Mechanismus der Entkopplung zur Verkopplung ein Sowohl-Als-Auch verschiedener Systeme. Die Entwicklungs*logik* von Differenzierungsvorgängen ändert sich mit dem Wandel von der Ent- zur Verkopplung, die wiederum in Entkopplungen resultieren kann, was im *Ulrich Beck*'schen Sinne deutlich macht, dass die Meta-Sichtweise des Sowohl-Als-Auch ebenfalls das Entweder-Oder einbezieht.

*Richard Münch*s Interpenetrationstheorem beinhaltet in genau diesem Sinne, dass alle Funktionsfelder in unterschiedlicher Stärke simultan wirken können. Das bedeutet, dass die wechselseitige Durchdringung der analytisch getrennten Handlungsfelder, z. B. die Überschneidungen der Systeme, das von *Ulrich Beck* geforderte inlusive Unterscheiden mitführen. Eine Zahlung etwa ist *sowohl* ein ökonomischer *als auch* ein moralischer Akt.

Hier geht auch *Hans Joas* konform, der die Rede von einer Differenzierung der Gesellschaft für zu unscharf hält, was vor dem Hintergrund einleuchtet, dass die Kreativität des Handelns sowie die daraus manchmal folgenden kreative Sozialitäten per se nicht auf strenge Dichotomisierung angelegt sein müssen bzw. können.

Etwas schwieriger ist der Fall bei *Hartmut Esser*, dessen Frame-Selection-Modell noch sehr stark auf Exklusivität – z. B. *entweder* spontan-automatisch *oder* reflexiv – ausgerichtet ist. Auch ein Frame-Wechsel ist ein eineindeutiges Geschehen. Man erkennt deutlich, dass er im Rahmen seiner Handlungstheorie explizit auf ein exklusives Unterscheiden setzt, etwa wenn er symbiotische Handlungsorientierungen wie Wert-Rationalität nicht im Sinne des sowohl rational als auch wertorientiert modelliert, sondern als ein exklusives, eigenständiges Handlungsprinzip, das entweder gilt oder nicht gilt. Zwischen den verschiedenen, wechselseitig sich ausschließenden Handlungsorientierungen kann gewechselt, umgeschaltet werden, womit die Aristotelischen Dichotomisierungsprinzipien vom Ausgeschlossenen

Dritten und vom Widerspruch gültig bleiben. Erst in der Weiterentwicklung des Frame-Selection-Models bei Kroneberg (2005) wird über einen weiteren Parameter ein gradueller Übergang formal ermöglicht.[37]

7.3.7 Ablehnung formaler Selektionsalgorithmen

Eine weitere Schnittkonvergenz der Theorien findet sich bezüglich der *Ablehnung eines formalen Algorithmus in der Entscheidungstheorie.* Obwohl alle Theorien methodologisch-individualistisch eine Erklärung sozialer Phänomene über das Handeln von (individuellen, kollektiven oder korporativen) Akteuren suchen, grenzt man sich gegenüber formalisierten Verfahren ab, wie sie etwa in der ökonomischen Entscheidungstheorie standardisiert sind, vielleicht als Folge der Annahme eines hybriden Entscheidungshandelns, das schwierig (formal) zu modellieren ist. Anders formuliert sehen die Autoren offensichtlich die notwendige Handlungserklärung auch mit weniger formalen Mitteln ausreichend berücksichtigt bzw. geleistet.

Richard Münch etwa genügt die kategorielle Einarbeitung verschiedener Handlungsorientierungen in das allgemeine Analyseschema. Somit ist klar, dass bestimmte Situationen nahe legen, dass Akteure bestimmte Handlungsprinzipien anwenden, aber es wird kein Selektionsalgorithmus angegeben, wann welche Situation zur Bevorzugung eines bestimmten Handlungsprinzips führt. Zwar sind es die Akteure, die die Interpenetrationen in ihrem Handeln erzeugen, aber *Richard Münch* nimmt keine genaue Modellierung dieses Vorgangs vor (vgl. Kron 2005c), sondern liefert dichte Beschreibungen des Entscheidungshandelns (neuerdings unter aktuellen hochschulpolitischen Kontexten).

In ähnlicher Richtung legt *Ulrich Beck* mehr Gewicht auf die sozialen Dynamiken, von denen die Individuen dann etwa im Individualisierungsprozess betroffen sind, das heißt, er betont die Analyse der Problemlagen, ohne algorithmisch zu klären, wie genau die Akteure diese Probleme lösen, so dass entscheidungstheoretische Modellierungen im Existenz-Basteln unterbleiben.

Auch bei *Uwe Schimank* fehlt die Angabe eines solchen mathematisch präzise notierten Algorithmus. Bei ihm finden wir zum Einen das Angebot, die Handlungserklärung mittels dichter Beschreibungen zu leisten, die anhand soziologisch hinlänglich bekannter und geprüfter Akteurmodelle erstellt werden. Zum Anderen – und auch dies kann man als Indiz dafür

[37] Vgl. alternativ Kron (2006a).

sehen, dass eine formalere oder tiefere Beschäftigung mit der Erklärung individueller Handlungen nicht als vordringlich gesehen wird – schlägt *Uwe Schimank* einen forschungspragmatischen Umgang mit den Akteurmodellen vor, das heißt, je nach vorliegender Situation, die einen mehr oder weniger handhabbaren empirischen Zugang erlaubt, werden bestimmte Akteurmodelle in Anschlag gebracht. In diesem Sinne beschreibt *Uwe Schimank* auch das mehr oder weniger rationale Entscheidungshandeln von Akteuren der zeitgenössischen Gesellschaft, ohne aber auf einen formalen Selektionsalgorithmus zuzugreifen.

Hans Joas geht sogar darüber hinaus, insofern seine Handlungstheorie im Prinzip auf die Unanwendbarkeit von Algorithmen abzielt. Die Vorstellung vom Handeln als Aktivitäts- und Kreativitätsstrom schließt eine formal-algorithmische Modellierung bislang aus. Die pragmatistische Erklärung einer individuellen Handlung muss daher mit der „Aura des assoziativ Mitgedachten" (Renate Mayntz) unscharfer Modellierungen vorlieb nehmen, was man als soziologische Stärke sehen kann, dies überhaupt leisten zu können.

Wiederum anders gelagert ist der Fall bei *Hartmut Esser*, der 1999 noch unabdingbar einen Algorithmus zur Erklärung des *ouverten* Handelns forderte und auf der Ebene der Logik der *Selektion* genau jene formal ausdrückbare Gesetzmäßigkeit gefunden hat, die dem ganzen Modell das Prädikat „erklärende Soziologie" verlieh. Das Fehlen dieses Selektionsalgorithmus, bei *Hartmut Esser* modelliert mittels der Wert-Erwartungstheorie, ist später noch die Hauptkritik z. B. an Parsons.[38] Mit der Entwicklung des Frame-Selektion-Modells geht *Hartmut Esser* dann aber davon aus, dass mit der Erklärung der Handlungs*orientierung* (inkl. Skripte) im Rahmen der Darlegung der Logik der *Situation* das *ouverte* Handeln auf der Ebene der Logik der *Selektion* ebenfalls bereits erklärt sei. Wenn man geneigt ist, dies als einen Widerspruch zu werten, weil nun gerade das nicht mehr gemacht wird, was zuvor notwendig war – die Erklärung des *ouverten* Handelns auf der Ebene der Selektionslogik mittels eines Selektionsalgorithmus (vgl. Kron

---

[38] „Die Theorie des Handelns von Talcott Parsons ist jedoch [...] gar keine ‚Theorie' des Handelns im Sinne der gesuchten Logik der Selektion. Warum das so ist, liegt eigentlich auf der Hand: Die Voluntaristic Theory of Action und das System des Handelns nennen zwar eine Reihe von – ohne Zweifel wichtigen und für eine ‚vollständige' Theorie wohl auch unaufgebbaren – *Randbedingungen* des Handelns – wie Ziele, Bedingungen, Mittel und normative Orientierungen. Auch werden Elemente genannt, die für eine Theorie der Selektion wichtig wären: Dass Akteure sich zwischen Alternativen zu entscheiden haben und dass es dafür Regeln und Standards gebe. Aber an *keiner* Stelle findet man einen Hinweis auf die *funktionale* Verbindung zwischen diesen Randbedingungen und der Selektion eines *bestimmten* Handelns. [...] Bis heute hat *niemand* aus dieser Schule gesagt, wie die funktionale Selektionsregel der Voluntaristic Theory of Action genau aussehen soll."

2004: 193ff.), – dann kann man dies als eine Annäherung an die Anschauung der anderen Theorien deuten, dass ein formaler Selektionsalgorithmus zur Modellierung des Entscheidungshandelns verzichtbar ist.[39]

Selbstverständlich könnten die Exegese-Experten zu jedem einzelnen Punkt eine Reihe von Kritiken formulieren, so wie einzelne Kritiker Parsons vorgeworfen haben, die von ihm ausgesuchten Theorien nicht richtig gedeutet zu haben. Die wichtigere Frage ist aber nun, ob es auch eine *Vereinigungskonvergenz* gibt, also ähnlich wie bei Parsons eine neue Theorie, ein *neuer Bezugsrahmen*, der nicht auf die Einzelpositionen reduzierbar ist, sondern aus diesen abgeleitet werden kann. Die These, die ich hier aufstelle ist, dass es eine solche Vereinigungskonvergenz gibt. Wollte man diese mit einem Namen versehen, könnte man sie vielleicht *„soziologische Komplexitätstheorie"* nennen.

7.4 Vereinigungskonvergenz „Soziologische Komplexitätstheorie"

Es kann hier nur in groben Strichen gezeichnet werden, in welche Richtung man eine Vereinigungskonvergenz (weiter-)denken müsste.[40] Folgt man an dieser Stelle der Idee einer „soziologischen Komplexitätstheorie" – dies wäre mein Vorschlag –, dann ist die Frage, inwiefern die Erkenntnisse der „complexity sciences" die soziologischen Theorien über die genannten Schnittkonvergenzen hinaus weiterbringen. Ich werde einige mögliche Fortschritte entlang der Schnittkonvergenzen skizzieren und beginne wieder mit der ontologischen Kontextualität. Ein Problem bei der Anwendung der „Komplexitätstheorie" auf die Soziologie ist allerdings, dass es eine solche Theorie – trotz aller Popularität – nicht gibt.[41] Dies dürfte ein wesentlicher

---

[39] Esser verwendet die Wert-Erwartungstheorie nur noch ausschließlich als Selektionsalgorithmus zur Modellierung von Übergängen bei der Handlungs*orientierung*, aber nicht mehr bei der Entscheidung zwischen Handlungs*alternativen*. Seine Annahme ist, dass mit einem Skript bereits die Auswahl der Handlungsalternativen erfolgt sei, was m. E. aber nicht zwingend für alle Skripte, sondern höchstens für stark standardisierte Rituale gilt. Abgesehen von diesem inhaltlichen Argument muss man methodologisch *prinzipiell immer* die Selektionslogik konkret (algorithmisch) darlegen – hier hat Esser bislang nicht gezeigt, wie eine konkret-formale Ableitung, das heißt, wie die funktionale Verbindung von den Parametern der Situationslogik zu den Parametern der Selektionslogik unter Verwendung des Frame-Selection-Models über semantische Begründungen (Geschichten) hinaus aussehen könnte.

[40] Wichtige Hinweise dazu liefern Ball (2004), Byrne (1998), Buchanan (2007), Castellani/Hafferty (2009); Dörner (1989, 1996), Herbst (2004), Kron (2007); Mayntz (1997); Urry (2003), Vester (1984, 1999).

[41] Weshalb diese hier in Anführungsstriche gesetzt wird.

Grund dafür sein, dass etwa Johannes Weyer in seinem Fazit bezüglich der Bausteine einer soziologischen Theorie der Komplexität jüngst (2009: 19f.) lediglich konstatieren kann, dass man sich mit der „strukturellen Tatsache der Nicht-Linearität, der Eigendynamik und Emergenz" befassen müsse. Man könnte hier kritisch einwenden, dass man mit der Definition einer „Komplexitätstheorie" über derartige Eigenschaften die basalen Annahmen der „Theorie" mit den Beschreibungen der empirischen Ergebnisse identisch setzt, auf die man bei der Analyse von dynamischen Prozessen gestoßen ist. Man kann diese sehr geläufige Aussage deshalb besser in jene Lesart übersetzen, die die „Komplexitätstheorie" mit der ontologischen Annahme starten lässt, dass wir es im Sozialen mit *komplexen Situationen* zu tun haben. Auch alle hier genannten soziologischen Theorien nehmen soziale Komplexität wahr und erkennen diese an.[42] Das bedeutet, dass alle Autoren eine gemeinsame Fragestellung haben, indem sie soziale Komplexität als Problem erkennen, obwohl sie dieses Problem als solches nicht explizit selbst bearbeiten. Alle Autoren lassen im Hintergrund eine Erklärungsheuristik mitlaufen, die darauf zielt, die Komplexität sozialer Prozesse zu analysieren, in denen die relevanten Elementarteilchen – Akteure, Handeln, Institutionen, Normen, Werte, Akteurkonstellationen, Kommunikationen usw. – situativ bestimmt werden, um den nicht-linearen, sprunghaften, pfadabhängigen und multikausalen sozialen Vorgängen auf die Spur zu kommen, sei es bei der Frage nach der Entstehung funktionaler Differenzierung und deren Konsequenzen für das Entscheidungshandeln *(Uwe Schimank)*, der Kultur der Moderne *(Richard Münch)*, der riskanten Gegenwartsgesellschaft *(Ulrich Beck)*, der Frage nach der Relevanz von Gewalt und Moral im sozialen Wandel *(Hans*

[42] Man erkennt rasch, dass dies dieselbe Problemausgangslage ist, die Luhmann zur Entwicklung seiner Systemtheorie motivierte (vgl. Luhmann 1984: 366ff.). Es gibt selbstverständlich auch in der zeitgenössischen Soziologie einige Anstrengungen, diese, mit Weyer gesprochen: „strukturelle Tatsache der Komplexität" einfließen zu lassen – vermutlich da diese empirisch mittlerweile unübersehbar ist –, das heißt, es mehren sich diejenigen soziologischen Untersuchungen, die komplexe Dynamiken anerkennen, aber die Zahl derjenigen, die diesen Dynamiken theoretisch wie methodisch *systematisch* nachgehen, ist eher gering. Von den hier besprochenen Autoren ist es wohl *Uwe Schimank*, der derartigen Dynamiken mit Konzepten wie Pfadabhängigkeit, lock-in, offenen/geschlossen Dynamik, mutual adjustment usw. im Rahmen seiner akteurtheoretischen Konzeption zumindest einen theoretischen Stellplatz zuweist, während alle anderen Autoren diese Konzepte mehr implizit verwenden. Dieser status quo ist unbefriedigend, da erstens weitere Elemente aus der „Komplexitätstheorie" hinzugefügt werden könnten (das heißt, auch Schimanks Konzept ist diesbezüglich unvollständig). Zweitens stellt sich keine der Theorien auf die methodischen Konsequenzen dieser komplexitätstheoretischen Konzepte ein. Dazu gleich mehr.

Joas) oder für Ehescheidungen *(Hartmut Esser)*[43]. Anders formuliert, mit der „soziologischen Komplexitätstheorie“ wird die Verwunderung über Nicht-Linearitäten (mit Sensibilitäten gegenüber den Anfangsbedingungen), Emergenzen, Selbstorganisationen, Pfadabhängigkeiten, Multi-Kausalitäten, Rück-Kopplungen und Attraktoren als Zustandsfolgen, die mitunter „seltsam“, das heißt deterministisch-chaotisch sein können, überwunden und die ontologische Grundannahme der aktuellen zeitgenössischen deutschen soziologischen Theorien – Kontextualität – um Komplexität erweitert.

Von hier aus kann man nun die Dualität von Handeln und Strukturen in den Blick nehmen. Der Fortschritt einer soziologischen Komplexitätstheorie läge darin, mehr als bisher in der Soziologie und in der „Komplexitätstheorie“ üblich, den Bias der eher top-down- oder eher bottom-up-Erklärung zu vermeiden, indem man sich auf *relationale* Einheiten bezieht, deren soziale Praxis *per se* handelndes Zusammenwirken von Akteuren, Kommunikation, soziale Wissensstrukturen beinhaltet.[44] Es ist Hedström (2008: 55 ff.), der jüngst auf die Relevanz von Relationsmustern für soziologische Erklärungen aufmerksam gemacht hat.[45] Innerhalb solcher Einheiten wie sie etwa anhand dynamischer Netzwerke untersucht worden sind (vgl. Barabasi 2002; Watts 2003), werden z. B. sich selbst verstärkende Rückkopplungsschleifen als dynamischer Teil der Dualität von Handeln und Strukturen immer schon mitgedacht. Die Rede vom Leben „on the edge of chaos and order“ (Waldrop 1992) meint genau diesen grundlegenden Einbezug von Wechselwirkungen zwischen handlungsfähigen Einheiten und deren prägender Umwelt. Besonders das von Kaufman (1996: 241 ff.; vgl. Lewin 1993: 63 ff.) ins Spiel gebrachte Konzept der Fitnesslandschaften ist hier interessant, weil es dieses Wechselspiel in seiner evolutionären Dynamik

---

[43] Wobei die Ehelichung einem kaum mehr wandelbaren lock-in entspricht, wenn beide Partner mit dem passenden frame aufeinander treffen, kirchlich heiraten und zwei Kinder haben zu wollen. Ein die Ehescheidung einleitender, sprunghafter Wandel wird dann durch einen Framewechsel („Liebt er / sie mich wirklich?“) erzeugt, wobei schon kleine Änderungen in den Anfangsbedingungen große Auswirkungen auf das Resultat haben können.

[44] Siehe insbesondere Castellani/Haffery (2009), die in dem Konzept der „social practice“ als Teil sozialer Systeme eine interessante Möglichkeit aufzeigen, Soziologie und Komplexitätstheorie zu verbinden.

[45] Insgesamt sehe ich Anschlussmöglichkeiten einer soziologischen Komplexitätstheorie an den Diskurs zur Analytischen Soziologie, wie sie jüngst vor allem Peter Hedström (2008) und andere Vertreter sog. mechanismischer Erklärungen (Schmid 2006) vorschlagen. Diese betonen vor allem die notwendige Berücksichtigung des Prozesscharakters des Sozialen, handelnde Akteure als deren „energetische Träger“ sowie eine Epistemologie, die zwischen deduktiv-nomologischen und induktiv-probabilistischen Verfahren liegend eher einem analytischen Realismus à la Parsons entspricht, wobei auf funktionalistische Annahmen verzichtet wird.

zu untersuchen erlaubt (vgl. Kappelhoff 2009). Im Ergebnis könnte der in der Soziologie gebräuchliche Slogan von der „Dualität von Handeln und Strukturen" mit dieser komplexitätstheoretischen Wende dann weniger philosophisch, sondern eher im Sinne der Quantenmechanik im Sinne des Welle-Teilchen-Dualismus verstanden werden. Gemeint ist, dass „Dualität" in der Soziologie oftmals immer noch philosophisch etwa im Sinne Decartes' Substanzdualismus als Existenz von zwei einander „eigentlich" ausschließenden Arten von Entitäten (Akteure/Strukturen) gedeutet wird. Der Wellen-Teilchen-Dualismus der Quantenmechanik dagegen geht davon aus, dass jede Strahlung *sowohl* Wellen- *als auch* Teilchencharakter hat und damit die Einheit der Differenz von Handeln und Strukturen angemessener zum Ausdruck bringt.

Die Schnittkonvergenz des methodologischen Individualismus wird durch die komplexitätstheoretische Antwort auf die Frage spezifiziert, mit welchen Mitteln die Analyse komplexer, emergenter Strukturdynamiken überhaupt möglich ist. Die einhellige Meinung innerhalb der „Komplexitätstheorie" ist: mit Hilfe von Computersimulationen (vgl. exemplarisch Axelrod 1997; Bedau 1997; Gilbert/Troitzsch 1999; Macy/Willer 2002), weshalb etwa Hedström (2008: 160 ff.) ebenfalls diese Methode jüngst anempfiehlt, wobei bei ihm deutlich wird, dass Sozialsimulation und die eher üblichen quantitativen Methoden sich *nicht* ausschließen, sondern hervorragend wechselseitig ergänzen und gerade darin die Erklärungskraft erhöhen (siehe auch Byrne 1998: 54 ff.). Man muss diese Ansicht nicht unkritisch übernehmen, sollte aber ggfs. in der Lage sein, Alternativen zur Simulation als Methode anbieten zu können, die eine ähnliche Erklärungszufriedenheit bewirken, wenn es um dynamische Prozesse geht.[46] Das Beispiel der jüngsten Finanzkrise zeigt treffend, dass die Soziologie bislang zu einer Erklärung komplexer Dynamiken inkl. derartiger eruptiver Zusammenbrüche innerhalb eines Sozialsystems trotz der vielfältigen Erkenntnisse zum klassisch-soziologischen Thema „Sozialer Wandel" kaum etwas beizutragen hat, während die computergestützte „Komplexitätstheorie" an dieser Stelle auf präzisere Analysen verweisen kann (z. B. Sornette 2004). Das Wissen um komplexitätstheoretische Modelle sozialer Systeme, z. B. das Wissen um deren fraktalen (Mandelbrot 2005) oder selbstorganisiert-kritikalen Charakter (Bak 1996; Brunk 2002; Kron/Grund 2009), hätte vielleicht

[46] Eventuell sind neben Sozialsimulationen z. B. die Akteur-Netzwerk-Theorie von Bruno Latour (2007) oder die unter dem Label der Praxistheorien vereinigten Ansätze (siehe Reckwitz 2003) als Alternativen geeignet, um soziale Prozesse mit weniger formalisierten Verfahren zu modellieren. Der Nachweis dafür steht allerdings noch aus.

die soziologische (vielmehr: wirtschaftswissenschaftliche) Gutgläubigkeit in die Robustheit des Wirtschaftssystem erschüttern und zu treffenderen Analysen führen können. Gleichsam kann gerade die Soziologie derartige oft von Physikern durchgeführte Analysen inhaltlich anreichern, so dass diese ihren starken Abstraktionsgrad verlieren und ein Stück in Richtung „Wirklichkeitswissenschaft" (Weber) rücken.

Aus dieser wichtigen methodischen Notwendigkeitsbedingung (der Simulation) leitet sich das methodologisch-individualistische Pendant für die Soziologie ab: die in der „Komplexitätstheorie" vorherrschende Orientierung an *Agenten*, hier verstanden als am Computer simulierte Akteure. Ausgangsbasis ist komplexitätstheoretische Grundannahme, dass es *sehr einfache Verhaltensregeln* der Agenten sind, die zu komplexen (manchmal deterministisch-chaotischen) Dynamiken führen können und, andersherum, dass ohne die (simulative) Analyse dieser zusammenwirkenden Agenten komplexe soziale Dynamiken kaum modellierbar bzw. erklärbar sind. Soziologisch interessant sind vor allem die Agentenmodelle von Holland (1995; vgl. Kappelhoff 2009: 78) und Axelrod/Cohen (2000). Holland bzw. Axelrod/Cohen verstehen Agenten als komplexe, adaptive Einheiten, die auf der Basis von *Regelsystemen bzw. regelgeleiteten Strategien* agieren und sich evolutionär im Wechselspiel mit der Umwelt (zu der andere Agenten gehören) anpassend verändern können. Aus dieser Modellierung lassen sich für die soziologische Auseinandersetzung um „das" angemessene Akteurmodell (z. B. homo oeconomicus vs. homo sociologicus) bzw. für die Diskussion um eine angemessene Stopp-Regel bei der Modellierung von Akteuren (siehe Kron 2004; Kroneberg 2005; vgl. Etzrod 2007) neue Anregungen gewinnen. Denn wenn einfache, sich zu Strategien zusammenfassbare Regelsysteme bei der Modellierung von Agenten zur Untersuchung komplexer sozialer Dynamiken hinreichend sind, ist der Soziologie die Frage nach einer abnehmenden Abstraktion erneut gestellt: Es ist nämlich offensichtlich, dass die meisten soziologischen Handlungstheorien gemessen an diesen Agenten-Konzepten viel zu komplex bzw. zu kompliziert sind. Das entgegengesetzte soziologische Empfinden, dass die meisten Multi-Agentensimulationen auf völlig unzureichenden Akteurmodellen beruhen, dürfte einem Bestreben nach möglichst realistischen Abbildungen des menschlichen Handelns geschuldet sein. Wie Hedström (2008: 94 f.) aber anmerkt, müssen Akteurmodelle gemessen am realen Handeln *immer* unvollständig, dürfen nur nicht falsch sein. *Wie* unvollständig Akteurmodelle sein dürfen oder nicht, darüber gibt es auch in der Soziologie keinen Konsens, die Frage wird aber mit den Agenten-Modellen neu gestellt.

An dieser Stelle kann man eine vereinigungskonvergierende Verbindung zum „hybriden Entscheidungshandeln" ziehen, wenn es gelänge, ein regelgeleitetes Handeln von Akteuren zu modellieren, das gleichsam an verschiedenen soziologischen Akteurmodellen orientiert ist und somit das o. g. hybride Entscheidungshandeln mit umfasst (siehe z. B. das Modell von Kron 2005c). Die Modellierung der Regeln muss dabei derart möglich sein, dass diese die Prägung des Agenten durch dessen komplexen situativen Kontext sowie die Veränderung des Kontextes als Handlungsfolge beinhalten. Zudem sollten die Regeln jenes soziologische Wissen beinhalten, das sich hinter den Chiffren der soziologischen Akteurmodelle versteckt. Auf diese Weise würde man das soziologisch erschlossene Entscheidungsverhalten der Akteure mit einfachen Regelsätzen abbilden. Dies könnte zudem eine Möglichkeit sein, auf die Schnittkonvergenz der Ablehnung formaler Algorithmen zur Modellierung des Entscheidungsverhaltens zu reagieren, denn die Regelsätze selbst sind nicht mathematisch-formal algorithmisch, sondern verbal strukturierte Darlegungen der Orientierungen der Akteure (mithin deren Strategie), z. B. in Form einfacher wenn-dann-Formulierungen (siehe Holland 1995: 43 ff.; Kron 2005c: 208 ff.). Diese *können* in einen für die Implementation am Computer notwendigen Algorithmus übersetzt werden, zwingen den Soziologen aber nicht von vornherein in ein algorithmisch-mathematisches Gerüst.

Zumindest würde eine an Simulationen gebundene „soziologische Komplexitätstheorie" ihre Erklärungen auf diese Weise viel näher entlang der Schnittkonvergenz nicht-intendierter Handlungsfolgen suchen. „Transintentionalität" würde über den Status eines Theorems hinaus gar zum Kern soziologischer Erklärungen werden, insofern man die „Komplexitätstheorie" auch als Suche nach (mehr oder weniger „strange") Attraktoren verstehen kann. Ein Attraktor bezeichnet jene Menge im Zustandsraum, die als Endzustand von Trajektorien erreicht wird, ein „attraktiver" Zustand, dem sich das System annähert, ohne dass die Systemelemente dies erahnen ließen. Soziale Attraktoren lassen sich folglich in der Regel nicht auf das Verhalten der Akteure reduzieren, sondern müssen über deren nicht-intendiertes Zusammenwirken und dessen Folgen dargelegt werden. Mit der simulativen Darstellung von sozialen Dynamiken, die sich über die Intentionen der einzelnen Agenten hinweg auf einen Attraktor ausrichten, überwindet die Soziologie ihre weitgehende Sprachlosigkeit in Bezug auf die Analyse von *dynamisch-komplexen Prozessen* in Richtung einer „generativen Soziologie" (Epstein/Axtell 1996; Epstein 2007) – deren Erklärungsleistung in der *Erzeugung* des Explanandums liegt.

Zum Schluss bietet sich die *Fuzzy-Logik* (Kosko 1995; Zadeh 1965) als ein gebräuchliches Werkzeug der „Komplexitätstheorie" (Castellani/Hafferty 2009: 131; Dimitrov/Korotkich 2001; Zadeh 1973) an, um graduelle Abstufungen sowohl bei den Situations- als auch Handlungsparametern zu modellieren (siehe Kron 2005a; Winter/Kron 2009). Der technische Apparat der Fuzzy-Logik setzt zur Modellierung komplexer Einheiten (etwa in den Ingenieurwissenschaften) genau auf jene Regelsätze, wie sie oben zur Modellierung des hybriden Entscheidungshandelns unter Ablehnung formaler Algorithmen anempfohlen wurden. Ihre mathematisch-philosophische Grundlage wiederum kann zur Modellierung komplexer Situationen verwendet werden, etwa zur Analyse der „kausalen Komplexität" des Sozialen (vgl. Ragin 2000, 2008). Die Anwendung von Fuzzy-Logik würde jenen Anspruch auf Anerkennung gradueller Abstufungen und Vagheiten – Stichwort „Hybridisierung" – erfüllen, wie er explizit von *Ulrich Beck* mit seinem methodologischen Kosmopolitismus erhoben wird. Schärfer formuliert wird mit der Fuzzy-Logik eine Lösung für das in der Soziologie eigentlich unhaltbare Problem des Festhaltens an exklusiven Dichotomisierungen angeboten: „Die Historiker der Ideengeschichte haben gezeigt, dass es für das archaische und noch für das antike Denken charakteristisch ist, alles auf Gegensatzpaare zu reduzieren: Tag – Nacht, sterblich – unsterblich, essbar – nicht essbar, beweglich – unbeweglich etc. Dieses Charakteristikum wird beibehalten in der ersten Phase der wissenschaftlichen Behandlung eines Problems: wie der Neurophysiologe zu Beginn des Jahrhunderts alles auf ein Zusammenspiel von Reiz und Hemmung reduzieren wollte, so gerät der Soziologe [...] in die Versuchung, alles in Termini [...] von Paaren ähnlicher Gegensätze zu erklären. [...] Diese Art der Erklärung ist so primitiv, wie die Dichotomisierung, die ihr vorausgeht, und ebenso unvereinbar mit einer wissenschaftlichen Betrachtung der Welt." (Bunge 1983: 141) Darauf muss man reagieren, wenngleich noch offen ist, ob die Fuzzy-Logik eine hinreichende Lösung für dieses Problem bietet bzw. welche soziologischen Folgeprobleme sich aus einem methodologischen Kosmopolitismus ergeben.

Zusammenfassend kann die „soziologische Komplexitätstheorie" als Vereinigungskonvergenz zu einem wesentlichen Fortschritt mit der Entwicklung eines neuen *„frame of reference"* für die Modellierung und Erklärung komplexer dynamischer sozialer Prozesse beitragen. Ausgehend von Schnittkonvergenzen zeitgenössischer deutscher soziologischer Theorien basiert die „soziologische Komplexitätstheorie" auf der ontologischen Annahme komplexer Situationen, die methodologisch-individualistisch, das heißt mittels empirisch-kalibrierter, agentenbasierter Sozialsimulationen untersucht werden, wobei die Konzentration auf dynamischen, relationalen

Einheiten (Netzwerken, sozialen Praktiken) liegt. Die zur Analyse energetisch notwendigen Agenten werden mit einfachen, verbalsprachlich formulierten und soziologisch fundierten Regelsystemen ausgestattet, mit denen ein hybrides Entscheidungshandeln modelliert werden kann, ohne direkt auf formale Entscheidungsalgorithmen zurückgreifen zu müssen. Das simulierte Zusammenwirken dieser regelgeleiteten Agenten erzeugt artifiziell am Computer jene emergenten Phänomene, die die Soziologie als nichtintendierte Handlungsfolgen kennzeichnet, wobei graduelle Abstufungen sowohl bei den Handlungs- als auch bei den Situationsparameter mittels Fuzzy-Logik modelliert werden können.

Davon abgesehen, dass eine „soziologische Komplexitätstheorie" ein Lösungsangebot für die in den Schnittkonvergenzen liegenden, hier bereits angedeuteten Problemen bereitstellt[47], wird mit dieser Theorie die immer noch vorhandene Distanz zwischen *humanities* und *science* verringert – ein Gegensatz, der zwar anders gelagert ist als der von Parsons überwunden geglaubte Antagonismus von Positivismus und Idealismus, aber immer noch maßgeblich die gesamte Wissenschaftslandschaft prägt.

Der Gewinn einer „soziologischen Komplexitätstheorie" ist selbstverständlich noch nicht absehbar: Zum Einen steht man erst *am Anfang der Entwicklung* einer solchen Theorie. Zum Anderen sind vereinigungskonvergente Theorieentwicklungen immer *komplex*. Die „soziologische Komplexitätstheorie" kann an dieser Stelle auf sich selbst angewendet werden: Bei der Abschätzung der Wirkungsgeschichte der soziologischen Komplexitätstheorie kann man (ohne Simulation) nur vermuten, als dass es entscheidende Sensibilitäten in den Anfangsbedingungen geben wird. Der Rest ist entwicklungsoffen, wie dies wohl auch zu Beginn der Entwicklungen der Theorien z. B. von Parsons und Luhmann gegolten hat. Selbst bei deren (System-)Theorien kann man einen Gewinn bis heute nur schwerlich genau angeben oder gar beziffern. *Dass* beide Theorien einen Gewinn für die Soziologie darstellen, ist allerdings unbestritten.

7.4.1 Weitere Konvergenzen

Eine derartige, noch auszuformulierende „soziologische Komplexitätstheorie" würde, dies ist bereits immerhin offenkundig, Unterstützung aus vielen

[47] Gemeint sind Fragen wie: Welche Methode eignet sich zur Analyse komplexer Strukturdynamiken? Wie modelliert man graduelle Abstufungen? Wie einfach/kompliziert muss ein sozialer Akteur modelliert werden (wo ist die Stopp-Regel)? Usw.

anderen Wissenschaftsdisziplinen erhalten. Beispielsweise hat etwa *Dietrich Dörner* aus psychologischer Sicht vor einiger Zeit darauf hingewiesen, dass die Komplexität der sozialen und natürlichen Randbedingungen des Entscheidungshandeln so hoch ist, dass jeder Versuch des rationalen Planens einer „Logik des Misslingens" (Dörner 1989, 1996) unterliegt. Übertragen wird dies etwa durch *Frederic Vester* (1984) und seiner auf Umweltprobleme bezogene „Kunst, vernetzt zu denken" (Vester 1999). Noch nah an der Soziologie ist etwa die Betonung von Komplexität in der durch die Physik inspirierten Netzwerkforschung (Barabasi 2002; Watts 2003). Und auch der Hinweis aus der Geschichtswissenschaft, dass die Komplexitätstheorie von Historikern berücksichtigt werden sollte (so Herbst 2004), liegt noch in Reichweite soziologischer Analysen, die ja ebenfalls nicht nur historische Ereignisse generalisiert zu erklären versuchen, sondern mit dem Bereich der Historischen Soziologie direkte Beziehungen zu den Geschichtswissenschaften unterhalten (vgl. Schützeichel 2004). Interessant ist darüber hinaus, dass die Komplexität des Sozialen nun auch von denjenigen hervorgehoben wird, die sich aus dem naturwissenschaftlichen Bereich dem Sozialen und der Soziologie annähern (Ball 2004), sei es, dass Akteure als „social atom" (Buchanan 2007) konzipiert oder das aus der Physik komplexer Systeme abgeleitete Theorem selbstorganisierter Kritikalität auf soziale Ereignisse übertragen werden (Bak 1996; Brunk 2002; Kron 2007; Kron/Grund 2009). Und selbstverständlich gibt es auch in der Soziologie Anschlussmöglichkeiten für eine „soziologische Komplexitätstheorie". Beispielsweise hat *Renate Mayntz* (1997a, 1997b, 1997c) seit langem an der Integration naturwissenschaftlicher Modelle in die Soziologie gearbeitet. Gegenwärtig ist es vor allem *John Urry* (2003), der explizit von einem *„complexity turn"* der Soziologie spricht.

Die Alternative[48] zu diesem komplexitätstheoretischen Programm ist m. E. eine Weiterführung des systemischen Denkens, also der *systemischen Reduktion von Komplexität*! Statt der reproduktiven *Erzeugung* von sozialer Komplexität entsprechend einer generativen Soziologie (z. B. die Produktion sozialer Komplexität mittels Sozialsimulationen) wird die Komplexität anerkannt und reduziert. Luhmann (1975) selbst hat die Reduktion von Komplexität als Ur-Problem des Sozialen zum Ausgangspunkt seiner systemtheoretischen Überlegungen gemacht. Interessant wäre, wollte man an die Systemtheorie Luhmanns anschließen[49], an dieser Stelle ein

---

[48] Nicht im ausschließenden Sinne, sondern als ergänzende Forschungsrichtung.

[49] Alternative Systemtheorien im weitesten Sinne wären bspw. (neben der von Parsons): Fararo (2001); Bailey (1990, 1994); Burns/Flam (1987).

anderes Vergleichsdesign zu testen, nämlich nicht MDSO („most different theories, similar outcome"), sondern MSDO („most similar theories, different outcome"): Man würde dann etwa Luhmann mit den Ansätzen von Baecker (2005, 2007), Nassehi (2003, 2006), Kieserling (2004), Schneider (1994, 2005) und Stichweh (2000, 2005) vergleichen, um in einem ersten Schritt zu sehen, welche Unterschiede diese ausgehend von einer Theorie zeitigen. In einem weiteren Schritt könnte man dann nach Schnittkonvergenzen zwischen System- und Komplexitätstheorie zu suchen, um zu sehen, ob diese eventuelle „Lücken" in der Systemtheorie mit einer soziologischen Komplexitätstheorie geschlossen werden könnten, wobei dies bereits damit einhergeht, Vereinigungskonvergenzen ausfindig zu machen, so dass man insgesamt einen systemisch erweiterten, komplexitätstheoretischen Bezugsrahmen in Aussicht hätte. Aber dies sind wohl Vorhaben, die sinnvoll erst in der Zukunft anzugehen sind.

7.5 Für die Konvergenzthese verwendete Literatur

Alexander, Jeffrey C. (1993): ‚Formal Sociology' is not Multidimensional: Breaking the ‚Code' in Parsons' Fragment on Simmel. In: Teoria Sociologica, H. 1: 101–114.

Axelrod, Robert (1997): The Complexity of Cooperation. Princeton, NJ: Princeton University Press.

Axelrod, Robert/Michael D. Cohen (2000): Harnessing Complexity. Cambridge: Basic Books.

Baecker, Dirk (2005): Form und Formen der Kommunikation. Frankfurt/Main: Suhrkamp.

Baecker, Dirk (2007): Studien zur nächsten Gesellschaft. Frankfurt/Main: Suhrkamp.

Bailey, Kenneth D. (1990): Social Entropy Theory. Albany, New York: State University of New York Press.

Bailey, Kenneth D. (1994): Sociology and the new systems theory: Toward a theoretical synthesis. Albany, NY: State University of New York Press.

Bak, Per (1996): How Nature Works. The Science of Self-Organized Criticality. New York: Springer.

Ball, Philip (2004): Critical Mass: How One Thing Leads to Another. New York: Farrar, Straus, Giroux.

Barabasi, Albert-Lazlo (2002):. Linked. Cambridge: Perseus.

Beck, Ulrich (1986): Risikogesellschaft Frankfurt/Main: Suhrkamp.

Beck, Ulrich (1988): Gegengifte. Die organisierte Unverantwortlichkeit. 1988, Frankfurt/Main: Suhrkamp.

Beck, Ulrich (1993): Die Erfindung des Politischen, Frankfurt/Main: Suhrkamp.

Beck, Ulrich (1995): Die „Individualisierungsdebatte“. In: Schäfers, Bernhard (Hrsg.): Soziologie in Deutschland. Entwicklung, Institutionalisierung und Berufsfelder, theoretische Kontroversen. Opladen: Leske + Budrich, 85–197
Beck, Ulrich (1996): Das Zeitalter der Nebenfolgen und die Politisierung der Moderne. In: Beck, Ulrich/Giddens, Anthony/Lash, Scott (1996): Reflexive Modernisierung. Eine Kontroverse. Frankfurt/Main: Suhrkamp, 19–112.
Beck, Ulrich (1997): Was ist Globalisierung? Frankfurt/Main: Suhrkamp.
Beck, Ulrich (2002): Macht und Gegenmacht im globalen Zeitalter Frankfurt/Main: Suhrkamp.
Beck, Ulrich (2004a): Der kosmopolitische Blick oder: Krieg ist Frieden. Frankfurt/Main: Suhrkamp.
Beck, Ulrich (2004b): Das kosmopolitische Europa. Frankfurt/Main: Suhrkamp.
Beck, Ulrich (2007): Weltrisikogesellschaft, Frankfurt/Main: Suhrkamp.
Beck, Ulrich (2008): Der eigene Gott. Von der Friedensfähigkeit und dem Gewaltpotential der Religionen. Frankfurt/Main, Leipzig: Verlag der Weltreligionen.
Beck, Ulrich/Anthony Giddens/Scott Lash (1996): Reflexive Modernisierung, Frankfurt/Main: Suhrkamp.
Beck, Ulrich/Boris Holzer/André Kieserling (2001): Nebenfolgen als Problem soziologischer Theoriebildung. In Beck, Ulrich/Wolfgang Bonß (Hrsg.): Die Modernisierung der Moderne. Frankfurt/Main: Suhrkamp, 63–81.
Beck, Ulrich/Christoph Lau (Hrg.) (2004): Entgrenzung und Entscheidung. Frankfurt/Main: Suhrkamp.
Beck, Ulrich/Elisabeth Beck-Gernsheim (1990): Das ganz normale Chaos der Liebe. Frankfurt/Main: Suhrkamp.
Beck, Ulrich/Elisabeth Beck-Gernsheim (1994): Individualisierung in modernen Gesellschaften: Perspektiven und Kontroversen einer subjektorientierten Soziologie. In: Beck, Ulrich/Elisabeth Beck-Gernsheim (Hrsg.): Riskante Freiheiten. Frankfurt/Main: Suhrkamp, 10–39.
Beck, Ulrich/Wolfgang Bonß (Hrsg.) (2001): Die Modernisierung der Moderne. Frankfurt/Main: Suhrkamp.
Bedau, Mark A. (1997): Weak Emergence. In: Tomberlin, James (Hrsg.): Philosophical Perspectives II: Mind, Causation, and World. Malden, MA.: Blackwell, 375–399.
Berg-Schlosser, Dirk (2003): Makro-Qualitative vergleichende Methoden. In: Berg-Schlosser, Dirk/Ferdinand Müller-Rommel (Hrsg.): Vergleichende Politikwissenschaft. Opladen: Leske + Budrich, 103–125.
Black, Donald (2000): Dreams of Pure Sociology. In: Sociological Theory, No. 3: 343–367.
Black, Donnald (2002): Pure Sociology and the Geometry of Discovery. In Toward a New Science of Sociology: In: Contemporary Sociology, No. 6: 668–674.
Brunk, Gregory G. (2002): Why Do Societies Collapse? A Theory Based on Self-Organized Criticality. Journal of Theoretical Politics, H. 2: 195–230.
Buchanan, Mark (2007): The Social Atom. New York: Bloomsbury Usa.
Bühl, Walter (1969): Das Ende der zweiwertigen Logik. Zur logischen Struktur der soziologischen Wandlungstheorien. In: Soziale Welt, H. 2: 163–180.

Bunge, Mario (1983): Epistemologie. Aktuelle Fragen der Wissenschaftstheorie. Mannheim, Wien, Zürich: B.I.-Wissenschaftsverlag.
Burns, Tom R./Helena Flam (1987): The Shaping of Social Organization: Social Rule System Theory With Applications. London: Sage Publications.
Bunge, Mario (1987): Kausalität, Geschichte und Probleme. Tübingen: Mohr.
Byrne, David (1998): Complexity Theory and Social Sciences. London: Routledge.
Castellani, Brian/Frederic W. Hafferty (2009): Sociology and Complexity Science. A New Field of Inquiry. Berlin: Springer.
Coleman, James S. (1990): Foundations of Social Theory. Cambridge/London: Harvard University Press.
Dietz, Hella (2004): Unbeabsichtigte Folgen – Hauptbegriff der Soziologie oder verzichtbarer Begriff? In: Zeitschrift für Soziologie, H. 1: 48–61.
Dimitrov, Vladimir/Victor Korotich (2001): Social Fuzziology. Heidelberg: Physica.
Dörner, Dietrich (1989): Die Logik des Misslingens. Reinbek: Rowohlt.
Dörner, Dietrich (1996): Der Umgang mit Unbestimmtheit und Komplexität und der Gebrauch von Computersimulationen. In: Diekmann, Andreas/Carlo C. Jeager (Hrsg.): Umweltsoziologie. Opladen: Westdeutscher, 489–515.
Epstein, Joshua M./Robert Axtell (1996): Growing Artificial Societies. Social Science From the Bottom Up. Washington: Brookings.
Epstein, Joshua M. (2007): Generative Social Science. Princeton; NJ: Princeton Univ.-Press.
Esser, Hartmut (1993): Soziologie – Allgemeine Grundlagen. Frankfurt/Main, New York: Campus.
Esser, Hartmut (1995): Die Objektivität der Situation. Das Thomas-Theorem und das Konzept der sozialen Produktionsfunktionen. In: Martinsen, Renate (Hrsg.): Das Auge der Wissenschaft. Zur Emergenz von Realität. Baden-Baden: Nomos, 75–100.
Esser, Hartmut (1997): Die „Definition“ der Situation und die Rationalität des Handelns. In: Meleghy, Tamás et al. (Hrsg.): Sociologie im Konzert der Wissenschaften. Zur Identität einer Disziplin. Opladen: Westdeutscher, 69–90.
Esser, Hartmut (1999a): Soziologie. Spezielle Grundlagen. Band 1: Situationslogik und Handeln. Frankfurt/Main, New York: Campus.
Esser, Hartmut (1999b): Die Optimierung der Orientierung. In: Straub, Jürgen/Hans Werbik (Hrsg.): Handlungstheorie. Begriff und Erklärung des Handelns im interdisziplinären Diskurs. Frankfurt/Main, New York: Campus, 113–136.
Esser, Hartmut (2000a): Soziologie. Spezielle Grundlagen. Band 2: Die Konstruktion der Gesellschaft. Frankfurt/Main, New York: Campus.
Esser, Hartmut (2000b): Soziologie – Spezielle Grundlagen. Bd. 3: Soziales Handeln. Frankfurt/Main, New York: Campus.
Esser, Hartmut (2000c): Soziologie – Spezielle Grundlagen. Bd. 4: Opportunitäten und Restriktionen. Frankfurt/Main, New York: Campus.
Esser, Hartmut (2000d): Soziologie – Spezielle Grundlagen. Bd. 5: Institutionen. Frankfurt/Main, New York: Campus.

Esser, Hartmut (2000e): Normen als Frames: Das Problem der „Unbedingtheit“ des normativen Handelns. In: Metze, Regina/Mühler, Kurt/Karl-Dieter Opp (Hrsg.): Normen und Institutionen. Entstehung und Wirkungen. Leipzig: Leipziger Univ.-Verlag, 137–155.

Esser, Hartmut (2001): Soziologie. Spezielle Grundlagen. Band 6: Sinn und Kultur. Frankfurt/Main, New York: Campus.

Esser, Hartmut (2002a): Was könnte man (heute) unter einer „Theorie mittlerer Reichweite“ verstehen? In: Mayntz, Renate (Hrsg.): Akteure – Mechanismen – Modelle. Zur Theoriefähigkeit makro-sozialer Analysen. Frankfurt/Main, New York: Campus, 128–150.

Esser, Hartmut (2002b): In guten wie in schlechten Tagen. Ehekrisen, Untreue und der Anstieg der Scheidungsraten – Eine Ursachenanalyse. In: Forum: 12–17.

Esser, Hartmut (2002c): In guten wie in schlechten Tagen? Das Framing der Ehe und das Risiko zur Scheidung. Eine Anwendung und ein Test des Modells der Frame-Selektion. In: Kölner Zeitschrift für Soziologie und Sozialpsychologie, H. 1: 27–63.

Esser, Hartmut (2002d): Ehekrisen: Das (Re-)Framing der Ehe und der Anstieg der Scheidungsraten. In: Zeitschrift für Soziologie, H. 6: 472–796.

Esser, Hartmut (2003a): Die Rationalität der Werte. Die Typen des Handelns und das Modell der soziologischen Erklärung. In: Bienfait, Agathe/Gert Albert/ Claus Wendt/Steffen Sigmund (Hrsg.): Das Weber Paradigma. Tübigen: Mohr, 154–188.

Esser, Hartmut (2003b): Institutionen als „Modelle“. Zum Problem der „Geltung“ von institutionellen Regeln und zur These von der Eigenständigkeit einer „Logic of Appropriateness“. In: Schmid, Michael/Andrea Maurer (Hrsg.): Ökonomischer und soziologischer Institutionalismus. Interdisziplinäre Beiträge und Perspektiven der Institutionentheorie und -analyse. Marburg: Metropolis, 47–72.

Esser, Hartmut (2004): Wertrationalität. In: Diekmann, Andreas/Thomas Voss (Hrsg.): Rational-Choice-Theorie in den Sozialwissenschaften. München. Oldenbourg: 97–112.Lepperhoff, Niels (2000): Dreamscape: Simulation der Entstehung von Normen im Naturzustand mittels eines computerbasierten Modells des Rational-Choice-Ansatzes. In: Zeitschrift für Soziologie, H. 6: 463–484.

Etzrod, Christian (2007): Neuere Entwicklungen in der Handlungstheorie. Ein Kommentar zu den Beiträgen von Kroneberg und Kron. In: Zeitschrift für Soziologie, H. 5: 364–379.

Fararo, Thomas J. (2001): Social Action Systems, Foundation and Synthesis. Westport: Praeger Publ.

Giddens, Anthony (1984): The Constitution of Society. Outline of the Theory of Structuration. Cambridge: Polity Press.

Gilbert, Nigel/Klaus G. Troitzsch (1999): Simulation for the Social Sciences. McGraw-Hill: Berkshire.

Greshoff, Rainer/Georg Kneer/Uwe Schimank (2003) (Hrsg.): Die Transintentionalität des Sozialen. Eine vergleichende Betrachtung klassischer und moderner Sozialtheorien. Opladen: Westdeutscher.

Hasse, Reimund/Georg Krücken (1999): Neo-Institutionalismus. Bielefeld: transcript.

Hedström, Peter (2008): Anatomie des Sozialen – Prinzipien der Analytischen Soziologie. Wiesbaden: VS.

Hempel, Carl G. (1939): Vagueness and Logic. In: Philosophy of Science, 6: 163–180.

Holland, John H. (1995): Hidden Order. How Adaption Builds Complexity. Cambridge, Mass.: Perseus.

Herbst, Ludolf (2004): Komplexität und Chaos. Grundzüge einer Theorie der Geschichte. München: Beck.

Joas, Hans (1980): Praktische Intersubjektivität. Die Entwicklung des Werks von George Herbert Mead. Frankfurt/Main: Suhrkamp.

Joas, Hans (1986): Die unglückliche Ehe von Hermeneutik und Funktionalismus. In: Honneth, Axel/Hans Joas (Hrsg.): Kommunikatives Handeln. Frankfurt/Main: Suhrkamp, 144–176.

Joas, Hans (1988): Die Antinomien des Neofunktionalismus. Eine Auseinandersetzung mit Jeffrey Alexander, in: Zeitschrift für Soziologie, H. 4, S. 272–285.

Joas, Hans (1989): Die Klassiker der Soziologie und der Erste Weltkrieg. In: Joas, Hans/Helmut Steiner (Hrsg.): Machtpolitischer Realismus und pazifistische Utopie. Krieg und Frieden in der Geschichte der Sozialwissenschaften. Frankfurt/Main: Suhrkamp, 179–210.

Joas, Hans (1992a): Die Kreativität des Handelns. Frankfurt/Main: Suhrkamp.

Joas, Hans (1992b): Pragmatismus und Gesellschaftstheorie. Frankfurt/Main: Suhrkamp.

Joas, Hans (1992c): Differenzierung und Demokratisierung. Perspektiven einer nichtfunktionalistischen Theorie gesellschaftlicher Entwicklung. In: Bässler, Roland (Hrsg.): Gesellschaftliche Veränderungen und ihre Auswirkungen auf den Sport. Wien: Universitätsverlag, 19–29.

Joas, Hans (1992d): Lehrmeister Krieg? In: Kölner Zeitschrift für Soziologie und Sozialpsychologie, H. 4: 538–543.

Joas, Hans (1994a): Sprayed and Betrayed. Gewalterfahrung im Vietnamkrieg und ihre Folgen, in: Hans Joas/Wolfgang Knöbl (Hrsg.): Gewalt in den USA. Frankfurt/Main: Suhrkamp, 300–313.

Joas, Hans (1994b): Der Traum von der gewaltfreien Moderne. In: Sinn und Form, H. 2: 309–318.

Joas, Hans (1996a): Die Modernität des Krieges. Die Modernisierungstheorie und das Problem der Gewalt. In: Leviathan, H. 1: 13–27.

Joas, Hans (1996b): Die Sozialwissenschaften und der Erste Weltkrieg: eine vergleichende Analyse. In: Mommsen, Wolfgang (Hrsg.): Kultur und Krieg. Die Rolle der Künstler, Intellektuellen und Schriftsteller im Ersten Weltkrieg. München: Oldenbourg, 17–29

Joas, Hans (1997a): Die Entstehung der Werte. Frankfurt: Suhrkamp.

Joas, Hans (1997b): Handlungstheorie und Gewaltdynamik. In: Vogt, Wolfgang (Hrsg.): Gewalt und Konfliktbearbeitung. Baden-Baden: Nomos, 67–75.

Joas, Hans (2000): Kriege und Werte. Studien zur Gewaltgeschichte des 20. Jahrhunderts. Weilerswist: Velbrück.

Joas, Hans (2001): The Emergence of the New: Mead's Theory and Its Contemporary Potential: In: Ritzer, George/Barry Smart (Hrsg.): Handbook of Social Theory. London: Sage, 89–99.

Joas, Hans (2002): Wertevermittlung in einer fragmentierten Gesellschaft. In: Killius, Nelson/Jürgen Kluge/Linda Reisch (Hrsg.): Die Zukunft der Bildung. Frankfurt/Main: Suhrkamp: 58–77.

Joas, Hans (2003): Kriege und Werte. Studien zur Gewaltgeschichte des 20. Jahrhunderts. Weilerswist: Velbrück.

Joas, Hans (2004a): Kontingenzbewußtsein. Der Erste Weltkrieg und der Bruch im Zeitbewußtsein der Moderne. In: Ernst, Petra/Sabine Haring/Werner Suppanz (Hrsg.): Aggression und Katharsis. Der Erste Weltkrieg im Diskurs der Moderne. Wien: Passagen, 43–56.

Joas, Hans (2004b): Glaube und Moral im Zeitalter der Kontingenz. In: Grünwaldt, Klaus/Udo Hahn (Hrsg.): Bildung als religiöse und ethische Orientierung. Dokumentation der XIII. Konsultation Kirchenleitung und wissenschaftliche Theologie. Hannover: Lutherisches Kirchenamt, 11–30.

Joas, Hans (2004c): Braucht der Mensch Religion? Über Erfahrungen der Selbsttranszendenz. Freiburg: Herder.

Joas, Hans/Klaus Wiegandt (Hrsg.) (2005): Die kulturellen Werte Europas. Frankfurt: Fischer.

Joas, Hans/Wolfgang Knöbl (2004): Sozialtheorie. Zwanzig einführende Vorlesungen. Frankfurt/Main: Suhrkamp.

Joas, Hans/Wolfgang Knöbl (2008): Kriegsverdrängung. Ein Problem in der Geschichte der Sozialtheorie. Frankfurt/Main: Suhrkamp.

Joas, Hans/Hans G. Kippenberg (2005): Interdisziplinarität als Lernprozess: Erfahrungen mit einem handlungstheoretischen Forschungsprogramm. Göttingen: Wallstein Verlag.

Kosko, Bart (1995): Fuzzy logisch. Düsseldorf: Hyperion.

Kappelhoff, Peter (2009): Die evolutionäre Organisationstheorie im Lichte der Komplexitätstheorie. In: Schulz-Schaeffer, Ingo/Johannes Weyer (Hrsg.): Management komplexer Systeme. Konzepte für die Bewältigung von Intransparenz, Unsicherheit und Chaos. München: Oldenbourg, 73–90.

Kauffman, Stuart A. (1996): Der Öltropfen im Wasser. München: Piper.

Kieserling, André (2004): Selbstbeschreibung und Fremdbeschreibung: Beiträge zur Soziologie soziologischen Wissens. Frankfurt/Main: Suhrkamp.

Kron, Thomas (2001): Moralische Individualität. Opladen. Leske + Budrich.

Kron, Thomas (2003): Transintentionalität – Simmel und Goffman im Vergleich. In: Greshoff, Rainer/Georg Kneer/Uwe. Schimank (Hrsg.): Die Transintentionalität des Sozialen. Wiesbaden: Westdeutscher, 72–107.

Kron, Thomas (2004): General Theory of Action? Inkonsistenzen in der Handlungstheorie von Hartmut Esser. In: Zeitschrift für Soziologie, H. 3: 186–205.

Kron, Thomas (2005a): Fuzzy-Logik für die Soziologie. In: Österreichische Zeitschrift für Soziologie, H. 3: 51–89.

Kron, Thomas (2005b): Mechanistisch-soziologisches Erklärungsmodell – Auf dem Weg zu einer „generativen Soziologie". In: Schimank, Uwe/Rainer Greshoff (Hrsg.): Was erklärt die Soziologie? Methodologien, Probleme, Perspektiven. Hamburg: LIT-Verlag, 172–205.

Kron, Thomas (2005c): Probleme der Voluntaristischen Handlungstheorie von Richard Münch. In: Schweizerische Zeitschrift für Soziologie, H. 1: 35–58.

Kron, Thomas (2006a): Integrale Akteurtheorie – zur Modellierung eines Bezugsrahmens für komplexe Akteure. In: Zeitschrift für Soziologie, H. 3: 170–192.

Kron, Thomas (2006b): Zur sozionischen Notwendigkeit mechanistisch-soziologischer Erklärungen. In: Malsch, T./M. Schmitt (Hrsg.): Reflexive soziale Mechanismen. Von soziologischen Erklärungen zu sozionischen Modellen. Wiesbaden: VS Verlag, 105–137.

Kron, Thomas (2007): Die Physik sozialen Wandels. In: Hamburg Review of Social Sciences, H. 2: 1–29.

Kron, Thomas/Christian Lasarczyk/Uwe Schimank (2003): Doppelte Kontingenz und die Bedeutung von Netzwerken für Kommunikationssysteme – Ergebnisse einer Simulationsstudie. In: Zeitschrift für Soziologie, H. 5: 374–395.

Kron, Thomas/Lars Winter (2005): Fuzzy Systems – Überlegungen zur Vagheit sozialer Systeme. In: Soziale Systeme, H. 2: 370–394.

Kron, Thomas/Lars Winter (2006): Zum bivalenten Denken bei Niklas Luhmann, Hartmut Esser und Max Weber. In: Greshoff, Rainer (Hrsg.): Die Integrative Sozialtheorie von Hartmut Esser im Spiegel der Konzeptionen von Max Weber und Niklas Luhmann. Wiesbaden: VS Verlag, 489–514.

Kron, Thomas/Lars Winter (2009): Aktuelle soziologische Akteurtheorien. In: Kneer, Georg/Markus Schroer (Hrsg.): Handbuch Soziologische Theorien. Wiesbaden: VS Verlag, 41–66.

Kron, Thomas/Martin Horáček (2009): Individualisierung. Bielefeld: transcript.

Kron, Thomas/Peter Dittrich (2002): Doppelte Kontingenz nach Luhmann – Ein Simulationsexperiment. In: Kron, T. (Hrsg.): Luhmann modelliert. Ansätze zur Simulation von Kommunikationssystemen. Opladen: Leske + Budrich, 209–251.

Kron, Thomas/Thomas Grund (2009): Society as a Selforganized Critical System. In: Cybernetics and Human Knowing 16: 65–82.

Kroneberg, C. (2005). Die Definition der Situation und die variable Rationalität der Akteure. Ein allgemeines Modell des Handelns. Zeitschrift für Soziologie, 34: 344–363.

Latour, Bruno (2007): Eine neue Soziologie für eine neue Gesellschaft. Einführung in die Akteur-Netzwerk-Theorie. Frankfurt/Main: Suhrkamp.

Lee, Chong Soo/Peter A. Munch (1979): Fractured Weber: A Critique of Parsons' Interpretation. In: Qualitative Sociology, H. 2: 26–41.

Levine, David (1992): Simmel und Parsons neu betrachtet. In: Soziologisches Jahrbuch, H. 2: 133–154.

Levine, David (2000): On the Critique of ‚Utilitarian' Theories of Action. Newly Identified Convergences among Simmel, Weber and Parsons. In: Theory, Culture & Society, H. 1: 63–78.

Lewin, Roger (1993): Die Komplexitätstheorie. Hamburg: Hoffmann und Campe.

Lidz, Victor M./Harold J. Berdshady (2000): Convergence as Method in Theory Construction. In: Staubmann, Helmut/Harald Wenzel (Hrsg.): Talcott Parsons. ZurAktualität eines Theorieprogramms. Wiesbaden: Westdeutscher, 45–106.

Luhmann, Niklas (1975): Komplexität. In: Luhmann, Niklas: Soziologische Aufklärung 2. Aufsätze zur Theorie sozialer Systeme. Opladen: Westdeutscher, 204–220.

Luhmann, Niklas (1984): Soziale Systeme. Grundriß einer allgemeinen Theorie. Frankfurt/Main: Suhrkamp.

Luhmann, Niklas (1986): The Autopiesis of Social Systems. In: Geyer, Felix/Johannes van der Zouwen (Hrsg.): Sociocybernetic Paradoxes. London: Sage, 172–192.

Luhmann, Niklas (1990): Die Wissenschaft der Gesellschaft. Frankfurt/Main: Suhrkamp.

Luhmann, Niklas (2002): Einführug in die Systemtheorie. Heidelberg: Carl-Auer.

Macy, Michael W./Robert Willer (2002): From Factors to Aktors: Computational Sociology and Agent-Based Modeling. In: Annual Review of Sociology, 28: 143–166.

Mahoney, James (2000a): Path Dependence in Historical Sociology. In: Theory And Society, 29: 507–548.

Mandelbrot, Benoit B. (2005): Fraktale und Finanzen. München: Piper.

Martens, Will (1995a): Der verhängnisvolle Unterschied. In: Zeitschrift für Soziologie, H. 3: 229–234.

Martens, Will (1995b): Die Selbigkeit des Differenten. Über die Erzeugung und Beschreibung sozialer Einheiten. In: Soziale Systeme, H. 2: 301–328.

Mayntz, Renate (1997a): Naturwissenschaftliche Modelle, soziologische Theorie und das Mikro-Makro-Problem. In: Mayntz, Renate: Soziale Dynamik und politische Steuerung. Theoretische und methodologische Überlegungen. Frankfurt/Main, New York: Campus, 312–327.

Mayntz, Renate (1997b): Soziale Diskontinuitäten: Erscheinungsformen und Ursachen. In: Mayntz, Renate: Soziale Dynamik und politische Steuerung. Theoretische und methodologische Überlegungen. Frankfurt/Main, New York: Campus, 115–140.

Mayntz, Renate (1997c): Historische Überraschungen und das Erklärungspotential der Sozialwissenschaft. In: Mayntz, Renate: Soziale Dynamik und politische Steuerung. Theoretische und methodologische Überlegungen. Frankfurt/Main, New York: Campus, 328–340.

Merz-Benz, Peter-Ulrich (1995): „Form" und „Verbindung" als Grundbegriffe theoretischer Handlungserklärung. In: Simmel Newsletter, H. 2: 121–135.

Moebius, Stephan/Dirk Quadflieg (Hrsg.) (2006): Kultur. Theorien der Gegenwart. Wiesbaden: VS Verlag.

Münch, Richard (1982): Theorie des Handelns. Zur Rekonstruktion der Beiträge von Talcott Parsons, Emile Durkheim und Max Weber. Frankfurt/Main: Suhrkamp.

Münch, Richard (1984): Die Struktur der Moderne. Grundmuster und differentielle Gestaltung des institutionellen Aufbaus der modernen Gesellschaften. Frankfurt/Main: Suhrkamp.

Münch, Richard (1986): Die Kultur der Moderne. 2 Bde. Frankfurt/Main: Suhrkamp.

Münch, Richard (1991): Dialektik der Kommunikationsgesellschaft. Frankfurt/Main: Suhrkamp.

Münch, Richard (1993): Das Projekt Europa. Zwischen Nationalstaat, regionaler Autonomie und Weltgesellschaft. Frankfurt/Main: Suhrkamp.

Münch, Richard (1994a): Politik und Nichtpolitik. Politische Steuerung als schöpferischer Prozeß. In: Kölner Zeitschrift für Soziologie und Sozialpsychologie 46, 381–405.

Münch, Richard (1994b): Zahlung und Achtung. Die Interpenetration von Ökonomie und Moral. In: Zeitschrift für Soziologie 23, 388–411.

Münch, Richard (1995a): Dynamik der Kommunikationsgesellschaft. Frankfurt/Main: Suhrkamp.

Münch, Richard (1995c): Modernity and Irrationality: Paradoxes of Moral Modernization. In: Protosoziologie, Nr. 7, 84–92.

Münch, Richard (1996): Risikopolitik. Frankfurt/Main: Suhrkamp.

Münch, Richard (1998): Globale Dynamik, lokale Lebenswelten. Der schwierige Weg in die Weltgesellschaft. Frankfurt/Main: Suhrkamp.

Münch, Richard (2001a): The Ethics of Modernity. Formation and Transformation in Britain, France, Germany and the United States. Lanham, MD: Rowman & Littlefield.

Münch, Richard (2008): Die akademische Elite. Zur sozialen Konstruktion wissenschaftlicher Exzellenz. Frankfurt/Main: Suhrkamp.

Münch, Richard/Christian Lahusen (Hrsg.) (2000): Regulative Demokratie. Politik der Luftreinhaltung in Großbritannien, Frankreich, Deutschland und den USA. Frankfurt/Main, New York: Campus.

Nassehi Armin (2003): Geschlossenheit und Offenheit. Studien zur Theorie der modernen Gesellschaft, Frankfurt/Main: Suhrkamp.

Nassehi Armin (2006): Der soziologische Diskurs der Moderne. Frankfurt/Main: Suhrkamp.

Paris, Rainer (2005): Halbglauben. In: Paris Rainer: Normale Macht. Soziologische Essays. Konstanz: UVK, 109–123.

Parsons, Talcott (1937): The Structure of Social Action. New York: Free Press.

Parsons, Talcott (1968): Social Interaction. In: Sills, David L. (Hrsg.): International Encyclopedia of the Social Sciences. Vol. 7. London, New York: Free Press, 429–441.

Parsons, Talcott (1994): Georg Simmel and Ferdinand Tönnies: Social Relationships and the Elements of Action. In: Simmel Newsletter, H. 1: 63–78.

Parsons, Talcott (1995): The Articulation of the personality and the Social Action System, Freud and Max Weber. In: Soziale Systeme, H. 2: 351–359.

Parsons, Talcott (1998): Simmel and the Methodological Problems of Formal Sociology. In: The American Sociologist, H. 2: 31–56.

Parsons, Talcott (2000): Das Konvergenzproblem in den europäischen Sozialwissenschaften an der Wende zum 20. Jahrhundert. In: Staubmann, Helmut/Harald Wenzel (Hrsg.): Talcott Parsons. ZurAktualität eines Theorieprogramms. Wiesbaden: Westdeutscher, 33–44.

Parsons, Talcott/Winston White (1997): Über den Zusammenhang von Charakter und Gesellschaft. In: Parsons, Talcott: Sozialstruktur und Persönlichkeit. Eschborn: Klotz, 230–296.

Pope, Whitney/Jere Cohen/Lawence E. Hazelrigg (1975): On the Divergence of Weber and Durkheim: A Critique of Parsons's Convergence Thesis. In: American Sociological Review, H. 4: 417–427.

Ragin, Charles C. (2000): Fuzzy-Set Social Science. Chicago: University of Chicago Press.

Ragin, Charles C. (2008): Redesigning Social Inquiry: Fuzzy Sets and Beyond. Chicago: University of Chicago Press.

Reckwitz, Andreas (2003): Grundelemente einer Theorie sozialer Praktiken. Eine sozialtheoretische Perspektive. In: Zeitschrift für Soziologie, H.4: 282–301.

Schimank, Uwe (1985): Der mangelnde Akteurbezug systemtheoretischer Erklärungen gesellschaftlicher Differenzierung – Ein Diskussionsvorschlag. In: Zeitschrift für Soziologie, H. 6: 421–434.

Schimank, Uwe (1988): Gesellschaftliche Teilsysteme als Akteurfiktionen. In: Kölner Zeitschrift für Soziologie und Sozialpsychologie, H. 4: 619–639.

Schimank, Uwe (1995a): Teilsystemevolutionen und Akteurstrategien: Die zwei Seiten struktureller Dynamiken moderner Gesellschaften. In: Soziale Systeme, H. 1: 73–100.

Schimank, Uwe (1995b): Hochschulforschung im Schatten der Lehre. Frankfurt/Main: Campus.

Schimank, Uwe (1996): Theorien gesellschaftlicher Differenzierung. Opladen: Leske + Budrich.

Schimank, Uwe (1999): Soziologie und Schach. In: Berliner Journal für Soziologie, H. 7: 105–114.

Schimank, Uwe (2000a): Handeln und Strukturen. Einführung in eine akteurtheoretische Soziologie. München: Juventa.

Schimank, Uwe (2000b): Die individualisierte Gesellschaft – differenzierungs- und akteurtheoretisch betrachtet. In: Kron, Thomas (Hrsg.): Individualisierung und soziologische Theorie. Opladen: Leske + Budrich, 107–128

Schimank, Uwe (2000c): Soziologische Gegenwartsdiagnosen – Zur Einführung In: Schimank, Uwe/Ute Volkmann (Hrsg.): Soziologische Gegenwartsdiagnosen I: Eine Bestandsaufnahme. Opladen: Leske + Budrich, 9–22.

Schimank, Uwe (2002a): Das zwiespältige Individuum. Zum Person-Gesellschaft-Arrangement der Moderne. Opladen: Leske + Budrich.

Schimank, Uwe (2002b): Theoretische Modelle sozialer Strukturdynamiken: Ein Gefüge von Generalisierungsniveaus. In: Mayntz, Renate (Hrsg.): Akteure – Mechanismen – Modelle: Zur Theoriefähigkeit makro-sozialer Analysen. Frankfurt/Main: Campus, 151–178.

Schimank, Uwe (2003a): Das Wechselspiel von Intentionalität und Transintentionalität im Institutionalismus und in der Organisationsforschung. In: Rainer Greshoff/Georg Kneer/Uwe Schimank (Hrsg.): Die Transintentionalität des Sozialen –

Eine vergleichende Betrachtung klassischer und moderner Sozialtheorien. Wiesbaden: Westdeutscher, 246–277.

Schimank, Uwe (2003b): Theorie der modernen Gesellschaft nach Luhmann – eine Bilanz in Stichworten. In: Hans-Joachim Giegel/Uwe Schimank (Hrsg.): Beobachter der Moderne – Beiträge zu Niklas Luhmanns „Die Gesellschaft der Gesellschaft“. Frankfurt/Main: Suhrkamp, 261–298.

Schimank, Uwe (2005a): Die Entscheidungsgesellschaft – Komplexität und Rationalität der Moderne. Wiesbaden: VS Verlag.

Schimank, Uwe (2005b): Differenzierung und Integration der modernen Gesellschaft – Beiträge zur akteurzentrierten Differenzierungstheorie 1. Wiesbaden: VS Verlag.

Schimank, Uwe (2006): Ökonomisierung der Hochschulen – eine Makro-Meso-Mikro-Perspektive In: Rehberg, Karl-Siegberg (Hrsg.): Die Natur der Gesellschaft. Verhandlungen des 33. Kongresses der Deutschen Gesellschaft für Soziologie in Kassel 2006. Frankfurt/Main: Campus, 622–635.

Schimank, Uwe/Erhard Stölting (2001): (Hrsg.): Die Krise der Universitäten. Wiesbaden: Westdeutscher.

Schimank, Uwe/Karl-Heinrich Bette (1995): Doping im Hochleistungssport: Anpassung durch Abweichung. Frankfurt/Main: Suhrkamp.

Schimank, Uwe/Rainer Greshoff/Georg Kneer (Hrsg.) (2003): Die Transintentionalität des Sozialen – Eine vergleichende Betrachtung klassischer und moderner Sozialtheorien. Wiesbaden: Westdeutscher.

Schimank, Uwe/Thomas Kron (2004): Action – Structures – Dynamics. Introduction in Sociology. Educatis University. Modul ED 100.1.

Schmid, Michael (2001): Theorievergleich in den Sozialwissenschaften: In: Ethik und Sozialwissenschaften. Streitforum für Erwägungskultur 12: 481–494.

Schmid, Michael (2004): Rationales Handeln und soziale Prozesse. Wiesbaden: VS Verlag.

Schmid, Michael (2006): Die Logik mechanismischer Erklärungen. Wiesbaden: VS Verlag.

Schneider, Wolfgang Ludwig (1994): Die Beobachtung von Kommunikation. Zur kommunikativen Konstruktion sozialen Handelns. Opladen: Westdeutscher.

Schneider, Wolfgang Ludwig (2005): Was erklärt die Systemtheorie? – Systemtheoretische Analyse als Beitrag zur Aufdeckung ‚sozialer Mechanismen‘. In: Schimank, Uwe/Rainer Greshoff (Hrsg.): Was erklärt die Soziologie? Soziologische Erklärung, Modellbildung, Simulation. Münster: LIT, 252–274.

Schützeichel, Rainer (2004): Historische Soziologie Bielefeld: transcript.

Schwinn, Thomas (2001): Differenzierung ohne Gesellschaft. Weilerswist: Velbrück.

Simmel, Georg (1918): Der Konflikt der modernen Kultur. Frankfurt/Main: Suhrkamp.

Simmel, Georg (1989a): Die Probleme der Geschichtsphilosophie. Eine erkenntnistheoretische Studie. Frankfurt/Main. Suhrkamp (Gesamtausgabe Bd. 2: 297–421).

Simmel, Georg (1989b): Philosophie des Geldes. Frankfurt/Main. Suhrkamp.

Simmel, Georg (1992a): Soziologie. Über die Grundlagen der Vergesellschaftung. Frankfurt/Main. Suhrkamp.
Simmel, Georg (1992b): Persönliche und sachliche Kultur. In: Simmel, Georg: Aufsätze und Abhandlungen 1894–1900. Frankfurt/Main: Suhrkamp, 560–582.
Simmel, Georg (1996): Der Begriff und die Tragödie der Kultur. In: Simmel, Georg: Philosophische Kultur. Frankfurt/Main: Suhrkamp, 385–459.
Simmel, Georg (2000): Wandel der Kulturformen. In: Georg Simmel: Aufsätze und Abhandlungen 1909–1918. Band II. Frankfurt/Main: Suhrkamp, 217–223.
Sornette, Didier (2004): Why Stock Markets Crash. Princeton, NJ: Princeton University Press.
Stichweh, Rudolf (2000): Die Weltgesellschaft: Soziologische Analysen. Frankfurt/Main: Suhrkamp.
Stichweh, Rudolf (2005): Inklusion und Exklusion: Studien zur Gesellschaftstheorie. Bielefeld: transcript.
Surowiecki, James (2004): The Wisdom Of Crowds. Little: Brown.
Tarde, Gabriel (2003): Die Gesetze der Nachamung. Frankfurt/Main: Suhrkamp.
Urry, John (2003): Global Complexity. New Jersey: Blackwell.
Vester, Federic (1984): Neuland des Denkens. Vom technokratischen zm kybernetischen Zeitalter. München: dtv.
Vester, Federic (1999): Die Kunst vernetzt zu denken – Ideen und Werkzeuge für einen neuen Umgang mit Komplexität. München: dtv.
von Wiese, L. (1966): System der Allgemeinen Soziologie als Lehre von den sozialen Prozessen und den sozialen Gebilden der Menschen. Berlin: Duncker & Humblot.
Waldrop, Michael M. (1992): Complexity. New York: Touchstone.
Watts, Duncan J. (2003): Six degrees: The science of a connected age. New York: Norton.
Weber, Max (1980): Wirtschaft und Gesellschaft. Tübingen: Mohr.
Weyer, Johannes (2009): Dimensionen der Komplexität und Perspektiven des Komplexitätsmanagements. In: Weyer, Johannes/Ingo Schulz-Schaeffer (Hrsg.): Management komplexer Systeme. Konzepte für die Bewältigung von Intransparenz, Unsicherheit und Chaos. München: Oldenbourg, 3–28.
Winter, Lars/Kron, Thomas (2009): Fuzzy Thinking in Sociology. In: Seising, Rudi (Hrsg.): Views on Fuzzy Sets and Systems From Different Perspectives. Philosophy and Logic, Criticisms and Applications. Berlin, Heidelberg: Springer, 301–320.
Zadeh, Lofti (1965): Fuzzy sets. In: Information and Control, 8: 338–353.
Zadeh, Lofti (1973): Outline of a New Approach to the Analysis of Complex Systems and Decision Processes. In: IEEE Transactions on Systems, Man and Cybernetics, No. 1: 28–44.

Braucht das Gesundheitswesen ein eigenes Regulierungsrecht?

Schriften zur Gesundheitspolitik und zum Gesundheitsrecht

Schriftenreihe des Instituts
für Europäische Gesundheitspolitik und Sozialrecht
an der Johann Wolfgang Goethe-Universität Frankfurt

Herausgegeben von Ingwer Ebsen,
Thomas Gerlinger und Astrid Wallrabenstein

Band 16

PETER LANG
Frankfurt am Main · Berlin · Bern · Bruxelles · New York · Oxford · Wien

Astrid Wallrabenstein (Hrsg.)

Braucht das Gesundheitswesen ein eigenes Regulierungsrecht?

Beiträge zum Symposium des Instituts
für europäische Gesundheitspolitik
und Sozialrecht, 12.-13. September 2011,
Universität Frankfurt am Main

PETER LANG
Internationaler Verlag der Wissenschaften

Bibliografische Information der Deutschen Nationalbibliothek
Die Deutsche Nationalbibliothek verzeichnet diese Publikation in der Deutschen Nationalbibliografie; detaillierte bibliografische Daten sind im Internet über http://dnb.d-nb.de abrufbar.

Gedruckt auf alterungsbeständigem,
säurefreiem Papier.

ISSN 2193-0465
ISBN 978-3-631-63556-8

www.peterlang.de

Inhalt

Einleitung

Astrid Wallrabenstein

Die Fragestellung der Tagung des Instituts für europäische Gesundheitspolitik und Sozialrecht bietet nach ihrem ersten Eindruck die Möglichkeit, sich zu einem Reformziel oder gar -projekt zu positionieren. Man kann – so scheint es – ein eigenes, spezifisches Gesundheitsregulierungsrecht fordern oder auch ablehnen, etwa, weil man es für überflüssig hält.

I. Ein eigenes Regulierungsrecht?

Tatsächlich steht ein solches Reformprojekt nicht auf der politischen Tagesordnung. Auch in der Wissenschaft – sei es die Rechtswissenschaft oder die Gesundheitswissenschaft oder andere mit dem Gesundheitswesen befasste Disziplinen – wird die Forderung nach *einem*, d.h. einem umfassenden, konzeptionell geschlossenen (Regulierungs-)Recht des Gesundheitswesens soweit erkennbar nicht gestellt. Vielmehr bemühen sich etwa einige Rechtswissenschaftler um eine Rückbindung oder auch den Anschluss des Sozialrechts insgesamt und des Rechts des Gesundheitswesens im Besonderen an Erkenntnisse und Diskussionsprozesse in der allgemeinen Verwaltungsrechtswissenschaft.[1] Ähnlich lässt sich die wettbewerbsrechtliche Diskussion darum verstehen, ob und wie das Kartellrecht, konkret das GWB, auf das Recht des Gesundheitswesens umfassend anzuwenden ist.[2] Auch dies wäre ein (Wieder-)[3]Anschluss an allgemeinere Rechtsgebiete und -strukturen. Liegt damit die Fragestellung gegen den Trend?

Man kann die angesprochenen rechtswissenschaftlichen Ansätze auch gerade umgekehrt deuten: Sie lassen sich als Reaktion auf eine Entwicklung verste-

---

1 *T. Kingreen/S. Rixen*, DÖV 2008, S. 741 ff.; *H. Wißmann*, Kooperation im Wettbewerb: Soziale Dienstleistungen als Herausforderung staatlicher Regulierung, in: A. v. Arnauld/A. Musil (Hg.), Strukturelemente eines Sozialverfassungsrechts, 2009, S. 139 ff.; s. bereits zuvor: A. Schmehl/A. Wallrabenstein (Hg.), Steuerungsinstrumente im Recht des Gesundheitswesens Bd. 1-3, 2005-2007; für das Krankenversicherungsrecht den Anschluss an regulierungsrechtliche Strukturierungen herstellend: *A. Wallrabenstein*, Versicherung im Sozialstaat, 2009, S. 236 ff.; für den ambulanten Sektor und dabei sehr knapp auch für Versicherer: *M. Schuler-Harms*, in M. Fehling/M. Ruffert (Hg.), Regulierungsrecht 2010, § 15 (S. 788 ff.); für den stationären Sektor: *A. Hense*, ebd., § 16 (S. 863 ff.).

2 S. hierzu *W.-H. Roth* in diesem Band m.w.N.

3 Vgl. den historischen Abriss bei *W.-H. Roth* in diesem Band, S. 117 ff.

hen, die eigene, bereichsspezifische Regelungssysteme hervorgebracht hat, die sich von allgemeineren Rechtsentwicklungen abgekoppelt haben. Versteht man „Regulierung“ weit, so könnte man postulieren, dass das Gesundheitswesen ein eigenes, verselbständigtes Regulierungsrecht bereits hat. Die Frage richtet sich dann darauf, ob es *ein* Regulierungsrecht gibt, also ob die verschiedenen im Gesundheitssystem aufeinander bezogenen Bereiche mit einem umfassenden Regulierungsansatz erfasst werden anstatt in einzelne jeweils „autonome“ Regulierungskonzepte, etwa für die vertragsärztliche Versorgung, den Arzneimittelmarkt, den Versicherungssektor oder die Krankenhausversorgung zu zerfallen. Die umfassende Einbeziehung in das Kartellrecht oder eine verwaltungswissenschaftliche Regulierungsperspektive lassen sich als Versuch einer Zusammenführung und Herausbildung *eines* „Regulierungs“konzepts verstehen, das ein Dach bildet oder doch zumindest Strukturen und Beziehungen zwischen den Regelungen der verschiedenen Bereiche des Gesundheitswesens herausstellt.

In diesem Sinne ist die Fragestellung der Tagung gedacht. Sie zu bejahen meint, dass es sich lohnt, die Regelungsstrukturen der verschiedenen Bereiche des Gesundheitswesens auf einer „höheren Abstraktionsebene“ zusammenzudenken. Sie zu verneinen heißt, dass sich ein solches Unterfangen, sei es wegen mangelnder Erfolgsaussichten, sei es wegen zu geringen Ertrags, nicht lohnt. Natürlich ist die Tagungskonzeption zunächst auf eine positive Antwort angelegt; zumindest soll der Versuch unternommen werden, verschiedene Regelungsbereiche nebeneinander zu betrachten und dabei den Blick auf seine allgemeineren oder verallgemeinerungsfähigen Strukturen und Regulierungsmuster zu lenken.

II. Wettbewerbsparadigma

Die angesprochene „höhere Abstraktionsebene“, auf der das Denken eines Gesundheitsregulierungsrechts gelingen könnte, ist dabei bereits vorgegeben: Sowohl die kartellrechtliche Behandlung als auch der Zugriff über ein Regulierungsrecht im spezifischeren Sinn – vergleichbar der Regulierung des Energie- oder Telekommunikationssektors – haben die gleichen Grundannahmen; nämlich die, dass Akteure im Gesundheitswesen – seien es Ärzte, Krankenhäuser, Krankenversicherungen etc. – zueinander in einem Wettbewerbsverhältnis stehen und dieser Wettbewerb durch staatliche Regulierung gesteuert wird. Die Idee eines Gesundheitsregulierungsrechts setzt also als Paradigma die Vorstellung von Wettbewerb als durchgehendes Grundmuster der Beziehungen im Gesundheitswesen voraus.[4]

Dies ist nicht selbstverständlich, sondern es ist eine konzeptionelle Setzung. Man muss die Beziehungen im Gesundheitswesen nicht notwendigerweise als Wettbewerb verstehen, aber es ist möglich und findet statt – allerdings nicht ubiquitär. Dies wird dann deutlich, wenn die Zugriffsweisen, die einerseits das deutsche und andererseits das europäische Recht auf das Gesundheitswesen haben, einander gegenübergestellt werden. In zwei aktuellen Diskussionen wird die Diskrepanz deutlich, die sich hier zwischen nationalem und europäischem Recht auftut. Bei der Frage, ob und wie die Bestimmungen des GWB auf das Handeln von Krankenkassen Anwendung finden, und bei den Konsequenzen, die die passive Dienstleistungsfreiheit für Leistungen im Gesundheitswesen hat, zeigt sich, dass die Unterstellung unter das Wettbewerbsparadigma nicht zwingend sondern eine rechtspolitische Entscheidung ist. Zwei Themenfelder dieses Tagungsbandes – der Beitrag von *Wulf-Henning Roth* sowie der Kommentar von *Karl-Heinz Mühlhausen*: „Das GWB als Regulierungsrecht – geeignet für das Gesundheitswesen?" und der Beitrag von *Stephan Rixen* mit dem Kommentar von *Frank Schreiber*: „Patientenrechte-Richtlinie als „Dienstleistungsrichtlinie des Gesundheitswesens"? – sind deshalb diesen Fragen gewidmet. Vorangestellt ist eine systematisierende Einführung durch den Beitrag von *Margarete Schuler-Harms*.

1. Für die Beziehungen der Krankenkassen „upstream" und „downstream"[5]

Im deutschen Gesundheitssystem ist uns das Denken als Wettbewerbsordnung heute geläufig[6]: Leistungserbringer verstehen sich als Anbieter von Gesundheitsleistungen, sehen sich im Wettbewerb zueinander und/oder der Marktmacht der Krankenkassen als Nachfragemonopolisten oder Nachfragekartell gegenüber. Nicht um die Anwendbarkeit des Wettbewerbsparadigmas an sich dreht sich heute der Streit. Vielmehr geht es „nur" um die Frage, wo und wie das rechtliche Regelungs- und Kontrollregime ausgestaltet ist. Wenn etwa die Ge-

---

4 Vgl. bei *C. Franzius*, Gewährleistung im Recht, 2009, S. 75 f.: Bei dem „Regelungsmodell" gehe es „um die ebenso fundamentale wie triviale Einsicht in die Regelungsbedürftigkeit und -fähigkeit des Verhältnisses von Staat und Markt"; und: „Im Regelungsmodell manifestiert sich nicht der Abschied von Markt, sondern die Anerkennung der Marktkräfte."

5 Zur Begrifflichkeit s. *W.-H. Roth* in diesem Band, S. 118 f.

6 Vgl. insb. *S. Rixen*, Sozialrecht als öffentliches Wirtschaftsrecht, 2005.

richtszuständigkeit zwischen Sozial- und Zivilgerichten kontrovers ist, dann ist dennoch weder das Grundverständnis, dass es um eine Wettbewerbskonstellation geht, noch die normative Tatsache, dass das SGB V diesen Wettbewerb reguliert, das Problem.[7] Die Differenzen liegen erst bei der Frage, wie Wettbewerb und Regulierungsvorgaben im konkreten Fall zueinander zu gewichten und gegeneinander auszutarieren sind. Weil hier den Sozialgerichten eine regulierungs- und krankenkassenfreundliche Grundeinstellung unterstellt wird, wohingegen bei den Zivilgerichten eher Zurückhaltung gegenüber Krankenkassen und Zugewandtheit gegenüber den Leistungserbringern vermutet wird,[8] wird die Zuständigkeitsfrage so kontrovers diskutiert[9] wie auch die Frage der Aufsichtskompetenzverteilung zwischen Bundesversicherungsamt und Bundeskartellamt.[10] Ebenso bestehen sachliche Auseinandersetzungen darüber, inwieweit und mit welchen Mitteln der Wettbewerb reguliert werden soll. Ob etwa die konzertierte Ankündigung von Zusatzbeiträgen mehrerer Krankenkassen ordnungspolitisch sinnvoll ist oder nicht, lässt sich unterschiedlich beurteilen.[11] Unstreitig ist jedoch, dass durch die Zusatzbeiträge die Krankenkassen in Wettbewerb zueinander stehen. Kurz: Sowohl das sogenannte Leistungserbringungsrecht – die Beziehungen zwischen den Krankenkassen und den Leistungserbringern – als auch die Versicherungsbeziehung zwischen Krankenkassen und ihren Versicherten wird heute im deutschen Gesundheitswesen im Ansatz als Wettbewerb begriffen, so dass die Frage nach einem Gesundheitsregulierungsrecht auf diesem Paradigma aufsetzt.

Aber im europäischen Kontext gilt diese Setzung nicht in gleicher Weise. Der Unternehmensbegriff des europäischen Wettbewerbsrechts findet auf Sozialversicherungen wie die deutschen Krankenkassen nach ständiger – wenn auch kritisierter[12] – Rechtsprechung des EuGH[13] keine Anwendung. Weil – und „so-

---

7 S. auch *P. Axer* in diesem Band, S. 87.

8 Vgl. die ähnliche Einschätzung bei *W.-H. Roth* in diesem Band, S. 121 f..

9 Aktuell für den Rechtsweg gegen Maßnahmen des Bundeskartellamts BSG, Beschluss vom 28.09.2010, GesR 2011, S. 38.

10 Vgl. LSG Darmstadt, Urteil vom 15.09.2011 – L 1 KR 89/10 KL, juris.

11 Aktuelle Zwischenbilanzen deuten darauf hin, dass der Zusatzbeitrag seine Funktion als Preissignal nicht sinnvoll erfüllt hat, vgl. http://www.bkk.de/presse-politik/presse /aktuelle-dpa-meldungen/itemId/733/itemTime/1324990820/cHash/5fd9e016d4/page/1/

12 S. etwa *R. Giesen*, ZESAR 2009, S. 311 ff.; *C. Kersting/S. Faust*, WuW 2011, S. 6 ff.; s. auch *W.-H. Roth* in diesem Band, S. 126 f. m.w.N.

lange" – Krankenkassen ihre (Versicherungs-)Leistungen als Wahrnehmung einer sozialen Aufgabe erbringen, dabei keine Gewinnerzielungsabsicht haben, aufgrund von Pflichtmitgliedschaft nicht im Wettbewerb zu anderen Anbietern stehen und solidarisch finanziert sind, konkret die Leistungen gesetzlich vorgegeben sind, während die Beiträge nicht risikoäquivalent kalkuliert werden und daher ein Kosten- und Risikoausgleich stattfindet, sind sie keine Unternehmen im Sinne des europäischen Wettbewerbsrechts.[14] Die Frage nach Regulierung der Beziehungen zwischen Leistungserbringern und Krankenkassen oder auch zwischen Krankenkassen und Versicherten, lässt sich daher im europarechtlichen Kontext nicht als Frage des Wettbewerbsrechts bearbeiten. Ein allgemein gültiges Wettbewerbsparadigma besteht so nicht. Umgekehrt rechnet das europäische Recht die Tätigkeit von Krankenkassen der staatlichen Sphäre zu und gelangt so zur Anwendung des Vergaberechts.[15] Damit wird ein anderes Modell zugrundegelegt. Anstelle eines Verständnisses der Krankenkassen als Marktteilnehmer, wie es dem Regulierungs- und Wettbewerbsrecht vorausliegt, werden die Krankenkassen nun als monopolistische „Besteller" der sozialrechtlichen Leistungserbringung angesehen.[16]

2. Für die Beziehung Patient - Leistungserbringer

Bemerkenswerterweise ist es gerade umgekehrt bei der „dritten Seite" des Leistungsbeziehungsdreiecks, also bei der Beziehung zwischen Versichertem bzw. Patient und Leistungserbringer. Der Europäische Gerichtshof hat diese Leistungsbeziehung unabhängig von der Ausgestaltung des nationalen Sozialleistungssystems als Dienstleistung eingeordnet und damit den Grundfreiheiten,

---

13 EuGH, 17. 2. 1993, Rs. C-159, 160/91 (Poucet), Slg. 1993, I-637; EuGH, 22.1.2002, Rs. C-218/00 (Cisal), Slg. 2002 I-691; EuGH, 16.03.2004, Rs. C-263/01 u.a. (AOK Bundesverband), Slg. 2004, I-2493; EuGH, 11.07.2006, Rs. C-205/03 P (Fenin), Slg. 2006, I-6295; auch EuGH, 5.3.2009, Rs. C-350/07 (Kattner), Slg. 2009, I-1513; wobei zusätzlich zur Frage nach der Anwendbarkeit des Wettbewerbsrechts auch die Grundfreiheiten potentiell konkurrierender Unfallversicherer geprüft wurden.

14 Ausführlich: *W.-H. Roth* in diesem Band, S. 126 ff.

15 EuGH, 11.09.2009, Rs. C-300/07 (Oymanns), Slg. 2009, I-4779, entsprechend das deutsche Recht, s. § 69 Abs. 2 S. 4 SGB V; zur Debatte hierüber vgl. etwa *U. Becker/T. Kingreen*, SGB V (2010), § 69, Rn. 41 ff. m.w.N.

16 Vgl. zu diesem „Wettbewerb um den Markt" im Unterschied zu „Wettbewerb im Markt": *C. Franzius*, Gewährleistung im Recht, 2009, S. 493 ff.

konkret der passiven Dienstleistungsfreiheit, unterstellt.[17] Die aktuelle Patientenrechte-Richtlinie[18] greift diese Entwicklung auf. Dieser Zugriff über die Grundfreiheiten ist daher als Eindringen von Wettbewerbs- und Marktdenken in die nationalen Systeme der sozialen Sicherheit – insbesondere durch die Erzwingung von Kostenerstattungselementen auch in Sachleistungssystemen – auf Kritik gestoßen.[19]

Im deutschen Gesundheitssystem ist die Beziehung zwischen Patient und Leistungserbringer bisher allenfalls in geringen Ansätzen wettbewerblich erfasst. Tragend ist vielmehr der Grundsatz, dass Versicherte einen Anspruch auf notwendige Krankenbehandlung haben und dieser Anspruch durch die Leistungserbringer erfüllt wird. Zwar gibt es auch Leistungen, die etwa ein Arzt in einer direkten Vertragsbeziehung zum Patienten erbringt – in erster Linie die sog. IGeL (individuelle Gesundheitsleistungen). Diese setzt er – vermutlich – auch gerade im Wettbewerb ein, um Patienten zu gewinnen bzw. an sich zu binden. Aber sie liegen gerade außerhalb des Leistungsspektrums der GKV. Ein weiteres Element, das sich für den Einzug eines wettbewerblichen Denkens auch in die Patienten-Arzt-Beziehung anführen ließe, ist die Praxisgebühr,[20] die das Ziel hat, Kostenbewusstsein – also gerade eine Abkehr von einer umfassenden „Anspruchshaltung" – bei den Versicherten zu wecken. Der wesentliche Bereich, in dem sich Versicherte und Leistungserbringer in einem Wettbewerbs- bzw. Marktverhältnis gegenüberstehen, sind aber die Leistungen, die über das notwendige Maß hinausgehen, aber von den Versicherten bei entsprechender Kostenbeteiligung gewählt werden können– wie etwa verschiedene Hilfsmittel.[21]

---

17 EuGH, 28.04.1998, Rs. C-120/95 (Decker), Slg. 1998, I-1831; EuGH, 12.07.2001, Rs. C-157/99 (Smits und Peerbooms), Slg. 2001, I-5473; EuGH, 13.05.2003, Rs. C-385/99 (Müller-Fauré und van Riet), Slg. 2003, I-4509; EuGH, 23.10.2003, Rs. C-56/01 (Inizan), Slg. 2003, I-12423; EuGH, 16.05.2006, Rs. C-372/04 (Watts), Slg. 2006, I-4325.

18 Richtlinie 2011/24/EU des Europäischen Parlaments und des Rates vom 09.03.2011, ABl. EU 2011, L 88/45.

19 Vgl. etwa *M. Fuchs*, NZS 2004, S. 225 ff.; s. auch in Bezug auf die Patientenrechte-Richtlinie *S. Rixen* in diesem Band, S. 177.

20 § 28 Abs. 4 SGB V.

21 §§ § 33 Abs. 1 S. 5, Abs. 3 S. 3, Abs. 6 S. 3 SGB V; s. auch bei Krankenhausbehandlungen § 39 Abs. 2 SGB V, bei Zahnersatz § 55 Abs. 4 SGB V oder bei Ärzten, die nicht Vertragsärzte sind, § 76 Abs. 2 SGB V.

Auch der europäische „Trend“, der mit der Patientenrechte-Richtlinie konkretisiert wird, basiert auf dem Prinzip der Kostenerstattung.[22] Durch sie wird das Verhältnis zwischen Krankenkasse und Versichertem auf eine monetäre Austauschbeziehung – als „Versicherungsverhältnis“ – beschränkt und die Verantwortung und mittelbare Beteiligung der Krankenkasse an der Leistungserbringung ausgeblendet. Noch ist offen, welche Entwicklung das nationale Recht aufgrund dieser europäischen Impulse nehmen wird. Grundsätzlich denkbar wäre ein genereller Wechsel zur Kostenerstattung statt Sachleistung in der GKV. Pfade hierfür bestehen sowohl wie bereits angesprochen im Leistungsrecht des SGB V als auch bei der Ausgestaltung des Versicherungsverhältnisses mit der Option eines Kostenerstattungswahltarifs.[23] Solch ein Systemwechsel könnte als Durchsetzung des Wettbewerbsparadigmas auch im dritten Schenkel des Leistungsdreiecks verstanden werden. Allerdings wäre diese Entwicklung nicht durch die europäische Dienstleistungsfreiheit erzwungen.[24] Denn die nationalen Gesundheitssysteme dürfen weiterhin dem Sachleistungsprinzip folgen – rechtspolitisch besteht in der Beibehaltung und Weiterentwicklung des Sachleistungsprinzips wohl ein wichtiges Instrument, um die sozialpolitische Steuerung des Gesundheitssystems auch unter Beachtung der Dienstleistungsfreiheit zu erhalten.[25]

Hier zeigt sich der Bezug zur Fragestellung der Tagung: Wie verhalten sich ein regulierungsrechtlicher Ansatz und das (Sozial-)Sachleistungsprinzip zueinander? Welche Konsequenzen hat die Entscheidung zwischen Sachleistung oder Kostenerstattung für die Regulierung des Leistungserbringerrechts?

III. „Regulierungsmodus“

Betrachtet man das Recht des (deutschen) Gesundheitswesens, konkret die Regelungen der Beziehungen zwischen Krankenkassen und Leistungserbringern einerseits und zwischen Krankenkassen und Versicherten andererseits, also unter dem Wettbewerbsparadigma, und ist man damit grundsätzlich bereit, es als

---

22 Vgl. *F. Schreiber* in diesem Band, S. 181 ff.: Er arbeitet heraus, dass die Kostenerstattung im Rahmen der passiven Dienstleistungsfreiheit neben dem System der Sachleistungsaushilfe aufgrund des Koordinationsrechts (VO 883/2004/EG) steht und daher als alternatives und nicht ersetzendes Regime zu verstehen ist.

23 § 53 Abs. 4 SGB V.

24 Vgl. auch *S. Rixen* in diesem Band, S. 171 f.

25 Ähnlich *F. Schreiber* in diesem Band, S. 186.

Regulierung im weiteren Sinne zu begreifen, so kehrt man zurück zur bereits skizzierten Frage, nach der Art und Ausgestaltung dieser Regulierung: Lässt sie sich – zumindest dem Grunde nach – als Regulierungsrecht in einem spezifischeren Sinne unter Anschluss an die Regulierungsdebatte in anderen Sektoren[26] begreifen? Welche Parallelen lassen sich bilden?

1. Systematisierungsangebote

Für eine solche Betrachtung der rechtlichen Regelungen für das Gesundheitswesen – gewissermaßen „im Regulierungsmodus“[27] – ist eine regulierungsrechtliche Systematik erforderlich. Für eine solche Systematik existieren unterschiedliche Zugriffsebenen,[28] aus denen sich drei Konkretisierungsstufen bilden lassen.[29]

Aus der Regulierungsdiskussion insbesondere für die Themenfelder Bahn, Post, Telekommunikation und Energiewirtschaft bietet die Unterscheidung in mehr oder weniger staatsnahe oder -ferne Regulierungsmodi eine erste Orientie-

---

26 So der Ansatz im gesamten Band M. Fehling/M. Ruffert (Hg.), Regulierungsrecht, 2010, allerdings nicht für das Recht des Gesundheitswesens insgesamt, sondern beschränkt jeweils auf die Regulierung des ambulanten bzw. stationären Leistungssektor.

27 Hier verstanden als verwaltungswissenschaftlicher Zugriff auf einen Sach- und Rechtsbereich. Im Band von M. Fehling/M. Ruffert (Hg.), Regulierungsrecht, 2010, lässt *M. Ruffert*, § 7 Begriff, Rn. 34 ff. den Begriff „Regulierung“ für sich stehen als jeweilige Perspektivenverschiebung zum „steuerungswissenschaftlichen Ansatz“ und zum „Governance-Konzept“. In dem Band wird der Begriff „Regulierungsmodus“ für die Organisation/Verortung des Regelungsregimes zwischen Staat und privaten/gesellschaftlichen Akteuren verwandt, vgl. *G. Britz*, ebd., § 21, Rn. 1.

28 Ähnlich wie hier, allerdings systematisch zwischen (1.) Regulierungszielen, (2.) Regulierungsinstrumenten und -verfahren, (3.) Organisation und (4.) Rechtsschutz unterscheidend M. Fehling/M. Ruffert (Hg.), Regulierungsrecht, 2010: s. insb. die Gliederung der Kapitel zu den einzelnen Regulierungssektoren (§§ 8-18) sowie den Abschnitt „Synthese“ (§ 19-22).; nach „engem“ und „weitem“ Begriff differenzierend *C. Franzius* in diesem Band, S. 53 ff., wobei die gewährleistungsstaatliche Perspektive auf Regulierung anstelle von Eingriffs- oder Leistungshandeln den weiten und das (soziale) Wettbewerbsermöglichungsrecht den engen Begriff darstellt.

29 Die folgende Zusammenstellung entstammt der Analyse des (gesetzlichen und privaten Kranken-)Versicherungsrechts in: *A. Wallrabenstein*, Versicherung im Sozialstaat, 2009, S. 209 ff.

rung.[30] Neben der „klassischen" hoheitlichen Regulierung kann das Konzept „regulierter Selbstregulierung"[31] oder eine „freie" gesellschaftliche Selbstregulierung ausgemacht werden.[32] Weiter bietet sich die Differenzierung bestimmter Marktbedingungen an. Netzabhängige Märkte weisen gemeinsame Regulierungsherausforderungen auf.[33] Dienstleistungen können ebenfalls spezifische Fragestellungen aufwerfen.[34] Auf dieser ersten Konkretisierungsstufe lassen sich daher Regulierungssysteme in einer Art Koordinatensystem einordnen, dessen eine Achse die Verortung zwischen Staat und Gesellschaft darstellt und dessen andere Achse natürliche bzw. technische Voraussetzungen unterscheidet.

---

30 Vgl. zur Perspektive der Verlagerung staatlicher Aufgabenbereiche C. Gusy (Hg.), Privatisierung von Staatsaufgaben: Kriterien - Grenzen - Folgen, 1998. Im Band von M. Fehling/M. Ruffert (Hg.), Regulierungsrecht, 2010, wird dieser Aspekt als Teil der Organisation – dort die dritte Zugriffsebene – behandelt, vgl. *G. Britz*, ebd., § 21 Organisation und Organisationsrecht der Regulierungsverwaltung in der öffentlichen Versorgungswirtschaft, insb. Rn. 2-31.

31 *W. Hoffmann-Riem*, Verfahrensprivatisierung als Modernisierung, in: W. Hoffmann-Riem/J.-P. Schneider (Hg.), Verfahrensprivatisierung im Umweltrecht, 1996, S. 9 ff.; ausführlich zum Begriff: *E. Schmidt-Aßmann*, Regulierte Selbstregulierung als Element verwaltungsrechtlicher Systembildung, Die Verwaltung - Beiheft 4, 2001, S. 253 ff.; zum Auffinden dieses Modells in verschiedenen Rechtsbereichen vgl. die Beiträge in diesem Beiheft, das die Beiträge des Symposiums „Regulierte Selbstregulierung als Steuerungskonzept des Gewährleistungsstaates" aus Anlass des 60. Geburtstages von W. Hoffmann-Riem wiedergibt, sowie *Z. Talidou*, Regulierte Selbstregulierung im Bereich des Datenschutzes, 2005; *T. Weichert*, Regulierte Selbstregulierung - Plädoyer für eine etwas andere Datenschutzaufsicht, Recht der Datenverarbeitung 21 (2005), S. 1 ff.; *T. Groß*, Selbstregulierung im medienrechtlichen Jugendschutz am Beispiel der Freiwilligen Selbstkontrolle Fernsehen, NVwZ 2004, S. 1393 ff.; vgl. auch den Beratungsgegenstand auf der Staatsrechtslehrertagung 1996, zur hier interessierenden Regulierungsperspektive insbesondere *M. Schmidt-Preuß*, Verwaltung und Verwaltungsrecht zwischen gesellschaftlicher Selbstregulierung und staatlicher Steuerung, VVDStRL 56 (1997), S. 160 ff.

32 So die dann noch weiter differenzierten Kategorien bei *M. Eifert*, Regulierungsstrategien, in: W. Hoffmann-Riem/E. Schmidt-Aßmann/A. Voßkuhle (Hg.), Grundlagen des Verwaltungsrechts I, 2006, S. 1237 ff.

33 Hierzu z.B. *G. Hermes*, Staatliche Infrastrukturverantwortung, 1997, für Systematisierungsansätze insb. S. 162 ff.; *J. Masing*, Grundstrukturen eines Regulierungsverwaltungsrechts, Verwaltung 36 (2003), S. 1 ff.

34 Vgl. *A. Voßkuhle*, Der „Dienstleistungsstaat", Staat 40 (2001), S. 495 ff.; s. auch die Differenzierung zwischen Infrastruktur- und Dienstleistungsprivatisierung bei *M. Ruffert*, Regulierung im System des Verwaltungsrechts, AöR 124 (1999), S. 237 ff.

Auf einer zweiten Stufe kann das Regulierungsregime nach unterschiedlichen Gewährleistungsverantwortungen differenziert werden.[35] Neben der Bestimmung der Verantwortungsträgerschaft, die zwischen öffentlichen und privaten Akteuren verteilt sein kann,[36] ist die Unterscheidung verschiedener Gewährleistungsziele ertragreich.[37] Konkret sind dies die Gewährleistung von Markt und Wettbewerb, die insoweit einem ordoliberalen Ansatz entsprechen, die Gewährleistung spezifischer Marktvoraussetzungen, wie sie insbesondere bei den netzgebundenen Märkten ins Auge stechen, und die Gewährleistung bestimmter „marktexterner" Ziele, die häufig als Gemeinwohlbelange in die Diskussion eingeführt werden.[38]

Schließlich können auf einer dritten Konkretisierungsstufe auch bestimmte, für das gewählte Regulierungsregime typische Regulierungsinstrumente herausgestellt werden.[39] Für die netzbezogenen Märkte wird zwischen den Marktzu-

35 S. bei *M. Ruffert*, Regulierung im System des Verwaltungsrechts, AöR 124 (1999), S. 237 ff., 246 ff.; *J. Masing*, Grundstrukturen eines Regulierungsverwaltungsrechts, Verwaltung 36 (2003), S. 1 ff., 4 ff.; vgl. auch die Unterscheidung zwischen „Aufsichts-" und „Regulierungsbehörden" aus ökonomischer Sicht bei *H. Grossekettler*, Aufsichts- und Regulierungsbehörden, in: R. Köhler/H.-U. Küpper/A. Pfingsten (Hg.), Handwörterbuch der Betriebswirtschaft [HWB], 2007, S. 56 ff.

36 Vgl. *A. Voßkuhle*, Beteiligung Privater an der Wahrnehmung öffentlicher Aufgaben und staatliche Verantwortung, VVDStRL 62 (2003), S. 266 ff., 275 ff.: „Verwaltungswissenschaftliche Perspektive"; mit besonderen Fokus auf Kooperationsbeziehungen öffentlicher und privater Akteure im Sozialrecht: *H. Wißmann*, Kooperation im Wettbewerb: Soziale Dienstleistungen als Herausforderung staatlicher Regulierung, in: A. v. Arnauld/A. Musil (Hg.), Strukturelemente eines Sozialverfassungsrechts, 2009, S. 139 ff.; der Fokus auf die kommunale Gewährleistungsverantwortung lässt sich hier einreihen, vgl. hierzu *G. Britz*, „Kommunale Gewährleistungsverantwortung" - Ein allgemeines Element des Regulierungsrechts in Europa?, Verwaltung 37 (2004), S. 145 ff.

37 Vgl. in M. Fehling/M. Ruffert (Hg.), Regulierungsrecht, 2010, insb. *M. Ruffert*, § 7 Begriff, Rn. 54 f.; *O. Lepsius*, § 19 Ziele der Regulierung.

38 *M. Ruffert*, Regulierung im System des Verwaltungsrechts, AöR 124 (1999), S. 237 ff., 246 f. unterscheidet eine soziale Gewährleistungsintention, die Herstellung von Wettbewerb und eine Gefahrenabwehrintention; letztere ist aber wohl eher der traditionellen Dichotomie von Gefahrenabwehr und Daseinsvorsorge geschuldet, die nach dem hier vertretenen Verständnis gerade durch die Figur der Gewährleistungsverantwortung aufgelöst werden soll.

39 So die zweite Systematisierungsebene bei *J. Masing*, Grundstrukturen eines Regulierungsverwaltungsrechts, Verwaltung 36 (2003), S. 1 ff., 8 ff., der dies als Regulierungsstrukturen bezeichnet; s. auch die Übersicht bei *M. Fehling*, Regulierung als Staatsaufga-

gangsbedingungen, dem Netznutzungsregime, der (End-)Preisregulierung, der allgemeinen Wettbewerbsorganisation sowie der Gewährleistung sozialer und ökologischer Belange differenziert.[40] Soll der Regulierungsbegriff aber nicht nur auf die speziellen Fragestellungen der Netzregulierung bezogen werden, so bietet es sich an, diesen Systematisierungsansatz zu generalisieren und als allgemeine Kategorien von Marktregulierung zu begreifen.[41] Die Instrumente des Marktzugangs, der Preis- (und Produkt-)Kontrolle sowie der Wettbewerbsbestimmungen finden sich in den verschiedensten Bereichen.[42] Eine Ergänzung[43] bringt ein Regulierungsinstrument, das im Bereich der Netzwirtschaften als Universaldienste bezeichnet wird und von *Johannes Masing* unter der Überschrift „Gewährleistung sozialer und ökologischer Belange" erfasst wird.[44]

Die Besonderheiten des jeweiligen Marktes (Stufe 1) konkretisieren dann diese abstrakten Gewährleistungsziele (Stufe 2) und bestimmen damit die Regulierungsinstrumente (Stufe 3). Beispielsweise dient in netzabhängigen Märkten

---

be im Gewährleistungsstaat Deutschland, in: H. Hill (Hg.), Die Zukunft des öffentlichen Sektors, 2006, S. 91 ff., 101 ff.; ebenso als zweite Systematisierungsebene in M. Fehling/M. Ruffert (Hg.), Regulierungsrecht, 2010.

40 *J. Masing*, Grundstrukturen eines Regulierungsverwaltungsrechts, Verwaltung 36 (2003), S. 1 ff., 8 ff.; ähnlich *M. Ruffert*, Regulierung im System des Verwaltungsrechts, AöR 124 (1999), S. 237 ff., 266 ff.: Regulierung der Dienstleistungen, Lizenz, Universaldienst, Entgeltregulierung und Netzzugang; s. auch die Hauptinstrumente bei *J. Kühling*, Sektorspezifische Regulierung in den Netzwirtschaften, 2004, S. 164 ff.: Marktzutritt, Netzzugang, Entgeltregulierung und Universaldienstregulierung.

41 Ähnlich *M. Fehling*, Regulierung als Staatsaufgabe im Gewährleistungsstaat Deutschland, in: H. Hill (Hg.), Die Zukunft des öffentlichen Sektors, 2006, S. 91 ff. 101 f., der allerdings Preis- und Produktregulierung nicht hierher zählt; eine etwas andere Differenzierung bei systematisch gleichem Ansatz s. bei *H. Wißmann*, Kooperation im Wettbewerb: Soziale Dienstleistungen als Herausforderung staatlicher Regulierung, in: A. v. Arnauld/A. Musil (Hg.), Strukturelemente eines Sozialverfassungsrechts, 2009, S. 139 ff., 167 ff.

42 Für das Versicherungsrecht: *A. Wallrabenstein*, Versicherung im Sozialstaat, 2009, S. 212 f.

43 *J. Kühling*, Sektorspezifische Regulierung in den Netzwirtschaften, 2004, S. 353, spricht z.B. davon, dass hieran der Paradigmenwechsel von der hoheitlichen Leistungsverantwortung zur bloßen Gewährleistungsverantwortung besonders deutlich werde.

44 *J. Masing*, Grundstrukturen eines Regulierungsverwaltungsrechts, Verwaltung 36 (2003), S. 1 (8 ff.).

die Zugangs- und Preisregulierung der Herstellung der Marktfähigkeit des Gutes Netznutzung und damit der Entstehung eines Marktes an Nutzungsanbietern, die allein aufgrund „freier“ Marktgesetzlichkeiten nicht entstehen würden. Bei den „natürlichen Monopolen“ wie dem Schienennetz wird dies besonders deutlich. Auf dem Versicherungsmarkt sind hiermit Bestimmungen strukturell vergleichbar, die die Generierung von Versicherungsangeboten als „Rechtsprodukten“[45] den besonderen Bedingungen dieses Produktes anpassen, konkret Knappheitsbedingungen unterwerfen.[46] In beiden Fällen dient die Regulierung damit der Herstellung von Markt und – noch – nicht externen, konkret sozialen oder ökologischen Belangen.

Anders dienen Leistungsverpflichtungen primär dem über den Markt selbst hinausreichenden sozialen oder ökologischen Zweck. Es handelt sich um eine staatliche Vorgabe an die Marktakteure, ein bestimmtes Produkt bzw. eine bestimmte Dienstleistung zu vorgegebenen Konditionen, insbesondere einem vorgegebenen Preis, bereitzuhalten. Anders als bei der Preisregulierung wird nicht die Unternehmenspolitik gelenkt, bei der es die Entscheidung des Anbieters

---

45 *M. Dreher*, Versicherung als Rechtsprodukt, 1991: Versicherung als „Produkt“ (S. 145 ff.), Recht als Steuerung dieses Produkts (insb. S. 193 ff.) und konkret die Versicherungsaufsicht als Subjekt dieser Steuerung (S. 201 ff.).

46 Vgl. die Legitimation der staatlichen Eingriffsrechte im Versicherungsrecht vor einem liberalen Verständnis der Wirtschafsordnung bei *E. Finke/C. Pfeiffer*, Markt-, Preis- und Wettbewerbsordnung im Aufsichtsrecht und in der Aufsichtspraxis, in: W. Rohrbeck (Hg.), 50 Jahre materielle Versicherungsaufsicht, Bd. 1, 1952, S. 104 ff., 105: „[...] Auf diesem Hintergrund einer gefestigten und unerschütterten Auffassung vom Verhältnis des Staats zur Wirtschaft muss das Versicherungsaufsichtsgesetz gesehen werden, das nun allerdings dem Staat Eingriffsmöglichkeiten bot, die weit über das hinausgingen, was bei anderen Wirtschaftszweigen für tragbar oder angebracht angesehen wurde. [...] Da die Versicherungswirtschaft nicht, wie Handel und Industrie, eine Ware anbietet, die von Rohstofflage, technischen Herstellungsschwierigkeiten, Handelsbeziehungen usw. abhängig ist, liegt es allein in der Hand der Unternehmen, das am Markt stets latent vorhandene Bedürfnis jederzeit und in ausreichendem Maße lediglich durch organisatorische Maßnahmen und eine Intensivierung der Arbeit des Außendienstes zu vermehren und so das Verhältnis von Angebot und Nachfrage zu Gunsten des Angebots zu verschieben. Auf diesen Umstand sind letztlich alle Maßnahmen der Versicherungsaufsicht auf dem Gebiete der Markt-, Preis- und Wettbewerbsordnung zurückzuführen.“ Ob die Beschreibung der Marktbedingungen zutrifft ist weniger entscheidend als die Tatsache, dass dies so gesehen und als Erklärung für die Regulierung des Versicherungsmarktes anerkannt wurde. S. hierzu ausführlich: *A. Wallrabenstein*, Versicherung im Sozialstaat, 2009, S. 211 f.

bleibt, ob er ein Produkt bzw. eine Dienstleistung anbietet und welchen Preis er innerhalb der Vorgaben hierfür kalkuliert. Stattdessen wird die Nachfrage – sozial und/oder ökologisch motiviert – normativ bestimmt und die Anbieter zur Bedienung dieser Nachfrage verpflichtet. Aufgabe der staatlichen Regulierung ist es dabei, die Konsequenzen dieser Leistungsverpflichtung[47] so aufzufangen, dass keine Wettbewerbsverzerrungen eintreten. Bei den Universaldiensten sind hierfür der Mechanismus der Ausschreibung und Ausgleichsabgaben vorgesehen. Im Krankenversicherungsrecht ist die Verpflichtung zur Bereitstellung des Basistarifs in der PKV vergleichbar.[48] Aber über solche Leistungsverpflichtungen hinaus, fließen die marktexternen – meist sozialen oder ökologischen – Gewährleistungsziele auch in die Ausgestaltung der „klassischen" Regulierungsinstrumente ein. Die Perspektive eines Regulierungsverwaltungsrechts erlaubt es, auch diese Instrumente – Marktzulassung, Produkt- und Preisregulierung sowie Wettbewerbsregelungen – nach den unterschiedlichen Gewährleistungszielen zu differenzieren.[49]

Mit einem solchen verallgemeinerungsfähigen Muster lassen sich auch Bereiche des Gesundheitswesens „im Regulierungsmodus" erfassen. Die Ausgangsfrage nach einem eigenen Regulierungsrecht betont dabei die Gemeinsamkeiten, die sich ggf. aus den Spezifika des Gesundheitswesens ergeben könnten. Im Rahmen dieses Tagungsbandes sollen für eine solche umfassende Fragestellung exemplarisch zwei der drei[50] Reformen, denen das SGB V in der gegenwär-

47 Im Energierecht äußert sich dies in einer Abnahmepflicht der Netzbetreiber für alternative Energien, § 2 des Stromeinsparungsgesetzes i.d.F. vom 24.04.1998, § 3 Abs. 1 EEG; vgl. BGH vom 11.06.2003, NVwZ 2003, S. 1143.

48 Nähme man einen anderen Zuschnitt für die Regulierungsbetrachtung vor, beispielsweise die Ordnung des Gesundheitswesens, dann erschiene die Versicherung selbst – sowohl die private als auch die gesetzliche Krankenversicherung – als das Regulierungsinstrument, um das sozialstaatliche Ziel zu erreichen, dass Gesundheitsleistungen allen offen stehen.

49 *M. Fehling*, Regulierung als Staatsaufgabe im Gewährleistungsstaat Deutschland, in: H. Hill (Hg.), Die Zukunft des öffentlichen Sektors, 2006, S. 91 ff., 104, betont die „Verschränkung verschiedenster Instrumente und Handlungsformen, verklammert durch gemeinsame Ausrichtung auf gesetzlich vorgegebene, vielfach heterogene Regulierungsziele."

50 Außen vor bleibt hier die Einführung des neu gestalteten Zusatzbeitrags als Einstieg in eine einkommensunabhängige Beitragsgestaltung aus dem Jahr 2010 mit dem Gesetz zur nachhaltigen und sozial ausgewogenen Finanzierung der Gesetzlichen Krankenversicherung (GKV-Finanzierungsgesetz – GKV-FinG) vom 22.12.2010, BGBl. I 2309.

tigen Legislaturperiode unterzogen wurde, – das AMNOG aus dem Jahr 2010[51] und das zum Jahresende 2011 verabschiedete Versorgungsstrukturgesetz[52] – genauer betrachtet werden. Zum einen widmet sich der Beitrag von *Claudio Franzius* mit Kommentaren von *Barbara Berner* und *Ulrich Wenner* der „Bedarfsplanung als spezifische[m] Regulierungsrecht". Zum anderen erörtert der Beitrag von *Peter Axer* mit einem Kommentar von *Ulrich Vorderwülbecke* die „Arzneimittelregulierung als spezifische Regulierungsform".

2. Arzneimittelmarktregulierung

Die Neuerungen durch das Arzneimittelmarktneuordnungsgesetz – AMNOG – lassen sich dabei auf der oben angesprochenen ersten Konkretisierungsstufe – entsprechend der Regulierungsstrategie zwischen staatlicher und gesellschaftlicher Regulierung – systematisch hinterfragen.

Das AMNOG hat trotz seines Namens keineswegs den Arzneimittelmarkt umfassend neu geordnet, sondern unter Beibehaltung aller bestehenden Strukturen ein neues Verfahren, nämlich die sogenannte Frühe Nutzenbewertung gemäß § 35a SGB V mit daran anknüpfendem Preisregulierungsverfahren nach § 130b SGB V (und ggf. § 35b SGB V) eingeführt.[53] Aus der hier eingenommenen Regulierungsperspektive ist diese umfassende Zugangs- und Preisregulierung für neue Produkte ein „klassisches" Marktsteuerungsinstrument.

Dass die Regulierung des Arzneimittelmarktes damit eher ein Flickenteppich bleibt, ist offensichtlich. Auch ist bemerkt und kritisiert worden, dass die verschiedenen Regulierungsinstrumente, wie das Arzneimittelgesetz (AMG), das ebenfalls eine eigene Preisregulierung kennt, das im Rahmen des SGB V „traditionelle" Festbetragsverfahren und nun die Frühe Nutzenbewertung mit anschließender Preisregulierung kein konsistentes Bild ergeben.[54] Aber gleichwohl lässt sich fragen, ob das neue Regulierungsinstrument der Frühen Nutzenbewertung und Preisvereinbarung ungeachtet aller konkreten Herausforderungen

---

51 Gesetz zur Neuordnung des Arzneimittelmarktes in der gesetzlichen Krankenversicherung (Arzneimittelmarktneuordnungsgesetz – AMNOG) vom 22.12.2010, BGBl. I 2262.

52 Gesetz zur Verbesserung der Versorgungsstrukturen in der gesetzlichen Krankenversicherung (GKV-Versorgungsstruktugesetz – GKV-VStG) vom 22.12.2011, BGBl. I 2983.

53 Im Einzelnen *P. Axer* in diesem Band, S. 83 ff.; *ders.*, SGb 2011, S. 246 ff.

54 Vgl. *P. Axer* in diesem Band, S. 85 f.

und Kritik ein Stück Anschlussfähigkeit an spezifische Steuerungsinstrumente des Gesundheitswesens bietet. In diesem Sinne könnte – wenn man dies bejaht – das AMNOG ein wenig zum Erkennen von Elementen eines eigenen Regulierungsrechts für das Gesundheitswesen beitragen.

Tatsächlich zeichnet sich die Frühe Nutzenbewertung gemäß § 35a SGB V und die anschließende Preisvereinbarung bzw. Preisregulierung durch eine Schiedsstelle nach § 130b SGB V durch verschiedene Aspekte aus: Sie wird nicht von unmittelbarer Staatsverwaltung sondern „gemeinsam" von Selbstverwaltungskörperschaften, Verbänden und Institutionen der Gemeinsamen Selbstverwaltung, konkret dem Gemeinsamen Bundesausschuss, vorgenommen. Damit unterscheidet sie sich von der „klassischen", originär gefahrenabwehrrechtlichen Steuerung durch staatliche Behörden nach dem AMG. Die Preisvereinbarung gemäß § 130b Abs. 1-3 SGB V ist auf Seiten der Krankenkassen kollektivvertraglich angelegt. Der Spitzenverband Bund bestimmt den Erstattungsbetrag für ein Arzneimittel mit Wirkung für alle Krankenkassen (§ 130b Abs. 1 S. 1 SGB V). Und auch auf der Seite der pharmazeutischen Unternehmen finden sich kollektivvertragliche Elemente, nämlich die Rahmenvereinbarungen gemäß § 130b Abs. 9 und § 131 SGB V. Zwar erfolgt die Bindung der pharmazeutischen Unternehmen an diese Rahmenvereinbarungen nicht durch öffentlichrechtliche Einbindung etwa in eine körperschaftliche Struktur, sondern aufgrund gesetzlicher Anordnung der Bindungswirkung aufgrund privatrechtlicher Mitgliedschaft in den entsprechenden Vereinigungen oder ebenfalls privatrechtliche individuelle Unterwerfung (§§ 131 Abs. 3 i.V.m. § 129 Abs. 3 SGB V). Aber damit zeigt sich letztlich nur, wie bei privatrechtliche Organisationsformen durch normative Anordnung das gleiche Ergebnis erreicht werden kann, wie durch die – letztlich mit gleichem Ziel – entwickelten Körperschaften des öffentlichen Rechts. Regulierungssystematisch bleibt die Frühe Nutzenbewertung und Preisregulierung damit „regulierte Selbstregulierung"[55], deren rechtliche

55 Vgl. zum Begriff Die Verwaltung, Beiheft 4, 2001: Regulierte Selbstregulierung als Steuerungskonzept des Gewährleistungsstaates, insb.: *A. Voßkuhle*, „Regulierte Selbstregulierung" - Zur Karriere eines Schlüsselbegriffs, S. 197 ff., und *E. Schmidt-Aßmann*, Regulierte Selbstregulierung als Element verwaltungsrechtlicher Systembildung, S. 253 ff. (254 ff.); freilich wird dort die (öffentlich-rechtliche) Selbstverwaltung vollständig ausgeblendet, nicht zuletzt auch aufgrund der historischen Fokussierung auf die liberale Doktrin der dichotomen Trennung von Staat und Gesellschaft im 19. Jahrhundert im Einführungsbeitrag von *D. Grimm*, Regulierte Selbstregulierung in der Tradition des Verfassungsstaats, S. 9 ff. (12 f.)

Organisationsform sich allerdings von öffentlich-rechtlichen Strukturen (weiter) löst und privatrechtliche Akteure einbezieht.

Das privatrechtliche Nachbilden von Strukturen, die der öffentlich-rechtlichen Gemeinsamen Selbstverwaltung im Gesundheitswesen funktional und in ihren Grundzügen entsprechen, lässt sich auch noch auf einem anderen Gebiet beobachten und ist hier systematisch überraschend (und konzeptionell noch unvollständig): Die Preisvereinbarungen des Spitzenverbandes der GKV mit den pharmazeutischen Unternehmen gemäß § 130b SGB V gelten über die gesetzliche Anordnung des § 78 Abs. 3a AMG auch für Nachfrager jenseits der Krankenkassen, konkret also auch für Personen, die ein Arzneimittel aufgrund eines Privatrezeptes kaufen. Da dies in der Regel privat Krankenversicherte sind,[56] sind die privaten Krankenversicherungsunternehmen diejenigen, die ein wirtschaftliches Interesse an dieser Erstreckung der Preisregulierung haben. Aus diesem Grund räumt § 130b SGB V ihnen auch ein Beteiligungsrecht bei den Preisverhandlungen ein.[57] Die rechtliche Konstruktion unterscheidet sich hier von den Strukturen des SGB V. Aber die Funktion und ökonomische Idee ist gleichwohl die einer Einbindung der PKV in die Arzneimittel(preis)regulierung der GKV. Lässt sich dies als Beginn einer Entwicklung verstehen, die unter dem Stichwort managed care in der Versicherungs- und Gesundheitsökonomie diskutiert und gefordert wurde[58] und die nun durch Einbeziehung in die Regulierungsstrukturen der GKV aufgegriffen wird? Wenn man diese Einschätzung teilt, so könnten sich hier Strukturen abzeichnen, die GKV-typische Steuerungsziele in einem privatrechtlichen Ordnungsrahmen nachmodellieren und die Bezeichnung als Gesundheitsregulierungsrecht rechtfertigen.

---

56 Seit der Versicherungspflicht für alle Nicht-GKV-Versicherten gemäß § 193 Abs. 3 VVG, gibt es theoretisch keine unversicherten Personen mehr.

57 Diese Erstreckung der Preisregulierung des GKV-Systems auf die PKV ist erst während der Ausschussberatungen aufgenommen worden; dass damit einem akuten Anliegen der PKV-Unternehmen Rechnung getragen wurde ohne dass dem erkennbare konzeptionelle Überlegungen zugrunde liegen, ist daher nicht verwunderlich. Gleichwohl gilt es nun, den legislativen status quo kohärent zu deuten.

58 S. etwa *S. Sehlen*, Gesundheitsmanagement in der privaten Krankenversicherung in Deutschland: Gestaltungsmöglichkeiten des privaten Krankenversicherungsschutzes zur Effizienzsteigerung im Gesundheitswesen, 2002.

3. Bedarfsplanung

Im Wesentlichen auf der zweiten und dritten der oben genannten Stufen lassen sich Neuregelungen der Bedarfsplanung im Versorgungsstrukturgesetz – VStG – auch aus einer Regulierungsperspektive erfassen.

Ausgangspunkt ist zunächst, dass die Bedarfsplanung der §§ 99 ff. SGB V weniger Bedarfsplanung im eigentlichen Wortsinn ist. Denn der Bedarf an niedergelassenen Ärzten – ohnehin nur ein Teil des Bedarfs an medizinischer Versorgung – wird nicht eigentlich ermittelt, sondern ist vielmehr in der Bedarfsplanungsrichtlinie des Gemeinsamen Bundesausschusses durch Festschreibung bestehender Verhältniszahlen von Ärzten pro Bevölkerung normativ gesetzt. Dementsprechend bedeutet die Aufstellung des Bedarfsplans im Wesentlichen die Anwendung abstrakter Bedarfsermittlungskriterien für die einzelnen Planungsbereiche.[59] Dies soll, so die Idee, möglichst eng normativ vorgeprägt und damit bundesweit einheitlich erfolgen.[60] Hintergrund ist die Erfassung der Bedarfsplanung aus der Perspektive der Ärzte, für die hier die Grundlagen für die grundrechtsrelevante Zulassungsentscheidung[61] gelegt werden. Damit ist die Bedarfsplanung letztlich Teil des Zulassungsregimes zum Markt der ambulanten Versorgung der GKV. Entsprechend liegt der bisherige Schwerpunkt der Regelung auf der Feststellung von Überversorgung, die zu Zulassungsbeschränkungen führt.[62] Die über Jahrzehnte hinweg akzeptierte Rechtfertigung der Grundrechtseingriffe für zulassungsbegehrende Ärzte ist die Notwendigkeit von Kostensteuerung, genauer: Kostendämpfung. Dem liegt die These zugrunde, dass entsprechend dem ökonomischen Modell der angebotsinduzierten Nachfrage Ärzte durch ihr Therapieverhalten den Versorgungsbedarf der Versicherten steigern, so dass mehr Ärzte zu höheren Kosten für die Krankenkassen führen.[63]

---

59 Vgl. zum Bedarfsbegriff bereits *G. Igl*, MedR 2000, S. 257.

60 *M. Kaltenborn*, in: U. Becker/T. Kingreen, SGB V, § 99, Rn. 6.

61 Zur Einordnung als Berufsausübungsregelung grundlegend BVerfGE 11, 30, 45.

62 Vgl., auch zum Folgenden: *A. Wallrabenstein*, Staatliche Gewährleistung einer angemessenen gesundheitlichen Versorgung im Bundesgebiet, ZGMR 2011, S. 197.

63 Vgl. *I. Spiecker gen. Döhmann*, Zur Wettbewerbsfähigkeit der Gesundheitsgüter, in: A. Schmehl/A. Wallrabenstein (Hg.), Steuerungsinstrumente im Recht des Gesundheitswesens, Bd. 1: Wettbewerb, 2005, S. 1 ff. (13 ff., 19 f.); hierzu auch *A. Wallrabenstein*, Staatliche Gewährleistung einer angemessenen gesundheitlichen Versorgung im Bundesgebiet, ZGMR 2011, S. 197.

Das Versorgungsstrukturgesetz stellt dem eine neue Zielrichtung beiseite: Im Fokus ist nun die Verhinderung – oder Beseitigung – von Unterversorgung. Dabei ist das Problem der Unterversorgung keineswegs neu (§ 100 SGB V); auch die Instrumente und Möglichkeiten zur Verhinderung von Unterversorgung sind weit weniger grundlegend neu, als es in der rechtspolitischen Diskussion oft den Anschein hat. Neu ist jedoch die Entwicklung des Reformprojekts aus der Versorgungsperspektive: Das VStG baut auf dem „zentralen gesundheitspolitischen Anliegen" auf, eine „flächendeckende bedarfsgerechte und wohnortnahe medizinische Versorgung der Bevölkerung" (in ganz Deutschland) sicherzustellen.[64] Die Zielsetzung selbst war in der politischen Diskussion über jeden Zweifel erhaben. Sie lässt sich auch verfassungsrechtlich in einer Gewährleistungsverantwortung – die dann wohl den Krankenkassen obliegt – fundieren.[65] Aber sie war bisher weder so formuliert[66] noch besteht so etwas wie ein gesellschaftlicher Konsens darüber, was bedarfsgerecht und wohnortnah bedeutet: Welcher niedergelassene Facharzt in welchem Umkreis des persönlichen Wohnortes erreichbar sein muss, ist keineswegs klar. Das Gesetzgebungsziel führt damit zum Erfordernis, diese Versprechungen zu konkretisieren.

Es nimmt diese Konkretisierung aber nicht selbst vor. Vielmehr verlagert es diese Aufgabe in die Zuständigkeit der bedarfsplanungspflichtigen Institutionen und Gremien. Die Zuordnung von Aufgaben und Entscheidungsspielräumen wird dabei verändert; eine Flexibilisierung und Dezentralisierung der Bedarfsplanung soll erreichen, dass das Ziel einer flächendeckenden bedarfsgerechten und wohnortnahen Versorgung erreicht wird. In die Bedarfsplanung sind fortan auch die Kommunen beratend einbezogen. In regulierungsrechtlicher Systematik erhält damit die Bedarfsplanung eine etwas stärker planerische Betonung und entfernt sich damit von den typischen Regulierungsinstrumenten der Marktzulassung.[67]

---

64 S. 1 der Gesetzesbegründung, BT-Drucks.17/6906.

65 Vgl. *A. Wallrabenstein*, Staatliche Gewährleistung einer angemessenen gesundheitlichen Versorgung im Bundesgebiet, ZGMR 2011, S. 197.

66 Der allgemeine Sicherstellungsauftrag gemäß § 72 SGB V umfasst (auch für die Zukunft unverändert) für die vertragsärztliche Versorgung, „dass eine ausreichende, zweckmäßige und wirtschaftliche Versorgung der Versicherten unter Berücksichtigung des allgemeine anerkannten Standes der medizinischen Erkenntnisse gewährleistet ist".

67 Zu den damit verbundenen Fragen nach dem Planungsermessen vgl. *C. Franzius* in diesem Band, S. 59 ff.

Allerdings ändert dies nichts an der maßgeblichen Betonung der Marktzugangsregulierung insgesamt. Denn ein zweiter Schwerpunkt des VStG ist die Förderung von Ärzten im ländlichen Raum. Mit einem Strauß von Regelungen, die bei der Studienförderung mit sogenannten Landarztstipendien beginnt und dem Aufkauf von „verwaisenden" Kassenarztsitzen durch die Kassenärztlichen Vereinigungen endet, sollen Ärzte in ländliche Regionen gelockt werden. Zwar finden sich dabei auch Regulierungsinstrumente im engeren Sinn, wie etwa die Aufhebung der Residenzpflicht, die man als „Produktregulierung" bezeichnen kann. Aber relevanter – zumindest kostenrelevanter – sind die genannten Subventionsformen, die man nur in einem weiten Verständnis noch als Regulierung[68] bezeichnen kann.

Zusammenfassend lässt sich damit das VStG eher als eine Auffächerung verschiedenster Steuerungsmöglichkeiten für ein ambitioniertes Gewährleistungsziel verstehen und weniger als eine Reform, die die Bedarfsplanung konzeptionell zu einem gesundheitswesenspezifischen Regulierungsinstrument weiterentwickelt.

Neben den hiermit angesprochenen Zugriffsweisen auf die gesetzlichen Neuregelungen sowie aktuellen Diskussionen haben die Referentinnen und Referenten, Kommentatorinnen und Kommentatoren der Tagung zahlreiche weitere Aspekte, Fragen und Thesen beigesteuert. Sie haben der Tagung des Instituts für europäische Gesundheitspolitik und Sozialrecht – ineges – an der Goethe-Universität Frankfurt im September 2011 zu einem produktiven und bereichernden Erfolg verholfen. Hierfür, sowie für die Bereitstellung der ausgearbeiteten Manuskripte für diesen Tagungsband gilt ihnen mein herzlicher Dank. Ebenso danke ich ganz herzlich meinen Mitarbeiterinnen und Mitarbeitern, stellvertretend seien genannt Michael Wrase, Heike Hoffer und Annika Kling, für die Mithilfe bei der Organisation der Tagung und der Erstellung dieses Bandes.

---

68 Vgl. *C. Franzius* in diesem Band, S. 43, der etwa die Schaffung von Medizinstudienplätzen anspricht.

Braucht das Gesundheitswesen ein eigenes Regulierungsrecht?

Margarete Schuler-Harms

I. Einleitung

Der Politikbereich des Gesundheitswesens ist in fortwährender Bewegung. Die staatlichen Reformen folgen rasch aufeinander, in rascher Folge wechseln dabei auch die reformerischen Akzente. Einige Parameter bleiben freilich bis in die jüngste Zeit unberührt. Außer Frage steht weiterhin die Gewährleistungsfunktion der gesetzlichen Krankenkassen als Garantinnen einer nahezu umfassenden medizinischen Versorgung der Bevölkerung. Nur sehr langsam wandeln sich auch die Strukturen einer funktionellen Selbstverwaltung, die einem hundert Jahre alten Modell des Korporatismus verhaftet ist. Auch die Rolle des Staates bleibt trotz vieler Ankündigungen und origineller Ideen aus der Politik relativ unberührt. Die Normsetzung in der gesetzlichen Krankenversicherung bleibt den kollektiven Aushandlungsprozessen innerhalb der funktionellen Selbstverwaltung verhaftet. Und schließlich ist auch die Diskussion um die demokratische Legitimation dieser Strukturen und Prozesse in die Jahre gekommen.

Die Ziele und Strategien der Gesundheitsreformen wechseln in größeren Zyklen.[1] Seit Mitte der 1980er Jahre steht das Ziel der Kostendämpfung im Mittelpunkt, zu dem viele Wege führen sollen. Sie reichen von der Einschränkung des Leistungsangebots und der Deckelung der Preise über die Sicherung effizienter Leistungserbringung bis zur ethisch schwierigen und noch keineswegs gelösten Frage der Allokation. In jüngerer Zeit und als Folge des demografischen Wandels stellt sich vermehrt die Frage nach der Versorgungssicherheit in der Fläche. Zusätzlich gilt es, Gegebenheiten und Entwicklungen zu verarbeiten, die aus der offenen Staatlichkeit der Bundesrepublik resultieren, namentlich aus ihrer Stellung als Mitglied der Europäischen Union.

Vor allem das Ziel der Kostendämpfung hat die regulative Phantasie geweckt und einen bunten Strauß an Innovationen erzeugt. Zu ihnen gehören neue Versorgungsformen, mit denen die sektoralen Versorgungsgrenzen überwunden werden sollen. Neu ist auch die Generierung von Wettbewerb zwischen den

---

1 Überblick bei *Ingwer Ebsen*, § 15 Krankenversicherung, in: Bernd Baron von Maydell/Franz Ruland/Ulrich Becker (Hg.), Sozialrechtshandbuch, 4. Auflage 2008, S. 680 ff., Rn. 18 ff.

Krankenkassen und in ihren Beziehungen zu den Leistungserbringern, der die Qualität der Leistungen steigern, vor allem aber die Kosten senken helfen soll.[2] Der deutsche Gesetzgeber hat seinen Blick dabei sichtlich auch auf andere, vor allem europäische Staaten gerichtet. In den Niederlanden existiert unter anderem ein Gesundheitsfonds, in der Schweiz ein zu seiner Zeit innovatives Angebot exklusiver hausärztlicher Versorgung. Beides wurde auch in das deutsche Gesundheitssystem eingepflegt.[3] Anknüpfungspunkte bot und bietet möglicherweise auch das amerikanische Gesundheitswesen mit seinen Bemühungen um eine Marktregulierung nach dem Modell des „managed care".[4] Von Belang ist darüber hinaus die Rechtsprechung des EuGH, der die Gesundheitsleistung (jedenfalls auch) als wirtschaftliche Dienst- und Sachleistung behandelt und daraus sowohl Rechtsfolgen aus den Grundfreiheiten als auch vergaberechtliche Bindungen ableitet. In der rechtswissenschaftlichen Literatur mehren sich deshalb die Bemühungen um eine Annäherung des Leistungserbringungsrechts, das im Zentrum dieses Symposiums steht, an das allgemeine Wirtschaftsrecht. Man mag diese Entwicklung begrüßen oder beklagen – umkehren wird sie sich voraussichtlich nicht.

Braucht *dieses* Gesundheitswesen ein eigenes Regulierungsrecht? Der Dramaturgie des Symposiums entspricht es, die Frage in diesem Beitrag nur aufwerfen. Die Frage selbst ist mehrdeutig und folglich abzuschichten. Es gilt zunächst, den Begriff des „Regulierungsrechts" und seine Bezüge zum Steuerungsmodus des wirtschaftlichen Wettbewerbs zu klären (II.). Zu fragen ist dann, welchen Regulierungsstrategien das Gesundheitswesen als Feld bzw. – regulierungsrecht-

---

2 Vgl. nur *Ebsen* (Fn. 1), Rn. 35 ff.

3 Für die Niederlande *Christina Walser*, Die Reform der Krankenversicherung in den Niederlanden – ein Modell für Deutschland?, ZESAR 2006, S. 333 ff. Für die Schweiz *Robert E. Leu*, Ein Wettbewerbsmodell für das schweizerische Gesundheitswesen, Festschrift für Eberhard Wille, 2007, S. 437 ff. Vgl. auch *Heinz Rothgang*, Die Regulierung von Gesundheitssystemen in vergleichender Perspektive – auf dem Weg zur Konvergenz?, in: Claus Wendt/Christof Wolf (Hg.), Soziologie der Gesundheit, 2007, S. 298 ff.; Beiträge von *Peter Zweifel* und *Volker E. Amelung*, in: Eberhard Wille/Klaus Knabner (Hg.), Die besonderen Versorgungsformen. Herausforderungen an Krankenkassen und Leistungserbringer, 2009, S. 29 ff., 54 ff.

4 Vgl. Sachverständigenrat zur Begutachtung der Entwicklung im Gesundheitswesen, Gutachten „Kooperation und Verantwortung. Voraussetzungen einer zielorientierten Gesundheitsversorgung", BT-Drucks. 16/6339, Ziff. 285 ff.; Sondergutachten „Koordination und Integration. Gesundheitsversorgung in einer Gesellschaft des längeren Lebens", BT-Drucks. 16/13770 vom 2. 7. 2009, Ziff. 960 ff.

lich ausgedrückt – als „Sektor" zugänglich ist (III.). Die Frage, ob das Gesundheitswesen ein eigenes Regulierungsrecht *braucht*, lässt sich hiernach bejahen. Erheblich schwerer fallen die Antworten auf die Frage, wie ein solches Regulierungsrecht beschaffen sein sollte, mithin die Frage nach einem *eigenen*, also spezifischen Regulierungsrecht des Gesundheitswesens (IV.).

II. „Ein Regulierungsrecht"

„Regulierung", so sagt es *Martin Eifert* in einer grundlegenden Abhandlung zu den Regulierungsstrategien, „hat noch keine einheitliche Definition".[5] Er unterscheidet einen politikwissenschaftlichen Begriff der „Steuerung" (*regulation*) einerseits und einen ökonomisch geprägten Begriff der „Intervention in den ökonomischen Wettbewerb" andererseits, an die die rechtswissenschaftliche Diskussion jeweils angeschlossen habe.[6] Der weite politikwissenschaftliche Begriff der Regulierung als „Steuerung" führt im Kontext des Symposiums nicht weiter, denn hiernach wäre auch die überkommene sozialrechtliche Gesetzgebung und eigentlich jede auf Steuerung und Lenkung ausgerichtete staatliche Strategie „Regulierung".

Deshalb wird hier ein engerer, marktbezogener Regulierungsbegriff zugrunde gelegt. So verstandener Regulierung kommt die Funktion zu, „Marktversagen zu kompensieren und ggf. marktfremde politische Ziele gegenüber der Marktlogik zum Tragen zu bringen".[7] Auch in dieser Bedeutung lässt sich das Recht der Sozialleistungserbringung als „Regulierungsrecht" verstehen. Der Markt der Gesundheitsleistungen ist durch Marktversagen geprägt, dessen Ursachen hinlänglich bekannt sind.[8] Marktbegrenzend und kostentreibend wirken vor allem die bestehenden Informationsasymmetrien und das Phänomen der angebotsinduzierten Nachfrage. Dieses Marktversagen bei der Leistungserbringung wird so-

---

5 *Martin Eifert*, § 19 Regulierungsstrategien, in: Grundlagen des Verwaltungsrechts, Bd. 1: Methoden, Maßstäbe, Aufgaben, Organisation, S. 1237 ff., Rn. 1; vgl. auch *Matthias Ruffert*, § 7 Begriff, in: Michael Fehling/Matthias Ruffert (Hg.), Regulierungsrecht, 2010, S. 332 ff., Rn. 1 m.w.N.

6 *Eifert* (Fn. 5), Rn. 2 ff.

7 *Eifert* (Fn. 5), Rn. 9; *Ruffert* (Fn. 5), Rn. 10 ff., jeweils m.w.N.

8 Zu den Grenzen des Marktes *Indra Spieker genannt Döhmann*, Zur Wettbewerbsfähigkeit der Gesundheitsgüter, in: Arndt Schmehl/Astrid Wallrabenstein (Hg.), Steuerungsinstrumente im Recht des Gesundheitswesens, Bd. 1: Wettbewerb, 2005. S. 1 (13 ff.).

zialrechtlich kompensiert durch die staatliche Einrichtung einer gesetzlichen Krankenversicherung als Pflichtversicherung, die Beitragsfinanzierung von Gesundheitsleistungen, die Organisation von Krankenkassen als Einrichtungen der mittelbaren Staatsverwaltung und ein verbandlich-korporatistisches System, in dem in Kollektivverhandlungen Art, Menge, Qualität und Preis medizinischer Leistungen vereinbart werden.[9] Sozialrechtlich ist damit der „Markt“, auf dem die Versicherten im Leistungsfall ihre Anbieter auswählen können, eng gesteckt. Insbesondere das 1913 entstandene und 1930 gefestigte System des Korporatismus und der kollektiven Selbstverwaltung im Vertragsarztwesen lässt sich als Kompensation von Marktversagen infolge von Marktmacht der Krankenkassen interpretieren, für das zu jener Zeit das arbeitsrechtliche Tarifrecht Pate gestanden hatte.[10] Aus heutiger Sicht und mit dem aktuellen Wissen um marktbezogene Regulierung erweist sich das sozialrechtliche Leistungserbringungsrecht in seiner spezifischen Form als nur eine unter mehreren möglichen Strategievarianten.[11]

In einer noch engeren Konnotation wird der Begriff der Regulierung auf Formen staatlicher Steuerung und Verwaltung bezogen, die mit der Auflösung staatlicher Monopole und der Privatisierung und Liberalisierung von Netzwirtschaften einhergehen.[12] Regulierung in diesem Sinne umfasst „dasjenige hoheitliche Handeln, mit dem die Verwaltung auf einen Wirtschaftssektor oder auf den

---

9 Mit Bezug auf Regulierung *Margarete Schuler-Harms*, § 15 Soziale Infrastruktur im Gesundheitswesen – der ambulante Sektor, in: Fehling/Ruffert (Fn. 5), S. 788 ff., Rn. 8 ff. für den Regelfall des Sachleistungsprinzips.

10 *Andreas Hänlein/Florian Tennstedt*, § 2 Geschichte des Sozialrechts, in: Maydell/Ruland/Becker (Fn. 1), S. 54 ff., Rn. 14, 26 f.

11 Dies zeigt auch die Diskussion um einen (möglichen oder erforderlichen) Strukturwandel und die Einführung von Elementen der Markt- und Wettbewerbssteuerung, statt vieler *Thomas Gerlinger*, Zwischen Korporatismus und Wettbewerb: Gesundheitspolitische Steuerung im Wandel. Veröffentlichungsreihe der Arbeitsgruppe Public Health, Wissenschaftszentrum Berlin für Sozialforschung, P02-204, Berlin 2002; *Rainer Pitschas*, Veränderungsbedarf für den rechtlichen Rahmen der gesetzlichen Krankenversicherung: Die sozialrechtliche Perspektive, in: Stefan Empter/Helge Sodan (Hg.), Markt und Regulierung – Rechtliche Perspektiven für eine Reform der gesetzlichen Krankenversicherung, 2003, S. 106 ff.; Schmehl/Wallrabenstein (Fn. 8), Bd. 1 (Wettbewerb) und 2 (Kooperation); *Heinz Rothgang/Mirella Cacace/Simone Grimmeisen/Uwe Helmert/Claus Wendt*, Wandel von Staatlichkeit in den Gesundheitssystemen von OECD-Ländern, in: Stephan Leibfried/Michael Zürn (Hg.), Transformationen des Staats? 2006, S. 309 ff.

12 Ausführlich *Ruffert* (Fn. 5), Rn. 34 ff. m.w.N.

wirtschaftlich geprägten Teil eines Lebensbereichs einwirkt, um sowohl Bedingungen für Wettbewerb zu schaffen und aufrechtzuerhalten als auch anstelle einer staatlichen Eigenvornahme die Gemeinwohlsicherung im betreffenden Sektor oder Lebensbereich zu garantieren."[13] Regulierung in diesem Sinne lässt sich also nicht zwingend auf die Funktion eines „Privatisierungsfolgenrechts" beschränken. Für das Gesundheitswesen ist dies insofern bedeutsam, als die Leistungen – ähnlich wie im Energiesektor[14] – schon immer auch und im ambulanten Sektor nahezu ausschließlich durch private Anbieter erbracht werden.

Mit den typischen und bildgebenden Sektoren des Netzregulierungsrechts verbindet das Gesundheitswesen die gesteigerte staatliche Gewährleistungsverantwortung für die Daseinsvorsorge, die sich auf die Infrastrukturen und auf die Leistungen selbst bezieht.[15] Den Grundsatz einer bedarfsgerechten, flächendeckenden und gleichmäßigen Versorgung durch ausreichende (und zweckmäßige) (Dienst-)Leistungen formulieren in ähnlicher Weise das Recht der Netzsektoren (§ 1 TKG, § 1 PostG, § 1 Abs. 2 EnWG) einerseits und § 70 Abs. 1 SGB V andererseits.

Der Vergleich der Vorschriften lenkt den Blick auf ein weiteres Spezifikum der eng formulierten Regulierungsstrategie: Sie umfasst begrifflich auch die Regulierung von Wettbewerb in Abkehr von ursprünglich monopolistischen Strukturen und als Kompensation von Marktversagen.[16] Zur Funktion so verstandener Regulierung zählt die Aufgabe der Herstellung und Gestaltung von Wettbewerb in unvollkommenen Märkten unter gleichzeitiger Sicherung der Versorgungs-

---

13 *Ruffert* (Fn. 5), Rn. 58.

14 Zur historischen Entwicklung dieses Sektors *Gabriele Britz*, § 9 Energie, in: Fehling/ Ruffert (Fn. 5), S. 429 ff. Rn. 10 ff.

15 Zum öffentlichen Wirtschaftsrecht der Netzwirtschaften als Referenzgebiet eines Regulierungsrechts *Ruffert* (Fn. 5), S. 46 ff. Auf die Netzregulierung fokussiert z.B. *Johannes Masing*, Soll das Recht der Regulierungsverwaltung übergreifend geregelt werden?, Gutachten D zum 66. Deutschen Juristentag 2006, D 9 ff. Den Bezug zum Gesundheitswesen stellt z.B. *Astrid Wallrabenstein*, Versicherung im Sozialstaat, 2009, S. 236 ff., her.

16 Exemplarisch die Formulierung in § 1 TKG: „Zweck dieses Gesetzes ist es, durch technologieneutrale Regulierung den Wettbewerb im Bereich der Telekommunikation und leistungsfähige Telekommunikationsstrukturen zu fördern und flächendeckend angemessene und ausreichende Dienstleistungen zu gewährleisten."

funktion.[17] Und in diesem Punkt unterscheiden sich der herkömmliche korporatistische Ansatz des Leistungserbringungsrechts im Gesundheitswesen und der jüngere wirtschaftsrechtliche, dem Bereich der Netzregulierung entstammende und Akzente des Kartellrechts aufnehmende Regulierungsansatz.

Gemeinsam ist beiden Regulierungsstrategien wiederum das Element der Gestaltung. Finale Gesetzesprogramme verbinden sich jeweils mit weiten Handlungsspielräumen besonders legitimierter Einrichtungen, die unter anderem über Rechtssetzungs- oder rechtssetzungsähnliche Kompetenzen verfügen. Im Bereich der netzbezogenen Wettbewerbsregulierung ist das Instrumentarium durch ein Nebeneinander von klassischer Wirtschaftsaufsicht, Marktzugangsregulierung und Formen der Selbstregulierung geprägt, die in einen Vorgang planvoll gestaltender Steuerung eingebettet werden. Die Gestaltungsspielräume sind jeweils größer als bei der klassischen Wirtschaftsaufsicht, und sie sind verbunden mit besonderen Vorkehrungen im Organisationsrecht, etwa bei der Auswahl, dem Bestellungsmodus und der Sicherung von Unabhängigkeit der handelnden Personen. In letzter Konsequenz führen diese Gemeinsamkeiten wiederum zurück auf das ursprüngliche weite Verständnis von Regulierung als „staatlicher Steuerung". In ihnen offenbart sich die Perspektive einer „neuen Verwaltungsrechtswissenschaft", die mit dem Begriff der Regulierung darauf zielt, „Muster staatlicher Intervention und gesellschaftlicher Wirkungen herauszuarbeiten und das staatliche Handeln durch eine Analyse, die zwischen konkreten, situativen Bedingungen und verallgemeinernder Typisierung oszilliert, einem strategischen Gebrauch zugänglich zu machen".[18]

Vor der Frage nach der zielführenden Strategie stehen auch die Sozialrechts- und Gesundheitswissenschaften. Der überwiegend kostentreibende[19] technische Fortschritt, der demografische Wandel mit zunehmender Alterung der Bevölkerung, aber auch die Probleme der Versorgungsdichte in der Fläche führen die herkömmliche Strategie an ihre Grenzen und werfen die Frage nach neuen Strategiemustern auf, an denen sich Gesundheitsreformen orientieren könnten. Ein

---

17 Explizit *Britz* (Fn. 14), Rn. 6. Vgl. auch *Eifert* (Fn. 5), Rn. 9; *Masing* (Fn. 15), D 9 ff.: Der Akzent des so verstandenen Regulierungsrechts liegt auf Infrastrukturgewährleistung im Wettbewerb und durch Wettbewerb.

18 *Eifert* (Fn. 5), Rn. 8.

19 Kostensenkende Effekte ergeben sich ebenfalls durch technische Innovationen, z.B. in der personalintensiven Krankenpflege, sie bleiben allerdings hinter den kostentreibenden Effekten zurück.

Teil der Sozialrechtswissenschaft richtet bereits den Blick über das klassische Sozialrecht hinaus auf Erkenntnisse und Entwicklungen der modernen Verwaltungsrechtswissenschaft, und auch das Sozialrecht wird zum möglichen Referenzgebiet.[20] In diesem Zusammenhang lassen sich auch die Potentiale des wettbewerbsorientierten Regulierungsverwaltungsrechts für eine neue oder veränderte sozialrechtliche Strategie ausloten.[21]

III. Das Gesundheitswesen als Wirtschaftssektor und Ansätze einer Wettbewerbsregulierung

Ist aber die Leistungserbringung im Gesundheitswesen einer Strategie der Wettbewerbsregulierung überhaupt zugänglich? Tatsächlich sind bereits heute Elemente sowohl des Wettbewerbs als auch der Wettbewerbsregulierung (im weiteren Sinne) vorhanden.

1. Markt und Wettbewerb im Gesundheitswesen

In der bestehenden Struktur folgen das Versicherungsverhältnis (mittlerweile auch das zwischen Krankenkassen und gesetzlich Versicherten) und das Behandlungsverhältnis (zwischen ärztlichen und nichtärztlichen, ambulanten und stationären Leistungserbringern und Leistungsempfängern) den Gesetzen des Marktes. Wahlrechte der Versicherten begründen einen solchen Behandlungsmarkt auch im Geltungsbereich der gesetzlichen Krankenversicherung. Der Zugang der privat oder gesetzlich Versicherten zur Leistungserbringung – in der Terminologie der Wettbewerbsregulierung also der „Endnutzer“ oder „Verbraucher“ – wird durch ihren individuellen Versorgungs- oder Kostenerstattungsan-

---

20 Maßgeblich *Stephan Rixen*, Sozialrecht als öffentliches Wirtschaftsrecht: am Beispiel des Leistungserbringerrechts der gesetzlichen Krankenversicherung, 2005; *Thorsten Kingreen/Stephan Rixen*, Sozialrecht – ein verwaltetes Utopia. Ortsangaben zur (Wieder-)entdeckung einer Referenzmaterie des öffentlichen Rechts, DÖV 2008, S. 741 ff.; *Rixen*, DV 42 (2009), S. 309 ff.; *Thorsten Kingreen*, Governance im Gesundheitsrecht. Ein Beitrag zur Bedeutung der Referenzgebiete für die verwaltungsrechtliche Methodendiskussion, DV 42 (2009), S. 339 ff.; *Ulrich Becker*, Rechtsdogmatik und Rechtsvergleich im Sozialrecht, in: ders. (Hg.), Rechtsdogmatik und Rechtsvergleich im Sozialrecht I, 2010, S. 11 (29 ff.).

21 Vgl. z.B. *Hinnerk Wissmann*, Kooperation im Wettbewerb: Soziale Dienstleistungen als Herausforderung staatlicher Regulierung, in: Andreas von Arnauld/Andreas Musil (Hg.), Strukturfragen des Sozialverfassungsrechts, 2009, S. 139 ff.; *Schuler-Harms* (Fn. 9); *Ansgar Hense*, § 16 Soziale Infrastruktur – der stationäre Sektor, in: Fehling/Ruffert (Fn. 5), S. 863 ff.

spruch reguliert, die Versorgungssicherheit und -qualität im Wege staatlicher Bedarfsplanung und über kollektive Rahmenverträge zwischen Spitzenverbänden der Krankenkassen und Leistungserbringer quantitativ und quantitativ gewährleistet. Der Leistungskatalog (in der gesetzlichen Krankenversicherung) und der Preis (in Form des Krankenversicherungsbeitrags, der Praxisgebühr und ggf. der Zuzahlung) werden staatlich festgesetzt. Versicherungs- und sozialrechtlich reguliert sind hiernach vornehmlich das Versicherungsverhältnis zwischen Krankenkassen bzw. Krankenversicherungen und den Versicherten[22] sowie das Leistungserbringungsverhältnis zwischen den nach dem Sachleistungsprinzip regelhaft die Leistung schuldenden Krankenkassen und den zugelassenen Leistungserbringern.

2. Elemente wettbewerbsorientierter Marktzutritts-, Zugangs- und Preisregulierung

Die Frage, ob das Gesundheitswesen eine Strategie der Wettbewerbsregulierung benötigt, stellt sich vor allem für den Leistungserbringungsmarkt, auf dem die Krankenkassen als „Versorger" mit den Leistungserbringern in rechtlicher Beziehung stehen und zugleich alle Krankenversicherten als „Verbraucher" Leistungen nachfragen. Wettbewerbsregulierung kommt hier zum einen für den gesamten Markt der Leistungserbringung, zum anderen für den eingeschränkten Markt der zugelassenen Leistungserbringer im Rahmen des GKV-Systems in Betracht. Rechtliche Grundlagen finden sich – teils vermischt, teils unzureichend abgestimmt – für beide Bereiche.

Ein spezifisches System der Marktzutrittsregulierung und Preisgestaltung besteht für das Arzneimittelwesen. Die apothekenrechtliche Marktgestaltung durch Fremd- und das Mehrbesitzverbot (§ 1 Abs. 2, § 2 Abs. 4, 5 ApoG) zielt zumindest auch auf die vertikale Entflechtung von pharmazeutischer Industrie, Großhandel und Apotheken und enthält damit ein Element spezifischer Marktregulierung. Weil außerdem der Markt als Instrument der Preisbildung versagt,[23]

22 Zu den Regulierungsregimes im Einzelnen bei *Wallrabenstein* (Fn. 15), S. 252 ff., 297 ff., spezifisch zur Einordnung des auf die PKV bezogenen Regelungssystems in die Systematik des Regulierungsverwaltungsrechts S. 288 ff. Zur versicherungsrechtlichen Regulierung allgemein *Michael Fehling*, Versicherungsaufsicht im Spiegel der verwaltungsrechtlichen Regulierungsdebatte, in: Volker-Joachim Bergeest/ Hubertus W. Labes (Hg.), Liber Amicorum für Gerrit Winter, 2007, S. 171 ff.

23 Einzelheiten bei *Enno Burk*, Die Funktionen der unabhängigen Apotheke für die Arzneimittelversorgung der GKV und das Fremd- und Mehrbesitzverbot, 2008, S. 35 ff.; *Schuler-Harms* (Fn. 9), Rn. 110 ff.; vgl. auch *Peter Axer* in diesem Band. S. 93 ff.

wird auch der Preis im Wege der Marktgestaltung reguliert. Die Instrumente der Preisregulierung ähneln teils denen der Preisbindung bei Verlagserzeugnissen,[24] teils sind sie in das sozialrechtliche Leistungserbringungsrecht des SGB V eingegliedert, was dem Umstand geschuldet ist, dass die Krankenkassen mit ca. 90 % den größten Teil der Abnehmer bilden. Den Herstellern ist die Gewährung von Rabatten auf preisgebundene Arzneimittel an Großhandel und Apotheken grundsätzlich verboten (§ 78 Abs. 3 Satz 1 AMG). Zusätzlich verpflichtet § 129 SGB V die Apotheken zur aut-idem-Substitution und zur Abgabe von preisgünstigen Import-Arzneimitteln an gesetzlich Krankenversicherte. Nachlässe vom Festpreis sollen nicht bei den Apotheken verbleiben, sondern den Krankenkassen und -versicherungen zugutekommen. Aus diesem Grund bestehen für Arzneimittelhersteller unter anderem[25] ein Rabattierungsverbot gegenüber den Apotheken und im Gegenzug Möglichkeiten und Anreize zum Abschluss von Rabattverträgen mit Sozialleistungsträgern (insbesondere Krankenkassen) und privaten Krankenversicherern.[26]

Ein zweites in die Strategie der Marktregulierung fallendes Feld bilden innovative, sektorenübergreifende Versorgungsformen. Der Gesetzgeber schafft sie nicht selbst, sondern regelt Strukturen eines Vertragswettbewerbs, in dem

---

24 Für Bücher gelten verlagsseitig festgesetzte, verbindliche Festpreise (§§ 5, 3 Buchpreisbindungsgesetz) und Rabattgestaltungsbeschränkungen (§ 6 BuchPrBG). § 30 GWB erlaubt Zeitungs- und Zeitschriftenverlagen und ihren Abnehmern vertikale Preisabsprachen in Abweichung von § 1 GWB als Teil eines historisch überkommenen pressespezifischen Vertriebssystems mit dem Remissionsrecht der Abnehmer und deren Neutralität beim Vertrieb als weiteren Elementen. Die Bindungen bezwecken einen funktionierenden Zwischen- und Einzelbuch- sowie Zeitschriftenhandel und erschwingliche Preise mit dem Ziel einer flächendeckenden und erschwinglichen Versorgung der Bevölkerung mit Verlagserzeugnissen. Zur regulierungsrechtlichen Einordnung *Schuler-Harms*, § 12 Medien, in: Fehling/Ruffert (Fn. 5), S. 597 ff. Rn. 73 ff.

25 Eingeschränkt sind die Hersteller auch bei der verbrauchergerichteten Werbung für verschreibungspflichtige Arzneimittel und bei der direkten Ansprache von Ärzten, vgl. *Daniel Geiger*, PharmR 2007, S. 316 ff.

26 Vgl. § 78 Abs. 3 S. 3, Abs. 3a AMG, § 130a Abs. 8 SGB V; § 129 Abs. 1 S. 3 SGB V: Bevorzugte Behandlung rabattierter Arzneimittel im Rahmen der Substitutionspflicht; § 84 Abs. 4 S. 2 SGB V: Günstige Auswirkungen von Rabattverträgen auf Bonus-Malus-Elemente in der Vergütung der Vertragsärzte; § 106 Abs. 2 S. 8 SGB V: Ausnahme solcher Arzneimittel aus der Wirtschaftlichkeitsprüfung. Auch die Versicherten profitieren: Krankenkassen können Zuzahlungen ermäßigen oder aufheben, wenn durch preisbewusste Wahl rabattierter Arzneimittel Einsparungen zu erwarten sind, § 31 Abs. 3 S. 5 SGB V.

solche Versorgungsformen entstehen und sich durchsetzen sollen. Staatliche Lenkung ist hier vorwiegend auf Wettbewerbserzeugung und noch wenig auf Regulierung entstehenden oder entstandenen Wettbewerbs angelegt. Am deutlichsten ausgeprägt ist eine wirtschaftsrechtlich orientierte Regulierungsstrategie bei der integrierten Versorgung, die §§ 140a ff. SGB V als zweite Säule der sozialrechtlichen Regelversorgung konzipieren. An die Stelle der kollektiven Aushandlung tritt der Selektivvertrag. Er kann einerseits an das Rechtsregime der Kooperationsvereinbarungen und Gesellschaftsverträge von Leistungserbringern untereinander anschließen. Andererseits sind die Gestaltungsmöglichkeiten in §§ 140a ff. SGB V noch wenig ausgearbeitet und auch auf das Berufsrecht nur unvollkommen abgestimmt. Spezifische Ansprüche auf Zugang und chancengleiche Berücksichtigung werden weder zugunsten der Kassen noch zugunsten der Leistungserbringer reguliert. Ein expliziter Netzzugangsanspruch zum Praxisnetz besteht allenfalls für Angehörige des ärztlichen Berufs nach den standesrechtlichen Regeln (vgl. § 23d MBO-Ä i.V.m. § 140b Abs. 5 SGB V) und ist für diese durch das Schriftformerfordernis und durch Vorlage- und Offenlegungspflichten gegenüber der Ärztekammer auch schwach verfahrensrechtlich flankiert.[27] Darüber hinaus bestehen allgemeine kartellrechtliche Bindungen von praktischer Bedeutung, etwa für Managementgesellschaften (§ 140b Abs. 1 Nr. 4 SGB V) und für Medizinische Versorgungszentren (MVZ), sofern sie, etwa unter Einbeziehung des einzigen stationären Versorgungsträgers am Ort, Marktmacht erlangen.[28]

Weniger deutlich ist die Wettbewerbsorientierung im Bereich anderer neuer Versorgungsformen ausgefallen. Die praktisch bedeutsamste Versorgungsform der hausarztzentrierten Versorgung nach § 73b SGB V wurde zunächst ebenfalls auf das System des Selektivvertrags orientiert, nach und nach aber erneut durch korporatistische Elemente wie die Möglichkeit des Kollektivvertrags und das Schiedsverfahren angereichert.[29]

---

27 Zu § 23d MBO-Ä und den darauf gestützten standesrechtlichen Regelungen näher *Judith Eisenberg*, Ärztliche Kooperations- und Organisationsformen, 2002, S. 191 ff.

28 Durch § 95 Abs. 1a SGB V i.d.F. des Versorgungsstrukturgesetzes vom 22. 12. 2011, BGBl. I, 2983 wird die Beteiligung von Managementgesellschaften als Träger von MVZ für Gründungen ab 1. 1. 2012 ausgeschlossen.

29 Vgl. *Thorsten Kingreen/Deniz Temizel*, Zur Neuordnung der vertragsärztlichen Versorgungsstrukturen durch die hausarztzentrierte Versorgung (§ 73b SGB V), ZMGR 2009, S. 134 ff.

Gesetzliche Ausschreibungspflichten für die gesetzlichen Krankenkassen führen ebenfalls aus dem sozialrechtlichen, korporativ geprägten Regulierungsregime heraus und nähern den Sektor der Leistungserbringung an das allgemeine Vergaberecht an. Die Frage, ob – auch unter dem Einfluss des Unionsrechts – der Gesetzgeber die Rolle der Krankenkassen eher dem Leitbild der marktmächtigen Unternehmen oder eher dem der öffentlichen Auftraggeber annähern würde, scheint vorerst zugunsten des letzteren entschieden. Die Qualität der Krankenkassen als öffentliche Auftraggeber ist heute nicht mehr umstritten.[30] Das Einkaufsmodell ersetzt im Bereich der Hilfsmittel (§ 127 Abs. 1 SGB V) die sozialversicherungsrechtliche Zulassung zur vertragsärztlichen Versorgung, und es liegt den Rabattvereinbarungen mit der arzneimittelherstellenden Industrie zugrunde (§ 130 Abs. 8 SGB V). Auch selektive Vereinbarungen über die Vergütung von Krankentransportleistungen (§ 133 Abs. 1 SGB V) begründen Wettbewerbsvorteile für die ausgewählten Leistungserbringer.[31]

3. Verbraucherschutz

Der Einzug wettbewerblicher Elemente in das korporatistische Leistungserbringungsrecht verändert auch die Rolle der Versicherten. In der Regulierungsstrategie des Sozialrechts repräsentieren die Krankenkassen als Selbstverwaltungskörperschaften die Versicherten als Mitglieder und nehmen ihre Interessen auch gegenüber den Leistungserbringern wahr. Das Verhältnis von Krankenkassen und Versicherten bestimmen weit reichende, über die allgemeinen verwaltungsrechtlichen Beziehungen von Behörden und Bürgern hinausgehende Aufklärungs- und Beratungspflichten.[32] Diese paternalistisch geprägten Pflichten passen aber nicht mehr genau in ein Gesundheitswesen, in dem die Kassen nicht nur hoheitliche Selbstverwaltung betreiben, sondern im Wettbewerb stehen und Wettbewerb organisieren. Die Versicherten werden in der Logik der Wettbewerbsregulierung zu Verbrauchern, denen – nicht zuletzt zur Organisation eines

---

30 EuGH v. 11. 6. 2009, Rs. C 300/07 – Oymanns; Nachweise zur älteren Rechtslage z.B. bei *Ralf Peter Schenke*, Die Wettbewerbsposition der gesetzlichen Krankenversicherung im Spiegel des Europarechts, in: Schmehl/Wallrabenstein (Fn. 8), S. 77 ff.; *Markus Kaltenborn*, Vergabe in der Gesetzlichen Krankenversicherung, in: Beschaffung von Sozialleistungen durch Vergabe, SDSRV 60 (2011), S. 47 ff.

31 Zu den geltenden Ausschreibungspflichten ausführlich *Kaltenborn* (Fn. 30), S. 47 (55 ff.).

32 Allgemein §§ 13, 14 SGB I; *Dagmar Felix*, Verbraucherschutz in der gesetzlichen Krankenversicherung, in: Gerhard Igl (Hg.), Verbraucherschutz im Sozialrecht, 2011, S. 41 (45 ff.).

funktionsfähigen Wettbewerbs – ausreichend Transparenz über die Qualität und die Strukturen der Angebote zu verschaffen ist.[33] Ein funktionierender Gesundheitsmarkt, auf dem die Kassen um Mitglieder und um geeignete Leistungsangebote konkurrieren, erfordert informierte und mündige Verbraucher. Der Logik des Marktes entsprechend sind die paternalistischen Informations- und Beratungspflichten des Sozialrechts folglich um verbraucherschutzrechtliche Aufklärungspflichten anzureichern. Auch Anreize, die mit der Einschränkung von Versicherungs- und Behandlungswahlrechten einhergehen, erfordern Instrumente der Qualitätssicherung und der Preisregulierung auf dem Markt der Leistungserbringung. In der Konsequenz dieser Entwicklung liegt es, die organisatorischen und verfahrensrechtlichen Vorkehrungen um Partizipation derjenigen zu ergänzen, die im Wettbewerb um Leistungen, Leistungsarten und Preise nicht das Nachsehen haben dürfen. Der neuen Steuerungslogik sind folglich zuzurechnen: Die Aufnahme von Patientenvertretern in Gremien und Ethikkommissionen zur Qualitätssicherung (§§ 91, 303b, 90, 96, 97 SGB V), die Einrichtung eines Patientenbeauftragten (§ 140 SGB V) und die Förderung von Einrichtungen zur Verbraucher- und Patientenberatung (§ 65b SGB V).[34]

4. Organisationelle Veränderungen

Tendenzen eines Wandels zeigen sich schließlich in den Strukturen der Verwaltungsorganisation. Der Gesetzgeber löst den Gemeinsamen Bundesausschuss mehr und mehr aus der kollektiv-korporatistischen Verantwortung der Selbstverwaltung und baut ihn zu einer Institution um, die sich durch Professionalität und Gruppenpluralität auszeichnet.[35] Als „exekutivische ‚Gesundheitsarchitektur' ohne demokratische Rückbindung"[36] ist er „verwaltungsorganisatorischer Grenzgänger"[37] im doppelten Sinn. Die Besetzung des G-BA mit Patientenvertretern und mit professionellen und sachkundigen, aber verbandsunabhängigen Mitgliedern ist in der Logik der korporatistischen Regulierungsstrategie nicht zu erklären und überdies legitimatorisch äußerst fragwürdig. Aus der Perspektive

---

33 Vgl. *Felix* (Fn. 32), S. 50 f.; allgemeiner *Andreas Hänlein*, Müssen die sozialrechtlichen Rahmenbedingungen geändert werden?, in: Igl (Fn. 32), S. 153 (158 ff.).

34 *Felix* (Fn. 32), S. 50 ff.

35 Aus regulierungsrechtlicher Sicht *Hense* (Fn. 21), Rn. 163

36 So *Rainer Pitschas*, Die Gesundheitsreform 2007 – verfassungskonformer Einstieg in den Systemwechsel der GKV, GesR 2008, S. 64 (74).

37 *Thorsten Kingreen*, Legitimation und Partizipation im Gesundheitswesen, NZS 2007, S. 113 (119).

der Regulierungsverwaltung, der auch Aufgaben der Qualitätssicherung obliegen, erscheinen solche Innovationen schlüssiger, wenn auch im Hinblick auf die erforderliche demokratische Legitimation nach wie vor wenig ausgereift.[38] Diesem Defizit sucht das Versorgungsstrukturgesetz 2012[39] abzuhelfen, indem es den Ausschuss für Gesundheit des Deutschen Bundestages in die Kreation der unabhängigen Mitglieder einbindet. Die Unabhängigkeit der Mitglieder erfährt eine Stärkung durch die Beschränkung auf eine einzige Amtszeit und damit den Ausschluss der Wiederwahl.

5. *Infrastrukturplanung*

Im Bereich der Infrastrukturplanung zeigen sich Tendenzen einer Abkehr von tradierten Mustern in der Erweiterung und Flexibilisierung des Instrumentariums. Für die ambulante Versorgung sieht das Versorgungsstrukturgesetz eine stärkere Einbindung der Länder in die Bedarfsplanung sowie die Begründung eines sektorenübergreifenden Koordinierungsgremiums vor, an dem neben Landesbehörden auch Kassen und Kassenärztliche Vereinigungen sowie die Krankenhausgesellschaft beteiligt sind. Die Gestaltungsbefugnisse der Kassenärztlichen Vereinigungen (KÄV) werden in Regionen und auf Gebieten mit lokalem Versorgungsbedarf erweitert; neben finanziellen Anreizen stehen den KÄV nunmehr auch Vorkaufsrechte beim Freiwerden von Vertragsarztsitzen zu, wird die Möglichkeit, Krankenhäuser bzw. die dort beschäftigten Ärztinnen und Ärzte in die ambulante und Notfallversorgung einzubinden, erweitert und die Möglichkeit, Leistungen in Eigeneinrichtungen zu Lasten des Gesamtbudgets zu erbringen, gestärkt. Auch kommunale Einrichtungen sind nunmehr befugt, mit Zustimmung der KÄV in begründeten Ausnahmefällen eine Eigeneinrichtung zu errichten. Den KÄV ist damit mehr als nur die Planung und finanzielle Steuerung von Versorgungsgebieten in die Hand gegeben. Sie verfügen nun über ein umfassendes Setting von Instrumenten für das Management einer flächendeckenden Versorgung, das sie im Einzelnen mit den Ländern abzustimmen haben.[40]

6. *Zusammenfassung*

Der Markt der Leistungserbringung befindet sich also bereichsweise und wenig systematisch, aber dennoch unverkennbar in einer Phase des Umbruchs. Im Ver-

38 *Schuler-Harms* (Fn. 9), Rn. 166.

39 Vom 22. 12. 2011, BGBl. I, 2983 (2993).

40 Ausführlich *Claudio Franzius* in diesem Band, S. 43, insb. 47 ff.

sicherungsmarkt stehen die gesetzlichen Krankenkassen mittlerweile untereinander im Wettbewerb. In das Sozialrechtsverhältnis der Leistungserbringung wurden eher punktuelle wettbewerbliche Elemente eingefügt und eher artifizielle Märkte geschaffen, um den Wettbewerb als Erkenntnisverfahren einerseits für die Entwicklung innovativer Versorgungsformen und andererseits zur Preisbildung zu nutzen. Diese Entwicklung hat Rückwirkungen auf die Stellung der Versicherten im Versicherungs- und Behandlungsmarkt und wird konsequent begleitet durch stärker wirtschafts- als sozialrechtlich geprägte Elemente eines Verbraucherschutzes.

Die Rechtsentwicklung ist gegenwärtig (noch) mehr auf Ermöglichung und weniger auf Regulierung von Wettbewerb ausgerichtet. Typische Instrumente der Zugangsregulierung sind im Leistungserbringungsrecht bislang kaum, solche der Preisregulierung schon eher zu beobachten. Die Logik der Wettbewerbsregulierung zeigt sich aber in Elementen des angesprochen Verbraucherschutzes und in regulierungstypischen Organisationselementen bei Aufgaben der Infrastrukturplanung und Qualitätssicherung.

Der Leistungserbringungsmarkt wird also mit Elementen eines Wirtschaftssektors angereichert, die eine punktuelle Steuerung in Formen der Wettbewerbsregulierung hier und da nahelegen. Entsprechende Ansätze sind bereits zu beobachten. Ein vollständiger Wechsel der Regulierungsstrategie ist aber wohl nicht angelegt. Zu erwarten ist vielmehr ein Nebeneinander von sozialrechtlicher und wettbewerbstypischer Regulierung mit der Möglichkeit sektorspezifischer Ausprägungen. Eine einfache und einheitliche „Ordnungsidee“ als Grundlage neuer Systembildung[41] zeichnet sich derzeit nicht ab.

IV. Ein eigenes Regulierungsrecht?

Die Frage, ob das Gesundheitswesen ein *eigenes* Regulierungsrecht braucht, lässt sich damit grundsätzlich bejahen. Die Kombination der überkommenen sozialrechtlichen Steuerung mit Strategien der Marktregulation ist anspruchsvoll. Die Ergebnisse bestehen in hybriden Steuerungsstrukturen, die sich noch in Ausbildung befinden und über deren Wirkungsweise und deren rechtlichen Rahmen noch große Unsicherheit besteht. Eine verallgemeinernde Typisierung der erst in Ansätzen und punktuell bestehenden neueren Elemente ist noch nicht

---

41 Vgl. *Eberhard Schmidt-Aßmann*, Das allgemeine Verwaltungsrecht als Ordnungsidee: Grundlagen und Aufgaben der verwaltungsrechtlichen Systembildung, 2. Auflage 2006, S. 1 ff.

möglich. Die Rechtswissenschaft ist in dieser Phase auf systematisierende Beobachtung verwiesen zu dem Zweck, Wissen über Ziele, Wirkungen und Alternativen der Wirtschafts- und Wettbewerbsregulierung im Gesundheitswesen zu erzeugen, sowohl für den eigenen Erkenntnisfortschritt als auch als Angebot an den normierenden Staat und die handelnde Selbstverwaltung. Die erkenntnisleitenden Fragen müssen folglich auf diese Generierung von Steuerungswissen ausgelegt werden.[42] Der Erkenntnisgewinn bleibt dabei nicht einseitig, vielmehr lassen sich aus den Ideen und Maßnahmen der Umsteuerung im Gesundheitswesen wiederum Erkenntnisse für die Marktregulation allgemein gewinnen.

Beobachten lässt sich zunächst, welchen Strategiemustern einzelne Maßnahmen oder ganze Reformpakete zuzuordnen sind. Die Frage wird für die Bedarfsplanung in diesem Symposium grundsätzlich aufgeworfen und damit ein besonders schwieriges Thema des Wettbewerbsregulierungsrechts, nämlich die Infrastrukturplanung angesprochen. Auch für die Arzneimittelregulierung ist die Frage von besonderem Belang. Die Analyse von Strategiemustern hat wiederum Rückwirkungen auf das Verständnis von Marktregulation, deren Theorie und deren Dogmatik sich mit der Erprobung in neuen Sektoren überprüfen und anreichern lassen.

Ausgehend von dem Befund, dass sich im Gesundheitswesen wohl dauerhaft unterschiedliche Regulierungsstrategien überlagern oder überlappen, ist auch nach den Übergängen und Schnittstellen zu fragen. Wie genau wird der Versicherungsmarkt sozialrechtlich „reguliert“? Wie ist die Rolle der Leistungen nachfragenden Krankenkassen im Verhältnis zu den Leistungserbringern beschaffen? Löst in diesem Verhältnis das Wettbewerbs- und Vergaberecht die traditionellen sozialrechtlichen Steuerungsmodi endgültig ab, oder kommt es zu hybriden Steuerungsformen? Ein Beispiel solcher Hybridität verkörperten § 116 GWB, § 29 Abs. 5 SGG, die bis zur Aufhebung im Arzneimittelneuordnungsgesetz zum 1. 1. 2011[43] den Rechtsweg gegen Entscheidungen der Vergabekammern zu den Landessozialgerichten eröffneten. Mit dieser besonderen Rechtswegzuweisung verband sich die Vorstellung eines sektorspezifischen Sozialvergaberechts. Mit der Zuständigkeit der Vergabesenate bei den Oberlandesgerich-

42 Die Bedeutung, die eigenständige Aufgabe und die Mechanismen der Organisation von Wissen für die Marktregulierung bearbeitet z.B. *Michael Fehling*, § 20 Instrumente und Verfahren, in: Fehling/Ruffert (Fn.5), S. 1087 ff., Rn. 117 ff. m.w.N.

43 Gesetz zur Neuordnung des Arzneimittelmarktes in der gesetzlichen Krankenversicherung (Arzneimittelmarktgesetz – AMNOG) vom 22. 12. 2010, BGBl. I, 2262 (2271).

ten wurde das Vergaberecht im Gesundheitswesen vollständig an das sonstige Vergaberecht angeschlossen. Hybride Strukturen und damit ordnungsbedürftige Schnittstellen sind andernorts jedoch weiterhin zu beobachten, etwa im Bereich der Versicherten- und Verbraucherrechte oder auch bei der Zuordnung von selektivvertraglichen Versorgungsformen und klassischem Gesundheitsmarkt.

Erforderlich ist auch die Identifikation von Schnittstellenproblemen. Wird eine regulatorische Neuerung nicht als Innovation erkannt, sondern der überkommenen sozialrechtlichen Regulierung zugeordnet, kann es zu rechtlichen Fehlbewertungen kommen. So sind Struktur- und Legitimationsfragen, die sich mit dem Gemeinsamen Bundesausschuss verbinden, immer auch im Lichte der sich überlappenden Regulierungsstrategien zu sehen. Schon der Gesetzgeber sollte sich bei Novellierung der Rekrutierungsmechanismen im Klaren sein, ob seine Strukturvorstellungen auf eine Einrichtung der korporativen Selbstverwaltung oder auf eine „Gesundheitsagentur" mit gruppenpluraler Zusammensetzung zielen; im letzteren Fall hat er das Verhältnis der Gruppenbildung zu den nach wie vor bestehenden und starken Elementen der Selbstverwaltung in der übrigen Verbändeorganisation zu klären. Die legislativen Unsicherheiten werden mit dem Versorgungsstrukturgesetz 2012 nicht beseitigt, sondern eher offenbar.

Die Frage, ob Strategien der Marktregulation auf das Gesundheitswesen übertragbar sind und an welche Grenzen sie stoßen, stellt sich erst an vierter Stelle und ist schon normativ geprägt. Die Antworten setzen Wissen um die Funktionsbedingungen solcher Regulierungsformen im Gesundheitssektor voraus, das es erst zu generieren gilt. Die Übertragbarkeit und ihre faktischen Grenzen sind dabei nicht allein von der Frage funktionierenden Wettbewerbs abhängig. Ebenso bedeutsam ist die Frage der Pfadabhängigkeit des Sektors im Hinblick auf die überkommenen sozialrechtlichen Steuerungsmodi. Die mächtigen Akteure im Sozialwesen sind dabei ein nicht zu unterschätzender Faktor.

Bedarfsplanung als spezifisches Regulierungsrecht

Claudio Franzius[*]

I. Einführung

Dem unbefangenen Beobachter stellt sich die „Bedarfsplanung als spezifisches Regulierungsrecht" als bedrohliches Szenario dar. Hatte die Abschaffung der Bedarfsplanung für die vertragszahnärztliche Versorgung nicht hoffen lassen, auf dieses Instrument in Zukunft verzichten zu können? Wenn es nun aber im Bereich der vertragsärztlichen Regelversorgung bei der Bedarfsplanung bleibt, rücken dann mit der regulierungsrechtlichen Perspektive nicht „versorgungsfremde" Aspekte in das Gesundheitsrecht? Und schließlich zum „Spezifischen" des Regulierungsrechts: Entfernt sich ein bereichsspezifisches Regulierungsrecht nicht noch weiter vom allgemeinen Verwaltungsrecht, indem es Gefahr läuft, die alte Sonderrolle durch eine neue Sonderrolle zu ersetzen?

Diese Sorgen sind ernstzunehmen, aber nur zum Teil berechtigt. Dazu ist in einem ersten Schritt aufzuzeigen, was für die vertragsärztliche Bedarfsplanung nach dem GKV-Versorgungsstrukturgesetz interessant ist (II.). Kurz wird der Blick auf andere, heute teilweise bereits als „klassisch" bezeichnete Regulierungssektoren geworfen, in denen ebenfalls Versorgungsfragen schärfer hervortreten (III.). Drei Problemkreise der Bedarfsplanung können unter der Regulierungsperspektive eine neue Akzentuierung erfahren (IV.). Zum Schluss sei dann noch einmal die Frage nach dem „spezifischen" Regulierungsrecht aus der verwaltungsrechtlichen Perspektive aufgeworfen (V.).

II. Bedarfsplanung

1. Ansätze

Die Bedarfsplanung kann an unterschiedlichen Stellen im Gesundheitswesen ansetzen.[1] Das beginnt bei der Ausbildung medizinischer Fachkräfte, die durch Zugangsbeschränkungen zum Medizinstudium gesteuert wird. Es setzt sich fort bei der Zulassung der Tätigkeit und der Vergabe von Abrechnungsberechtigun-

---

* Für hilfreiche Anregungen und Hinweise danke ich *Dagmar Felix*, *Friedhelm Hase*, *Thorsten Kingreen*, *Margarete Schuler-Harms* und *Ulrich Wenner*.

1 Vgl. *Johanna Nüsken/Reinhard Busse*, Ansatzpunkte und Kriterien der Bedarfsplanung in anderen Gesundheitssystemen, Gutachten im Auftrag der Bundesärztekammer, 2011, 4.

gen für ambulant tätige Ärzte oder die Aufnahme eines Krankenhauses in den Krankenhausplan. Vorgelagert ist jedoch eine *Regulierung der Versorgungsstrukturen*, um eine bedarfsgerechte Versorgung zu gewährleisten. Darum soll es vorliegend gehen. Nicht behandelt wird die ebenso brisante Regulierung des Leistungsvolumens über die Festlegung von Fallzahlen oder Mindestmengen.

Während früher die Überversorgung mit Ärzten im Vordergrund stand, ist es heute die bereits eingetretene oder drohende Unterversorgung, die ein konzeptionelles Überdenken der Bedarfsplanung angezeigt erscheinen lässt.[2] Denn augenscheinlich ist es nicht gelungen, durch Zulassungsbeschränkungen in überversorgten Planungsbereichen niederlassungswillige Ärzte in unterversorgte Regionen zu locken. Der Hausärztemangel betrifft vor allem, aber nicht nur ländliche Regionen in Ostdeutschland.

2. Überkommene Zweiteilungen

Was bringt nun aber die regulierungsrechtliche Perspektive? Ungeachtet aller Schwierigkeiten, den Modernisierungsansatz des Regulierungsrechts auf das historisch gewachsene Gesundheitsrecht zu übertragen, erlaubt es ein regulierungsrechtlicher Zugriff auf das Gesundheitsrecht, überkommene Zweiteilungen zu hinterfragen. Die Frage lautet nicht, ob es mehr Staat oder mehr Markt im Gesundheitswesen geben sollte. Seit jeher haben wir es hier mit Mischungsverhältnissen zu tun, in der sich allenfalls die Selbstverwaltung als dominant erwiesen hat. Gerade die korporative Struktur macht das Gesundheitsrecht für das Regulierungsrecht interessant.

Auch die herkömmliche Unterscheidung zwischen ambulantem und stationärem Sektor gilt als überholt, ist jedenfalls vielfältigen Verschränkungen gewichen.[3] Seit längerer Zeit wird eine „Ambulantisierung" des Versorgungssektors beobachtet, wodurch der bestehende Versorgungsdualismus relativiert wird.

---

2 Von einem Paradigmenwechsel spricht *Ulrich Wenner*, Vertragsarztrecht nach der Gesundheitsreform, 2008, § 16 Rn. 38. Zur vertragsärztlichen Bedarfsplanung „im System" der GKV *Ingwer Ebsen*, Leistungssteuerung und Ressourcenplanung in der gesetzlichen Krankenversicherung am Beispiel der ambulanten ärztlichen Versorgung, in: FS Hoppe, 2000, 723.

3 Von einer „Verflüssigung der Grunddifferenz von ambulant und stationär" spricht *Ansgar Hense*, Soziale Infrastruktur im Gesundheitswesen – der stationäre Sektor, in: Michael Fehling/Matthias Ruffert (Hg.), Regulierungsrecht, 2010, § 16 Rn. 13. An einer „pragmatischen Differenzierung" vorläufig festhaltend: *Margarete Schuler-Harms*, Soziale Infrastruktur im Gesundheitswesen – der ambulante Sektor, ebd., § 15 Rn. 15.

Krankenhäuser können zum Beispiel nach § 116a SGB V vertraglich zur ambulanten Versorgung zugelassen werden, sofern eine vertragsärztliche Unterversorgung zu kompensieren ist. Die Bedarfsplanung selbst bleibt jedoch unterschiedlich geregelt. Während die Planaufstellung im Vertragsarztrecht nach § 99 SGB V den Kassenärztlichen Vereinigungen zugewiesen ist, sind für die Krankenhausplanung nach § 6 KHG die Länder zuständig und verantwortlich. Ein Anliegen der jüngsten Reformbestrebungen war deshalb die Schaffung einer *integrierten Versorgungsplanung.*[4]

3. Versorgungsstrukturgesetz

Dazu kann sich der Reformgesetzgeber nur begrenzt durchringen. Verantwortlich für das Ausbleiben einer integrierten Bedarfsplanung sind weniger kompetenzrechtliche Grenzen als vielmehr in erster Linie – wie so oft – politische Gründe. Der Korporatismus des deutschen Gesundheitswesens erweist sich als punktuell beweglich, im Ganzen aber als weitgehend reformresistent. Dennoch sind *aus zwei Gründen* die im GKV-Versorgungsstrukturgesetz[5] vorgenommenen Änderungen der vertragsärztlichen Bedarfsplanung interessant.

a) Sicherstellung flächendeckender Versorgung

Das betrifft zunächst die Zielrichtung des Gesetzes. Es lässt eine Schärfung des Versorgungsziels erkennen, um der drohenden Unterversorgung vor allem in ländlichen Gebieten vorzubeugen. Die Begründung des Gesetzesentwurfs macht dies deutlich, wenn als zentrales gesundheitspolitisches Anliegen die „Sicherstellung einer flächendeckenden bedarfsgerechten und wohnortnahen medizinischen Versorgung der Bevölkerung“ hervorgehoben wird.[6]

Mit diesem nicht zufällig an die klassischen Regulierungssektoren erinnernden Regulierungsziel könnte ein *Wechsel im Rechtfertigungsansatz der Bedarfs-*

---

4 Siehe etwa *Harmut Reiners*, Kassenwettbewerb, Selektivverträge und die Rolle der Länder, G+S 3/2010, 13. Zu den unterschiedlichen Positionen im Vorfeld *Jürgen Malzahn/Karl-Heinz Schönbach/Christian Wehner*, Sicherstellungsfrage neu gestellt – Chancen für Direktverträge in der GKV?, G+S 5/2010, 10 (11 ff.).

5 Gesetz zur Verbesserung der Versorgungsstrukturen in der gesetzlichen Krankenversicherung (GKV-Versorgungsstrukturgesetz – GKV-VStG) v. 22.11.2011, BGBl I 2011, 2983. Zum Gesetzentwurf der Bundesregierung BR-Drucks. 456/11 v. 12.8.2011, dazu *Georg Baum*, Das GKV-Versorgungsstrukturgesetz (GKV-VSG), das Krankenhaus 7/2011, 661. Baum ist Hauptgeschäftsführer der Deutschen Krankenhausgesellschaft.

6 BR-Drucks. 456/11, 1.

planung einhergehen: Bislang wurde für die Rechtfertigung des Eingriffs in die Berufsfreiheit privater Leistungserbringer auf Aspekte der Kostendämpfung oder des regulativ aufzufangenden Marktversagens abgestellt.[7] Das GKV-Versorgungsstrukturgesetz erleichtert es nunmehr, stärker als bisher auf die *Sicherstellung gleicher Versorgungsgewährleistung* zuzugreifen, also die der Erfüllung durch die Leistungserbringer vorgelagerte Gewährleistungspflicht der Krankenkassen gegenüber dem Leistungsempfänger in den Blick zu nehmen.[8]

Dass im Vordergrund der Bedarfsplanung nicht der Wettbewerb, sondern die Versorgungsgewährleistung steht, spricht nicht gegen deren Qualifizierung als Regulierungsrecht. Wir haben es im Regulierungsrecht mit komplexen Zielbestimmungen zu tun. Als komplex erweisen sich auch die Regelungsstrukturen, die sich nicht länger problemlos in bipolare Rechtsbeziehungen zerlegen und im Abwehrverhältnis grundrechtsdogmatisch rekonstruieren lassen. Tun wir es dennoch – wofür es gute Gründe gibt – so wäre zu fragen, ob sich die Bedarfsplanung allein vor dem Zugangsanspruch des Arztes rechtfertigen muss oder nicht eben auch mit dem Zugangsanspruch der Versicherten zu einer angemessenen Gesundheitsversorgung prinzipiell gerechtfertigt ist.

Regulierungsrecht hat typischerweise *mehrpolige Zugangsfragen* und deren Ausgleich zum Gegenstand. Es soll an dieser Stelle dahingestellt bleiben, ob sich die Auflösung grundrechtlicher Spannungslagen im Regulierungsrecht noch unhinterfragt im „klassischen“ Eingriffsabwehrschema[9] vornehmen lässt. Die

---

7 BVerfGE 103, 172 (184 ff.). Zur Bekämpfung der „anbieterinduzierten Nachfrage“ als Rechtfertigungsgrund BSG, NZS 1999, 98 (99 f.); *Wenner*, Vertragsarztrecht (Fn. 2), § 16 Rn. 36.

8 Vgl. *Astrid Wallrabenstein*, Staatliche Gewährleistung einer angemessenen gesundheitlichen Versorgung im Bundesgebiet, Vortrag v. 12.4.2011 vor der Deutschen Gesellschaft für Krankenkassenrecht, Ms.

9 Zweifelnd *Astrid Wallrabenstein*, Versicherung im Sozialstaat, 2009, 351 ff. mit dem Hinweis auf die Frage nach ausgestaltungsbedürftigen Grundrechten. Der Versuch einer gewährleistungsstaatlich reformulierten Grundrechtsdogmatik, wie er namentlich von *Wolfgang Hoffmann-Riem*, Der Staat 43 (2004), 203 angeregt wurde, ist auf Kritik gestoßen, statt vieler *Renata Martins*, Grundrechtsdogmatik im Gewährleistungsstaat: Rationalisierung der Grundrechtsanwendung?, DÖV 2007, 456 (460 ff.); *Stephan Rixen*, Wettbewerb im Gesundheitswesen zwischen Gewährleistungsstaat und Grundrechtsschutz, in: Arndt Schmehl/Astrid Wallrabenstein (Hg.), Steuerungsinstrumente im Recht des Gesundheitswesens, Bd. 1, 2005, 109 (115 ff.).

verschiedentlich geäußerte Skepsis[10] ist jedenfalls nicht in gleicher Weise für bedarfsorientierte Zulassungsbeschränkungen angezeigt, die das Feld, auf dem sich die Ärzte bewegen, nicht erst schaffen und damit einfachgesetzlich auch nicht ohne weiteres die Reichweite der ärztlichen Berufsfreiheit mitbestimmen können. Vielmehr ist weiterhin von einem rechtfertigungsbedürftigen, aber unter Berücksichtigung des Regulierungsziels der Versorgungsgewährleistung auch rechtfertigungsfähigen Eingriff in die Berufsfreiheit privater Leistungserbringer auszugehen.[11]

Die Probleme liegen woanders. So verweist eine Betrachtung der Bedarfsplanung unter dem Regulierungsziel bedarfsgerechter Versorgungsgewährleistung auf das Organisationsrecht. Hier spielt – wie stets im Regulierungsrecht – die Musik.[12]

b) Organisation versorgungsgewährleistender Bedarfsplanung

Deshalb ist, neben der Aufwertung des Versorgungsziels, der organisationsrechtliche Ansatz des Versorgungsstrukturgesetzes interessant. Das Gesetz zielt auf eine Flexibilisierung der Bedarfsplanung um den Preis einer Verkomplizierung der Organisationslandschaft:

Zur Flexibilisierung: Der Gesetzgeber lockert die Orientierung an stichtagsbezogenen Verhältniszahlen und schreibt die Berücksichtigung der Altersstruktur[13] sowie anderer sozialer Kriterien für insgesamt kleinräumiger zu fassende Planungsbereiche (§ 101 Abs. 1 Nr. 3 SGB V neu) vor. Was bislang über die

10 Nicht grundlos ist die Berufsfreiheit im Regulierungsrecht als „schwaches Grundrecht" bezeichnet worden, vgl. *Oliver Lepsius*, Verfassungsrechtlicher Rahmen der Regulierung, in: Fehling/Ruffert (Hg.), Regulierungsrecht, 2010, § 4 Rn. 51, 53; kritisch *Rainer Pitschas*, Verfassungsrechtliche Zentralfragen der Neuordnung ambulanter Krankenversorgung und § 116b SGB V, GesR 2010, 513 (517 ff.); s. auch *Eberhard Schmidt-Aßmann*, Grundrechtspositionen und Legitimationsfragen im öffentlichen Gesundheitswesen, 2001, 45 f.

11 Zu einer teilhaberechtlichen Konstruktion *Daniel Riedel*, Das Teilhabegrundrecht auf Zulassung zur vertragsärztlichen Versorgung, NZS 2009, 260.

12 Plastisch: *Lepsius*, Verfassungsrechtlicher Rahmen (Fn. 10), § 4 Rn. 9: „Institutionelle Delegation der inhaltlichen Determination".

13 Zur bisherigen Praxis *Carsten Reiter*, Vertragsärztliche Bedarfsplanung – Einführung eines Demografiefaktors, GesR 2011, 141.

Bedarfsplanung nur schwer zu machen war, wird nunmehr gesetzlich vorgeschrieben. Das ist zu begrüßen.

Die entsprechenden Festlegungen soll aber weiterhin der Gemeinsame Bundesausschuss (G-BA) treffen, ein in vielerlei Hinsicht gesundheitspolitisch ebenso sinnvolles wie verfassungsrechtlich problematisches Gremium, das bereits als „Zentralkomitee des Gesundheitswesens" bezeichnet worden ist.[14] Hier gibt es nun einige Neuerungen, die zwar alles andere als umstürzend, aber doch erwähnenswert sind:

- Von den Bedarfsplanungsrichtlinien kann zur Bestimmung des lokalen Bedarfs abgewichen werden (§ 99 Abs. 1 S. 3 SGB V neu), sei es durch abweichende Abgrenzungen der Planungsbereiche oder durch abweichende Verhältniszahlen für den bedarfsgerechten Versorgungsgrad.
- Dafür können sektorübergreifend gemeinsame Landesgremien nach § 90a SGB V neu geschaffen werden, womit die Bedarfsplanung föderalisiert und mit Blick auf die Beantwortung sektorenübergreifender Versorgungsfragen dezentralisiert wird. Das ist nicht unproblematisch, unterläuft es doch die Verantwortung der Krankenkassen für die bundesweite Versorgung.
- Diese neue Struktur wird ihre eigene Logik herausbilden, zumal dem Gemeinsamen Bundesausschuss insoweit Steuerungsmöglichkeiten verwehrt sein sollen. Eine Ermächtigung des G-BA, in der Bedarfsplanungsrichtlinie die Voraussetzungen für das Vorliegen regionaler Besonderheiten zu regeln, soll ausweislich der Gesetzesbegründung nicht bestehen.[15]

Gewinner der Reform sind – zumindest in formaler Hinsicht – die Länder, die im G-BA ein *Mitberatungsrecht* (§ 92 Abs. 7e SGB V neu) erhalten. Auch im Übrigen verfügen sie lediglich über Mitwirkungsrechte, aber über keine Entscheidungsbefugnisse. Aus einer regulierungsrechtlichen Perspektive überzeugend ist die Ersetzung des Benehmenserfordernisses in § 99 SGB V neu durch eine *Vorlagepflicht* des Bedarfsplans mit einem *Beanstandungsrecht* der obers-

---

14 *Joachim Lege*, Knappheit und Verteilungsgerechtigkeit im Gesundheitswesen, VVDStRL 70 (2011), 113 (130 f.). Von warlords spricht *Udo Steiner*, ebd., 203; kritisch *Rainer Pitschas*, ebd., 209. Zum „kleinen Gesetzgeber" des Krankenversicherungsrechts *Andreas Wahl*, Kooperationsstrukturen im Vertragsarztrecht, 2001, 313 ff.

15 Kritisch *Rainer Hess*, Im Wesentlichen Positiv, ärztepost, Sommer 2011, 14. *Hess* ist unparteiischer Vorsitzender des G-BA.

ten Landesbehörde, welche die Rechtsaufsicht über die Kassenärztlichen Vereinigungen als Planungsträger ausübt.

Nach dem Willen des Bundesgesetzgebers wird die Bedarfsplanung jedoch weiterhin maßgeblich durch die Bedarfsplanungsrichtlinien des G-BA gesteuert. Das ist aus der Sicht der ärztlichen Leistungserbringer weniger problematisch als aus Sicht der Leistungsempfänger, die als *Versicherte* über keine angemessene Vertretung im G-BA verfügen. Das GKV-Versorgungsstrukturgesetz ändert daran nichts, stärkt aber die personelle Legitimation der unparteiischen Mitglieder, indem ihre Auswahl nach § 91 Abs. 2 S. 4 SGB V neu an ein Widerspruchsrecht des Gesundheitsausschusses des Bundestags geknüpft wird. Auch das passt nicht richtig in die überkommenen Strukturen der Gemeinsamen Selbstverwaltung und lässt erkennen, dass die Grenze zur Fremdverwaltung erreicht, wenn nicht gar überschritten ist.

c) Rechtliche Grenzen und politische Spielräume

Was folgt daraus? Die erneute Reform der Organisation des Gemeinsamen Bundesausschusses wirft die Frage auf, ob es so weiter gehen kann. Natürlich hat sich mit dem G-BA eine Struktur verfestigt. Das mag heute ein Bedürfnis nach Ruhe erklären, und eine Korrektur der langjährigen Rechtsprechung des Bundessozialgerichts zur demokratischen Legitimation des G-BA durch das Bundesverfassungsgericht dürfte wenig wahrscheinlich sein. Auch tut das Bundesverfassungsgericht gut daran, sich zum Demokratieprinzip des Grundgesetzes behutsam zu äußern.[16] Aber damit ist das Problem nicht gelöst. Denn der G-BA ist das eigentliche, sukzessive ausgebaute Machtzentrum des Gesundheitsrechts, das nur noch mit einigen Verrenkungen als Selbstverwaltung ausgewiesen werden kann. Gewiss ist dazu viel geschrieben worden, weniger aber zu der Frage, ob sich der G-BA auf der Folie einer unabhängigen Regulierungsbehörde – kontrastierend oder vergleichend – sinnvoll beschreiben und fortentwickeln lassen könnte.[17]

16 Unschönes Gegenbeispiel: BVerfGE 123, 267 – Lissabon (2009).

17 Vorsichtig *Schuler-Harms*, Soziale Infrastruktur (Fn. 3), § 15 Rn. 146, 166. Die Weiterentwicklung der vorhandenen Struktur in diese Richtung erscheint realistischer als die Schaffung einer gänzlich neuen Behörde, wie es – vereinzelt – für die Krankenhausregulierung vorgeschlagen wird, vgl. *Wolfram Höfling*, Vom Krankenhausrecht zum Krankenhausregulierungsrecht, GesR 2007, 289 (292 f.).

Jedenfalls darf die vertragsärztliche Bedarfsplanung in den rechtlichen Grenzen und politischen Spielräumen nicht allein vor dem Hintergrund der betroffenen Grundrechtspositionen und einer gegebenenfalls darüber zu rechtfertigenden autonomen Rechtssetzungsgewalt gesehen werden. Es stellt – wie jede exekutive Normsetzung – auch ein Demokratieproblem dar.[18] Das betrifft die Diagnose wie die Therapie, wenngleich eine regulierungsrechtlich überzeugende Antwort auf die korporatistische Struktur noch aussteht.[19]

Hier gilt es anzusetzen: Denn einiges spricht dafür, dass eben diese Struktur, also die weitgehende Einkapselung der Gemeinsamen Selbstverwaltung gegenüber politischer Steuerung, für das Ausbleiben einer integrierten Bedarfsplanung verantwortlich zu machen ist. Zum Wandel im grundrechtlichen Rechtfertigungsargument muss deshalb – so lautet vorliegend die These – die Frage nach einem Wandel des Legitimationsansatzes hinzutreten. Gerade weil ein grundlegender Umbau der Gemeinsamen Selbstverwaltung nicht zu erwarten und politisch auch nicht gewollt ist, brauchen wir tragfähigere Begründungen, um sie als solche bewahren zu können.

III. Vergleich

Aufschlüsse liefert der Vergleich. Die Zersplitterung der Bedarfsplanung zeigt bereits die Krankenhausplanung. Sie ist keine Selbstverwaltungsangelegenheit der betroffenen Akteure, sondern eine staatliche Aufgabe, die von den Bundesländern wahrgenommen wird. Die Landesbehörde entscheidet über die Aufnahme in den Krankenhausplan und damit über das Tätigwerden der sog. Plankrankenhäuser auf dem lukrativen Gesundheitsmarkt. Hier gibt es eine Reihe von Problemen, aber das soeben angesprochene Problem demokratischer Legitimation stellt sich unter dem Letztentscheidungsrecht der Landesbehörde nicht.

Auch im Umwelt- und Risikorecht lässt sich unter dem Leitbild der nachhaltigen Entwicklung eine Renaissance der Planung beobachten.[20] Das schließt Bedarfsprüfungen, etwa in Gestalt der fachplanungsrechtlichen Planrechtfertigung, als Option bei der naturschutzrechtlichen Eingriffsregelung oder bei der Umweltverträglichkeitsprüfung im Rahmen von Zulassungsentscheidungen ein. Im

18 Allg. *Schmidt-Aßmann*, Grundrechtspositionen (Fn. 10), 56 ff.

19 Insofern ist es bedauerlich, dass auf der Staatsrechtslehrertagung in Münster (2011) die exekutive Rechtsetzung weder unter dem Demokratieprinzip noch am Beispiel des Regulierungsrechts behandelt wurde. Dies hat zutreffende Kritik erfahren.

20 Vgl. *Ivo Appel*, Staatliche Zukunfts- und Entwicklungsvorsorge, 2005, 160 ff.

planungsrechtlichen Abwägungsgebot kann das Fehlen eines Bedarfs als „Nullvariante" zur Ablehnung des Vorhabens führen.[21]

Allerdings zeigt das benachbarte Infrastrukturrecht, dass der Bedarf auch durch den Gesetzgeber festgelegt werden kann und darf. Eine solche Bedarfsgesetzgebung wird in der Bundesverkehrswegeplanung seit längerer Zeit praktiziert (§ 1 Abs. 2 FStrAbG). Sie ist auch im Energierecht vorgesehen (§ 1 Abs. 2 EnLAG) und liegt dem kürzlich in Kraft getretenen Netzausbaubeschleunigungsgesetz (§§ 4 ff. NABEG) zugrunde: Der Bedarf nach länderübergreifenden oder grenzüberschreitenden Höchstspannungsleitungen wird im Bundesbedarfsplan nach § 12a Abs. 4 S. 1 EnWG parlamentarisch verantwortet, während die nachfolgenden Planungsaufgaben der Bundesnetzagentur zugewiesen und bei dieser gebündelt sind bzw. gebündelt werden können (§ 2 Abs. 2 NABEG). Das ist bemerkenswert, wird doch auf diese Weise die Regulierungsbehörde zu einer echten Planungsbehörde, die *insoweit* kaum weisungsfrei gestellt sein kann.[22]

Nun wird immer wieder betont, dass sich im Gesundheitsrecht ein objektivierbarer Bedarf nicht festlegen lässt. Das mag so sein, spricht aber zunächst eher *für* als gegen die gesetzgeberische Bedarfsfeststellung.[23] Sie darf keine starren Verhältniszahlen festlegen, könnte aber den Zulassungsgremien die hinter Verteilungsentscheidungen maßgeblichen politischen Wertungen vorgeben. Diese – früher in § 102 SGB V enthaltene – Option wurde nicht aufgegriffen, erschien eine Rückverlagerung der Planungsbefugnisse auf den Staat doch weniger als Fortschritt denn als Rückschritt hinter die Errungenschaften der Gemeinsamen Selbstverwaltung. Dennoch wäre die korporative Struktur zugunsten einer Stufung des Gewährleistungsauftrags von legislativer Bedarfsfestlegung und exekutiver Auswahlentscheidung zu hinterfragen. Mag der Gesetzgeber den in der Fläche ganz unterschiedlichen Bedarf auch nicht festlegen können, so erscheint es doch problematisch, ihm faktisch die Steuerung aus der Hand zu

21 Vgl. *Thomas Groß*, Zur Zulässigkeit von Bedarfsprüfungen bei der Entscheidung über umweltrelevante Vorhaben, VerwArch 88 (1997), 89; *Gerd Winter*, Brauchen wir das? Von der Risikominimierung zur Bedarfsprüfung, KJ 1992, 389.

22 Kritisch *Wolfgang Durner*, Die aktuellen Vorschläge für ein Netzausbaubeschleunigungsgesetz (NABEG) – Bewertung der Verfassungsmäßigkeit und des Beschleunigungspotentials, DVBl 2010, 853. Zur Kritik auch *Rudolf Steinberg*, Zweifelhafter Schnellschuss, FAZ v. 27.6.2011, 10.

23 Von „mittelbarer gesetzlicher Bedarfsplanung" sprechen *Michael Quaas/Rüdiger Zuck*, Medizinrecht, 2. Aufl. 2008, § 19 Rn. 15.

nehmen.[24] Deshalb liefert Art. 87 Abs. 2 GG der Selbstverwaltung auch keinen unüberwindbaren Bestandsschutz.[25]

IV. Regulierungsrecht

Ist das Primärziel nicht der Wettbewerb, sondern die Versorgungssicherheit, dann kommt das Leistungserbringungsrecht der gesetzlichen Krankenversicherung ohne eine vorstrukturierende Bedarfsplanung nicht aus. Kann die Bedarfsplanung dann aber als Regulierungsrecht verstanden werden? Diese Behauptung erscheint gewagt.

Zwar lässt sich im ambulanten Sektor auch die Förderung des Wettbewerbs als Regulierungsziel ausmachen. Aber die Regelungsstrukturen weisen den Wettbewerb eher als ein funktionales Äquivalent zur Bedarfsplanung aus. Auffallend ist jedenfalls, dass der Wettbewerb bislang gerade dort zum Tragen kommen soll, wo die Versorgung aus dem kollektivvertraglichen System herausgelöst ist, der Gesamtsicherstellungsauftrag der Kassenärztlichen Vereinigungen nach § 75 SGB V eingeschränkt ist und auf eine Bedarfsplanung nach §§ 99 ff. SGB V verzichtet wird. Das betrifft etwa die neuen Versorgungsformen der Integrierten Versorgung (§ 140a Abs. 1 SGB V) und der hausarztzentrierten Versorgung (§ 73b SGB V), aber auch den Korridor[26] anderer selektivvertraglicher Formen spezialärztlicher Versorgung. Hier, also in solchen Sektoren, die gerade nicht der Bedarfsplanung unterliegen, soll es Wettbewerb geben. Mittelbar zielt der unter Kostenträgern wie Leistungserbringern erwünschte Wettbewerb auf die Sicherung einer bedarfsangemessenen, qualitativ hochwertigen und der Wirtschaftlichkeit verpflichteten Versorgung der Bevölkerung mit Gesundheitsleistungen.[27] Das rechtfertigt es, von Regulierungsrecht zu sprechen,

---

24 BVerfGE 33, 125 (158) verlangt für Regelungen im Rahmen der Satzungsautonomie die Beachtung des Grundsatzes, dass „der Gesetzgeber sich seiner Rechtsetzungsbefugnis nicht völlig entäußern und seinen Einfluss auf den Inhalt der von den körperschaftlichen Organen zu erlassenden Normen nicht gänzlich preisgeben darf".

25 *Hans Michael Heinig*, Der Sozialstaat im Dienst der Freiheit, 2008, 454 f.; anders *Peter Axe*r, Normsetzung der Exekutive in der Sozialversicherung, 2000, 299 ff.

26 BR-Drucks. 456/11, 56.

27 *Schuler-Harms*, Soziale Infrastruktur (Fn. 3), § 15 Rn. 33.

lässt in diesem *engen Verständnis* aber eher eine konzeptionelle Alternative zur Bedarfsplanung durch die Verbände erkennen.[28]

Dennoch macht die Regulierungsperspektive Sinn. Zunächst gilt es daran zu erinnern, dass mit dem Regulierungsansatz nicht allein ein Aufbrechen von Monopolen zugunsten des Wettbewerbs intendiert ist. Zwar ist Regulierung ein Wettbewerbsbezug immanent. Doch das schließt andere Ziele nicht aus. Gerade die klassischen Regulierungssektoren, zu denen wir neben dem Telekommunikations- auch den Energiesektor zählen können, verdeutlichen eine neue Akzentuierung der Versorgungsdimension.[29] Anfragen werden an das Grundversorgungsmodell im Energierecht gestellt, aber auch an das Universaldienstemodell im Post- und Telekommunikationsrecht, das sich als stumpfes Schwert zur flächendeckenden Versorgung mit schnellen Internetzugängen erwiesen hat.[30] Selbst der bislang überwiegend im Privatrecht diskutierte Verbraucherschutz ist ein regulierungsrechtliches Thema geworden.[31] In einem weiten *Verständnis* von Regulierung kann nicht nur der Kassenwettbewerb (§ 69 SGB V), sondern auch die Versorgungsplanung dem Regulierungsrecht zugeordnet werden.

1. Regulierungsbegriff

Inwieweit die Bedarfsplanung als Regulierungsrecht auszuweisen ist, hängt also vom gewählten Regulierungsbegriff ab: Es konkurrieren ein enger und ein weiter Regulierungsbegriff.[32]

Das engere Verständnis sieht im Regulierungsrecht soziales Wettbewerbsermöglichungsrecht. Wichtig ist diese Qualifizierung deshalb, weil es dem Re-

---

28 In diesem Sinne wohl auch *Wolfram Höfling*, Der Gesundheitsgewährleistungsstaat: Staatstheoretische und verfassungsrechtliche Überlegungen, in: Volker Schumpelick/ Bernhard Vogel (Hg.), Medizin zwischen Humanität und Wettbewerb, 2008, 110 (115).

29 Siehe etwa *Markus Möstl*, Perspektiven des Regulierungsrechts, GewArch 2011, 265 mit einem Vergleich von Telekommunikations- und Krankenhausrecht.

30 *Claudio Franzius*, Wo bleibt der Staat? Das Modell der Universaldienste und seine Alternativen, ZG 2010, 66.

31 Näher *Claudio Franzius*, Schutz der Verbraucher durch Regulierungsrecht, DVBl 2010, 1086. Zu weit der Regulierungsbegriff bei *Martin Eifert*, Regulierungsstrategien, in: Wolfgang Hoffmann-Riem/Eberhard Schmidt-Aßmann/Andreas Voßkuhle (Hg.), Grundlagen des Verwaltungsrechts, Bd. 1, 2. Aufl. (i.E.), § 19 Rn. 5.

32 Siehe auch *Margarete Schuler-Harms*, Braucht das Gesundheitswesen ein eigenes Regulierungsrecht?, in diesem Band, S. 29 ff.

gulierungsrecht eben gerade nicht darum geht, einen bereits vorhandenen, freien Wettbewerb zu sichern, sondern darum, einen gemeinwohlpflichtigen, nicht notwendig auf die Netzwirtschaften beschränkten Wettbewerb herzustellen. Regulierung ist danach eine Gestaltungsaufgabe.[33] Hierüber grenzt sich das *Regulierungsrecht* gegenüber dem Ordnungsrecht und der herkömmlichen Eingriffsverwaltung ab.

Demgegenüber sieht ein weiteres Verständnis in der Regulierung eine Aufgabe des Gewährleistungsstaates, der sich verschiedener Regulierungsstrategien bedienen kann.[34] Hierüber grenzt sich die *Regulierungsverwaltung* gegenüber der wohlfahrtsstaatlichen Leistungsverwaltung ab. Regulierung dient der Umsetzung in der Verfassung mitunter nur implizit verankerter Gewährleistungspflichten, die gerade dort relevant werden, wo die Leistung nicht vom Staat, sondern von nicht-staatlichen Akteuren erbracht wird.[35] Danach handelt es sich um kein absterbendes Sonderkartellrecht. Regulierung ist vielmehr Ausdruck einer Daueraufgabe und bildet mit der Gewährleistungsverwaltung eine dritte Säule neben der Eingriffs- und der Leistungsverwaltung heraus.[36] Anders gesagt: Aus der Daseinsvorsorge werden öffentliche Dienstleistungen, deren bedarfsgerechte Erbringung regulatorisch überformt wird.[37]

Betrachten wir aus dieser Perspektive das Gesundheitsrecht, so werden die Unterschiede und Gemeinsamkeiten zu vielen Regulierungssektoren netzgebun-

---

33 Prononciert *Johannes Masing*, Soll das Recht der Regulierungsverwaltung übergreifend geregelt werden?, Gutachten D zum 66. Deutschen Juristentag, 2006, D 152 ff.; grundlegend *Hans-Heinrich Trute*, Regulierung am Beispiel des Telekommunikationsrechts, in: FS Brohm, 2002, 169 (171 f.).

34 Näher *Claudio Franzius*, Der Gewährleistungsstaat, VerwArch 99 (2008), 351. Die Frage nach der Regulierung ist mit *Wallrabenstein*, Versicherung (Fn. 9), 243 „schlicht die Konsequenz aus der Annahme, dass den Staat eine Gewährleistungsverantwortung" trifft.

35 Zum Leitbild des Gewährleistungsstaates und einer Neuausrichtung verwaltungsrechtlicher Denkmuster, nachdem die „Zweiteilung des Verwaltungsrechts in liberales Abwehrrecht und die Daseinsvorsorge erfüllendes Leistungsrecht aufgebrochen" ist: *Wallrabenstein*, Versicherung (Fn. 9), 239.

36 So *Andreas Voßkuhle*, Beteiligung Privater an der Wahrnehmung öffentlicher Aufgaben und staatliche Veranwortung, VVDStRL 62 (2003), 267 (304 ff.); kritisch *Johannes Hellermann*, Schutz der Verbraucher durch Regulierungsrecht, VVDStRL 70 (2011), 366 (388).

37 Von einem „gewährleistungsstaatlich-regulierungsrechtlichen Ansatz" spricht *Höfling*, Gesundheitsgewährleistungsstaat (Fn. 28), 113.

dener Versorgungsgewährleistung schnell erkennbar. Ähnlich wie das Energierecht, aber anders als das Post- und Telekommunikationsrecht, das sich zu einem guten Teil mit der Überführung eines staatlichen Monopols in den Wettbewerb beschäftigt, ist das Gesundheitsrecht seit alters her auf die Mitwirkung privater Akteure angewiesen. Der Staat erbringt die Leistung nicht selbst, sondern hat mit der korporativen Selbstverwaltung organisatorische Strukturen geschaffen, die es ihm erlauben, die Leistung von Dritten, nicht notwendig privaten Akteuren, erbringen zu lassen.[38] So gesehen haben wir es mit Regelungsstrukturen zu tun, die sich von denen der netzgebundenen Versorgung nicht grundlegend unterscheiden. Neu ist aber die Erwartung, über die regulierungsrechtliche Schärfung der staatlichen Gewährleistungsverantwortung eröffne sich ein Raum für die Erbringung von Gesundheitsdienstleistungen im funktionalen Wettbewerb.

Vor dem Hintergrund eines relativ weiten Verständnisses von Regulierung erscheint die Einordnung der Bedarfsplanung unter das Regulierungsrecht möglich. Verstehen wir Regulierung in einem instrumentellen Sinne als Umsetzung staatlicher Gewährleistungspflichten, dann lassen sich Planung und Regulierung nicht als kategorial verschieden begreifen. Sie stellen eine Voraussetzung, Bedingung oder Innovationsressource für wettbewerbliche Reformen im Gesundheitsrecht dar. Dabei geht es – das sei nochmals betont – nicht um einen freien, gegenüber verbandlicher oder staatlicher Planung abzuschirmenden Wettbewerb. Die Ausrichtung auf den Wettbewerb dient vielmehr dem vorrangigen Ziel einer bedarfsgerechten Versorgung. Mit der erwünschten Anbieter- bzw. Trägervielfalt existiert ein Wettbewerbselement im Gesundheitsrecht, das bei der Bedarfsplanung auf Beachtung drängt.

Regulierung – und damit regulierter Wettbewerb – ist kein Selbstzweck, sondern erfüllt eine Gewährleistungsfunktion. Staatlich zu gewährleisten ist eine in der Fläche wirksame Versorgung mit Gesundheitsleistungen. Diese können in unterschiedlichen Formen erbracht werden. Wir haben es mit überlieferten, aber wandelbaren Governance-Strukturen[39] zu tun. Wandelbar insoweit, als es dem

38 Zum sozialrechtlichen Dreiecksverhältnis *Stephan Rixen*, Sozialrecht als öffentliches Wirtschaftsrecht, 2005, 119 ff. Darstellung: *Hinnerk Wißmann*, Kooperation im Wettbewerb: Soziale Dienstleistungen als Herausforderung staatlicher Regulierung, in: Andreas v. Arnauld/Andreas Musil (Hg.), Strukturfragen des Sozialverfassungsrechts, 2009, 139 (149 ff.).

39 Vgl. *Nils C. Bandelow*, Governance im Gesundheitswesen: Systemintegration zwischen Verhandlung und hierarchischer Steuerung, in: Stefan Lange/Uwe Schimank (Hg.), Go-

Gesetzgeber verfassungsrechtlich weitgehend freigestellt ist, neue Zuordnungen von Solidarität und Effizienz vorzunehmen. Wie schon § 69 Abs. 2 S. 1 SGB V zeigt, verschwimmen die Grenzen zwischen dem traditionell der Kooperation verpflichteten Sozialrecht und dem Konkurrenz eröffnenden Wettbewerbsrecht, das im Verhältnis der Krankenkassen zu den Leistungserbringern für anwendbar erklärt wird. Die zweigleisige Struktur, die mit der Anwendbarkeit des auf sozialrechtliche Regulierungsfragen nicht zugeschnittenen Kartellrechts in der Zuständigkeit der Kartellbehörden und der Kontrolle durch die Zivilgerichte entstanden ist, erschwert sachgerechte Lösungen.[40] Wettbewerb kann auch im Sozialrecht nicht einfach *vorausgesetzt*, sondern muss nach Maßgabe der gesetzlichen Ziele und den Bedingungen des Aufgabenfeldes *geschaffen*, das heißt gestaltet werden. Für das Primärziel der Versorgungsgewährleistung verlangt dies eine bessere Koordinierung des bisherigen Nebeneinanders sozial- und kartellrechtlicher Handlungslogiken bzw. kollektiv- und selektivvertraglicher Mechanismen.

2. Regulierung sozialer Infrastruktur

Normative Vorgaben für die Planung und Regulierung sozialer Infrastrukturen enthält das Sozialstaatsprinzip, das mit dem *Nikolaus*-Beschluss des Bundesverfassungsgerichts für besonders gelagerte Fälle zwar individualisiert werden kann.[41] Gegenüber einer Überkonstitutionalisierung des Gesundheitsrechts ist aber – wie in den anderen Feldern des Regulierungsrechts auch[42] – Skepsis angezeigt.

---

vernance und gesellschaftliche Integration, 2004, 89. Zur Analyse von Governance-Strukturen *Hans-Heinrich Trute/Doris Kühlers/Arne Pilniok*, Governance als verwaltungsrechtswissenschaftliches Analysekonzept, in: Gunnar Folke Schuppert/ Michael Zürn (Hg.), Governance in einer sich wandelnden Welt, PVS-Sonderheft 41/2008, 173.

40 Zur Notwendigkeit eines Gesundheitsregulierungsrechts *Ulrich Becker/Thorsten Kingreen*, Der Krankenkassenwettbewerb zwischen Sozial- und Wettbewerbsrecht – Zur geplanten Ausdehnung der Anwendung des GWB auf das Handeln der Krankenkassen, NZS 2010, 417 (421, 423 f.); kritisch *Wulf-Henning Roth*, Das GWB als Regulierungsrecht – geeignet für das Gesundheitswesen?, in diesem Band, S.113 ff.

41 BVerfGE 115, 25 (41) spricht Versicherten im System der beitragsfinanzierten Krankenversicherung einen vorrangig auf die allgemeine Handlungsfreiheit (Art. 2 Abs. 1 GG) gestützten Leistungsanspruch gegenüber der Krankenkasse zu.

42 *Lepsius*, Verfassungsrechtlicher Rahmen (Fn. 10), § 4 Rn. 22 ff.

Werden die Regelungsstrukturen in den Netzwirtschaften zum Vorbild genommen, liegt es nahe, die Zuständigkeiten korporativer Steuerung zu entflechten. So wäre es aus der regulierungsrechtlichen Perspektive überdenkenswert, die Planungsverantwortung in die Hand der Landesbehörden zu legen. Einen vorsichtigen Schritt in diese Richtung geht das Versorgungsstrukturgesetz mit der Vorlagepflicht der Bedarfspläne, die von der obersten Landesbehörde beanstandet werden können. Wie mit einem beanstandeten Bedarfsplan umzugehen ist, bleibe jedoch Sache des Planungsträgers, dessen Planungsermessen zu wahren sei.[43]

Unter der Akzentuierung der staatlichen Gewährleistungspflicht zur Sicherstellung einer flächendeckenden Versorgung lässt sich aber auch sagen, dass der Bedarfsplan von den Kassenärztlichen Vereinigungen (§ 99 SGB V) *für* die Krankenkassen (§§ 72, 72a SGB V) aufgestellt wird.[44] Diese Stufung der Gewährleistungsverantwortung hätte zur gebotenen Strukturierung der Kooperation im Gesetz klarer zum Ausdruck kommen sollen.

Den netzbezogenen Infrastrukturen haben wir die Einsicht zu verdanken, dass es erst die Zuweisung klarer Verantwortlichkeit staatlicher Instanzen für die Versorgungsgewährleistung in einem gedanklich zweiten Schritt erlaubt, die Erbringungsmodalitäten dem Wettbewerb zu öffnen. In Anlehnung an die systematisch richtige Formulierung in Art. 87f GG für das Post- und Telekommunikationsrecht lässt sich sagen: Der Wettbewerb der Dienste setzt den Staat für die Infrastruktur voraus.

Von dieser Einsicht ist das Gesundheitsrecht in seinen Pfadabhängigkeiten kooperativer Verflechtung[45] weit entfernt. Regulierungsrecht wird kaum zu einem grundlegenden Umbau führen, könnte aber helfen, zu einer Verbesserung von Transparenz und Verantwortlichkeit in den vernetzten Strukturen einer sektorenübergreifenden Versorgungsgewährleistung „im System" beizutragen.

---

43 BR-Drucks. 456/11, 107.

44 *Wallrabenstein*, Staatliche Gewährleistung (Fn. 8) mit Hinweis auf die Richtung bei *Schuler-Harms*, Soziale Infrastruktur (Fn. 3), § 15 Rn. 21. Eine gewährleistungs- oder regulierungsrechtliche Schärfung der Verantwortung wird sich jedenfalls nicht damit begnügen können, dass die Kassenärztlichen Vereinigungen die Bedarfspläne für die Selbstverwaltung erstellen. Primär verantwortlich sind – wie sich auch am Kostenerstattungsanspruch der Versicherten nach § 13 Abs. 3 SGB V erkennen lässt – die Krankenkassen.

45 Vgl. *Wißmann*, Kooperation im Wettbewerb (Fn. 38), 168 f. u. passim.

3. Bedarfsplanung als Zugangsregulierung

Abgesehen von kompetenzrechtlichen Grenzen, über das SGB V das Krankenhausrecht oder das Recht der freien Berufe zu regeln, stellen sich grundrechtliche (a), rechtsstaatliche (b) und demokratische (c) Fragen planerischer Zugangsregulierung.

a) Versorgungsgewährleistung

Keine unüberwindbaren Grenzen liefern die Grundrechte. Die vertragsärztliche Bedarfsplanung betrifft den Zugang der Leistungserbringer, deren Begrenzung – wie gesehen – mit dem Zugang der Leistungsempfänger zu einer gleichen Gesundheitsversorgung gerechtfertigt werden kann. Ein solidarisches Gesundheitswesen, an dem der Gesetzgeber bislang festhält, ist nicht bloß aus finanziellen Gründen der Beitragsstabilität auf Zulassungsbeschränkungen angewiesen, sondern auch – und vorrangig – zur Erfüllung der Gewährleistungspflichten. Ihrer Verantwortung für die bedarfsgerechte Versorgung der Bevölkerung können die Krankenkassen ohne eine Steuerung des Niederlassungsverhaltens der Ärzte nicht angemessen nachkommen. Hierfür bietet die Bedarfsplanung den harten Kern, um den sich andere Instrumente einer „Anreizregulierung" gruppieren. Auch an den neuen Versorgungsformen, die von der Bedarfsplanung freigestellt sind, können grundsätzlich nur zugelassene Ärzte teilnehmen, die also den Bedarfsfilter passiert haben.

b) Planung als Regulierung

Planung als Regulierung zu verstehen, wirft Fragen auf. Drohen hier nicht notwendige Differenzierungen verloren zu gehen? Das beginnt schon mit der Planung, worunter ganz unterschiedliche Vorgänge fallen. Auch der Regulierungsbegriff leidet, wie wir gesehen haben, an einer Unschärfe. Deshalb seien zwei Punkte aus der regulierungsrechtlichen Diskussion herausgegriffen. Zunächst zur Frage nach der rechtsstaatlichen Begrenzung der Entscheidungsspielräume bei der Bedarfsermittlung und -festlegung:

Es gilt der Satz: Planung ohne Gestaltungsfreiheit ist undenkbar, weshalb der Planungsbehörde ein Planungsermessen eingeräumt ist. Schon sehr viel unsicherer ist, ob Regulierung als Gestaltungsaufgabe die Einräumung eines Regulierungsermessens verlangt. Ausgesprochen umstritten aber ist, inwieweit sich eine Parallelisierung von Planungs- und Regulierungsermessen anbietet. Für die einen liegt darin eine zu weitgehende Begrenzung, für die anderen eine notwendige Rationalisierung regulierungspolitischer Gestaltungsaufgaben.[46]

Uns interessiert an dieser Stelle nicht näher, was das Regulierungsrecht vom Planungsrecht lernen kann. Vielmehr ist umgekehrt zu fragen, was die Bedarfsplanung vom offenen, dogmatische Erdungen erst noch suchenden Regulierungsrecht lernen könnte. Dabei gilt es nochmals zu betonen, dass sich nach dem hier zugrunde gelegten Verständnis raumbezogene Planung und soziale Wettbewerbsregulierung nicht ausschließen.[47] Weil sich die Regulierungsverwaltung gegenüber der gewerberechtlichen Überwachung durch besonderen Wissensbedarf, erhebliche Gestaltungsspielräume und eine hieran angepasste Behördenorganisation[48] auszeichnet, könnte das Regulierungsrecht die Frage zu beantworten helfen, wo ein *Gestaltungsermessen* der zuständigen Stellen mit welchen Folgen für die gerichtliche Kontrolle zu verorten ist.[49]

Dafür bietet sich ein Vergleich mit dem Regulierungsermessen an. Das Bundesverwaltungsgericht erkennt ein solches Regulierungsermessen im Telekommunikationsrecht für die Marktdefinition und -analyse (§§ 10 f. TKG), die Zugangsgewährleistung (§ 21 TKG) und die Entgeltregulierung (§ 30 TKG) an. Begründet wird die Begrenzung der daraus folgenden Kontrolldichte mit dem Vorliegen einer einheitlichen Regulierungsverfügung und dem Wettbewerbsziel.[50] Beides fehlt der Bedarfssteuerung. Die raumordnungsrechtlichen Pla-

---

46 Gegen eine Parallelisierung *Jens Kersten*, Wettbewerb als Verwaltungsaufgabe, VVDStRL 69 (2010), 288 (323 f.); dafür *Wolfgang Durner*, Schutz der Verbraucher durch Regulierungsrecht, VVDStRL 70 (2011), 398 (429 f.). Zum Abwägungsgebot in diesem Kontext *Martin Eifert*, Die gerichtliche Kontrolle der Entscheidungen der Bundesnetzagentur, ZHR 174 (2010), 449 (460 f.).

47 Planung und Wettbewerb müssen keine Antipoden sein, aber Planung ohne Wettbewerb ist keine Regulierung.

48 *Schuler-Harms* in diesem Band, S. 38 f.

49 Zum Problem *Dominik Roters*, Die gebotene Kontrolldichte bei der gerichtlichen Prüfung der Richtlinien des Bundesausschusses der Ärzte und Krankenkassen, 2003, 206 ff. Zum Erfordernis einer gesetzlich vorgesehenen Bindung der Gerichte an behördliche Entscheidungen zuletzt BVerfG, NVwZ 2011, 1062 Rn. 65 ff.

50 BVerwGE 130, 39 (48 ff.); 131, 41 (44 ff.); BVerwG, NVwZ 2010, 1359 (1361 ff.); *Claudio Franzius*, Wer hat das letzte Wort im Telekommunikationsrecht? DVBl 2009, 409 (413 f.); kritisch *Klaus Ferdinand Gärditz*, „Regulierungsermessen" und verwaltungsgerichtliche Kontrolle, NVwZ 2009, 1005.

nungskriterien werden zwar um soziale Kriterien angereichert, sind aber nur mittelbar auf den Wettbewerb bezogen.

aa) Zunächst zur Krankenhausplanung: Der Bedarfsanalyse und -festlegung auf der ersten Stufe folgt die Auswahl- und Zulassungsentscheidung auf der zweiten Stufe.[51] Das Bundesverwaltungsgericht räumt den Landesbehörden auf der ersten Stufe der krankenhausrechtlichen Planung *kein* Ermessen ein, da sie insoweit nicht planerisch gestaltend tätig werden.[52] Erst auf der zweiten Stufe der Versorgungsentscheidung als Auswahlentscheidung stehe der Behörde ein Beurteilungsspielraum zu, welches Krankenhaus entsprechend der Zielvorgaben bedarfsgerechter, leistungsfähiger und wirtschaftlicher sei. Mit der engen Bemessung der Entscheidungsspielräume ist hier eine Sonderdogmatik entstanden, die sich vom „klassischen" Planungsermessen entfernt hat.[53]

Auf der zweiten Stufe schließt der Feststellungsbescheid als Verwaltungsakt im Ergebnis wohl die Anwendung des Kartellvergaberechts aus, befreit aber nicht von der Beachtung der allgemeinen Anforderungen an die Transparenz, Nichtdiskriminierung und Neutralität.[54] An einem diese Anforderungen näher ausformenden Regulierungsvergaberecht, wie es in Ansätzen im ebenfalls von starken Pfadabhängigkeiten geprägten ÖPNV[55] erkennbar wird, fehlt es im Gesundheitsrecht nahezu vollständig, damit aber auch an einer verfahrensrechtlichen Rationalisierung der Auswahlentscheidung.[56] Das ist unbefriedigend.

---

51 Instruktiv *Klaus Rennert*, Planung und Planvollzug im Krankenhausrecht, DVBl 2010, 936 (943 f.). Zu den engen Entscheidungsspielräumen nach der Rechtsprechung auch *Martin Burgi*, Moderne Krankenhausplanung zwischen staatlicher Gesundheitsverantwortung und individuellen Trägerinteressen, NVwZ 2010, 601 (606 ff.).

52 BVerwGE 72, 38 (53).

53 *Wolfgang Köck*, Pläne, in: Hoffmann-Riem/Schmidt-Aßmann/Voßkuhle (Hg.), GVwR II, 2008, § 37 Rn. 90 f.

54 Vgl. *Martin Burgi/Markus U. Bohm*, Krankenhausplanung und Kartellvergaberecht, MedR 2005, 74 (77 ff.).

55 Instruktiv *Michael Fehling*, Zur Reform der Daseinsvorsorge am Beispiel des Öffentlichen Personennahverkehrs, Die Verwaltung 34 (2001), 25; *ders.*, Öffentlicher Verkehr, in: ders./Ruffert (Hg.), Regulierungsrecht, 2010, § 10 Rn. 6 ff.

56 Zur Auftrags- und Konzessionsvergabe *Georg Cremer*, Ausschreibung sozialer Dienstleistungen als Problem, in: Detlef Aufderheide/Martin Dabrowski (Hg.), Markt und Wettbewerb in der Sozialwirtschaft, 2007, 249 ff.; allg. *Martin Burgi*, Die Ausschreibungsverwaltung, DVBl 2003, 949.

bb) Auch der vertragsärztlichen Bedarfsplanung ist das Zulassungsverfahren nachgeschaltet. Die Bedarfsplanung dient allein der Festlegung von Unterversorgung oder Überversorgung durch die Landesausschüsse der Ärzte und Krankenkassen.

Für die Anordnung von Zulassungsbeschränkungen wegen Überversorgung (§ 103 SGB V) ist den Zulassungsgremien *kein* Ermessen eingeräumt. Anders liegt der Fall bei Sonderbedarfszulassungen. Hier räumt das Bundessozialgericht dem Zulassungsgremium einen Beurteilungsspielraum ein.[57] Das gilt auch für die bisher den Landesausschüssen zugewiesene Beurteilung, ob ein lokaler Versorgungsbedarf (§ 100 Abs. 3 SGB V) besteht.[58]

Den *funktionalen* Zusammenhang zwischen Bedarfsplanung und Zulassungsentscheidung verarbeitet der Gesetzgeber im Rahmen der vorgefundenen Selbstverwaltung *organisatorisch*. Hier liegt der zentrale Unterschied zum stationären Krankenhaus- und Pflegesektor. Wesentliche Vorstrukturierungen übernimmt nicht der Gesetzgeber, sondern der Gemeinsame Bundesausschuss in den Bedarfsplanungsrichtlinien, von denen zur Festlegung eines regionalen Versorgungsbedarfs abgewichen werden kann.

Die hierfür vorgesehenen sektorübergreifenden Landesgremien (§ 90a SGB V neu) sind ein organisatorischer Zwitter zwischen Staats- und Selbstverwaltung. Ob darin ein Schritt zur Regulierungsverwaltung gesehen werden kann, mag in den eigenen Entwicklungslinien des Kooperation strukturierenden Gesundheitsrechts[59] fraglich sein. Die dem G-BA vom Bundessozialgericht eingeräumte Gestaltungsfreiheit legt aber schon heute einen Vergleich mit dem Regulierungsermessen nahe.[60]

Allerdings kann die Begründung, wonach es sich beim G-BA um ein sachkundiges Gremium handelt, das über einen eigenen, gerichtlich nicht weiter kontrollierbaren Wertungs- und Entscheidungsspielraum[61] verfüge, allenfalls im Er-

57 *Quaas/Zuck*, Medizinrecht (Fn. 23), § 19 Rn. 17.

58 So *Wenner*, Vertragsarztrecht (Fn. 2), § 16 Rn. 33.

59 *Wißmann*, Kooperation im Wettbewerb (Fn. 38), 147 ff.; *Schuler-Harms*, Soziale Infrastruktur (Fn. 3), § 15 Rn. 11.

60 Andeutungen einer Parallele bei *Möstl*, GewArch 2011, 265 (271, 273).

61 BSGE 81, 73 (85). Zur Qualifizierung des G-BA als Sachverständigengremium der „Betroffenenselbstverwaltung" BSGE 90, 289 (294).

gebnis, nicht aber in der Begründung überzeugen. Die gesetzgeberische Ermächtigung zur Normkonkretisierung dürfte kaum ausreichen, denn es geht gerade nicht allein um die sachverständige Beurteilung unbestimmter Rechtsbegriffe, sondern um autonome Normsetzung.[62] Abgesehen von methodischen Zweifeln an der überkommenen Unterscheidung von Rechtsanwendung und Rechtserzeugung[63] ist fraglich, ob die normative Ermächtigungslehre[64] für die Rechtsproduktion des G-BA passt. Denn es macht einen Unterschied, ob die Bundesregierung in einem besonders geregelten Verfahren eine ministerielle Verwaltungsvorschrift mit Außenverbindlichkeit für den Regelfall erlässt oder ein Selbstverwaltungsorgan mit seinen Richtlinien noch weitergehende Wirkungen[65] erzielt. Die eingeräumte Möglichkeit der Abweichung, die ein wenig an den Kompromiss in Art. 84 Abs. 1 GG erinnert, ändert daran nichts.

Die im G-BA zweifellos vorhandene Sachkunde erfordert besondere Verfahren der Wissensgenerierung.[66] Ob die vom Gesetzgeber bereitgestellten Verfahren im Vergleich zur starken Verfahrensverrechtlichung bei der Bundesnetz-

---

62 *Friedhelm Hase*, MedR 2005, 391 (396 f.) will die rechtlich nicht determinierten, schöpferischen Wertungsentscheidungen auf die Beurteilung der Wirtschaftlichkeit beschränken. Demgegenüber sei die Bestimmung der Methoden, die dem Stand der medizinischen Erkenntnisse entsprechen, durch die Gerichte voll überprüfbar. Damit ist über die Bedarfsplanung nichts gesagt.

63 Für ein Festhalten an der Unterscheidung *Ivo Appel*, Das Verwaltungsrecht zwischen klassischen dogmatischen Verständnis und steuerungswissenschaftlichem Anspruch, VVDStRL 67 (2008), 226 (256 ff.). Zu den Herausforderungen *Hans-Heinrich Trute*, Die konstitutive Rolle der Rechtsanwendung, in: ders. u.a. (Hg.), Allgemeines Verwaltungsrecht – zur Tragfähigkeit eines Konzepts, 2008, 211 (215 f.).

64 *Eberhard Schmidt-Aßmann*, in: Theodor Maunz/Günter Dürig (Hg.), Grundgesetz, Art. 19 Abs. 4 Rn. 184 f.; kritisch *Ralf Poscher*, Geteilte Missverständnisse. Theorien der Rechtsanwendung und des Beurteilungsspielraums der Verwaltung – zugleich eine Kritik an der normativen Ermächtigungslehre, in: FS Wahl, 2011, 527 (532 ff.).

65 Zur eingeschränkten Außenverbindlichkeit normkonkretisierender Verwaltungsvorschriften BVerwGE 72, 300 (320 f.); 107, 338 (340 f.). Über eine bloße Vermutungswirkung gehen die Bedarfsplanungsrichtlinien des G-BA nach der Rechtsprechung des BSG hinaus, vgl. BSGE 82, 55: „wirksame untergesetzliche Rechtsnormen".

66 Allg. *Burkard Wollenschläger*, Wissensgenerierung im Verfahren, 2009. Zur Verfahrens- und Organisationssteuerung *Claudio Franzius*, Modalitäten und Wirkungsfaktoren der Steuerung durch Recht, in: Hoffmann-Riem/Schmidt-Aßmann/Voßkuhle (Hg.), GVwR I, 2. Aufl. (i.E.), § 4 Rn. 50 ff.

agentur[67] ausreichen, um der Normsetzung des G-BA ein umfassendes Gestaltungsermessen zuzusprechen, erscheint zweifelhaft. Zwar dient auch die Gemeinsame Selbstverwaltung der horizontalen Verknüpfung von Wissensbeständen durch die organisatorische Zusammenfassung unterschiedlicher Selbstverwaltungskörperschaften. Aber eine vergleichbar intensive Vorprägung, wie sie das Handeln der Bundesnetzagentur durch europäisches Unionsrecht erfährt, fehlt im Gesundheitsrecht. Hier haben wir primärrechtliche, aber schon aus kompetenzrechtlichen Gründen kaum sekundärrechtliche Verfahrensvorgaben. Oder anders gesagt: Die Gemeinsame Selbstverwaltung stellt sich als eine eigene Verwaltungsebene dar. Anders als die Bundesnetzagentur kann der Gemeinsame Bundesausschuss nicht auf unionsrechtliche Legitimationsressourcen zurückgreifen, obgleich er ähnlich wie die Bundesnetzagentur[68] nach der Rechtsprechung des Bundessozialgerichts über echte Normsetzungsbefugnisse, also über *rulemaking-power* verfügt.

Planungsentscheidungen rechtfertigen eine Zurücknahme der gerichtlichen Kontrolldichte durch eine besondere Verfahrensrationalität, etwa durch Berücksichtigungspflichten. Das legt die Annahme eines auf Abwägungsfehler zu kontrollierenden Regulierungsermessens im Telekommunikationsrecht nahe.[69] Wenn es aber richtig ist, dass die Zurücknahme der gerichtlichen Kontrolldichte auch in Bereichen verbandlicher, also exekutiver Rechtsverwirklichung in und durch Verfahren erst verdient[70] werden muss, dann rückt die Leistungsfähigkeit der kooperativen Verfahren der Gemeinsamen Selbstverwaltung in den Vordergrund. Hier kann nicht einfach vorfindbares Regel- und Erfahrungswissen abgerufen werden, sondern es muss professionelles, in die gemeinsame Struktur körperschaftlicher Normbildung gestelltes und von dieser beeinflusstes Sonderwis-

---

67 Vgl. *Jan Oster*, Normative Ermächtigungen im Regulierungsrecht, 2010, 76 ff.

68 Ein viel diskutiertes Beispiel sind die Festlegungen nach § 29 EnWG.

69 So *Karl-Heinz Ladeur/Christoph Möllers*, Der europäische Regulierungsverbund der Telekommunikation im deutschen Verwaltungsrecht, DVBl 2005, 525 (531 ff.); kritisch *Markus Ludwigs*, Die Bundesnetzagentur auf dem Weg zur Independent Agency?, Die Verwaltung 44 (2011), 41 (55 ff.).

70 Öffentlichkeit und Diskursivität kompensieren eine geringere gerichtliche Kontrolle, vgl. *Michael Gerhardt*, in: Friedrich Schoch/Eberhard Schmidt-Aßmann/Rainer Pietzner (Hg.), VwGO, § 114 Rn. 65. Zur prozeduralen Richtigkeitsgewähr durch Etablierung sachadäquater Verfahren und sachadäquat besetzter Entscheidungsträger *Wolfgang Hoffmann-Riem*, Die Eigenständigkeit der Verwaltung, in: ders./Schmidt-Aßmann/Voßkuhle (Hg.), GVwR I, 2. Aufl. (i.E.), § 10 Rn. 100 ff.

sen erst erzeugt werden, das dann als solches im Detail kaum nachprüfbar sein dürfte.[71] Ob wir für den G-BA von einer hinreichenden Verfahrenssteuerung[72] ausgehen können, die es den Gerichten erlauben könnte, sich auf eine Verfahrenskontrolle[73] zurückzuziehen, ist mehr als fraglich.[74] Über eine die gerichtliche Kontrolldichte reduzierende Letztentscheidungskompetenz verfügt der G-BA nicht. Die Sozialgerichte tun gut daran, eine Bindung an Entscheidungen des G-BA nur insoweit anzunehmen, als es gesetzlich ausdrücklich vorgesehen ist.[75] Art. 19 Abs. 4 GG gilt auch im Gesundheitsrecht.

71 In der Rechtsprechung – vgl. BVerfGE 88, 40 (56, 61); 103, 142 (156 f.), 116, 1 (18) – heißt es: „Die Pflicht zur gerichtlichen Überprüfung reicht nicht weiter als die materiellrechtliche Bindung der Exekutive. Sie endet dort, wo das materielle Recht der Verwaltungsbehörde in verfassungsrechtlich unbedenklicher Weise Entscheidungen abverlangt, ohne dafür hinreichend bestimmte Entscheidungsprogramme vorzugeben." Dem schließt sich das BVerwG für das Regulierungsermessen an, vgl. BVerwGE 130, 39 Rn. 29; 131, 41 Rn. 20.

72 Es besteht eine Verfahrensordnung des G-BA, die vom BMG genehmigt sein muss. Dieser Genehmigungsvorbehalt ergänzt die Rechtsaufsicht. Mehr sei nach Auffassung des 6. Senats des Bundessozialgerichts „zur verfassungsrechtlichen Legitimation des Regelungskonzepts" nicht geboten, vgl. BSGE 103, 106 Rn. 49.

73 Zur unionsrechtlich nahegelegten, wenngleich nicht erzwungenen „Rücknahme der materiellen Kontrolltiefe bei gleichzeitiger Stärkung des Verfahrensrechts" beim indirekten Vollzug von Unionsrecht *Wolfgang Kahl*, Über einige Pfade und Tendenzen in Verwaltungsrecht und Verwaltungsrechtswissenschaft, Die Verwaltung 42 (2009), 463 (474); kritisch *Michael Fehling*, Der Eigenwert des Verfahrens im Verwaltungsrecht, VVDStRL 70 (2011), 278 (325 ff.).

74 BVerfG, NJW 2004, 3100 f. Zur differenzierten Kontrollintensität *Thorsten Kingreen*, Gerichtliche Kontrolle von Kriterien und Verfahren im Gesundheitsrecht, MedR 2007, 457 (461 ff.); *Roters*, Kontrolldichte (Fn. 49), 115 ff.

75 Dass der Gesetzgeber den Gerichten die Beachtung eines untergesetzlichen Regelwerks erlaubt, bedeutet nicht, dass sie daran gebunden und auf eine Offensichtlichkeitskontrolle beschränkt wären. Die Freistellung der Rechtsanwendung von gerichtlicher Kontrolle bedarf stets eines hinreichend gewichtigen, am Grundsatz eines wirksamen Rechtsschutzes ausgerichteten Sachgrunds, vgl. BVerfG, NVwZ 2011, 1062 Rn. 73, 97.

c) Gemeinsamer Bundesausschuss als Regulierungsbehörde?

Die gebotene Zurückhaltung gegenüber der Anerkennung exekutiver Gestaltungsspielräume hat einen Grund. Dieser liegt in der prekären demokratischen Legitimation des Gemeinsamen Bundesausschusses.[76]

Der Frage nach der demokratischen Legitimation scheint das Bundesverfassungsgericht aus dem Weg zu gehen.[77] Gerade der *Nikolaus*-Beschluss[78] lässt sich in diesem Sinne verstehen und kritisieren. Denn über die *grundrechtliche* Legitimation – durch die Schaffung eines verfassungsunmittelbaren Leistungsanspruchs im Lichte der einfachgesetzlichen Regelungsstrukturen[79] – können die Defizite an *demokratischer* Legitimation nicht überspielt oder kompensiert werden.[80] Dieser Weg geht an der Zentralfrage, wie sich die untergesetzlichen Normsetzungsbefugnisse des G-BA vor dem Grundgesetz rechtfertigen lassen, vorbei.

Ein Unikat ist der Gemeinsame Bundesausschuss nicht deshalb, weil sich seine Befugnis zur Außenrechtsetzung im auf die hierarchische Staatsverwaltung zugeschnittenen Legitimationsmodell kaum rechtfertigen lässt. Formen

---

76 Vgl. *Kingreen*, MedR 2007, 457 (463 f.); siehe auch *Hase*, MedR 2005, 391 (394 ff.).

77 Anders das Bundessozialgericht, das wenig Problembewusstsein erkennen lässt, wenn es den Bedarfsplanungsrichtlinien eine „Außenseitererstreckung mit Wirkung für Dritte" zuspricht und ihr Zustandekommen für mit dem Demokratieprinzip vereinbar erklärt, siehe BSG, NZS 1999, 98 (100 f.); kritisch *Timo Hebeler*, Verfassungsrechtliche Probleme „besonderer" Rechtsetzungsformen funktionaler Selbstverwaltung, DÖV 2002, 936 (942).

78 BVerfGE 115, 25 – Bioresonanztherapie (2005).

79 In dieser Richtung bereits BVerfGE 106, 275 (298 f.) – Festbeträge (2002). Für eine gewährleistungsstaatliche Konturierung der grundrechtlichen Schutzbereiche *Wallrabenstein*, Versicherung (Fn. 9), 377 ff. Zum Problem für die Legitimation des Bundesverfassungsgerichts *Christoph Möllers*, Legalität, Legitimität und Legitimation des Bundesverfassungsgerichts, in: Matthias Jestaedt/Oliver Lepsius/Christoph Möllers/Christoph Schönberger (Hg.), Das entgrenzte Gericht, 2011, 281 (346 ff.).

80 *Stefan Huster*, Anmerkung, JZ 2006, 466; *Thorsten Kingreen*, Verfassungsrechtliche Grenzen der Rechtsetzungsbefugnis des Gemeinsamen Bundesausschusses im Gesundheitsrecht, NJW 2006, 877; abgeschwächter *ders.*, Knappheit und Verteilungsgerechtigkeit im Gesundheitswesen, VVDStRL 70 (2011), 152 (186, 222). Nicht unproblematisch auch BVerfGE 125, 175 (222 ff.) – Hartz IV (2010) mit einem verfassungsunmittelbaren Leistungsanspruch aus der Menschenwürde.

funktionaler Selbstverwaltung[81] folgen einem anderen Legitimationsmodell, das der Partizipation der Mitglieder nicht bloß eine rechtsstaatliche, sondern auch eine demokratische Qualität zuspricht.[82] Allerdings ist es mit der *mitgliedschaftlichen Legitimation* nicht zum Besten bestellt.[83] Das liegt weniger an der kaum zu unterstellenden Interessenhomogenität im G-BA als vielmehr daran, dass die Versicherten lediglich über die Krankenkassen, die als Unternehmen eigene Interessen verfolgen,[84] repräsentiert sind und die Mitsprachemöglichkeiten der nicht gewählten, sondern benannten Patientenvertreter schwach geblieben sind. Der Gesetzgeber sieht im G-BA insoweit keine Selbstverwaltung der Betroffenen, sondern die Mitsprache sachkundiger Personen (§ 140f Abs. 2 S. 1 SGB V). Ob das ausreicht, ist auch nach der *Wasserverbände*-Entscheidung des Bundesverfassungsgerichts[85] keineswegs ausgemacht.[86]

---

81 Ausf. *Ernst Thomas Emde*, Die demokratische Legitimation der funktionalen Selbstverwaltung, 1991. Danach handelt es sich bei den vielfältigen Erscheinungsformen der funktionalen Selbstverwaltung nicht um Ausnahmen, sondern um einen eigenständigen Typ der Verwaltungsorganisation unter dem Grundgesetz.

82 Darstellung: *Hans-Heinrich Trute*, Die demokratische Legitimation der Verwaltung, in: Hoffmann-Riem/Schmidt-Aßmann/Voßkuhle (Hg.), GVwR I, 2. Aufl. (i.E.), § 6 Rn. 15 f., 20, 82 ff. Enger aber alle Ansätze, die in der funktionalen Selbstverwaltung eine begründungsbedürftige Abweichung vom Regeltyp monistischer Legitimation sehen, statt vieler *Ernst-Wolfgang Böckenförde*, Demokratie als Verfassungsprinzip, in: Josef Isensee/Paul Kirchhof (Hg.), HStR II, 3. Aufl. 2004, § 24 Rn. 24, 34.

83 Statt vieler *Thorsten Kingreen*, Legitimation und Partizipation im Gesundheitswesen. Verfassungsrechtliche Kritik und Reform des Gemeinsamen Bundesausschusses, NZS 2007, 113; differenzierend: *Heinig*, Sozialstaat (Fn. 25), 493 ff. m.w.N.

84 Nach der Rechtsprechung des EuGH handelt es sich unionsrechtlich nicht um Unternehmen im kartellrechtlichen Sinne, vgl. EuGH Rs. C-159 u. 160/91 Poucet und Pistre, Slg. 1993, I-637 Rn. 9 ff.; Rs. C-264/01 AOK-Bundesverband, Slg. 2004, I-2493 Rn. 63; Rs. C-205/03 Fenin, Slg. 2006, I-6295 Rn. 26. Ob der deutsche Gesetzgeber davon abweichend die Krankenkassen gleichwohl dem allgemeinen Kartellverbot des § 1 GWB unterwerfen kann, ist umstritten. § 69 Abs. 2 S. 1 SGB V konterkariert den Gleichlauf des europäischen und nationalen Kartellrechts, wie es § 22 Abs. 2 S. 1 GWB entsprechend Art. 3 Abs. 2 VO (EG) 1/2003 vorsieht. Für eine Sperrwirkung des Unionsrechts zum gegenwärtigen Zeitpunkt *Becker/Kingreen*, NZS 2010, 417 (421 f.).

85 BVerfGE 107, 59 – Emschergenossenschaft (2003).

86 Wenig Problembewusstsein: *Ernst Hauck*, Der Gemeinsame Bundesausschuss – ein unbequemes Kind unserer Verfassungsordnung?, NZS 2010, 600 (601 ff.).

Ein Unikat ist der Gemeinsame Bundesausschuss deshalb, weil es an der mitgliedschaftlichen Legitimation funktionaler Selbstverwaltung hapert.[87] Es handelt sich weder um Staats- noch um Selbstverwaltung, sondern um ein *mixtum compositum*, das als solches einer verbandlichen Legitimation bedürfte. Denn das Problem liegt nicht so sehr an etwaigen Defiziten in der einzelnen Selbstverwaltungskörperschaft wie den sog. Friedenswahlen, die den Krankenkassen keine den ausgehandelten Konsens hinterfragende Legitimation vermitteln.[88] Das Problem liegt im Unterschied dazu[89] vielmehr in der übergreifenden, nämlich unterschiedliche Selbstverwaltungsträger zusammenfassenden und deshalb einer Anstalt nicht unähnlichen Struktur[90] der Gemeinsamen Selbstverwaltung.[91] Die immer wieder hervorgehobenen Vorteile dieser Konstruktion können nicht darüber hinwegtäuschen, dass wir es mit dem G-BA hinsichtlich seiner Rechtswirkungen um eine *neuartige* Mischung von Selbst- und Fremdverwaltung zu tun haben, die insoweit nicht bereits durch Art. 87 Abs. 2 GG gerechtfertigt ist.[92]

---

87 Von einer „Hybridform" ohne Selbstverwaltungssubstanz spricht *Schmidt-Aßmann*, Grundrechtspositionen (Fn. 10), 86, 89 f. Umbauten der funktionalen Selbstverwaltung, wie die überwiegend begrüßte Schaffung des Patientenvertreters im Bundesausschuss, können das Problem dann nicht lösen.

88 Kritisch *Trute*, Legitimation (Fn. 82), § 6 Rn. 88 (mit Fn. 428); Kingreen, VVDStRL 70 (2011), 152 (179).

89 *Heinig*, Sozialstaat (Fn. 25), 495, 502 hält auch die Betrachtung des Bundesausschusses als eigenen und insoweit auf Art. 87 Abs. 3 GG gestützten Selbstverwaltungsträger für legitimationsdogmatisch bedenklich. Eine Verschachtelung der „Ausnahmeerscheinungen" führe zu einer „verfassungsrechtlich kaum noch hinnehmbaren Verschiebung der Legitimationsstatik".

90 Davon geht auch das Bundessozialgericht aus, vgl. BSGE 78, 70 (80); ausf. *Stefanie Seeringer*, Der Gemeinsame Bundesausschuss nach dem SGB V, 2006, 56 ff.

91 Darstellung: *Peter Axer*, Gemeinsame Selbstverwaltung, in: FS 50 Jahre Bundessozialgericht, 2004, 339; kritisch *Florian Becker*, Kooperative und konsensuale Strukturen in der Normsetzung, 2005, 702 ff.

92 Dass sich die Strukturen der Sozialversicherung vorkonstitutionell herausgebildet haben, hilft nicht weiter. Die umstrittenen Normsetzungsbefugnisse des G-BA hat das BSG erst in jüngerer Zeit anerkannt, vgl. BSGE 73, 271 (279 ff.); 78, 70 (74 ff.); 81, 54 (59 ff.). Deshalb kann die Tätigkeit des G-BA nicht auf Art. 87 Abs. 2 GG gestützt werden, a.A. *Peter Axer*, Zur demokratischen Legitimation in der gemeinsamen Selbstverwaltung, in: Friedrich E. Schnapp (Hg.), Funktionale Selbstverwaltung und Demokratieprinzip, 2001, 115 (136 ff.); *Andreas Musil*, Gemeinsame Selbstverwaltung in Kooperationsform, in:

Was also bleibt, ist die von der *Wasserverbände*-Entscheidung vorgezeichnete Möglichkeit *anstaltlicher Legitimation*. Dem Gesetzgeber sei es erlaubt, durch Gesetz für abgegrenzte Bereiche der Erledigung öffentlicher Verwaltung besondere Organisationsformen der Selbstverwaltung zu schaffen.[93] Dazu werden nicht nur solche Einrichtungen gerechnet, die sich durch eine mitgliedschaftliche Struktur auszeichnen. Erfasst werden auch andere Organisationsformen, die mit dem Ziel eingerichtet werden, einen *sachgerechten* Interessenausgleich zu erleichtern und dazu beizutragen, dass die gesetzlichen Zwecke und Ziele *effektiver* erreicht werden.[94] Denn der Gesetzgeber ist nicht an bestimmte Organisationsformen gebunden. Wo er den Interessenausgleich aber nicht selbst vornimmt, sondern auf die Ebene der Verwaltung verlagert, weil nur dort sinnvolle Abwägungen vorgenommen werden könnten, müssen die Aufgaben und Handlungsbefugnisse der Selbstverwaltungsorgane im Gesetz „ausreichend vorherbestimmt" sein und die Organisationsstruktur muss hinreichende Vorkehrungen dafür enthalten, dass die betroffenen Interessen angemessen berücksichtigt und nicht einzelne Interessen bevorzugt werden.[95] Das ist weniger als egalitäre Partizipation; die Ermöglichung gleicher Mitentscheidung im Selbstverwaltungsorgan wird danach gerade nicht gefordert.

Unter dieser Prämisse erscheint es möglich, die Rechtsetzungsbefugnisse des G-BA für legitimierbar zu halten und auf die formal naheliegende Steuerung durch Rechtsverordnung (Art. 80 GG) oder durch Normsetzungsverträge zu verzichten. Aus der Regulierungsperspektive wäre mit *Volker Neumann* nicht an der mitgliedschaftlichen Legitimation auf die Betroffenheit in eigenen Angele-

---

Schmehl/Wallrabenstein (Hg.), Steuerungsinstrumente im Recht des Gesundheitswesens, Bd. 2, 2006, 49 (61 ff.).

93 BVerfGE 107, 59 (92). Wir wissen inzwischen, dass es hochproblematisch ist, dem Gesetzgeber aus demokratischen Gründen etwas zu verbieten. Auch die Wesentlichkeitsdoktrin ist wegen ihrer notorischen Unschärfe in die Kritik geraten, vgl. *Dieter Hömig*, Grundlagen und Ausgestaltung der Wesentlichkeitslehre, in: FG BVerwG, 2003, 273 (286 f.); *Franz Reimer*, Das Parlamentsgesetz als Steuerungsmittel und Kontrollmaßstab, in: Hoffmann-Riem/Schmidt-Aßmann/Voßkuhle (Hg.), GVwR I, 2. Aufl. (i.E.), § 9 Rn. 60. Im Gesundheitsrecht ist ähnlich wie im Umweltrecht von einem „umgekehrten Parlamentsvorbehalt" die Rede, kritisch *Kingreen*, VVDStRL 70 (2011), 152 (179).

94 BVerfGE 107, 59 (92) unter Rückgriff auf BVerfGE 37, 1 (26 f.).

95 BVerfGE 107, 59 (93).

genheiten anzusetzen, sondern mit der anstaltlichen Legitimation auf die Sachkunde des Selbstverwaltungsorgans abzustellen.[96]

Nur so dürfte der Verzicht auf eine Stärkung der kollektiven Entscheidungsteilhabe der Versicherten[97] hinnehmbar sein. Das erfordert über den Delegationsakt hinaus Verfahrensvorgaben durch den Gesetzgeber. Ob dieser die gesamte Legitimationslast schultern kann oder auch nur sollte, bleibt indes zweifelhaft. Auch die Frage, ob die gesetzlichen Vorkehrungen für eine angemessene Interessenberücksichtigung *im* und die Aufsicht *über* den G-BA[98] wirklich ausreichen, wird mit dem Hinweis auf die hohe Normierungsdichte und die sachlich-inhaltliche Legitimation kaum als beantwortet gelten können.[99]

Nun entfalten die Bedarfsplanungsrichtlinien nicht dieselben unmittelbaren Wirkungen wie der Ausschluss von einer Behandlungsmethode. Auch kann nach Legitimationsäquivalenten gefragt werden. So wird die Normbindung mit § 2 Abs. 1a SGB V neu – als eine Kodifikation des *Nikolaus*-Beschlusses – nicht nur im Fall lebensbedrohlicher Krankheiten eingeschränkt. Ob aber die in § 99 Abs. 1 S. 3 SGB V neu vorgesehenen Abweichungsbefugnisse die demokratische Legitimation des G-BA verbessern, wird man bezweifeln müssen. Mit dem Angebot, gemeinsame Landesgremien neben den G-BA zu stellen, mag die föderale, nicht aber die *demokratische* Legitimation der Bedarfsplanung erhöht werden.

---

96 *Volker Neumann*, Verantwortung, Sachkunde, Betroffenheit, Interesse: Zur demokratischen Legitimation der Richtlinien des Gemeinsamen Bundesausschusses, NZS 2010, 593 (600); *ders.*, VVDStRL 70 (2011), 207 f.; ähnlich *Hase*, MedR 2005, 391 (394), der es genügen lässt, dass der Gesetzgeber die Selbstverwaltung einrichtet und zur verbindlichen Normsetzung ermächtigt. § 91 IX SGB V hat dann nur deklaratorischen Gehalt.

97 Gleichsam als „dritte Bank“ neben den Kassenärztlichen Vereinigungen und den Krankenkassen, vgl. *Thomas Vießmann*, Die demokratische Legitimation des Gemeinsamen Bundesausschusses zu Entscheidungen nach § 113 Abs. 1 S. 1 SGB V, 2009, 265 ff.; *Ruth Schimmelpfeng-Schütte*, Die Zeit ist reif für mehr Demokratie in der Gesetzlichen Krankenversicherung (GKV), MedR 2006, 21.

98 Siehe aber BSGE 103, 106 Rn. 50: Es stehe nicht „im Belieben des Gesetzgebers [...], die Staatsaufsicht über den Richtlinienerlass um fachaufsichtliche Elemente anzureichern“.

99 Für die Einordnung als Sachverständigengremium, dessen Entscheidungen „der Rezeption oder Bestätigung durch vollegitimierte Instanzen“ bedürfen: *Schmidt-Aßmann*, Grundrechtspositionen (Fn. 10), 91. Danach wäre entweder auf die Außenverbindlichkeit zu verzichten oder die staatliche Verordnungsgebung zu wählen.

Aus dieser unbefriedigenden Lage gibt es prinzipiell zwei Auswege: Eine Option besteht in der Politisierung der Entscheidungsstrukturen durch die Rückverlagerung der vom Bundessozialgericht generell für außenwirksam erklärten Normsetzungsbefugnisse auf demokratisch legitimierte Organe, um diese auch aufsichtsrechtlich in den Stand zu versetzen, sich bei fachlichen Differenzen gegenüber dem G-BA durchsetzen zu können. Dafür kann man mit guten Gründen votieren.[100] Über die gemeinsamen Landesgremien, welche die Staatsverwaltung stärken, scheint sich die Landespolitik für die Bedarfsplanung einen gewissen Spielraum zurückerobert zu haben. Anpassungsbefugnisse sind aber keine echten Entscheidungsbefugnisse und Konflikte mit dem Bundesausschuss sind vorprogrammiert.

Die andere Option besteht darin, den Gemeinsamen Bundesausschuss stärker als funktionale Regulierungsbehörde oder -agentur[101] zu verstehen, die sich durch Professionalität und Sachkunde gerade in der Weisungsfreiheit gegenüber dem politischen Zugriff des Ministeriums legitimieren soll.[102] Denn ob das Bundesgesundheitsministerium im Wege der Rechtsverordnung oder die Landesparlamente besser zur Bedarfsplanung imstande wären, ist schon wegen des unhintergehbaren Wissensproblems[103] zu bezweifeln. Die Vorstellung, das gesamte Wissen, das zur Ermittlung des Versorgungsbedarfs erforderlich ist, an einer Stelle akkumulieren zu können, mutet nicht nur in der Praxis lebensfremd an.[104]

---

100 Jüngst etwa *Kingreen*, VVDStRL 70 (2011), 150 (175 f., 222).

101 Andeutungen: *Hense*, Soziale Infrastruktur (Fn. 28), § 16 Rn. 163. Zur Perspektive einer Regulierungsbehörde *Höfling*, GesR 2007, 289 (292 f.); *Stephan Rixen*, Zukunftsperspektive Regulierungsrecht? Der Arzt zwischen Heilberuf und Dienstleistung, in: Albrecht Wienke/Christian Dierks (Hg.), Zwischen Hippokrates und Staatsmedizin, 2008, 123 (130 ff.), jeweils unter dem Hinweis auf die Niederlande, wo mit der Nederlandse Zorgautoriteit (NZa) eine spezielle Regulierungsbehörde für einen einheitlichen privatrechtlich organisierten Gesundheitsmarkt eingerichtet worden ist.

102 Darin einen Entpolitisierungsstrategie erkennend: *Christoph Möllers*, Politik und Verwaltung, in: Armin v. Bogdandy u.a. (Hg.) Ius Publicum Europaeum V (i.E.), § 92 Rn. 50.

103 Überblick: *Hans-Heinrich Trute*, Wissen – Einleitende Bemerkungen, in: Hans Christian Röhl (Hg.), Wissen – Zur kognitiven Dimension des Rechts, Die Verwaltung, Beiheft 9, 2010, 11 mit wichtigen Unterscheidungen.

104 Zur Umstellung auf den Umgang mit Nichtwissen *Ino Augsberg*, Von der Gefahrenabwehr zu Risikomanagement und Opportunitätswahrnehmung, in: Dorett Funcke/Claudia Peter (Hg.), Unabsehbare Folgen neuer medizintechnischer Möglichkeiten (i.E.). Darauf

Hier liegt dann auch der eigentliche Grund für den Erhalt einer verselbständigten Verwaltungsstruktur. Diese kann sich ihrerseits vernetzen, wie einerseits die europäischen Regulierungsverbünde im Telekommunikations- oder im Energierecht zeigen, was andererseits aber auch innerstaatlich zwischen Kartell- und Regulierungsbehörden geschieht und weiterhin schon jetzt zwischen Bundesausschuss und gemeinsamen Landesgremien prognostizierbar ist. Die Einschränkung der Befugnisse des G-BA zur Festlegung der Bedingungen des lokalen Versorgungsbedarfs wird man deshalb als ambivalent bezeichnen müssen.

Dass wettbewerbsferne Planungsaufgaben von einer Regulierungsbehörde übernommen werden, ist ungewohnt, aber nicht gänzlich unbekannt. So ist im Netzausbaubeschleunigungsgesetz eben dies vorgesehen, und ein Vorteil der Konstruktion könnte darin bestehen, die ambulante und stationäre Bedarfsplanung stärker miteinander zu verzahnen. Dass es zur Legitimation der getroffenen Entscheidungen aber kaum allein damit getan ist, eine Regulierungsbehörde durch Gesetz zu errichten und mit unterschiedlichen Kompetenzen oder Ermächtigungen zur Normsetzung auszustatten, lässt das GKV-Versorgungsstrukturgesetz, wenngleich unter der zweifelhaften – und diese selbst in Frage stellenden – Prämisse der Selbstverwaltung erkennen: So wird die Unabhängigkeit der unparteiischen Mitglieder des Bundesausschusses[105] gestärkt, deren Auswahl aber an ein Widerspruchsrecht des Bundestags geknüpft.

Insofern dokumentiert das Versorgungsstrukturgesetz im Grunde nur ein weiteres Mal den eigenständigen Weg, den das Gesundheitsrecht zwischen dem korporativen Erbe und den regulierungsrechtlichen Herausforderungen eingeschlagen hat. Aber es fragt sich, ob wir in der Legitimationsfrage nicht auch einmal vom Gesundheitsrecht lernen könnten. Immerhin verdeutlicht das Gesetz, dass eine mehr oder weniger stark ausgeprägte Unabhängigkeit des Normsetzungsgremiums von der Regierung eine Stärkung parlamentarischer Rechte verlangt.

---

hat sich das Verwaltungsrecht einzustellen, vgl. *Indra Spiecker gen. Döhmann*, Staatliche Entscheidungen unter Unsicherheit, 2012.

105 Zur Unparteilichkeit als demokratischer Wert *Pierre Rosanvallon*, Demokratische Legitimität, 2010, 93 ff. Zu Sicherungen der Unparteilichkeit der Verwaltung auch *Michael Fehling*, Verwaltung zwischen Unparteilichkeit und Gestaltungsaufgabe, 2001, 195 ff.

Die zentrale – und vielleicht auch beruhigende – Folgerung sei an dieser Stelle genannt: Wir mögen das Fehlen weitergehender Aufsichtsbefugnisse[106] gegenüber dem Gemeinsamen Bundesausschuss und seinen Kompetenzen zur Steuerung des Versorgungsbedarfs für problematisch halten.[107] Es wäre aber kein unüberwindbares, sondern ein durch stärkere Rückbindungen an das Parlament lösbares demokratisches Problem. Denn eine fachliche Unabhängigkeit von der Regierung muss – und darf – keine Unabhängigkeit von parlamentarischer Kontrolle bedeuten. Hier finden Gesundheitsrecht und Regulierungsrecht zusammen.

V. Verwaltungsrechtliche Perspektive

Wenn der Schein nicht trügt, dann wächst im Gesundheitsrecht das Bedürfnis nach einer Ordnungsidee, um analytisch, systematisch und dogmatisch den Herausforderungen einer angemessenen Versorgung mit Gesundheitsleistungen gerecht zu werden. Nicht grundlos wird von Sozialrechtlern beklagt, dass die großen Debatten im Verwaltungsrecht zu einem guten Teil am Sozialrecht vorbeilaufen.[108]

Das ist deshalb erstaunlich, weil sich wegen des sozialstaatlichen Gewährleistungsauftrags das Sozialrecht als Referenzgebiet für die Neue Verwaltungsrechtswissenschaft[109] anbietet, von dieser aber nicht in ihren Fokus gerückt wird. Hierfür mag es Gründe geben. Sie könnten in der für das korporatisch verfasste Sozialrecht nur begrenzt passenden Steuerungsperspektive liegen, solange von einem allmächtigen Steuerungszentrum ausgegangen wird. Ein solches Zentrum

---

106 Zum eingeschränkten Nutzen des Begriffs „Fachaufsicht“ für die Vielfalt der Aufsichtsbefugnisse *Thomas Groß*, Was bedeutet Fachaufsicht?, DVBl 2002, 793.

107 Zur Beschränkung auf die Rechtsaufsicht BSGE 103, 106 Rn. 34 ff., 47 ff.; *Reimund Schmidt-De Caluwe*, in: Becker/Kingreen (Hg.), SGB V, 2. Aufl., 2010, § 94 Rn. 10 f.; *Friedrich E. Schnapp*, Staatsaufsicht über den G-BA in der gesetzlichen Krankenversicherung, in: FS Bethge, 2009, 399 (410); offener *Arndt Schmehl*, Zur Kontrolle der Selbstverwaltung im Gesundheitswesen durch die Staatsaufsicht, in: ders./Wallrabenstein (Hg.), Steuerungsinstrumente im Recht des Gesundheitswesens, Bd. 3, 2007, 1 (5 ff.).

108 Vgl. *Thorsten Kingreen/Stephan Rixen*, Sozialrecht: Ein verwaltungsrechtliches Utopia?, DÖV 2008, 741.

109 *Andreas Voßkuhle*, Neue Verwaltungsrechtswissenschaft, in: Hoffmann-Riem/Schmidt-Aßmann/ders. (Hg.), GVwR I, 2. Aufl. (i.E.), § 1; *Claudio Franzius*, Funktionen des Verwaltungsrechts im Steuerungsparadigma der Neuen Verwaltungsrechtswissenschaft, Die Verwaltung 39 (2006), 335.

im Gesundheitsrecht zu erwarten läuft immer wieder an den eigenen Strukturen auf[110] und ist letztlich auch nicht gewünscht. Das Scheitern der „Konzertierten Aktion im Gesundheitswesen“ mahnt jedenfalls zur Zurückhaltung gegenüber dem Leitbild einer politischen Globalsteuerung, sofern daraus auf eine Bewertung des Regulierungskonzepts geschlossen werden sollte.

Das spricht aber nicht gegen integrierende oder koordinierende Ansätze, wie sie im Planungs- und Regulierungsrecht mit der Akzentuierung des Gestaltungsauftrags von Verwaltung und Verwaltungsrecht verfolgt werden. In seinen korporativen Verflechtungen stellt das Gesundheitsrecht einen „Fremdling im öffentlichen Recht“ dar[111] und droht in den wechselseitigen Abschottungen den Interessen der Patienten und Versicherten nicht gerecht zu werden. Es bleibt mit der Bedarfsplanung spezifisches, in die eigenen Entwicklungszusammenhänge eingebettetes Regulierungsrecht, ist als solches aber auf die Kommunikation mit anderen Teilgebieten des Verwaltungsrechts angewiesen, um zu instrumentell und institutionell überzeugenden Lösungen für die Gewährleistung der Versorgung mit Gesundheitsleistungen zu kommen.

Dafür ist die Idee einer sektorübergreifenden Regulierungsbehörde eine Option, die nicht vorschnell als neo-etatistisch verworfen werden sollte. Eine solche Behörde braucht nicht als besondere Wettbewerbsbehörde gedacht zu werden, die sich allein auf die Aufsicht privatwirtschaftlicher Leistungsanbieter beschränkt. Wie an den erweiterten Zuständigkeiten der Bundesnetzagentur deutlich wird, könnte sie auch zu einer bedarfsgerechten Versorgungsgewährleistung eingerichtet werden. Jedenfalls bleibt die integrierte Bedarfsplanung, wie sie im GKV-Versorgungsstrukturgesetz angelegt ist, weiter auszubauen. Am Ende ließen sich vielleicht zwei Fliegen mit einer Klappe schlagen: Die regulierungsrechtliche Perspektive auf das korporative – und das heißt ziemlich verkrustete Regelversorgungssystem – könnte die innere Sektoralisierung des Gesundheitsrechts aufhalten und dieses zugleich an Entwicklungen des allgemeinen Verwaltungsrechts anschließen. Einen Sonderweg markiert die Perspektive eines Gesundheitsregulierungsrechts nicht.

---

110 So *Thorsten Kingreen*, Governance im Gesundheitsrecht, Die Verwaltung 43 (2009), 339 (343 f.). Das schließt eine „Ordnung der Kooperation als Regulierungsaufgabe“ nicht aus, vgl. *Wißmann*, Kooperation im Wettbewerb (Fn. 38), 165 ff.

111 *Rixen*, Sozialrecht als öffentliches Wirtschaftsrecht (Fn. 38), 8. Zur notwendigen Ausrichtung der gemeinsamen Selbstverwaltung an den allgemeinen Regeln rechtsstaatlicher Formenklarheit und demokratischer Legitimation *Eberhard Schmidt-Aßmann*, Das Allgemeine Verwaltungsrecht als Ordnungsidee, 2. Aufl. 2004, 3/35.

Kommentar
Bedarfsplanung als spezifisches Regulierungsrecht

Barbara Berner

Beschäftigt man sich mit der Bedarfsplanung, sollte man den Blick in die Historie richten. Nachdem das Bundesverfassungsgericht im Jahr 1960 § 368a Abs. 1 Satz 1 Reichsversicherungsordnung (RVO) i. d. F. v. 17. August 1955 (wonach in der Regel je 500 Kassenmitglieder nur ein Arzt als Kassenarzt zuzulassen war) für nichtig erklärt hatte, war die Bedarfszulassung kein Mittel mehr, um der Ausgabenentwicklung in der gesetzlichen Krankenversicherung entgegenzusteuern. Erst durch das Gesundheitsstrukturgesetz 1993 ist die Zulassung aufgrund von Verhältniszahlen wieder eingeführt worden. Dies wurde begründet mit einem grundlegenden Wandel der Verhältnisse seit der Entscheidung des Bundesverfassungsgerichts, der in der unvorhergesehenen starken Zunahme der Zahl der Vertragsärzte liegt. Nach Meinung des Gesetzgebers besteht zwischen der Anzahl der zugelassenen Ärzte und der Finanzentwicklung der gesetzlichen Krankenversicherung ein enger Zusammenhang. Diese Begründung zur Einführung von Bedarfsplanungsregelungen im Hinblick auf die Finanzierbarkeit des Systems der gesetzlichen Krankenversicherung hat bis zum Bundesverfassungsgericht[1] standgehalten. Bei der Abwägung zwischen dem Grundrecht des Arztes nach Art. 12 Abs. 1 Grundgesetz (GG) und den Gemeinwohlbelangen haben das Bundessozialgericht[2] und das Bundesverfassungsgericht die Finanzierbarkeit der gesetzlichen Krankenversicherung als höherrangiges Rechtsgut eingestuft, das Zulassungsbeschränkungen rechtfertigt.

Gleichwohl ist bei Veränderungen des Bedarfsplanungssystems das Grundrecht der Freiheit der Berufswahl als Kontrollmaßstab heranzuziehen. Die Prüfung der verfassungsrechtlichen Zulässigkeit vertragsärztlicher Bedarfsplanung muss bezogen auf konkrete Planungsinstrumente und Ziele durchgeführt werden. Wollte man mit dem Gesundheitsstrukturgesetz noch der steigenden Überversorgung entgegenwirken, steht bei den heutigen Reformüberlegungen die ausreichende Versorgung der Versicherten in allen Regionen und das Problem

---

1 BVerfG, Beschluss v. 27.04.2001 – 1 BvR 1282/99, MedR 2001, 639 f.; BVerfG, Beschluss v. 17.08.2004 – 1 BvR 378/00, MedR 2004, 680.

2 BSG, Beschluss v. 09.06.1999 – B 6 KA 1/99 B; BSG, Urteil v. 18.03.1998 – B 6 KA 37/96, MedR 1999, 232.

eines Ärztemangels im Vordergrund. Daraus ergibt sich aus Sicht der Kassenärztlichen Bundesvereinigung ein Perspektivwechsel, der lautet:

> „Nicht das Fernhalten von Ärzten zum ‚Schutz' der Ausgaben ist mehr die Aufgabe, sondern der Versorgungsbedarf der Patienten definiert den Versorgungsstand an Ärzten."[3]

Die Frage, ob es überhaupt noch Vorschriften bedarf, die die Zulassung steuern oder ob nicht Bedarfsplanung, zumindest aus Sicht des einzelnen Arztes, als überflüssiges Regulierungsinstrument anzusehen ist, beantwortet sich aus dem vorgenannten Ziel einer Versorgungsplanung. Um dem Sicherstellungsauftrag gerecht zu werden, müssen Regelungen vorgegeben werden, die es der Selbstverwaltung erlauben, eine intelligente Versorgungsplanung neu zu gestalten. Ansonsten ist zu befürchten, dass sich die bestehende Unterversorgung in vielen Gebieten verfestigen würde. Eine Sicherstellung der Versorgung der Bevölkerung mit ausreichenden ärztlichen Leistungen wäre nicht mehr zu gewährleisten.

Das Versorgungsstrukturgesetz hat daher die Sicherstellung einer flächendeckenden bedarfsgerechten und wohnortnahen Versorgung der Bevölkerung als ein zentrales gesundheitspolitisches Anliegen beschrieben. Nach dem Gesetzentwurf, Stand September 2011[4], sind folgende Regelungsvorschläge zur Weiterentwicklung der Bedarfsplanung vorgesehen:

- Flexibilisierung der regionalen Planungsbereiche,
- Berücksichtigung von Demographie bei der Anpassung der Verhältniszahlen,
- Einbeziehung von an der ambulanten Versorgung teilnehmenden Krankenhausärzten in die Bedarfsplanung,
- Erweiterung der Möglichkeit zur Erteilung von Sonderbedarfszulassung,
- Stärkung der Einwirkungsmöglichkeiten der Länder unter Berücksichtigung regionaler Besonderheiten,
- Rechtsaufsicht über den Länderausschuss,
- sektorübergreifendes Gremium auf Landesebene,

---

3 Stellungnahme der KBV im Gesetzgebungsverfahren.

4 Siehe BT-Drucks. 17/6906 v. 5.9.2011.

- Förderung des Verzichts auf Zulassung in überversorgten Gebieten und weitere zulassungsrelevante Regelungen (z. B. Befristung von Zulassungen),
- Anpassung der gesetzlichen Vorgaben zur Auswahl des Praxisnachfolgers,
- Anpassung der Regelungen zur Verlegung eines Vertragsarztsitzes.

Zuzustimmen ist der These von *Claudio Franzius*, dass die geplante Flexibilisierung der Bedarfsplanung um den Preis einer Verkomplizierung der Organisationslandschaft erfolgen wird, wenn der Gesetzentwurf wie derzeit geplant in Kraft tritt. Zwar ist zu begrüßen, dass die Planungsbereiche künftig so festgelegt werden sollen, dass sie eine flächendeckende Versorgung sicherstellen. Die Kompetenz der Ausgestaltung soll in den Gemeinsamen Bundesausschuss verlagert werden, von dessen Richtlinien abgewichen werden kann, um regionale Besonderheiten zu berücksichtigen. Dies erfolgt zu Lasten rechtssicherer bundeseinheitlicher Vorgaben und führt damit letztlich zu Rechtsunsicherheiten. Ob diesen Problemen die Schaffung einer sektorenübergreifenden Regulierungsbehörde auf Landesebene als Lösung entgegengesetzt werden kann, erscheint fraglich. Wenn Rahmenbedingungen transparent definiert werden, kann Befürchtungen entgegengetreten werden, dass die Gremien der ärztlichen Selbstverwaltung als „Fremdlinge im öffentlichen Recht“ ihrer Aufgabe zur Sicherstellung der ausreichenden ärztlichen Versorgung der Bevölkerung nicht gerecht werden. Eine Versorgungsplanung der Zukunft wird daher eine Neugliederung der Planungsbereiche anhand anerkannter Raumordnungsvorgaben sowie unter Berücksichtigung der Besonderheiten der hausärztlichen und fachärztlichen Versorgungsbereiche und eventueller Neugliederung der Arztgruppen (im Hinblick auf die tatsächliche Ausrichtung ihrer Tätigkeit) durchführen müssen. Hierzu bedarf es keiner neuen Organisationsformen. Zweifel an der demokratischen Legitimation des Gemeinsamen Bundesausschusses sind angesichts der Rechtsprechung des Bundessozialgerichts[5] und des Bundesverfassungsgerichts[6] unabhängig von Diskussionen um eine Weiterentwicklung der Strukturen und Verfahren nicht zielführend für die Sicherstellung einer wohnortnahen Versorgung und Verbesserung der Rahmenbedingungen ärztlicher Tätigkeiten.

---

5 BSG, Urteil v. 09.12.2004 – B 6 KA 44/03 R, SozR 4-2500 § 72, Nr. 2; BSG, Urteil v. 07.11.2006 – B 1 KR 24/06 R, SozR 4-2500 § 27 Nr. 12.

6 BVerfG, Beschluss v. 06.12.2005 – 1 BvR 347/98, SozR 4-2005 § 27 Nr. 5.

Kommentar
Bedarfsplanung als spezifisches Regulierungsrecht

Ulrich Wenner

§ 101 SGB V weist die Kompetenz für den Erlass von Richtlinien über die *vertragsärztliche Bedarfsplanung* und die Voraussetzungen für die Feststellung von Überversorgung dem Gemeinsamen Bundesausschuss (G-BA) zu. Daran ändert sich auch nach dem vorliegenden Gesetzentwurf der Bundesregierung für ein GKV-Versorgungsstrukturgesetz[1] nichts. Danach sollen die Vorgaben für die Bedarfsplanung regionalisiert und flexibilisiert werden. Zulassungen in rechnerisch überversorgten Gebieten sollen im Interesse einer besseren und gleichmäßigen Versorgung der Versicherten erleichtert werden. Die für all das erforderlichen normativen Vorgaben, ohne die eine vorhersehbare und rechtlich nachprüfbare Praxis der Zulassungsgremien nach §§ 96, 97 SGB V nicht denkbar ist, muss nach wie vor der G-BA festlegen. Ob dieser insgesamt als "Krone" der für das deutsche Krankenversicherungssystem kennzeichnenden gemeinsamen Selbstverwaltung von Leistungserbringern (Ärzten, Zahnärzten) und Krankenkassen (bzw. deren Verbänden) zu bezeichnen ist,[2] mag offen bleiben. Im hier interessierenden Komplex der Bedarfsplanung – fokussiert auf die ambulante ärztliche Versorgung – kommt ihm jedenfalls kraft gesetzlicher Zuweisung die maßgebliche Gestaltungskompetenz zu.

Die Diskussion über den Sinn der Erfassung der Gestaltungsaufgabe des G-BA mit den Prinzipien des Regulierungsrechts sollte deshalb am "real existierenden" G-BA[3] und nicht an den jeweiligen Ideen des einzelnen Wissenschaft-

1 BT-Drucks. 17/6906 v. 5.9.2011.

2 In diesem Sinne *Thorsten Kingreen*, VVDStRL 70 (2011), 177.

3 Die in der Diskussion in Frankfurt auch von *Claudio Franzius* aufgegriffene Wendung vom G-BA als dem "Zentralkomitee" oder – noch polemischer – "ZK" des Gesundheitswesens geht nach meiner Recherche auf den Vortrag von *Joachim Lege* anlässlich der Staatsrechtslehrertagung 2010 in Berlin zurück, VVDStRL 70 (2011), 130. Die ersichtlich gewollte Assoziation zur SED ist nicht nur unhistorisch – der Begriff des Zentralkomitees ist älter, wie schon die Existenz des 1848 gegründeten Zentralkomitees der Deutschen Katholikentage zeigt, aus dem das heute noch bestehende Zentralkomitee der Deutschen Katholiken hervorgegangen ist –, sondern wird auch dem Umstand nicht gerecht, dass der G-BA kraft gesetzlicher Zuweisung unter Aufsicht des BMG seine Aufgaben erfüllt. Gegen die Rede vom "ZK" in Beziehung auf den G-BA mit überzeugender Begründung auch *Rainer Pitschas*, VVDStRL 70 (2011), 209.

lers von einer verfassungsrechtlich gebotenen oder rechtspolitisch erwünschten Zusammensetzung des G-BA ausgehen. Es trifft entgegen der Darstellung von *Franzius* nicht zu, dass "die Gerichte" bisher an den Grundfragen der *hinreichenden demokratischen Legitimation* des G-BA "vorbeigegangen" seien. Alle mit der gerichtlichen Nachprüfung von Richtlinien des G-BA auf der Grundlage des § 92 SGB V befassten Senate des BSG haben sich mit der Legitimation des G-BA zur Rechtssetzung und zur Verbindlichkeit der Richtlinien (auch) gegenüber den Leistungserbringern und den Versicherten (§ 91 Abs. 6 SGB V) ausführlich auseinandergesetzt.[4] Das BVerfG hat sich dazu in dem vielzitierten Beschluss vom 6.12.2005 nicht geäußert; das lässt immerhin fast sechs Jahre später den Schluss zu, dass dort jedenfalls keine schlechthin unüberwindbaren Bedenken gegen die Verfassungsmäßigkeit des § 91 SGB V gesehen werden. Schließlich hat auch kein Sozial- oder Landessozialgericht von der Möglichkeit Gebrauch gemacht, zur Vereinbarkeit der §§ 91, 92 SGB V sowie speziell der Zusammensetzung des G-BA bzw. zu dessen Rechtssetzungsbefugnis eine Entscheidung des BVerfG nach Art. 100 Abs. 1 GG einzuholen. Damit ist die Frage der *Verfassungsmäßigkeit der Normsetzungsbefugnis des G-BA* in seiner derzeitigen Zusammensetzung für die Praxis geklärt. Im Übrigen erscheint nach einer Analyse der bisherigen Rechtsprechung des BVerfG zum Staatsorganisationsrecht ausgeschlossen, dass in dem – aus meiner Sicht fernliegenden und rein hypothetischen – Fall, dass das Gericht in mittlerer Zukunft doch Bedenken gegen die hinreichende Legitimation des G-BA haben sollte, die bisherigen, mit impliziter Billigung des BVerfG[5] gewachsenen Strukturen mit einem Federstrich beseitigt würden. In seinem Urteil vom 20.12.2007 zur Verfassungswidrigkeit der Arbeitsgemeinschaften nach § 44b SGB II a.F. hat das Gericht dem Gesetzgeber drei Jahre Zeit für eine Neuregelung gelassen und entschieden, dass die bisherigen Regelungen so lange uneingeschränkt weiter anzuwenden sind. Es macht deshalb wenig Sinn, Bemühungen um eine vermeintlich verfassungsnäheren Ausrichtung des G-BA damit zu rechtfertigen, auf diese Weise das Risiko eines "Kahlschlags" aus Karlsruhe zu minimieren.

---

4 Aktuelle Nachweise im Urteil vom 6.5.2009 – B 6 A 1/08 R , BSGE 103, 106 Rn. 45; zur Entwicklung der Rechtsprechung im Sinne eines ersten Überblicks *Ulrich Wenner*, Vertragsarztrecht nach der Gesundheitsreform, 2008, § 8 Rn. 36 ff.

5 Überzeugend ist der Hinweis von *Ingwer Ebsen*, VVDStRL 70 (2011), 212, man könne den umstrittenen Nikolausbeschluss des BVerfG auch so deuten, dass alle Akteure – ausdrücklich einschließlich des BSG – bei der Beurteilung von Richtlinien des G-BA einer "Fairness- und Vernünftigkeitskontrolle" unterliegen.

Der rechtswissenschaftliche Diskurs zum G-BA wird seit ca. 15 Jahren intensiv geführt;[6] die Referate und Diskussionen anlässlich der Staatsrechtslehrertagung im Herbst 2010 in Berlin markieren vielleicht einen gewissen Schlusspunkt der Auseinandersetzung, weil sich zumindest dem Leser der Vorträge und Diskussionsbeiträge der Eindruck aufdrängt, die Argumente seien ausgetauscht. Die zunächst notwendig theoretische Debatte in der Wissenschaft über die Eignung der *Regulierungsmechanismen* für die Ausrichtung der vertragsärztlichen Bedarfsplanung verspricht deshalb wohl nur Ertrag, wenn sie an die für die Praxis (derzeit) geklärten Strukturen der untergesetzlichen Rechtssetzung insbesondere durch den G-BA anknüpft. Die Aufarbeitung der Frage, ob sich ein Gremium, das spezifisch nach Fachkundeaspekten zusammengesetzt ist und die fachlich unerlässlichen Vorarbeiten für eine Rechtssetzung durch Organe der unmittelbaren Staatsverwaltung erledigen würde,[7] in die aus dem Regulierungsrecht bekannten Strukturen von Netzagenturen u.äh. einfügen würde, erscheint deshalb wenig ergiebig.

Die Verortung des G-BA als der für jede Übertragung von Regulierungskonzepten auf die Bedarfsplanung zentralen Körperschaft in einem der in Betracht kommenden *Legitimationsmodelle* im Sinne von *Franzius* scheint mir doch deutlich vorgezeichnet. Gerade das Urteil des 6. Senats des BSG vom 6.5.2009 zur Staatsaufsicht über den G-BA[8] weist entschieden in Richtung funktioneller Selbstverwaltung. Die Aufsichtsbefugnisse des BMG werden historisch und systematisch in enger Anlehnung an die Kompetenzen des Ministeriums gegenüber den klassischen Selbstverwaltungskörperschaften Krankenkassen(-verbände) und Kassenärztlichen Bundesvereinigungen entwickelt. Der Senat spricht von einer „organisatorisch verselbständigten Einrichtung der Selbstverwaltung im Bereich des SGB V“ und verweist ergänzend auf die „fachkundige und interessenpluralistische Zusammensetzung“ des G-BA. Eine Ablösung des G-BA von den Selbstveraltungsstrukturen des SGB V würde dessen Legitimation zumindest deutlich schwächen. Die Rechtsprechung des BSG kann vielleicht als Hinweis an den Gesetzgeber gedeutet werden, die *Selbstverwaltungsstruktu-*

6 Aktuelle Nachweise bei *Thorsten Kingreen*, VVDStRL 70 (2011), 179 Fn. 109 sowie zugespitzt im Diskussionsbeitrag von *Volker Neumann*, ebd., 207 f.

7 Das dürfte die Konsequenz der Ausführungen von *Thorsten Kingreen* sein, wie sich auch aus dem Diskussionsbeitrag von *Werner Heun*, VVDStRL 70 (2011), 214, ergibt. Der These von *Heun*, dass die Verlagerung der maßgeblichen Entscheidungen auf den Verordnungsgeber (Art. 80 Abs. 1 GG) kein einziges Problem löst, ist zuzustimmen.

8 BSGE 103, 106 Rn. 47 ff.

ren nicht beliebig mit Befugnissen der *unmittelbaren Staatsverwaltung* zu mischen.[9] Ob dieser Gedanke der von *Franzius* befürworteten Reparlamentarisierung des Gesundheitswesens entgegensteht, will ich nur als Frage aufwerfen, ohne dies – auch im Hinblick auf meine richterliche Funktion – derzeit schon zu bewerten. Der alte „Sponti"-Spruch – das darf man sicher gerade in Frankfurt zitieren –, dass der Mittelweg in „Gefahr und großer Not" nicht immer eine kluge Option ist, scheint mir auch hinsichtlich der Verortung des G-BA im Spannungsfeld von Selbstverwaltung und unmittelbarer Staatsverwaltung beherzigenswert. Auch das Urteil des BVerfG vom 20.12.2007 zur – vermeintlich – unzulässigen Mischverwaltung bei den Arbeitsgemeinschaften nach § 44b SGB II a.F[10] könnte in dieser Richtung gedeutet werden.

Weiter diskussionsbedürftig im Kontext des Regulierungsansatzes bei der Bedarfsplanung scheint mir die Rolle der *Krankenkassen.* Sie wären in dem Modell von *Franzius* die Akteure, die eine Dienstleistung (Gesundheitsversorgung) erbringen müssten. Eine Regulierungsbehörde oder -agentur würde dann – ganz grob vereinfacht – prüfen, ob das gesetzlich vorgeschriebene Versorgungsniveau erreicht ist. Nach § 27 SGB V sind die Krankenkassen aber unmittelbar für die Sicherung der Versorgung der Versicherten nach Maßgabe der dort formulierten Kriterien verantwortlich. Sie müssen sicherstellen, dass die Versicherten im ganzen Bundesgebiet annähernd gleichmäßig versorgt werden. Ein Hausarzt muss auch dort erreichbar sein, wo ohne Widerspruch der Bundesnetzagentur derzeit keine Breitbandverbindung für schnelles Internet zur Verfügung steht. Versorgungsstrukturprobleme können über den Kostenerstattungsanspruch der Versicherten nach § 13 Abs. 3 SGB V kostenwirksam bei den Krankenkassen abgeladen werden, wenn Leistungserbringer außerhalb des GKV-Systems zur Verfügung stehen. Zu klären ist, ob diese unmittelbare rechtliche Verantwortung der Krankenkassen nicht nur für eine im Ganzen angemessenen Versorgungsstruktur, sondern für die Versorgung in jedem einzelnen Fall, weiterhin eine stärkere unmittelbare Einbindung der Krankenkassen in die Bedarfsplanung rechtfertigt, als sie nach meinem Verständnis mit dem Regulierungsansatz verbunden sein dürfte.

---

9 Ablehnung der Rechtsprechung des BSG zur Beschränkung der Aufsicht des BMG über den G-BA auf eine reine Rechtsaufsicht z.B. bei *Thorsten Kingreen*, VVDStRL 70 (2011), 222.

10 BVerfGE 119, 331.

Arzneimittelregulierung als spezifische Regulierungsform

Peter Axer

Das im Wesentlichen zum 1. Januar 2011 in Kraft getretene Arzneimittelmarktneuordnungsgesetz (AMNOG) verfolgt nach der Gesetzesbegründung drei Ziele:[1] „1. Den Menschen müssen im Krankheitsfall die besten und wirksamsten Arzneimittel zur Verfügung stehen. 2. Die Preise und Verordnungen von Arzneimitteln müssen wirtschaftlich und kosteneffizient sein. 3. Es müssen verlässliche Rahmenbedingungen für Innovationen, die Versorgung der Versicherten und die Sicherung von Arbeitsplätzen geschaffen werden." Damit werden wesentliche und maßgebende Kriterien für eine Arzneimittelregulierung genannt. Mit dem Ziel, eine Versorgung mit den besten und wirksamsten sowie wirtschaftlichen und kosteneffizienten Arzneimitteln zu erreichen, wird zudem die Sicherheit von Arzneimitteln gefordert und als Ziel benannt. Die Gewährleistung der Arzneimittelsicherheit ist allerdings weniger Gegenstand des die gesetzliche Krankenversicherung betreffenden SGB V, sondern primär Thema des Arzneimittelgesetzes (AMG), das in weit stärkerem Umfang als das SGB V unmittelbar vom Europarecht her geprägt und bestimmt wird.[2]

I. Unübersichtliche Rechtslage

Bereits die gesetzliche Trennung von sozial- und sicherheitsrechtlichem Arzneimittelrecht, die verfassungsrechtlich ihren Ausdruck in unterschiedlichen Kompetenztiteln findet,[3] ist aufgrund möglicher Wechselwirkungen und Überschneidungen konfliktträchtig, selbst wenn allgemeiner Ansicht nach das AMG und dessen Wertungen für das SGB V grundsätzlich vorgreiflich sind. Die gesetzliche Zweiteilung weist zugleich auf weitere Problemfelder einer Arzneimittelregulierung hin: die unübersichtliche und zersplitterte Rechtslage, die zahlreichen gesetzlichen und untergesetzlichen Steuerungsinstrumente, von Richtlinien des Gemeinsamen Bundesausschusses bis hin zu Kollektiv- und Individualver-

---

1 BT-Drucks. 17/2413, S. 1, 15.

2 Dazu m.w.N. *Peter Dieners/Maria Heil,* in: Peter Dieners/Ulrich Reese (Hg.), Handbuch des Pharmarechts, 2010, § 1 Rn. 44 ff.

3 Einerseits Art. 74 Abs. 1 Nr. 12 GG, andererseits Art. 74 Abs. 1 Nr. 19 GG; zu beiden Kompetenztiteln *Peter Axer*, in: Bonner Kommentar zum Grundgesetz, Loseblatt, Stand: 2011, Art. 74 Abs. 1 Nr. 12, 19.

trägen, und, damit verbunden, die komplexen Organisationsstrukturen, vielfältigen Zuständigkeiten und schwierigen Rechtsschutzfragen.

Während sicherheitsrechtlich die unmittelbare Staatsverwaltung sowie europäische Institutionen handeln, obliegt die krankenversicherungsrechtliche Regulierung in weitem Umfang der Selbstverwaltung, damit der mittelbaren Staatsverwaltung, obwohl eine Tendenz erkennbar ist, die unmittelbare Staatsverwaltung stärker zu beteiligen, etwa durch die Rechtsverordnungsermächtigung bei der frühen Nutzenbewertung nach § 35a SGB V. In den Vollzug des SGB V einbezogen werden neben den Krankenkassen oder dem Gemeinsamen Bundesausschuss mit Apothekern oder pharmazeutischen Unternehmern auch die Leistungserbringer und ihre Verbände sowie je nach zu erfüllender Aufgabe als Beliehene oder als Verwaltungshelfer handelnde privatrechtlich organisierte Einrichtungen wie das Institut für Qualität und Wirtschaftlichkeit im Gesundheitswesen (IQWiG)[4].

Zur organisatorischen Vielfalt kommt hinzu, dass über das SGB V und das AMG hinaus noch aus anderen Bereichen unmittelbare Vorgaben mit entsprechenden Konsequenzen für die Arzneimittelversorgung folgen: Kartell- und Vergaberecht sind, zumindest partiell, anwendbar; für den Apotheker gelten die apothekenrechtlichen Anforderungen des Apothekengesetzes oder der Apothekenbetriebsordnung und des landesrechtlich normierten Berufsrechts, der verschreibende Arzt hat die Vorgaben des Vertragsarztrechts ebenso wie des ärztlichen Berufsrechts zu befolgen. Zu beachten sind weiterhin die Einwirkungen des privatrechtlichen Haftungsrechts, des Patentrechts, des Gesetzes gegen den unlauteren Wettbewerb, des Heilgewerbegesetzes oder der privatversicherungsrechtlichen Vorschriften über die Erstattung von Arzneimittelkosten. Gerichtlich zuständig für die Auslegung arzneimittelrechtlicher Vorschriften können damit sowohl die Sozialgerichte als auch die Verwaltungsgerichte und die Zivilgerich-

---

4 Zu dessen umstrittener Qualifikation vgl. etwa: *Stefan Huster/Andreas Penner*, Legitimationsprobleme des IQWiG bei der Kosten-Nutzen-Bewertung von Arzneimitteln, VSSR 2008, S. 221 (224 ff.); *Rainer Pitschas*, Information der Leistungserbringer und Patienten im rechtlichen Handlungsrahmen von G-BA und IQWiG: Voraussetzungen und Haftung, MedR 2008, S. 34 (37 ff.); *Stephan Rixen*, Verhältnis von IQWiG und G-BA: Vertrauen oder Kontrolle? - Insbesondere zur Bindungswirkung der Empfehlungen des IQWiG, MedR 2008, S. 24 ff.; *Astrid Wallrabenstein*, in: Ulrich Becker/Thorsten Kingreen (Hg.), SGB V, 2. Aufl. 2010, § 139a SGB V Rn. 15.

te sein. Das Arzneimittelrecht eignet sich somit besonders als ein Betätigungsfeld für den Gemeinsamen Senat der obersten Gerichtshöfe.[5]

Ist die Rechtslage schon an sich unübersichtlich, kommt erschwerend hinzu, dass gerade die sozialrechtlichen Vorschriften in kurzen Zeitabständen zahlreichen und gravierenden Änderungen unterliegen. Neben der Einfügung neuer Instrumente wurden bestehende erweitert, modifiziert oder, obwohl erst vor kurzem eingeführt, wieder gestrichen. So hob das AMNOG etwa das erst mit dem GKV-WSG 2007 eingeführte Zweitmeinungsverfahren[6] für Arzneimittel mit hohen Jahrestherapiekosten oder erheblichem Risikopotential auf und verabschiedete es letztlich wiederum sang- und klanglos,[7] obwohl die zweite Meinung eines Spezialisten durchaus hilfreich sein könnte, um Sicherheit zu schaffen und Zweifel auszuräumen. Andererseits werden verabschiedete Instrumente aber gerne wieder aufgegriffen und Kehrtwenden vollzogen. Anschauungsmaterial liefert insoweit etwa die wechselvolle Geschichte der Anwendbarkeit des Kartellrechts. Angesichts der Unstetigkeit und der Sprunghaftigkeit des Gesetzgebers könnte etwa auch die Idee einer Positivliste, die die zu Lasten der gesetzlichen Krankenversicherung verordnungsfähigen Arzneimittel auflistet und festlegt, durchaus noch einmal Chancen auf Verwirklichung haben, selbst wenn sie schon zweimal gesetzlich geregelt war und gestrichen wurde;[8] aller guten Dinge sind drei?

Eine Reform und Regulierung des Arzneimittelmarkts aus einem Guss durch eine effiziente Neuordnung des Steuerungsinstrumentariums[9] in Verwirklichung eines kohärenten ordnungspolitischen Konzepts fehlt seit langem und erfolgt auch nicht durch das AMNOG. Trotz gegenteiliger politischer Beteuerungen und wohlklingender Namensgebung für Änderungsgesetze sind die derzeitigen arzneimittelrechtlichen Regelungen gerade im SGB V nicht Ausdruck eines in sich stimmigen, ganzheitlichen und umfassenden Konzepts. Das gegenwärtige Regelungsgeflecht ist vielmehr das Ergebnis zahlreicher additiver Ergänzungen, Erweiterungen, Korrekturen und Differenzierungen zur Senkung letztlich doch

5 Siehe etwa den Vorlagebeschluss des BGH, MedR 2011, S. 429 ff.

6 § 73d SGB V a.F.

7 Vgl. dazu BT-Drucks. 17/2413, S. 27.

8 Zur Positivliste *Peter Axer*, Die Vorschlagsliste nach § 33a SGB V, NZS 2001, S. 225 ff.

9 Vgl. die Zielsetzung des Koalitionsvertrages von CDU/CSU und FDP vom 26. 10. 2009, S. 87.

steigender Arzneimittelausgaben, selbst wenn sich auch einmal kurze Zeit nach einer Neuregelung die Kosten verringern. Statt Deregulierung und klarer, transparenter Strukturen, die Planungssicherheit und Verlässlichkeit geben, entsteht ein wachsendes und dichtes Netz staatlicher Regulierungen, ein Regulierungsmix. Das Dickicht neben- und miteinander bestehender produkt-, anbieter- und nachfragebezogener, oftmals auf eine Preisregulierung ausgerichteter Instrumente umfasst inzwischen fast alle Beteiligten auf dem Arzneimittelmarkt: den Patienten durch Zuzahlungs- und Befreiungsvorschriften oder Leistungsausschlüsse, den Arzt durch Therapiehinweise oder Regressvorschriften, den Apotheker durch detaillierte Abgabevorschriften, den pharmazeutischen Großhändler oder Unternehmer durch Rabatte und preisregulierende Verträge mit den Krankenkassen als Kostenträger.

II. Der Arzneimittelmarkt als ein besonderer Markt?

Selbst wenn dem Gesetzgeber der Vorwurf mangelnder Kohärenz und Transparenz zu machen ist, müssen, gewissermaßen mildernd, die tatsächlichen Umstände und Besonderheiten des Arzneimittelmarkts berücksichtigt werden. Wird allerdings auf „Besonderheiten" hingewiesen, so ruft dies, gerade seitens der sich vom Kartellrecht Gewinn Versprechenden, regelmäßig Kritik hervor: Durch den Verweis auf „Besonderheiten" würde der Arzneimittelmarkt dem Wettbewerb und der allgemeinen marktkonformen wettbewerblichen Regulierung gerade durch das Kartellrecht entzogen und stattdessen sozialrechtlich und sozialstaatlich umhegt und planwirtschaftlich gepflegt.

Obwohl sich das Sozialrecht unbestreitbar schwer tat, gerade den Einfluss des Europäischen Wirtschaftsrechts auf- und einzuarbeiten, ist nicht zu übersehen, dass sich dies in den letzten Jahren erheblich geändert hat. Zudem ist ein Ringen um das richtige Maß von Wettbewerb und Sicherung von Gemeinwohlbelangen ebenso auf anderen Feldern festzustellen und damit keine spezifische Besonderheit des Sozialrechts. Mögen die kartellrechtlichen Zuständigkeitsänderungen durch das AMNOG weg von den Sozialgerichten und wiederum hin zu den Zivilgerichten oder die Zuständigkeiten des Bundeskartellamtes neben denen der sozialrechtlichen Aufsichtsbehörden rechtspolitisch von Einigen auch begrüßt werden, so ist damit zuerst einmal wieder eine neue Vielfalt geschaffen und Rechtsunsicherheit verbunden. Da die Anwendbarkeit des Kartellrechts nur einen Teil des (arznei-)sozialrechtlichen Instrumentariums betrifft, wird es schon deshalb zu Abgrenzungsschwierigkeiten in Organisation und Verfahren und zu einer Überlagerung und Vermengung von Regulierungszielen kommen. Selbst wenn das europäische Kartellrecht, das bislang nach der Rechtsprechung des EuGH die gesetzlichen Krankenkassen nicht als Unternehmen qualifiziert, einer erweiterten Anwendbarkeit nationalen Kartellrechts rechtlich nicht entgegensteht,[10] bleiben Abstimmungs- und Zweifelsfragen. Entsprechendes gilt für die Frage der Zuständigkeit von Bundeskartellamt und Sozialversicherungsaufsicht, unabhängig davon, ob überhaupt bundesstaatlich ein Handeln des Bundeskartellamtes gegenüber landesunmittelbaren Sozialversicherungsträgern verfassungsrechtlich zulässig ist.[11] Verfassungsrechtlich ist zudem zu beachten, dass das Bundesverfassungsgericht gerade in seiner Entscheidung zur Verfassungswidrigkeit der Arbeitsgemeinschaften nach dem SGB II[12] deutlich auf den hohen Rang einer klaren Zuständigkeits- und Verantwortungsordnung schon aus Gründen der demokratischen Legitimation hingewiesen hat.

Ob sich die Hoffnungen auf ein liberaleres, stärker wettbewerbsorientiertes und marktwirtschaftliches Arzneimittelrecht durch Anwendbarkeit des Kartellrechts und Überprüfung durch Bundeskartellamt und Zivilgerichte in dem Umfange, wie zum Teil erhofft, erfüllen, bleibt abzuwarten. Auch bei Zuständigkeit der Zivilgerichte und des Bundeskartellamtes sind nach wie vor die sozialrechtlichen Vorgaben des Gesetzgebers zu beachten, der in § 69 Abs. 2 S. 1 SGB V nur eine „entsprechende" Anwendung einzelner Vorschriften anordnet, in § 4 Abs. 3 SGB V ein Zusammenarbeitsgebot der Krankenkassen statuiert, ausdrücklich in § 69 Abs. 2 S. 2, 3 SGB V weite Ausnahmen von der Anwendung des Kartellrechts vorsieht und selbst im Bereich der Anwendbarkeit spezielle sozialrechtliche Regelungen trifft.

Ferner wird und muss – auch aus verfassungsrechtlichen Gründen gerade im Hinblick auf die finanzielle Stabilität und die Funktionsfähigkeit der gesetzlichen Krankenversicherung als Gemeinwohlaufgaben von hohem Rang – das Kartellrecht die Funktion des arzneimittelrechtlichen Leistungserbringungsrechts beachten. Dieses dient nicht der unternehmerischen Gewinnmaximierung

---

10 Zu dieser umstrittenen Frage vgl. etwa den Beitrag von *Wulf-Henning Roth* in diesem Band, S. 131 ff., sowie: *Maximilian Gaßner/Albrecht Eggert*, Wettbewerb in der GKV - Kartellrecht versus Sozialrecht, NZS 2011, S. 249 (251); *Florian C. Hau/Tim Schraper*, Das AMNOG - neues Gesundheitskartellrecht, ZWeR 2011, S. 48 (55 ff.); *Thorsten Kingreen*, Zur Bindung der Krankenkassen an das Kartellrecht, SozSich 2010, S. 391 (394 f.), jeweils m.w.N.

11 Dazu: *Ulrich Becker/Thorsten Kingreen*, Der Krankenkassenwettbewerb zwischen Sozial- und Wettbewerbsrecht, NZS 2010, S. 417 (422 f.); *Ingwer Ebsen*, Die zentralen Reformelemente des Arzneimittelmarktneuordnungsgesetzes, GuP 2011, S. 41 (46 f.); *Kingreen* (Fn. 10), S. 394 f.

12 BVerfGE 119, 331 (365 f.).

der Krankenkassen, sondern primär der Erfüllung des Leistungsanspruchs des Versicherten mittels einer funktionierenden, wirtschaftlichen und sicheren Arzneimittelversorgung. Diese Ziele werden gerade auch vom EuGH, wie die Entscheidungen zu den Krankenhausapotheken und zum Mehrbesitzverbot zeigen[13], besonders betont und gewichtet: Der Schutz der Gesundheit vor den mit Arzneimitteln verbundenen Gefahren, die ausreichende und sichere flächendeckende Versorgung und das finanzielle Gleichgewicht der Sozialversicherungssysteme rechtfertigen Beschränkungen des grundfreiheitlich geschützten Arzneimittelverkehrs. So sind etwa die deutschen Regelungen zum Verbot des Apothekenbetriebs durch juristische Personen – wie es der EuGH formuliert – „in Anbetracht des besonderen Charakters von Arzneimitteln und ihres Marktes" gerechtfertigt.[14]

Der Arzneimittelmarkt zeigt sich als ein vielschichtiger, inhomogener, international verflochtener, aufgrund nach wie vor möglicher Gewinne und Wachstumsraten von Originalpräparateherstellern und Generikaunternehmen hart umkämpfter Markt.[15] Angesichts des wissenschaftlichen Fortschritts und eines sich – bedingt auch durch die sich wandelnde Alters- und Morbiditätsstruktur – ändernden Angebots- und Nachfrageverhaltens handelt es sich zugleich um einen äußerst dynamischen Markt. Entwicklung, Produktion und Vertrieb von Arzneimitteln sind schon als Wirtschafts- und Standortfaktoren von immenser (volks-)wirtschaftlicher Relevanz und Teil grundrechtlich geschützter unternehmerischer Tätigkeit und Freiheit. Für den Einzelnen ist die Versorgung mit Arzneimitteln zur Heilung, Linderung und Verhütung von Krankheiten von existenzieller Bedeutung; andererseits können Arzneimittel aufgrund ihrer Nebenwirkungen erhebliche Gefahren verursachen. Angesichts der begrüßenswerten und notwendigen Vielzahl, Vielfalt und Neuentwicklung von Arzneimitteln, ihrer Chancen, aber auch ihrer Gefahren und Kosten bedarf der Arzneimittelmarkt der Regulierung. Neue Arzneimittel müssen sich in die bestehenden regulatorischen Rahmenbedingungen einfügen bzw. diese müssen entsprechend ergänzt und erweitert werden. Erforderlich ist sowohl eine sicherheitsrechtliche Überprüfung als auch eine Kontrolle des innovativen Gehalts und

---

13 EuGH, NJW 2008, S. 3693 ff. – Krankenhausapotheken; EuGH, NJW 2009, S. 2112 ff. – Apothekerkammer des Saarlandes.

14 EuGH, NJW 2009, S. 2112 (2116) – Apothekerkammer des Saarlandes.

15 Zum Arzneimittelmarkt, auch im Hinblick auf die Regulierungsinstrumente, vgl. etwa m.w.N.: *Uwe May/Cosima Bauer*, Regulierungsinstrumente in der GKV-Arzneimittelversorgung, 2011.

Nutzens hinsichtlich der Kosten. Dies gilt nicht nur in Bezug auf die Finanzierung und Funktionsfähigkeit sozialer Sicherungssysteme, sondern ebenso für die private Krankenversicherung. Dies zeigt gerade die Erstreckung der vereinbarten Erstattungsbeträge nach § 130b SGB V durch das AMNOG. Patentgeschützte Arzneimittel, Generika oder Arzneimittel der sog. alternativen Medizin[16] bedürfen der Bewertung und Beurteilung, damit der Regulierung, und fordern dabei aber sowohl unterschiedliche Behandlung als auch Gleichbehandlung.

III. Regulierungsvielfalt in der gesetzlichen Krankenversicherung

Den deutschen Arzneimittelmarkt prägen die Strukturen und Instrumente der gesetzlichen Krankenversicherung als bedeutender Absatzmarkt mit der dortigen Dreiteilung der Nachfrage zwischen Arzt, Patient und zahlender Krankenkasse sowie der Einbeziehung von Apothekern oder pharmazeutischen Unternehmern als Leistungserbringer aufgrund des Sachleistungsprinzips. Dies gilt selbst dann, wenn der Patient die Kosten selbst zu tragen hat, etwa bei nicht verschreibungspflichtigen Arzneimitteln, sog. *over the counter*-Arzneimitteln (OTC-Präparate), wozu etwa Bagatell- oder Lifestylemedikamente zählen. Auch insoweit kommt dem SGB V oder den Entscheidungen des Gemeinsamen Bundesausschusses maßgebende Bedeutung zu, denn diese legen den Umfang der ausgeschlossenen Arzneimittel fest. Gerade die auch europarechtlich im Hinblick auf die Transparenzrichtlinie[17] brisanten Fragen um die Aufnahme an sich gesetzlich ausgeschlossener Arzneimittel durch den Gemeinsamen Bundesausschuss in die sog. OTC-Liste, aufgrund derer dann eine krankenversicherungsrechtliche Leistungspflicht besteht, illustrieren die Bedeutung der gesetzlichen Krankenversicherung selbst bei nicht verschreibungspflichtigen Arzneimitteln.

1. Der Marktzugang: Zum Verhältnis von SGB V und AMG

Das SGB V knüpft an den Arzneimittelbegriff des AMG an, schon deshalb, weil es sich mit Apotheken- und Verschreibungspflicht als krankenversicherungsrechtlichen Leistungsvoraussetzungen der arzneimittelgesetzlichen Begrifflich-

---

16 Zur alternativen Medizin vgl. Raymond Becker/Serkan Sertel/Isabel Stassen-Rapp/Ines Walburg (Hg.), „Neue“ Wege in der Medizin, 2010; siehe auch: *Rüdiger Zuck*, Homöopathie und Verfassungsrecht, 2004; *ders.*, Das Recht der anthroposophischen Medizin, 2007.

17 Dazu etwa *Anna-Miria Fuerst*, Der effet utile und seine Grenzen im Bereich der sozialen Sicherung am Beispiel der Transparenzrichtlinie 89/105/EWG, VSSR 2011, S. 151 ff. m.w.N.

keit bedient. Daher besitzen die dortigen Abgrenzungsfragen, etwa im Hinblick auf Lebensmittel oder Medizinprodukte, ebenso Relevanz für das Krankenversicherungsrecht. Nach ständiger Rechtsprechung des Bundessozialgerichts[18] bedarf zudem ein Arzneimittel grundsätzlich der arzneimittelrechtlichen Zulassung, um zum Leistungskatalog der gesetzlichen Krankenversicherung zu gehören, denn bei nicht vorhandener arzneimittelrechtlicher Zulassung fehle es an der krankenversicherungsrechtlich erforderlichen Zweckmäßigkeit und Wirtschaftlichkeit. Die Zulassung ist damit vorgreiflich.[19]

Die arzneimittelrechtliche Zulassung stellt jedoch nur ein Mindesterfordernis dar, sie ist somit letztlich nur „negativ" vorgreiflich. Die arzneimittelrechtliche Verkehrsfähigkeit allein begründet noch keinen Anspruch des Versicherten auf Versorgung mit einem entsprechenden Arzneimittel. Das SGB V normiert, erlaubt und fordert vielmehr mit dem Wirtschaftlichkeitsgebot und dem Zweckmäßigkeitserfordernis zusätzliche Vorgaben für die Arzneimittelversorgung in der gesetzlichen Krankenversicherung. Sowohl aufgrund der unterschiedlichen Funktionen des Arzneimittel- und Krankenversicherungsrechts – einerseits Sicherheit, andererseits therapeutisch und wirtschaftlich effiziente Arzneimittelverordnung – als auch von der grundgesetzlichen Kompetenzordnung her gesehen, wäre ein spezielles umfassendes krankenversicherungsrechtliches Zulassungsverfahren als Voraussetzung für die Leistungspflicht der Krankenkassen zulässig. Allerdings bedürfte dies einer gesetzlichen Grundlage.

Obwohl es bislang an einem solchen, allgemein als „vierte Hürde" bezeichneten gesetzlich geregelten umfassenden Verfahren fehlt, kennt das SGB V durchaus zahlreiche Instrumente, die eine eigenständige Prüfung eines Arzneimittels ermöglichen. Der Gemeinsame Bundesausschuss kann nach § 92 Abs. 1 S. 1 SGB V etwa die Verordnung von Arzneimitteln einschränken oder ausschließen, wenn deren Unzweckmäßigkeit erwiesen ist. Allerdings dürfte die durch das AMNOG gegenüber dem bisherigen Recht verschärfte Regelung aufgrund der hohen Hürden im Hinblick auf den Nachweis der Unzweckmäßigkeit zukünftig eher eine geringe praktische Bedeutung erlangen. Wenn der Gesetzgeber die Verschärfung allerdings damit begründet, dass bei Arzneimitteln die Qualität, Wirksamkeit und Unbedenklichkeit bereits bei der arzneimittelrechtlichen Zulassung überprüft worden sei und der Gemeinsame Bundesausschuss insoweit unter dem Aspekt des medizinischen Nutzens nicht abweichend bewer-

18 Vgl. nur BSG, MedR 2011, S. 108 (109).

19 Zur Vorgreiflichkeit: *Peter Axer*, in: Becker/Kingreen (Fn. 4), § 31 Rn. 14 f.

ten dürfe,[20] wird übersehen, dass für beide Prüfungen durchaus unterschiedliche gesetzliche Maßstäbe existieren und beide Prüfungen in ihrer Reichweite und Zielrichtung verschieden sein können und sind.[21] Bindungswirkung im Sinne einer „positiven" Vorgreiflichkeit kann die arzneimittelrechtliche Zulassung nur entfalten, soweit die arzneimittelrechtliche Überprüfungs- und Beurteilungskompetenz reicht und das SGB V diese uneingeschränkt als alleinige Leistungsvoraussetzung rezipiert und akzeptiert. Von einer Bindungswirkung kann etwa ausgegangen werden, soweit durch die Zulassung die grundsätzliche Wirksamkeit, Unbedenklichkeit und Qualität des in Frage stehenden Arzneimittels geprüft und anerkannt ist, nicht aber beispielsweise im Hinblick auf den Nutzen im Vergleich zu anderen Arzneimitteln.[22]

Dass das SGB V in seinen leistungsrechtlichen Anforderungen über die arzneimittelrechtlichen Zulassungsvoraussetzungen hinaus geht, zeigt gerade die durch das AMNOG eingeführte, vom Gemeinsamen Bundesausschuss durchzuführende frühe Nutzenbewertung für Arzneimittel mit neuen Wirkstoffen nach § 35a SGB V.[23] Zwar bewirkt diese keinen Ausschluss eines zugelassenen Arzneimittels, doch kann der Gemeinsame Bundesausschuss, regelmäßig unter Ein-

---

20 BT-Drucks. 17/3698, S. 74 f.

21 Kritisch etwa auch: *Thorsten Kingreen*, Zur Neuordnung des Arzneimittelmarktes in der gesetzlichen Krankenversicherung, NZS 2011, S. 441 (445).

22 *Reese/Stallberg*, in: Dieners/Reese (Fn. 2), § 17 Rn. 26; *Marion Wille*, Die wichtigsten Regelungen des Gesetzes zur Neuordnung des Arzneimittelmarkts (AMNOG), WzS 2011, S. 35 (38).

23 Zur frühen Nutzenbewertung vgl. etwa: *Peter Axer*, Nutzenbewertung nach § 35a SGB V und Erstattungsbeträge bei Arzneimitteln, SGb 2011, S. 246 ff.; *Rainer Hess*, Die frühe Nutzenbewertung und ihre rechtliche Herausforderung, GesR 2011, S. 65 ff.; *ders.*, Die Frühbewertung des Nutzens neu zugelassener Arzneimittel, Gesundheit+Gesellschaft, Wissenschaft, 2011, Heft 1, S. 8 ff.; *Antje-Katrin Heinemann/Christian Lang*, Der Begriff des Nutzens in der Frühbewertung nach dem AMNOG, MedR 2011, S. 150 ff.; *Ernst Hauck*, Ausschluss, Therapiehinweis und Kostenregelungen, GesR 2011, S. 69 ff.; *Stefan Huster*, Rechtsfragen der frühen Nutzenbewertung, GesR 2011, S. 76 ff.; *Kingreen* (Fn. 21), S. 441 (443 ff.); *Bernhard Maassen*, Rechte und Pflichten des pharmazeutischen Unternehmens bei der frühen Nutzenbewertung, GesR 2011, S. 82 ff.; *Ursel Paal/Wolfgang A. Rehmann*, Arzneimittelrabattgesetz und frühe Nutzenbewertung nach dem AMNOG, A&R 2011, S. 51 ff.; *Dominik Roters*, Der (Zusatz-)Nutzen-Begriff im SGB V, NZS 2010, S. 612 ff.; *Jörg Schickert/Andreas Schmitz*, Frühe Nutzenbewertung, PharmR 2011, S. 217 ff.; *Jürgen Windeler*, Methodische Fragen zur frühen Nutzenbewertung nach § 35a SGB V, GesR 2011, S. 92 ff.

schaltung des IQWiG, einen Zusatznutzen verneinen oder nur einen geringen Zusatznutzen feststellen. Im Hinblick auf das Vorliegen eines Zusatznutzens und dessen Umfang findet somit aus krankenversicherungsrechtlichem Blickwinkel eine eigenständige Überprüfung statt. Diese kann, wenn unter „vierter Hürde" nicht nur ein Prüfverfahren zum Ausschluss vom Marktzugang, sondern auch Verfahren zur Beschränkung und Modifikation des Marktzugangs verstanden werden, durchaus als „vierte Hürde" bezeichnet werden.

Die Entwicklung hin zu immer mehr eigenständigen, zusätzlichen krankenversicherungsrechtlichen Prüfungs- und Qualitätssicherungsverfahren zeigt auch ein Blick auf die Versorgung mit Arzneimitteln als Teil neuer Untersuchungs- und Behandlungsmethoden nach § 135 SGB V. Wenn ein nach AMG zwar verkehrsfähiges, allerdings nicht der Zulassung bedürftiges Arzneimittel, etwa ein Rezepturarzneimittel, so eingesetzt wird, dass darin zugleich eine auf einem bestimmten theoretisch-wissenschaftlichen Konzept fußende Vorgehensweise der Krankenbehandlung liegt (sog. Pharmakotherapie) und damit eine neue Untersuchungs- und Behandlungsmethode vorliegt, verlangt § 135 Abs. 1 SGB V für die ambulante Versorgung eine Empfehlung des Gemeinsamen Bundesausschusses über den diagnostischen und therapeutischen Nutzen sowie die medizinische Notwendigkeit und Wirtschaftlichkeit als Leistungsvoraussetzung.[24] Entsprechendes gilt, wenn sich die Anwendung eines zugelassenen Fertigarzneimittels nicht auf seine Verabreichung beschränkt, sondern ein besonderes Behandlungsverfahren erfordert; in diesem Fall muss neben der arzneimittelrechtlichen Zulassung noch eine Anerkennung durch den Gemeinsamen Bundesausschuss erfolgen.[25]

Die Eigenständigkeit des SGB V in der Beurteilung und Bewertung zeigt sich schließlich in der Rechtsprechung des Bundessozialgerichts, wenn dieses krankenversicherungsrechtlich einen Arzneimitteleinsatz bspw. im Wege des Off-Label-Use oder bei einem Seltenheitsfall zulässt.[26] Beim Off-Label-Use –

24 Dazu BSG, MedR 2011, S. 108 (110).

25 Vgl. dazu *Thomas Flint*, in: Karl Hauck/Wolfgang Noftz (Hg.), SGB V, Loseblatt, Stand: 2011, § 13 SGB V Rn. 42; *Stefan Nolte*, in: Stefan Leitherer (Hg.), Kasseler Kommentar, Loseblatt, Stand: 2011, § 31 SGB V Rn. 26.

26 Zum Off-Label-Use vgl. nur m.w.N.: *Thomas Clemens*, Zulässigkeit von Arzneiverordnungen und Kostenregresse gegen Ärzte, GesR 2011, S. 397 ff.; BSG, SozR 4-2500, § 31 Nr. 15 Rn. 30 ff.; zum Seltenheitsfall: *Hans-Jürgen Kretschmer*, Begutachtung von Behandlungen bei schwersten und seltenen Erkrankungen – aus juristischer Sicht, MED-SACH 2009, S. 54 (55).

entsprechendes gilt für den Seltenheitsfall – hat gerade insoweit keine arzneimittelrechtliche Prüfung stattgefunden. Somit überwindet das durch richterrechtliche Rechtsfortbildung geschaffene Institut die fehlenden arzneimittelrechtlichen Voraussetzungen und begründet krankenversicherungsrechtliche Leistungsansprüche auf Arzneimittel jenseits der Zulassung. Entsprechendes gilt für den zulassungsüberschreitenden Arzneimitteleinsatz in Fällen lebensbedrohlicher oder regelmäßig tödlich verlaufender Krankheiten auf der Grundlage des sog. Nikolaus-Beschlusses des Bundesverfassungsgerichts[27], dessen Voraussetzungen vor dem Hintergrund der nachfolgenden, die Verfassungsgerichtsentscheidung umsetzenden, umfangreichen sozialgerichtlichen Rechtsprechung nach dem GKV-Versorgungsstrukturgesetz[28] gesetzlich geregelt sind.

2. Die krankenversicherungsrechtliche Preisregulierung

Die Kosten eines von der Leistungspflicht umfassten Arzneimittels trägt die jeweilige gesetzliche Krankenkasse, die diese gegenüber dem Apotheker abrechnet. Der Apotheker wiederum bezieht das Arzneimittel vom pharmazeutischen Großhändler und letztendlich vom pharmazeutischen Unternehmer. Der pharmazeutische Unternehmer ist zwar in seiner Preisgestaltung am Anfang grundsätzlich frei, doch sieht er sich hieran anknüpfend einer Vielzahl von Preisregulierungen ausgesetzt. Arzneimittelrechtlich treffen schon § 78 AMG und die auf dieser Grundlage erlassene Arzneimittelpreisverordnung Vorgaben für die zulässigen Preisspannen im Vertriebsweg. Sozialrechtlich sind zudem neben dem Apothekerrabatt auch Rabatte des pharmazeutischen Unternehmers vorgeschrieben, die durch das mit dem AMNOG erlassene Gesetz über Rabatte für Arzneimittel überdies grundsätzlich auf die Unternehmen der privaten Krankenversicherung und die Träger der Beihilfe erstreckt wurden. Gesetzliche Zwangsrabatte erscheinen inzwischen als ein beliebtes, flächendeckend anwendbares, auf den ersten Blick einfaches und effektives Mittel zur Kostensenkung. Ob sie allerdings Nachhaltigkeit gewährleisten und die grundsätzliche Pauschalität der Ab-

---

27 BVerfGE 115, 25 ff.; zu dieser Entscheidung vgl. etwa BSG, *Breithaupt* 2007, 366 ff.; *Peter Axer*, Kontinuität durch Konsequenz in der Sozialversicherung, in: FS Isensee, 2007, S. 965 (972 ff.); *Robert Francke/Dieter Hart*, Die Leistungspflicht der gesetzlichen Krankenversicherung für Heilversuche, MedR 2006, S. 131 ff.; *Hans Michael Heinig*, Hüter der Wohltaten?, NVwZ 2006, S. 771 ff.; *Stefan Huster*, Urteilsanmerkung, JZ 2006, S. 466 ff.; *Thorsten Kingreen*, Verfassungsrechtliche Grenzen der Rechtsetzungsbefugnis des Gemeinsamen Bundesausschusses im Gesundheitsrecht, NJW 2006, S. 877 ff.

28 § 2 Abs. 1a SGB V; vgl. BT-Drucks. 17/6906; 17/8005.

schläge in ihrem Zusammenspiel sowie in ihrer Verzahnung mit dem arzneimittelrechtlichen Preisrecht[29] sachgerecht ist, erscheint fraglich, insbesondere schon angesichts der Kompliziertheit der Regelungen und der häufigen Änderungen zur Nach- und Neujustierung, auch um „Schlupflöcher" durch Preisschaukeln zu schließen.

Über die gesetzlichen Rabatte hinaus sind individuelle vertragliche Vereinbarungen zwischen Krankenkassen und pharmazeutischen Unternehmern nach § 130a Abs. 8 SGB V möglich. Umstritten war insoweit insbesondere die Anwendbarkeit des Vergaberechts, die inzwischen jedenfalls im Grundsatz als geklärt angesehen werden dürfte, sodass das Vergaberecht grundsätzlich anwendbar ist. Das AMNOG beließ zwar die Möglichkeit, entsprechende Rabattverträge weiterhin abzuschließen, veränderte jedoch die Rahmenbedingungen durch die Mehrkostenregelung nach § 129 Abs. 1 S. 5 f. SGB V oder die Ausweitung der Substitutionspflicht, gerade durch Änderung der Packungsgrößenverordnung. Hinzu kommt die vorrangig bestehende Pflicht, Erstattungsbeträge für Arzneimittel mit neuen Wirkstoffen auf der Grundlage einer frühen Nutzenbewertung (§ 35a SGB V) oder späteren Kosten-Nutzen-Bewertung (§ 35b SGB V) zu vereinbaren. Der Erstattungsbetrag wird als Rabatt auf den Abgabepreis des pharmazeutischen Unternehmers vereinbart, der über den Großhandel an den Apotheker und die Krankenkassen weitergegeben wird. Neben dem neuen Instrument der Erstattungsbeträge und mit diesem zudem verbunden, behalten die Festbeträge weiterhin ihre zentrale Bedeutung und Funktion für die Arzneimittelpreisregulierung.

a) Die Festbeträge

Die Festsetzung von Festbeträgen soll eine qualitativ hochwertige Arzneimittelversorgung auf niedrigem Niveau durch einen Preiswettbewerb zwischen den pharmazeutischen Unternehmern bei vergleichbaren Arzneimitteln bewirken.[30] Indem die Krankenkassen die Kosten für festbetragsfähige Arzneimittel, deren Bestimmung und Zuordnung in Festbetragsgruppen Aufgabe des Gemeinsamen Bundesausschusses ist, nur bis zur Höhe des vom Spitzenverband Bund der Krankenkassen festgesetzten Festbetrags übernehmen und darüber hinausgehen-

---

29 Dazu BSG, SozR 4-2500, § 130a Nr. 4; BSG, SozR 4-2500, § 130a Nr. 6 – Herstellerrabatt für aus Blutplasma gewonnene Fertigarzneimittel.

30 Zur Festbetragsregelung *Axer*, in: Becker/Kingreen (Fn. 4), § 35 Rn. 1 ff. m.w.N.; aus der Rechtsprechung jüngst BSG, NZS 2011, S. 660 ff.; BSG, Urteil v. 1. 3. 2011 – B 1 KR 7/10 R; BSG, Urteil v. 1. 3. 2011 – B 1 KR 13/10 R, jew. m.w.N.

de Kosten vom Versicherten zu tragen sind, sollen und werden die Arzneimittelausgaben der gesetzlichen Krankenversicherung gesenkt. Die Festbetragsregelung dient überdies der Transparenz auf dem Arzneimittelmarkt, weil die für bestimmte Indikationen zur Verfügung stehenden Arzneimittel zusammengestellt und zugleich hinsichtlich Wirksamkeit und Wirtschaftlichkeit bewertet werden.

b) Die Erstattungsbeträge

aa) Kollektivvertragliche Vereinbarungen

Zur Ermittlung und Festlegung des Erstattungsbetrags nach der frühen Nutzenbewertung gem. § 35a SGB V bedient sich der Gesetzgeber eines gestuften Systems von obligatorischen normsetzenden Kollektivverträgen und fakultativen nachfolgenden Individualverträgen.[31] In einem ersten Schritt sind die Erstattungsbeträge einheitlich zwischen dem Spitzenverband Bund der Krankenkassen und dem pharmazeutischen Unternehmer zu vereinbaren unter Beachtung des vom Spitzenverband Bund der Krankenkassen und den Spitzenorganisationen der pharmazeutischen Unternehmer zu schließenden Rahmenvertrags. Sowohl der Rahmenvertrag als auch der Vertrag über den Erstattungsbetrag nach § 130b SGB V sind schiedsamtsfähig. Der im Vertrag nach § 130b festgelegte Erstattungsbetrag gilt nach § 78 Abs. 3a AMG auch für die private Krankenversicherung; entsprechend ist auch der Verband der privaten Krankenversicherung an den Verhandlungen zu beteiligen.

Die erst im Gesetzgebungsverfahren eingefügte Erstreckung und Beteiligung des PKV-Verbandes[32] wirft ordnungspolitische und rechtliche Fragen auf hinsichtlich einer „Eins-zu-eins“ Anwendbarkeit sozialrechtlicher Steuerungsinstrumente in der privaten Krankenversicherung und der insoweit erfolgenden Angleichung der Systeme. Die Vermeidung weiterer Ausgabensteigerungen und die Verhinderung eventueller Kostenverlagerungen auf die PKV stellen zwar rechtlich legitime Ziele dar und können eine eigenständige, die privatrechtlichen Strukturen berücksichtigende und auf diese aufbauende Regulierung rechtferti-

31 Zum Erstattungsbetrag vgl. *Axer* (Fn. 23), S. 246 ff.; *Ebsen* (Fn. 11), S. 41 ff.; *Huster* (Fn. 23), S. 76 ff.; *Marcel Kaufmann*, Zentrale Weichenstellungen des AMNOG, PharmR 2011, S. 223 ff.; *Kingreen* (Fn. 21), S. 441 ff.; *Ernst-Wilhelm Luthe*, Erstattungsvereinbarungen mit pharmazeutischen Unternehmen, PharmR 2011, S. 193 ff.

32 Siehe dazu den Änderungsantrag der Fraktionen der CDU/CSU und FDP, BT-Ausschussdrucks. 17(14)0067.

gen. Doch ist damit nicht eine Anbindung an die gesetzliche Krankenversicherung als Ausfluss einer verfassungsrechtlichen Gewährleistungsverantwortung für eine zweckmäßige und kostengünstige Gesundheitsversorgung gefordert.

Der Vertrag über den Erstattungsbetrag ist „auf der Grundlage des Beschlusses des Gemeinsamen Bundesausschusses über die Nutzenbewertung" für diejenigen Arzneimittel zu schließen, die mit dem Beschluss keiner Festbetragsgruppe zugeordnet wurden.[33] Dabei soll die Vereinbarung nach § 130b Abs. 1 S. 8 SGB V auch Anforderungen an die Zweckmäßigkeit, Qualität und Wirtschaftlichkeit einer Verordnung enthalten und gemäß § 130b Abs. 2 SGB V Regelungen zur Anerkennung des Arzneimittels bei der Richtgrößenprüfung treffen. Der Beschluss des Gemeinsamen Bundesausschusses bildet die verbindliche Vorgabe für den Vertragsinhalt; eine Abweichung ist insoweit nicht möglich. Entsprechendes gilt für den Beschluss über die Kosten-Nutzen-Bewertung nach § 35b SGB V, die nach einem Schiedsspruch gemäß § 130b Abs. 8 SGB V in Betracht kommt.[34] Soweit in der Vereinbarung Regelungen zur Qualitätssicherung getroffen werden, dürfen diese nicht sonstigen Regelungen der gemeinsamen Selbstverwaltung zur Qualitätssicherung widersprechen.[35] Im Rahmen der vom Gemeinsamen Bundesausschuss bestimmten Zweckmäßigkeit dient die Vereinbarung der Sicherung der Wirtschaftlichkeit des Arzneimittels.[36] Eine Kündigung des Vertrages ist grundsätzlich erst nach einem Jahr möglich.[37]

Nach § 130b Abs. 9 SGB V schließen der GKV-Spitzenverband und die für die Wahrnehmung der wirtschaftlichen Interessen gebildeten maßgeblichen Spitzenorganisationen der pharmazeutischen Unternehmer auf Bundesebene eine Rahmenvereinbarung, in der Maßstäbe und Kriterien – die Gesetzesbegründung spricht von „Richtlinien"[38] – für den Abschluss der einzelnen Erstattungsvereinbarungen nach § 130b Abs. 1 SGB V festgelegt werden. Die Rahmenver-

---

33 § 130b Abs. 1 S. 1 SGB V.

34 Soweit es dort heißt, dass der Erstattungsbetrag „auf Grund" des Beschlusses nach § 35b SGB V zu vereinbaren ist, dürfte dies nur eine terminologische Abweichung zur Vereinbarung „auf der Grundlage" eines Beschlusses nach § 35a Abs. 3 SGB V sein (§ 130b Abs. 1 SGB V).

35 BT-Drucks. 17/2413, S. 31.

36 Vgl. BT-Drucks. 17/2413, S. 20.

37 Zu den Einzelheiten § 130b Abs. 7 SGB V.

38 BT-Drucks. 17/2413, S. 32.

einbarung beschränkt sich nicht nur auf allgemeine Regelungen für die Vertragsverhandlungen, sondern kann „insbesondere“ Vorgaben für den Vertragsschluss enthalten, die „neben“ dem Beschluss nach § 35a SGB V und den Regelungen in § 130b Abs. 1 SGB V heranzuziehen sind.[39] Damit ist jedoch, auch mangels hinreichender Bestimmtheit der Ermächtigung, keine Kompetenz geschaffen, abweichende Kriterien zu vereinbaren, die etwa die gesetzlich festgelegte Funktion und Bedeutung des Beschlusses nach § 35a SGB V als Grundlage der Preisvereinbarungen konterkarieren oder von den in § 130b Abs. 1 SGB V genannten Vorgaben abweichen. Zulässig ist es, allgemeine Maßstäbe für die Gewichtung des festgestellten Zusatznutzens und zur Berücksichtigung von Vergleichsgrößen zur Preisbestimmung festzulegen,[40] doch darf die Vereinbarung nur einen „Rahmen“ setzen; Detailregelungen sind den Verträgen nach § 130b SGB V vorbehalten. Den Vertragspartnern nach § 130b Abs. 1 SGB V muss ein ausreichender Gestaltungsspielraum verbleiben. Kommt die Rahmenvereinbarung nicht zustande, so setzen gemäß § 130b Abs. 9 S. 3 SGB V die unparteiischen Mitglieder der Schiedsstelle – womit die Mitglieder der Schiedsstelle nach § 130b Abs. 5 SGB V gemeint sind – die Rahmenvereinbarung im Benehmen mit den Verbänden auf Antrag einer Vertragspartei fest.

bb) Der Individualvertrag

Ist ein einheitlicher Erstattungsbetrag nach § 130b SGB V vereinbart, können in einem zweiten Schritt zwischen einzelnen Krankenkassen und dem pharmazeutischen Unternehmer davon abweichende Erstattungsbeträge individualvertraglich nach § 130c SGB V vereinbart und Regelungen zur Versorgung der Versicherten mit Arzneimitteln getroffen werden.[41] Das Gesetz zählt insoweit in § 130c Abs. 1 S. 2 SGB V selbst in nicht abschließender Weise mögliche Vertragsinhalte auf. Die „dezentralen“[42] Vereinbarungen, für die § 130a Abs. 8 SGB V entsprechend gilt, können zwar die Erstattungsvereinbarung nach § 130b SGB V ergänzen oder ablösen, müssen jedoch die Ergebnisse einer Nutzenbewertung nach § 35a SGB V, einer Kosten-Nutzen-Bewertung nach § 35b SGB V, die Richtlinien nach § 92 SGB V, die Vereinbarungen nach § 84 SGB V und die Informationen nach § 73 Abs. 8 S. 1 SGB V berücksichtigen.[43] Obwohl „be-

39 § 130b Abs. 9 S. 2 SGB V.

40 Vgl. dazu BT-Drucks. 17/2413, S. 32.

41 § 130c Abs. 1 S. 1 SGB V.

42 Begriff in BT-Drucks. 17/3698, S. 56.

43 § 130c Abs. 1 S. 4 SGB V.

rücksichtigen“ vom Wortlaut her auf eine verminderte Bindungswirkung mit Abweichungsmöglichkeiten hinweisen könnte, ist ein Abweichen von den gesetzlich genannten Vorgaben nicht möglich. Diese bilden vielmehr die Grundlage für den Vertragsschluss, denn die dezentralen Verträge stehen nicht außerhalb des arzneimittelrechtlichen Regulierungssystems des SGB V. Andernfalls könnte es möglich sein, etwa die Nutzenbewertung durch den Gemeinsamen Bundesausschuss nach § 35a SGB V durch eine eigenständige vertragliche Nutzenbewertung zu unterlaufen und zu umgehen, damit das durch das Arzneimittelmarktneuordnungsgesetz geschaffene und das bestehende Instrumentarium zu entwerten und leer laufen zu lassen.

Von Kollektivverträgen abweichende individuelle Vereinbarungen finden sich gerade in Form von Selektivverträgen ebenfalls im Vertragsarztrecht. Dort werden sie wie bei der Arzneimittelversorgung als Instrument zu mehr Wettbewerb begrüßt. Rechtlich werfen sie vielfältige Fragen auf, etwa im Hinblick auf die Geltung der Anforderungen an die Leistungserbringung durch Selbstverwaltung und gemeinsame Selbstverwaltung, gerade der Richtlinien des Gemeinsamen Bundesausschusses. Selektivverträge dienen der Erfüllung des einheitlichen Leistungsanspruchs des Versicherten und können diesen daher grundsätzlich nicht einschränken, es sei denn, der Gesetzgeber regelt ausdrücklich etwas anderes. Selektivverträge sind somit keine privatautonom gestaltbaren Beschaffungsverträge, sondern sind im Kontext des von Selbstverwaltung und gemeinsamer Selbstverwaltung gesetzten Rechts zu sehen und an dieses zum Teil auch explizit gebunden. Die selektivvertragliche Versorgung steht neben der kollektivvertraglichen und kann insofern als Parallelsystem oder zweite Säule zur Versorgung der Versicherten in der gesetzlichen Krankenversicherung bezeichnet werden. Trotz ihrer strukturellen Trennung stehen die Säulen jedoch nicht beziehungslos nebeneinander, sondern sind schon von ihrer gemeinsamen Funktion und Aufgabe her, den gesetzlichen Leistungsanspruch des Versicherten zu erfüllen, miteinander verbunden. Beide Säulen befinden sich unter einem Dach und stützen dieses gemeinsam.

Ob die vertragliche Bestimmung von Erstattungsbeträgen ihre Zwecke erreichen kann und zu einer Erfolgsgeschichte wird, hängt zum einen davon ab, ob die frühe Nutzenbewertung nach § 35a SGB V ihre Funktion erfüllen kann. Zum anderen wird entscheidend sein, ob die doch offen und weit formulierten Kriterien zur Bestimmung des Erstattungsbetrags, von der zweckmäßigen Vergleichstherapie bis hin zur Berücksichtigung des Abgabepreises in anderen Ländern, zweckgerecht konkretisiert und angewendet werden können. Schließlich müssen die Vorschriften der §§ 130b, c SGB V Parität zwischen den jeweiligen Vertragspartnern gewährleisten und faire Verhandlungen ermöglichen können. Entscheidet am Ende regelmäßig die Schiedsstelle – konkret: die Stimme des unparteiischen Vorsitzenden –, dürfte dies die Schiedsstelle überfordern und die Funktion und Akzeptanz des Verfahrens schwächen.

IV. Wettbewerb und Regulierung auf dem Arzneimittelmarkt

Obschon zahlreiche Regulierungsinstrumente, etwa die gesetzlichen Rabatte, die Festbetragsfestsetzung oder die aut-idem-Regelung, unmittelbar auf eine Kostensenkung bei den Arzneimittelausgaben zielen, gibt es auch Instrumente, die mehr der Schaffung von Wettbewerb auf dem Arzneimittelmarkt und mittelbar der Kosteneinsparung dienen. Durch abweichende individuelle Verträge, durch die Möglichkeit der Teilnahme der pharmazeutischen Unternehmer an der integrierten Versorgung oder durch die nach § 53 Abs. 5 SGB V für die Krankenkassen bestehende Möglichkeit, für Arzneimittel der besonderen Therapierichtungen Wahltarife anzubieten, soll der Wettbewerb um eine kostengünstige, qualitativ hochwertige Versorgung eröffnet und gefördert werden.

Seit den neunziger Jahren des letzten Jahrhunderts, eingeleitet mit dem Gesundheitsstrukturgesetz von 1992 und vor allem mit dem 1996 eröffneten Kassenwahlrecht, installiert und fördert der Gesetzgeber vorsichtig tastend, in kleinen Schritten den Wettbewerb in der gesetzlichen Krankenversicherung. Dabei geht es allerdings nicht um einen Wettbewerb zwischen den Krankenkassen vergleichbar der gewerblichen Wirtschaft, sondern um einen sog. solidarischen Wettbewerb, der der Sicherung einer bedarfsgerechten, hochwertigen und wirtschaftlichen Versorgung durch einen möglichst effizienten Mitteleinsatz dienen soll.[1]

Ob ein solidarischer Wettbewerb überhaupt „Wettbewerb" ist und sein kann, lässt sich trefflich streiten. Im Hinblick auf die mit der Eröffnung von Gestaltungsspielräumen verbundenen Handlungsalternativen für Krankenkassen bei der Arzneimittelversorgung bleibt festzuhalten, dass hier keine Privatisierung erfolgte und angesichts des umfangreichen staatlichen Instrumentenkastens zur Preisgestaltung von einer Liberalisierung des Arzneimittelmarktes vergleichbar dem Schienenverkehr, der Telekommunikation oder der Energieversorgung kaum gesprochen werden kann. Der Anspruch des Versicherten auf Versorgung mit Arzneimitteln richtet sich nach wie vor – auch im Falle der Mehrkosten- und

---

44 BVerfGE 113, 167 (233 f.); *Gaßner/Eggert* (Fn. 10), S. 250.

Festbetragsregelung – gegen seine als Körperschaft des öffentlichen Rechts organisierte Krankenkasse und die Rechtsbeziehungen der Krankenkassen im Rahmen des fortgeltenden Sachleistungsprinzips zu den pharmazeutischen Unternehmern oder Apothekern bleiben öffentlich-rechtlich. Selbst selektive arzneimittelrechtliche Verträge befreien die Krankenkassen nicht von ihrer öffentlich-rechtlichen Leistungspflicht in Erfüllung des öffentlich-rechtlichen Leistungsanspruchs des Versicherten; es werden keine eigenen zivilrechtlich geprägten Rechtsverhältnisse begründet.

Vor diesem Hintergrund stellt sich die Frage, ob das Arzneimittelrecht überhaupt vergleichbar dem (Netz-)Infrastrukturrecht als ein Teilgebiet des Regulierungsrechts angesehen werden kann. Verwendet man einen engen Regulierungsbegriff[45], der sich auf das öffentlich-rechtliche Folgeregime im Zusammenhang mit der Privatisierung und Liberalisierung vormals von der öffentlichen Hand dominierter Netzinfrastruktur beschränkt, passt dieser nicht für den Arzneimittelmarkt. Wird allerdings Regulierung in einem weiteren Sinne als Ermöglichung und gemeinwohlorientierte Strukturierung von Marktprozessen verstanden, gerade im Hinblick auf eine zukünftige Förderung und Ausgestaltung von Wettbewerb und Marktprozessen, kann und sollte der Arzneimittelmarkt durchaus Gegenstand und Thema des Regulierungsrechts sein.

Ob allerdings die Arzneimittelregulierung eine besondere Form der Regulierung darstellt, erscheint schon zweifelhaft, weil von einer „Form“ im Sinne fester, beständiger, klarer und berechenbarer Vorgaben für die Arzneimittelversorgung kaum gesprochen werden kann. Einzelne Instrumente der Arzneimittelregulierung, etwa die Festbetragsregelung, können zwar dem Grunde nach als Vorbild und Muster für eine Regulierung in anderen Bereichen des Gesundheits- oder Sozialrechts sowie darüber hinaus dienen, doch gilt dies nicht für die heutige vielschichtige und komplexe Arzneimittelregulierung in ihrer Gesamtheit.

---

45 Zum Begriff des Regulierungsrechts vgl. m.w.N. den Beitrag von *Margarete Schuler-Harms* in diesem Band, S. 29 ff., sowie: *Wolfgang Durner*, Schutz der Verbraucher durch Regulierungsrecht, in: VVDStRL 70 (2011), S. 398 (401 ff.); *Martin Eifert*, Regulierungsstrategien, in: Wolfgang Hoffmann-Riem/Eberhard Schmidt-Aßmann/Andreas Voßkuhle (Hg.), Grundlagen des Verwaltungsrechts, Bd. I, 2006, § 19 Rn. 1 ff.; *Johannes Hellermann*, Schutz der Verbraucher durch Regulierungsrecht, in: VVDStRL 70 (2011), S. 366 (369 f.).; *Matthias Ruffert*, Begriff, in: Michael Fehling/Matthias Ruffert (Hg.), Regulierungsrecht, 2010, § 7 Rn. 1 ff.

Kommentar
Arzneimittelregulierung als spezifische Regulierungsform

Ulrich Vorderwülbecke

Den Einschätzungen und Wertungen des Referenten *Peter Axer* ist aus Sicht der Praxis – konkret: der Arzneimittelhersteller – *grosso modo* zuzustimmen. Zu Recht konstatiert er „eine unübersichtliche und zersplitterte Rechtslage“[1] und ein „Dickicht produkt-, anbieter- und nachfragebezogener Instrumente“[2]. Die „heutige vielschichtige und komplexe Arzneimittelregulierung in ihrer Gesamtheit“[3] stuft er zutreffenderweise als nicht vorbildgebend ein.

Der Arzneimittelsektor in seiner Gesamtheit ist von diversen Regelungskreisen gekennzeichnet. Sie betreffen die Apotheken, den pharmazeutischen Großhandel und die pharmazeutischen Unternehmen. Die wichtigsten Gesetze sind das Arzneimittelgesetz (AMG) und das Sozialgesetzbuch V (SGB V). Für die Apotheken spielen darüber hinaus das Apothekengesetz und die Apothekenbetriebsordnung eine wesentliche Rolle, für den Großhandel die Großhandelsbetriebsverordnung; beide Handelsstufen unterliegen zudem der Arzneimittelpreisverordnung. Die Pharmaunternehmen sind über das AMG und das SGB V hinaus von diversen Gesetzen betroffen, von denen nur beispielhaft das Heilmittelwerbegesetz und die GCP (Gute Klinische Praxis)-Verordnung zu nennen sind.

Die beiden prägenden Gesetze – das Arzneimittelgesetz und das Sozialgesetzbuch V – finden einen unterschiedlichen Widerhall.

Das AMG ist stark von EG-Richtlinien bestimmt und dient der Arzneimittelsicherheit. Es ist insgesamt recht unstrittig.

Das SGB V betrifft das System der gesetzlichen Krankenversicherung (GKV). Vor dem Hintergrund des Prinzips der einnahmenorientierten Ausgabenpolitik und damit des Ziels der Beitragssatzstabilität haben Kostendämpfungsgesetze insbesondere im Arzneimittelbereich eine jahrzehntelange Tradition. Ohne Anspruch auf Vollständigkeit seien genannt:

---

1 In diesem Band, S. 83.

2 S. 85 f.

3 S. 100.

- Krankenversicherungs-Kostendämpfungsgesetz,
- Kostendämpfungs-Ergänzungsgesetz,
- Gesundheitsreformgesetz,
- Gesundheitsstrukturgesetz,
- GKV-Solidaritätsstärkungsgesetz,
- GKV-Gesundheitsreformgesetz 2000,
- Festbetrags-Anpassungsgesetz,
- Arzneimittelausgaben-Begrenzungsgesetz,
- Beitragssatzsicherungsgesetz,
- GKV-Modernisierungsgesetz,
- Arzneimittelversorgungs-Wirtschaftlichkeitsgesetz,
- GKV-Wettbewerbsstärkungsgesetz,
- GKV-Änderungsgesetz,
- Arzneimittelmarktneuordnungsgesetz.

Die Gesetze brachten im Laufe der letzten Jahrzehnte eine Fülle von Kostendämpfungsinstrumenten, zu deren wichtigsten folgende zählen:

- Festbetrag,
- Herstellerabschlag von 16 Prozent bzw. von 10 Prozent,
- Zuzahlungsbefreiungsgrenze,
- Vereinbarter Rabatt,
- Nutzenbewertung/Kosten-Nutzen-Bewertung,
- Erstattungsbetrag,
- Negativliste,
- Aut-idem-Substitution,

- Parallelimportförderung,
- Arzneimittelrichtlinien samt Anlagen (z. B. Therapiehinweise, OTC-Ausnahmeliste, Liste der Lifestyle-Arzneimittel, Off-Label-Use),
- Arzneimittelvereinbarung,
- Richtgröße,
- Versorgungsvertrag.[4]

Schließlich sind zahlreiche Akteure tätig, die entweder die gesetzlichen Vorgaben machen oder sie mit einem mehr oder weniger großen Handlungsspielraum umsetzen und dabei auch gestaltend wirken:

- Gesetzgeber (Bundestag, Bundesrat),
- Bundesministerium für Gesundheit,
- Gemeinsamer Bundesausschuss (Selbstverwaltungsorgan von Ärzten, Zahnärzten, Krankenhäusern und Krankenkassen),
- GKV-Spitzenverband,
- Gesetzliche Krankenkassen,
- PKV-Verband,
- Kassenärztliche Bundesvereinigung,
- Kassenärztliche Vereinigungen (auf regionaler Ebene),
- Apotheken,

---

4 Vgl. bereits *Vorderwülbecke*, Darstellung der Steuerungsinstrumente der Arzneimittelversorgung aus Sicht der pharmazeutischen Industrie, MedR 2006, 693; *ders.*, Steuerung und Fehlsteuerung der Arzneimittelversorgung, EuR-Beiheft 2, 2007, 169; ausführlich *Cassel/Wille*, Markt- und wettbewerbstheoretische Analyse der Regulierung des GKV-Arzneimittelmarktes, in: IGES/Cassel/Wille/WIdO (Hg.), Steuerung der Arzneimittelausgaben und Stärkung des Forschungsstandortes für die pharmazeutische Industrie, Gutachten für das Bundesministerium für Gesundheit, 2. Juni 2006, 381 ff, 388 ff; zu neueren Gesetzen *Coca/Nink/Schröder*, Ökonomische Aspekte des deutschen Arzneimittelmarktes 2010, in: Schwabe/Paffrath (Hg.), Arzneiverordnungs-Report 2011, Heidelberg 2011, 167 ff, 170 f.

- Pharmazeutische Unternehmen.

Nachdem die Arzneimittelregulierung im Laufe der Jahrzehnte entstanden und als gegeben hingenommen worden war, wurde sie erst in den letzten Jahren stärker reflektiert und zunehmend hinterfragt. Kritik kam dabei nicht nur aus Kreisen der pharmazeutischen Industrie, sondern auch aus anderen Lagern, die nicht im Verdacht stehen, Interessen der Arzneimittelhersteller wahrzunehmen.

So sagten die damaligen GKV-Spitzenverbände in ihrer gemeinsamen Stellungnahme zum GKV-WSG-Entwurf:

> „In den letzten Jahren wurde der Arzneimittelmarkt bei jeder Reform maßgeblich verändert und ist inzwischen überreguliert.“[5]

Erneuert wurde die Kritik von Kassenseite in den „Positionen des GKV-Spitzenverbandes für ein zukunftsfestes Gesundheitssystem“ mit dem Titel „Perspektiven für Reformen“, in denen es heißt:

> „Die zahlreichen gesetzgeberischen Eingriffe in den Arzneimittelmarkt haben zu einer Vielzahl sich überschneidender, teils konkurrierender Regelungen im SGB V geführt. … Die auf den verschiedenen Ebenen angesiedelten Regulierungsinstrumente können sich in unerwünschter Weise verstärken, gegenseitig abschwächen oder überflüssig machen. Diese Über- und Fehlregulierung muss korrigiert werden.“[6]

Aus dem Kreis der Ärzte formulierte *Leonhard Hansen*, seinerzeit Vorsitzender der KV Nordrhein:

> „Ich bin auch der Auffassung, dass der Arzneimittelmarkt überreguliert ist, in dem Sinne, dass die Zahl der Stellschrauben und die Zahl derjenigen, die daran drehen, immer größer wird.“[7]

Auch Wissenschaftler drückten ihr Unbehagen aus, von denen nur exemplarisch *Gerd Glaeske* und *Jürgen Wasem* zitiert seien.

Glaeske schrieb:

---

5 Gemeinsame Stellungnahme der GKV-Spitzenverbände zum Entwurf eines GKV-Wettbewerbsstärkungsgesetzes – GKV-WSG – vom 24. Oktober 2006, 9.

6 GKV-Spitzenverband, Perspektiven für Reformen, 26. November 2009, 8.

7 *Hansen*, Health & Sales, 31. Oktober 2006.

„Sind zentrale Instrumente … gewünscht oder sollten eher dezentrale Maßnahmen … zum Einsatz kommen? Ein Nebeneinander beider Maßnahmen erhöht die Regelungsdichte noch weiter, die mit 16 Instrumenten, die unmittelbar am Preis des Arzneimittels angreifen, bereits sehr hoch ist. Es führt … eher dazu, dass … sich unterschiedliche Instrumente gegenseitig beeinflussen und eventuell sogar aushebeln."[8]

Und *Wasem* formulierte:

„In der Tat ist es so, dass sich Regulierungsschicht um Regulierungsschicht auf den Arzneimittelmarkt gelegt hat. Zum Teil widersprechen sich die Instrumente oder behindern sich gegenseitig in ihrer Wirksamkeit."[9]

Eine besonders ausführliche und fundierte Auseinandersetzung mit der Regulierung des Arzneimittelmarktes fand in einem für das Bundesgesundheitsministerium erstellten Gutachten statt. *Dieter Cassel* und *Eberhard Wille* fassten zusammen:

„Insgesamt weist der deutsche Arzneimittelmarkt im internationalen Vergleich zwar viele, jedoch vergleichsweise wenig stringente Regulierungsinstrumente auf. Das äußerst umfangreiche und wie in anderen Ländern ebenfalls ständig erweiterte Regulierungsspektrum konfligiert offenkundig mit den Leitbildern Transparenz und Schlüssigkeit, Planbarkeit sowie Wettbewerbs- und Innovationsfähigkeit."[10]

Diese Einstellung ist inzwischen mehr oder minder allgemeiner Konsens.

Die Arzneimittelregulierung in der gegenwärtigen Form krankt daran, nicht rational und strukturiert konstruiert worden zu sein. Vielmehr ist sie unsystematisch entstanden und hat sich zu einem Wildwuchs entwickelt, wobei gelegentlich auch Zufälle und Imponderabilien eine Rolle gespielt haben dürften.[11]

---

8 *Pfannkuche/Hofmann/Glaeske*, Rabattverträge für Arzneimittel, DAZ 2007, 2508, 2512.

9 *Wasem*, www.brennpunkt-gesundheitswesen.de, 3/2007, 8.

10 IGES/Cassel/Wille/WidO (Hg.), Steuerung der Arzneimittelausgaben und Stärkung des Forschungsstandortes für die pharmazeutische Industrie, Gutachten für das Bundesministerium für Gesundheit, 2. Juni 2006, 6 f.

11 Vgl. *Vorderwülbecke*, Die wechselvolle Genese von Kostendämpfungsregeln, in: Wartensleben/Hoffmann/Klapszus/Porstner (Hg.), Iuri pharmazeutico, FS Sander, Frankfurt/Main 2008, 401 ff.

Versucht man, die Diversität von Kostendämpfungsinstrumenten etwas aufzufächern, so fallen in mehrfacher Beziehung unterschiedliche bis gegensätzliche Ansätze auf.

So stehen Reglementierungen neben wettbewerblichen Elementen. Typisch dafür sind einerseits die Herstellerabschläge („Zwangsrabatte") nach § 130 a Abs. 1, 1 a und 3 b SGB V und andererseits die vereinbarten Rabatte (§ 130 a Abs. 8 SGB V). Ein anderes Beispiel sind auf der einen Seite die obligatorischen Vereinbarungen zwischen dem GKV-Spitzenverband und Pharmaunternehmen über Erstattungsbeträge nach § 130 b SGB V („zentrale Verträge") und auf der anderen Seite fakultative Verträge von Krankenkassen mit pharmazeutischen Unternehmern gemäß § 130 c SGB V („dezentrale Versorgungsverträge").

Ein anderes Unterscheidungsmerkmal ist, ob ein Instrument auf der Angebotsseite, also bei dem Arzneimittelhersteller und seinem Medikament, oder auf der Nachfrageseite, also primär beim Arzt oder bedingt beim Patienten ansetzt. Richtet sich das Instrument auf das Angebot, bedeutet es in erster Linie eine Preisregulierung; dies ist etwa bei Festbeträgen (§ 35 SGB V) und Erstattungsbeträgen (§130 b SGB V) der Fall. Wirkt das Kostendämpfungsinstrument auf die Nachfrageseite ein, werden die Ausgaben in den Blick genommen; die Arzneimittelvereinbarungen und die Richtgrößen (§ 84 SGB V) verbunden mit der Wirtschaftlichkeitsprüfung des Arztes (§ 106 SGB V) sind in diesem Zusammenhang zu nennen.

Als weitere Möglichkeit einer Kategorisierung bietet sich an, auf die Wirkungsebene abzustellen und danach zu gehen, ob ein Regulierungsinstrument die Makroebene betrifft, also den gesamten Arzneimittelmarkt, die Mesoebene, und damit bestimmte Patienten- und Arztgruppen, oder die Mikroebene, somit einzelne Akteure oder Präparate.[12]

Die diversen Instrumente stehen mehr oder weniger unsystematisch nebeneinander, so dass Interdependenzen kaum noch zu überblicken sind. Daher überraschte es letztlich nicht, dass das Unbehagen im Laufe der Zeit auch auf der politischen Ebene ankam. Als Lichtblick erschien die Aussage im Koalitionsvertrag von CDU, CSU und FDP vom 26. Oktober 2009:

---

12 *Cassel/Wille*, a.a.O. (Fn. 4), 393.

> „Die Vielzahl der sich zum Teil widersprechenden Instrumente, die den Arzneimittelmarkt regeln, werden wir überprüfen. Die Überregulierung wird abgebaut.“[13]

Allerdings wurde diese Ankündigung nicht wahrgemacht. Vielmehr kamen das GKV-Änderungsgesetz, das den Zwangsrabatt über den langen Zeitraum von mehr als drei Jahren von sechs auf 16 Prozent erhöhte, und das Arzneimittelmarktneuordnungsgesetz (AMNOG), das zwar das Zweitmeinungsverfahren (§ 73 d SGB V) strich, aber u. a. die frühe Nutzenbewertung und den Erstattungsbetrag (§ 35 a und § 130 b SGB V) einführte.

Die Abschaffung des Zweitmeinungsverfahrens ist für die Praxis fast ohne Belang. Es verlangte, dass ein Arzt bei der Verordnung bestimmter hochpreisiger Spezialpräparate die Zustimmung eines besonders qualifizierten anderen Arztes einholen musste. Damit schrieb es freilich ein ärztliches Verhalten gesetzlich vor, das ohnehin vielfach praktiziert wurde. Außerdem galt es nur für einzelne spezielle Krankheiten und war nur in wenigen Regionen etabliert.

Die Neuregelungen des AMNOG – namentlich die frühe Nutzenbewertung und der Erstattungsbetrag – stellen dagegen eine Zäsur für den Arzneimittelmarkt dar. Es scheint so, dass seine Auswirkungen womöglich nicht immer in ihrer ganzen Tragweite erkannt und gewürdigt worden sind. Deshalb mögen vorsichtige Hinweise auf vielleicht nicht gesehene und nicht gewollte Konsequenzen der intensivierten Arzneimittelregulierung gestattet sein.

Die frühe Nutzenbewertung, die gleich nach der Marktzulassung eines Arzneimittels erfolgen soll, krankt schon daran, dass sich der tatsächliche Nutzen eines Medikaments erst in der täglichen Praxis des Versorgungsalltags – und nicht unter den artifiziellen Bedingungen von klinischen Prüfungen, die vor der Zulassung durchgeführt werden – herausstellt. Insofern kann mit allem Vorbehalt bestenfalls eine Nutzenprognose gewagt werden, an die sich aber weitreichende Rechtsfolgen mit beträchtlichen finanziellen Konsequenzen knüpfen.

Zur Vorsicht sollte schon gemahnen, dass die frühzeitig und relativ rasch durchgeführten Bewertungen des Scottish Medicines Consortium (SMC), die als ein Vorbild für die frühe Nutzenbewertung nach § 35 a SGB V dienten, durchaus nicht immer mit späteren fundierten Bewertungen des National Institute for

13 Koalitionsvertrag zwischen CDU, CSU und FDP „Wachstum. Bildung. Zusammenhalt.“, 26. Oktober 2009, 87.

Health and Clinical Excellence (NICE) übereinstimmten.[14] Auch sei daran erinnert, dass sich die Bewertung neuer Arzneimittel durch die Pharmakologen *Uwe Fricke* und *Wolfgang Klaus*, die besonders durch ihre Veröffentlichung im Arzneiverordnungs-Report Verbreitung gefunden und Bedeutung erlangt hat,[15] im Nachhinein durchaus nicht immer bestätigt hat. Nach einer nachträglichen Analyse kommen *Ariane Höer* und *Bertram Häussler* zu dem Ergebnis, dass der prädiktive Wert einer Frühbewertung nach dem Verfahren von *Fricke* und *Klaus* stark in Frage gestellt werden müsse und die Bewertungen mit großer Vorsicht rezipiert werden sollten.[16] Gewiss bestehen sowohl im Ansatz als auch in der Tiefe der Verfahren erhebliche Unterschiede zwischen der Bewertung von *Fricke/Klaus* und der frühen Nutzenbewertung durch das Institut für Qualität und Wirtschaftlichkeit im Gesundheitswesen (IQWiG), so dass Einwände gegen *Fricke/Klaus* nicht per se auf die frühe Nutzenbewertung übertragen werden können. Dennoch muss aber eine Sensibilität dafür vorhanden sein, dass die frühe Nutzenbewertung nicht mehr als eine Prognose sein kann.

Wie die Resultate der frühen Nutzenbewertung ausfallen werden, lässt sich zum gegenwärtigen Zeitpunkt nicht abschätzen. Bedenklich stimmt freilich, dass der Gemeinsame Bundesausschuss (G-BA) mit der Innovationsschutzklausel von § 35 Abs. 1 und 1 b SGB V ausgesprochen restriktiv umgeht und in den vergangenen Jahren kaum einem neuen patentgeschützten Arzneimittel eine therapeutische Verbesserung zugebilligt und es deshalb von einem Festbetrag freigestellt hat. Damit läuft nicht nur die Innovationsschutzklausel praktisch ins Leere, sondern es ist auch zu befürchten, dass ein Zusatznutzen ähnlich restriktiv zugestanden wird.

Das Ergebnis der frühen Nutzenbewertung fließt in den Erstattungsbetrag ein, der für ein Arzneimittel von dem jeweiligen pharmazeutischen Unternehmen und dem GKV-Spitzenverband vereinbart wird oder im Falle gescheiterter Verhandlungen von der Schiedsstelle festgesetzt wird (§ 130 b SGB V). De facto bedeutet der Erstattungsbetrag den für den Bereich der gesetzlichen Kranken-

---

14 Office of Fair Trading, Annexe B, Review of NICE, SML and AWMSG, February 2007 (OFT 885bb), 31 f; www.whatisseries.co.uk, What is health technology assessment?, 4/2009, 3 ff.

15 Vgl. zuletzt *Fricke/Schwabe*, Neue Arzneimittel 2010, in: Schwabe/Paffrath (Hg.), a.a.O. (Fn. 4), 43, 46 f.

16 *Höer/Häussler*, Der prädiktive Wert der Frühbewertung von Arzneimitteln, Gesundheits- und Sozialpolitik 7-8/2006, 29 ff.

versicherung ebenso wie für die Privatversicherung gültigen Preis. Geht man davon aus, dass der Erstattungsbetrag fix ist und von ihm nicht abgewichen werden darf, bedeutet das ein Ende des Wettbewerbsparameters Preis und damit ein Ende des Preiswettbewerbs auf dem Markt. Thematisiert worden ist dieser Aspekt bisher nicht.

Indem sich der Erstattungsbetrag an den Therapiekosten einer zweckmäßigen Vergleichstherapie und an den Kosten vergleichbarer Arzneimittel orientieren und zudem die Preise in anderen europäischen Ländern berücksichtigen soll, sind niedrige Erstattungsbeträge zu erwarten. Sie wirken sich freilich nicht nur in Deutschland aus, sondern strahlen weltweit aus, da in vielen Ländern der deutsche Preis mitentscheidend für den jeweiligen nationalen Preis ist. Der deutsche Preis wirkt also als Referenzpreis. Dies bedeutet, dass ein niedriger deutscher Erstattungsbetrag zu einer Preissenkung auf vielen ausländischen Märkten führt und damit das Auslandsgeschäft der Arzneimittelhersteller beeinträchtigt.[17] Daher wird sich ein international tätiges Pharmaunternehmen fragen müssen, ob ihm der deutsche Markt oder das internationale Preisgefüge und das weltweite Geschäft wichtiger ist.

Verschärft wird das Problem durch die absehbare Re-Referenzierung. Die Kausalkette ist recht einfach: Ein niedriger deutscher Erstattungsbetrag führt wegen der verbreiteten Referenzpreissituation u. a. in zahlreichen europäischen Ländern zu dort sinkenden Preisen. Diese wirken dann aber – da der Erstattungsbetrag die Preise in anderen europäischen Ländern berücksichtigen soll – ihrerseits auf den Erstattungsbetrag in Deutschland zurück und lassen insofern eine Abwärtsspirale erwarten.

Ein absehbar niedriger Erstattungsbetrag nach § 130 b SGB V – zwischen dem pharmazeutischen Unternehmen und dem GKV-Spitzenverband vereinbart oder von der Schiedsstelle festgesetzt – hat einen weiteren Effekt: Für dezentrale Verträge zwischen einzelnen Krankenkassen und Arzneimittelherstellern (§ 130 c SGB V) wird kein Raum mehr sein. Der Zentralvertrag mit einem niedrigen Erstattungsbetrag nimmt dezentralen (Versorgungs-)Verträgen die Luft – ein eigentlich sinnvolles Instrument droht ein institutioneller Misserfolg zu werden.

Kaum beachtet worden zu sein scheint weiterhin die durchgängige Machtkonzentration beim GKV-Spitzenverband. Er bildet zunächst die eine Hälfte des

---

17 *Telgheder/Hofmann*, Handelsblatt 09.09.2011, 26, sprechen von weltweit rund 80 Ländern, die sich am deutschen Preisniveau orientieren.

G-BA, der wiederum Träger des IQWiG ist. Die frühe Nutzenbewertung erfolgt durch das IQWiG und wird vom G-BA beschlossen. Danach führt der GKV-Spitzenverband mit dem jeweiligen – wechselnden – Pharmaunternehmen Verhandlungen über den Erstattungsbetrag und stellt schließlich die Hälfte der Schiedsstelle. Für jeden einzelnen Verfahrensschritt ist die Mitwirkung des GKV-Spitzenverbands in der politischen Debatte zwar gesehen und akzeptiert worden, die durchgängige Linie der maßgeblichen Beteiligung steht jedoch kaum im Blickfeld.

Fragwürdig sind darüber hinaus inhaltliche Kontrolldefizite, die mit einem schwachen Rechtsschutz betroffener Arzneimittelhersteller verbunden sind. So werden auch bei der frühen Nutzenbewertung die IQWiG-Entscheidungen nur einer Plausibilitätsprüfung durch den G-BA unterzogen. Das Bundesgesundheitsministerium ist gegenüber dem G-BA auf die Rechtsaufsicht beschränkt. Der sozialgerichtliche Rechtsschutz erfolgt spät – nach Meinung der Pharmaunternehmen zu spät. Und obendrein unterliegt der Nachfragemonopolist GKV, der auch noch für die Privatversicherung mithandelt, nicht der Kontrolle des Bundeskartellamts.

All das zeigt, dass das AMNOG die Überregulierung des Arzneimittelmarktes noch verschärft hat, und lässt vermuten, dass manche „Risiken und (unerwünschten) Nebenwirkungen“ noch nicht erkannt sind.

Eine überzeugende, ordnungspolitisch saubere Arzneimittelregulierung steht nach wie vor aus.

Literatur

Cassel, Dieter/Wille, Eberhard, Markt- und wettbewerbstheoretische Analyse der Regulierung des GKV-Arzneimittelmarktes, in: IGES/Cassel/Wille/WIdO (Hg.), Steuerung der Arzneimittelausgaben und Stärkung des Forschungsstandortes für die pharmazeutische Industrie, Gutachten für das Bundesministerium für Gesundheit, 2. Juni 2006, 381 ff.

CDU, CSU und FDP, Koalitionsvertrag zwischen CDU, CSU und FDP „Wachstum. Bildung. Zusammenhalt.“, 26. Oktober 2009.

Coca, Valentina/Nink, Katrin/Schröder, Helmut, Ökonomische Aspekte des deutschen Arzneimittelmarktes 2010, in: Schwabe, Ulrich/Paffrath, Dieter (Hg.), Arzneiverordnungs-Report 2011, Heidelberg 2011, 167 ff.

Fricke, Uwe/Schwabe, Ulrich, Neue Arzneimittel 2010, in: Schwabe, Ulrich/Paffrath, Dieter (Hg.), Arzneiverordnungs-Report 2011, Heidelberg 2011, 43 ff.

GKV-Spitzenverband, Perspektiven für Reformen, 26. November 2009.

GKV-Spitzenverbände, Gemeinsame Stellungnahme der GKV-Spitzenverbände zum Entwurf eines GKV-Wettbewerbsstärkungsgesetzes – GKV-WSG – vom 24. Oktober 2006.

Hansen, Leonhard, Health & Sales, 31. Oktober 2006.

Höer, Ariane/Häussler, Bertram, Der prädiktive Wert der Frühbewertung von Arzneimitteln, Gesundheits- und Sozialpolitik 7-8/2006, 29 ff.

IGES/Cassel/Wille/WIdO (Hg.), Steuerung der Arzneimittelausgaben und Stärkung des Forschungsstandortes für die pharmazeutische Industrie, Gutachten für das Bundesministerium für Gesundheit, 2. Juni 2006.

Office of Fair Trading, Annexe B, Review of NICE, SML and AWMSG, February 2007 (OFT 885bb).

Pfannkuche, Matthias S./Hofmann, Falk/Glaeske, Gerd, Rabattverträge für Arzneimittel, DAZ 2007, 2508 ff.

Schwabe, Ulrich/Paffrath, Dieter (Hg.), Arzneiverordnungs-Report 2011, Heidelberg 2011.

Telgheder, Maike/Hofmann, Siegfried, Handelsblatt 09. September 2011, 26 ff.

Vorderwülbecke, Ulrich, Darstellung der Steuerungsinstrumente der Arzneimittelversorgung aus Sicht der pharmazeutischen Industrie, MedR 2006, 693 ff.

Vorderwülbecke, Ulrich, Steuerung und Fehlsteuerung der Arzneimittelversorgung, EuR-Beiheft 2 – 2007, 169 ff.

Vorderwülbecke, Ulrich, Die wechselvolle Genese von Kostendämpfungsregeln, in: Wartensleben, Herbert/Hoffmann, Hans-Georg/Klapszus, Norbert/Porstner, Thomas (Hg.), Iuri pharmazeutico, FS Sander, Frankfurt/Main 2008, 401 ff.

Wartensleben, Herbert/Hoffmann, Hans-Georg/Klapszus, Norbert/Porstner, Thomas (Hg.), Iuri pharmazeutico, FS Sander, Frankfurt/Main 2008.

Wasem, Jürgen, www.brennpunkt-gesundheitswesen.de, 3/2007.

www.whatisseries.co.uk, What is health technology assessment?, 4/2009.

Das GWB als Regulierungsrecht – geeignet für das Gesundheitswesen?

Wulf-Henning Roth[*]

A. Einführung

I. Das GWB als „Regulierungsrecht"?

Die Themenstellung – das GWB als „Regulierungsrecht" – mag aus der Sicht des (deutschen) Kartellrechts zunächst befremdlich klingen. Bezieht man das „Regulierungsrecht" auf ein hoheitliches Handeln, das für einen speziellen Lebensbereich bzw. Wirtschaftssektor die Erreichung bestimmter, im Allgemeinwohl liegender Ziele anstrebt und zu diesem Zwecke sowohl auf die Bedingungen des Wettbewerbs einwirkt,[1] die Produktion von Gütern sowie Investitionen anregt wie auch die Ergebnisse des Produktionsprozesses kontrolliert, so ist der Unterschied zu den Zielen des Kartellrechts auf den ersten Blick evident: Denn das Kartellrecht setzt im Wesentlichen einen *Ordnungsrahmen* für das Funktionieren des Wettbewerbsprozesses, ohne positiv auf den Produktionsprozess und seine Ergebnisse einwirken zu wollen. Ob investiert und welche Güter angeboten werden, soll allein den Entscheidungen der Marktakteure und damit dem Wettbewerb überlassen bleiben. Regulierungsrecht hat es dagegen typischerweise mit Lebensbereichen zu tun, in denen sich entweder Wettbewerb aufgrund der Gegebenheiten nicht einstellt (Stichwort: natürliches Monopol) oder aber der Wettbewerbsprozess Ergebnisse zeitigt oder zu zeitigen droht, die die Allgemeinwohlinteressen nicht hinreichend berücksichtigen.

Freilich kennt das überkommene Kartellrecht auch Regelungsinstrumente, die von denen des Regulierungsrechts nicht sehr verschieden sind: Sie reichen

---

* Die folgenden Ausführungen beruhen auf verschiedenen (im Folgenden abgekürzt zitierten) Vorarbeiten des Verf.: *Roth*, Kartellrechtliche Aspekte der Gesundheitsreform nach deutschem und europäischem Recht, GRUR 2007, 645; *ders.*, Rabattvereinbarungen zwischen Krankenkassen und Pharmaunternehmen, in: Felix (Hg.), Auswirkungen des GKV-WSG auf Versorgungsstruktur und Wettbewerbsordnung (2008), S. 111; *ders.*, Zur Anwendbarkeit des GWB auf Unternehmen der öffentlichen Hand, in: FIW (Hg.), Wettbewerbspolitik und Kartellrecht in der Marktwirtschaft (2010), S. 253; *ders.*, Steuerung des Gesundheitsmarkts durch das Wettbewerbsrecht, in: Voit (Hg.), Marktzugangsbedingungen und Marktzugangsschranken (2010), S. 137.

1 In diesem Sinne etwa *Ruffert* in Fehling/Ruffert (Hg.), Regulierungsrecht (2009) § 7 Rn. 58.

(in der Missbrauchskontrolle über marktbeherrschende Unternehmen) von der Preiskontrolle über den Kontrahierungszwang bis hin zur Entflechtung. Hier ist die Nähe zum Regulierungsrecht evident. Soweit im Folgenden vom Kartellrecht die Rede ist, soll es aber nicht etwa auf diesen Bereich reduziert verstanden werden; vielmehr geht es – wie oben angedeutet – auch und gerade um das Kartellrecht als einen allgemeinen Ordnungsrahmen für wirtschaftliche Prozesse, durch den ein wettbewerbsbeschränkendes Verhalten der Marktakteure verhindert werden soll. Es geht insoweit um Kartellrecht als Regulierungsrecht in einem *weiteren* Sinne.

II. Zum Verhältnis von Kartellrecht und Regulierungsrecht i.e.S.

Wenn im Folgenden danach gefragt werden soll, ob das (deutsche) Kartellrecht einen geeigneten Ordnungsrahmen für das Gesundheitswesen darstellt, impliziert die Fragestellung, dass wir es mit dem Gesundheitswesen im Bereich der Gesetzlichen Krankenversicherung (GKV) mit einem besonderen Markt zu tun haben, der sich von den anderen „normalen" Waren- und Dienstleistungsmärkten unterscheidet. Auch wenn – wie wir sehen werden – dies durchaus der Fall ist (Stichworte sind hier: die Gesundheitsdienstleistung als eine prinzipiell jedem Bürger zustehende Dienstleistung unabhängig von seinem Einkommen; und damit verknüpft: das Auseinanderfallen des Austauschverhältnisses von Leistungserbringung gegenüber dem Patienten unter Einschaltung des Arztes einerseits und die Vergütung durch die Kassen andererseits), bedeutet dies nicht automatisch, dass das Kartellrecht nicht zur Anwendung kommen kann oder sollte. Es ist daran zu erinnern, dass es – abgesehen vom Gesundheitswesen – seit jeher Bereiche bzw. Sektoren gegeben hat, in denen das Kartellrecht zwar grundsätzlich, wohl aber – unter Rücksichtnahme auf (vermeintliche) Besonderheiten des Marktes oder des Produktes – nur in modifizierter Form Anwendung gefunden hat. Man denke nur an die im deutschen Kartellrecht tradierten sog. Bereichsausnahmen[2] für die Bank- und Versicherungswirtschaft, die Energie- und Wasserwirtschaft wie auch die Landwirtschaft. Der intellektuelle Aufwand, der in den betroffenen Branchen eingesetzt wurde, um die Ungeeignetheit des Kartellrechts als allgemeinen Ordnungsrahmen zu begründen, war erheblich[3] – und

---

2 Dazu *Immenga*, Wettbewerbsbeschränkungen auf staatlich gelenkten Märkten (1967); Krakowski (Hg.), Regulierung in der Bundesrepublik Deutschland (1988); s. auch *Weber*, Wirtschaftsregulierung in wettbewerbspolitischen Ausnahmebereichen (1986) – zur Schweiz und den USA.

3 Kritisch zu den Regelungen über die Kredit- und Versicherungswirtschaft *Möschel* in: *Immenga/Mestmäcker*, GWB, 1. Aufl. (1981), § 102 GWB Rn. 11 ff.

brach, wenn man etwa an das Beispiel der Versicherungswirtschaft denkt, in der schockartigen Konfrontation mit dem europäischen Kartellrecht schnell in sich zusammen.[4] Freilich ist zugleich einzuräumen, dass es durchaus gute Gründe geben mag, um aufgrund der Besonderheiten des Marktes das Kartellrecht sektorspezifisch in seiner Anwendung zu modifizieren. Die Bereichsausnahmen im deutschen Kartellrecht haben denn auch nicht durchweg zur Unanwendbarkeit des Kartellrechts geführt, sondern meist nur zu seiner abgeschwächten und modifizierten Anwendung.

Zugleich ist daran zu erinnern, dass die heutige wettbewerbliche Landschaft in Deutschland geprägt ist von einem Miteinander von Kartellrecht einerseits und Regulierungsrecht andererseits.[5] Dabei steht der Energiebereich für ein Miteinander, in dem Kartellrecht als Ordnungsrahmen Anwendung findet, dem Energiewirtschaftsgesetz aber mit seinen Regelungen Vorrang zugesprochen wird, während etwa in den Bereichen Post und Telekommunikation die Anwendung des Kartellrechts unberührt bleibt und mithin das Kartellrecht unverkürzt zur Anwendung kommen soll. Aus dieser Perspektive wäre es keine Überraschung, wenn das Gesundheitswesen nicht im Sinne eines Entweder-Oder, sondern eher im Sinne eines Miteinanders – und d.h. im Rahmen des allgemeinen Kartellrechts als Ordnungsrahmen – durch spezielle Regulierungen gesteuert würde.

III. Zwecke des Kartellrechts

Erst kürzlich ist gegen die Anwendung des allgemeinen Kartellrechts auf den Bereich des Gesundheitswesens eingewandt worden, das Kartellrecht ziele auf die Absicherung individueller Handlungsfreiheiten und auf die Allokation der Ressourcen nach den Präferenzen der Beteiligten, während wir es beim Wettbewerb der Kassen nicht nur mit Wettbewerb innerhalb eines Systems mittelbarer Staatsverwaltung zu tun hätten, sondern auch mit einem Wettbewerb, dessen

---

4 EuGH 27.1.1987 – Rs. 45/85, Verband der Sachversicherer, Slg. 1987, 405; dazu *Roth*, Grundlagen des gemeinsamen europäischen Versicherungsmarktes, RabelsZ 54 (1990) 63 (125 ff.).

5 Zum Folgenden *Säcker* in Münchener Kommentar zum Europäischen und Deutschen Wettbewerbsrecht (Kartellrecht), Bd. 1 – Europäisches Wettbewerbsrecht (2008), Einl. Rn. 66 ff., 120 ff.

Ergebnisse durch sozialrechtliche Vorgaben, insbesondere die Versorgungssicherheit, determiniert seien.[6]

Abgesehen davon, dass die Versorgungssicherheit auch in anderen Sektoren eine Rolle spielen mag,[7] ist die Beobachtung gewiss richtig, dass die Einführung von Wettbewerbselementen in das System der GKV primär am Ziel der Effizienz[8] und nicht am Ziel der Wettbewerbsfreiheit der Kassen orientiert ist. Freilich sind in Zeiten des *more economic approach*[9] Effizienz und *consumer welfare*[10] zu besonders wichtigen Zwecken des (europäischen) Kartellrechts erhoben worden,[11] sodass zumindest insoweit die Forderung nach einem gegenüber dem Kartellrecht eigenständigen Gesundheitsregulierungsrecht nicht voll zu überzeugen vermag. Viel näher läge die Forderung nach einem bereichsspezifischen Kartell- und Regulierungsrecht, das auf die Besonderheiten des Gesundheitsmarktes abgestellt ist und die Anwendung der allgemeinen Kartellrechtsregeln nicht mehr als nötig ausschließt bzw. wo geboten modifiziert. Es soll gezeigt werden, dass sich das deutsche Sozialrecht auf diesem Weg befindet.

Im Folgenden wird zunächst (unter § 2) ein kurzer Blick zurück auf die Zeit vor 2000 und auf die Entwicklungen der letzten Jahre geworfen, die sich nicht eben – was die Anwendbarkeit des Kartellrechts angeht – durch Geradlinigkeit und innere Folgerichtigkeit in der Gesetzgebung auszeichnen. Sodann sind die für das Gesundheitswesen maßgebenden Rahmenbedingungen des europäischen und des deutschen Kartellrechts zu skizzieren (unter § 3 I. und II.); dabei ist der

6 *Becker/Kingreen*, Der Krankenkassenwettbewerb zwischen Sozial- und Wettbewerbsrecht – Zur geplanten Ausdehnung der Anwendung des GWB auf das Handeln der Krankenkassen, NZS 2010, 417 (418).

7 Zum Topos der Versorgungssicherheit in der Energiewirtschaft s. *Roth*, Kartellrecht als Instrument der sicheren Energieversorgung, in: Leible/Lippert/Walter (Hg.), Die Sicherung der Energieversorgung auf globalisierten Märkten (2007), S. 151.

8 *Becker/Kingreen*, NZS 2010, 417 (418).

9 *Behrens*, Abschied vom more economic approach?, in: FS Möschel (2011), S. 115; Schmidtchen/Albert/Voigt (Hg.), The More Economic Approach to European Competition Law (2007); *Schumacher*, Effizienz und Wettbewerb (2011); *Wurmnest*, Marktmacht und Verdrängungsmissbrauch (2010), S. 223 ff., 253 ff.; *Wish*, Competition Law, 6. Aufl. (2009), S. 19 ff.

10 *Hertfelder*, Die consumer welfare im europäischen Wettbewerbsrecht (2010); *Wurmnest* (Fn. 9), S. 232 ff.

11 Kritisch z.B. *Künzler*, Effizienz oder Wettbewerbsfreiheit (2008).

Frage nachzugehen, ob der Unternehmensbegriff des europäischen Kartellrechts eine Sperrwirkung für das nationale Kartellrecht zeitigt (§ 3 III.) – mit der Folge, dass sich § 69 Abs. 2 Satz 1 SGB V damit als europarechtswidrig erweisen würde. Schließlich ist das Verhältnis des Kartellrechts zu den Zielen des Sozialrechts in den Blick zu nehmen (unter § 4). Es zeigt sich, dass – wo nötig – sozialrechtlichen Regelungen Vorrang vor dem Kartellrecht zukommt und im Übrigen spezifisch sozialpolitische Zielsetzungen durchaus im Rahmen des geltenden Kartellrechts verfolgt werden können. Insoweit geht es mehr um ein Miteinander als um ein Gegeneinander von Kartellrecht und Sozialrecht. Im Folgenden nicht behandelt werden die Fragen der Anwendbarkeit der deutschen Fusionskontrolle auf die GKV[12] sowie des Vergaberechts.[13]

B. Ein Blick zurück

I. Die Zeit bis 2000

Fragt man nach der Eignung des allgemeinen Kartellrechts, als Ordnungsrahmen für den Gesundheitssektor zu dienen, ist zunächst daran zu erinnern, dass – zumindest auf den ersten Blick – die Anwendung des GWB (wie auch des UWG) bis zum Jahre 2000 weitgehend unumstritten gewesen war. Den Hintergrund bildete eine Auffassung der Zivilgerichte, nach der die Krankenkassen in ihrer Tätigkeit trotz Wahrnehmung öffentlich-rechtlich geprägter Pflichten dem Wettbewerbsrecht unterstehen. Dies galt zum einen für den gesamten Bereich der auf dem Sachleistungsprinzip (§ 2 Abs. 2 SGB V)[14] beruhenden Leistungs*beschaffung* in (damals) privatrechtlicher Rechtsform, also etwa für die Beziehungen der Kassen zu den Leistungserbringern im Bereich der Krankentransporte und der Versorgung der Versicherten mit Heil- und Hilfsmitteln.[15] Dies bedeutete, dass die Kassen als (zumindest mittelbare) *Nachfrager* solcher Leistun-

---

12 Dazu kurz *Roth*, GRUR 2007, 645 (655 f.); a.A. z.B. *Gassner*, Kartellrecht und GKV, ZVersWiss 97 (2008), 411 (417 ff.), allerdings von einem abweichenden Qualifikation der Kassen als Unternehmen ausgehend.

13 Dazu *Roth*, Sozialversicherung und europäisches Vergaberecht, in: Thüsing (Hg.), Europäisches Vergabe- und Kartellrecht als Herausforderung für die deutsche Sozialversicherung (2011), S. 59 ff., unter B.

14 Dazu *Waltermann*, Sozialrecht, 8. Aufl. (2009), § 8 Rn. 166, 190, dort auch zu den Dreiecksbeziehungen zwischen Kassen, Leistungserbringern und Versicherten.

15 BGHZ 101, 72 – Krankentransporte I; BGH NJW 1989, 1531 – Neugeborenentransporte; BGHZ 36, 91 – Gummistrümpfe; BGHZ 97, 312 – Orthopädische Hilfsmittel.

gen und Güter zugleich als „Unternehmen" im kartellrechtlichen Sinne anzusehen und damit nicht nur dem Boykottverbot,[16] sondern bei Existenz einer (zumindest relativ) marktbeherrschenden Stellung auch der Anwendung der Missbrauchs-, Behinderungs- und Diskriminierungsverbote des GWB unterworfen waren.[17] Für den Arzneimittelbereich galt, dass die Kassen auch dann, wenn sie nicht unmittelbar Leistungsempfänger waren, doch zumindest mittelbar an der Nachfrage beteiligt waren.[18] Als Unternehmen waren die Kassen auch dem Kartellverbot unterworfen, wenn und soweit es um den Abschluss von Vereinbarungen mit Apothekerverbänden sowie Verbänden Kassenärztlicher Vereinigungen ging (*upstream*).[19] Die Kassen waren aber auch in Bezug auf die öffentlich-rechtlich ausgestalteten Leistungsbeziehungen zu den Versicherten dem Wettbewerbsrecht insoweit unterworfen (aber auch geschützt[20]), als sie sich dabei auf der Ebene der *Gleichordnung* zu (potentiellen) Wettbewerbern bewegten (sog. „Doppelqualifizierung"[21]). Dies galt in gleicher Weise für die Anwendung des Kartellverbots – etwa für Vereinbarungen der Kassen mit privaten Versicherern über die Versorgung der Versicherten mit Zusatzversicherungen.[22]

Dies ist die eine Seite der Medaille. Die andere Seite ist, dass das Verhältnis der Kassen zu ihren Versicherten (also *downstream*) öffentlich-rechtlich geregelt

---

16 BGH NJW 1989, 1531 – Neugeborenentransporte.

17 Weitere Nachweise aus der Rechtsprechung z.B. bei Stadler *in Langen/Bunte*, Kommentar zum deutschen und europäischen Kartellrecht, Bd. 1 – Deutsches Kartellrecht, 11. Aufl. (2011), § 130 Rn. 50-51.

18 OLG Düsseldorf, EuZW 1999, 188, 190 f.; *Jaeger*, Die gesetzlichen Krankenkassen als Nachfrager im Wettbewerb, ZWeR 2005, 31, 33 f.

19 Aus der Rspr. s. etwa OLG Frankfurt/M WuW/E OLG 5203 – Günstige Arzneimittel; LG Hamburg WuW/E AG/LG 695 – Sprechstundenbedarf.

20 Vgl. BGHZ 37, 1 – AKI (zum Schutz einer Rundfunkanstalt).

21 Z.B. BGHZ 66, 229 – Studentenversicherung; BGHZ 82, 375, 383 – Brillenselbstabgabestellen: das öffentlich-rechtlich zu qualifizierende Handeln (im Leistungsverhältnis) sei wegen seiner privatrechtlichen Auswirkungen auch als privatrechtlich zu qualifizieren. Zur Begründung der Lehre von der Doppelqualifikation s. *Mestmäcker*, Die Abgrenzung von öffentlich-rechtlichem und privatrechtlichem Handeln im Wettbewerbsrecht, NJW 1969, 1. Der Gesetzgeber hat mit der Gesundheitsreform 2000 von diesem Regelungsansatz in § 69 Satz 4 SGB V a.F. Abschied genommen: Begründung des Gesetzentwurfs der Fraktionen SPD und Bündnis 90/Die Grünen, BT-Drucks. 14/1245 S. 68; BGH NZS 2006, 647, 648 – Blutdruckmessungen.

22 BGH WuW/E BGH 1361 – Zusatzversicherungen.

war und bis 1992 keine Wahlfreiheit für die Versicherten und mithin auch kein Wettbewerb zwischen den Kassen (mit der Beitragshöhe, die durchaus unterschiedlich sein konnte) existierte. Öffentlich-rechtlich geregelt war *upstream* aber auch das Verhältnis der Kassen zu den Kassenärztlichen Vereinigungen, wenn es um die Versorgung der Pflichtversicherten ging. Das GWB blieb etwa bei der Beanstandung des Verordnungsverhaltens von Ärzten ebenso unangewendet wie auf Vereinbarungen über Kostenbegrenzungen beim Zahnersatz.

Blickt man von daher auf das Gesundheitswesen insgesamt, lässt sich sagen, dass in der Zeit vor der Gesundheitsreform von 2000 dem GWB wie auch dem UWG ergänzende Funktionen zukamen, soweit der Gesundheitssektor nicht öffentlich-rechtlich gesteuert wurde. Immerhin ist bemerkenswert, dass für die Nachfragetätigkeit der Kassen das GWB nahezu unverkürzt zur Anwendung berufen wurde, ohne dass sich daraus besondere Probleme ergeben hätten. Dies mag auch damit zusammen hängen, dass bei der Anwendung der maßgeblichen Normen – den Behinderungs- und Diskriminierungsverboten – auf (relativ) marktmächtige Kassen als Nachfrager von Gesundheitsleistungen sozialrechtliche Gesichtspunkte im Rahmen der Rechtfertigung ausreichende Berücksichtigung fanden.[23]

II. Reformen

1. Zunehmende Wettbewerbselemente

Die Reformbemühungen der letzten zwanzig Jahre sind im Wesentlichen von dem Bestreben geprägt, unter Sicherstellung einer flächendeckenden und qualitätsvollen Versorgung der Bevölkerung mit Gesundheitsleistungen die mit dem technisch-medizinischen Fortschritt und der demographischen Entwicklung verbundenen *Kostenprobleme* in den Griff zu bekommen. Zu diesem Zwecke wurde das Gesundheitssystem zunehmend mit wettbewerblichen Elementen *upstream* und *downstream* angereichert, um auf diese Weise ein höheres Maß an Effizienz zu erreichen und – neben den vielfältigen Maßnahmen zur Kostendämpfung – dadurch Kosten einzusparen.

Für zunehmende Wettbewerbselemente *downstream* sind als Stichworte zu nennen: die Wahlfreiheit für die Pflichtversicherten (1992); die Eröffnung eines Selbstbehalts und der Beitragsrückvergütung bei fehlender Inanspruchnahme der Kasse zunächst (1997) für freiwillig versicherte Mitglieder (allerdings 1998 schon wieder abgeschafft) und deren Erstreckung auf Pflichtversicherte einige

23 Dazu *Roth*, Steuerung des Gesundheitsmarkts (Fn.*), S. 137 (151 ff.).

Jahre später (2003); die verstärkte Einführung von Wahltarifen (2007) und die Flexibilisierung des Tarifsystems und der Leistungsangebote; die Möglichkeit der Erhebung von Zusatzbeiträgen bei einheitlicher Festlegung des Beitragssatzes, sowie die Prämienrückvergütung (2010).[24]

Upstream ergänzen in zunehmendem Ausmaß Selektiv(Individual-)verträge das überkommene Kollektivvertragssystem.[25] Während in letzterem die wesentlichen Leistungs- und Vergütungsparameter für die Kassen einheitlich festgelegt und damit dem Wettbewerb entzogen werden, sollen die Kassen durch den Abschluss von Selektivverträgen die Möglichkeit erhalten, individuelle Leistungspakete nachzufragen. Dadurch treten die Leistungserbringer miteinander in Konkurrenz: Von den selektiven Vertragsverhandlungen wird erwartet, dass dadurch in Bezug auf Preise und Leistungsqualität wettbewerbliche Ergebnisse erreicht werden. Dies gilt auch und gerade im Zusammenhang mit der Einführung neuer Versorgungsformen („hausarztzentrierte Versorgung", § 73b SGB V; „Integrierte Versorgung", §§ 140a-d SGB V)[26] und Modellvorhaben, die sogar weitergehend aus dem kollektivvertraglichen System herausgelöst worden sind (§§ 63, 64 SGB V). Damit strebt der Gesetzgeber zunehmenden Wettbewerb unter Leistungsträgern und mittelbar auch unter den Kassen an, der sowohl zu einer wirtschaftlicheren wie auch qualitativ hochwertigen Gesundheitsversorgung der Bevölkerung führen und zugleich auch Anreize zu Strukturinnovationen auf beiden Seiten des Gesundheitsmarktes setzen soll.[27] Eine Öffnung zu individualvertraglichen Abschlüssen und zu mehr Wirtschaftlichkeit eröffnet den Kassen auch die Möglichkeit, Rabattverträge mit den Herstellern pharmazeutischer Produkte (wie auch mit Großhändlern und Apotheken) abzuschließen (§ 130a Abs. 8 SGB V).[28]

---

24 *Schuler-Harms*, Soziale Infrastruktur im Gesundheitswesen – der ambulante Sektor, in: Fehling/Ruffert (Hg.), Regulierungsrecht (2009), § 15 Rn. 7; *Roth*, GRUR 2007, 645 (646).

25 Näher dazu *Kingreen*, Governance im Gesundheitsrecht, Die Verwaltung 42 (2009), 339 (348 ff.); Monopolkommission, Mehr Wettbewerb, wenig Ausnahmen, 18. Hauptgutachten 2008/2009 (2010), S. 370 ff (unter 4.3., 4.4.).

26 *Schuler-Harms* (Fn. 24), § 15 Rn. 10.

27 Dazu die Übersicht z.B. bei *Schuler-Harms* (Fn. 24), § 15 Rn. 33-35; *Schlegel*, Wettbewerbliche Schranken eines selektiven Vertragswettbewerbs, in: Pitschas (Hg.), Gesetzliche Krankenversicherung und Wettbewerb (2008), S. 23 (23, 30 ff.).

28 Dazu *Roth*, Rabattvereinbarungen zwischen Krankenkassen (Fn.*), S. 111 (115 ff.).

2. Gesetzliche Regelungen für die Anwendung des Kartellrechts

a) Gesundheitsreformgesetz 2000

Es läge nicht fern zu erwarten, dass die soeben skizzierte Einführung von Wettbewerbselementen in das Gesundheitswesen vom Gesetzgeber mit Überlegungen darüber begleitet worden sind, ob und in welcher Weise der neu geschaffene Freiraum für Wettbewerb einer kartellrechtlichen Absicherung bedürfte. Überraschender Weise ist genau das Gegenteil geschehen: Das Gesundheitsreformgesetz von 2000 hat mit § 69 SGB V a.F. die Leistungsbeziehungen zwischen den Kassen und den Leistungserbringern den §§ 63, 64, 70 ff. SGB V unterstellt und mithin öffentlich-rechtlich geordnet. Dadurch sollten Streitigkeiten den Sozialgerichten (anstelle der Zivilgerichte) zugewiesen und zudem das Verhältnis der Kassen zu den Leistungserbringern dem GWB und dem UWG ganz entzogen werden.[29]

Aus sozialrechtlicher Sicht wurde § 69 SGB V (2000) als eine *Grundsatznorm* verstanden,[30] mittels derer eine fundamentale Neuorientierung der rechtlichen Behandlung der Leistungsbeziehungen zwischen Kassen und Leistungserbringern erreicht werden sollte. Freilich wurde die Etablierung dieser „Grundsatznorm“, die ohne Beteiligung des Wirtschaftsministeriums erfolgte, aus kartellrechtsnaher Sicht auch als „Handstreich“ gewertet:[31] Eine Rechtsprechungstradition von 40 Jahren, die das GWB (und das UWG) auf Leistungsbeziehungen zwischen Leistungserbringern und Kassen jedenfalls teilweise angewandt hatte, wurde weggewischt und eine ordnungspolitische Grundlagenentscheidung gegen den Schutz des Wettbewerbs getroffen – ohne dass ein Grund dafür ersichtlich, geschweige denn näher dargelegt worden wäre. Man muss vermuten, dass dafür vor allem ideologische Gründe gepaart mit dem Einfluss von Lobbygruppen von Bedeutung waren. Sicherlich ließe sich ein gewisser Schutz des Wettbewerbs auch mit den Mitteln des öffentlichen Rechts (analoge Anwendung des UWG;[32] Aktivierung der Grundrechte,[33] vor allem des Gleich-

---

29 BSGE 87, 95 (99); BSGE 89, 25 (33); BGH GRUR 2004, 247 (249) – Krankenkassenzulassung; BGH WRP 2006, 747 (748 Rn. 21 ff.) – Blutdruckmessungen (zum UWG).

30 Dazu *Rixen*, Sozialrecht als öffentliches Wirtschaftsrecht (2005), S. 211 f.

31 So die Formulierung von *Bornkamm* in Langen/Bunte (Fn. 17), § 87 Rn. 13.

32 *Schricker*, Wirtschaftliche Tätigkeit der öffentlichen Hand und unlauterer Wettbewerb, 2. Aufl. (1987); *Storr*, Der Staat als Unternehmer (2001), S. 489 ff., 506 ff.

33 Dazu eingehend *Rixen* (Fn. 30), S. 223 ff.

heitssatzes[34]) erreichen, doch erscheint die Annahme nicht fernliegend, dass die Gesetzesänderung mit der Erwartung verknüpft war, dass der über Versicherungsaufsicht und Sozialgerichte zu realisierende Wettbewerbsschutz nicht nur einige Zeit in Anspruch nähme, um einigermaßen sichere Beurteilungsmaßstäbe auszubilden, sondern auch, dass diese Maßstäbe weniger streng als im allgemeinen Wettbewerbsrecht gehandhabt würden.

b) Korrekturen

Mit den Reformen von 2007, 2008 und 2010 wurde die Reform von 2000, was den Ausschluss des Kartellrechts – aber (erstaunlicherweise) nicht des UWG – angeht, nach und nach wieder zurückgenommen und damit erneut eine Kehrtwende vollzogen: Mit dem Gesetz zur Stärkung des Wettbewerbs in der GKV (2007)[35] wurde eine erste Korrektur durch Einfügung des § 69 Satz 2 SGB V a.F. vorgenommen, wonach die §§ 19-21 GWB wieder, allerdings nur „entsprechend", vor allem auf das Nachfrageverhalten marktmächtiger Kassen Anwendung finden sollten; ausgenommen wurde dabei allerdings der Bereich der Verträge der Kassen mit Leistungserbringern, zu deren Abschluss die Kassen gesetzlich *verpflichtet* sind.

Die Anordnung einer nur „entsprechenden" Anwendung der Behinderungs-, Diskriminierungs-, Boykott- und Druckverbote war der Tatsache geschuldet, dass der Gesetzgeber aufgrund von zwischenzeitlichen Entwicklungen im europäischen Kartellrecht von einer fehlenden Unternehmenseigenschaft der GKV auch im Rahmen der §§ 19-21 GWB nicht nur *downstream*, sondern auch *upstream* ausgegangen ist.[36] Da die Kassen insoweit nicht mehr als Adressat dieser kartellrechtlichen Regelungen anzusehen waren, musste eine „entsprechende" Anwendung dieser Regelung angeordnet werden. Dem Vorschlag des Bundeskartellamts[37] wie auch des Wissenschaftlichen Beirats beim Bundesministerium für Wirtschaft und Technologie,[38] den in § 69 Satz 1 SGB V a.F. enthaltenen Ausschluss des GWB völlig zu streichen, hat der Gesetzgeber nicht folgen wollen. Ein Grund dafür war vermutlich, dass er in der Kooperation der

34 BSGE 87, 95 (98).

35 BGBl. 2007 I, S. 378.

36 Bericht des Gesundheitsausschusses (14. Ausschuss), BT-Drucks. 16/4247, S. 35.

37 Stellungnahme des Bundeskartellamts zum Entwurf eines Gesetzes zur Stärkung des Wettbewerbs in der Gesetzlichen Krankenversicherung vom 28.11.2006, S. 5.

38 Pressemitteilung vom 30.1.2007.

Kassen auf der Nachfrageseite – etwa bei den damals intensiv diskutierten Rabattverträgen – einen effektiven Weg zur Kostendämpfung sah und den Kassen diesen Weg nicht verbauen wollte.

Durch das Gesetz zur Weiterentwicklung der Organisationsstrukturen in der gesetzlichen Krankenversicherung (2008)[39] wurde die Regelung des § 69 Satz 2 SGB V (2007) in § 69 Abs. 2 Satz 1 SGB V (2008) überführt, die entsprechende Anwendbarkeit der §§ 19-21 GWB auf die Leistungsbeziehungen zu den Krankenhäusern erstreckt und in Satz 3 die Vorgabe geschaffen, bei der entsprechenden Anwendung des Kartell- (und des Vergabe-)rechts den *Versorgungsauftrag* der gesetzlichen Krankenkassen besonders zu berücksichtigen.[40]

Das Gesetz zur Neuordnung des Arzneimittelmarktes in der gesetzlichen Krankenversicherung (AMNOG) von 2010[41] erweitert nun die „entsprechende" Anwendbarkeit des GWB auf die Regelungen der §§ 1-3 Abs. 1, also auf das Verbot horizontaler und vertikaler Wettbewerbsbeschränkungen, *vorbehaltlich* solcher Vereinbarungen, zu denen die Kassen und ihre Verbände gesetzlich verpflichtet sind. Die durch das Gesetz von 2008 gerade erst eingeführte Bestimmung, wonach der Versorgungsauftrag der Krankenkassen besonders zu berücksichtigen ist, wurde wieder gestrichen. In den Gesetzesmaterialien heißt es dazu, die Bestimmung sei „entbehrlich", weil bei den Missbrauchsregelungen der Versorgungsauftrag sowieso bei der sachlichen Rechtfertigung zu prüfen sei.[42] Im Übrigen ordnet § 69 Abs. 2 Satz 1 SGB V nun die entsprechende Anwendbarkeit des privatrechtlichen und öffentlich-rechtlichen Eingriffs- und Sanktionensystems (Schadensersatz- und Abschöpfungsanspruch) einschließlich der Zuständigkeit der Kartellbehörden (Befugnisse nach §§ 32 ff. GWB) und des Kartellverfahrensrechts an, und sieht – in einer Rolle rückwärts – wiederum eine Zuständigkeit der Zivilgerichte für eine Überprüfung der Maßnahmen der Kartellbehörden vor; dies alles, obwohl sich nichts an der öffentlich-rechtlichen Qualifikation der Rechtsverhältnisse der Kassen zu den Leistungserbringern und Dritten (§ 69 Abs. 1 SGB V) ändern soll. Die Fusionskontrollvorschriften werden nicht erwähnt; denn sie sollen wie bisher (was aber nicht unproblematisch

39 BGBl. 2008 I, S. 2477.

40 Dazu eingehend *Roth*, Steuerung des Gesundheitsmarkts (Fn.*), S. 137 (147 ff., 151 ff.).

41 BGBl. 2010 I, S. 2282.

42 Begründung des Gesetzentwurfs der Fraktionen der CDU/CSU und FDP, BT-Drucks. 17/2413, S. 27.

ist[43]) direkte Anwendung finden. Die „Grundsatznorm" des § 69 SGB V aus dem Jahre 2000 ist damit einer grundlegenden Revision unterzogen worden, wobei – wenig überzeugend – die Anwendung des UWG weiterhin ausgeschlossen bleiben soll.

C. Die heutigen wettbewerbsrechtlichen Rahmenbedingungen

Bevor die Frage erörtert werden kann, ob das GWB als Ordnungsrahmen für das Gesundheitswesen taugen kann, ist als *Vorfrage* zu klären, ob und inwieweit das GWB seinerseits durch das Unionsrecht beeinflusst wird. Diese Thematik bedürfte einer eigenen Untersuchung und kann hier nur kursorisch skizziert werden.[44] Die Aussagen zum Unionsrecht sind vor allem deshalb relevant, weil das Unionsrecht einerseits Vorrang vor dem nationalen Kartellrecht beansprucht (Art. 3 Abs. 2 Satz 1 VO 1/2003) und andererseits der deutsche Gesetzgeber sowohl in der 7. GWB-Novelle wie auch in den Gesundheitsreformgesetzen von 2007 und 2010 von einem Gleichlauf des deutschen und europäischen Kartellrechts bei der Bestimmung des Unternehmensbegriffs ausgegangen ist.[45]

I. Unionsrecht

Zwei Aussagen zum europarechtlichen Unternehmensbegriff sind von Bedeutung.

---

43 Dazu *Roth*, GRUR 2007, 645 (655 f.); a.A. *Heistermann*, Im Spannungsfeld von Wettbewerbs- und Sozialrecht – Fusionskontrolle bei Krankenhäusern und Krankenkassen, in: Felix (Hg.), Auswirkungen des GKV-WSG auf Versorgungsstruktur und Wettbewerbsordnung (2008), S. 165 (170 f.); von einem „Rätsel" spricht *Oehler*, Sozialkartellrecht – Sackgasse oder Ausweg zur Wettbewerbsbeschränkung im deutschen Gesundheitswesen?, in: FS Möschel (2011), S. 451 (465).

44 Dazu *Roth*, GRUR 2007, 645 (649 ff.); *Roth/Ackermann* in: Frankfurter Kommentar zum Kartellrecht, Lfg. 73 (2011), § 1 GWB 2005, Rn. 17 ff., 33 ff.; zuletzt *Kersting/Faust*, Krankenkassen im Anwendungsbereich des Europäischen Kartellrecht, WuW 2011, 6, 8 f. (freilich abweichend zur gefestigten Rechtsprechung des EuGH zum Unternehmensbegriff).

45 Dazu *Roth*, Zur Anwendbarkeit des GWB (Fn.*), S. 253 (256 ff.); *Roth/Ackermann* (Fn. 44), Rn. 26 ff.

1. Akzessorietät der Nachfragetätigkeit

Das europäische Kartellrecht – Art. 101, 102 AEUV – folgt in der Rechtsprechung der Unionsgerichte einem funktional-relativen Unternehmensbegriff:[46] Unternehmen ist jeder Akteur ohne Rücksicht auf seine Rechtsform, der Leistungen oder Güter entgeltlich am Markt *anbietet*.[47] Die Nachfragetätigkeit (*upstream*) fällt ebenfalls unter den Unternehmensbegriff, allerdings *nur insoweit*, als die Nachfrage akzessorisch zu einer relevanten wirtschaftlichen Tätigkeit auf der Angebotsseite (*downstream*), also auf diese bezogen ist.[48] Das bedeutet für die Kassen: Insofern diese *downstream* – im Verhältnis zu den Versicherten – nicht unternehmerisch agieren, handeln sie *upstream* – im Verhältnis zu den Leistungserbringern – (insoweit) ebenfalls nicht unternehmerisch.

2. Nichtwirtschaftliche Tätigkeit

a) Kriterien wirtschaftlicher Tätigkeit

Eine wirtschaftliche Tätigkeit der Kassen auf der Angebotsseite – und damit die (wettbewerbsrechtliche) Unternehmenseigenschaft – wird in der Rechtsprechung des Gerichtshofs ausgeschlossen, wenn der Akteur (1) einen sozialen Zweck verfolgt, (2) ohne Gewinnerzielungsabsicht arbeitet, (3) Leistung und Gegenleistung nicht in einem Äquivalenzverhältnis stehen, sondern vom Prinzip der Solidarität bestimmt werden, (4) die Finanzierung im Umlageverfahren über Pflichtbeiträge erfolgt[49] und (5) der Akteur, wenn er staatsfern organisiert ist, unter Staatsaufsicht agiert.[50]

An diesem vom Gerichtshof gewählten Alles-oder-Nichts-Ansatz ist berechtigte Kritik geübt worden, steht doch mit Art. 106 Abs. 2 AEUV eine auf die Problematik zugeschnittene und eine Feinsteuerung erlaubende Bestimmung zur

---

46 *Roth/Ackermann* in: Frankfurter Kommentar zum Kartellrecht, Lfg. 67 (Januar 2009), Art. 81 Abs. 1 EG – Grundfragen, Rn. 30 ff. m.w.N. aus der Rspr.

47 EuGH v. 16.6.1987, Rs. 118/85, Kommission ./. Italien, Slg. 1987, 2599 Rn. 7; EuGH v. 18.6.1998, C-35/96, Kommission ./. Italien, Slg. 1998, I-3851 Rn. 36; EuGH v. 22.1.2002, C-218/00, Cisal, Slg. 2002, I-691 Rn. 23, u.ö.

48 EuGH v. 11.7.2006, C-205/03 P, FENIN, Slg. 2006, I-6295 Rn. 25-27.

49 So insbesondere EuGH 22.1.2002, C-218/00, Cisal, Slg. 2002, I-691 Rn. 39; EuGH 5.3.2009, C-350/07, Kattner, Slg. 2009, I-1513 Rn. 44.

50 Zuletzt EuGH 3.3.2011, C-437/09, AG2R Prévoyance, Rn. 53 ff.

Verfügung.[51] Für Zwecke der folgenden Überlegungen ist jedoch die Rechtsprechung des Gerichtshofs als Datum hinzunehmen, zugleich aber darauf zu verweisen, dass bei der Bestimmung und Abgrenzung der „wirtschaftlichen" Tätigkeit auf der Angebotsseite angesichts der Vielzahl der Kriterien naturgemäß erhebliche Unsicherheiten bestehen.

b) Die GKV im Lichte der Kriterien

Wie allgemein bekannt hat der Gerichtshof auf der Grundlage der damaligen Gesetzeslage im AOK-Urteil von 2004[52] zum System der deutschen GKV festgestellt, dass die von den Kassen angebotenen Leistungen (also *downstream*) *nichtwirtschaftlichen Charakter* aufweisen und sich dabei auf die folgenden Elemente gestützt: (1) Die Kassen nehmen eine soziale Aufgabe wahr und werden ohne Gewinnerzielungsabsicht tätig. (2) Die Kassen bieten ihren Versicherten Pflichtleistungen an, die von der Höhe der Beiträge unabhängig sind und deren Ausgestaltung gesetzlich vorgegeben ist. (3) Die Kassen konkurrieren im Bereich der Pflichtleistungen weder untereinander noch mit den privaten Krankenversicherungen. Das System basiert auf einer Pflichtmitgliedschaft bei einer der Kassen (mit Wahlmöglichkeit), was einen Wettbewerb zu den privaten Versicherern ausschließt. (4) Die Kassen sind in eine Solidargemeinschaft eingebunden, die durch einen Kosten- und Risikoausgleich charakterisiert ist.

Bedeutsam erscheint in diesem Zusammenhang zweierlei:

- Der Gerichtshof macht zum einen deutlich, dass *innerhalb* dieses durch *Solidarität* geprägten Systems durchaus Wettbewerbselemente (etwa durch Festlegung der Beitragssätze) zur Erreichung größerer Effizienz und kostengünstigerer Leistungserbringung eingebaut sein können, wenn und soweit damit das System seinen Charakter als *Solidarsystem* nicht verliere (Rn. 56). Entscheidend ist damit weiterhin allein, ob die Beitragserhebung und die Leistungserbringung vom Prinzip der Solidarität geprägt sind und die Einhaltung der gesetzlichen Vorgaben von der Aufsicht auch überwacht wird.

- Zum anderen stellt das AOK-Urteil klar, dass die Kassen *außerhalb* des durch Pflichtmitgliedschaft und Solidarität geprägten Systems durchaus auch

51 *Giesen*, Sozialversicherungsmonopol und EG-Vertrag (1995), S. 112 ff.; *Bucher*, Die Anwendung des Europäischen Wettbewerbsrechts auf Träger sozialer Sicherungssysteme (2008), S. 29 ff., 60 ff.; *Roth/Ackermann* (Fn. 44), Rn. 102; zuletzt *Kersting/Faust*, WuW 2011, 6 (11).

52 EuGH v. 16.3.2004, C-264 u.a./01, AOK, Slg. 2004, I-2493 Rn. 46.

wirtschaftlich tätig werden können (Rn. 58). Der Gerichtshof folgt hier also insoweit nicht einem institutionellen, sondern einem *funktional-relativen* Unternehmensbegriff.

Wirft man angesichts dieser Aussagen noch einmal einen Blick auf die GKV, mag man durchaus Zweifel hegen, ob die Tätigkeit der Kassen *downstream* noch als eine nichtwirtschaftliche Tätigkeit angesehen werden kann. Immerhin bestehen hier *wettbewerbliche Elemente* in Form von Selbstbehalten, Rückvergütungen, Wahltarifen (§ 53 SGB V; insbesondere für Versicherte, die für Leistungen im Rahmen besonderer Versorgungseinrichtungen optieren) sowie Zusatzleistungen (etwa § 20d SGB V), die nicht nur der Erhöhung der Effizienz dienen sollen. Mit Wahltarifen, die zwischen „guten" und „schlechten" Risiken differenzieren, ist auch ein Stück *Entsolidarisierung* verbunden,[53] auch wenn die Tarife weiterhin einer Aufsicht durch die zuständige Behörde unterliegen (§ 193 SGB V). Schließlich besteht heute auch ein gewisser Wettbewerb mit den privaten Versicherern im Rahmen des versicherungspflichtigen Basistarifs (§ 193 VVG), der sich allerdings nicht auf das Leistungsprogramm bezieht, sondern auf die bloße Wahlfreiheit zwischen den GKV und den PKV als Vertragspartnern reduziert erscheint.

Auf den ersten Blick mag man in der *Einbindung der PKV* in das System der sozialen Krankenversicherung den entscheidenden Schritt dazu sehen, dass zwischen der PKV und der GKV Wettbewerb um die Versicherten existiert – mithin die Kassen der GKV nun als Unternehmen im Sinne des europäischen Kartellrechts anzusehen sind. Freilich erscheint eine solche Folgerung wenig überzeugend; dies aus mehreren Gründen: Zum einen ist im Bereich des von der PKV anzubietenden Basistarifs das Leistungsprogramm festgelegt; zum anderen ist die Wahlfreiheit der Versicherten allein auf die Wahl zwischen der PKV und der GKV beschränkt – und damit substantiell nicht von anderer Qualität als die Wahlfreiheit unter den verschiedenen Kassen der GKV. Was entscheidend ist: Soweit die PKV nun ein festgezurrtes Leistungsprogramm zu einem Basistarif anbieten muss, werden Elemente der Solidarität in das System der PKV hineingetragen, die eher dazu führen mögen, dass das Leistungsangebot der PKV selbst insoweit als nichtwirtschaftliche Tätigkeit qualifiziert werden muss.[54]

---

53 *Thüsing*, Wahltarife nach § 53 Abs. 4-6 SGB n.F. im Lichte des Verfassungsrechts, NZS 2008, 449 (450 f.); *Roth*, GRUR 2007, 645 (657).

54 Andeutungen in diese Richtung bei *Voit*, PKV und GKV – Wettbewerb im Basistarif unter ungleichen Voraussetzungen?, in: Voit (Hg.), Gesundheitsreform 2007 (2008),

Das Moment der *Solidarität* in der GKV ist allerdings durch die Einführung des Gesundheitsfonds, der einen Risikostrukturausgleich herbeiführen soll, *gestärkt* worden. Zudem ist die kassenabhängige Höhe der Beiträge als Wettbewerbsparameter weggefallen; die Beiträge werden jetzt nach einem einheitlichen Satz erhoben. Immerhin können die Kassen durch die Vermeidung einer Erhebung von Zusatzbeiträgen oder aber mit Prämienrückzahlungen miteinander konkurrieren (§ 242 Abs. 1 SGB V).

Zusammenfassend wird man auch für die gegenwärtige Lage sagen können, dass die Elemente der Solidarität – Einkommensabhängigkeit der Beiträge, fehlende Äquivalenz von gezahlten Beiträgen und Leistungen, Risikoausgleich – das System der GKV noch nachhaltig prägen und eine hinreichende staatliche Aufsicht die Tätigkeit der Kassen kontrolliert, so dass immer noch von einer nichtwirtschaftlichen Tätigkeit *downstream* ausgegangen werden muss.[55] Europäisches Kartellrecht findet mithin auf die Tätigkeit der GKV im Bereich der Pflichtversicherung auch heute immer noch keine Anwendung.

Soweit im Schrifttum aus der seit dem Jahre 2000 in Gang gesetzten Öffnung für die Kassen, jenseits von kollektivvertraglichen Vereinbarungen *Selektivverträge* abzuschließen, auf eine wirtschaftliche Tätigkeit der Kassen geschlossen wird,[56] ist dagegen einzuwenden, dass es dabei um die Einführung wettbewerblicher Elemente *upstream* gegangen ist, die im Hinblick auf die akzessorische Natur der Nachfragetätigkeit *für sich* genommen gerade *nicht* die Unternehmenseigenschaft der Kassen begründen kann: Solange und soweit die Kassen *downstream* nicht als „Unternehmen" anzusehen sind, sind sie – trotz aller wettbewerblichen Elemente im Leistungserbringungsbereich – auch nicht als Unternehmen *upstream* anzusehen. Dies wird im Schrifttum mitunter verkannt.[57]

S. 73; zurückhaltender dagegen noch *Roth*, GRUR 2007, 647 (659); vgl. auch *Gassner*, ZVersWiss 97 (2008) 411 (421 f.).

55 *Roth*, GRUR 2007, 643 (658); ebenso zuletzt *Kersting/Faust*, WuW 2011, 6 (11); a.A. etwa *Sträter/Natz*, PharmaR 2007, 7 (10), *Kleiner Rechtsanwälte*, Rechtsgutachten (erstattet für die Siemens Betriebskrankenkasse) (2010), S. 16 („Zweifel").

56 Z.B. *Kleiner Rechtsanwälte*, Rechtsgutachten (Fn. 55), S. 14-15.

57 Z.B. *Haus/Schaper*, Das AMNOG – neues Gesundheitskartellrecht, ZWeR 2011, 48 (59 f.); *Gassner*, ZVersWiss 97 (2008) 411 (419); verunklarend auch *Huster* in: Becker/Kingreen, SGB V, 2. Aufl. (2010), § 140b Rn. 16.

Etwas anderes gilt nur im Verhältnis zu der Gruppe der *freiwillig Versicherten*: Hier besteht für die Versicherungssuchenden eine echte *Wahlmöglichkeit* zwischen verschiedenen Angeboten der GKV und der PKV – mit der Konsequenz, dass *insoweit* eine unternehmerische Tätigkeit der GKV *downstream* anzunehmen ist.[58]

II. Übernahme des europäischen Unternehmensbegriffs in das deutsche Kartellrecht

Der deutsche Gesetzgeber hat zuletzt in der 7. GWB-Novelle mit der Anpassung der §§ 1, 2 GWB eine bewusste Entscheidung für einen interpretatorischen Gleichlauf mit Art. 101 AEUV getroffen.[59] Das bedeutet, dass nicht nur die Tatbestandsmerkmale der Wettbewerbsverfälschung und -einschränkung sowie des abgestimmten Verhaltens, sondern auch der Begriff des Unternehmens in § 1 GWB im Lichte des Art. 101 AEUV und der hierzu ergangenen und künftig ergehenden Rechtsprechung der Unionsgerichte auszulegen sind. Für den Unternehmensbegriff wird man dasselbe auch für §§ 19, 20 GWB annehmen können: Der Gesetzgeber des GKV-WSG von 2007 ist davon ausgegangen, dass der kartellrechtliche Unternehmensbegriff des GWB die GKV *downstream* und *upstream* nicht mehr erfassen könne,[60] und hat deshalb, und mit Rücksicht auf die öffentlich-rechtliche Qualifizierung des Leistungserbringungsverhältnisses durch § 69 Satz 1 SGB V (2000), eine „entsprechende" Anwendung der §§ 19-21 GWB auf die Rechtsbeziehungen der Kassen zu ihren Leistungserbringern vorgesehen.[61]

Diese Rechtslage ist noch einmal durch den AMNOG-Gesetzgeber bestätigt worden: Die §§ 1-3 Abs. 1, §§ 32 ff. GWB sollen nur „entsprechend" auf die Leistungsbeziehungen der Kassen angewendet werden. Die Gesetzesmaterialien lassen erkennen, dass bei den §§ 1 ff., 19 ff. GWB vom europäischen Unternehmensbegriff auszugehen ist und von daher die Kassen bei ihren Vertragsab-

---

58 *Roth*, GRUR 2007, 643 (658).

59 *Bechtold* in: Bechtold, GWB, 6. Aufl. (2010), § 1 Rn. 4, 7; *Klees*, Welcher Unternehmensbegriff gilt im GWB? EWS 2010, 1; *Roth/Ackermann* (Fn. 44), § 1 Rn. 22 ff. (auch zur unionsrechtlichen Pflichten); a.A. etwa *Zimmer* in: Immenga/Mestmäcker, Wettbewerbsrecht, Bd. 2 – GWB, 4. Aufl. (2007), § 1 Rn. 31; *Hoffmann*, Die gesetzlichen Krankenkassen im Anwendungsbereich des deutschen Kartellrechts, WuW 2011, 472 (480); *Kersting/Faust*, WuW 2011, 6 (15).

60 Nachweise bei *Roth*, GRUR 2007, 645 (654).

61 Bericht des Gesundheitsausschusses (14. Ausschuss), BT-Drucks. 16/4227, S. 35.

schlüssen mit Leistungserbringern, die der Versorgung der (Pflicht-) Versicherten dienen, nicht als Unternehmen iSv §§ 1 ff., 19 ff. GWB anzusehen sind:[62] Von daher bedürfe es – wolle man nicht eine Schutzlücke hinnehmen[63] – einer entsprechenden Anwendung dieser Vorschriften (im Sinne einer teilweisen Rechtsgrundverweisung). Zugleich wird damit die bisher ungeklärt gebliebene Streitfrage jedenfalls praktisch obsolet, ob § 69 Abs. 1 SGB V auch einen Ausschluss des GWB (und UWG) für das Verhalten der Leistungs*erbringer* untereinander und *downstream* bewirken sollte.[64]

Das Bundeskartellamt hatte im Vorfeld des Erlasses des AMNOG an Stelle einer bloß „entsprechenden" Anwendung der GWB-Vorschriften für deren *unmittelbare* Anwendung plädiert, um keine Zweifel an der Reichweite des Kartellverbots aufkommen zu lassen,[65] hat sich damit aber zu Recht nicht durchsetzen können: denn das Bundeskartellamt hat nicht bedacht, dass – verneint man die Unternehmenseigenschaft der Kassen nach europäischem und damit auch nach deutschem Kartellrecht – eine direkte Verweisung auf das GWB (oder eine simple Streichung des § 69 SGB V) im Hinblick auf den mit dem europäischen Recht gleichgeschalteten Unternehmensbegriff im deutschen Kartellrecht gerade nicht zur Anwendbarkeit der §§ 1 ff., 19 ff. GWB auf die Nachfragetätigkeit der Kassen geführt hätte.

Die in § 69 Abs. 2 Satz 1 SGB V angeordnete „entsprechende" Anwendung der §§ 1 ff., 19 ff. GWB gilt im Übrigen nur für die Beziehungen der Krankenkassen zu den Leistungserbringern (*upstream*),[66] nicht aber im *Verhältnis zu den Versicherten*. Dies bedeutet, dass also allein eine direkte Anwendbarkeit des § 1

62 Begründung zum Gesetzentwurf der Fraktionen der CDU/CSU und FDP, BT-Drucks. 17/2413, S. 26.

63 Zu versuchen, diese Lücke über § 130 Abs. 1 GWB zu schließen s. *Roth*, Zur Anwendbarkeit des GWB (Fn.*), S.253 (263 f.); *Roth/Ackermann* (Fn. 44), § 1 GWB 2005 Rn. 64 ff.

64 Eine Anwendung des § 69 SGB V a.F. hält die Stellungnahme des Bundeskartellamts 2006 (Fn. 37), S. 5, für zwingend; a.A. etwa *Schlegel* (Fn. 27), S. 45 (ohne Problematisierung). Die Anwendung des europäischen Kartellrechts auf das Wettbewerbsverhalten der Leistungserbringer war natürlich immer unbestritten.

65 Stellungnahme des Bundeskartellamts zum Gesetzentwurf v. 27.9.2010, S. 2; ebenso Bundeskartellamt, Tätigkeitsbericht 2009/2010, BT-Drucks. 17/6640, S. 21.

66 Dies ergibt sich bereits aus der systematischen Stellung der Vorschrift im vierten Kapitel, das mit „Beziehungen der Krankenkassen zu den Leistungserbringern" überschrieben ist.

GWB auf das Verhalten der Kassen *downstream* in Frage kommen kann, eine solche Anwendung aber am europäisch ausgerichteten Unternehmensbegriff des § 1 GWB scheitern muss. Dies hat zur Konsequenz, dass Absprachen der Krankenkassen über Wahltarife, Zusatzleistungen oder die Erhebung eines Zusatzbeitrags gem. § 242 Abs. 1 SGB V nicht nur *außerhalb* des Anwendungsbereichs des europäischen Kartellrechts, sondern auch außerhalb des § 1 GWB liegen.[67] Der deutsche Gesetzgeber könnte sich zwar insoweit – wie mittelbar in § 69 Abs. 2 Satz 1 SGB V – vom europäischen Unternehmensbegriff lösen; er ist aber bisher den entgegengesetzten Weg gegangen.[68]

III. Sperrwirkung des europäischen Unternehmensbegriffs für § 69 SGB V?

Im Schrifttum wird die These vertreten, dass Art. 3 VO 1/2003 im Anwendungsbereich des Art. 101 AEUV dazu zwinge, das nationale Kartellrecht im Gleichklang mit den europäischen Regeln auszulegen.[69] Dies wird als Konsequenz der *Vorrangregel* des Art. 3 Abs. 2 Satz 1 VO 1/2003 angenommen: Diese solle zum Inhalt haben, dass Art. 81 Abs. 1 EG a.F. und § 1 GWB „in jeder Hinsicht *gleich* zu interpretieren“ seien.[70] Auch und insbesondere solle dies für den Unternehmensbegriff gelten, während es für einseitige Verhaltensweisen in Hinblick auf Art. 3 Abs. 2 Satz 2 VO 1/2003 mit divergierenden Unternehmensbegriffen sein Bewenden haben könne.[71]

Diese These greift jedoch zu weit, wenn sie nicht nur im Sinne einer (durch das deutsche Recht gesetzten, aber insoweit autonomen) Auslegungsdirektive für § 1 GWB verstanden wird, die auf der Einsicht basiert, dass es rechtspolitisch wohl wenig Sinn ergibt, eine vom Unionsrecht abweichende nationale Norm aufrechtzuerhalten, die durch die Vorrangregel immer überlagert und ver-

---

67 A.A. *Haus/Schaper*, ZWeR 2011, 48 (69), wo insoweit auf die Rechtsprechung des BGH vor Übernahme des europäischen Unternehmensbegriffs in § 1 GWB verwiesen wird.

68 Die Feststellung bei *Becker/Kingreen*, NZS 2010, 417 (420), dass sich am Beispiel der Erhebung der Zusatzbeiträge zeigen lasse, dass etwas sozialrechtlich erlaubt/geboten sein könne, was kartellrechtlich verboten sei, ist daher nicht zutreffend.

69 *Säcker* in: Münchener Kommentar zum Europäischen und Deutschen Wettbewerbsrecht (Kartellrecht), Bd. 2 – Gesetz gegen Wettbewerbsbeschränkungen (GWB) (2008), § 130 Rn. 3.

70 *Emmerich*, Kartellrecht, 11. Aufl. (2008), § 20 Rn. 22.

71 *Becker/Kingreen*, NZS 2010, 417 (421); *Bornkamm*, Hoheitliches und unternehmerisches Handeln der öffentlichen Hand im Visier des europäischen Kartellrechts, in: FS Hirsch (2008), S. 231 (238).

drängt wird, sondern darüber hinausgehend als *unionsrechtliches Anpassungsgebot* formuliert wird: Denn die Vorrangregel des Art. 3 Abs. 2 Satz 1 VO 1/2003 besagt nur, dass das nationale Kartellrecht in seinen Anwendungs*ergebnissen* nicht Art. 101 AEUV widersprechen darf, nicht aber dass die spezifische inhaltliche Ausgestaltung dieselbe sein muss.[72] Auch wenn man Art. 101 AEUV nicht nur als kartellrechtlichen Minimal-, sondern zugleich als Maximalstandard verstehen muss, bedeutet dies nicht, dass der in Art. 101 AEUV verwendete Unternehmensbegriff nach einem identischen Begriff im deutschen Recht verlangt.[73]

Im Vorfeld des Erlasses des AMNOG ist in einem für die AOK erstatteten Rechtsgutachten die These vertreten worden, dass der deutsche Gesetzgeber bei der Regelung horizontaler und vertikaler Wettbewerbsbeschränkungen in den §§ 1-3 Abs. 3 GWB nicht nur an den europäischen Unternehmensbegriff gebunden sei (und von daher der Begriff des Unternehmens in §§ 1-3 Abs. 1 GWB identisch ausgelegt werden müsse). Dem Unionsrecht müsse darüber hinausgehend eine *negativ wirkende Bindung* dahingehend entnommen werden, dass auf nichtwirtschaftlich tätige Akteure (Nichtunternehmen) die §§ 1-3 Abs. 1 GWB nicht angewendet werden dürften, soweit diese Regelungen (über § 130 Abs. 2 GWB) auch grenzüberschreitende Sachverhalte erfassten.[74] Diese These[75] wird ebenfalls aus dem in Art. 3 Abs. 2 Satz 1 VO 1/2003 verankerten Vorrang des Unionsrechts abgeleitet, wonach die Anwendung nationaler kartellrechtlicher Vorschriften nicht zum Verbot eines Verhaltens führen dürfe, das zwar den zwischenstaatlichen Handel berühre, aber entweder den Wettbewerb (iSv Art. 101 Abs. 1 AEUV) nicht beeinträchtige oder aber nach Art. 101 Abs. 3 AEUV gerechtfertigt sei. Die These basiert auf der Annahme, dass es Ziel der Vorrangregelung des Art. 3 Abs. 2 Satz 1 VO 1/2003 sei, für alle Akteure auf dem Bin-

72 Eine davon zu trennende und ganz andere Frage ist, ob der deutsche Gesetzgeber, wenn er europäische Vorschriften 1:1 übernimmt, nicht einem Distanzierungsgebot unterliegt, wenn ein Begriff im deutschen Recht anders als im europäischen verstanden werden soll; dazu *Roth/Ackermann* (Fn. 44), § 1 GWB 2005 Rn. 27 ff.

73 *Roth*, Zum Unternehmensbegriff im deutschen Kartellrecht, in: FS Loewenheim (2009), S. 545 (555 ff.); *Roth/Ackermann* (Fn. 44), § 1 GWB 2005 Rn. 25; *Kersting/Faust*, WuW 2011, 6 (15); a.A. insoweit *Becker/Kingreen*, NZS 2010, 417 (421).

74 *Bechtold/Brinker/Holzmüller*, Gutachten – Rechtliche Grenzen der Anwendung des Kartellverbots auf die Tätigkeit gesetzlicher Krankenkassen (2010), Rn. 32 ff.

75 So auch *Bechtold* in: Bechtold (Fn. 59), § 1 Rn. 7; *Bechtold*, Kartellrecht in regulierten Bereichen, WuW 2010, 727.

nenmarkt Sicherheit darüber zu schaffen, dass ein nach Unionsrecht erlaubtes Verhalten nicht nach nationalem Recht als verboten angesehen werden kann.

Diese Argumentation steht auf wackeligen Füßen: Der *Anwendungsanspruch* des europäischen Kartellrechts wird nämlich maßgeblich durch den *persönlichen* Anwendungsbereich der Regelungen in Art. 101 und Art. 102 AEUV umschrieben. Die wettbewerblichen Verhaltensanforderungen richten sich nur an Unternehmen, während andere Akteure, etwa Endverbraucher, auch wenn ihr Verhalten die Marktverhältnisse beeinflusst, nicht erfasst werden sollen. *Nichtwirtschaftlich* tätige Akteure (Nichtunternehmen) sind *nicht Adressaten* des europäischen Kartellrechts; und das heißt: Nichtwirtschaftliche Tätigkeit soll sich nicht nach den Vorgaben des europäischen Kartellrechts richten müssen.[76]

Die Begrenzung des europäischen Wettbewerbsrechts in seinem *persönlichen* Anwendungsbereich enthält *keine* Wertung dahingehend, dass das Marktverhalten dieser nichtwirtschaftlich tätigen Akteure keinen Verhaltensbindungen unterliegen darf, sondern allein, dass das europäische Recht keinen Anlass sieht, seinen Anwendungsanspruch über den Kreis der „Unternehmen" hinaus auszudehnen. Das europäische Kartellrecht entfaltet keine Sperrwirkung solcherart, dass mitgliedstaatliches Kartellrecht nicht auch noch auf andere Institutionen als diejenigen, die als „Unternehmen" anzusehen sind, erstreckt werden dürfte. Um es auf den Punkt zu bringen: Für ein nichtwirtschaftliches Tätigwerden von Akteuren interessiert sich das europäische Kartellrecht nicht.

Diesem Ergebnis wird zu Unrecht die *Entstehungsgeschichte* des Art. 3 Abs. 2 Satz 1 VO 1/2003 entgegen gehalten. Der Verordnungsvorschlag vom 27.9.2000[77] sah in Art. 3 eine Regelung vor, die in ihrem Anwendungsbereich („Beeinträchtigung des zwischenstaatlichen Handels") allein das Wettbewerbsrecht der Gemeinschaft unter Ausschluss des Wettbewerbsrechts der Mitgliedstaaten für anwendbar erklärte. In der Begründung dazu heißt es:

---

76 Stellungnahme des Bundeskartellamts (Fn. 65), S. 4; ebenso Tätigkeitsbericht 2009/2010, BT-Drucks. 17/6640, S. 21; im Ergebnis ebenso *Kersting/Faust*, WuW 2011, 6 (15); *Hoffmann*, WuW 2011, 472 (475); *Haus/Schaper*, ZWeR 2011, 48 (58 f.).

77 Vorschlag für eine Verordnung des Rates zur Durchführung der in den Artikeln 81 und 82 EG-Vertrag niedergelegten Wettbewerbsregeln und zur Änderung der Verordnungen (EWG) Nr. 1017/68, (EWG) Nr. 2988/74 , (EWG) Nr. 4056/86 und (EWG) Nr. 3975/87 („Durchführungsverordnung zu den Artikeln 81 und 82 EG-Vertrag"), KOM (2000) 582.

„Beim gegenwärtigen Entwicklungsstand der Gemeinschaft ist es von großer Bedeutung, dass überall in der Europäischen Union für gleiche Wettbewerbsbedingungen gesorgt wird, so dass die Unternehmen in den vollen Genuss der Vorteile des Binnenmarkts kommen können …“[78]

Aus dieser Begründung wird nun gefolgert, dass das Gemeinschaftsrecht Sperrwirkung für alle nach Art. 81, 82 EG a.F. *erlaubten* Verhaltensweisen entfalten und die schließlich in Kraft gesetzte Fassung daran nichts ändern sollte.[79] Dem ist freilich entgegenzuhalten, dass die in der Vorschlagsbegründung erhobene Forderung nach „gleichen Wettbewerbsbedingungen“ unmittelbar auf die „Unternehmen“ bezogen ist, die in den Genuss des Binnenmarkts kommen sollten. Hinsichtlich der Behandlung von Nichtunternehmen wird insoweit *keine Aussage* getroffen.

Soweit der *Normzweck* des Art. 3 Abs. 2 Satz 1 VO 1/2003 dahingehend konkretisiert wird, dass allen *Marktteilnehmern* – und nicht nur den Unternehmen iSv Art. 101, 102 AEUV – die Möglichkeit gegeben werden soll, eine EU-weite Geschäftsstrategie zu verfolgen, ohne sich mit den 27 mitgliedstaatlichen Kartellrechtsordnungen auseinandersetzen zu müssen,[80] so lässt sich diese Deutung kaum mit dem Unionsrecht in Einklang bringen. Zum einen sind Adressaten des primären Unionsrechts nur „Unternehmen“, und nicht – wie behauptet - auch sonstige „Marktteilnehmer“ (wie z.B. Endverbraucher). Zum anderen wird durch Art. 3 Abs. 2 Satz 1 VO 1/2003 nicht beansprucht, das Marktverhalten von Marktteilnehmern zu erfassen, die nicht als „Unternehmen“ im Sinne des Primärrechts anzusehen sind. Im Erwägungsgrund No. 9 der VO 1/2003 werden im Rahmen der Anwendung der Zwischenstaatlichkeitsklausel den Mitgliedstaaten von den Regelungsergebnissen des Unionsrechts abweichende Wertungen nur eingeräumt, insofern sie kartellrechtsfremde Ziele (wie zum Beispiel im Lauterkeitsrecht) verfolgen. Der Erwägungsgrund No. 9 gibt jedoch in seinem letzten Satz eindeutig zu erkennen, dass es immer nur um die Regelung von „Unternehmen“ und nicht etwa auch von sonstigen „Marktteilnehmern“ gehen soll. In der Begründung des Verordnungs*vorschlags* heißt es zwar:

„Mit dem Binnenmarktkonzept unvereinbar ist es, dass Vereinbarungen und Verhaltensweisen, die den grenzüberschreitenden Handel beeinträchtigen können, unter-

---

78 Vorschlag (Fn. 77), Begründung, S. 16.

79 *Bechtold/Brinker/Holzmüller* (Fn. 74), Rn. 41.

80 *Bechtold/Brinker/Holzmüller* (Fn. 74), Rn. 46.

> schiedlichen Normen unterliegen, so dass eine Vereinbarung, die nach dem Gemeinschaftsrecht als harmlos oder nutzbringend betrachtet würde, nach einzelstaatlichem Wettbewerbsrecht verboten werden kann."

Doch gibt auch diese Begründung zu erkennen, dass sie allein auf „Unternehmen" und nicht auf sonstige Marktteilnehmer bezogen ist. Dort heißt es nämlich in eindeutiger Weise:

> „Artikel 3 stellt sicher, dass Vereinbarungen und Verhaltensweisen ... nach einheitlichen Regeln untersucht werden, was einheitliche Wettbewerbsbedingungen überall in der Gemeinschaft fördert und die Kosten erspart, die die parallele Anwendung von EG-Wettbewerbsrecht und nationalen Rechten sowohl für die Wettbewerbsbehörden wie *für die Unternehmen* verursacht."[81]

Die *Selbstabgrenzung* des europäischen Kartellrechts verläuft damit über das Tatbestandsmerkmal der Beeinträchtigung des zwischenstaatlichen Handels und über das für den Unternehmensbegriff konstitutive Merkmal der „wirtschaftlichen Tätigkeit" (im Sinne eines entgeltlichen Angebots von Gütern und Dienstleistungen).[82] Für nichtwirtschaftliche Tätigkeiten erhebt das europäische Kartellrecht keinen Regelungsanspruch, weder in positiver noch in negativer Richtung. Es enthält daher auch keine Aussage dahingehend, dass mitgliedstaatliches Kartellrecht nicht auch auf nichtwirtschaftliches Verhalten von „Marktakteuren" erstreckt werden dürfe. Daher ist der deutsche Gesetzgeber grundsätzlich frei, den Unternehmensbegriff enger, aber auch weiter zu fassen.[83] Fasst er ihn enger, ist dies unschädlich, weil die Verbotstatbestände des Unionsrechts nicht durch milderes nationales Recht berührt werden können (Art. 3 Abs. 2 Satz 1 VO 1/2003). Fasst er ihn weiter, ist dies ebenfalls unschädlich, weil dem Unionsrecht nicht die Wertung entnommen werden kann, dass das Marktverhalten der Akteure, die aus dem unionsrechtlichen Unternehmensbegriff heraus fallen, von den Mitgliedstaaten nicht geregelt werden dürfte. Das deutsche Kartellrecht darf

---

81 Vorschlag (Fn. 77), Begründung, S. 17 (kursiv von Verf.).

82 Dass die nationalen Rechte dem Unionsrecht angeglichen werden müssen, wie es bei *Bechtold* in: Bechtold (Fn. 59), § 1 Rn. 7, heißt, trifft nicht zu; dies gilt erst recht für den im nationalen Kartellrecht verwendeten Unternehmensbegriff.

83 Zutreffend insoweit *Rehbinder* in: Immenga/Mestmäcker, Wettbewerbsrecht, Bd. 1 EG/Teil 2, 4. Aufl. (2007), Art. 3 VO 1/2003 Rn. 24; *Böge/Bardong* in: Münchener Kommentar (Fn. 5), Art. 3 VO 1/2003 Rn. 54-55.

damit im Grundsatz,[84] wie dies im Schrifttum zum Teil auch vertreten wird,[85] einen im Vergleich zum europäischen Recht weiteren Unternehmensbegriff verwenden.[86] Es darf erst recht, wie durch § 69 Abs. 2 Satz 1 SGB V angeordnet, das nationale Kartellrecht auf nichtwirtschaftlich tätige Marktakteure entsprechend anwenden.

D. Kartellrecht und Sozialrecht: Zielkonflikte?

I. Zur Diskussion um das Spannungsverhältnis von Kartell- und Sozialrecht

1. Europäische Ausgangspunkte

Die Rechtsprechung des Gerichtshofs zur (fehlenden) Unternehmenseigenschaft der Sozialversicherungsträger ist im Schrifttum vielfacher Kritik ausgesetzt. Diese bezieht sich nicht nur auf innere Widersprüchlichkeiten etwa im Hinblick auf den Stellenwert des Kriteriums „Art der Finanzierung“,[87] sondern vor allem auch auf die vom Gerichtshof verfolgte – von einem funktionalen Unternehmensbegriff abweichende – Akzessorietätsthese, wonach die Nachfragetätigkeit für sich betrachtet nicht als wirtschaftliches Handeln anzusehen ist, sondern nur dann, wenn die Nachfrage (*upstream*) in unmittelbarem Zusammenhang mit einer wirtschaftlichen Tätigkeit *downstream* steht.[88] Darüber hinaus wird die damit durch den Gerichtshof faktisch geschaffene Bereichsausnahme vor allem deshalb kritisiert, weil mit Art. 106 Abs. 2 AEUV eine Norm zur Verfügung steht, die differenzierende Wertungen für solche Fälle erlaubt, in denen die Ziele des Kartellrechts mit denen des Sozialrechts kollidieren.[89] Will man eine Erklä-

---

84 Vorbehaltlich seiner Obliegenheit zur „Distanzierung“ vom europäischen Unternehmensbegriff; s. oben Fn. 72.

85 *Böge/Bardong* in: Münchener Kommentar (Fn. 5), Art. 3 VO 1/2003 Rn. 54-55; *Zimmer* in: Immenga/Mestmäcker (Fn. 59), § 1 Rn. 31 (eingeschränkt auf Sachverhalte unterhalb der Zwischenstaatlichkeitsschwelle).

86 *Bechtold* in: Bechtold (Fn. 59), § 1 Rn. 7, bezeichnet dies (zu Unrecht) als eine „sehr formale“ Argumentation („überspitzte Formallogik“); ebenso *Bechtold*, Die Entwicklung des deutschen Kartellrechts seit der 7. GWB-Novelle, NJW 2007, 3761 (3762).

87 Dazu etwa *Bucher* (Fn. 51), S. 35 f.

88 Zur Kritik etwa *Roth*, Comment, C.M.L.Rev. 44 (2007) 1131; vorher *Roth*, Zum Unternehmensbegriff im europäischen Kartellrecht, in: FS Bechtold (2006), S. 393.

89 *Giesen* (Fn. 51), S. 112 ff.; *Bucher* (Fn. 51), S. 63 ff.; *Roth/Ackermann* (Fn. 44), Rn. 102; *Kersting/Faust*, WuW 2011, 6 (11 f.).

rung dafür geben, warum der Gerichtshof den Weg über den Unternehmensbegriff in Art. 101, 102 AEUV („Tatbestandslösung“) und nicht – wie Generalanwalt Jacobs in seinen Schlussanträgen im AOK-Verfahren[90] – über Art. 106 Abs. 2 AEUV gewählt hat, dann sind es vor allem zwei Gründe, die die so geschaffene Bereichsausnahme für Sozialversicherungssysteme zu rechtfertigen vermögen.

(1) Der in der Rechtsprechung der Unionsgerichte unternommene Versuch, die mitgliedstaatlichen Sozialversicherungssysteme mittels des Unternehmensbegriffs aus dem Anwendungsbereich des unionsrechtlichen Wettbewerbsrechts herauszuhalten, ist wohl von dem (vielleicht nicht überzeugenden) Bemühen getragen, einem *potentiellen Konflikt* zwischen den Zielsetzungen des europäischen Wettbewerbsrechts und den Zielen der nationalen Sozialversicherungssysteme weitestgehend aus dem Wege zu gehen und insbesondere den Gerichtshof aus den schwierigen Anwendungsfragen bei Art. 106 Abs. 2 AEUV herauszuhalten. Erreicht wird dadurch eine weitgehende *Schonung mitgliedstaatlicher Regelungskompetenzen*: Es sollen die Mitgliedstaaten sein, die in ihrer Verantwortung für die nationalen Sozialsysteme über die geeigneten Regelungsmechanismen – Kollektivvereinbarungen oder/und Wettbewerbselemente – entscheiden, mit denen die Ziele der gesetzlichen Krankenversicherung erreicht werden sollen. Insoweit liegt auch eine Wertungsparallele zur kartellrechtlichen Behandlung der Tarifverträge nahe, für die die Rechtsprechung der Unionsgerichte ebenfalls einen Freiraum gegenüber dem Anwendungsanspruch des Unionskartellrechts geschaffen hat.[91] Insofern macht es Sinn, wenn das europäische Wettbewerbsrecht keinen Anwendungsanspruch erhebt, die Frage des Ob und des Wie einer wettbewerbsrechtlichen Steuerung vielmehr – je nach Ausgestaltung des nationalen Sozialversicherungsrechts – den nationalen Entscheidungsträgern überlässt.

(2) Mit Blick auf das europäische *Beihilfenrecht*, dessen Anwendungsanspruch wie im Wettbewerbsrecht über den Unternehmensbegriff gesteuert wird, geht man wohl in der Annahme nicht fehl, dass die für das Sozialversicherungsrecht durch die enge Definition des Unternehmensbegriffs geschaffene Bereichsausnahme auch und gerade deshalb kreiert worden ist, um den Mitglied-

---

90 GA Jacobs, verb. Rs. C-264/01 u.a., AOK-Bundesverband, Slg. 2004, I-2493 (2495 Rn. 86 ff.).

91 EuGH 21.9.1999, C-67/96, Albany, Slg. 1999, I-5751 Rn. 54, 59 u.ö.; umfassend *Kordel*, Arbeitsmarkt und Europäisches Kartellrecht (2004).

staaten einen Freiraum für eine mögliche steuerrechtliche Unterstützung oder Absicherung ihrer sozialversicherungsrechtlichen Systeme zu eröffnen, ohne dass diese Gefahr laufen, sich vorschnell im Dickicht des europäischen Beihilfenrechts zu verfangen.[92] Auch wenn dies nicht explizit gemacht worden ist, erklärt dies doch auch und vor allem, warum der Gerichtshof für die Nachfragetätigkeit der Akzessorietätsthese folgen will. Ganz offensichtlich war der Gerichtshof nicht bereit, im Rahmen des Titels VI des EG-Vertrages angesichts der gleichen Zielsetzungen der Wettbewerbs- und Beihilferegeln von einem unterschiedlichen Unternehmensbegriff auszugehen.[93]

2. Diskussion im Vorfeld des AMNOG

Im Vorfeld des Erlasses des AMNOG ist – auch in Form von Rechtsgutachten, die von interessierter Seite in Auftrag gegeben wurden – eine vor allem rechtspolitisch inspirierte Diskussion darüber geführt worden, ob ein Zielkonflikt zwischen Kartellrecht und Sozialrecht zu konstatieren und – bejahendenfalls – ob und in welcher Weise ein solcher überbrückbar ist. Die Diskussion bezog sich dabei nicht auf den Wettbewerb der Leistungserbringer (*downstream*; vis-à-vis den Kassen), sondern auf die Leistungsbeziehungen zwischen Kassen und Leistungserbringern, also den Wettbewerb zwischen den Kassen *upstream*.

a) Unterschiedlich Ziele

Die Erstreckung des Kartellrechts auf das Nachfrageverhalten der Kassen ist dabei mit der These in Frage gestellt worden, dass sich der Kassenwettbewerb vom Wettbewerb der normalen Marktteilnehmer durch die Formeln: „Funktionalität statt Freiheitsentfaltung“ und „Effizienz statt Kreativität“ unterscheiden lasse und von daher gegenüber der Anwendung des Kartellrechts Zurückhaltung geboten sei.[94] Ohne an dieser Stelle auf die Diskussion um die Regelungszwecke

---

92 S. den Hinweis bei *Thoma*, EU-Recht und Schranken hoheitlicher Staatstätigkeit (2004), S. 305 f.; kritisch *Bucher* (Fn. 51), S. 61 f. Es erscheint bemerkenswert, dass das Thema in den gängigen Handbüchern und Kommentaren zum Beihilfenrecht nicht näher problematisiert wird.

93 Für einen einheitlichen Unternehmensbegriff aus dem Schriftum z.B. *Mederer* in: Schröter/Jakob/Mederer (Hg.), Kommentar zum Europäischen Wettbewerbsrecht (2003), Art. 87 Absatz 1 EG Rn. 31; *Koenig/Kühling/Ritter*, EG-Beihilfenrecht (2003), S. 76 f. (wo allerdings die Möglichkeit einer „spezifischen Anpassung für die Beihilfenkontrolle“ ins Auge gefasst wird); *Heidenhain* in: Heidenhain (Hg.), Handbuch des Europäischen Beihilfenrechts (2003) § 4 Rn. 50; zum Ganzen auch *Bucher* (Fn. 51), S. 61 f.

94 So der Ansatz bei *Becker/Kingreen*, NZS 2010, 147 (148).

des europäischen (und durch dessen Prägung auch des deutschen) Kartellrechts vertiefend einzugehen,[95] lässt sich sagen, dass – wie bereits angedeutet[96] – zumindest für das europäische Kartellrecht mit dem Vordringen des *more economic approach* eine starke Ausrichtung auf Effizienz und *consumer welfare* zu beobachten ist. Zudem steht im Vordergrund des europäischen Kartellrechts weniger der Schutz der Handlungsfreiheiten[97] als der Schutz der Marktstruktur und des Wettbewerbsprozesses.[98] Soweit im Bereich der gesetzlichen Krankenversicherung Freiraum für Wettbewerb eröffnet wird, ist nicht einsichtig, warum die damit intendierten Wettbewerbsprozesse, die durch autonomes Marktverhalten entstehen, nicht in gleicher Weise wie in anderen Bereichen und Sektoren durch das Kartellrecht geschützt werden sollten.

b) Zielkonflikte

Der Anwendung des Kartellrechts auf das Verhältnis der Kassen zu den Leistungserbringern ist entgegengehalten worden, dass Kartellrecht und Sozialrecht von entgegengesetzten Prämissen ausgingen:[99] Kartellrecht sei der Ordnungsrahmen zur Gewährleistung autonomen, marktbezogenen Handelns, während das Sozialrecht von kollektiven Strukturen geprägt sei.

Ohne dass ein Zielkonflikt zwischen kollektivvertraglichen und selektivvertraglichen Regelungsinstrumenten geleugnet werden müsste oder könnte, kann dieser Zielkonflikt doch keinen hinreichenden Grund dafür abgeben, das Kartellrecht aus dem Bereich der Gesetzlichen Krankenversicherung auszusperren. Denn Sinn und Zweck der Gesundheitsreformen ist es gerade gewesen, durch

---

95 Dazu die Beiträge in Ehlermann/Laudati (Hg.), The Objectives of Competition Law, European Competition Law Annual 1997 (1998); *Künzler*, Effizienz oder Wettbewerbsfreiheit? (2008).

96 Siehe oben im Text in Fn. 9-10.

97 S. etwa EuGH 19.2.2002, C-309/99, Wouters, Slg. 2002, I-1653 Rn. 97; EuGH 18.7.2006, C-519/04 P, Meca-Medina, Slg. 2006, I-6991 Rn. 42; EuG 8.7.2008, T-99/04, AC-Treuhand, Slg. 2008, II-1501 Rn. 126; aus dem Schrifttum *Wish* (Fn. 9), S. 115, 124 f. Davon zu unterscheiden ist die Betonung der Pflicht der einzelnen Unternehmen zu einem autonomen Verhalten auf dem Markt („Selbständigkeitspostulat“).

98 EuGH 15.3.2007, C-95/04 P, British Airways, Slg. 2007, I-2331 Rn. 106; EuGH 20.11.2008, C-209/07, Beef Industry, Slg. 2008, I-8637 Rn. 31; EuGH 4.6.2009, C-8/08, T-Mobile Netherlands, Slg. 2009, I-4529 Rn. 38; EuGH 6.10.2009, verb. Rs C-501/06 P u.a., GlaxoSmithKline, Slg. 2009, I-9291 Rn. 63.

99 Zum Folgenden *Bechtold/Brinker/Holzmüller* (Fn. 74), Rn. 75 ff.

eine Zurückdrängung kollektiver Verhandlungen Raum für dezentral abzuschließende Selektivverträge und damit für Wettbewerb zwischen den Kassen zu schaffen und dadurch die Effizienz zu erhöhen.[100] Insofern ist eine *differenzierende Herangehensweise* möglich und geboten, ohne dass damit die Funktionsfähigkeit der Sozialversicherung in Frage gestellt würde. Genau dies ist der Weg, den der Gesetzgeber nach der radikalen Wende im Jahre 2000 mit den Reformen 2007 und 2010 zu gehen versucht.

aa) Behinderungs- und Diskriminierungsverbote etc.

Die These vom Zielkonflikt zwischen Kartellrecht und sozialrechtlichen Grundsätzen wird im Wesentlichen auf die Anwendung des Kartellverbots bezogen. Damit bleibt die im Jahre 2007 wieder eingeführte entsprechende Anwendung der §§ 19-21 Abs. 1 GWB in § 69 SGB V a.F. unangefochten. In der Tat lassen die Erfahrungen mit der Anwendung der Diskriminierungs- und Behinderungsverbote auf (relativ) marktmächtige Krankenkassen, die in den Jahren zwischen 1960 und 2000 gesammelt worden sind, keine andere Schlussfolgerung zu. Dies gilt zumindest insoweit, wie der Versorgungsauftrag der Kassen im Rahmen der sachlichen Rechtfertigung angemessene Berücksichtigung findet.[101] Für die in § 21 Abs. 1 und 2 GWB normierten Boykott- und Druckverbote, die sich auch an nicht marktbeherrschende Unternehmen richten, gilt nichts anderes.

bb) Kartellverbot

Es wird befürchtet, dass die Anwendung des Kartellrechts – und gemeint ist hier das Kartellverbot – nicht nur der in § 4 Abs. 3 SGB V angeordneten Kooperationspflicht der gesetzlichen Krankenkassen den Boden entzieht, sondern vor allem auch den Grundsatz der kollektiven Leistungsbestimmung – der kollektiven Bestimmung, Bewertung und Beschaffung medizinischer Dienst- und Sachleistungen – und damit das Ziel der *Leistungs- und Versorgungseinheit* in Frage stellt.[102]

100 *Baake/Kuchinke/Wey*, Die Anwendung der Wettbewerbs- und Kartellvorschriften im Gesundheitswesen, WuW 2010, 502 (506).

101 Dazu *Roth*, Steuerung des Gesundheitsmarkts (Fn.*), S. 137 (146 ff.).

102 *Bechtold/Brinker/Holzmüller* (Fn. 74), Rn. 78.

Für die rechtspolitische Bewertung der Anwendung des Kartellverbots[103] auf die Nachfragetätigkeit der Kassen ist zunächst im Ausgangspunkt festzuhalten, dass dieses nur Anwendung finden kann, wenn den Kassen (oder ihren Verbänden) überhaupt ein *Handlungsspielraum* zukommt. Ein solcher Handlungsspielraum ist in den letzten Jahren durch die Möglichkeit, *Selektivverträge* abzuschließen, eröffnet worden. Soweit der Gesetzgeber den Kassen Handlungsautonomie zubilligt, besteht zumindest im Grundsatz eine Legitimation für die Anwendung des Kartellverbots: Denn der Gesetzgeber *bezweckt* gerade durch die Eröffnung von Handlungsspielräumen einen *Wettbewerb zwischen den Kassen* mit all seinen positiven Effekten, der seinerseits nicht durch eine Kartellbildung konterkariert werden sollte.

Umgekehrt gilt: Wo das Gesetz die Kassen oder ihre Verbände zum Abschluss von wettbewerbsbeschränkenden Vereinbarungen oder Beschlüssen *verpflichtet*, fehlt es an einem wettbewerbsrelevanten Handlungsspielraum und mithin bei entsprechenden Absprachen an einer Wettbewerbsbeschränkung. Soweit § 69 Abs. 2 Satz 2 und Satz 3 SGB V die entsprechende Anwendung der GWB-Verbotsregelungen in diesen Fällen ausschließt, hat diese Regelung daher im Wesentlichen nur *klarstellende* Bedeutung: Wo die Kassen oder ihre Verbände gesetzliche Verpflichtungen erfüllen, findet Wettbewerb nicht statt; es bedarf mithin auch nicht eines Wettbewerbsschutzes.

Zugleich wird aber die vom Gesetzgeber angesteuerte *Rollenverteilung* deutlich erkennbar: In den Bereichen, in denen es nach der Einschätzung des Gesetzgebers sinnvoll ist, die Nachfragetätigkeit der Kassen durch kollektive Leistungsbestimmung und Leistungsverschaffung zu steuern, bleibt das Kartellrecht außen vor. Anders aber in den Fällen, in denen sich der Gesetzgeber dafür entscheidet, den Kassen Freiraum für autonomes und damit wettbewerbliches Handeln zu eröffnen. Aus rechtspolitischer Perspektive erscheint damit das Kartellrecht keineswegs in einem diametralen Gegensatz zu den sozialrechtlichen Wertungen, sondern schließt sich den sozialrechtlichen Wertungen an: Der Gesetzgeber hat es in der Hand, über die Regelungen des SGB V – die Möglichkeit für die Kassen, Selektivverträge abzuschließen – den Freiraum für durch das Kartellrecht geschützten Wettbewerb so weit zu öffnen, wie dieser Wettbewerb bessere Ergebnisse als kollektiv verantwortete Vereinbarungen erwarten lässt.

---

103 Das „Kartellverbot“ des § 1 GWB umfasst sowohl Abstimmungen horizontaler Art zwischen den Kassen wie auch vertikaler Art – also zwischen den Kassen und den Leistungserbringern. Im Text ist verkürzt nur von „Kartellen“ und „Kartellverbot“ die Rede.

c) Effizienz und Kostensenkungen

Insbesondere im Zusammenhang mit den Rabattverträgen ist die Frage diskutiert worden, ob nicht die Anwendung des Kartellverbots auf die Nachfragetätigkeit der Kassen dem mit den Reformgesetzen seit 2000 angestrebten Ziel, der Kostenexplosion im Gesundheitswesen – insbesondere bei den Arzneimittelpreisen – Herr zu werden, diametral zuwiderläuft.[104] In der Tat liegt es nahe, dass durch Nachfragebündelung auf Seiten der Kassen Nachfragemacht entstehen kann, die dazu führt, dass in den Verträgen mit den Leistungserbringern günstigere Konditionen (etwa in Form von Rabatten) erreicht werden. Mit einer Anwendung des Kartellverbots auf Nachfragekartelle können sich daher zumindest kurzfristig Wirkungen ergeben, die dem Ziel der Gesundheitsreformen, Kosten zu senken, entgegenlaufen.

Freilich liegen die Dinge nicht ganz so einfach. Eine Zusammenballung von Nachfragemacht mag zwar den Preissetzungsspielraum der Leistungsanbieter beschränken und damit – kurzfristig – zu günstigeren Einkaufspreisen der Kassen führen. Zugleich kann aber die Bildung von Nachfragemacht mittelfristig nachteilige Wirkungen für die Marktstruktur auf der Anbieterseite zeitigen. Zu befürchten ist bei Märkten mit kleineren Herstellern, dass eine Reihe von ihnen aus dem Markt austreten werden, was die Leistungsvielfalt schwächen und tendenziell die Oligopolbildung fördern kann.[105] Damit mag ein Verlust an Innovationskraft und damit der Leistungsqualität auf Seiten der Anbieter einhergehen und dies mag mittelfristig nicht nur Konzentrationsprozesse fördern, sondern auch zu einem Anstieg der Preise führen.[106] Auch wenn sich die Gefahr zumindest kurzfristiger Kostensteigerungen im Gesundheitssystem durch die Anwendbarkeit (und Durchsetzung) des Kartellrechts auf Nachfragerkartelle nicht ausschließen lässt, so ist das Ausmaß dieser Gefahr im Übrigen im Hinblick darauf zu relativieren, dass es sich bei dem Kartellverbot des § 1 GWB keineswegs um ein per se-Verbot handelt, sondern für die Nachfragekooperation der Kassen und damit für Maßnahmen zur Kostensenkung durchaus – wie noch zu zeigen sein wird – einiger *Spielraum* besteht, soweit diese Kooperation keine wettbewerbsbeschränkenden Wirkungen hervorbringt oder aber gem. § 2 Abs. 1 GWB gerechtfertigt werden kann.

---

104 Dazu zuletzt *Bechtold/Brinker/Holzmüller* (Fn. 74), Rn. 81 ff.

105 Stellungnahme des Bundeskartellamts (Fn. 37), S. 3.

106 Stellungnahme des Bundeskartellamts (Fn. 37), S. 3.

d) Rechtsunsicherheit

Auch wenn die Anwendung des § 1 GWB auf die Leistungsbeziehungen der Kassen zu den Leistungserbringern für die Kassen im Ergebnis einigen Spielraum lässt, ist bei all dem nicht zu übersehen, dass die Anwendbarkeit des § 1 GWB ein gerütteltes Maß an *rechtlicher Unsicherheit* mit sich bringt, wenn und soweit es etwa darum geht, die wettbewerbsbeschränkenden Wirkungen eines Nachfragekartells zu ermitteln oder aber die Freistellungskriterien des § 2 GWB im Einzelnen zu prüfen. Diese Rechtsunsicherheit,[107] die auch dem zunehmend praktizierten *more economic approach* im Kartellrecht geschuldet ist, ist freilich keine Besonderheit der Kartellrechtsanwendung im Bereich der GKV. Sie trifft die Wirtschaft insgesamt und wirft für die Kassen auch keine unüberwindbaren Probleme auf, die etwa ihren Versorgungsauftrag in Frage stellen würden.

e) Ungleichbehandlung

Allerdings mögen die Kassen die Anwendbarkeit des Kartellrechts auf ihre Nachfragetätigkeit aus einem ganz anderen und im Wesentlichen formalen Grund in Frage stellen: Die öffentlichen Hände, also Kommunen, Anstalten und Körperschaften des öffentlichen Rechts etc., unterliegen allesamt für ihre Nachfragetätigkeit nicht dem deutschen Kartellrecht, soweit sie *downstream* nicht wirtschaftlich tätig sind. Dies ist eine Folge der Übernahme des Unternehmensbegriffs aus dem europäischen Kartellrecht, die auch nicht durch § 130 Abs. 1 GWB korrigiert wird.[108] Diese Norm stellt lediglich klar, dass auch die öffentlichen Unternehmen dem Kartellrecht unterliegen. Hierbei wird aber kein eigenständiger, sondern vielmehr ein zu den einzelnen kartellrechtlichen Bestimmungen akzessorischer Unternehmensbegriff verwendet.[109] Dies führt zu einer weitgehenden Freistellung der öffentlichen Hand vom Kartellrecht – ganz im Gegensatz zu der jetzt in § 69 Abs. 2 Satz 1 SGB V angeordneten „entsprechenden" Anwendung der §§ 1 ff., 19 ff. GWB. Diese Ungleichbehandlung spricht aber nicht gegen die Anwendung des Kartellverbots auf die Nachfragetätigkeit der Kassen, sondern vielmehr dafür, den Unternehmensbegriff in § 130 Abs. 1

107 S. auch die Stellungnahme des Bundesrates, BT-Drucks. 17/3116, S. 12.

108 Gegenteilig *Säcker/Herrmann* in Münchener Kommentar (Fn. 5), Einl. Rn. 1616 ff.; *Säcker* in: Münchener Kommentar (Fn. 69), § 130 Rn. 1.

109 *Roth*, Zur Anwendbarkeit des GWB (Fn.*), S. 253 (266 ff.); *Roth/Ackermann* (Fn. 44), § 1 GWB 2005 Rn. 64 ff.

GWB gegenüber dem des europäischen Kartellrechts und dem der §§ 1 ff., 19 ff. GWB eigenständig und erweiternd neu zu formulieren.[110]

II. Berücksichtigung des Sozialrechts

Es ist bereits (unter I.2.b.) dargelegt worden, dass das Konfliktpotential zwischen Kartellrecht und sozialversicherungsrechtlichen Wertungen – auf einer ersten Stufe – vom Gesetzgeber selbst durch Regelungen im SGB V kanalisiert und geordnet wird. Dies ist im Folgenden noch zu konkretisieren. Damit ist freilich das Konfliktpotential nicht völlig entschärft. Vielmehr bleibt auch zu fragen, ob und wie weit der Versorgungsauftrag der Kassen und die sie durch das SGB V treffenden Pflichten in Konkordanz mit kartellrechtlichen Wertungen gebracht werden können.

1. Versorgungsauftrag

Das Gesetz zur Weiterentwicklung der Organisationsstrukturen der gesetzlichen Krankenversicherung (GKV-OrgWG) vom 15.12.2008[111] hatte in dem neu geschaffenen § 69 Abs. 2 SGB V einen Satz 3 angehängt, wonach bei der „entsprechenden" Anwendung der §§ 19-21 GWB der „Versorgungsauftrag" der gesetzlichen Krankenkassen „besonders zu berücksichtigen" war. Mit dieser Anforderung sollte klargestellt werden, dass es bei der Anwendung der §§ 19 ff. GWB nicht nur um eine Bewertung und Abwägung von Individualinteressen unter Berücksichtigung des auf die Förderung des Wettbewerbs orientierten Ziels des GWB geht, sondern auch um eine Berücksichtigung der Ziele des GKV als ein nicht-wettbewerblicher Allgemeinauftrag, der in Form einer Berücksichtigungspflicht ausgestaltet war. Die „besondere" Berücksichtigung des Versorgungsauftrags reflektierte die Wertigkeit der sozialpolitischen Ziele des SGB V, deren Berücksichtigung nicht nur gegenwartsbezogen – in Richtung einer möglichst kostengünstigen Versorgung der Versicherten –, sondern auch zukunftsbezogen im Sinne einer langfristigen Erhaltung eines funktionsfähigen Wettbewerbs auf der Anbieterseite zu verstehen war.[112]

Welche Zwecke (unausgesprochen) mit der Streichung des § 69 Abs. 2 Satz 3 SGB V durch das AMNOG verfolgt worden sind, ist nicht klar ersichtlich. Aus den Gesetzesmaterialien ergibt sich, dass die Erwähnung des Versorgungs-

110 *Roth*, Steuerung des Gesundheitsmarkts (Fn.*), S. 137 (156).

111 BGBl. 2008 I, S. 2477.

112 *Roth*, Steuerung des Gesundheitsmarkts (Fn.*), S. 137 (155).

auftrags als „entbehrlich" angesehen wurde, weil bei der Anwendung der Missbrauchsvorschriften des GWB „im Rahmen der Prüfung der Tatbestandsmerkmale und bei einer möglichen sachlichen Rechtfertigung eine umfassende Würdigung des Sachverhalts vorzunehmen" sei, die „auch den Versorgungsauftrag der gesetzlichen Krankenkassen einschließt."[113] Aus dieser Begründung wird man zweierlei ableiten können: Zum einen ist daraus zu folgern, dass aus der Streichung des § 69 Abs. 2 Satz 3 SGB V nicht der Schluss gezogen werden darf, dass der Versorgungsauftrag der Kassen bei der Anwendung der kartellrechtlichen Vorschriften keine Rolle mehr spielen darf. Zum anderen wird man die Streichung aber auch dahingehend verstehen dürfen, dass die durch das AMNOG intendierte Verstärkung des Wettbewerbsschutzes durch Anwendung des Kartellverbots nicht durch eine Bezugnahme auf den Versorgungsauftrag vorschnell unterlaufen werden darf.

2. §§ 19-21 GWB und sozialversicherungsrechtliche Wertungen

Die §§ 19-21 Abs. 1 GWB arbeiten mit generalklauselartig formulierten Verbotstatbeständen („unbillig", „missbräuchlich", „ohne sachlich gerechtfertigten Grund"), deren Anwendung über eine Interessenabwägung gesteuert wird. Bei dieser Interessenabwägung können neben den Interessen der Parteien und des Schutzes des Wettbewerbs auch gesetzliche Wertungen aus anderen Bereichen und Gemeinwohlbelange mit einfließen.[114] Insofern können auch die im SGB V auffindlichen gesetzlichen Bindungen für die gesetzlichen Krankenkassen bei der Bewertung ihres Verhaltens als „missbräuchlich" oder „unbillig" im Sinne der §§ 19-21 GWB Berücksichtigung finden. Dies gilt etwa für das Wirtschaftlichkeitsgebot (§§ 2, 12, 132 Abs. 2 Satz 1 SGB V), das Gebot der Beachtung der Vielfalt der Leistungserbringer (§§ 2 Abs. 3 Satz 1, 109 Abs. 2 SGB V) und die Rücksichtnahme auf die Versicherten (§ 2 Abs. 3 Satz 2 SGB V). Die Berücksichtigung dieser speziellen sozialversicherungsrechtlichen Ziele ist seit jeher in der kartellrechtlichen Rechtsprechung fest verankert.[115] Daher ist auch nicht zu erwarten, dass die Streichung der Regelung des § 69 Abs. 2 Satz 3 SGB V a.F. zum Vorsorgeauftrag an der Berücksichtigung des Vorsorgeauftrags in der Rechtsprechung etwas ändern wird.

113 Gesetzentwurf der Fraktionen der CDU/CSU und FDP, Begründung, BT-Drucks. 17/2413, S. 27.

114 BGH WuW/E BGH 2805 (2809) – „Stromeinspeisung"; BGH WuW/E BGH 1951 (1952) – „Bevorzugung einer Behindertenwerkstatt".

115 Nachweise bei *Roth*, Steuerung des Gesundheitsmarkts (Fn.*), S. 137 (152 f.).

3. §§ 1-2 GWB und SGB V

Was die Reichweite des durch das AMNOG erneut etablierten Kartellverbots angeht, so ist zunächst von einem eher *ergänzenden* Charakter des Kartellverbots auszugehen (unter a.). Eine nähere Betrachtung zeigt, dass das Kartellverbot den Kassen durchaus gewichtigen Spielraum für eine Bündelung der Nachfrage einräumt (unter b.); dies gilt auch und gerade im Hinblick auf die Rechtfertigung durch Effizienzgesichtspunkte (unter c.).

a) Kollektivertragliche und selektivvertragliche Steuerung

Für eine mögliche Begrenzung der Reichweite der „entsprechenden" Anwendung des § 1 GWB auf Vereinbarungen, Beschlüsse und Empfehlungen im Bereich der Leistungsbeziehungen sind vier Konstellationen zu unterscheiden.

aa) Handlungspflichten

§ 69 Abs. 2 Satz 2 und Satz 3 SGB V stellen klar, dass das Kartellverbot auf alle Kooperationen von Krankenkassen und ihren Verbänden wie auch auf Beschlüsse, Richtlinien und Empfehlungen *keine Anwendung* findet, soweit zu deren Vornahme eine *gesetzliche Verpflichtung* besteht.[116] Mit dieser – aus der Sicht des Kartellrechts eigentlich überflüssigen – Regelung (in anderen Zusammenhängen spricht man von *narrativen* Normen) bringt der Gesetzgeber die *Subsidiarität* des Kartellrechts gegenüber dem Kassenregulierungsrecht zum Ausdruck, soweit dieses die Kassen und ihre Verbände zu bestimmten Tätigkeiten verpflichtet. Insoweit wird das Kartellrecht nicht etwa als umfassender Ordnungsrahmen für das gesamte Recht der GKV etabliert, sondern allein für den Bereich, den der Gesetzgeber für Einzelvertragsbeziehungen zwischen den Kassen und den Leistungserbringern eröffnen will.[117]

bb) Exklusivität kollektiven Handelns

Über die Ausnahme in § 69 Abs. 2 Satz 2 SGB V hinausgehend wird man das Kartellverbot auch dort von vornherein als *unanwendbar* ansehen müssen, wo das SGB V für den Erlass von Empfehlungen *allein* ein *kollektives* Handeln vorsieht (ohne zu einem solchen Handeln zu verpflichten). Dies gilt etwa für die

---

116 Von der vormaligen Bestimmung, wonach solche Verträge einer Schiedsamtsregelung unterfallen müssen, wurde Abstand genommen.

117 Gesetzentwurf der Fraktionen der CDU/CSU und FDP, Begründung, BT-Drucks. 17/2413, S. 26.

nach § 125 Abs. 1 SGB V möglichen Rahmenempfehlungen und -verträge im Bereich der Heilmittelversorgung, für die allein eine Zuständigkeit für den Spitzenverband Bund der Krankenkassen und für die jeweiligen Spitzenorganisationen der Heilmittelerbringer vorgesehen ist. Nichts anderes gilt für die in § 129 Abs. 2 SGB V und § 131 SGB V angesprochenen Rahmenverträge, als deren Vertragspartner (nur) der Spitzenverband Bund der Krankenkassen einerseits und die Spitzenorganisationen der Apotheker bzw. pharmazeutischen Unternehmer andererseits oder aber einzelne pharmazeutische Unternehmen (wie bei § 130b Abs. 1 SGB V) in Frage kommen. Das SGB V verfolgt hier seine Ziele durch *Kompetenzzuweisung* an kollektiv verfasste Akteure auf der Nachfrageseite; dies schließt die entsprechende Anwendung des § 1 GWB, soweit es um horizontale Wettbewerbsbeschränkungen geht, auf solche Verträge (bzw. Empfehlungen) aus.

cc) Kollektives Handeln in dem für Selektivverträge eröffneten Bereich

In einer Reihe von Fällen, in denen das SGB V den Kassen die Möglichkeit eröffnet, *Selektivverträge* mit Leistungserbringern abzuschließen, um damit Wettbewerb zwischen den Kassen zu schaffen, wird eine solche Vertragsschlusskompetenz zugleich auch den Kassen*verbänden* zugeordnet. Beispiele hierfür sind etwa: § 63 Abs. 1, 6, § 64 Abs. 1, § 129 Abs. 5, § 130a Abs. 8 (Rabattverträge), § 130c Abs. 1 SGB V.

Hier taucht ein mögliches Abstimmungsproblem zwischen den zitierten sozialversicherungsrechtlichen Regelungen und der in § 69 Abs. 2 Satz 2 SGB V angeordneten Verweisung auf § 1 GWB auf: Man könnte die Regelungen nicht nur als eine Zuständigkeitszuweisung dahingehend verstehen, dass die *Verbände* für ihre Mitglieder bindende Verträge schließen können, sondern ihnen darüber hinausgehend die implizite Wertung entnehmen wollen, dass eine solche Verbandstätigkeit von der Anwendung des § 1 GWB entbunden sein soll. Freilich würde damit übersehen, dass diesen Regelungen eine *Grundwertung* in dem Sinne zu entnehmen ist, dass mit der Möglichkeit zum Abschluss von Selektivverträgen *Wettbewerb* zwischen den Kassen entstehen soll, der seit der Neufassung des § 69 Abs. 2 Satz 1 SGB V durch das AMNOG dem Schutz des Kartellverbots aus § 1 GWB untersteht. Wenn und soweit diese Regelungen auch den Verbänden eine Zuständigkeit zum Vertragsabschluss mit den Leistungserbringern einräumen, soll dies nicht von dieser Grundwertung dispensieren, sondern den Kassen allein die Möglichkeit zu einem effektiveren und effizienteren Vertragsabschluss eröffnen. Diese Tätigkeit der Verbände muss sich aber im Rahmen des Kartellrechts, und hier insbesondere des Kartellverbots bewegen. Dies bedeutet: Wenn und soweit die Kassen in ihren Beziehungen zu den Leistungserbringern dem Kartellverbot unterworfen sind, kann für die Tätigkeit der Verbände nichts anderes gelten. Es wäre widersprüchlich, die Kassen in ihrer autonomen Nachfragetätigkeit den Schranken eines Kartellverbots zu unterwerfen, die Tätigkeit der Verbände aber von den Restriktionen des Kartellverbots zu befreien. Da das Kartellverbot kein per se-Verbot impliziert, kommt es hier ganz wesentlich auf die Grenzen des Verbots und mögliche Rechtfertigungsgründe an (dazu unter b. und c.).

dd) Selektivverträge

Soweit die soeben besprochenen Regelungen den *Kassen* die Freiheit zum Abschluss von Selektivverträgen eröffnen, unterfallen diese dem Kartellverbot. Da dieses nicht als per se-Verbot ausgestaltet ist, tritt die Frage in den Vordergrund, ob und inwieweit sozialrechtliche Zielsetzungen trotz des Verbots verfolgt werden können (unter b. und c.)

b) Wettbewerbsbeschränkung

Im Vordergrund der Diskussion um die Neufassung des § 69 Abs. 2 SGB V durch das AMNOG standen die kartellrechtlichen Probleme einer *Kooperation* zwischen den Kassen, also Fragen einer *horizontalen* Wettbewerbsbeschränkung durch Nachfragebündelung. Dafür ist die Einsicht wichtig, dass § 1 GWB kein per se-Verbot für horizontale Verhaltenskoordinierung schafft, sondern nur eingreift, wenn die Koordination eine *Beschränkung des Wettbewerbs* entweder bezweckt oder zu bewirken geeignet ist. In den Beziehungen zu den Leistungserbringern geht es um den Wettbewerb der Kassen, also um den Nachfragewettbewerb (*upstream*), der zumindest mittelbare Wirkungen auf den Absatzwettbewerb der Kassen (*downstream*) zeitigen mag.

Die überkommene *deutsche Kartellrechtspraxis* war von einer Übertragung der Grundsätze über Verkaufskooperationen auf Einkaufskooperationen geprägt,[118] und hat den Einkaufskooperationen vor allem dann enge Grenzen gesetzt, wenn sie mit (auch faktischen) Bezugspflichten verbunden waren.[119] Einkaufskooperationen wurden aber auch dann als problematisch angesehen, wenn ihre Zusammenarbeit eine höchstpreisähnliche Festlegung der Einkaufsbedin-

---

118 *Bechtold* in: Bechtold (Fn. 59), § 1 Rn. 86; aus der Rspr. vgl. etwa KG 28.2.1986, WuW/E OLG 3737 – „Selex-Tania“; BGH 12.11.2002, WuW/E DE-R 1087 – „Feuerlöschzüge“.

119 *Zimmer* in: Immenga/Mestmäcker (Fn. 59), § 1 Rn. 265-266.

gungen bezweckte oder bewirkte,[120] wobei das Bundeskartellamt nur solche Einkaufskooperationen aufgegriffen hat, die weit jenseits der Spürbarkeitsgrenze gelegen haben. Die vom Bundeskartellamt veröffentlichte *Bagatellbekanntmachung*,[121] die allein Richtlinien für die Verfolgungspraxis des Amtes vorgeben will, hält Einkaufsgemeinschaften, die einen Marktanteil von 10% nicht übersteigen, für unproblematisch, nimmt davon aber alle Einkaufskartelle aus, die eine Festsetzung von Preisen oder Preisbestandteilen bezwecken oder bewirken (Rn. 13-14). Es ist anzunehmen, dass etwa eine Einigung über zu fordernde Rabatte vom Amt als eine Einigung über Preisbestandteile angesehen würde. In der *KMU-Bekanntmachung*[122] wird für Einkaufskooperationen zwar auf die – das Bundeskartellamt nicht bindenden – Leitlinien der EU-Kommission verwiesen (Rn. 38), wonach bei einem Marktanteil von 15% oder weniger von einer Einkaufsgemeinschaft keine wettbewerbeschränkenden Wirkungen zu erwarten seien, diese Wertung aber nicht übernommen, sondern festgestellt, dass insoweit die Freistellungskriterien des § 2 Abs. 1 GWB aller Wahrscheinlichkeit nach erfüllt seien (Rn. 38).

In den *Horizontalleitlinien* der EU-Kommission von 2011[123], die für die Anwendung des Art. 101 AEUV durch die Kommission und jedenfalls mittelbar auch für die Anwendung des § 1 GWB[124] von Bedeutung sind, werden die (kurzfristigen) positiven Effekte von Einkaufsvereinbarungen betont, wenn es dort heißt: „Ziel gemeinsamer Einkaufsregelungen ist in der Regel, Nachfragemacht zu schaffen, die zu niedrigeren Preisen oder qualitativ besseren Produkten oder Dienstleistungen für die Verbraucher führen kann" (Rn. 194). Nach Ansicht der Kommission geben gemeinsame Einkaufsregelungen weniger Anlass zu wettbewerblichen Bedenken, wenn die Parteien (hier also die Kassen) *downstream* nicht über *Marktmacht* verfügen (Rn. 204) und *upstream* der Markt

120 KG 28.2.1986, WuW/E OLG 3737 (3741 f.) – „Selex-Tania".

121 Bekanntmachung Nr. 18/2007 des Bundeskartellamtes über die Nichtverfolgung von Kooperationsabreden mit geringer wettbewerbsbeschränkender Bedeutung vom 13.3.2007; abgedruckt bei *Bechtold* (Fn. 59), unter Anhang C 2.

122 Merkblatt des Bundeskartellamtes über Kooperationsmöglichkeiten für kleinere und mittlere Unternehmen (Stand März 2007), abgedruckt bei *Bechtold* (Fn. 59), Anhang C 5.

123 Mitteilung der Kommission, Leitlinien zur Anwendbarkeit von Artikel 101 des Vertrags über die Arbeitsweise der Europäischen Union auf Vereinbarungen über horizontale Zusammenarbeit, ABl. 2011 C 11/1.

124 In seiner Stellungnahme 2006 (Fn. 37), S. 6, hält das Bundeskartellamt die Horizontalleitlinien (von 2001) für die Anwendung des deutschen Rechts „relevant".

für konkurrierende Einkäufer nicht verschlossen wird (Rn. 203) oder Anbieter mit Marktmacht tätig sind. Während nach der *Bagatellbekanntmachung* der Kommission ein Nachfragerkartell mit bis zu 10% Marktanteil die Spürbarkeitsgrenze nicht erreicht und damit nicht vom Verbot des Art. 101 Abs. 1 AEUV erfasst sein soll,[125] sind die am Kriterium der Marktmacht orientierten *Horizontalleitlinien* (Rn. 39 ff.)[126] noch großzügiger: Die Einigung der Parteien über die Einkaufspreise werden explizit *nicht* als *bezweckte* Wettbewerbsbeschränkungen eingestuft, sondern sollen allein auf ihre wahrscheinlichen wettbewerbsbeschränkenden *Auswirkungen* geprüft werden (Rn. 206). Diesbezüglich wird dann das Entstehen von Marktmacht auf der Nachfrageseite bei einem Marktanteil von nicht mehr als 15% als „unwahrscheinlich" angesehen (Rn. 208) und jenseits der 15%-Marktanteilsgrenze eine umfassende Marktanalyse – Marktkonzentration und mögliche Gegenmacht der Anbieter – für die Feststellung möglicher wettbewerbsbeschränkender Wirkungen verlangt (Rn. 209).

Bedeutsam erscheint in diesem Zusammenhang zweierlei. Mögliche wettbewerbsbeschränkende Wirkungen von Einkaufskooperationen vermutet die Kommission auf den *nachgelagerten Märkten* insofern, als der gemeinsame Einkauf den Anreiz, sich auf dem nachgelagerten Markt (Preis-)Wettbewerb zu machen, abschwächen mag (Rn. 201). Dieser Gesichtspunkt wird für die Krankenkassen, die an feste Beitragssätze gebunden sind (§ 241 SGB V), keine Rolle spielen. Das Verhalten von Einkaufsgemeinschaften mag aber auch auf den Anbieterwettbewerb Rückwirkungen haben, wenn und soweit dadurch bestimmte Leistungen nicht mehr nachgefragt werden und dadurch der Qualitätswettbewerb leidet (Rn. 202), oder aber – von der Kommission nicht erwähnt – eine Konzentration auf einige große Anbieter stattfindet und dadurch kleinere Anbieter vom Markt gedrängt werden.

Die *wettbewerbsrechtliche Bewertung* von Einkaufskooperationen der Kassen nach § 1 GWB wird – jenseits der Marktanteilsbestimmung, die für die Kassen vor allem als *safe harbour* dienen mag – vor allem von folgenden Überle-

---

125 Bekanntmachung der Kommission über Vereinbarungen von geringer Bedeutung, die den Wettbewerb gemäß Artikel 81 Absatz 1 des Vertrags über die Gründung der Europäischen Gemeinschaft nicht spürbar beschränken (de minimis), ABl. 2001 C 368/13, Rn. 11; die in Rn. 11 von Rn. 7 für Preisabreden gemachte Ausnahme gilt nur für den Verkauf von Erzeugnissen, nicht für den Einkauf.

126 Dass dieser Ansatz wohl kaum mit den Vorgaben des Art. 101 Abs. 1 AEUV und der dazu ergangenen Rechtsprechung des Gerichtshofs zu vereinbaren ist, steht auf einem anderen Blatt, kann aber hier nur angedeutet und nicht näher diskutiert werden.

gungen auszugehen haben. Was das Nachfragevolumen angeht führt die Kooperation von kleineren Kassen beim Einkauf zu einem höheren Einkaufsvolumen und damit zu einer verbesserten Verhandlungsposition gegenüber den Leistungserbringern. In der Regel werden niedrigere Einkaufspreise (Rabatte) erzielt. Soweit kleinere Kassen durch niedrigere Einkaufspreise ihre Kosten senken können, verbessert sich ihre Wettbewerbsposition gegenüber ihren größeren Konkurrenten. Damit führt eine Kooperation der kleineren Kassen auf der Nachfrageseite zu einer Verbesserung der Marktstruktur und damit auch des Wettbewerbs auf der Anbieterseite. Mit der Kooperation auf der Nachfrageseite gehen für die Leistungsanbieter zwar Auswahlmöglichkeiten verloren: Solange allerdings der Marktanteil der Einkaufskooperationen unter 10-15% verbleibt, bleiben für den Anbieter genügende Auswahlmöglichkeiten erhalten, um am Markt zu reüssieren.

Vertikale Bindungen – Bezugs- oder Exklusivbindungen zu Lasten Dritter (etwa zu Lasten von Konkurrenten auf der Marktseite der Leistungserbringer) – sind wettbewerbspolitisch solange unbedenklich, wie der Marktzugang für Akteure auf der Leistungserbringerseite gewährleistet ist[127] und wie Kassen von der Nachfrage nach bestimmten Leistungen nicht nachhaltig ausgeschlossen werden. *Marktschließungseffekte* mögen sich allerdings ergeben, wenn auf einer der beiden Marktseiten ein marktbeherrschender Akteur tätig ist oder die Akteure in ein Netz gleichartiger Verträge eingebunden sind („Bündeleffekt“). Werden solche vertikalen Bindungen im Gefolge von Abreden zwischen Wettbewerbern begründet, sind erst recht Marktschließungseffekte zu befürchten.

Im Ergebnis zeigt sich, dass in dem dem Wettbewerb geöffneten Bereich der Selektivverträge das Kartellrecht den Kassen einigen Handlungsspielraum belässt, *ohne* dass sie sich dabei für ihre Wettbewerbsstrategien rechtfertigen müssten. Die Bildung von Einkaufskooperationen zwischen den Kassen geschieht also weitgehend im kartellrechtsfreien Raum. Dies wird erst anders, wenn der gemeinsame Einkauf mit (vertikalen) Bezugs- oder Exklusivbindungen verknüpft wird. Solche Bindungen sind im Übrigen solange unproblematisch, wie spürbare Marktschließungseffekte nicht zu befürchten sind. Werden an Stelle der einzelnen Kassen die Kassen*verbände* aktiv, gelten dieselben Grundsätze. Aufgrund der kumulierenden Wirkungen von Verbandshandeln erhöht sich je nach Größe der Mitgliederzahl naturgemäß die Gefahr des Eintritts einer Wettbewerbsbeschränkung.

---

127 EuGH 28.2.1991, C-234/89, Delimitis, Slg. 1991, I-935 Rn. 21 ff.

c) Rechtfertigung

aa) § 2 Abs. 1 GWB

Weiterer Spielraum eröffnet sich für eine Nachfragekooperation zwischen den Kassen oder aber für eine Vereinbarung zwischen Kasse(n) und Leistungserbringer(n), wenn und soweit eine solche dazu dient, Effizienzen bei der Produktion von Leistungen oder bei ihrem Vertrieb zu realisieren. Lassen sich Effizienzen nachweisen, die an die Kasse(n) weitergegeben werden, ist das von § 2 Abs. 1 GWB gesetzte Erfordernis einer angemessenen Beteiligung der Verbraucher erfüllt. Unter den weiteren Voraussetzungen, dass die wettbewerbsbeschränkende Abrede zur Verwirklichung des angestrebten (Effizienz-) Ziels unerlässlich ist und wesentlicher Wettbewerb auf dem betroffenen Markt erhalten bleibt, können entsprechende Vereinbarungen als rechtmäßig angesehen werden. Gemeinsamer Einkauf der Kassen, der zu niedrigeren Preisen und mithin zu Kosteneinsparungen führt, kann unter § 2 Abs. 1 GWB fallen, wenn die niedrigeren Preise nicht eine Folge schierer Nachfragemacht sind, sondern auf (aus dem Bestellvolumen resultierenden) Produktionseffizienzen beruhen. In gleicher Weise können Vereinbarungen gerechtfertigt werden, die die Leistungserbringer zur Entwicklung neuer bzw. qualitätsvollerer Produkte bzw. Leistungen anregen.[128]

bb) VO Nr. 330/2010

§ 2 Abs. 2 GWB ordnet eine entsprechende Anwendung der europäischen Gruppenfreistellungsverordnungen an. Über § 69 Abs. 2 Satz 1 SGB V findet also auch die VO Nr. 330/2010 „entsprechend" (in doppelter Weise) Anwendung. Danach werden in einer Vereinbarung zwischen einem Leistungserbringer und einer Kasse enthaltene Bezugs- oder Exklusivbindungen vom Verbot des § 1 GWB freigestellt, wenn und soweit weder der Leistungserbringer noch die Kasse auf dem relevanten Markt einen Marktanteil von mehr als 30% aufweist (Art. 3).[129]

---

128 Horizontalleitlinien (Fn. 123), Rn. 217.

129 Verordnung (EU) Nr. 330/2010 der Kommission vom 20.4.2010 über die Anwendung von Artikel 101 Absatz 3 des Vertrags über die Arbeitsweise der Europäischen Union auf Gruppen von vertikalen Vereinbarungen und abgestimmten Verhaltensweisen, ABl. 2010 L 102/1.

cc) Berücksichtigung sozialversicherungsrechtlicher Wertungen?

Im Schrifttum wird verbreitet ein Spannungsfeld zwischen dem Kartellverbot des § 1 GWB einerseits und der in § 4 Abs. 3 SGB V verankerten Kooperationspflicht der Kassen andererseits behauptet, was die Frage nahelegen mag, ob diese Kooperationspflicht nicht entweder im Rahmen des § 2 Abs. 1 GWB oder aber – nach dem Vorbild im Unionskartellrecht[130] – zur Restriktion des Verbotstatbestands des § 1 GWB als nichtwettbewerblicher Rechtsfertigungsgrund[131] anzuerkennen ist.[132]

aaa) § 4 Abs. 3 SGB V

Die aus § 4 Abs. 3 SGB V resultierende *Kooperationspflicht* zielt auf die Funktionsfähigkeit des *Gesamtsystems* der GKV[133] und soll helfen, die durch die vielfältige Gliederung des Krankenkassenwesens entstehenden Probleme zu überwinden.[134] Die Kooperationspflicht realisiert und konkretisiert[135] sich – jenseits einzelner Regelungen, die die Tätigkeit einzelner Kassen ansprechen (§§ 73b Abs. 4, 73c Abs. 3 SGB V) – vor allem durch die Zusammenarbeit der Kassen in den kassenspezifisch errichteten Verbänden („innerhalb einer Kassenart") sowie kassenübergreifend auf der Ebene der Bundesverbände.[136] Dies gilt in gleicher Weise für die Beziehungen zu den Leistungserbringern, soweit das SGB V dem kollektivvertraglichen Regelungsmuster den Vorzug gibt. Insoweit ist dem Gesetz die Wertung zu entnehmen, dass die von der Kooperationspflicht verfolgten

130 Dazu *Roth/Ackermann* in: Frankfurter Kommentar (Fn. 46), Art. 81 Abs. 1 EG - Grundfragen, Rn. 23 m.w.N.; *Pohlmann* in: ebd., Art. 81 Abs. 3 – Grundfragen, Rn. 37-76; *Roth*, Zur Berücksichtigung nichtwettbewerblicher Ziele im europäischen Kartellrecht, in: FS Mestmäcker (2006), S. 411; *Makowski*, Kartellrechtliche Grenzen der Selbstregulierung (2007), S. 90 ff.; *Monti*, EC Competition Law (2007), S. 89 ff.; *Semmelmann*, Social Policy Goals in the Interpretation of Article 81 EC (2007).

131 Zu letzterem Ansatz im deutschen Kartellrecht *Roth/Ackermann* (Fn. 44), § 1 GWB 2005 Rn. 105-106.

132 Die im Schrifttum vor Inkrafttreten des AMNOG aus § 4 Abs. 3 SGB V gefolgerte Bereichsausnahme zu § 1 GWB – so etwa *Mühlhausen* in: Becker/Kingreen (Fn. 57), § 4 Rn. 7 – gehört der Vergangenheit an.

133 *Mühlhausen* in: Becker/Kingreen (Fn. 57), § 4 Rn. 7.

134 *Hänlein* in: Kruse/Hänlein (Hg.), Sozialgesetzbuch V, 3. Aufl. (2009), § 4 Rn. 25.

135 *Bechtold*, WuW 2010, 727 (allerdings mit gegenteiligen Folgerungen).

136 *Hänlein* in: Kruse/Hänlein (Fn. 135), § 4 Rn. 25.

Interessen der Wirtschaftlichkeit und Leistungsfähigkeit (§ 4 Abs. 3 SGB V) durch kollektives Handeln am besten realisiert werden. Dies gilt aber *nicht* mehr für den Bereich, der für den Abschluss von *Selektivverträgen geöffnet* worden ist.[137] Denn hier hat sich der Gesetzgeber für eine Zielerreichung durch Wettbewerb entschieden, und diese Zielerreichung durch die Anordnung der entsprechenden Anwendung des § 1 GWB abgesichert. Daher findet die – primär auf das Gesamtsystem bezogene – Kooperationspflicht der Kassen ihre *Grenzen* in der vom Gesetzgeber vorgenommenen wettbewerbsorientierten Ausrichtung des Bereichs der Selektivverträge. Die Kooperationspflicht kann somit nur mehr im Rahmen des – soeben erörterten – kartellrechtlich Erlaubten bestehen.[138]

bbb) Versorgungsauftrag

Die effektive Realisierung des Versorgungsauftrags der Krankenkassen – die wirksame und qualitätsvolle Versorgung der Versicherten unter Gesichtspunkten der Wirtschaftlichkeit und der Effizienz (§ 2 Abs. 1, Abs. 4 SGB V) – bedarf keiner Absicherung durch eine modifizierte Anwendung des § 1 oder § 2 Abs. 1 GWB: Wenn und soweit der Gesetzgeber mit der Öffnung des SGB V für Selektivverträge auf das Wettbewerbsprinzip setzt, liegt darin eine Entscheidung dafür, dass der Wettbewerb die angestrebten Ziele besser erreicht, als dies über den Weg kollektiven Handelns möglich wäre. Dies ist eine Entscheidung des Gesetzgebers für eine Verpflichtung zu autonomem Handeln der Kassen, von der nur in den Grenzen des kartellrechtlich Zulässigen dispensiert wird. Wirtschaftlichkeit und Effizienz sind im Übrigen Zielsetzungen, die über § 2 Abs. 1 GWB eine weitreichende Kooperation der Kassen erlauben.

ccc) Vielfalt der Leistungserbringer

Wenn und soweit § 2 Abs. 3 SGB V die Kassen dazu verpflichtet, bei der Auswahl der Leistungserbringer ihre Vielfalt zu beachten, so ist dies eine Zielsetzung, die nicht nur für das Nachfrageverhalten vor allem marktbeherrschender oder marktmächtiger Kassen von Bedeutung ist (§§ 19, 20 Abs. 1 GWB), son-

---

137 Vgl. auch Stellungnahme des Bundeskartellamts von 2010 (Fn. 65), S. 5, wo es heißt: „Der Gesetzgeber hat im SGB V gezielt die Ordnungselemente Kooperation einerseits und Wettbewerb andererseits nebeneinander angeordnet, um den Krankenkassen im Rahmen der Selbstverwaltung für verschiedene Aufgabenbereiche jeweils adäquate Instrumente an die Hand zu geben.“

138 Die hier vertretene Ansicht kommt derjenigen in der Stellungnahme des Bundeskartellamts von 2010 (Fn. 65), S. 5, nahe, in der eine Einschränkung des Kartellrechts durch das Kooperationsgebot abgelehnt wird.

dern auch im Rahmen der kartellrechtlich erlaubten Kooperation der Kassen eine Rolle spielen kann. Diese Verpflichtung steht freilich nicht in einem Gegensatz zu kartellrechtlich verfolgten Zielen: Soweit den Kassen nach § 1 GWB eine Nachfragekooperation untersagt ist, dient dies indirekt demselben Ziel, das § 2 Abs. 3 SGB V verfolgt – nämlich einer Vermachtung auf der Seite der Leistungserbringer mittel- und langfristig entgegenzuwirken.

E. Schlussbemerkung

In ihrem kürzlich veröffentlichten Beitrag haben *Becker* und *Kingreen* die Forderung nach einem eigenständigen „*Gesundheitsregulierungsrecht*" erhoben.[139] Diese Forderung basiert auf der *These*, dass eine undifferenzierte Anwendung des Kartellrechts den Besonderheiten der gesetzlichen Krankenversicherung nicht gerecht werden könne. Die in diesem Beitrag angestellten Überlegungen haben demgegenüber zu Ergebnissen geführt, die diesbezüglich zur Vorsicht mahnen. Es hat sich gezeigt, dass der heutige Ordnungsrahmen von einem *Nebeneinander* zweier Regelungsinstrumente geprägt ist: Von einem über das SGB V gesteuerten, mit Handlungspflichten operierenden und einem meist kollektivvertraglich basierten Regulierungsrecht einerseits und einem auf dezentralen Marktentscheidungen beruhenden Wettbewerbsrecht andererseits. Dabei hat sich auch gezeigt, dass die vom Gesetzgeber verfolgte Öffnung für den Wettbewerb keineswegs ein per se-Kooperationsverbot enthält. Dieses Nebeneinander von kollektivrechtlicher Steuerung einerseits und selektivvertraglichem Wettbewerb andererseits kann, sofern sich unerwünschte Ergebnisse zeigen, jederzeit vom Gesetzgeber korrigiert werden, indem die Grenzen in die eine (Statuierung von Verpflichtungen; Kompetenzzuweisung für Kollektivregelungen) oder in die andere Richtung (Markt) verschoben werden. Ob das Kartellrecht sich als Regulierungsrahmen für diejenigen Bereiche, für die der Gesetzgeber dezentral getroffene Entscheidungen unter Wettbewerbsbedingungen wünscht, bewährt, muss die Zukunft zeigen.

---

139 *Becker/Kingreen*, NZS 2010, 417 (423).

Kommentar
Das GWB als Regulierungsrecht – geeignet für das Gesundheitswesen?

*Karl-Heinz Mühlhausen**

1. These: Widerspruch

> These Prof. Roth: *Die Wertung des Sozialgesetzbuches, dass die von der Kooperationspflicht verfolgten Interessen der Wirtschaftlichkeit und Leistungsfähigkeit durch kollektives Handeln am besten realisiert werden können, ist überkommen.*

Dieser These ist – mit Blick auf die Rechtslage und die Versorgungsnotwendigkeiten – entschieden zu widersprechen und folgende Gegenthese entgegenzustellen:

> *Weite Teile der Tätigkeit der gesetzlichen Krankenversicherung sind sachgerecht – auch in wirtschaftlicher Hinsicht – durch kollektive Verhaltensweisen geprägt. Anlass sind nicht zuletzt das Gebot der Leistungs- und Versorgungseinheit sowie Praktikabilitätsgründe.*
>
> *Die Entscheidung des Gesetzgebers für kollektives bzw. wettbewerbliches Handeln der GKV ist jeweils vor dem Gebot der Leistungseinheit (Art. 3 GG), der Effizienz sowie der Praktikabilität zu sehen und ggf. zu überprüfen.*

An erster Stelle ist festzuhalten, dass es sich beim sozialrechtlichen Kooperationsmodell nicht um eine „Wertung" handelt, sondern um ein klares gesetzliches Gebot, das sich als Grund- und Programmsatz in den Eingangsvorschriften des Krankenversicherungsrechts – nämlich in § 4 Abs. 3 SGB V – findet. Es erfährt seine konkrete Ausformung an vielen Stellen des Sozialrechts (vgl. etwa § 219 SGB V und § 94 SGB X) und prägt in der Praxis die Arbeitsweise der Krankenkassen, ihrer Verbände sowie sonstiger Einrichtungen des Gesundheitswesens unter- und miteinander. Alle diese Regelungen stehen normenhierarchisch auf gleicher Höhe wie das Kartellverbot des § 1 GWB, das schon aufgrund seiner lediglich „*entsprechenden*" Geltung im Bereich des Vierten Kapitels des SGB V sicherlich keinen Anwendungsvorrang beanspruchen kann. Der Gesetzgeber hat

---

* Der Kommentar greift drei These auf, die dem Thesenpapier von *Wulf-Henning Roth* anlässlich des Symposiums zu entnehmen waren.

mit dem Kooperationsgebot die Erwartung verbunden, dass mit kooperativen Strukturen Effizienz- und Wirtschaftlichkeitsvorteile auf die geeignetste Weise erzielt werden können. Die zwischenzeitlich hinzugetretenen vergaberechtlichen Mechanismen flankieren diesen Ansatz, indem sie den Missbrauch von kooperationsbedingt entstehender Marktmacht ausschließen und ihm hinreichende Rechtsschutzmöglichkeiten gegenüberstellen. Bedauerlicherweise hat der Gesetzgeber es in seinen letzten Reformschritten versäumt, das beschriebene Spannungsverhältnis zwischen sozialrechtlichem Kooperationsgebot und Kartellverbot sachgerecht zu lösen.

Ein weiterer rechtlicher – in diesem Fall gar verfassungsrechtlicher – Gesichtspunkt stärkt den Widerspruch gegenüber der von *Prof. Roth* vorgetragenen These. So wird vielfach ausgeblendet, dass der sozialgesetzliche Versorgungsauftrag eine tiefe verfassungsrechtliche Verankerung hat. Diese findet sich nicht nur im Sozialstaatsprinzip (Art. 20 Abs. 1 GG), sondern auch in dem aus Art. 3 Abs. 1 GG ableitbaren grundsätzlichen Gebot zur beitrags- und leistungsrechtlichen Gleichbehandlung der Mitglieder und Versicherten. Die Realisierung des verfassungsrechtlichen Gebots der Versorgungs- und Leistungseinheit ist Reflex der staatlichen Anordnung von Zwangsmitgliedschaft und Beitragspflicht in der gesetzlichen Krankenversicherung, die in umgekehrter Richtung Gleichbehandlung erfordert. Folgerichtig hat das BVerfG im Arzneimittelfestbetragsurteil[1] festgestellt:

> „Ein Versicherungssystem muss für die Versicherten im Wesentlichen Gleichbehandlung garantieren [...]. Die Konkretisierung des Wirtschaftlichkeitsgebots durch das Verfahren nach §§ 35, 36 SGB V macht das Verwaltungshandeln der Krankenkassen für die Teilnehmer am Gesundheitsmarkt effektiver und vorhersehbarer."

Die Effizienz und Effektivität des sozialrechtlichen Kooperations- und Koordinationskonzepts – über die Schaffung einheitlicher Leistungsstandards hinaus – lässt sich am Beispiel der gemeinsamen Beschaffung von sog. Sprechstundenbedarf durch die Krankenkassen verdeutlichen. Beim gemeinschaftlichen Einkauf von Sprechstundenbedarf verständigen sich die Krankenkassen kassenartübergreifend, z. B. in Form einer Arbeitsgemeinschaft, auf eine gemeinschaftliche Beschaffung der für die Kassenarztpraxis notwendigen Ausstattung mit medizinischen Produkten (wie z. B. Impfstoff). Insoweit handelt es sich um klassische Einkaufskooperationen, die in aller Regel in Form einer gemeinsamen Aus-

1 BVerfG, Beschluss vom 17.12.2002 – 1 BvL 28/95, juris Rn. 137.

schreibung auf den Markt treten. Dass das SGB V hierfür keine ausdrückliche Rechtsgrundlage vorsieht, ist unschädlich. Nach der Rechtsprechung des Bundessozialgerichts können sich Krankenkassen zur Durchsetzung des allgemeinen Wirtschaftlichkeitsgebots aller rechtlich zulässigen Mittel bedienen und demnach auf Grundlage der §§ 53 ff SGB X Verträge mit Leistungserbringern schließen, ohne dass es dazu einer speziellen Ermächtigungsnorm bedarf.[2] Dabei gilt selbstverständlich der Vorrang des Gesetzes, mit der Konsequenz, dass wettbewerblichen Erfordernissen dadurch Rechnung getragen wird, dass die Krankenkassen als öffentliche Auftraggeber die vergaberechtlichen Anforderungen beachten. Eine weitergehende wettbewerbsrechtliche Regulierung auf horizontaler Ebene (Kartellverbot), also insbesondere gegenüber dem gemeinschaftlichen Einkauf, muss demgegenüber zurücktreten, da das sozialgesetzliche Gebot zur Zusammenarbeit und die damit nachweisbar erzielte wirtschaftliche und wettbewerbliche Effizienz kartellrechtliche Interventionstatbestände verdrängt.

Ein effizienteres Verfahren zur wirtschaftlichen Ausstattung von Arztpraxen ist kaum denkbar. Die Alternativen wären individuelle Beschaffungen der einzelnen Krankenkassen für die Vertragsärzte oder durch die Vertragsärzte selbst. Es bedarf sicherlich keiner vertiefenden Ausführungen, um zu zeigen, dass diese Optionen nicht näher diskutierbar sind. Die kassenindividuelle Vorhaltung von Sprechstundenbedarf durch den Arzt – etwa in grünen Schränken für AOK-Versicherte und in gelben Schränken für BKK-Versicherte – wird an der Praktikabilität scheitern; die ärztliche Beschaffung darüber hinaus noch an der Wirtschaftlichkeit.

2. These: Zweifel

> *These Prof. Roth: Im Hinblick auf die unterschiedlichen Zielsetzungen und Steuerungsmöglichkeiten ist eine differenzierende Herangehensweise über die Merkmale kollektiver und selektiver Leistungsbeschaffung und -bestimmung möglich.*

Es ist zweifelhaft, dass diese These bei einer Detailbetrachtung der einzelnen Versorgungsbereiche einschließlich ihrer sozialrechtlichen Regelungskonzepte Bestand haben wird. Stattdessen gilt:

> *Dem Gesetzgeber ist eine verlässliche Differenzierung zwischen sozial- und kartellrechtlicher Regulierung nicht gelungen. Bei näherer Betrachtung ver-*

---

2 So zumindest für den Arzneimittelbereich BSG, Urteil vom 10.3.2010 – B 3 KR 26/08 R, juris Rn. 24.

lieren die Merkmale der „kollektiven" und der „selektiven" Versorgung die für eine rechtssichere Differenzierung notwendige Unterscheidungskraft.

Eine „gesundheitswettbewerbsrechtliche" Regulierung in kleinen Schritten wäre richtig.

Die entsprechende Anordnung des Kartellverbots in § 69 SGB V lässt – wie bereits ausgeführt – zwei sehr gegensätzliche Regelungskonzepte gegeneinander laufen. Einerseits enthält das Kartellrecht in § 1 GWB ein generelles Kooperationsverbot für konkurrierende Unternehmen, andererseits verpflichtet das SGB V zur Zusammenarbeit und Kooperation zwischen den gesetzlichen Krankenkassen mit der Zwecksetzung eines einheitlichen Leistungsniveaus sowie der Hebung von Wirtschaftlichkeitsreserven.[3] Zwar enthält das Gesetz in § 69 Abs. 2 S. 2 SGB V einen Ansatz, um das Verhältnis von Sozialrecht und Kartellrecht zu klären. Im Sinne einer differenzierbaren Handhabung gelungen ist ihm dies aber nicht. Bereits die politisch stets betonte Differenzierung zwischen kartell- und sozialrechtlicher Regulierung anhand „kollektiver" (verpflichtender) bzw. „selektiver" (fakultativer) Vertragsbereiche ist zu ungenau, da es auch verpflichtende Abschlüsse im sog. Selektivbereich gibt (vgl. § 73 b SGB V) und umgekehrt fakultative Verhaltensweisen im sog. Kollektivbereich.

Unklar ist hierbei insbesondere, ob sich die gesetzliche Ausnahme von der kartellrechtlichen Regulierung auf alle obligatorischen Verträge bezieht – der Gesetzeswortlaut scheint dies nahe zu legen – oder nur für solche gilt, die nach näherer sozialrechtlicher Maßgabe zusammen von mehreren Krankenkassen vereinbart werden müssen. Eine Auslegung anhand der Begründung[4] zu § 69 Abs. S. 2 SGB V bietet keinen Erkenntnisgewinn:

> „Satz 2 nimmt alle Verträge, zu deren Abschluss die Krankenkassen oder ihre Verbände gesetzlich verpflichtet sind, vom Anwendungsbereich des Kartellrechts aus. Dies betrifft alle Versorgungsverträge, die entweder die Krankenkassen oder die jeweiligen Verbände mit den Leistungserbringern oder deren Verbänden zur Sicherstellung der Versorgung der Versicherten abzuschließen haben. Solche zwingenden

---

3 Vgl. § 4 Abs. 3 SGB V, der den Krankenkassen gebietet, „im Interesse der Leistungsfähigkeit und Wirtschaftlichkeit der gesetzlichen Krankenversicherung zusammenzuarbeiten"; hierzu auch *Mühlhausen*, in: Becker/Kingreen, SGB V, 2. Auflage 2010, § 4 Rn. 7.

4 BT-Drucks. 17/3698, 74.

Vertragsverpflichtungen finden sich z.B. in der Heilmittelversorgung im § 125 Abs. 2 SGB V und in der Hilfsmittelversorgung im § 127 Abs. 2 SGB V."

Ohne nähere gesetzgeberische Klarstellung oder gerichtliche Rechtsfortbildung lassen sich auf Basis des seit dem 1.1.2011 geltenden Rechts keine für die Praxis belastbaren Feststellungen treffen, welche Handlungsweisen bzw. Rechtsbeziehungen dem Kartellverbot unterliegen und welche nicht. Angesichts der nicht unerheblichen Sanktionsandrohungen des GWB bei etwaigen Kartellrechtsverstößen ist dies eine äußerst unkomfortable Situation.

Offensichtlich unerkannt blieb im Gesetzgebungsverfahren, dass das mit § 69 Abs. 2 S. 2 SGB V neu eingefügte Abgrenzungskonzept die Anwendung der kartellrechtlichen Missbrauchstatbestände (§§ 19–21 GWB) im Vergleich zur vorhergehenden Rechtssituation deutlich einschränkt. So war bis zum 31.12.2010 die entsprechende Anwendung der kartellrechtlichen Missbrauchstatbestände einschließlich der entsprechenden prozessualen Selbsthilfemöglichkeiten lediglich für schiedsamtsfähige Pflichtverträge ausgeschlossen. Aufgrund der Neufassung des § 69 Abs. 2 S. 2 SGB V gilt für §§ 19–21 GWB nunmehr die generelle Ausschlussklausel, d.h. deren Nichtanwendbarkeit auf alle obligatorischen Vertragsbeziehungen.[5] Relevant wird dies bei den sog. Hausarztverträgen – politisch eingeordnet als Selektivverträge – nach § 73b Abs. 4 SGB V, deren Abschluss bis zum 30.06.2009 beim Erreichen eines 50%-igen Quorums auf Seiten der Hausärzte obligatorisch ist. Hier wird es zukünftig keine (kartellrechtlichen) Rechtsschutzmöglichkeiten der Krankenkassen gegen missbräuchliches Verhalten von Hausärzten mehr geben. Ein entsprechendes Bedürfnis hierfür war jedoch schon praktisch erlebbar. So wertete das BKartA den Aufruf des Bayerischen Hausärzteverbandes (BHV) im Jahr 2010 zur Rückgabe der vertragsärztlichen Zulassung („Systemumstieg") als Boykottaufruf gem. § 21 GWB und äußerte in einem Schreiben an den BHV[6] folgende Rechtsauffassung:

„Sollte der BHV erneut zu einem derartigen Systemumstieg aufrufen, würde die Beschlussabteilung diesen neuerlichen Versuch gegen § 21 Abs. 1 GWB mit einem förmlichen Verfahren aufgreifen."

Die Betroffenen einschließlich das BKartA würden einem ähnlichen Vorgehen des BHV seit dem 1.1.2011 wohl rat- und hilflos gegenüberstehen, denn die

---

5 Näher zu der misslungenen Regelungstechnik *Holzmüller*, NZS 2011, 485 (491).

6 Schreiben des BKartA vom 3.5.2011, Az.: B 3-1/11-32.

Rechtsgrundlage für die Einleitung eines entsprechenden förmlichen Verfahrens ist mit der „verunglückten" Neuregelung des § 69 Abs. 2 SGB V ganz eindeutig entfallen.

Dieser Vorgang leitet über zu einem anderen behördlichen Aspekt: Das nicht hinreichend abgrenzbare Nebeneinander von Regulierungsregimen wirkt sich bis in die aufsichtsrechtlichen Kompetenzbereiche aus, genauer: zu bislang ungeklärten Aufsichtskompetenzen der sozialrechtlichen Rechtsaufsicht (BVA oder Landesregierungen) und der kartellbehördlichen Aufsicht nach dem GWB (BKartA). Eine Akzeptanz dieser Situation läuft dem staatsorganisationsrechtlichen Anliegen (Art. 83 ff. GG) zuwider, durch eine eindeutige und vollständige Kompetenzzuordnung die Verantwortlichkeit der handelnden Staatsorgane zu gewährleisten.[7]

3. These: Zustimmung

> <u>These Prof. Roth:</u> *Absprachen und Verhaltensweisen der Krankenkassen außerhalb des Vierten Kapitels des SGB V, insbesondere über Wahltarife, Zusatzleistungen oder die Erhebung eines Zusatzbeitrags (i.S.v. § 242 Abs. 1 SGB V) liegen nicht nur außerhalb des Anwendungsbereichs des europäischen Kartellrechts, sondern auch des § 1 GWB.*

Dieser These ist uneingeschränkt zuzustimmen, denn:

> *Der Gesetzgeber hat in § 69 SGB V eine klare Anwendungsanordnung hinsichtlich der Reichweite des GWB innerhalb des SGB V getroffen und zugleich die fehlende Unternehmenseigenschaft der Krankenkasse bestätigt. Eine weitergehende Interpretation mit Hinweis auf die Gesetzesbegründung setzt sich über die Rechtsprechung des EuGH aus 2004 und BSG aus 2010 hinweg. Eine Ausweitung der kartellrechtlichen Regulierung (z. B. im Verhältnis zu den Versicherten) bedürfte daher einer weiteren ausdrücklichen Anordnung im SGB V.*

Zentraler Ausgangspunkt der gemeinsamen These ist die Feststellung, dass das Kartellrecht außerhalb des ausdrücklich verordneten Regimes einer „*entsprechenden*" Anwendung im Vierten Kapitel des SGB V im Übrigen nicht anwendbar ist, weil den Krankenkassen insoweit keine Unternehmenseigenschaft zukommt. Denn die Ausübung unternehmerisch-wirtschaftlicher Tätigkeit – als

---

7 *Becker/Kingreen*, NZS 2010, 417 (423).

elementare Anwendungsvoraussetzung des nationalen und europäischen Kartellrechts – ist zu verneinen, wenn die jeweilige Einrichtung eine Aufgabe mit ausschließlich sozialem Charakter erfüllt, die auf dem Grundsatz der Solidarität beruht und ohne Gewinnerzielungsabsicht ausgeübt wird.[8]

Solidarität wird in einigen Vorschriften des SGB V (vgl. § 1 SGB V) ausdrücklich als leitendes Prinzip der gesetzlichen Krankenversicherung angesprochen. Darunter versteht der EuGH in der Krankenversicherung beide Formen des Sozialausgleichs, namentlich den sozialen Risikoausgleich und auch die Einkommensumverteilung.

Daran gemessen ist die Tätigkeit der Krankenkassen – und zwar auch die im Mitgliederwettbewerb der Krankenkassen untereinander – vor dem Hintergrund der Gesetzesreformen seit der EuGH-Entscheidung (insbesondere auch GKV-WSG) unverändert keine unternehmerische Tätigkeit. Denn die Krankenkassen bieten ihren Mitgliedern bzw. Versicherten nach wie vor die gleichen Pflichtleistungen an, und zwar sowohl unabhängig vom Gesundheitszustand zu Beginn des Versicherungsverhältnisses als auch von der individuellen Beitragshöhe. Die Krankenkassen können nur sehr geringfügig auf diese Leistungen Einfluss nehmen, wie etwa bei sog. Satzungsleistungen (z. B. § 38 Abs. 2 SGB V – Haushaltshilfe) oder in Form der – zuletzt höchst umstrittenen – Wahltarife (§ 53 SGB V). Die Möglichkeit der Krankenkassen, Wahltarife festzulegen und somit in Teilbereichen Wettbewerb um Mitglieder zu betreiben, führt zu keinem anderen Ergebnis.[9]

Die jetzigen Wahltarife erlauben es den gesetzlichen Krankenkassen insbesondere nicht, in der Leistungserbringung über das gesetzliche Leistungsspektrum, d. h. den Pflichtenkatalog, hinauszugehen. Wahltarife haben immer eine „Wurzel“ im SGB V, d. h. sie bauen auf einer Kernleistung des SGB V auf. Sie ermöglichen es, den Leistungsumfang, den der Gesetzgeber – meist aus Kostengründen – reduziert hat, „aus einer Hand“ bei ihrer Krankenkasse aufzustocken. Dementsprechend werden über § 53 Abs. 4 SGB V Leistungen abgesichert, die zu den in § 27 SGB V normierten Leistungsbereichen der Krankenbehandlung zählen.

---

8 EuGH, Urteil vom 16.3.2004, Rs. C-264/01, Slg. 2004, I-2493 – „AOK-Bundesverband“.

9 BSG, Urteil vom 22. Juni 2010 – B 1 A 1/09 R, juris Rn. 23 ff; Hessisches LSG, Urteil vom 15. September 2011 – L 1 KR 89/10 KL, juris Rn. 90.

Die zur Finanzierung der Wahltarife erhobenen Prämien stehen nicht in Abhängigkeit zu den von den Versicherten individuell zu erwartenden Aufwendungen und Einnahmen. Der Gesundheitszustand des einzelnen Versicherten spielt also für die individuell zusätzlich aufzuwendende Prämie keine Rolle. Schließlich dürfen die gesetzlichen Krankenkassen mit dem Angebot von Wahltarifen keine Gewinne erzielen. Dies ist durch die Stellung der gesetzlichen Krankenkassen als Körperschaften des öffentlichen Rechts und die Regelungen über ihre Finanzierung sowie die speziellen Regelungen über die Finanzierung der Wahltarife ausgeschlossen. Eine Quersubventionierung der Wahltarife ist untersagt (§ 53 Abs. 9 SGB V).

Auch die Beitragsgestaltung – m.a.W.: der „Preis" – im System der Gesetzlichen Krankenversicherung bleibt in dem vom EuGH gesetzten Rahmen. Gegenüber der dem EuGH-Urteil zugrunde liegenden Rechtslage hat sich der Gestaltungsspielraum der Krankenkassen in Bezug auf die Beitragshöhe sogar reduziert. Bis zum 31. Dezember 2008 besaßen die Krankenkassen die Möglichkeit, ihren Beitragssatz selbst festzulegen und dadurch in einen gewissen „Wettbewerb" um Mitglieder mit anderen Krankenkassen zu treten. Dieses „Wettbewerbselement" wurde vom EuGH aufgrund der dahinter stehenden Zielsetzung als unerheblich für die Beurteilung der Unternehmenseigenschaft angesehen. Der Gesetzgeber habe dieses Wettbewerbselement nämlich eingeführt, um die Krankenkassen zu effizientem und kostengünstigem Wirtschaften anzuhalten.[10] Diese Aussage muss erst recht für die Neuregelung in § 241 SGB V Geltung beanspruchen, wonach die Beiträge nunmehr nach einem bundeseinheitlichen allgemeinen Beitragssatz zu bemessen sind, der durch die Bundesregierung nach Auswertung der Ergebnisse eines beim Bundesversicherungsamt zu bildenden Schätzerkreises durch Rechtsverordnung festgelegt wird. Die Festlegung des allgemeinen Beitragssatzes liegt nun ausschließlich in der Hand des Staates, ohne dass die Krankenkassen darauf Einfluss nehmen können.

Die Krankenkassen sind auch im „Preiswettbewerb" über den Zusatzbeitrag gem. § 242 SGB V gesetzlich eingeschränkt. Bei Unterdeckung des Finanzbedarfes, d.h. wenn der ausgabenbedingte Finanzbedarf – trotz Risikoausgleich durch den morbiditätsorientierten Risikostrukturausgleich – durch Fondszuweisungen des BVA nicht gedeckt ist, werden etwaige wettbewerbliche Erwägun-

10 EuGH, Urteil vom 16.3.2004, Rs. C-264/01, Slg. 2004, I-2493, Rn. 56 – „AOK-Bundesverband"; Hessisches LSG, Urteil vom 15. September 2011 – L 1 KR 89/10 KL, juris Rn. 91.

gen durch gesetzliche Vorgaben überlagert. Denn in diesem Fall „*hat*" eine Krankenkasse einen Zusatzbeitrag zu erheben (§ 242 Abs. 1 S. 1 SGB V).

Schließlich bleibt festzuhalten, dass der Mitgliederwettbewerb innerhalb der gesetzlichen Krankenversicherung nicht primär auf die Stärkung deren privatwirtschaftlicher Ausprägung ausgerichtet ist, sondern – so die Begründung des Entwurfs des GKV-WSG – auf die Qualitäts- und Effizienzsteigerung bei der Aufgabenerfüllung.[11] Die Aktivierung von Wettbewerb mit dem Ziel einer Qualitäts- und Effizienzsteigerung wahrt wiederum im Einklang mit dem o.g. Maßstab die soziale und solidarische Zwecksetzung. Mit diesem Argument hat der Gesundheitsausschuss des Bundesrates im Gesetzgebungsverfahren zum AMNOG die Einführung der erweiterten kartellrechtlichen Regulierung – bekanntermaßen leider ohne Erfolg – abgelehnt und unter Hinweis auf die Rechtsprechung des BVerfG zum Risikostrukturausgleich[12] die rein „*dienende Funktion*" des Wettbewerbs für die Erfüllung sozialstaatlicher Aufgaben betont.[13]

Fazit:

Die wettbewerbliche und wettbewerbsrechtliche Ausgestaltung der gesetzlichen Krankenversicherung sollte mit Augenmaß und sorgfältig beobachtend betrieben werden. In keinem Fall darf die Weiterentwicklung aus einer unbesehenen Übernahme des privaten Wirtschaftsrechts (z. B. des Kartellrechts) bestehen, allein damit sich das Krankenversicherungsrecht wie Privatrecht anfühlt und schließlich auch in solches transformiert wird.[14]

---

11 BT-Drucks. 16/3100, 85.

12 BVerfG, Beschluss v. 09.06.2004 – 2 BvR 1248/03, juris.

13 BR-Drucks. 484/1/10, 16 f.

14 *Welti*, SGb 2011, 485 (490) fasst die ordnungspolitische Motivlage zutreffend auf diese Weise zusammen.

Die Patientenrechte-Richtlinie als „Dienstleistungsrichtlinie des Gesundheitswesens“?

Stephan Rixen

I. Einleitung

Als das Europäische Parlament zu Beginn des Jahres 2011 die sog. Patientenrechte-Richtlinie[1] angenommen hatte,[2] war unter den Parlamentariern die Erleichterung groß. „Wir haben“, so *Peter Liese*, der gesundheitspolitische Sprecher der EVP-Fraktion im Europäischen Parlament, „nach einer wirklich schweren Geburt ein Baby zur Welt gebracht. Dieses muss gepflegt werden, damit es wächst und gedeiht.“[3] Wer sich mit Fragen des Gesundheitsrechts beschäftigt, schreckt, wenn er von einer schweren Geburt hört, unwillkürlich auf, denn geburtshilfliche Vorgänge sind die haftungsträchtigsten Ereignisse des Gesundheitswesens, bei denen leider einiges schief gehen kann.[4] Dass ein Neugeborenes nach den Strapazen einer schweren Geburt besonderer Pflege bedarf, steht außer Frage, es ist mitunter in einem dramatischen Zustand. Der bildhafte Vergleich ist also bei näherem Hinsehen nicht unproblematisch. Nun wäre es gewiss übertrieben zu behaupten: „Nichts ist gut in der Patientenrechte-Richtlinie“, aber was warum an ihr gut ist, was sie womöglich verbessert hat oder verbessern wird, ist aus meiner Sicht so leicht gar nicht zu sagen.

Ich will versuchen, in drei Schritten hierauf einige nicht abschließende Antworten zu geben: In einem ersten Schritt werde ich den Inhalt der Richtlinie vorstellen und auf einige Umsetzungsprobleme hinweisen (nachfolgend 2.). Sodann

---

1 Richtlinie 2011/24/EU des Europäischen Parlaments und des Rates vom 9. 3. 2011 über die Ausübung der Patientenrechte in der grenzüberschreitenden Gesundheitsversorgung, ABl. EU 2011, L 88/45.

2 Am 19. 1. 2011, zur Entstehungsgeschichte die redaktionellen Hinweise in ZESAR 2009, 257 f. und ZESAR 2011, 97 f. sowie bei *Schreiner*, KH (das Krankenhaus) 2011, 113 ff.; s. ferner – insb. zum ursprünglichen Kommissionentwurf KOM (2008) 414 endg. vom 2. 7. 2008 – *Westenberg*, NZS 2009, 135 ff.; *Wunder*, MedR 2009, 324 ff.; *Röbke*, MedR 2009, 79 ff.; *Kingreen*, ZESAR 2009, 109 ff.; *Tiemann*, in: Sodan (Hg.), Handbuch des Krankenversicherungsrechts, 2010, § 12 Rn. 45 ff.

3 Zit. nach ZESAR 2011, 97.

4 *Ulsenheimer*, in: Schneider/Husslein/Schneider (Hg.), Die Geburtshilfe, 3. Aufl. 2006, S. 1065 (1066): „[K]eine ärztliche Tätigkeit ist so haftungsträchtig wie die des Geburtshelfers […].“

werde ich die Richtlinie kritisch würdigen und hierbei u.a. der von dem Gesundheitswissenschaftler *Rolf Schmucker* aufgestellten These nachgehen, die Patientenrechte-Richtlinie sei ein weiteres Indiz für die „inkrementelle Europäisierung von Gesundheitspolitik“[5], mit deren Hilfe die gesetzliche Krankenversicherung (GKV) noch mehr als bisher schon in einen „marktorientierten Regulierungskontext“[6] eingebettet werde; insoweit wird es auch um die Frage gehen, ob die Patientenrechte-Richtlinie nur eine Fortsetzung der sog. Dienstleistungsrichtlinie[7] mit anderen Mitteln ist (nachfolgend 3.). In einem dritten – abschließenden – Schritt will ich meine Fragestellung auf das Generalthema der Tagung beziehen „Braucht das Gesundheitswesen ein eigenes Regulierungsrecht?“. Hilft uns, wenn wir hier nach Antworten suchen, der Blick auf die Patientenrechte-Richtlinie (nachfolgend 4.)? – Zunächst zum Inhalt der Patientenrechte-Richtlinie:

II. Regelungsinhalte der Patientenrechte-Richtlinie und Umsetzungsprobleme

1. Regelungsinhalte der Patientenrechte-Richtlinie im Überblick

Zentrales, aber nicht alleiniges Anliegen der Richtlinie ist es, die Rechtsprechung des Europäischen Gerichtshofs (EuGH) zur Dienstleistungsfreiheit von Patientinnen und Patienten, die in sozialen Sicherungssystemen versorgt werden, in operabler Weise zusammenzufassen.[8] Dementsprechend enthält die Richtlinie Vorschriften zur Kostenerstattung bei grenzüberschreitender Versorgung (Art. 7), zur Vorabgenehmigung von Behandlungen (Art. 8) sowie zu den diesbezüglichen prozeduralen Anforderungen (Art. 9). Hiernach gilt vor allem, dass für alle Arten der Auslandsbehandlung der im Inland definierte Leistungsumfang maßgeblich ist (im Einzelnen Art. 7 Abs. 1 bis 7). Die Kostenerstattung kann aus zwingenden Gründen des Allgemeininteresses ausgeschlossen werden, wenn dies z.B. zur Kostenbegrenzung erforderlich ist (Art. 7 Abs. 9).

Die Vorschriften zur Vorabgenehmigung übernehmen die vom EuGH entwickelte Unterscheidung einerseits zwischen stationären und planungsbedürfti-

---

5 *Schmucker*, Gesundheitswesen 2010, 150 (151).

6 Ebd.

7 Richtlinie 2006/123/EG des Europäischen Parlaments und des Rates vom 12. 12. 2006 über Dienstleistungen im Binnenmarkt, ABl. EU 2006, L 376/36.

8 S. hierzu etwa die Erwägungsgründe (6), (11) und (12).

gen ambulanten Behandlungen,[9] für die eine Vorabgenehmigungspflicht vorgesehen werden darf, und andererseits genehmigungsfreien sonstigen ambulanten Behandlungen. Die Richtlinie verdeutlicht, dass die Vorabgenehmigung die Ausnahme sein soll (s. insb. Art. 7 Abs. 8), weshalb die Mitgliedstaaten alle Leistungen, die sie einer Vorabgenehmigung unterwerfen, der EU-Kommission melden müssen (Art. 8 Abs. 2 Satz 2). Dazu gegenläufig werden die vom EuGH formulierten Fallgruppen, die eine Vorabgenehmigung gestatten, erweitert auf „Behandlungen mit einem besonderen Risiko für den Patienten oder die Bevölkerung" (Art. 8 Abs. 2 Buchst. b) sowie solche Behandlungen, die von einem Leistungserbringer erbracht werden, der „im Einzelfall[10] zu ernsthaften und spezifischen Bedenken hinsichtlich der Qualität oder Sicherheit der Versorgung Anlass geben könnte" (Art. 8 Abs. 2 Satz 1 Buchst. c), wobei das EU-rechtlich vorgegebene Mindestniveau an Sicherheit und Qualität zu beachten ist (Art. 8 Abs. 2 Satz 1 Buchst. c).

Die Rechtsprechung des EuGH wird aber nicht nur deklaratorisch wiederholt, sondern folgenreich präzisiert. So gibt die Richtlinie den Mitgliedstaaten auf, einen, wie es heißt, „transparenten Mechanismus" vorzuhalten, der es Patienten erlaubt, sich über ihre Rechte im Zusammenhang mit grenzüberschreitender Gesundheitsversorgung zu informieren (Art. 5 Buchst. b i.V.m. Art. 6 Abs. 4). Dazu muss jeder Mitgliedstaat eine oder mehrere nationale Kontaktstellen einrichten, bei denen sich die Patienten informieren können (Art. 6 Abs. 1, 3). Die Kontaktstellen im jeweiligen Behandlungsmitgliedstaat müssen auch über die „Beschwerdeverfahren und Verfahren zur Einlegung von Rechtsbehelfen sowie über die verfügbaren rechtlichen und administrativen Möglichkeiten zur Streitbeilegung, auch bei Schäden, die im Zusammenhang mit grenzüberschreitender Gesundheitsversorgung entstanden sind" (Art. 6 Abs. 3; s. auch Art. 4 Abs. 2 Buchst. c), informieren. Diese Informationen müssen „leicht zugänglich" und barrierefrei verfügbar sein (Art. 6 Abs. 5). Allerdings gelten die allgemeinen Bestimmungen über die Sprachenregelung, d.h. die Mitgliedstaaten können, aber müssen sich nicht dafür entscheiden, Informationen in anderen als den Amtssprachen des betreffenden Mitgliedstaates bereitzustellen (Art. 4 Abs. 5). Generell muss der Zugang zu Behandlungen im EU-Ausland diskriminierungsfrei

9 *Wollenschläger*, EuZW 2011, 531 (531).

10 Vgl. die engl. Fassung der Richtlinie: „case-by-case basis". Grdl. zur mehrsprachigen Auslegung im EU-Recht *Schübel-Pfister*, Sprache und Gemeinschaftsrecht, 2004, zusf. zur rechtlichen Rahmung der Mehrsprachigkeit in der EU *Odendahl/Scheffler*, RdJB (Recht der Jugend und des Bildungswesens) 2011, 63 ff.

ausgestaltet sein (Art. 4 Abs. 3); das gilt namentlich für die Vergütungsregelungen (Art. 4 Abs. 4). Das Behandlungsgeschehen soll überdies dadurch optimiert werden, dass Verschreibungen von Arzneimitteln in der EU wechselseitig anerkannt werden (Art. 11). Außerdem sind die Gesundheitsdienstleister verpflichtet, aussagekräftig zu informieren (Art. 4 Abs. 2 Buchst. b), so dass sich idealiter mitgliedstaatliche Informationen und Informationen durch die Gesundheitsdienstleister ergänzen.

Abgerundet wird die Richtlinie durch einige Vorschriften, die man unter der Überschrift „organisatorische Qualitätssicherung" zusammenfassen kann. So sind Leistungen der grenzüberschreitenden Gesundheitsversorgung insbesondere nach den vom Behandlungsstaat festgelegten Standards und Leitlinien („guidelines") für Qualität und Sicherheit zu erbringen (Art. 4 Abs. 1 Buchst. b), wobei die Mitgliedstaaten verpflichtet werden, insbesondere „im Bereich der Standards und Leitlinien für Qualität und Sicherheit" zusammenzuarbeiten (Art. 10 Abs. 1). Diese Zusammenarbeit soll sich, was die Kommission anrät, in sog. Europäischen Referenznetzwerken zwischen Gesundheitsdienstleistern und Fachzentren vollziehen, die sich insbesondere, aber nicht nur den sog. seltenen Erkrankungen[11] widmen (Art. 12 und Art. 13). Des Weiteren unterstützt die Union die Entstehung freiwilliger Netzwerke im Bereich der elektronischen Gesundheitsdienste (Art. 14) sowie die freiwillige Zusammenarbeit bei der Bewertung von Gesundheitstechnologien („health technology assessment", Art. 15). Zur Qualitätssicherung gehört auch eine Evaluationspflicht der Kommission, bei der sie von den Mitgliedstaaten unterstützt wird, die alle verfügbaren Daten, die dienlich sind, übermitteln müssen (Art. 20 Abs. 2).

2. Umsetzungsprobleme

Die Umsetzung der Patientenrechte-Richtlinie (sie muss bis zum 25. 10. 2013 erfolgen, Art. 21 Abs. 1) muss zunächst mit dem Problem fertig werden, dass die Richtlinie das unmittelbar anwendbare EU-Verordnungsrecht zum sog. koordinierenden Sozialrecht, namentlich die Verordnung 883/2004[12] (vorher: VO/EWG 1408/71), ausdrücklich nicht ersetzen, sondern nur ergänzen soll

---

11 Hierzu *Rixen*, ZEFQ (Zeitschrift für Evidenz, Fortbildung und Qualität im Gesundheitswesen) 2008, 31 ff. m.w.N.

12 Verordnung (EG) Nr. 883/2004 des Europäischen Parlaments und des Rates vom 29. 4. 2004 zur Koordinierung der Systeme der sozialen Sicherheit, ABl. EU 2004, L 166/1.

(Art. 2 Buchst. m).[13] Die Patientenrechte-Richtlinie knüpft zwar häufig beim Sozialversicherungsstatus an, sie will aber das Koordinationssystem nicht grundsätzlich verändern, sondern nur unter dem Aspekt der passiven Dienstleistungsfreiheit des Patienten effektuieren. Insoweit spricht die Richtlinie programmatisch von „Patienten"[14] und betont, die Richtlinie gelte für „jegliche Gesundheitsversorgung von Patienten, unabhängig davon, wie die jeweilige Gesundheitsversorgung organisiert, erbracht oder finanziert wird" (Art. 1 Abs. 2). Soweit es nicht um Kostenerstattung und Vorabgenehmigung, also sozialversicherungsspezifische Themen geht, bezieht sich die Richtlinie demnach auch auf nicht-sozialversicherte Patienten, etwa bei der Anerkennung von Arzneimittelverschreibungen (Art. 11) oder soweit es um die Information durch die nationalen Kontaktstellen (Art. 6) geht. Der Umsetzungsgesetzgeber muss also genau prüfen, welche Richtlinienvorschrift für alle und welche nur für sozialversicherte Patienten gilt.

Im Verhältnis zum koordinierenden Sozialrecht stellen sich vor diesem Hintergrund Konkurrenzprobleme, über die der Versicherungsmitgliedstaat klar informieren muss (Art. 5 Buchst. b).[15] Neben dem Kostenerstattungsregime der Patientenrechte-Richtlinie steht nämlich weiterhin das System der sog. Sachleistungsaushilfe des koordinierenden EU-Sozialrechts.[16] Der Patient kann, soweit sich koordinierendes EU-Verordnungsrecht und umgesetztes nationales Recht decken, wählen,[17] welches System er vorzieht. Sozialversicherte Patienten können aber auch beide Systeme nebeneinander anwenden, soweit sie nicht deckungsgleich sind. So sind etwa Konstellationen denkbar, in denen der Wert der Sachleistung nach der Verordnung 883/2004 aufgrund von Selbstbeteiligungsregelungen geringer ist als der im Wege der Kostenerstattung zu beanspruchende

---

13 Grdl. zum europäischen Koordinationssozialrecht *Fuchs* (Hg.), Europäisches Sozialrecht, 5. Aufl. 2010.

14 Definiert in Art. 3 Buchst. h): „'Patient' ist jede natürliche Person, die Gesundheitsdienstleistungen in einem Mitgliedstaat in Anspruch nehmen möchte oder in Anspruch nimmt."

15 In Art. 5 Buchst. b) heißt es u.a.: „In den Informationen über die grenzüberschreitende Gesundheitsversorgung wird klar zwischen den Rechten, die Patienten aufgrund dieser Richtlinie haben, und den Rechten aufgrund der Verordnung (EG) Nr. 883/2004 unterschieden; [...]."

16 *Kingreen*, ZESAR 2009, 109 (110 ff.).

17 *Schreiner*, KH 2011, 113 (113); s. auch *Kingreen*, ZESAR 2009, 109 (111); ferner hierzu Erwägungsgrund (31).

Leistungsbeitrag.[18] Außerdem ist „Rosinenpickerei" zwischen beiden Systemen möglich: So kann es lukrativer sein, die ärztliche Leistung nach koordinierendem Verordnungsrecht in Anspruch zu nehmen, weil sich so Zuzahlungen vermeiden lassen. Es kann aber interessanter sein, das verschriebene Arzneimittel im Wege der Kostenerstattung zu beschaffen, wenn die als Maßstab wirkenden inländischen Regelungen[19] vorteilhafter sind.[20]

Der nationale Umsetzungsgesetzgeber muss auch die geltenden Regeln zur Kostenerstattung im GKV-Recht überprüfen. Es wird nicht damit getan sein, auf den derzeitigen § 13 Abs. 4 und 5 SGB V zu verweisen. Diese Regelungen wurden in Reaktion auf die Rechtsprechung des EuGH erlassen.[21] Art. 4 der Richtlinie, der allerdings gegenüber der früheren Entwurfsfassung etwas weniger deutlich gefasst wurde,[22] wird man immer noch so zu verstehen haben, dass die Mitgliedstaaten wechselseitig anerkennen, dass die Behandlungen in der gebotenen Qualität erfolgen. Sofern § 13 Abs. 4 Satz 5 SGB V wegen fehlender Wirtschaftlichkeitsprüfungen, die der Qualitätssicherung dienen, Abschläge bei der Kostenerstattung vorsieht, gestattet dies die Richtlinie nicht mehr.[23]

Aber auch die Frage, wann eine Vorabgenehmigung nicht verweigert werden darf, dürfte in § 13 SGB V nicht in richtlinienkonformer Weise geregelt sein. Ob insoweit eine richtlinienkonforme Auslegung möglich ist bzw. ausreicht, ist zweifelhaft.[24] So gibt Art. 8 Abs. 5 der Richtlinie viel detaillierter als

---

18 *Schulte*, in: Klein/Schuler (Hg.), Krankenversicherung und grenzüberschreitende Inanspruchnahme von Gesundheitsleistungen in Europa, 2010, S. 95 (135).

19 Vgl. Art. 7 Abs. 1.

20 *Kingreen*, ZESAR 2009, 109 (113).

21 § 13 Abs. 4 und 5 SGB V wurden mit Wirkung ab 1. 1. 2004 durch Art. 1 Nr. 4 Buchst. b) des GKV-Modernisierungsgesetzes vom 14. 11. 2003 (BGBl. I S. 2190) eingeführt; zur EuGH-Rspr. als Hintergrund s. die amtl. Begr., BT-Drucks. 15/1525, S. 80 f., hierzu *Rixen*, ZESAR 2004, 24 ff.; *ders.*, Sozialrecht als öffentliches Wirtschaftsrecht am Beispiel des Leistungserbringerrechts der gesetzlichen Krankenversicherung, 2005, S. 369 f.; s. ferner *Kingreen*, in: Becker/Kingreen (Hg.), SGB V, Kommentar, 2. Aufl. 2010, § 13 Rn. 32, 42 ff., insb. Rn. 44, 49.

22 Vgl. *Kingreen*, ZESAR 2009, 109 (113 f., 117).

23 *Kingreen*, ZESAR 2009, 109 (117).

24 Generell gilt, dass vorhandene mitgliedstaatliche Vorschriften im Lichte der Richtlinie, also richtlinienkonform auszulegen sind, sofern die in Rede stehende Vorschrift über ge-

§ 13 Abs. 5 Satz 2 SGB V vor, unter welchen Voraussetzungen die Vorabgenehmigung nicht verweigert werden darf. Danach ist auf der Basis[25] einer objektiven medizinischen Beurteilung des Gesundheitszustands des Patienten, der Vorgeschichte und der voraussichtlichen Entwicklung der Krankheit, des Ausmaßes der Schmerzen und/oder der Art der Behinderung zum Zeitpunkt der erstmaligen oder erneuten Beantragung der Genehmigung zu klären, ob die Behandlung im Inland in einem „medizinisch vertretbaren", genauer medizinisch verantwortbaren[26] Zeitraum geleistet werden kann (Art. 8 Abs. 5). Die Patientenzentrierung und die Ausrichtung an der medizinischen, also ärztlichen Expertise werden deutlich gestärkt. Außerdem sollte der Umsetzungsgesetzgeber prüfen, ob er die Regelung des § 13 Abs. 5 SGB V, die sich nur auf die Krankenhausbehandlung (§ 39 SGB V) bezieht, auch auf vergleichbare kostenintensive ambulante Behandlungen erstrecken will. Die Richtlinie, wie dargelegt, gestattet dies, aber jedem Mitgliedstaat bleibt es natürlich unbenommen, insoweit auf eine Vorabgenehmigung zu verzichten: Eine Vorabgenehmigung „kann" insoweit (Art. 8 Abs. 1 Satz 1), muss aber nicht vorgesehen werden.

Die nationalen Kontaktstellen, die an den sog. einheitlichen Ansprechpartner der Dienstleistungsrichtlinie erinnern,[27] müssen konkreten Behörden zugeordnet werden, was im föderalen Staat der Bundesrepublik Deutschland eine besondere Herausforderung darstellt.[28] In der Literatur wird behauptet, es liege auf der Hand, dass insoweit nur die Ärztekammern in Betracht kämen.[29] Ähnliches wird mit Blick auf die Apothekerkammern behauptet.[30] Das leuchtet mir nicht ein, denn sollen die Patienten effektiv erreicht und zugleich Informationen über praktisch alle Leistungserbringer verwaltet werden, läge es nahe, die Kran-

---

nügenden semantischen Spielraum verfügt, um die Bedeutungsimpulse der Richtlinie aufzunehmen.

25 In der deutschen Richtlinienfassung heißt es „unter Berücksichtigung", in der englischen Fassung „based", in der französischen Fassung „sur le base", in der niederländischen Fassung „basis".

26 Vgl. die niederländische Fassung von Art. 8 Abs. 5: „medisch verantwoord".

27 *Westenberg*, NZS 2009, 135 (138).

28 *Danner*, KrV (Die Krankenversicherung) 2011, 152 (154): „nicht zu unterschätzendes administratives Problem".

29 *Pitschas*, NZS 2010, 177 (183).

30 *Westenberg*, NZS 2009, 135 (138 Fn. 12).

kenkassen und vielleicht auch die privaten Krankenversicherer in die Pflicht zu nehmen.

III. Dienstleistungsrichtlinie des Gesundheitswesens?

Zu den handfesten Umsetzungsproblemen gesellen sich Probleme, die sich als gezielt angestoßene Informalisierungs- und Entformalisierungsprozesse einordnen lassen. Die durch Richtlinienvorschrift angestoßene freiwillige Abstimmung zwischen den Mitgliedstaaten[31] über Qualitätsstandards oder der Aufbau „Europäischer Netzwerke", die die Versorgungsqualität EU-weit verbessern sollen, stellen Akte formalisierter Informalität dar, wie sie im Bereich der Sozialpolitik von der EU-Kommission (etwa als sog. offene Methode der Koordinierung) regelhaft vorkommen. Sie sind auch aus anderen Politikfeldern bekannt. In Anlehnung an den Bildungsbereich[32] kann man von einer Art sozialpolitischem Bologna-Effekt sprechen, weil gesundheits- und sozialpolitische Veränderungsprozesse zum großen Teil auf scheinbar bloß freiwilliger, bloß empfehlender Ebene angestoßen werden. Dadurch entsteht aber ein faktischer Anpassungsdruck, der sich um die förmlichen Kompetenzen der EU nicht schert. Der sog. Bologna-Prozess[33] zur Schaffung eines einheitlichen europäischen Hochschulraums funktioniert ähnlich: Die EU hat keine förmlichen Kompetenzen im Bereich der Bildungs- und Hochschulpolitik, und doch ist es ihr gelungen, die Hochschullandschaft europaweit – durch „harmonization by stealth"[34] – zu verändern. Die europäische Integration wirkt hier also auf „eher unterschwelligem Wege"[35].

Formalisierte Informalität geht einher mit informeller – oder eher: mit stillschweigender – Entformalisierung. Der Richtliniengeber lässt sich nicht von der Begrenzungsfunktion des Art. 168 AEUV beunruhigen, der den Primat der Mitgliedstaaten bei der Gestaltung der Gesundheits(sozial)systeme anerkennt[36] und

31 Die Kommission „ermutigt" (so ausdrücklich Art. 10 Abs. 3 Satz 1) die Mitgliedstaaten insoweit, bi- oder multilaterale Abkommen zu schließen.

32 Zum Bildungsbereich aus Sicht der Dienstleistungsrichtlinie *Rixen*, in: Odendahl (Hg.), Europäische (Bildungs-)Union?, 2011, S. 183 ff.

33 Bezogen auf den Ort der Unterzeichnung einer entsprechenden Erklärung im Jahre 1999.

34 *Garben*, Higher Education Law: the Bologna Process and Harmonization by Stealth, 2011. – „stealth" (engl.) = Heimlichkeit, List.

35 *Schulte*, in: Klein/Schuler (Hg.), Krankenversicherung und grenzüberschreitende Inanspruchnahme von Gesundheitsleistungen in Europa, 2010, S. 95 (129).

36 Art. 168 Abs. 7 AEUV.

der EU nur punktuell ergänzende[37] Randkompetenzen zuweist. Stattdessen wird die nachrangig anwendbare[38] allgemeine Rechtsangleichungskompetenz des Art. 114 AEUV extensiv angewandt, um – wie es die Erwägungsgründe zur Patientenrechte-Richtlinie betonen – die „Verbesserung der Funktionsweise des Binnenmarktes und der Freizügigkeit von Personen sowie des freien Verkehrs von Dienstleistungen"[39] zu erreichen. Die sog. negative Integration im Gesundheitssektor, die insbesondere der EuGH durch seine auf die Beseitigung von Binnenmarkthemmnissen bezogene Rechtsprechung vorangetrieben hat, wird durch die sog. positive Integration der Richtlinie ersetzt.[40] Sie trägt in einem Klima informeller Anpassungszwänge zur „Harmonisierung"[41] des mitgliedstaatlichen Rechts bei.

Hinter der Nonchalance, mit der hier vor allem das Prinzip der begrenzten Einzelermächtigung (Art. 5 Abs. 1, 2 EUV), aber auch das Subsidiaritätsprinzip (Art. 5 Abs. 3 EUV) flexibel gehandhabt werden,[42] dürfte zumindest aus Sicht der EU-Kommission Kalkül stecken. Die Kommission verfolgt bei der Durchsetzung des wettbewerbsorientierten Binnenmarktes einen inkrementellen Politikansatz, den man auch als „Salami-Taktik" bezeichnen kann.[43] Schrittweise wird – verteilt über unterschiedliche Normsetzungsprojekte, die für den Sozial- und Gesundheitsbereich relevant sind – die möglichst weitreichende Durchsetzung des Binnenmarkt- bzw. Wettbewerbsprinzips vorangetrieben, und nur scheibchenweise wird im politischen Streit mit dem Parlament und den im Rat gubernativ vertretenen Mitgliedstaaten von dieser Wettbewerbsorientierung abgelassen nach dem Motto: „Der Kampf hört niemals auf", der „Kampf" für Binnenmarkt und Wettbewerb. Man kann das gut an der Entstehung der Dienstleis-

---

37 Art. 168 Abs. 2 Satz 1 AEUV: „Die Tätigkeit der Union ergänzt die Politik der Mitgliedstaaten […]."

38 Art. 114 Abs. 1 Satz 1 AEUV: „Soweit in den Verträgen nichts anderes bestimmt ist, […]." Eine solche Regelung ist z.B. Art. 168 AEUV.

39 Erwägungsgrund (2).

40 Zur negativen und zur positiven Integration im Gesundheitssektor *Krajewski*, EuR 2010, 165 (167 ff.).

41 Erwägungsgrund (2).

42 Zu Art. 114 AEUV mit seinen Bezügen zum Subsidiaritätsprinzip (Art. 5 Abs. 3 EUV) *Frenz/Ehlenz*, EuZW 2011, 623 ff.

43 *Rixen*, ZESAR 2010, 5 (6, 12); in diesem Sinne auch *Philippi*, Die BKK 2011, 216 (217 f.).

tungsrichtlinie nachvollziehen, die – anders als vielfach angenommen – in ihrer Endfassung zahlreiche semantische Unschärfen enthält, die es schon heute erlauben, soziale Dienstleistungen in wettbewerblicher Form zu ökonomisieren.[44]

Wer will – dies ist im politischen Betrieb ein beliebtes Argument –, kann die Patientenrechte-Richtlinie als Beitrag zum „Verbraucherschutz" einordnen,[45] ein Topos, der auch für das Gesundheitswesen immer wichtiger wird.[46] Bei Lichte besehen, ist das „Nebeneinander"[47] von koordinierendem Verordnungsrecht und grundfreiheitsorientiertem Richtlinienrecht aber alles andere als transparent, also ganz und gar nicht verbraucherfreundlich.[48] Allein schon mit dieser Wortwahl („Verbraucherschutz"), so gut gemeint sie auch sein mag, unterwirft man sich im Übrigen einer Konsumentenperspektive, also einer wettbewerbsökonomischen Sichtweise, die Gesundheitsgüter mit anderen konsumierbaren Gütern auf eine Ebene bringt. Die Patientenrechte-Richtlinie macht den sozialversicherten Patienten – genauer: die „Patientenmobilität"[49] – zum Vehikel einer stärkeren „Vermarktlichung" der Gesundheits(sozial)systeme und setzt damit deren antimarktliches Selbstverständnis unter Legitimationsdruck. Dies scheint mir aus Sicht der Kommission, für die der möglichst weitreichend realisierte Binnenmarkt das Kernelement im normativen Design der EU darstellen dürfte,[50] der politisch-symbolische, der strategische Sinn der Patientenrechte-Richtlinie zu sein. In Wahrheit stellt sie eine erste, gewiss noch ausbaufähige Gesundheitsdienstleistungsrichtlinie dar,[51] ursprünglich, in ersten Vorentwürfen, hieß sie

---

44 Näher hierzu *Rixen*, ZESAR 2010, 5 ff.

45 Kritik hieran bei *Philippi*, Die BKK 2011, 216 (217), die vom „vermeintlich gestärkte[n] Verbraucherschutz" spricht.

46 Hierzu die Beiträge in Fischer/Sibbel (Hg.), Der Patient als Kunde und Konsument – Wie viel Patientensouveränität ist möglich?, 2011 und Hoefert/Klotter (Hg.), Wandel der Patientenrolle – Neue Interaktionsformen im Gesundheitswesen, 2011.

47 *Röbke*, MedR 2009, 79 (82).

48 *Wunder*, MedR 2009, 324 (330); a.A. die Richtlinie etwa in Art. 1 Abs. 1 Satz 2 und in Erwägungsgrund (64): „Erleichterung des Zugangs".

49 Genannt etwa in Erwägungsgrund (5) und (10).

o Vgl. *Philippi*, Die BKK 2011, 216 (217); s. auch *Danner*, KrV 2011, 152 (154).

51 Die weitere Liberalisierung des Gesundheitswesens sei „vorerst abgewendet" worden, *Philippi*, Die BKK 2011, 216 (221).

auch so.[52] „Patientenrechte-Richtlinie" klingt natürlich besser, wenn man Kritiker einer Binnenmarktperspektive einbinden möchte.

Rolf Schmuckers These, dass die Patientenrechte-Richtlinie Tendenzen einer strategischen Entsolidarisierung der mitgliedstaatlichen Sozialsicherungssysteme verstärke, trifft also zu – und doch greift sie zu kurz. Sie übersieht nämlich, dass die Mitgliedstaaten die Gesundheitssozialsysteme durchaus gegen die Zumutungen des Wettbewerbsmarktes abschotten könnten, wenn sie diese Systeme als Dienstleistungen von allgemeinem wirtschaftlichen Interesse (DAWI) im Sinne von Art. 106 Abs. 2 AEUV einordnen würden.[53] Die Vorschrift wird in der Literatur nicht zu Unrecht als „noch verkannte Zauberformel"[54] bezeichnet. Der AEUV räumt den Mitgliedstaaten ausdrücklich insofern einen „weite[n] Ermessenspielraum"[55] ein. Das EU-Recht kennt also normative Ventile, die vor einem wettbewerbsmarktlichen Überdruck schützen; dies muss allerdings im jeweiligen Mitgliedstaat politisch gewollt und durchgesetzt werden.[56] Es wäre zu einfach, nur auf „Brüssel" zu zeigen, ohne die EU-rechtlich gegebenen Chancen zu nutzen, Vermarktlichungstendenzen entgegenzuwirken.

IV. Regulierungsrecht des Gesundheitswesens? – Ein Ausblick

Braucht das Gesundheitswesen ein eigenes Regulierungsrecht? Historisch betrachtet, war das Regulierungsrecht zunächst ein Instrument zur Kompensation von *Markt*versagen, und zwar im Bereich der Versorgung mit Eisenbahndienst-

---

52 So der Hinweis von *Schreiner*, KH 2011, 113 (114).

53 Das würde allerdings voraussetzen, dass Art. 106 Abs. 2 AEUV überhaupt ernsthaft ins Blickfeld politischen Handelns geriete, denn die Rechtsprechung des EuGH hat den Beihilfenbegriff (Stichwort „Altmark Trans"), aber auch den beihilfenrechtlichen Unternehmensbegriff derart eng geführt, dass aus Sicht der Mitgliedstaaten ein Rückgriff auf Art. 106 Abs. 2 AEUV nicht nötig erscheinen mag, zum Problem Franzius, Der Staat 45 (2006), 547 (557 ff.); ausf. *ders.*, Gewährleistung im Recht. Grundlagen eines europäischen Regelungsmodells öffentlicher Dienstleistungen, 2009. Wer den Weg über Art. 106 Abs. 2 AEUV nicht gehen will, kann somit die durch Interpretation des Beihilfen- bzw. des Unternehmensbegriffs geschaffenen Optionen nutzen, um zu ggf. nur partiell bzw. punktuell nicht-wettbewerbsmarktlichen Gestaltungen zu gelangen.

54 Rixen, SDSRV (Schriftenreihe des Deutschen Sozialrechtsverbandes) Bd. 59 (2010), 53 (63).

55 Art. 1 erster Spiegelstrich Protokolls (Nr. 26) über Dienste von allgemeinen Interesse in der (konsolidierten) Fassung des AEUV (ABl. EU 2010, C 83/308).

56 Allg. hierzu Rixen, SDSRV Bd. 59 (2010), 53 (77 ff., 80 ff.).

leistungen in den USA, wo die ungebremste Konkurrenz der Unternehmen verlässliche Mobilität gefährdete.[57] Das EU-rechtlich angestoßene Regulierungsrecht hat sich demgegenüber zunächst als Instrument begriffen, *Staats*versagen bei der effizienten Versorgung mit daseinssichernden öffentlichen Gütern zu kompensieren, indem der Wettbewerb Privater in Dienst genommen wurde; die Grundfreiheiten wirkten und wirken hierbei als hintergründiger Regulierungsimpuls.[58] Allerdings war und ist dies ein Ansatz, der von vornherein um die Möglichkeiten auch des Marktversagens wusste und daher Wettbewerb sozial moderierte[59] (Stichwort „sozialpflichtige[r] Wettbewerb“[60]). Das kann man etwa an den Regelungen zu den sog. Universaldienstleistungen, also den für alle zugänglichen Leistungen etwa im Telekommunikations- und Postbereich,[61] ablesen. Erst in jüngerer Zeit rückt der historische Anfangspunkt des Regulierungsrechts, das Marktversagen, in Europa deutlicher in den Vordergrund, etwa bei der neueren Finanzmarktregulierung, die in erster Linie auf Marktversagen reagiert.[62]

„Marktversagen“ – gemeint ist *Wettbewerbs*marktversagen – ist ein Phänomen, das nicht selten auch den „Gesundheitsmärkten“ attestiert wird. Zugleich gibt es aber auch hier Bereiche, in denen kompetitive, auch wettbewerbsökonomische Elemente der Güterallokation als Steuerungsinstrumente eingesetzt werden. Ein übergreifender Steuerungsansatz, der den Gesundheitsmarkt, namentlich den GKV-Markt, als eine *mixed economy* ganz unterschiedlicher Allokationsinstrumente rahmt und strukturiert, drängt sich angesichts der bislang patchworkartig ineinandergreifenden Steuerungsansätze etwa für das Krankenhausrecht,[63] im Verhältnis von Kartell- und Krankenversicherungsrecht,[64] aber auch

---

57 Lepsius, in: Fehling/Ruffert (Hg.), Regulierungsrecht, 2010, § 1 Rn. 3 ff., 12 f., insb. Rn. 9, Rn. 119.

58 *Ruffert*, in: Fehling/Ruffert (Fn. 57), § 3 Rn. 28 ff.

59 *Rixen*, in: Felix (Hg.), Auswirkungen des GKV-WSG auf Versorgungsstruktur und Wettbewerbsordnung, 2008, S. 71 (84): „Regulierungsrecht ist sozial moderiertes Wettbewerbsermöglichungsrecht.“

60 *Lepsius*, in: Fehling/Ruffert (Fn. 57), § 4 Rn. 5.

61 Vgl. §§ 78 ff. TKG, §§ 11 ff. PostG, s. auch §§ 36 ff. EnWG (zur „Grundversorgungspflicht“).

62 Zum Problem *Röhl*, in: Fehling/Ruffert (Fn. 57), § 18 Rn. 34 ff.

63 *Höfling*, GesR 2007, 289 (292 f.).

mit Blick auf das Recht der Gesundheitsberufe[65] nachgerade auf.[66] Gesundheitsdienstleistungen bilden ein funktional aufeinander bezogenes Netz von Dienstleistungen im EU-Binnenmarkt; nicht ohne Grund spielt die Errichtung von EU-weiten Kooperationsnetzwerken in der Patientenrechte-Richtlinie eine so wichtige Rolle. Nicht, dass die Patientenrechte-Richtlinie konkrete Konturen eines Gesundheitsregulierungsrechts erkennen ließe – das ist nicht der Fall –, aber auch die Patientenrechte-Richtlinie verdeutlicht, still und leise, dass das Gesundheitswesen ein eigenes Regulierungsrecht braucht.

„Wir haben nach einer wirklich schweren Geburt ein Baby zur Welt gebracht. Dieses muss gepflegt werden, damit es wächst und gedeiht."[67] Wie das bei Babys so ist, freuen wir uns mit den Eltern, dass es da ist. Was aus ihm oder ihr wird, wissen wir nicht, und bei einem Neugeborenen ist das zunächst auch völlig gleichgültig. Wir wissen daher auch nicht, wie sehr die Patientenrechte-Richtlinie den zunehmend geäußerten Ruf, die Regulierungsidee für das Gesundheitswesen fruchtbar zu machen, verstärkt. Wer aber will, dass die Idee der Regulierung wächst und gedeiht, wird die konzeptionellen Impulse, die von der Patientenrechte-Richtlinie im Hinblick auf einen bereichsübergreifend regulierten Gesundheitsmarkt ausgehen, wahrnehmen, ernst nehmen und zum Anlass nehmen, ein hörbares „Ja" auszusprechen: Ja, wir brauchen ein eigenes Regulierungsrecht des Gesundheitswesens.

---

64 *Becker/Kingreen*, NZS 2010, 417 (423) zur „Notwendigkeit eines Gesundheitsregulierungsrechts".

65 *Rixen*, in: Wienke/Dierks (Hg.), Zwischen Hippokrates und Staatsmedizin – Der Arzt am Beginn des 21. Jahrhunderts, 2008, S. 123 (130 ff.).

66 Zur regulierungsrechtlichen Perspektive auf den ambulanten Sektor des (sozialen) Gesundheitswesens *Schuler-Harms*, in: Fehling/Ruffert (Fn. 57), § 15 Rn. 1 ff.

67 S. oben Fn. 3.

Kommentar
Patientenrechte-Richtlinie als „Dienstleistungsrichtlinie des Gesundheitswesens“?

Frank Schreiber

I. Das Nebeneinander von Kostenerstattungsansprüchen in der Patientenrechte-Richtlinie und im koordinierenden Sozialrecht

1. Die Reform des koordinierenden Sozialrechts und der primärrechtliche Kostenerstattungsanspruch

Die Art. 7ff. der Richtlinie des Europäischen Parlaments und des Rates über die Ausübung der Patientenrechte in der grenzüberschreitenden Gesundheitsversorgung vom 9. März 2011 markieren ein vorläufiges Ende der Debatte um die Frage, wie das Recht der grenzüberschreitenden Inanspruchnahme von Gesundheitsleistungen unter dem Eindruck der Rechtsprechung des EuGH seit „Kohll“ und „Decker“[1] neu zu ordnen ist. Bereits einige Jahre vor dem ersten Richtlinienentwurf wurde die Novellierung der Vorschriften des koordinierenden Sozialrechts von einer intensiven Diskussion begleitet, ob der u.a. aus der passiven Dienstleistungsfreiheit hergeleitete primärrechtliche Kostenerstattungsanspruch zusammen mit den Regelungen über die Sachleistungsaushilfe im Falle einer geplanten Behandlung in einem anderen Mitgliedstaat umfassend in der neuen Verordnung zur Koordinierung der Systeme der sozialen Sicherheit kodifiziert werden soll.[2] Vielfach wurde das Nebeneinander von Sachleistungsaushilfe, den verschiedenen sachleistungsersetzenden Kostenerstattungsansprüchen und dem primärrechtlichen Kostenerstattungsanspruch als verwirrend und intransparent kritisiert. Der Überlegung, das koordinierende Sozialrecht mit der Rechtsprechung des EuGH zum primärrechtlichen Kostenerstattungsanspruch abzugleichen und in einer Kodifikation zusammenzufassen, wurde indes nicht gefolgt. Nur in zwei Randbereichen des koordinierenden Sozialrechts fand eine solche Angleichung statt:

---

1 Rs. C-120/95, Slg. 1998, I-1871; Rs. C-158/96, Slg. 1998, I-1935.

2 Vgl. dazu BR-Drs. 820/06, 4; *Spiegel* in: DRV Bund (Hg.), Die Reform des Europäischen koordinierenden Sozialrechts, DRV-Schriften Bd. 71, S. 25 (36); *Schulte* in: Klein/Schuler, Krankenversicherung und grenzüberschreitende Inanspruchnahme von Gesundheitsleistungen in Europa (2010), S. 95 (134f.), alle m.w.N.

Erstens wurden die Genehmigungsvoraussetzungen des Art. 20 Abs. 2 Satz 2 VO (EG) 883/2004 an die Grundsätze der Entscheidungen in den Rechtssachen „Smits und Peerbooms“[3] sowie „Müller-Fauré und van Riet“[4] angepasst.[5] Im ursprünglichen Kommissionsentwurf aus dem Jahr 1998[6] wurde noch darauf abgestellt, ob „die Betreffenden in Anbetracht ihres derzeitigen Gesundheitszustands und des voraussichtlichen Verlaufs der Krankheit diese Behandlung nicht in einem normalerweise erforderlichen Zeitraum erhalten können.“ Die Kommission führte zum nunmehr geregelten Erfordernis eines „medizinisch vertretbaren Zeitraums“ sinngemäß aus, dass es primär auf den derzeitigen Gesundheitszustand ankomme. Die Abänderung gehe von der Voraussetzung aus, „dass die Entscheidung über die Genehmigung, sich in einen anderen Mitgliedstaat zu begeben, um sich dort behandeln zu lassen, unter Berücksichtigung des derzeitigen Gesundheitszustands des Betreffenden getroffen werden muss.“ Kontingentierungserwägungen und Wartelistensysteme rechtfertigen mithin eine Versagung der Genehmigung auch im Bereich der Sachleistungsaushilfe nicht mehr. Eine ursprünglich angedachte Beschränkung des Genehmigungserfordernisses auf stationäre Aufenthalte – wie sie das Europäische Parlament vorgeschlagen hatte[7] – fand zwar die Zustimmung der Kommission[8], setzte sich letztlich aber nicht durch.

Zweitens wurde die sachleistungsersetzende Kostenerstattung in Art. 26 Abs. 7 der Durchführungsverordnung (VO (EG) 987/2009) im Sinne der Rs. „Vanbraekel“[9] erweitert. In Art. 25 Abs. 4 bis 9 sowie Art. 26 Abs. 6 und 7 VO (EG) 987/2009 sind sachleistungsersetzende Kostenerstattungsansprüche geregelt. Anwendungsfälle sind zum einen die Sachleistungsaushilfe in einem Staat mit Kostenerstattungssystem, in dem der Versicherte beim Leistungserbringer in Vorleistung treten muss, zum anderen Fälle des Systemversagens des aushelfenden Trägers. Art. 26 Abs. 7 VO (EG) 987/2009 sieht nun einen Kostenerstattungsanspruch gegenüber dem zuständigen Träger für den Differenzbetrag vor,

3 Rs. C-157/99, Slg. 2001, I-5473.

4 Rs. C-385/99, Slg. 2003, I-4509.

5 Vgl. die Begründung zum Entwurf in KOM (2003) 596 endg., S. 5.

6 Art. 18 des Kommissionsentwurfes KOM (1998) 779 endg.

7 Standpunkt des EP vom 3. September 2003, EP-PE_TC1-COD(1998)0360, S. 21.

8 KOM (2003) 596 endg., S. 5.

9 Rs. C-368/98, Slg. 2001, I-5363.

falls die vom zuständigen Träger dem Träger des Aufenthaltsorts oder nach Art. 26 Abs. 6 VO (EG)987/2009 dem Versicherten zu erstattenden Kosten geringer sind als die Kosten, die er für die gleiche Behandlung im zuständigen Mitgliedstaat hätte übernehmen müssen. Eine solche Differenz kann vor allem bei hohen Selbstbehalten im Aufenthaltsstaat entstehen.

2. Perspektive der Sozialrechtskoordinierung versus Perspektive der Dienstleistungsfreiheit

Aus rein pragmatischen Erwägungen der Handhabbarkeit, Einfachheit und Transparenz mag man diese Reformzurückhaltung kritisieren,[10] zumal nun mit der Patientenrechte-Richtlinie ein weiteres Anspruchssystem hinzugekommen ist. Rechtssystematische Erwägungen sprechen indes deutlich für ein Nebeneinander von Sozialrechtskoordinierung und den in der Dienstleistungsfreiheit gründenden Ansprüchen.

Der *unionsrechtliche* Genehmigungsvorbehalt für die geplante grenzüberschreitende Inanspruchnahme von Gesundheitsleistungen nach Art. 20 VO (EG) 883/2004 im Bereich der Sachleistungsaushilfe ist mit Primärrecht vereinbar und muss nicht aufgegeben werden.[11] Wie der Gerichtshof in der Rs. „Inizan" herausgearbeitet hat, gibt aus der Perspektive der Grundfreiheiten das koordinierungsrechtliche System der Sachleistungsaushilfe mit dem gegenüber dem aushelfenden Träger bestehenden Sachleistungsanspruch eine zusätzliche Form der grenzüberschreitenden Leistungsgewährung, die über die primärrechtlichen Anforderungen entweder hinausgeht oder sie gar nicht berührt. Aus diesem Grunde ist es auch verfehlt, eine Streichung des Genehmigungserfordernisses in Art. 20 VO (EG) 883/2004 zu verlangen.[12]

Der grenzüberschreitende Sachverhalt im Verhältnis des Patienten zum Leistungserbringer aus der Perspektive der Dienstleistungsfreiheit ist zudem nicht immer deckungsgleich mit dem grenzüberschreitenden Sachverhalt im Verhältnis des Versicherten zum zuständigen und zum aushelfenden Träger aus

---

10 Vgl. *Rixen* in diesem Band, S. 176; kritisch auch *Marhold*, EJSS Vol. 11 (2009), 119 (129); *Spiegel* in: DRV Bund (Hg.), Die Reform des Europäischen koordinierenden Sozialrechts, DRV-Schriften Bd. 71, S. 25 (36).

11 EuGH, Rs. C-56/01, Slg. 2003, I-12403, Rn. 15ff. – Inizan.

12 So aber *Röbke*, MedR 2009, 79 (82).

der Perspektive des koordinierenden Sozialrechts.[13] Erhellend ist insoweit das Urteil des Gerichtshofes in der Rs. „von Chamier-Glisczinski".[14] Die pflegebedürftige Klägerin des Ausgangsverfahrens war in Deutschland familienversichert und sollte dauerhaft in einem Pflegeheim in Österreich versorgt werden, in dem sie sich bereits aufhielt. Der Antrag wurde mit der Begründung abgelehnt, dass das österreichische Recht keine § 43 SGB XI entsprechenden Sachleistungen vorsehe und allein Pflegegeld exportiert werden könne.

Bei der Eröffnung des Anwendungsbereiches des primärrechtlichen Kostenerstattungsanspruchs hat der Gerichtshof zu Recht allein auf das Verhältnis von Patient und Leistungserbringer abgestellt. Die Vorschriften über den freien Dienstleistungsverkehr sind mangels eines grenzüberschreitenden Sachverhalts nicht auf den Angehörigen eines Mitgliedstaates anzuwenden, der seinen gewöhnlichen Aufenthalt ständig oder jedenfalls ohne eine vorhersehbare Begrenzung der Dauer im Hoheitsgebiet eines anderen Mitgliedstaates nimmt, um gerade dort auf unbestimmte Dauer Pflegedienstleistungen zu empfangen. Grenzüberschreitend wird die Inanspruchnahme von Gesundheitsleistungen allein am Maßstab des koordinierenden Sozialrechts im Verhältnis zum zuständigen deutschen Träger. Wenn das System der sozialen Sicherheit des Mitgliedstaates, in dem eine als Familienangehörige versicherte pflegebedürftige Person wohnt, im Gegensatz zum System der sozialen Sicherheit des zuständigen Staates bei Pflegebedürftigkeit keine Sachleistungen vorsieht, so besteht kein Anspruch auf Sachleistungsaushilfe, da das für den aushelfenden Träger geltende Leistungsrecht anzuwenden ist. Aus dem Koordinierungsrecht folgt auch kein Anspruch auf unmittelbaren Sachleistungsexport gegen den zuständigen Träger. Allein ein Anspruch auf Geldleistungsexport in Gestalt des Pflegegeldes besteht nach den Rechtsgrundsätzen des Urteils in der Rs. „Molenaar".[15]

Diese klare systematische Trennung wird nun interessanterweise durch die Endfassung der Patientenrechte-Richtlinie durchbrochen: Im Kommissionsentwurf wurde noch an die Dienstleistungsperspektive bei der Definition des grenzüberschreitenden Sachverhalts angeknüpft. „Grenzüberschreitende Gesundheitsversorgung" war hiernach „eine Gesundheitsdienstleistung, die in einem anderen Mitgliedstaat als dem erbracht wird, in dem der Patient versichert

---

13 Zum Folgenden: EuGHo, Rs. C-208/07, Slg. 2009, I-6095, Rn. 74 ff. – von Chamier-Glisczinski; Rs. C-211/08, EuZW 2010, 671 – Kommission/Spanien.

14 EuGH, Rs. C-208/07, Slg. 2009, I-6095, Rn. 74 ff. – von Chamier-Glisczinski.

15 Rs. C-160/96, Slg. 1998, I-843.

ist, oder eine Gesundheitsdienstleistung, die in einem anderen Mitgliedstaat als dem erbracht wird, in dem der Dienstleister wohnhaft, registriert oder niedergelassen ist."[16]

Nunmehr sind mit Ausnahme des Art. 7 Abs. 2 lit. a RL 2011/24/EU – im Wesentlichen für den Fall zurückkehrender Grenzgänger – in den Definitionen und im materiellen Recht die Wohnortbezüge gestrichen worden. Einander gegenüber stehen Versicherungsstaat und Behandlungsstaat. Lediglich die Legaldefinition in Art. 3 lit. c Nr. i) RL 2011/24/EU nimmt noch mittelbar Bezug auf das Auseinanderfallen von Wohnortstaat und Behandlungsstaat als dem maßgeblichen grenzüberschreitenden Sachverhalt. Diese Unklarheit wird bei der Bestimmung des Umsetzungsbedarfes noch Probleme bereiten. Für den o.g. Beispielfall ist allerdings zu beachten, dass Leistungen in Pflegeheimen nach Art. 1 Abs. 3 lit. a RL 2011/24/EU und Erwägungsgrund Nr. 14 aus dem Anwendungsbereich ausgeklammert sind; im Bereich der Pflegeleistungen können sich daher primärrechtlicher Kostenerstattungsanspruch und Art. 7ff. RL 2011/24/EU unterscheiden.

Das Verhältnis des Kostenerstattungsanspruchs zur Sachleistungsaushilfe bei genehmigungsbedürftigen Behandlungen nach Art. 20 VO (EG) 883/2004 ist im Übrigen in Art. 8 Abs. 3 RL 2011/24/EU im Sinne eines Wahlrechts geregelt: Bei jedem Antrag auf Vorabgenehmigung stellt der Versicherungsmitgliedstaat fest, ob die Bedingungen der VO (EG) 883/2004 erfüllt sind. Wenn diese Bedingungen erfüllt sind, wird die Vorabgenehmigung gemäß der genannten Verordnung erteilt, es sei denn, der Patient wünscht etwas anderes.

II. Kompetenzrechtliche Probleme beim Wechsel von der negativen zur positiven Integration

1. Harmonisierungswirkung der Dienstleistungsfreiheit versus sekundärrechtliches Harmonisierungsverbot

Ordnet man den primärrechtlichen, aus passiver Warenverkehrs- und Dienstleistungsfreiheit abgeleiteten Kostenerstattungsanspruch in den politikwissenschaftlichen Analyserahmen der Grundtypen von Integrationsmechanismen ein, so handelt es sich um negative Integration:[17] Die Nichtübernahme der Kosten einer

---

16 Art. 4 lit. b i.d.F. des Kommissionsentwurfes vom 2. Juli 2008, KOM (2008) 414 endg.

17 Der insbesondere von Fritz W. Scharpf (z.B. Regieren in Europa – effektiv und demokratisch? (1999), S. 52ff.) geprägte Dualismus wird zunehmend für die europäische Sozialrechtswissenschaft fruchtbar gemacht, siehe *Wunder*, Grenzüberschreitende Krankenbe-

Auslandskrankenbehandlung stellt sich als zu beseitigende Beschränkung der Grundfreiheiten dar; der Versicherungsstaat muss die im Behandlungsstaat erbrachte Leistung als gleichwertig anerkennen und die entsprechenden Kosten übernehmen.[18]

Dass die primärrechtliche Konstruktion des Kostenerstattungsanspruchs zwar keine Rechtsangleichung fordert, sondern nur beeinträchtigungsbeseitigend wirkt, aber mittelbar erhebliche Systemeingriffe bei Sachleistungssystemen oder nationalen Gesundheitsdiensten zur Folge hat, die gerade keine Kostenerstattung vorsehen, hat der Gerichtshof als unproblematisch angesehen. Lapidar hat er etwa in der Rs. „Watts“ formuliert, dass das Harmonisierungsverbot im Bereich der Gesundheitspolitik nicht ausschließe, dass die Mitgliedstaaten nach anderen Vertragsbestimmungen wie der Dienstleistungsfreiheit verpflichtet seien, Anpassungen in ihren nationalen Systemen der sozialen Sicherheit vorzunehmen, ohne dass dies als Eingriff in ihre souveräne Zuständigkeit in dem betreffenden Bereich angesehen werden könne.[19] Kompetenzüberschießende, mittelbare Rechtsfolgen der Grundfreiheiten sind mithin zu dulden, auch wenn mit guten Gründen eine Auflösung der Konfliktlage zwischen dem Gewährleistungsgehalt der Grundfreiheiten einerseits und den kompetenzrechtlichen Harmonisierungsverboten andererseits am Maßstab praktischer Konkordanz gefordert wird.[20]

Mit Art. 7 bis 9 RL 2011/24/EU wird nun dieser Aspekt negativer Integration in den Bereich der positiven Integration der Harmonisierung durch Richtlinienrecht überführt. Die Richtlinie stellt den Kostenerstattungsanspruch in den Kontext der Rechtsangleichung im Binnenmarkt mit dem Ziel der Harmonisierung im Sinne der Ersetzung der einzelstaatlichen Vorschriften durch gemeinsame Standards. Hierdurch wird die Konfliktlage zwischen Grundfreiheiten und mitgliedstaatlicher Hoheit über die Gestaltung der Systeme der sozialen Sicherheit abgelöst von einem Kompetenzkonflikt zwischen Binnenmarktharmonisierung nach Art. 114 AEUV einerseits und der Kompetenzbeschränkung zugunsten der Mitgliedstaaten im Sozial- und Gesundheitsbereich andererseits.

---

handlung im Spannungsfeld von vertraglicher Kompetenzverteilung, Frankfurt (2008), S. 99 ff.; *Krajewski*, EuR 2010, 165; kritisch: *Cremer*, EuR Beiheft 1/2007, 75.

18 *Krajewski*, EuR 2010, 165 (167f., 174).

19 EuGH, Rs. 372/04, Slg. 2006, I-4325, Rn. 145 ff. zum Wartelistensystem des NHS bei der Versorgung mit einem künstlichen Hüftgelenk.

20 Vgl. *Wunder*, Grenzüberschreitende Krankenbehandlung im Spannungsfeld von vertraglicher Kompetenzverteilung, Frankfurt (2008), passim.

2. Die Rechtsprechung zum Verhältnis von Art. 114 AEUV zu den speziellen Kompetenznormen

In den Entscheidungen zum rechtlichen Rahmen des Marktes für Tabakerzeugnisse hat der Gerichtshof das Verhältnis von Binnenmarktharmonisierung zur Kompetenzbegrenzung im Bereich der Gesundheitspolitik näher konkretisiert. Hiernach darf Art. 114 AEUV nicht als Rechtsgrundlage herangezogen werden, um den Ausschluss jeglicher Harmonisierung zu umgehen.[21] Sind die Voraussetzungen für die Heranziehung von Artikel 114 AEUV erfüllt, kann sich der Unionsgesetzgeber auf diese Grundlage stützen, auch wenn dem Gesundheitsschutz bei den zu treffenden Entscheidungen maßgebende Bedeutung zukommt.[22] Dabei unterliegt die wahre Zielrichtung der Maßnahme der gerichtlichen Kontrolle, wenn auch mit eingeschränkter Prüfungsdichte. Mithin kann die Richtlinie auf Art. 114 AEUV gestützt werden, soweit der unmittelbare Zweck in der Verwirklichung des Binnenmarktes im Bereich der grenzüberschreitenden Gesundheitsversorgung zielt.[23] Eine Umgehung des Harmonisierungsausschlusses (Art. 168 Abs. 5 AEUV) läge vor, wenn mit nur unzureichendem Binnenmarktbezug durch eine Richtlinienvorschrift die materiellen Anspruchsvoraussetzungen für eine Leistungsgewährung einer Angleichung unterworfen wären. Der Spielraum bei der Sekundärrechtssetzung ist zwar vorhanden, aber enger als bei den mittelbaren Harmonisierungswirkungen der Dienstleistungsfreiheit.

3. Die Erforderlichkeit der Behandlung als Referenzbeispiel

Die Bezugnahme auf medizinische Einschätzungen in Art. 8 Abs. 5 RL 2011/24/EU kann kompetenzkonform nicht im Sinne einer materiell-rechtlichen Bindung an ärztliche Bewertungen, die über das bestehende nationale Recht hinausgeht, ausgelegt werden. Ein „Primat" der fachlich-ärztlichen Einschätzung im Sinne einer Bindungswirkung ist daher abzulehnen. Die Vorschrift zeigt lediglich im Sinne der „Watts"-Entscheidung auf, dass Kontingentierungsmaßnahmen u.ä. keine Beschränkung der Patientenmobilität rechtfertigen können. Nach Erwägungsgrund Nr. 33 soll die Richtlinie keinen Anspruch auf Kostenerstattung für in einem anderen Mitgliedstaat erbrachte Gesundheitsdienstleistungen begründen, wenn diese Gesundheitsdienstleistungen nach dem Recht des Versicherungsmitgliedstaates nicht zum Erstattungsumfang gehören. Die Rege-

---

21 EuGHo, Rs. C-378/98, Slg 2000, I-8419, Rn. 78f.; Rs. C-491/01, Slg. 2002, I-11453, Rn. 190.

22 EuGH, Rs. C-491/01, Slg. 2002, I-11453, Rn. 190.

23 Wunder, MedR 2009, 324 (328).

lungen über die Prüfung des medizinisch erforderlichen Umfangs einer Behandlung im Recht des jeweiligen Versicherungsstaates sollen folglich nicht harmonisiert werden. Auch ist es eine Frage der Ausgestaltung des Leistungsrechts des Systems der sozialen Sicherheit, das Kostenrisiko einer möglicherweise fehlenden Erforderlichkeit einer Behandlung zwischen dem Versicherten, dem Leistungserbringer und dem Träger des Systems der sozialen Sicherheit zu verteilen. Bekanntlich hat der Große Senat des Bundessozialgerichts im Rahmen der Auslegung von § 39 SGB V folgenden Rechtssatz aufgestellt:

> „Ob eine stationäre Krankenhausbehandlung aus medizinischen Gründen notwendig ist, hat das Gericht im Streitfall uneingeschränkt zu überprüfen. Es hat dabei von dem im Behandlungszeitpunkt verfügbaren Wissens- und Kenntnisstand des verantwortlichen Krankenhausarztes auszugehen. Eine ‚Einschätzungsprärogative' kommt dem Krankenhausarzt nicht zu."[24]

Um nicht missverstanden zu werden: Selbstverständlich muss der fachlich-ärztlichen Einschätzung im Behandlungsstaat beim Zusammenspiel von materiellem Recht und Prozessrecht die gleiche Bedeutung, insbesondere Beweiskraft, beigemessen werden wie der entsprechenden Einschätzung eines Arztes im Versicherungsstaat. Diese Tatbestandsgleichstellung im Sinne gegenseitiger Anerkennung fordert sowohl das koordinierende Sozialrecht[25] als auch die Dienstleistungsfreiheit. Die Regelung der Rechtsfolgen dieser Einschätzung im materiellen Recht fällt indes allein in die mitgliedstaatliche Kompetenz des Versicherungsstaates zur Ausgestaltung seines Systems sozialer Sicherheit.

III. Zusammenfassende Bewertung

Dienstleistungsfreiheit und Sozialrechtskoordinierung bieten der Patientenmobilität sehr unterschiedliche Perspektiven. Die Erleichterung des Zugangs zu Leistungserbringern aus anderen Mitgliedstaaten ist nicht deckungsgleich mit der Herstellung der Anschlussfähigkeit der nationalen Systeme der sozialen Sicherheit untereinander. Trotz juristischer Komplexität ist daher zu begrüßen, dass die Trennung von dienstleistungsfreiheitsbezogener Kostenerstattung und koordi-

---

24 BSGE 99, 111.

25 Vgl. allgemein Art. 5 VO (EG) 883/2004. Speziell zur Anerkennung ärztlicher Feststellungen vgl. *Schreiber* in: Schreiber/Wunder/Dern, VO (EG) Nr. 883/2004, Kommentar (2012), Art. 21 Rn. 16 ff. m.w.N.

nierungsrechtlicher Sachleistungsaushilfe nebst ihrer Surrogate auch rechtssystematisch weiter fortbesteht.

Zu bezweifeln ist allerdings, dass mit dem sekundärrechtlichen Kostenerstattungsanspruch nach Art. 7 ff. RL 2011/24/EU eine Verbesserung der Patientenmobilität erreicht wird. Die Patientenrechte-Richtlinie bleibt im Wesentlichen bei dem Mittel der Kodifizierung der EuGH-Rechtsprechung zum Zwecke der Schaffung von Transparenz stehen. Dieses Mehr an Rechtsklarheit wird durch die dargestellten Unschärfen und Umsetzungsprobleme wieder aufgezehrt. Zwingende Gründe für eine sekundärrechtliche Regelung gab und gibt es ohnehin nicht. Wie der Gerichtshof jüngst noch einmal klargestellt hat, ist der aus der Dienstleistungsfreiheit folgende Kostenerstattungsanspruch als unmittelbar anwendbare Bestimmung des Vertrags für alle Behörden der Mitgliedstaaten einschließlich der Verwaltungsbehörden und Gerichte verbindlich; auch der Erlass nationaler Durchführungsbestimmungen ist entbehrlich.[26]

Umgekehrt muss niemand die Richtlinie als „Dienstleistungsrichtlinie durch die Hintertür“ fürchten. Die Richtlinie regelt die Patientenmobilität, nicht die Ärztemobilität.[27] Das erfasste Rechtsverhältnis des mobilen Patienten zu seiner Versicherung liegt in vielen Systemen der sozialen Sicherheit nach wie vor außerhalb der Sphäre des unternehmerischen Wettbewerbs.[28] Hieran kann und soll die Richtlinie nichts ändern.

Damit ist zugleich die Bedeutung der Richtlinie für die Untersuchung unter dem Gesichtspunkt regulierungsrechtlicher Paradigmen begrenzt. Da es nicht ihr Ziel ist, das Leistungserbringerrecht der Systeme der sozialen Sicherheit als solches zu harmonisieren, stellt sich die Frage nach den Mitteln zum Aufbau einer entsprechenden Wettbewerbsordnung und den Instrumenten zur Verwirklichung von Gemeinwohlinteressen im und durch Wettbewerb nur am Rande. Allenfalls das Kapitel IV zur Zusammenarbeit in Netzwerken unter den Blickwinkeln von Qualitätssicherung und medizinischem Fortschritt enthält Ansätze in diese Richtung, wobei allerdings die Qualität der Implementierung dieses überwiegend auf Freiwilligkeit abzielenden *soft law* abzuwarten bleibt.

---

26 Urteil vom 10. Oktober 2010, Rs. C-512/08 – Kommission/Frankreich, NZS 2011, 295.

27 So *Hernekamp/Jäger-Lindemann*, ZESAR 2011, 403 (405, 411).

28 Vgl. für das SGB V: Hess. LSG, Urteil vom 15. September 2011 – L 1 KR 89/10 KL, juris.

Verzeichnis der Autorinnen und Autoren

Prof. Dr. Peter Axer, Universität Heidelberg, Lehrstuhl für Sozialrecht in Verbindung mit dem Öffentlichen Recht, Friedrich-Ebert-Anlage 6-10, 69117 Heidelberg, E-Mail: axer@jurs.uni-heidelberg.de

RA Barbara Berner, Rechtsabteilung der Kassenärztlichen Bundesvereinigung, Fachabteilungsleiterin, Herbert-Lewin-Platz 2, 10623 Berlin, E-Mail: bberner @kbv.de

PD Dr. Claudio Franzius, Universität Hamburg, Fakultät für Rechtswissenschaft, Rothenbaumchaussee 33, 20148 Hamburg, E-Mail: claudio. franzius@rz.hu-berlin.de

Dr. Karl-Heinz Mühlhausen, AOK-Bundesverband, Leiter Justiziariat, Rosenthaler Straße 31, 10178 Berlin, E-Mail: karl-heinz.muehlhausen@bv.aok.de

Prof. Dr. Stephan Rixen, Universität Bayreuth, Lehrstuhl für Öffentliches Recht, Sozialwirtschafts- und Gesundheitsrecht (Lehrstuhl für Öffentliches Recht I), 95440 Bayreuth, E-Mail: stephan.rixen@uni-bayreuth.de

Prof. Dr. Wulf-Henning Roth, Universität Bonn, Institut für Internationales Privatrecht und Rechtsvergleichung, Adenauerallee 24-42, 53113 Bonn, E-Mail: lehrstuhl.roth@jura.uni-bonn.de

Prof. Dr. Margarete Schuler-Harms, Helmut-Schmidt-Universität/Universität der Bundeswehr Hamburg, Professur für Öffentliches Recht, insbesondere Öffentliches Wirtschafts- und Umweltrecht, 22043 Hamburg, E-Mail: schulerharms@hsu-hh.de

Dr. Frank Schreiber, Richter am Hessischen Landessozialgericht, Hessisches Landessozialgericht, Steubenplatz 14, 64293 Darmstadt, E-Mail: frank. schreiber@lsg-darmstadt.justiz.hessen.de

Dr. Ulrich Vorderwülbecke, Geschäftsführer, Verband forschender Arzneimittelhersteller (vfa), Hausvogteiplatz 13, 10117 Berlin, E-Mail: u.vorderwuelbecke@vfa.de

Prof. Dr. Ulrich Wenner, Vorsitzender Richter am Bundessozialgericht, Bundessozialgericht, Graf-Bernadotte-Platz 5, 34119 Kassel, E-Mail: ulrich. wenner@bsg.bund.de

Prof. Dr. Astrid Wallrabenstein, Goethe-Universität Frankfurt am Main, Professur für Öffentliches Recht mit einem Schwerpunkt im Sozialrecht, Geschäftsführende Direktorin des Instituts für europäische Gesundheitspolitik und Sozialrecht (ineges), Grüneburgplatz 1, 60323 Frankfurt am Main, E-Mail: wallrabenstein@jur.uni-frankfurt.de

Sachverzeichnis

Frankfurter Schriften zur Gesundheitspolitik und zum Gesundheitsrecht
Schriftenreihe des Instituts für Europäische Gesundheitspolitik und Sozialrecht
an der Johann Wolfgang Goethe-Universität Frankfurt

Herausgegeben von Ingwer Ebsen und Thomas Gerlinger

Band 1 Dominik Roters: Die gebotene Kontrolldichte bei der gerichtlichen Prüfung der Richtlinien des Bundesausschusses der Ärzte und Krankenkassen. 2003.

Band 2 Carsten Wendtland: Die Forschung mit menschlichen embryonalen Stammzellen als Gegenstand der Rechtsetzung. 2005.

Band 3 Johannes Pantel / Gisela Bockenheimer-Lucius / Ingwer Ebsen / Ruth Müller / Peter Hustedt / Alexander Diehm: Psychopharmakaversorgung im Altenpflegeheim. Eine interdisziplinäre Studie unter Berücksichtigung medizinischer, ethischer und juristischer Aspekte. 2006.

Band 4 Christel Köhler-Hohmann: Die Teilnahme der Ärzte- bzw. der Heilkunde-GmbH an der vertragsärztlichen Versorgung. 2007.

Band 5 Laura Sormani-Bastian: Vergaberecht und Sozialrecht. Unter besonderer Berücksichtigung des Leistungserbringungsrechts im SGB V (Gesetzliche Krankenversicherung). 2007.

Band 6 Marcus Assion: Versicherungsrechtliche Fragen der Lebendspende von Organen. 2007.

Band 7 Yasemin Ilgin: Health Care Expenditures, Innovation, and Demographic Change. 2008.

Band 8 Karin Pöppel: Wertwandel beim sozialen Dienstleister Krankenhaus. Eine Analyse zum Patientenbild. 2008.

Band 9 Annett Wunder: Grenzüberschreitende Krankenbehandlung im Spannungsfeld von Grundfreiheiten und vertraglicher Kompetenzverteilung. 2008.

Band 10 Ingwer Ebsen (Hrsg.): Vergaberecht und Vertragswettbewerb in der Gesetzlichen Krankenversicherung. 2009.

Band 11 Thomas Gerlinger / Kai Mosebach / Rolf Schmucker (Hrsg.): Gesundheitsdienstleistungen im europäischen Binnenmarkt. 2010.

Band 12 Susanne Plettner: Vertragswettbewerb in der GKV unter wettbewerbsrechtlichen Gesichtspunkten. 2011.

Band 13 Alexander Diehm: Rechtliche Anforderungen und Strukturen der ambulanten Arzneimittelversorgung in stationären Pflegeeinrichtungen am Beispiel der Psychopharmakatherapie. 2011.

Schriften zur Gesundheitspolitik und zum Gesundheitsrecht
Schriftenreihe des Instituts für Europäische Gesundheitspolitik und Sozialrecht
an der Johann Wolfgang Goethe-Universität Frankfurt

Herausgegeben von Ingwer Ebsen, Thomas Gerlinger und Astrid Wallrabenstein

Band 14 Vanessa Christin Multmeier: Rechtsschutz in der Krankenhausplanung. Traditionelle und neue Rechtsschutzformen zur Verteidigung von Grundrechten und Grundfreiheiten gegen staatliche Regulierung und selektive Investitionsförderung. 2011.

Band 15 Hans Jakob Stachels: Marktzugangsregeln für pflanzliche Arzneimittel. 2011.

Band 16 Astrid Wallrabenstein (Hrsg.): Braucht das Gesundheitswesen ein eigenes Regulierungsrecht? Beiträge zum Symposium des Instituts für europäische Gesundheitspolitik und Sozialrecht, 12.-13. September 2011, Universität Frankfurt am Main. 2012.

www.peterlang.de